DIÁRIO DO FIM DO SÉCULO
1994

SERVIÇO SOCIAL DO COMÉRCIO
Administração Regional no Estado de São Paulo

Presidente do Conselho Regional
Abram Szajman

Diretor Regional
Danilo Santos de Miranda

Conselho Editorial
Ivan Giannini
Joel Naimayer Padula
Luiz Deoclécio Massaro Galina
Sérgio José Battistelli

Gerente Marcos Lepiscopo
Adjunto Évelim Lúcia Moraes
Coordenação Editorial Clívia Ramiro, Isabel M. M. Alexandre
Produção Editorial Juliana Gardim
Colaboradores desta edição Marta Colabone, Iã Paulo Ribeiro, Hélcio Magalhães, Fabio Pinotti

Edgar Morin

UM ANO SÍSIFO

TRADUÇÃO
Edgard de Assis Carvalho
Mariza Perassi Bosco

Concepção editorial
Ana Paula do Val
Nurimar Falci

Tradução
Edgard de Assis Carvalho, Mariza Perassi Bosco

Preparação
Rosane Albert

Revisão
Luciana de Almeida Tavares, Luiza Delamare

Capa
warrakloureiro
Título da obra: *Concetto spaziale*, di Lucio Fontana
© Lucio Fontana/Licenciado por AUTVIS, Brasil, 2012
Latinstock/© Christie's Images/CORBIS

Diagramação
Negrito Produção Editorial

M8253a   Morin, Edgar
         Um ano sísifo / Edgar Morin; tradução Edgard de Assis Carvalho
    e Mariza Perassi Bosco. – São Paulo : Edições SESC SP, 2012.
         560 p.

         ISBN 978-85-7995-037-7

         1. Literatura Francesa. 2. Diário. I. Título. II. Nahoum, Edgar.

                                                   CDD 840

Título em francês: *Une année sisyphe*
                 Journal (1994)
© Editions du Seuil, 1995
© Edgar Morin, 2012
© Edições SESC SP, 2012
Todos os direitos reservados

SESC SÃO PAULO
EDIÇÕES SESC SP
Av. Álvaro Ramos, 991
03331-000 – São Paulo – SP
Tel. (55 11) 2607-8000
edicoes@edicoes.sescsp.org.br
www.sescsp.org.br

Sumário

7 Apresentação
DANILO SANTOS DE MIRANDA

9 Prefácio à edição brasileira
EDGAR MORIN

13 Janeiro
51 Fevereiro
85 Março
121 Abril
167 Maio
207 Junho
261 Julho
307 Agosto
345 Setembro
395 Outubro
439 Novembro
493 Dezembro

541 Cronologia
557 Sobre o autor

No rolar das pedras

É difícil apreender o quanto de movimentação humana, entre conflitos e harmonias, o ano de 1994 nos apresentou. Não é complicado entender, para nós brasileiros, também envolvidos em um grande plano econômico, o que se passava no planeta. Eclosões de guerras e guerrilhas, sensações apocalípticas, conflitos e arranjos políticos, genocídios, "desenvolvimentos econômicos", dificultosas esperanças nos assombravam ao mesmo tempo em que nos encantavam as possibilidades anunciadas.

Aos 73 anos de idade na época, o pensador francês Edgar Morin registrou seu dia a dia do ano de 1994. Não eram poucas suas atribuições nem menor a sensibilidade em anotar os mínimos abalos sísmicos que atingiam sua existência. Entre reflexões profundas sobre política, economia, sociologia, o autor estende um véu de cotidiano que nos transporta ao nosso próprio modo de vida. Assim, enquanto discute assuntos duros, muitos com forte carga de comprometimento com o saber, nos aproxima da intelectualidade com gestos simples de um homem comum que se sente diariamente compelido a viver: comer uma boa comida, beber vinho, ver filmes e seriados na TV por puro prazer, dormir, sonhar.

Talvez o que haja de mais contundente neste livro, que o Sesc São Paulo traz ao Brasil em tradução inédita junto com outros dois diários, seja a linha tênue entre "realidades" e "teorias" – no caso, ambas "ficcionalizadas" por Morin (se entendermos que todo contar é uma ficção). Entre sentir/pensar/refletir o que vive e viver no inesperado que as horas nos trazem (sem tempo para que reflexões e pensamentos se formem), o autor nos aproxima do desenvolvimento de importantes temas pertinentes à humanidade incrustados nas idiossincrasias que nos acompanham.

O mundo: de um lado, os processos de deslocamento, de ódio, de crises; do outro, assistido por mais de um 1 bilhão de telespectadores de todos os continentes, o Campeonato Mundial de Futebol, jogos e festas planetárias.

Isso nos dá a sensação de que tempo e espaço se esticam e se contraem, se encontram e se afastam: um acontecimento em algum país (quiçá Bósnia, Ruanda, Canadá ou França), acompanhado de um tempo que se distorce entre o que já foi e o que está sendo (consequências de um mês funesto espalhadas pelos dias procedentes ou já agora consolidados nos dias de hoje), encontra um acontecimento diferente em algum outro lugar (como um almoço que lhe trouxe felicidade ou um vinho que lhe deu enxaqueca), acompanhado com o tempo narrado, também distorcido por aqueles que o leem (escrito em 1994, lido em 2012, entendido há tanto tempo, esquecido no futuro que ora se encontra presente).

Tempos, espaços, importâncias dão a este livro um tom de vida atenta aos fluxos dos corpos, das consciências, dos desejos. Como Sísifo, condenado ao corpo-pedra rolando pelos morros do conhecimento e da ignorância, Edgar Morin sente, prevê, sintetiza, flana e se deixa largar em queda-livre sobre nossos pensamentos e sensações por um ano quase sombrio, não fossem os impulsos solares de uma existência que, por mais que sofra os desagravos do mundo, sempre se dedica a criar espantosas belezas.

DANILO SANTOS DE MIRANDA
Diretor Regional do SESC São Paulo

Prefácio à edição brasileira

Adolescente, eu mantinha um diário bastante irregular sobre minhas leituras, reflexões, tormentas. Continuei a escrevê-lo até os 21 anos, quando decidi cair na vida ilegal, ingressar na Resistência à ocupação nazista e, simultaneamente, no movimento comunista. Terminei meu diário com essas palavras: "Necessidade de ação ou convicção profunda? É o que veremos mais tarde". Na verdade, a necessidade de ação alimentou a convicção, ou melhor, a esperança, e a esperança alimentou a necessidade de ação.

Não fiz nenhum diário durante esses anos decisivos de minha vida, nem sobre os importantíssimos anos do pós-guerra, sobre minhas desilusões pessoais, minha decepção política, minhas amizades extremamente fortes, meu engajamento na revista *Arguments*, meu engajamento contra a guerra da Argélia, minha aventura com Claude Lefort e Cornelius Castoriadis, sempre fora dos padrões vigentes, o início de meu caminho rumo ao pensamento complexo, a irrupção de maio de 1968.

Em 1962, embora hospitalizado em Nova York para o tratamento de uma grave hepatite, decidi elucidar para mim mesmo o que é importante e secundário, o que penso e naquilo em que verdadeiramente acredito. Em convalescência na Côte d'Azur, comecei a praticar o que, então, eu denominava meditação. Ao mesmo tempo, porém, eu passava da vida vegetal de doente preso ao leito, à vida animal da caminhada, maravilhava-me com o sol, as flores, os pássaros, maravilhava-me com o fato de reviver e entremeava minha meditação com notas que diziam respeito à minha vida renascente, aos filmes aos quais ia assistir, aos amigos que encontrava, aos acontecimentos que me emocionavam. De tudo isso, originou-se um manuscrito híbrido, um conjunto de reflexões sobre os fundamentos de minhas ideias e, simultaneamente, um diário referente aos anos 1962-1963 até meu retorno a Paris. Esse livro só seria publicado em 1969 com o título *Le vif du sujet* que, no Brasil, foi traduzido como *X da questão: o sujeito à flor da pele*.

Não escrevi nenhum diário nos dois anos seguintes, nos quais, entretanto, minha vida mudou: saí de meu domicílio, fiquei hospedado em um pequeno quarto na casa de um amigo, encontrei Johanne, liguei-me a ela.

Quando, entretanto, comecei a fazer uma pesquisa sobre a modernização na comuna de Plozevet, na Bretanha (Finistère Sul), decidi escrever um diário de campo. Escrito em 1965, só foi publicado em 2011 pela editora L'Aube. Esse diário integra minhas observações objetivas e minhas impressões subjetivas (o pleno emprego da subjetividade e o pleno emprego da objetividade) e indica o progresso, as descobertas, as incertezas, a complexidade de minha pesquisa.

Embora os anos seguintes tenham sido importantes, não escrevi nenhum diário sobre eles. Mas, em 1969, convidado pelo Instituto Salk de Pesquisas Biológicas para um período de um ano, pressenti que essa permanência seria muito importante para mim e, então, decidi escrever um outro diário. Daí surge *Diário da Califórnia*, no qual mergulho na então florescente cultura da paz e do amor, das comunidades jovens, dos festivais ao ar livre, nas quais descubro ao mesmo tempo, e com grande entusiasmo, os pensamentos de que necessitava para chegar ao pensamento complexo. Temporada feliz, inesquecível pela paixão, pelo amor e pelas amizades, que findou com o retorno à França pela via asiática, passando por Tóquio, Hong Kong, Sri Lanka.

Não fiz nenhum diário nos anos subsequentes, e lamento, sobretudo, não ter feito um diário de elaboração de *O método*, o que teria indicado a migração de certas ideias da periferia para o centro de meu pensamento (como a ideia de sujeito) e vice-versa, tais como a elaboração do tetragrama ordem / desordem / interações / organização, a elaboração de uma teoria da organização com base na noção de sistema e, mais amplamente, a execução, a fabricação, a realização da finalização de um primeiro manuscrito global que abrangeria o período de 1973 a 1976. Em resumo, isso teria sido um documento bastante interessante para um pensamento em reconstrução.

Desde que planejei escrever *Para sair do século XX*, publicado em 1981 (e que depois se transformou em *Para entrar no século XX*), decidi escrever também o *Diário de um livro*. Mas esse livro foi escrito, de fato, como uma forma de aplicação das ideias elaboradas em *O método* e não testemunha em nada uma elaboração criadora. Como nos diários ulteriores, o *Diário de um livro* já é um reflexo dos mínimos detalhes e dos grandes problemas da vida cotidiana, das reflexões políticas, sejam elas filosóficas ou não, de mininarrativas de acontecimentos que me causam espanto. Quero demonstrar que um incidente muito próximo assume uma importância desmesurada (como um ovo quente, cujo cozimento passou dos três minutos e meio), e que se vive esse incidente tanto como um cidadão do mundo envolvido com todos os grandes acontecimentos planetários tanto como um indivíduo singular relacionado com a qualidade da alimentação e com os episódios da vida pessoal.

Evidentemente, meu tipo de diário não tem nada a ver com um diário literário, fato que a crítica identificou como uma carência, e isso porque ele não visa a minha "estatuificação" em poses nobres, mas minha "desestatuificação", mostrando-me como uma pessoa comum que não esconde nenhuma de suas faltas e de seus erros. Ele também não é um diário *total*, pois não diz nada do que se passa da cintura para baixo e também se cala sobre os episódios da vida subterrânea.

Fui levado a retornar a esse tipo de diário, com imenso prazer, aliás, quando a Editora Seuil pediu-me que escrevesse um diário sobre o ano de 1994, que seria publicado em 1995. E assim surgiu *Um ano sísifo*, que foi muito mal acolhido pela crítica e me valeu algumas calúnias (que os caluniadores jamais me perdoaram). Para não me desencorajar com isso, quis publicar meu diário do ano seguinte, *Chorar, amar, rir, compreender*, publicado pela Editora Arléa. O livro não recebeu nenhuma atenção da crítica.

Posso afirmar, entretanto, que é nos meus diários que dou o melhor de mim mesmo: são observações, reflexões, julgamentos nos quais me encanto ou me revolto, nos quais minhas qualidades literárias se expressam e desabrocham. No fundo, é normal que o melhor permaneça desconhecido, uma vez que não obedece a norma alguma. Ainda que eu seja percebido de maneira restrita como sociólogo e, por vezes, de maneira mais aberta, mas ainda classificadora e limitada, como "sociólogo filósofo", sou antes de mais nada um ser humano que ama o que existe de maravilhoso na vida e tem horror ao que ela tem de cruel, um ser humano bastante comum enraizado nos séculos xx e xxi, que neles viveu e sofreu todos os grandes e pequenos problemas. É por tudo isso que sou escritor, ou seja, adoro expressar-me por meio das palavras, brincar com elas, encontrar metáforas, desfrutar do prazer de descrever, ou melhor, do prazer de escrever.

EDGAR MORIN
Paris, Fevereiro 2012.

Janeiro

SÁBADO, 1º DE JANEIRO. Às 12 badaladas da meia-noite, os que comemoram o *réveillon* se levantam, se beijam e se exclamam "feliz ano-novo", e o ano que morre cai em pedaços, enquanto do meio da noite surge um ano totalmente novo. Como pela primeira vez na vida não comemorei o *réveillon*, a ausência do grande rito da meia-noite fez com que eu não tivesse sentido a cisão entre 1993 e 1994. O ano de 1993 fundiu-se imperceptivelmente no de 1994.

Após dias sombrios e cinzentos, para mim, o céu inteiramente azul desta manhã indica não uma grande renovação, mas uma alternância climática provisória.

Pressinto que o ano vai ser turbulento e complicado. Não sei se uma das grandes bifurcações em nosso futuro se efetivará já em 1994. De qualquer modo, precisaremos de vigilância, atenção, paciência...

Desejando aproveitar o céu azul, iremos passear na *Île Saint-Louis*. Uma parada na creperia: um crepe de trigo-sarraceno recheado com ovo e queijo provoca em mim um sentimento de plenitude, assim como a crosta de pão tostado com queijo e ovo que jamais deixo de comer em Lausanne. A combinação do trigo-sarraceno e do queijo, respeitando inteiramente a especificidade de um e de outro, cria um novo prazer ao qual o ovo acrescenta uma maciez, uma cremosidade que realça o prato como um todo. Na crosta com queijo, a ausência do trigo-sarraceno é compensada pelo tostado do pão. E no crepe, a ausência do tostado do pão é compensada pelo trigo-sarraceno. Aí estão dois encontros perfeitos: a união de três ingredientes elementares simultaneamente revela e transcende o sabor de cada um deles.

Minhas resoluções para 1994 permaneceram latentes durante todo o outono, este é o momento de formulá-las.

Uma vez mais, atingi os limites da dispersão, por causa de compromissos, de deslocamentos, de conferências, de colóquios, de artigos, de encontros, de inutilidades, de futilidades: perco meu tempo, sacrifico minha família, meus amigos e perco a mim mesmo.

Durante muito tempo consegui fugir de Paris, encontrar-me, encontrar meus ritmos na Toscana, na Provença, onde eu podia simultaneamente escrever e viver... Mas, depois de dez anos morando em Paris, não faço senão viagens apressadas aqui ou ali.

Portanto, reforma de vida:

1. Viagens: não mais do que duas por mês, com largas pausas de 15 dias a três semanas sem compromissos. Se a agenda já estiver lotada, recusar qualquer nova proposição, salvo em caso de interesse excepcional.
2. Paris: reservar pelo menos três dias por semana para mim; almoçar em restaurante apenas uma vez. Tanto quanto possível, passar três dias inteiros em Silly-Tillard, na casa de meu amigo Jacques-Francis Rolland[1], o nosso J.-F. R.
3. Entrevistas: recusar todas. Foi uma conversa com Milan Kundera que determinou minha decisão. Quando o chamei para que ele desse uma entrevista a um excelente jornalista brasileiro, ele me declarou: "Entrevistas, jamais, esse é meu dogma". A palavra me iluminou. Aliás, por que dar entrevistas cujas edições são mal feitas por jornalistas preguiçosos, entrecortadas por frases de sua própria invenção, em uma linguagem deles que nada tem a ver com a minha? Perco horas refazendo tudo para conseguir um resultado necessariamente medíocre: o pensamento e a expressão ficam diluídos ou desnaturados em relação a meus livros.

---

1. Jacques-Francis Rolland (1922-2008). Jornalista, escritor premiado e membro da Resistência Francesa. (N.Ts)

4. Meio intelectual parisiense: abstrair-me dele. Antigamente, quando me ausentava por vários meses para trabalhar tranquilo, eu me esquecia *deles*. Desde que me estabeleci em Paris, os Diafoirus, os Trissotins, os Tartufos[2] me invadem mentalmente. E o velho anjo de Reims, de ambição insaciável. E o impiedoso, que após ter pretendido se apropriar da cientificidade, hoje se esforça em assegurar o controle da qualidade do intelectual e de atribuir-se o prêmio de excelência. Danem-se todos eles...
5. Preparar-me para uma nova travessia do deserto. Ideias unilaterais, arbitrárias surgem por toda parte. O mesmo modo de pensar responsável por tantos erros lamentáveis, todas as coisas que denunciei no passado e agora. Devo aceitar, então, ser incompreendido, embora seja conhecido, aceitar que todas as coisas que escrevi no passado sejam ignoradas, esquecidas. Aceitar o fato de estar novamente entre os vencidos. Acreditei por um tempo que a crise das ideias mutilantes e unilaterais, a crise do marxismo, a crise do liberalismo, a crise de nossas sociedades, a crise planetária iriam favorecer a emergência e a escuta do "pensamento complexo". Esse foi o caso durante dois ou três anos, entre 1989 e 1992. Depois, a enormidade dos problemas a serem enfrentados inseparavelmente e a enormidade da reforma do pensamento a ser efetivada levaram à rotina, ao estreitamento geral dos horizontes, ao fechamento no parcial, no fragmentário, no particular. Um dos efeitos da crise planetária é que esse deslocamento e esse fechamento em si sejam generalizados. Desse modo, quanto mais nos inserimos na interdependência planetária, menos a percebemos.
O velho camelo resiste em partir novamente para o deserto!
6. Escrever: após seis meses de esterilidade, voltar a redigir o livro que, em certo sentido, deve reafirmar minha autonomia e repetir, "não sou um de vocês". Escrever, redigir: droga que a gente mesmo secreta, uma fuga para o fundo de si mesmo.

---

2. O autor refere-se aos personagens de três peças teatrais de Molière (1662-1673) que se mostram pretensiosos, arrogantes, hipócritas, dissimulados e aproveitadores. (N.Ts.)

Segunda-feira, 3 de janeiro. Encontrada no meio do prospecto da associação *La Croisée des Chemins*, especializada em viagens iniciáticas, a frase do frei Jean-Marie, eremita no platô do Assekrem, no Hoggar, Argélia: "Existem lugares tão fortes que, mesmo que cheguemos ali como turistas, partimos como peregrinos".

Telefonema de Sami Naïr[3]. Confesso-lhe meu desencorajamento diante da crise planetária. O paradoxo é que as desagregações e os retrocessos que ela provoca impedem que se percebam os problemas vitais de cada um e de todos. Ocorre, também, que quanto mais minha "mensagem" de *Terra-Pátria*[4] me parece indispensável, menos ela é compreendida. Na França, o sistema universitário exclui esse tipo de pensamento, que não se encaixa em compartimentos e categorias. Quanto mais o pensamento complexo se torna necessário, mais ele é rejeitado.

As mídias embarcam em um "cotidiano" desenfreado, tudo o que foi dito ou feito em um passado mesmo recente, todo o fruto da experiência dissolve-se no esquecimento.

Sami me faz lembrar do nome dado por Jean-Luc Godard às mídias, "a imensa máquina de fabricar esquecimento".

O que enriqueço ainda mais com a frase de Jacques Merlino: "Todo pensamento que excede o prazo de um minuto para ser esclarecido está excluído das mídias".

Na *Actuel* aparecem as respostas para a questão "O mundo se divide entre o quê e o quê?". Eu respondi: "Entre ele e ele mesmo".

Hoje de manhã, o *Libé*[5] publicou meu diálogo com Alwin Töffler. Eu me esqueci de argumentar com ele que as técnicas da "terceira

---

3. Sami Naïr (1946-). Cientista político, pensador, professor da Universidade Paris VIII, especialista europeu em assuntos de imigração, atuou como assessor do governo francês em políticas relacionadas aos movimentos de populações. Escreveu com Edgar Morin o livro *Une politique de civilization* [Uma Política de Civilização], Paris: Arléa, 2002. (N.Ts.)
4. Edgar Morin, *Terre-Patrie,* en collaboration avec Anne-Brigitte Kern, Paris: Éditions du Seuil, 1996. Edição Brasileira, *Terra-Pátria,* em colaboração com Anne-Brigitte Kern, tradução Paulo Azevedo Neves da Silva, Porto Alegre: Sulina, 1995. (N.Ts.)
5. O jornal *Libération*, ou *Libé*, como é chamado pelos franceses, foi fundado em 1973 com o apoio de Jean-Paul Sartre e outros intelectuais. Sartre foi seu primeiro editor. Identificado por suas posições de esquerda, o *Libération* evoluiu para uma linha socialdemocrata, o que não tira o vigor de seus editoriais

onda" informática, na qual ele identifica a possibilidade de um mundo melhor, são tão ambivalentes quanto as outras técnicas. Sem dúvida, elas permitem mais autonomia, mais liberdade, mais democracia, mas igualmente mais controle, mais dominação, mais ditadura.

À noite, apesar da prevenção dos críticos, assisti na televisão a *O comboio*[6], de Sam Peckinpah. O filme trata de uma das duas profissões que eu teria adorado exercer, motorista de caminhão de carga pesada que viaja em comboio por todas as estradas transcontinentais. Emocionante! Finalmente um filme sobre minha outra vocação: regente de orquestra.

TERÇA-FEIRA, 4 DE JANEIRO. Angústia, Edwige passa por uma intervenção cirúrgica. Depois, alívio.

Na farmácia, deparei com um incoerente *slogan* para uma colônia: "Buquê Imperial é uma harmonia de toques frutados e almiscarados em um coração turbulento". Trissotin[7], que já passou da literatura para o jornalismo, provoca devastações também na publicidade.

O último número da *La Recherche* aborda um problema que me fascina, a massa invisível do universo (os 99 por cento de sua massa total). O fato de que se começa a perceber vestígios ou signos dessa invisibilidade significa, de certo modo, que se reconhece o invisível. Penso em todos os outros invisíveis que nos circundam, que nos transfixam, que se encontram em nosso próprio interior.

Outro artigo, "O câncer é um problema de comunicação?", adianta que o desaparecimento das comunicações diretas entre células constitui provavelmente um elemento-chave da cancerogenia. Isso nos remete a um problema mais geral, o das doenças da comunicação no plano das relações familiares, já detectado e tratado por Paul Watzlawick e a

---

diários. É o jornal com um dos maiores investimentos na área digital e um *site* atualizado a cada trinta minutos. (N.Ts.)
6. *Convoy*, filme americano, de 1972, do diretor Sam Peckinpah; no elenco: Kris Kristofferson, Ali Macgraw, Ernest Bornigne. (N.Ts)
7. Criado por Molière (1622-1673) na peça *Les femmes savantes*, Trissotin é um personagem ridículo, pedante e de caráter duvidoso. Considerada uma das comédias mais populares do dramturgo francês, a peça satiriza as pretensões acadêmicas dos personagens e a educação feminina. Estreou no Teatro do Palais-Royal em março de 1672. (N.Ts.)

escola de Palo Alto. Sem dúvida alguma, o estudo deveria estender-se à nossa civilização como um todo.

Terminei o livro de Jacques Merlino, *Les verités yougoslaves ne sont pas toutes bonnes à dire* [Nem todas as verdades iugoslavas são boas de se revelar], da Albin Michel. Era justificada a ideia de denunciar a busca do sensacionalismo a qualquer preço, as programações e os artigos tendenciosos, a simplificação e ampliação maniqueístas, mas essa denúncia da superficialidade mediática revela, ela mesma, a superficialidade mediática. Alguns desses documentos chocantes são tão unilaterais quanto as informações alarmantes que denunciam. A partir do momento em que os combates tiverem cessado, será necessário investigar seriamente os campos de prisioneiros ou de deportados, as execuções sumárias, as atrocidades, os estupros; distinguir os acontecimentos verdadeiros dos falsos, situá-los, datá-los, compará-los. Mas aí será tarde demais.

Em alternância com o livro de Merlino, li *Le Christ de Thérèse de Jésus* [O Cristo de Teresa de Jesus], de Michel de Goedt, publicado pela Desclée. Fiquei encantado com os "arrebatamentos" (palavra sublime) místicos de Teresa, sua fusão amorosa com seu divino esposo, que lhe diz: "Eu estou em ti, assim como tu estás em mim". Sinto-me transtornado por esses momentos de verdade além da lógica, no limite da linguagem: "Compreender tudo não compreendendo nada".

QUINTA-FEIRA, 6 DE JANEIRO. Sarajevo está sob bombardeio desde o Natal. Combates com armas pesadas teriam acontecido "no centro da cidade".
Durante esse tempo, a maioria dos intelectuais franceses guarda silêncio. Alguns passaram da imprecação à autoflagelação. Alguns, que condenam os covardes que se desviam de Sarajevo, denunciam, ao mesmo tempo, os que para esse lugar se dirigem como prostitutas ávidas de publicidade. Que situação miserável.
O que irão dizer na próxima segunda-feira, no programa de televisão de Jean-Marie Cavada[8] ao qual aceitei comparecer? Ainda postergo meu artigo para o *Le Monde*, "Paz na ex-Iugoslávia".

---

8. Jean-Marie Cavada (1940-). Jornalista e político francês. Em 1994, Cavada criou *La Cinquième*, nova ca-

Telefono para meu amigo Marcel Bolle de Bal[9] em seu pequeno cubículo no *L'Héraut*. Número errado, caio em uma agência dos correios. O empregado me explica muito gentilmente que se trata de um número antigo, procura em sua lista telefônica e me dá o novo. Essa amabilidade, que deveria ser normal, ainda tão frequente nas regiões interioranas, me surpreende e me encanta. Na cidade, perdeu-se o hábito dessa... urbanidade.

Recebo a edição de bolso de meu livro *Sociologie*[10] e preparo uma pequena lista de informações para a imprensa.

Terminei *O Cristo de Teresa de Jesus*. O último capítulo é consagrado à interpretação lacaniano-cristã de Denis Vasse. Arrasadora: como se pode decompor o amor sublime de uma amante sublime em tantos ingredientes bizarros?

O que é belo em Teresa é encontrar todos os estados do amor: paixão, inquietude, êxtase, alegria, delírio, por um esposo divino que, nesse amor e por esse amor, adquire uma consistência hiper-real e surreal... Que extraordinária transmutação da sensualidade ardente em amor místico acontece nessa marrana.

Em *As ideias*[11], insisto no fato de que a fé de uma comunidade de fiéis dá vida e transcendência a seu ou a seus deuses que, no decorrer de cerimônias como a macumba, podem reciprocamente apossar-se de um ser humano e falar por meio de sua boca. O mesmo acontece no que se refere à substancialização sob forma de aparição, como as da Virgem às crianças. Teresa vê o Cristo tanto com suas feridas e seu infinito sofrimento como em sua glória (ela tem até mesmo a revelação quase física da Santíssima Trindade). Não apenas ocorre aparição e diálogo, como também transubstanciação mútua. A união com o

---

deia de televisão consagrada ao saber, à formação e ao emprego, na qual permaneceu como presidente até 1997. (N.Ts.)
9. Marcel Bolle de Bal (1930-). Sociólogo belga, professor emérito da Universidade Livre de Bruxelas (N.Ts.).
10. Edgar Morin, *Sociologie* [Sociologia], édition revisée et augmentée, Paris: Points, 2007. Sem tradução brasileira. (N.Ts.)
11. Edgar Morin, *La méthode, Les idées*, tome IV, Paris: Seuil, 1991. Edição brasileira, *O método IV – as ideias, habitat, vida, costumes, organização*, 5ª edição, tradução Juremir Machado da Silva, Porto Alegre: Sulina, 2011. (N.Ts.)

divino esposo assume todas as características de uma verdadeira fusão amorosa entre dois seres.

"A catástrofe está ali em caráter permanente e... no entanto, ela é mais ou menos bem exorcizada em caráter permanente", escreve Alain Caillé no boletim do MAUSS (*Mouvement anti-utilitariste dans les sciences sociales*). Essa desorganização/reorganização é própria das sociedades evolutivas complexas. Existe algo mais nos dias de hoje? É preciso que eu aprofunde mais esse assunto em meu próximo artigo para o *Le Monde* intitulado "Em busca da crise".

Manchete no *Le Monde*: "A SNCF[12] anuncia uma nova política comercial". Teria sido necessário o ridículo fracasso do Sistema Sócrates (batizar com o nome de Sócrates essa obra-prima da imbecilidade humana!), os protestos contra as multas impostas aos infelizes usuários, que burlam para escapar da interminável espera e não perderem o trem, as tarifas diferenciadas de modo incompreensível, mas sobretudo a queda de 7 por cento do tráfego ferroviário para que, finalmente, a SNFC se proponha a "humanizar as estações de trem". Isso é bastante insuficiente. Ninguém parece ter consciência de que a origem de tantos erros reside na lógica tecnoburocrática somada à lógica da rentabilidade e da competitividade. Não basta humanizar as estações de trem, é o sistema SNCF inteiro que precisa ser humanizado. Sem dúvida alguma, esses problemas são ignorados tanto pelo Partido Socialista como por Édouard Balladur[13].

Assisti à refilmagem de *A Atlântida*[14], de Bob Swain, no *Canal Plus*: o cenário é mágico, Saint-Avit e Morhange são bem convincentes, mas a Antinea, humanizada demais, não apaga para mim a interpretação de Brigitte Helm[15], imagem soberana e fatal do amor, que no filme de Georg Pabst transtornou meus 13 anos e me marcou para sempre.

12. Sociedade Nacional das Estradas de Ferro Francesas. (N.Ts.)
13. Édouard Balladur (1929-). Primeiro-ministro da França de 1993 a 1995, durante o governo do presidente François Mitterand. (N.Ts.)
14. *L'Atlantide*, filme ítalo-francês, de 1992, do diretor Bob Swain; no elenco: Tchéky Karyo, Christopher Thompson e Victoria Mahoney. (N.Ts.)
15. O autor refere-se ao filme alemão *L'Atlantide*, filmado em três versões (francesa, inglesa e alemã), de 1932, do diretor Georg Wilhelm Pabst; no elenco, Brigitte Helm, Pierre Blanchar e Tela Tchaï. (N.Ts.)

Sexta-feira, 7 de janeiro. Encontrei essa "anedota taoísta" em epígrafe no número zero da *L'Attention*: "Uma aranha encontra uma centopeia e lhe pergunta: – Diga-me, como faz para andar sem enroscar as patas? – A centopeia para na mesma hora e fica sem resposta, mas quando tenta andar de novo a confusão é indescritível".

A televisão volta a falar do pedido de beatificação feito pelo Cardeal Lustiger em favor de Jacques Fesch, assassino de um policial que se arrependeu na prisão e tornou-se santo antes de ser guilhotinado. Reação indignada, principalmente da parte de um responsável do sindicato da polícia. Existe um abismo entre os que encarceram um criminoso por seu crime, não importa o que ele tenha feito antes e, sobretudo, no que ele se tornou depois, e aqueles que fazem parte da evolução, para quem o perdão existe, que compreendem o valor do arrependimento, que acreditam na redenção por esse mesmo arrependimento. Há os que compreendem que um criminoso pode se tornar um santo, que todo criminoso pode se transformar, e os implacáveis, que não veem senão castigo e punição pelo crime.

Domingo, 9 de janeiro. Ontem à noite assisti a um documentário do *National Geographic* sobre as orcas. Admirável mundo animal. Suas formas, cores, movimentos: o voo da águia, o bote do tigre, o nado da arraia, do leão-marinho...

Em um texto sobre o Clube de Roma, Erwin Lazlo escreve que, no começo dos anos 1970, o Clube de Roma foi "a consciência da humanidade". Sim, a partir desse período, não são mais os intelectuais, mas o Clube de Roma, os Médicos sem Fronteiras, a Anistia Internacional que encarnam a consciência da humanidade.

Informar-me sobre a invasão do mundo "virtual" por meio da informática e das imagens: os ciberespaços, os parques virtuais (já criados em Cancún, Cingapura, Las Vegas), as comunidades virtuais, os clones virtuais (que são diferentes das simulações realistas, mas onde reside a fronteira?), a telepresença, a televirtualidade, o teletrabalho, que irão tornar interlocutores distantes virtualmente vizinhos. Tudo caminha muito rápido. Alguns preveem uma "civilização do virtual". No começo de dezembro, meu vizinho de poltrona no TGV, um suíço, contou-me que junto com dois amigos, um na Austrália e outro na Califórnia, havia constituído uma "sociedade virtual", isto é, uma associação livre e informal que lhes permitia criar sociedades *ad hoc* para explorar uma licença, fazer determinado tipo de transação etc. Pelo fato de não comparecer ao encontro sobre os "mundos virtuais" em Monte Carlo, de 16 a 18 de fevereiro, preciso encontrar seu cartão de visitas e ler a revista *Imagina*.

Desde meados de dezembro, chovem cartas repletas de votos de final de ano estereotipados, burocratizados, enviados por organizações anônimas que expressam suas esperanças, mas se isentam de dizer quem são e nem mesmo colocam uma assinatura.

Telefonema de J.-F. R., em cuja casa tentarei instalar-me durante dois ou três dias por semana, fora do fim de semana, para realizar uma das partes de meu programa de "reforma de vida". Ali poderei começar a redação do livro *Não sou um de vocês*[16] (que adotei como título).

Estou muito feliz diante dessa perspectiva: cinquenta anos depois de termos vivido no mesmo quarto da Casa dos Estudantes de Lyon, vamos morar juntos novamente... Penso com ternura nessa época de engajamento como resistentes, época de esperança, de risco e de fraternidade. Georges Szekeres costumava dizer, quando nos encontrava: "Rolland é corajoso, mas Edgar é sábio". De fato, Rolland era um sujeito temerário e sua temeridade me deixava apavorado...

SEGUNDA-FEIRA, 10 DE JANEIRO. Reunião do comitê Ciências e Cidadãos no CNRS[17]. Em seguida, na Seuil, assino meus exemplares de imprensa da versão de bolso do *Sociologia*, profundamente modificada (ao mesmo tempo aumentada e diminuída), evidentemente desconhecida

---

16. No original, *Je ne suis pas des vôtres*. Título inicial do livro de Edgar Morin que, posterirmente, foi denominado *Mes démons*, Paris: Stock, 2008. Edição brasileira, *Meus demônios*, tradução Leneide Duarte, Clarisse Meireles, Rio de Janeiro: Bertrand Brasil, 1997. (N.Ts.)
17. Centro Nacional de Pesquisa Científica. (N.Ts.)

dos sociólogos que situam o livro fora de suas categorias. Dissemino minhas ideias sem nenhuma ilusão.

TERÇA-FEIRA, 11 JANEIRO. Programa de Jean-Marie Cavada ontem à noite no canal de televisão France 2, *Sauver Sarajevo* [*Salvar Sarajevo*]. De um lado, em Paris, o ministro das Forças Armadas, o ex-ministro humanitário, o arcebispo de Paris, os comentaristas e explicadores, e, em Bruxelas, o ministro Alain Juppé[18], que saía de um jantar diplomático; do outro, os representantes de Sarajevo, em um estúdio vasto e sombrio de sua emissora de televisão. A distância é enorme: eles não compreendem que a ONU, os países fortemente armados da Comunidade Europeia, da OTAN, sejam incapazes de suspender esse cerco que já dura quase dois anos. Os ministros se autojustificam, quase se autofelicitam. François Léotard[19] afirma que, recentemente, a França enviou mil homens para lá e que outros países fizeram o mesmo. Juppé anuncia um projeto (mas ele será realizado...) de libertar a zona de Sarajevo, o aeroporto de Tuzla, Mostar, Srebrenica, ou seja, de colocar essas cidades poliétnicas sob o protetorado da ONU.

Fui convidado, depois desconvidado. O que eu poderia ter dito? Que o cerco de Sarajevo diferencia-se de todos os outros pelo fato de que não se pretende apenas fazer uma cidade capitular, mas também destruir seu caráter de capital pluriétnica e plurirreligiosa, centro de coexistência, de convivialidade, de mestiçagem? Que a Europa está se suicidando como tal porque deixa que se destrua a realização concreta daquilo a que ela aspirava, inclusive a reintegração do islã? Anos-luz separam esses sitiados e nossos políticos retóricos que teriam os meios de libertá-los, mas que fazem uso de evasivas, de palavreados inúteis.

Espero pelo menos que uma ameaça de intervenção armada seja capaz de pesar sobre as negociações de 18 de janeiro e que um acordo de paz seja assinado. Sem dúvida alguma, a Bósnia-Herzegovina será dividida, mas o importante seria que as fronteiras (sob a garantia das Potências) sejam permeáveis como as da Comunidade Europeia, e que

---

18. Alain Marie Juppé (1945-). Político, atual ministro das Relações Exteriores na França. Atuou como primeiro-ministro de 1995 a 1997 no governo do presidente Jacques Chirac. (N.Ts).
19. François Léotard (1942-). Político, membro do Partido Republicano, foi ministro da Cultura da França, de 1986 a 1988. (N.Ts)

os bens dos refugiados ou expulsos sejam protegidos pelos acordos. Pode-se esperar, também, que a lógica da democratização na Sérvia e na Croácia acalme progressivamente a histeria chauvinista e que, no futuro, permita entrever não apenas uma nova Iugoslávia, mas também fórmulas associativas diversas. Finalmente, uma conferência internacional deverá interessar à Krajina, ao Kosovo, à Voivodina e, mais amplamente, aos Bálcãs.

Li no *Times* hoje de manhã:
- Desde o início do cerco, a população de Sarajevo passou de 545 mil para 380 mil habitantes;
- 9.500 civis, entre os quais 1.600 crianças, foram assassinados;
- 55.700 pessoas, entre as quais 16 mil crianças, foram feridas;
- seis entre dez casas foram destruídas ou destroçadas;
- Os alunos do ensino primário passaram de sessenta mil para 18 mil;
- Das 37 estações de bombeamento de água, 34 foram destruídas.

Desde 1º de janeiro, em dez dias, portanto, mil obuses sérvios atingiram a cidade, matando pelo menos quarenta pessoas, provocando cortes na eletricidade, na água e no gás.

Assembleia e jantar com os amigos da APC (Associação para o Pensamento Complexo). Antonin conta a seguinte história: no dia 31 de dezembro à meia-noite, na rádio tcheca, um escritor tcheco apresenta seus votos: "Desejo a todos muita saúde. Entretanto, como todos vocês sabem, no *Titanic* todos gozavam de boa saúde".

QUARTA-FEIRA, 12 DE JANEIRO. Encontrei Myron Kofman, que escreve um livro, em Oxford, sobre minhas ideias[20]. Ele conhece bem meus escritos, mas a diferença entre sua percepção a meu respeito e a percepção que tenho de mim mesmo, principalmente no que se refere à minha posição no marxismo e fora dele, reside em nossa maneira diferente de contextualizar as ideias. Mais uma vez, verifico que a dificuldade de compreensão mútua depende menos de uma opinião

---

20. O autor refere-se ao livro de Myron Kofman, *Edgar Morin: from Big Brother to fraternity*, Londres: Pluto Press, 1996. (N.Ts.)

diferente sobre os fatos do que da maneira de integrar esses fatos em nosso sistema mental.

O *Le Monde* revela que nos Estados Unidos foram feitas "experiências" em cobaias humanas sem que elas tivessem conhecimento disso. Desse modo, por mais extremo que seja, o caso do Doutor Josef Mengele, de Auschwitz, decorre de uma tendência profunda da experimentação biomédica. O artigo, intitulado *"Irradiés pour la science"* [*Irradiados pela ciência*], resume em seu subtítulo: "Os americanos descobrem com indignação que, durante a Guerra Fria, pelo menos oitocentos cidadãos serviram de cobaias para experiências nucleares." Uma vez mais, o caso permaneceria ignorado sem a obstinação de uma jornalista. Ela, a serviço de um modesto jornal do Novo México, o *Albuquerque Tribune,* ficou sabendo, além disso, que no decorrer dos anos 1950, em uma instituição especializada, fizeram crianças deficientes mentais ingerirem substâncias radioativas, introduzidas em seus flocos de aveia no café da manhã, para satisfazer à curiosidade científica dos pesquisadores do MIT. A título experimental, eles também ministraram doses radioativas a 751 mulheres grávidas de baixa renda, causando a morte por câncer de pelo menos três crianças. Os cientistas americanos reagem com lentidão e repugnância a essas revelações e tentam minimizar o impacto.

"Para mim, essa é uma história soviética, mas em pequena escala", comenta uma pesquisadora russa do *National Institute of Health* que viveu em Chernobyl. É também uma história nazista, em pequena escala. E lembremos de que na França houve o caso do sangue contaminado.

A ciência, sim, é preciso dessacralizá-la, colocá-la em debate, questioná-la. Discutimos isso com Dominique Pignon, de quem me sinto próximo em razão de sua ilimitada curiosidade.

Nesse número do *Le Monde*, tomo conhecimento da morte de Eugène Mannoni. Mesma geração, mesma Resistência, mesma esperança no futuro comunista, mesma desilusão, nos mesmos momentos.

QUINTA-FEIRA, 13 DE JANEIRO. Começando a pôr em prática minha resolução nº 4, viajo para Tillard, na casa de J.-F. R., longe de Paris até sábado. Estive lá várias vezes, mas esqueci o caminho. Ele me orienta por telefone: pegar a segunda saída na autoestrada do Norte, seguir até Sarcelles-Beauvais, continuar nela até chegar a Noailles, pegar a autoestrada de Autheuil.

Mais uma vez constato, à minha própria custa, a validade da teoria de Claude Shannon segundo a qual a redundância (repetição, elementos de confirmação) é necessária à informação. Erro completamente o caminho, saio cedo demais da autoestrada, sofro na periferia e, para terminar, como o endereço de correspondência era Silly-Tillard, confundo as cidades, não reconheço nada, giro em círculos, interrogo em vão os transeuntes, tudo isso antes de chegar à casa de meu amigo.

SEXTA-FEIRA, 14 DE JANEIRO. Em Tillard, relaxamento, paz, retomada do trabalho (escrevo meu artigo sobre a "Deseuropa", para o *Le Monde*). Ter saído de Paris e permanecer nesse lugar caloroso me liberta.

SÁBADO, 15 DE JANEIRO. Lá vamos nós outra vez: mobilização da esquerda a respeito do velho combate de 1905. Em minha opinião, essa revisão da lei *Falloux*[21] é um convite à histeria.

Uma vez mais, mascara-se o que deveria ser a preocupação central da educação, ou seja, a necessária reforma do pensamento. Atualmente, os educadores não reivindicam senão o quantitativo (dá-se preferência a locais, professores, segurança); as estruturas de ensino lhes parecem excelentes. Quanto ao Partido Socialista, ele está radiante de permanecer na mesma velha rotina de sempre, de esquecer a necessidade de sua própria reforma de pensamento.

Segundo Claude Lemaire, uma frase de um autóctone de Madagascar talvez tenha respondido à minha "consciência planetária": "Você habita em toda parte e... seus ancestrais não sabem onde encontrá-lo". Ela escreveu, também, o que eu dizia de outra forma: "A hipnose não é um estado extraordinário, mas o próprio fundamento da psique. O que é extraordinário no homem é a reflexão".

---

21. Lei promulgada na França, em 15 de março de 1850, que concedia à Igreja Católica um papel preponderante no sistema de educação francês. (N.Ts.)

Planejar um texto sobre as novas ciências (ecologia, ciência da terra, pré-história humana, cosmologia) que reagrupam de forma organizadora os conhecimentos oriundos de disciplinas muito diversas.

Ser sociólogo é ser capaz de pensar os fenômenos econômicos, sociais, culturais, religiosos, mitológicos em correlação e interação.

Encontro em minha correspondência o artigo "A lua e a origem do homem", publicado no nº 186 da revista *Pour la Science,* enviado por François Dress, vice-presidente da Universidade Bordeaux I, depois de nossa conversa sobre a espantosa sucessão de condições que ocorreram para que a vida existisse. Nesse artigo, Jacques Laskar argumenta que se a Lua não estivesse tão próxima, o eixo de rotação da Terra não teria estabilidade e sofreria amplas variações caóticas no decorrer das eras. Em consequência, as mudanças climáticas provocadas por essas variações teriam perturbado fortemente o desenvolvimento da vida. Segundo ele, "pode-se afirmar que a Lua age como um regulador climático da Terra e que, a longo prazo, é ela que nos assegura relativa estabilidade climática".
E para concluir: "Sem dúvida alguma, a probabilidade de existência de um planeta de estabilidade climática comparável ao nosso deve ser revista e reduzida em diversas ordens de grandeza".

No decorrer do jantar na casa do querido Sami Naïr, com os Guetta e os amigos do *El País* falamos da passeata em prol da escola laica. Todos estão escandalizados com a lei *Bayrou*[22] e aderem inteiramente à manifestação. Estou de acordo, mas lembro que o desafio não é mais aquele do início do século, quando a Igreja e a reação estavam intimamente ligadas e tanto uma como a outra eram muito poderosas. Sem dúvida, há pequenas vitórias parciais da laicidade, mas não *reconquista*. Além disso, temo ainda mais uma vez que, ao se polarizar sobre neces-

---

22. Em 1993, uma proposição do então ministro da Educação da França, François Bayrou, pretendia modificar uma antiga lei e autorizar as coletividades locais a subvencionarem os investimentos das escolas particulares sob contrato. A adoção dessa disposição iria reacender os conflitos sobre o sistema educacional francês e fazer com que, em 1994, em Paris, um milhão de pessoas desfilassem em passeata em defesa do financiamento das escolas públicas. (N.Ts.)

sidades quantitativas, essa passeata escamoteie a necessária reforma do pensamento. Para mim, a ideia segundo a qual "o ensino é excelente, mas lhe faltam os meios" é obscurantista.

DOMINGO, 16 DE JANEIRO (MANHÃ). Enorme sucesso da passeata. Embora continue a manter meus pontos de vista, converto-me a ela. Trata-se de um retorno à laicidade, de um despertar e de uma grande festa da França republicana. Assim, tudo o que para mim era secundário, continua secundário, mas, nesse novo contexto, são minhas objeções que se tornaram secundárias. Caramba!

Na verdade, a passeata adquiriu todo sentido com a retirada da lei *Bayrou* pelo Conselho Constitucional. Em consequência, a passeata era menos *contra* a escola privada do que *a favor* da escola laica e, mais amplamente, pela ideia laica.

Crime sem castigo: em um livro de entrevistas, descubro estupefato, em epígrafe, uma frase retirada da introdução geral de minha obra *O método*[23] e atribuída a Fiódor Dostoiévski: "O único pensamento que vale a pena é aquele que vive na temperatura de sua própria destruição". Envio um fax furioso ao autor da antologia que afirma que aquilo não tinha importância, que ninguém lê as epígrafes e que, de resto, ele havia cometido o mesmo erro em seu livro anterior sem que nenhum dos seis mil compradores tivesse feito nenhuma observação. Essas tentativas de acalmar a situação me enraivecem. Assim, para milhares de pessoas, essa frase pertence a Dostoiévski; e, se porventura lhes dizem que é minha, eles me acusarão de plágio vergonhoso. Isso me faz lembrar um programa sobre maio de 1968: na ocasião, um fanfarrão declarou que, alguns dias antes dos acontecimentos, eu afirmara que nada aconteceria. Na verdade, havia sido François Bourricaud que, do gabinete do ministro Alain Peyreffite, assegurara que a pequena agitação de Nanterre não passava de fogo de palha. Eu, ao contrário, em

---

23. *La méthode* é a obra fundamental para a construção da Antropologia Geral proposta por Edgar Morin, constituída por seis volumes escritos em épocas diversas, *La nature de la nature* (1977), *La vie de la vie* (1985), *La connaissance de la connaissance* (1986), *Les idées* (1991), *L'humanité de l'humanité-L'identité humaine* (2001), *Éthique* (2004) publicados na França pela Éditions du Seuil em 1981, 1985, 1992, 1995, 2003, 2006 respectivamente. Todos eles têm tradução brasileira e foram publicados pela Editora Sulina, Porto Alegre. (N. Ts.)

um comunicado (publicado) em um colóquio de Milão, em fevereiro de 1968, adiantava que a revolta estudantil que eclodira em diversos países do mundo atingiria a França. A falsa informação foi, então, reprisada no programa *Télérama*. Como eu me empenhava em encontrar o autor dessa idiotice, cada jornalista- propagador jurava-me que a informação lhe fora transmitida como certa por um colega. Finalmente, encontro o autor do rumor que me confessa ter lido em algum lugar. Onde? Ele não sabe de mais nada, mas é peremptório. Com muita dificuldade, consigo convencê-lo. Em contrapartida, é impossível obter um desmentido no próximo programa de televisão: Chancel, o patrão, teria se recusado a fazer isso. Mais uma vez, a força da mentira (ou do erro) é maior do que a da verdade. E a força do rumor, mais forte do que a da constatação. Somos vencidos quando, como eu, não temos poder.

Inflação semântica da palavra "racista". Ouço dizer "Os franceses são racistas", "os judeus são racistas", "os ciganos são racistas".

Segunda-feira, 17 de janeiro. Carta de Sarajevo, do professor Muhammed Nezirovic, datada de 9 de janeiro. Ela me comove profundamente.
Excerto:
"Atualmente não passamos de animais caçados e nossa vida não vale nada. A temporada de caça está aberta. E, apesar de tudo, as pessoas querem viver. Não sei se é a resignação ou a vontade que é grande, mas todos queremos superar a situação e talvez por isso, apesar dos obuses, encontramos as pessoas na rua, ouvimos os risos e os gritos das crianças, as pobres crianças de Sarajevo. Quanto a mim, apesar de minha idade, continuo surpreso e curioso como uma criança, pois existem coisas que não posso compreender. Por que razão irmãos de mesma língua, que tudo unia, que tinham as mesmas superstições, que no passado sempre se acolhiam, o que para mim é uma prova de que têm as mesmas raízes, se matam entre si? Até uma época bem recente, tínhamos as mesmas festas, as mesmas alegrias, as mesmas tristezas. Que maldição é essa que se abate periodicamente sobre o homem balcânico: Por que essa raiva mortífera que quer destruir tudo, arrebentar tudo? Somos assim tão diferentes dos outros? Apesar de tudo, não sinto ódio, nem mesmo animosidade, contra meus irmãos inimigos; estu-

pefato, permaneço sem palavras... Um dia, os guerreiros e, sobretudo, seus chefes se sentirão fatigados, mas eu, eu me perguntarei sempre no que se tornaram meus amigos?"

Como Paris é uma cidade cruel. Para entrar em meu estacionamento, que fica no subsolo de um grande edifício, aproveitamos a passagem do automóvel que nos precede. Um motorista que sai xinga Edwige. Acreditando que ele contesta nosso direito de usar o estacionamento, volto-me para ele e o informo de que tenho permissão para entrar, ele me responde alguma frase que termina com "vovô". Replico que alguém pode ser jovem e idiota ao mesmo tempo. Sem demora, ele lança "Escória", dois segundos depois, "Coisa podre", atirando-nos diretamente nas latas de lixo.

Terça-feira, 18 de janeiro. J.-F. R. encoraja-me a usar a comenda da Legião de Honra: "Isso causa um ótimo efeito nos policiais quando eles param seu automóvel".

Excelente jantar com os Scipion. Nos lembramos de Berlim, em 1945.

De manhã, no jardim, sob a geada branca, charmosas e minúsculas margaridas despontavam no gramado, todas surpresas de se encontrarem no inverno.

Antes de adormecer, li no jornal do cnrs os artigos consagrados ao "enigma da matéria negra". Não se sabe se essa matéria invisível é constituída de *wimps (weakly interactive massive particle)* ou de *machos (massive compact halo objects)*. Aí reside um problema cosmológico chave, pois a matéria atualmente conhecida possui densidade igual a 1 por cento do valor crítico além do qual o universo poderia deter sua expansão e, sob a influência gravitacional, começar sua retração. Considera-se de suma importância saber se essa matéria invisível corre o risco de alcançar uma densidade crítica. A maior parte dos astrofísicos gostaria que o universo não desaparecesse em uma dispersão generalizada e desejariam que ele desse início a um processo de morte/renascimento rumo a uma nova aventura. De qualquer modo, *nosso* universo atual está condenado à morte.

Por outro lado, como escreveu François Bouchet: "Atualmente, o cenário-padrão de formação de estruturas do universo está em vias de tornar-se caduco". Nesse caso também tudo está para recomeçar.

Assim, enquanto se continua a vociferar sobre o "fim das grandes narrativas" não se percebe que o cosmo como um todo começou a vivenciar uma história fabulosa: são as ciências físicas, historicizadas desde 1960, que nos propõem grandes narrativas repletas de peripécias inesperadas.

Comecei a ler *La Nouvelle Revue française des années sombres (1940--1941)* [*A Nova Revista francesa dos anos sombrios (1940 -1941)*], publicada pela Gallimard. Nela, Pierre Hebey faz a seguinte constatação no que se refere à atitude dos intelectuais e escritores após o desastre de 1940: "Nem sua inteligência, nem sua cultura, nem suas convicções protegeram esses homens da desordem moral e dos erros. Assim, os homens de letras ficaram tão desamparados, tão perdidos como qualquer um de seus concidadãos".

Leitura revigorante, no momento em que alguns de nós se vangloriam da extralucidez dos intelectuais, ou seja, dos escritores. Medito novamente sobre essa frase de Georges Bernanos: "O realismo é a toxina que o espírito da ditadura secreta para os outros".

A propósito das mídias, ressalto em Pierre Hebey quase a mesma ideia que em Jean-Luc Godard: "A superinformação superativa o esquecimento".

Passeio em Tillard com J.-F. R. pelo bosque, depois no platô. O sol não apareceu. Um enorme javali atravessa uma campina e penetra na floresta. Na volta, afirmo a J.-F. R. que o comunismo foi uma experiência antropológica única, na qual se manifestaram as mais belas, as mais medíocres, as mais horríveis virtualidades humanas. Vou tentar desenvolver tudo isso em meu capítulo consagrado à experiência comunista no livro *Não sou um de vocês*.

Leio com atraso no *Le Monde* a interessante reflexão de Jean-Marie Colombani sobre o sentido da grande passeata em prol da escola laica. Sim, o retorno aos valores fundamentais na República, na laicidade, na esquerda, era positivo, mas com a condição de que ele ajude a ultrapassar as fórmulas fossilizadas.

Continuo a leitura do Hebey, embora com menos interesse. No início, todas as citações de escritores dos anos da Ocupação fizeram-me mergulhar na época e, ao mesmo tempo, me estimulavam. Agora, o acúmulo de citações começa a me aborrecer.

QUARTA-FEIRA, 19 DE JANEIRO. O passeio de ontem me revigorou. Redijo com dificuldade a introdução do *Não sou um de vocês*, que não me satisfaz nem um pouco. Evidentemente, quando a obra está terminada sabemos como deve ser a introdução: é o fim que retroage com o começo e lhe confere o formato. Eu, porém, tenho uma necessidade física de começar pelo começo.

O tempo ficou agradável, depois chuvoso.

No fim da tarde, volto a Paris.

Na correspondência, cartas agradáveis de Claude Durand e Jean Duvignaud. Em minha resposta a J. D., escrevo: "Encontramos mais realidade no imaginário do que os idiotas que imaginam estar no real", e também: "Ao envelhecer, rejuvenescemos retornando às nossas origens, libertando-nos das últimas amarras".
Dominique Pignon envia-me seus votos de "solidariedade".

QUINTA-FEIRA, 20 DE JANEIRO. Abaixo-assinado de uma centena de médicos e pesquisadores solicitando perdão para Michel Garetta[24] e Jean-Pierre Alain[25] no caso do sangue contaminado. Declaração segura e

---

24. Michel Garetta, médico, ex-chefe do *French National Blood Transfusion Centre*, sentenciado à prisão em 1992 por ter permitido que bolsas de sangue contaminado pelo vírus HIV fossem utilizadas nas transfusões de sangue requeridas no tratamento de pacientes hemofílicos. (N.Ts.)
25. Jean-Pierre Alain, diretor do Centro Médico de La Queue, Yvelines, também implicado e condenado no caso do sangue contaminado. (N.Ts.)

arrogante desses altos especialistas que, apesar de sua consciência superior, esquecem-se de assinalar que certo número de médicos alertou em vão a administração e a corporação e parecem ignorar que Garetta decidiu, intencionalmente, liberar seu estoque de sangue contaminado para os hemofílicos. Mesma segurança, ou melhor, arrogância do manifesto de Heidelberg. No século XVII, do alto de sua teologia, a Sorbonne condenava as primeiras conquistas das ciências. Hoje, do alto de sua ciência (compartimentalizada, hiperespecializada), o dispositivo científico-médico condena qualquer tentativa de elucidação. Uma frase desse texto é particularmente significativa: "Essas condenações [...] vão contra os progressos da medicina, pois, com medo de represálias judiciais, elas dissuadem os cientistas de assumirem deveres e responsabilidades que são seus". Que diabos! Falta pouco para que esses admiráveis cientistas abandonem de vez seus deveres e responsabilidades. "Desse modo eles privarão a pesquisa médica e, consequentemente, os doentes da contribuição preciosa de profissionais dedicados e de valor". De valor, talvez, mas "dedicados"? A palavra é mal empregada para indicar que esses profissionais "dedicados" estão prestes a deixar seus doentes sucumbirem.

Não que eu seja a favor da punição. Penso que desde que os outros foram poupados, Alain não deveria ter sido condenado. O que me causa repugnância, porém, é a insolência com que esses altos responsáveis defendem a irresponsabilidade.

Enquanto prossegue o debate parlamentar sobre a bioética, observam-se os cientistas e médicos reivindicarem o monopólio da competência ética, uma vez que se trata de seus poderes de manipulação. Eles precisam se lembrar de que não deveriam ser simultaneamente juiz e parte acusada, que esses problemas de fundo, tão graves, dependem da discussão política, da conscientização dos cidadãos.

Uma estudante de Liège, que prepara um trabalho de conclusão de curso, quer saber qual é minha definição de "cidadão". Minha nossa! Procuro no Bob[26]. Não encontro nada satisfatório. Divago (sem verdadeiramente refletir): "Indivíduo que em uma coletividade soberana

---

26. Uso coloquial para se referir ao famoso dicionário da língua francesa *Le Robert*. (N.Ts.)

exerce responsabilidades, reconhece seus deveres e tem direitos, principalmente o de controlar as instâncias coletivas".

Os três artigos do *Courrier International* sobre a Bósnia me abalam. Sem dúvida, eu via os processos de deslocamento interno em ação nas cidades poliétnicas da Bósnia, principalmente Sarajevo, mas não sabia que tudo já estava determinado. Há dois artigos de um jornalista do *Mladina* (jornal esloveno de Liubliana) que permaneceu no local. De acordo com o primeiro artigo, a Bósnia torna-se um Estado-nação étnico no qual o exército e os territórios (com exceção das grandes cidades) contam doravante com 90 por cento de muçulmanos: o futuro regime será, portanto, nacionalista e autoritário. A lamentável passividade da Europa teria descontentado durante longo tempo esses bósnios que não querem mais ser europeus.

O terceiro artigo, do *La Repubblica*, revela que o exército bósnio, reorganizado, dispondo de armas produzidas em suas fábricas e adquiridas por meio do contrabando, progride em todos os frontes. Seus chefes esperam uma vitória que lhes permitirá estabelecer um Estado viável e livrar-se de Sarajevo, Tuzla, Srebrenica.

Devastações da fórmula étnica do Estado-nação! Últimas devastações? Não, penúltimas. Ali vai haver o problema dos Países Bálticos, da Ucrânia, do Cáucaso, do Tajikistão etc., e, sem dúvida, o ressurgimento do nacionalismo imperial russo que se justificará pela defesa das minorias...

O ano de 1994 também começa assolado por catástrofes naturais: tudo se passa como se as inundações, os tremores de terra, as terríveis ondas de frio nos anunciassem, por meio de signos telúricos, a catástrofe humana que se prepara.

No avião Paris-Nice, continuo minha leitura do *Courrier International* (o melhor jornal que conheço). Um artigo do *Independant* sobre os "progressos" das intervenções biogenéticas anuncia que "logo as pessoas ricas poderão pagar por um bebê sob medida, se não em seu país, pelo menos em um país estrangeiro 'liberal'".

O verdadeiro debate filosófico, ético e político sobre as manipulações genéticas, transplantes de órgãos etc. não aconteceu. Por isso, as questões são múltiplas: Devemos modificar a "natureza humana"? Dentro de que limites e em que sentido? Devemos racionalizar o sistema genético, ou seja, impor uma norma para aceitar o nascimento de uma criança? O que acontecerá se as noções de pai, mãe, filho, filha forem modificadas ou eliminadas?

Ainda no *Courrier International*: bebês marroquinos são vendidos a casais sem filhos a preços que variam de 820 a 12.300 francos; rins são comprados por 650 mil a 2,4 milhões de francos.

Nos Estados Unidos, 94 por cento dos negros vítimas de homicídio são assassinados por negros; 83 por cento dos brancos vítimas de homicídio são assassinados por brancos. Desse modo a segregação funciona não somente no nascimento, como na morte.

Na *Transversales,* um artigo de André Gorz: "A apropriação do tempo livre (pelas crescentes economias de tempo de trabalho) permite aos indivíduos e às coletividades a busca de objetivos outros que não os econômicos".

Eu acrescentaria: os de reencontrar seus próprios ritmos sacrificados ao tempo mecânico, programado, cronometrado, acelerado, em resumo, submetido à lógica da máquina artificial, à lógica da supercompetitividade econômica, ao acúmulo de toda ordem de sobrecargas. Trata-se de encontrar não apenas um tempo de lazer, mas um tempo de reflexão, de vida interior, de trocas amigáveis, de convivialidade.

Da mesma forma que decidia quem é sociólogo autêntico e científico, Diaforius agora decide quem é, ou quem deve ser reconhecido como intelectual. Ele enaltece "o intelectual coletivo" (dito de outra forma, ele assina seu nome sozinho em obras escritas por pessoas contratadas, mantidas nas sombras). Afirma que o intelectual deve ser reconhecido como tal por seus pares. Na verdade, ele mesmo escolhe seus pares, pois seus pares sociólogos sentem grande repugnância por suas ideias, sua pessoa autoritária e sua ambição sem escrúpulos.

Esta noite, conferência na loja maçônica de Nice sobre "Ciência com consciência". Vejo esses maçons colocarem uma echarpe verde na diagonal, um pequeno avental recoberto de símbolos, pegarem uma espada, permanecerem a portas fechadas nos primeiros momentos de sua cerimônia, antes de me apresentarem ao público. Não faço nenhuma objeção a esses ritos, mas, para mim, eles são pouco convincentes. Entretanto, creio na necessidade desses ritos. Há trinta anos, fiquei muito tocado pela frase de André Néher sobre a vocação ritualista do homem. Sim, eu amaria os ritos, o sagrado. De resto, fico arrepiado nas cerimônias patrióticas, com o rufar dos tambores, a continência à bandeira, os hinos. Sim, compreendo quem se ajoelha espontaneamente diante do ser adorado, o beija-mão religioso e muitas outras coisas. Mas como participar de um rito quando, para mim, o altar do Sagrado e do Venerável encontra-se vazio?

Sexta-feira, 21 de janeiro. Tomo o trem Nice-Marselha. Odette Ducarre e Jean Biagini me esperam na estação e conduzem-me a Aix. Na Escola de Arte, decepciono Odette por não saber o que dizer diante dos projetos elaborados pelos alunos após a leitura de *Terra-Pátria*. Os alunos e eu nos inibimos mutuamente.

Durante a recepção de entrega de medalhas da cidade, o prefeito me confessa que a municipalidade esteve a ponto de criar uma Casa de Solidariedade. Ele se sente satisfeito com a cooperação entre as associações, bastante ativas, e os poderes públicos.

Uma paisagista de aspecto simpático fala-me das operações realizadas na floresta próxima da Sainte-Victoire, devastada por um incêndio. Ali se reestruturaram os muros de contenção e se plantaram oliveiras, de modo que a paisagem se tornasse idêntica à de Cézanne. Sabia-se de antemão que "a natureza imita o que a obra de arte lhe propõe". Aqui é o paisagista que ordena que a natureza se assemelhe à obra de arte, que se assemelhava à natureza de cem anos atrás.

Após minha conferência da noite, Jean-Louis Le Moigne, Jean Biagini e eu fomos a um restaurante italiano, comemos uma massa regada a um vinho Bandol tinto.

Sábado, 22 de janeiro. Correspondência enorme, de três dias, quase totalmente fútil, burocrática e sem interesse. Na secretária eletrônica idem e, de súbito, uma mensagem de Hélène comunicando a morte de Alex. Alex era o terceiro dos quatro filhos da Sra. Henri, viúva de um grande cientista morto durante o horror da guerra, que conheci quando ela se refugiou em Toulouse, em 1940. Fiquei amigo de sua filha Hélène. Quando a Sra. Henri partiu para os Estados Unidos com Hélène, Alex (que tinha 14 anos) e a pequena Véra, Victor, seu filho mais velho, ficou comigo e ambos participamos juntos da Resistência em Lyon, entre 1942 e 1943.

Depois da libertação de Paris, tive a surpresa de ver Alex, agora um rapaz, chegar da Ásia usando um uniforme americano. Posteriormente, depois de levar uma vida nômade e livre, ele encontrou uma espécie de trabalho em Nova York, subordinado ao adido comercial da embaixada da França, que consistia em ciceronear homens de negócios e industriais que circulavam pela cidade. Quando chegou à idade limite para esse serviço, sem ter uma aposentadoria, ele passou a viver de quase nada, fazia as refeições em alguma das numerosas instituições de caridade de Nova York e assistia a concertos gratuitos. Embora vivesse no limiar da pobreza, continuava surpreendentemente elegante, correto, cortês. Edwige e ele haviam simpatizado muito um com o outro quando se encontraram em Nova York, há pouco mais de um ano.

Antes um homossexual libertino e sem laços, Alex infelizmente se apaixonou por um jovem que lhe extorquia o pouco dinheiro que seus irmãos e sua irmã lhe enviavam e o abandonava quando ele ficava sem tostão. No último ano, ele havia tentado se suicidar, mas parecia moralmente restabelecido.

Telefono imediatamente para Hélène, em São Francisco. Ela me revela que Alex se atirou do telhado da casa onde almoçava.

Ficamos tão chocados com essa morte que o desaparecimento de Jean-Louis Barrault mal nos afeta.

Esta manhã, na secretária eletrônica, Jean Duvignaud me anuncia a morte de Louis-Vincent Thomas, ontem, às 12h30, dentro do metrô:

assim como em Sarajevo, aqui e em toda parte, a morte é um franco-atirador invisível que mira sua arma ao acaso e atira.

Domingo, 23 de janeiro. Ontem, após o jantar, Edwige começou a sentir-se sufocada. Fico preocupado. Em Nice, o Sr. Cassini me disse que certa noite se sentiu estranho, respirando com dificuldade, mas depois tudo se acalmou; pela manhã, a esposa o acompanha ao médico de Lantosque que, sem qualquer hesitação, chama um helicóptero e o conduz ao hospital de Nice. Vítima de um enfarte, ele só foi salvo graças à rapidez de sua transferência e da cirurgia (quatro pontes de safena). Com medo de que Edwige estivesse enfartando, insisto em chamar o Samu. Ela se recusa. Adormeço com o número dos bombeiros e do Samu perto de mim. Pela manhã, por acaso, encontro o cardiologista Abastado em sua casa, e ele marca uma consulta para o meio-dia. Eletrocardiograma: nada no coração. Apenas um estado de esgotamento do qual conhecemos as causas. Aliviados, vamos almoçar no pequeno restaurante russo da *Rue Daru*, onde tomo uma vodca.

Segunda-feira, 24 de janeiro. De novo, atolado pelos compromissos. Pela manhã, médico com Edwige, em seguida encontro com Lucien Brams, a quem havia prometido uma entrevista em dezembro: devo fazer isso, apesar de minhas resoluções. É para uma revista, a HLM[27], bastante luxuosa em vista do assunto.

Fico sabendo que existem 3,3 milhões de imóveis para locação, dos quais seiscentos mil são "difíceis", e 1,3 milhões encontram-se disponíveis para venda. Há oitenta mil imóveis em construção; 150 mil imóveis por ano são recuperados (os HLM representam 23 por cento da construção global na França). Desses locatários, 58 por cento são operários ou empregados, 12 por cento são estrangeiros, 25 por cento da população vive nos HLM. O empobrecimento dos ocupantes é crescente.

Tempo todo tomado: não deixei de fazer nada.

---

27. Habitação de Aluguel Moderado. (N.Ts)

Esta noite, na casa de Henri Mendras, encontro com dois sociólogos de Rennes que preparam, com ele, um livro sobre os começos da sociologia no CNRS, nos anos 1950. Muitas lembranças me vêm à mente. Volto para casa com um sentimento agradável.

TERÇA-FEIRA, 25 DE JANEIRO. De manhã, encontro com Philippe Tétard, que prepara uma tese sobre o jornal *France Observateur*, criado em 1950, metamorfoseado em *Nouvel Observateur*, em 1964. Ele se surpreende com muitas coisas que nessa época pareciam evidentes. Fica chocado retrospectivamente pelo caráter "progressista" (o que na época significava "companheiro de estrada" do Partido Comunista) do jornal como um todo. Graças a ele, encontro vestígios e referências de 14 artigos que publiquei nesse jornal de 1951 a 1963.

Almoço-debate do clube CNRS, "Ciência, pesquisa e sociedade". Está previsto que Simone Veil[28] e eu trataremos de quatro questões: o custo da saúde, a medicina (especialistas e generalistas), a responsabilidade, a solidariedade.
Notei que, em 1992, 9,4 por cento da riqueza nacional foi transferida para a Saúde, ou seja, seiscentos bilhões do orçamento, dos quais 288 bilhões foram para o setor hospitalar, 176 bilhões, para os médicos e exames diversos, 109 bilhões, para os medicamentos.
Após uma introdução rápida sobre o fato de que muitos dos problemas econômicos e demográficos recaem sobre a Saúde, que muitos males não são apenas psicossomáticos, mas sociopsicossomáticos, insisto em quatro problemas: a hiperfarmacização ou hipermedicamentação; a hipertecnicização; a hiperespecialização, a hiperadministração.
Termino falando sobre a solidariedade. "Paul Éluard fez um poema, 'Liberdade, escrevo teu nome'. Hoje se pode dizer: 'Solidariedade, escrevo teus números, o nº 18 (bombeiros), o nº 15 (Samu), o nº 17 (Polícia).''

---

28. Simone Veil (1927-). Política e advogada, foi ministra da Saúde, de 1974 a 1979, sob o governo do presidente Valéry Giscard d'Estaing. Sobrevivente dos campos de concentração de Auschwitz e Birkenau, onde perdeu parte da família, é presidente honorária da Fundação pela Memória da Shoah. Em novembro de 2008, foi eleita para a Academia Francesa de Letras. (N.Ts.)

Simone Veil não responde: ela lê seu discurso, esboça um panorama das atividades de seu ministério e os problemas de escolha, de decisão, de ética, sem abordar os que eu citei e que, de acordo com o funcionário adjunto de seu gabinete, estavam previstos para ser tratados. Resultado: não houve debate.

Em dado momento, Simone Veil pronuncia uma frase impensada que discretamente diverte alguns, inclusive eu. Evocando os contribuintes que reclamam por ter de pagar durante vinte, trinta anos em que gozam de boa saúde, ela afirma que seria necessário lhes retrucar com firmeza: "Mas, quando tiverem câncer, aids, um acidente, uma invalidez, vocês ficarão contentes por serem reembolsados bem além do que contribuíram".

À tarde, recebo em minha casa a equipe que roda um filme sobre Aimé Césaire[29]. Fico contente de que Césaire, com quem me encontrei raras vezes, tenha se sentido em cumplicidade comigo em momentos cruciais de nossas experiências.

Quarta-feira, 26 de janeiro. Café da manhã no Intercontinental com Francine Londez. Agora que vejo por toda parte crises latentes, fenômenos de decomposição (prelúdios talvez de recomposições), F. L. elogia o aumento da duração e a melhora do nível de vida, afasta o perigo termonuclear, acredita que os problemas ecológicos encontrarão sua solução técnica, se regozija com o bem-estar, mesmo que se sinta bem o vazio e a ausência de esperança (que para ela são problemas de "superestrutura"). Dinamismo, gestionarismo, entusiasmo. Quem tem razão?

Caminho pela rua, as ideias passam por mim como andorinhas. Depois, me esqueço de tudo: eu precisaria ter uma caderneta e uma Bic sempre no bolso.

---

29. Aimé Fernand David Césaire (1913-2008). Poeta, escritor e político, nascido na Martinica, um dos fundadores do movimento negro na literatura francófona. Entre as décadas de 1930 e 1940, como muitos intelectuais, acreditou no comunismo como um caminho de salvação para a sociedade, mas, desiludido com o rumo tomado pela União Soviética de Stalin, abandonou o Partido Comunista e, em 1958, fundou o Partido Progressista da Martinica. (N.Ts.)

Essa noite, com Edwige, um jantar excelente, como sempre, no restaurante japonês Kunigawa.

Quinta-feira, 27 de janeiro. Um fax recebido de manhã me irrita: trata-se de um resumo, ou melhor, de excertos de minha intervenção no debate com Simone Veil, com a ordem expressa de serem reenviados assim que fossem relidos. Não me reconheço nessa divisão entre apressado e preguiçoso. Sem tempo de corrigir o texto, adiciono dois parágrafos à mão. Alguém me chama para dizer que não há espaço para o segundo. Fico nervoso com essa máquina, essas organizações, essa gente que quer nos submeter aos seus tempos, às suas concepções, às suas normas quantitativas. Tudo isso por uma *news letter*! Como se houvesse urgência absoluta de transmitir algo que não está ligado a nenhum acontecimento cotidiano. Fico transtornado, mas de que adianta isso: eu lhes respondo que não escrevam nada. Ah, isso não é possível: é preciso escrever alguma coisa, sobretudo sobre qualquer coisa. Lá estou eu, de novo encalacrado nessa rede de imbecilidades da qual quero me livrar.

Por meio de minha correspondência, percebo que as iniciativas das forças associativas se multiplicam para os empregos de solidariedade, de proximidade, as prestações de serviços, os trabalhos de bricolagem em domicílio, os serviços de entrega para particulares etc. Por toda parte o microtecido da sociedade civil tenta reagir contra o desemprego, inventando uma nova economia, evidentemente herética na opinião dos economistas: a economia da qualidade de vida e da convivialidade.

Esgotado, fatigado: concedi a entrevista que Sami Naïr me pediu para compensar minha ausência em Nova Délhi; respondi às perguntas de Myron Kofman que escreve um livro sobre mim; com um sentimento de impotência, contemplo a correspondência sem resposta que transborda.

O canal de televisão France 3 me convida para falar sobre a educação por ocasião do encontro entre o governo e os educadores. Quanto tempo me será concedido? "Oito minutos, isto é, sete minutos e meio". Com quem? Com a diretora do Liceu Fénelon. Não a conheço. Aceito.

O encontro é marcado para as 22h. Enquanto espero em casa, assisto a um filme de faroeste fascinante no France 3. Saio de casa contrariado para ir até a *Avenue Albert 1*. A primeira coisa que peço é um lugar para assistir ao fim de meu faroeste (um dos melhores sobre os começos de Billy the Kid). Consequentemente, a maquiadora é obrigada a preparar-me no estúdio de gravação.

Duas vezes interrompido (esses mediadores são incapazes de suportar uma argumentação de mais de um minuto e preferem pular de um assunto para outro), relembro que, sem dúvida, as reivindicações quantitativas são justificadas, mas que não devem mascarar a necessária e vital reforma do pensamento: deve-se ensinar a fazer relações, contextualizar e globalizar desde os primeiros níveis escolares. Não tenho tempo de citar exemplos. Felizmente, a diretora, Marguerite Gentzbittel, está de acordo comigo. A mensagem foi transmitida? Quando retorno, Edwige afirma que fui muito abstrato.

SEXTA-FEIRA, 28 DE JANEIRO. Recusei muitas entrevistas, mas depois fui convencido e voltei atrás. Recebo o fax de meu entrevistador de ontem: ainda mais uma vez, o texto editado ficou obscuro e desorganizado (diluição, redução e reinterpretação errônea de minhas proposições). Devo refazer três quartos da entrevista às pressas no Mac [Macintosh], tudo isso para um resultado bastante insatisfatório.

Interrompo o que estou fazendo para acompanhar Edwige ao médico. Volto para terminar a entrevista, depois saio outra vez para visitar um apartamento.

SÁBADO, 29 DE JANEIRO. Partida para os Encontros Internacionais de Davos. Não levo meu Mac para não me sobrecarregar, mas vou tomar notas. Essa reunião mundial de altos executivos, administradores e outros me impressiona antes de começar.

No aeroporto de Zurique, recebo uma acolhida de luxo: uma recepcionista me espera na saída do avião, me conduz por corredores e escadas rolantes via um controle policial, que ela abrevia, até uma limusine. Prefiro sentar-me ao lado do motorista, simultaneamente pelo conforto da poltrona e a comodidade da conversa. Trata-se de um sujeito nascido em Le Valois, com quem converso sobre *fondue* e vinho branco. Rodamos tranquilamente: no sábado à tarde os esquiadores já estão na montanha. Escalamos pelos flancos do vale e eu sonho, "Davos, montanha mágica, santuário dos tuberculosos do começo do século". Preparo-me para o maravilhamento, e é uma decepção: a montanha com seus altos pinheiros nevados, os picos arredondados de neve, é ótima, mas não tão mágica para mim. A cidade-rua estende-se como um balcão, ladeada de imóveis sem alma, alguns são ex-sanatórios, outros, sem dúvida, foram construídos para os turistas em férias. Meu hotel, o Central-Sports, bem mais antigo, conservou qualquer coisa de pseudorrústico que me agrada. Sobre um console, pilhas enormes dos jornais *Wall Street Jornal* e *Financial Times*. Recepção cordial. Embora fique no primeiro andar, meu quarto domina a paisagem, graças ao penhasco no qual está construído o hotel. As duas amplas janelas que formam o ângulo sul se abrem para o céu e as montanhas. Um prédio maciço e sem graça encobre apenas um pequeno setor de meu campo visual.

Vou para o *Congress Center* para me registrar. Os controles são piores do que os de um aeroporto e, tanto no interior como no exterior, as medidas de segurança são inumeráveis. De fato, à segurança de tantos homens políticos soma-se a de Yasser Arafat e de Shimon Peres que já se encontram no local. Além disso, cada um dos dois mil altos executivos deve valer milhões de dólares em termos de resgate. Um helicóptero sobrevoa Davos e parece nos vigiar individualmente.

Para amanhã, domingo, às 15h30, no plenário do congresso, está previsto um encontro entre Arafat e Peres, ao fim do qual os dois deverão anunciar um acordo de paz. Digo a mim mesmo: "Contanto que isso seja o fim de alguma coisa", depois me corrijo: "Não, não será o fim, mas o começo de alguma coisa". Quanto mais tarde o acordo, mais as dificuldades se acumulam. A situação deteriora. Colonos, atentados, repressão, ódio fantástico... Conseguirão eles cavar um buraco nesse muro de imbecilidade humana, mil vezes mais duro do que o de Berlim?

No Congresso, fervilhando de gente, recebo um crachá com foto e uma caneta magnética que me permite acessar todas as mensagens dirigidas a mim em todos os computadores à disposição no Congresso e nos hotéis. Entregam-me, também, uma bolsa a tiracolo da *Swissair* repleta de documentos, entre eles um enorme catálogo dos participantes, a maioria são altos executivos, mas há também ministros, políticos, conselheiros, especialistas.

São 18h. A temperatura é de oito graus negativos, mas a ausência de vento deixa o frio menos agressivo. Dirijo-me ao Hotel Belvedere, onde sou convidado de uma recepção patrocinada pelo Quebec. No caminho, chamam meu nome. É Joël de Rosnay e Stella. Simpáticos, eles se tornam meus guias.

Joël me fala do "sucesso" de *Terra-Pátria*. Eu lhe respondo que o sucesso não se mede pela quantidade de livros vendidos (de resto, modesta, em relação aos *bestsellers*), mas pela penetração da mensagem. Ela é quase nula. Que coisa surpreendente: a crise planetária provoca por toda parte um retraimento sobre si mesmo.

Chegamos à recepção: trata-se de um coquetel do tipo parisiense, mas os rostos são desconhecidos para mim. Joël me leva pelo braço e faz as apresentações, ali está Pierre Salinger, como se tivesse saído de uma tela de televisão. Creio ouvir que foi ele o planejador do encontro entre Peres e Arafat. Onde eles estão? Ele assume um ar muito misterioso. Finalmente, ouço dizer que estão em um hotel. Por que não em um chalé protegido? Não sei mais quem me diz que os suíços não gostam dos árabes e não querem lhes confiar uma casa. Talvez isso seja uma brincadeira. Dizem também – mas será verdade? – que Arafat vai passar a noite em uma caserna.

Sinto-me fatigado, para Joël já foi suficiente. Ao partir, observamos a recepção oferecida aos indianos. Em lugar dos deliciosos canapezinhos ao *curry*, o bufê não lhes serve senão bebidas banais e salgadinhos. Voltamos para o *Central Sports*, nosso hotel comum. Joël faz com que seus amigos me convidem para jantar em um excelente restaurante (embora ali não sirvam *croûtes au fromage*). O vinho tinto regional, do qual eu desconfiava *a priori*, me agrada; ele acompanha um prato de cogumelos selvagens e uma *truta ao ponto na manteiga*. Os amigos de Jöel são dois ministros, o banqueiro de Genebra, Pierre Hafner, e suas respectivas esposas. Contra todas as expectativas, a noite me deixa eufórico. Graças a Joël, a conversa gira em torno das relações entre o espírito e o cérebro. Com seu costumeiro dom pedagógico, ele explica os novos conhecimentos sobre o caráter semicondutor do DNA. Aborda-se a diferença genética homem-macaco que não é mais do que 5 por cento (diferença pequena que não acrescenta muito, mas permite a reorganização do sistema global). Fala-se de Jacques Benveniste e da memória da água, sem cair na afirmação peremptória verdadeiro/falso, mas partilhando o sentimento de que ele deve prosseguir com suas experiências (nesse sentido, há alguns dias assinei uma petição que inibiu muitos chefões que, na realidade, estão de acordo, mas temem fazer papel ridículo). Em dado momento, abordei o problema da responsabilidade no caso do sangue contaminado. Meu vizinho de mesa afirmou que as companhias de seguros, que estimulam seus segurados a negar sua responsabilidade em caso de acidentes de automóvel ou de incêndios, contribuem para a irresponsabilidade geral.

Esse jantar (que se concluiu com um maravilhoso charuto havana) transcorreu sem conversas inúteis nem maledicências, sem mesquinhez nem frivolidades, em um clima de simpatia imediata. Hafner, nosso anfitrião, abraçou-me calorosamente ao fim do jantar. Deixamo-nos felizes. Ao voltar ao hotel, felicitei Joël não apenas por seu talento pedagógico, seu sentido da complexidade, mas por seu dom de integrar os conhecimentos. A cultura é exatamente isso. Além de tudo, ele é uma pessoa extremamente acolhedora, diferente da maioria dos intelectocratas.

Retorno ao quarto por volta da meia-noite. Paz, serenidade; noite sem estrelas, mas as pálidas montanhas nevadas ficam mais claras.

Impossível dormir até as três e meia da manhã. Terá sido a altitude (1.400 metros)? Depois, meu sono é entrecortado por sonhos frequentes, um deles era o de que meu nariz sangrava.

Domingo, 30 de janeiro. Levanto às 8h, sinto uma fadiga que se intensifica no café da manhã: no primeiro dia, diante do bufê, não consigo controlar minha gulodice. Sirvo-me de ovos, de queijo, de iogurte etc.

Depois de um pequeno passeio sob o sol, retorno ao quarto para preparar minhas exposições do dia seguinte. Almoço algumas frutas ali mesmo e durmo. Chego adiantado à reunião Peres-Arafat que deve começar às 15h30. O grande salão do plenário já está repleto; uma extraordinária bateria de refletores e de câmeras está armada perto da porta pela qual devem passar os dois grandes convidados. Enquanto espero a chegada dos dois, leio *Os gigantes da montanha*[30] de Luigi Pirandello, que no começo achei difícil e agora acho maravilhoso. Pirandello renova as interferências entre o imaginário e o real e cria uma realidade virtual. Ele é o precursor dos jogos de vídeo interativos.

Subitamente, um rumor se eleva, depois aumenta, acompanhado de salvas de palmas cada vez mais intensas: ali estão Yasser Arafat e Shimon Peres, de mãos dadas (quem pegou a mão do outro? Aposto que foi Arafat), subindo os degraus do tablado. Todos se levantam, ovacionando as duas mãos unidas. Arafat não exibe mais a barba serrada de guerrilheiro, seu rosto foi barbeado; apenas uma leve barba esboça-se em seu queixo. Embora vista sempre o uniforme, sua face começa a parecer-se com a de um civil.

Ele é o primeiro a falar, muito simples, muito comovente. Peres fala em sua vez, também muito simples, muito comovente. Depois disso, são encorajados a continuar e a coisa torna-se um pouco retórica demais. Peres retoma um tema que lhe é caro, o da prosperidade, segundo a velha ideia economicista de que o bem-estar resolve por si mesmo as tensões. Mais importante é a ideia segundo a qual as fronteiras não são mais garantias, que a única resposta aos mísseis não é militar, mas política.

Como um bom aluno do mercado livre, Arafat anuncia que Gaza pode se tornar uma nova Cingapura. Os altos executivos ficam alvoroçados quando ele declara que 60 por cento dos capitais investidos nos territórios libertados serão destinados à economia privada e 40 por cento, às infraestruturas. Eles o aplaudem quando ele promete que a economia palestina será edificada com base no mercado.

Ficamos sabendo que o acordo esbarrou na questão do controle das fronteiras dos territórios libertados com o Egito e a Jordânia. Para concluir o acordo, será necessário esperar uma semana, ao fim da qual os protagonistas se reencontrarão no Cairo.

---

30. Luigi Pirandello, *I giganti della montagna*. Edição brasileira, *Os gigantes da montanha*, tradução Beti Rabetti, São Paulo: Editora 7 letras, 2005. (N.Ts.)

Às 18h45, retorno ao Congresso para a sessão com Viktor Chernomyrdin[31]. O chefe do governo russo foi precedido, há dois dias, por Viktor Fiodorov, o ministro reformista excluído, que havia anunciado o fim das reformas e a grande regressão. Chernomyrdin, com sua fisionomia intermediária entre a de Michail Gorbatchev e a de Boris Yeltsin, parece enérgico, seguro. Em seu discurso, bastante oficial, mas de modo algum marcado pelo jargão, ele esboça um quadro otimista da evolução, uma vez passadas as primeiras dificuldades. Ele repete que as reformas são irreversíveis e faz um apelo por investimentos. No grupo de discussão que o rodeia, alguém afirma: "A União Soviética precisa de 12 bilhões de dólares. A Europa, porém, está em recessão, os Estados Unidos mal saíram dela, o BERD[32] não pode dar quase nada". Quando Carl Bildt (primeiro-ministro da Suécia) declara que a hiperinflação constitui o perigo número um para a Rússia, Chernomyrdin ressalta que no outono a inflação tinha sido reduzida, mas que os trabalhadores das empresas nacionais ficaram sem receber seus salários durante três meses. Parar a máquina de fazer dinheiro também é privar milhões de pessoas de seus salários. Ao que lhe responderam que, desvalorizado, seu próprio dinheiro vale cada vez menos. Alguém pergunta se é verdade, como declara o jornal *Isvetzia*, que 80 por cento do setor privado é controlado pela máfia. Chernomyrdin ignora se são 80 ou 70 por cento, mas reconhece: "Até o momento presente, a máfia sempre esteve um passo à nossa frente". Depois, anuncia medidas enérgicas que conduzirão a... etc.

Imediatamente após, jantar-debate em um salão do Hotel Belvedere, conduzido pelo professor Edelman, filósofo de São Francisco, e eu mesmo, sobre o tema: "Quais são as ideias para o século XXI?". Não há nenhum alto executivo entre os convidados.

SEGUNDA-FEIRA, 31 DE JANEIRO. Revejo as anotações para minha conferência que começa às 9h. Vinte minutos para a reforma do pensamento,

---

31. Viktor Stepanovich Chernomyrdin (1938-2010). Primeiro-ministro da Rússia, entre 1992 e 1998, figura-chave na transição do país para a economia de mercado. Era conhecido por sua linguagem peculiar, cheia de erros de sintaxe, e seu hábito de usar expressões grosseiras. (N.Ts)
32. Banco Europeu para a Reconstrução e o Desenvolvimento. (N.Ts.)

tempo quase tão curto quanto o de um programa de televisão. A sala está com a lotação completa. Reconheço meu novo amigo de Genebra. O programa decorre de maneira simpática.

Ao sair, sigo para o grande auditório, no qual um bando de altos executivos papagueia durante a abertura da sessão plenária sob o tema *"Redefining the basic assumptions of corporate leadership"* [Redefinindo as concepções básicas da liderança corporativa].

Alguém me diz: "Você poderia ter feito muitos contatos interessantes aqui". Respondo que o que menos me interessa é fazer contatos. A palavra "contato" me horripila. Eu preferiria "encontros verdadeiros". Já fiz muitos contatos em minha vida. Minha cabeça está saturada de contatos, estou farto deles. Não quero mais contatos. Quero comunicações mútuas, amizades como a que surgiu entre Hafner e mim.

À tarde, sessão plenária sobre as ideias para o século XXI, sob a presidência de Raymond Barre, com o Professor Postman (que se assemelha estranhamente a Jack Nicholson, tanto de rosto como nas expressões e no sorriso), Edelman e eu. Temos oito minutos cada um para falar. Barre me faz começar. Proponho uma ideia por minuto, são oito ideias (na verdade, introduzirei uma nova):

1. O pensamento complexo:

a) aptidão para globalizar/conceitualizar

b) aptidão para negociar com a incerteza

2. O pensamento planetário (corolário contemporâneo do pensamento complexo).

3. A racionalidade aberta que deverá suplantar a racionalização, delírio lógico que se crê racional.

4. A restauração da reflexão:

a) problematizar,

b) objetivar as próprias ideias para si mesmo e buscar um metaponto de vista.

5. A restauração da cultura nas condições contemporâneas; ultrapassar a disjunção das duas culturas (a científica e a humanista) e fazer com que elas se comuniquem.

6. A constituição de uma visão do mundo e do homem no mundo, incluindo o triplo paradoxo do ser humano:

a) filho do cosmo e cigano do cosmo
b) filho da vida e ser metabiológico
c) ser individual e ser social
7. Conscientização da identidade terrena da humanidade:
a) comunidade de origem e de enraizamento
b) comunidade de destino
c) comunidade de perdição
8. Tomada de consciência da *unitas multiplex* da humanidade (os indivíduos, as culturas). O respeito da diversidade, o reconhecimento da mestiçagem criadora de diversidade, a recusa da homogeneização mecânica.

9. A ética da solidariedade: conceber que a nação cria uma comunidade, ampliando, para milhões de indivíduos não consanguíneos, que não se conhecem, o sentimento da comunidade familiar na noção de pátria; a pátria é de substância maternal (mãe-pátria), paternal (o Estado, a quem se deve respeito e obediência), e cria, assim, a fraternidade dos "filhos da pátria". Sem perder o sentido da família e da nação, hoje seria necessário ampliar essa noção para a de terra-pátria, isto é, reconhecer sua substância materna e sua autoridade paterna. Como faço a conferência em inglês, eu repito *"no brotherhood without motherhood"* [Não há fraternidade sem maternidade].

Edelman prega as virtudes filosóficas. Não compreendo muito bem o que diz o Professor Postman (mas olho com fascinação para aquele Jack Nicholson).

Nós três estamos de acordo quanto à gravidade da tecnicização desmesurada. Postman afirma que se tecnizam as palavras mais evidentes; "maldade" vira "comportamento psicopatológico, pecado vira desvio de conduta".

À noite, jantamos no *World Art Council*, cujo presidente é Yehudi Menuhin. Os artistas são presença majoritária. Ignoro se há alguns altos executivos. Fico contente de reencontrar René Berger, sentamos à mesma mesa, ao nosso lado os Ahrveiller e Miguel-Angel Estrellas. Como se aborda a questão do virtual, cito meu Pirandello e conto a eles a experiência do suíço que criou uma sociedade virtual com um australiano e um californiano.

Com os instrumentos sensoriais para imagens interativas, surge o novo, mergulhamos no espelho que se torna, ele próprio, tridimensional e sensorial: o imaginário torna-se real no mesmo movimento em que nos tornamos imaginários, e os dois processos constituem um mesmo processo.

A partir de agora, a realidade sensorial penetrou no mundo virtual. Trata-se de um novo ponto de vista sobre a relação real-imaginário.

Klauss M. Schwab[33], o grande chefe de Davos, iniciador e promotor do fórum, toma a palavra e declara que, a partir de agora, Davos tem cinco dimensões: economia, política, ciência, mídias e artes. Para ele, a chave encontra-se na conjunção desses domínios. O lucro não é mais suficiente e sua justificativa pela "mão invisível" não satisfaz mais. Após a ruidosa satisfação que se seguiu à queda do comunismo, emerge uma espécie de insatisfação. É por essa razão que M. Schwab e seus rivais apelam para os artistas, os cientistas, os filósofos; eles se questionam, eles precisam de sentido. Eles apelam para a espiritualidade.

---

33. Klaus Martin Schwab (1938-). Economista, mais conhecido como o fundador e presidente executivo do Fórum Econômico Mundial. (N.Ts.)

Fevereiro

Terça-feira, 1º de fevereiro. Às 7h45 partida de Davos de automóvel rumo ao aeroporto de Zurique. O céu desobscurece progressivamente. Uma meia-lua enorme e branca, quase translúcida, parece suspensa acima de um pico nevado. Os raios de sol, que já iluminam os cumes das montanhas, ainda não alcançaram o vale. Quando o vale aparece, passamos da luz à sombra: a estrada está escura, depois, bruscamente, o sol me inunda. O carro ultrapassa um curioso trem de vagões amarelos carregados de um mineral cinzento, quase negro, puxado por uma locomotiva vermelha.

No aeroporto de Zurique, leio alguns artigos interessantes de Norbert Rowland sobre os povos autóctones, sua experiência desconhecida, desprezada ou negada, seus direitos culturais, em resumo, tudo o que o direito francês ignora, muito abstrato. Ele nos convida a "repensar o universal".

Volta para casa: contentamento, fadiga, correspondência tediosa e desencorajadora.
Jantar de festa.

Quarta-feira, 2 de fevereiro. Existem lugares imaginários que retornam com frequência em meus sonhos; assim acontece com Moscou, que sonhei muito antes de conhecer a Moscou real; é essa Moscou, e não a verdadeira, que surge em meus sonhos; ocorre o mesmo com uma cidade universitária italiana: ou me esqueço de ir até lá frequentar meus cursos, ou então não encontro mais o anfiteatro. Existe ainda um restaurante imaginário familiar, que é uma parada obrigatória quando volto de carro do Midi. Trata-se de um restaurante de cozinha rústica, muito famoso por seus chouriços, seu pato e seus cogumelos especiais. Adoro comer nesse lugar e todos me conhecem: mesmo quando está tudo lotado eles colocam uma pequena mesa para mim. Em meu sonho, chego à porta do restaurante, que parece fechado. Tento enxergar através da vidraça e ouço alguém me dizer: "Entre, o senhor é convidado". Fico satisfeito de que me aceitem mesmo com o restaurante fechado. De fato, eles me dizem: "O restaurante está aberto e o senhor está convidado a entrar". Ai de mim, justo quando vou atacar meu repasto, eu acordo.

Dia lotado de coisas por concluir. Desisto de me livrar delas e decido organizar minhas anotações de Davos. Escrever renova um pouco minhas energias, alivia meu sentimento de inutilidade, de futilidade; isso me faz esquecer um pouco a torre de irrelevâncias na qual fui encarcerado.

Ao receber a medalha de uma *nomenklatura*, esse burocrata da *nomenklatura* confia a um entrevistador: "Existem honrarias que desonram". Evidentemente, trata-se de honrarias que honram os outros.

Quinta-feira, 3 de fevereiro. Felizmente, um dia que promete ser caseiro: espero a chegada do meu novo aparelho de fax.

Ao meio-dia, um carro de polícia estacionou na frente de nosso edifício. Uma policial feminina observa não sei o quê na porta de entrada. Desço e pergunto o que acontece a um dos três policiais que saem do restaurante vizinho. Ele me responde: "É a guerra", mesclando a insolência gratuita ao gosto do segredo imbecil. Na verdade, Edwige fica sabendo por Martine que foi o alarme do restaurante que disparou acidentalmente.

Meu velho amigo de classe, Léon Hovnanian, nega a pertinência da diferenciação entre drogas leves e drogas pesadas e deseja absolutamente persuadir-me da necessidade de uma atitude repressiva. Ele me envia um texto que não me convence. Pessoalmente, aderi à não proibição com a condição expressa de que ela seja internacional, como já escrevi no *Globe,* em abril de 1993.

Devemos nos encontrar na próxima semana para discutir o assunto.

Ontem, telefonei ao "serviço de logística" da EGT[1] *Île-de-France* para que eles instalem meu novo aparelho de fax a *laser*. Eles me avisam que o técnico passará durante o dia, sem precisar o horário. Espero em vão. Às cinco da tarde, telefono para a companhia. A linha está ocupada e, sob um fundo musical, uma secretária eletrônica emite uma mensagem suave e irritante enaltecendo a EGT. Depois, uma atendente transfere-me para o respectivo ramal. A campainha soa no vazio.

Meia hora mais tarde, chamo de novo e sou atendido por um sujeito que me diz que o técnico havia passado aqui pela manhã, por volta das 10h, tocado a campainha e que não havia ninguém. Impossível, esperei a manhã toda. Mesmo que eu estivesse ausente, ele não deveria ter voltado, telefonado? A tecnoburocracia fabrica irresponsáveis.

A chegada de peixes congelados da Rússia, do Chile e de todos os mares do mundo provoca a queda do preço dos peixes frescos e ameaça arruinar os pescadores bretões, dando origem a uma nova forma de guerrilha do peixe: comandos invadem o Mercado de Rungis e diversos supermercados para confiscar os peixes congelados. Seu furor é compreensível, mas fico sempre chocado com a destruição massiva de alimentos. Entretanto, é por meio dessas violências que as pessoas se fazem ouvir pelo governo, que de outra forma nomearia uma comissão, que nomearia... etc.

O grosso dos navios-frigoríficos não foi afetado pela concorrência. São os pequenos produtores, os que praticam a pesca de cabotagem, que arcam com o prejuízo e lideram o movimento. Uma vez mais, a

---

1. France Telecom EGT, a companhia telefônica francesa. (N.Ts.)

inexorável máquina esmaga os fracos. Uma vez mais, o artesanal é destruído pelo industrial. E nada vem corrigir essa máquina infernal.

Encontrei na revista *Le Monde des livres* a seguinte frase de René Laforgue: "Cada um é empurrado em uma direção que ignora e, mesmo com sua morte, serve a objetivos que desconhece".

O editor israelense de *Viagem ao fim da noite*[2] deve defender contra o furor de Zeev Sternhell o direito de publicar esse livro de Louis-Ferdinand Céline que, no entanto, é anterior a seu antissemitismo. No fim de dezembro de 1991, ocorreu um protesto geral após o ensaio das obras de Richard Wagner pela Filarmônica de Israel. Esses descontentes me descontentam profundamente.

Jantar familiar no Restaurante Keryado, próximo da Porta de Ivry. Ritual raro de uma família dispersa que de vez em quando deseja um tempo para se reencontrar. Fredy e Germaine, André Beressi, sua mulher, sua filha Marianne e Alfredo, Corinne, de passagem por Paris, estavam lá. Faltaram Véro, que está em uma reunião na Bósnia, e Irène. Ficamos contentes de nos rever e nos prometemos um novo jantar em outubro.

SÁBADO, 5 DE FEVEREIRO. Aceitei fazer o discurso inaugural da Reunião dos Representantes de Esquerda, na Casa da Química. Embora fique sabendo que, mesmo com um tema tão extenso, minha apresentação não deve ultrapassar vinte minutos (finalmente, me concedem trinta), confirmo minha aceitação. Herzog, Weber, Cochet vieram esta manhã verificar o que vou falar. Quando um deles assinala que não sou alguém com quem se possa estabelecer uma "conexão", isso não me surpreende: eu mesmo não consigo me conectar comigo mesmo.

No local, a chegada das vedetes políticas manifesta-se pela concentração de câmeras e refletores. Reconheço os conhecidos. A sala está lotada.

---

2. Louis-Ferdinand Céline, *Voyage au bout de la nuit*, Paris: Folio Plus, 1996. Edição brasileira, *Viagem ao fim da noite*, tradução Rosa Freire d'Aguiar, São Paulo: Companhia das Letras, 2004. (N.Ts)

Minha apresentação é mal conduzida, mal estruturada. Submergi no excesso de coisas a expor. Mesmo assim, sou aplaudido. Depois, começam os discursos monótonos: os problemas superficiais se sobrepõem aos problemas de fundo. René Dumont coloca-se acima dessa banalidade e lança seu grande e patético s.o.s. Surpreendo-me ao vê-lo de muletas (ele fraturou o colo do fêmur). O espírito desse homem de 90 anos permanece sempre vivo. Segundo ele, um bilhão de seres humanos precisa de 36 milhões de toneladas de cereais para sobreviver. No momento, esse é exatamente o excedente da Comunidade Europeia.

Todos os oradores estigmatizam o liberalismo econômico "integral". Eu mesmo fiz isso, mas esse consenso fácil demais me causa mal-estar. Eu deveria ter relembrado que o fundamento da economia de mercado reside na auto-organização. Friedrich von Hayek já escreveu sobre isso, mas, como quase todos os teóricos da auto-organização, ele não percebeu que ela deve ser concebida como auto-eco-organização. As determinações organizacionais exteriores à economia (leis, regras, direitos, desejos etc.) estão, ao mesmo tempo, em seu interior.

Tenho aflição desses assentos muito fundos. Chamo um fotógrafo. Ele se aproxima um pouco envergonhado: "Não fotografei o senhor". "Pouco me importa", eu lhe respondo. "Só quero saber se essa porta perto da fileira onde estou é uma saída." Ele abre a porta, olha. Parece ficar em dúvida. Um membro do comitê de organização vai verificar e me avisa que a porta conduz apenas ao subsolo. Saio e atravesso a sala. No caminho, Michel Rocard[3] me agradece por ter participado.

Domingo, 6 de fevereiro. Lembro-me intensamente do dia 6 de fevereiro de 1934. Eu tinha 13 anos. Havia uma agitação no recreio da escola. Os alunos refletiam e repercutiam as reações de seus pais. Na época, eu era um "cético" e considerava esses enfrentamentos ridículos. Para os da minha geração, essa foi a primeira irrupção violenta da política dentro da escola.

---

3. Michel Rocard (1930-). Primeiro-ministro da França no governo do Presidente François Mitterrand, de 1988 a 1991, e atual membro do Parlamento Europeu. (N.Ts.)

Estimulado por uma viva curiosidade, observo o novo secretário nacional do Partido Comunista, Robert Hue, que se apresenta no programa de televisão *L'Heure de la Verité*. Depois, como ele me aborrece um pouco, pressiono rapidamente os botões do controle remoto e mudo de canal. Eu o considero um sujeito volúvel, querendo parecer simpático. Violette me telefona, ela o acha caloroso, aberto, inteligente.

Mensagem na secretária eletrônica solicitando que eu assine uma petição em favor de Omar Raddad[4]. Penso que existe um componente "racista" no veredito do júri popular e sei que ele deveria ter se beneficiado da dúvida e ser absolvido. É minha própria incerteza que me impede de assinar a petição.

No metrô, a pessoa que me precede segura a porta automática; faço o mesmo com a que vem depois de mim: assim, cria-se espontaneamente uma corrente de cortesia. Volto a pensar, então, no estudo "microssociológico" de Abraham Moles, *Micro-psychologie et vie quotidienne* [*Micropsicologia e vida cotidiana*], publicado em 1976 pela Denoël-Gonthier, que relata o caso de uma fonte situada em uma cidade da Alsácia, cuja água é muito famosa e atrai um grande número de apreciadores. Se uma pessoa está enchendo seu recipiente e a próxima que chega se coloca atrás dela, forma-se uma fila; mas, se ela se coloca ao lado, cria-se uma aglomeração. Nesse caso, basta um iniciador para que a cortesia se propague de modo contagioso; ocorre o mesmo com a descortesia.

Nos corredores do metrô, Caroline de Mônaco olha para nós com ar sedutor: trata-se da capa de não sei bem qual revista, na qual ela confessa não sei o quê a respeito de seu segundo filho.

---

4. Em 1994, o jardineiro marroquino Omar Raddad foi condenado a 18 anos de prisão após ser julgado culpado pela morte de sua patroa Ghislaine Marchal, uma viúva milionária de 65 anos. A frase "Omar me matou", escrita ao lado do corpo e com o próprio sangue da vítima serviu para incriminá-lo. O inquérito mobilizou a imprensa, os intelectuais, e até mesmo o rei do Marrocos, que iniciaram uma campanha em defesa de Raddad, que sempre afirmou ser inocente. Em 1998, após ter cumprido sete anos de prisão, o então Presidente Jacques Chirac lhe concedeu perdão, mas sem isentá-lo da condenação. Em janeiro de 1999, Raddad deu início a um processo de revisão, esperando obter o reconhecimento de sua inocência. Em 2011, o processo ainda continua em tramitação na corte de justiça francesa. (N.Ts.)

Fico irritado com o fato de que, no boletim *Transdisciplines*, um tal de Patrick Smith, ele próprio irritado pela citação de uma de minhas frases em um artigo do número anterior da revista consagrado ao QI, começa seu artigo-resposta com um "Você por acaso leu o que escrevi?". Agora pergunto eu: será que esse sujeito do contra leu o que eu escrevi? Esse argumento é prova de um QI que não vai além do Q.

Anoto tantos detalhes neste Diário e fico mudo sobre Sarajevo, enquanto há meses, desde minha visita em setembro, vivo assombrado pelo cerco dessa cidade, pelo sentimento concreto, pela consciência de que a decomposição da Bósnia-Herzegovina constitui o símbolo e o prelúdio da decomposição da Europa. Já escrevi tudo isso, mas o sentimento de impotência me impede de vociferar. As palavras para expressar o horror e a repulsa foram banalizadas e não posso servir-me delas.

Para mim, a Europa em formação suicidou-se em Sarajevo. Hoje, a decomposição da Bósnia-Herzegovina implica o fim da esperança, da mesma forma que ocorreu com a queda da Catalunha, em janeiro de 1939.

Há um mês, reflito sobre um artigo no qual tentarei conduzir uma reflexão que também será uma proposta de paz. Digo paz porque estou certo de que somente a paz, ou pelo menos a cessação dos combates, permitirá desenvolver os processos democráticos na Sérvia e na Croácia e visualizar, para além dos processos de divisão etnorreligiosos *de facto*, a criação de fronteiras permeáveis e de novas formas de cooperação. Creio, também, que se a divisão na Bósnia é irremediável, ainda restam três, quatro cidades poliétnicas, Mostar, Tuzla, e, evidentemente, a própria Sarajevo. É esse último tecido comum que é preciso salvar, tornando-as cidades livres, abertas para a futura configuração e, esperemos, a eventual confederação.

Segunda-feira, 7 de fevereiro. Correspondência, folhetos, livros que se amontoam, ultrapassando minha capacidade de triar e de ler. Abatimento compensado por um encontro importante com o amicíssimo Claude Durand. Preciso de seu conselho e de seu apoio.

Pequena festa no CETSAH[5] para comemorar a publicação de *L'épidémie: carnets d'un sociologue* [*A epidemia: cadernos de um sociólogo*] de Bernard Paillard, pela Editora Stock. Levo comigo um exemplar para ler.

Não reparei no artigo de Jean-Paul Besset publicado na *L'Evénement Européen*, de setembro de 1992, citado hoje na *Eléments*. O artigo, no entanto, é fascinante: se o modelo consumista do Ocidente europeu se propagar (por meio de consumos semelhantes de energia, de metais não ferrosos, de papel, de aço, de fertilizantes etc.), a superação do Norte pelo Sul, baseada na acumulação de bens e no hiperconsumo, constituirá um suicídio planetário!

TERÇA-FEIRA, 8 DE FEVEREIRO. Percorrendo a estrada de Tillard, ouço uma gravação do *Quinteto de cordas em dó maior*, de Franz Schubert. A interpretação do primeiro movimento pelo Quarteto de Budapest, executada de maneira muito dramática e romântica, agrada-me quase tanto quanto a do Quarteto Julliard, mais sóbria e profundamente subjetiva. Em contrapartida, o segundo movimento me decepciona bastante. Quanto ao terceiro, jamais exerceu o menor efeito sobre mim.

Chegada por volta das 17h, às 17h45 já estou sobre meu manuscrito. O capítulo pelo qual desejo começar, não sai do lugar. Na hora de sair para jantar, acredito ter em mente o ajuste a ser efetuado.

Excelente jantar na casa do doutor (vizinho de J.-F. R. e prefeito de Tillard[6]), regado a um vinho tinto da região de Côte-Rotie.

QUARTA-FEIRA, 9 DE FEVEREIRO. No momento de sair para o almoço na casa de J.-F. R., marcado para as 13h, procuramos em vão pela gata Herminette no pequeno apartamento. Olho por toda parte, debaixo da cama, das poltronas, dentro dos armários. Nós a chamamos. Nada. Supondo que ela pudesse ter fugido pela porta envidraçada, deixada

---

5. Centro de Estudos Transdisciplinares (Sociologia, Antropologia, História).
6. Tillard, comuna francesa na região da Picardia, departamento de Oise, no noroeste da França. (N.Ts.)

aberta por um momento, vasculhamos o jardim, observamos os telhados. Nada de Herminette.

Após o almoço, volto logo para casa e procuro de novo debaixo das camas, das poltronas etc. Em vão. Ela talvez tenha ido correr com outro gato ou, perseguida por um cão, teria se entocado em algum lugar muito distante e, como jamais havia saído de casa nem conhecia a região de Tillard, ela não encontra a casa de J.-F. R. Minha inquietude aumenta quando, ao passar pela igreja, avisto dois cães enormes diante da porteira de uma fazenda. Uma vizinha, que também saiu à procura de Herminette, diz a Edwige que um desses cães costuma perseguir os gatos. Pego o carro e dirijo até fora da cidade, subo até um platô. Entre as vastas extensões verdes, noto por vezes uma coisinha esbranquiçada, mas não passam de restos de material plástico espalhados por ali. Volto, revisto de novo os arredores da casa de J.-F. R., depois, com Edwige, pego novamente o carro. Interrogamos cada pessoa que passa. Um casal acredita ter visto a gata perto de uma fazenda. Edwige vai até lá e se informa. Nada. Inspeciono as cercas da vizinhança. Nada, como sempre. Duas meninas vão perguntar de casa em casa. Sem resultado. Retornamos para as proximidades da casa de J.-F. R. Edwige chama sem parar por Herminette, fala com ela como se ela pudesse entendê-la. A angústia nos invade. Ela me diz: "Nós a perdemos, ela se perdeu". Ela imagina a pobre Herminette sozinha, no meio da noite, da neblina e do frio, desamparada, sem saber mais como encontrar seu telhado. Edwige continua a chamar por ela, a falar-lhe com a vozinha fina com a qual sempre se dirige a Herminette. Perco as esperanças. A tristeza toma conta de mim ao mesmo tempo em que a tristeza de pensar na tristeza atroz de Edwige; essa dupla tristeza, que é uma só, me acabrunha. Voltamos ao apartamento. Eu choro. Edwige continua a chamar por Herminette.

Eis, então, que a cabeça de Herminette surge debaixo de um sofá cuja base desaparecia sob um passamane de franjas esvoaçantes. Foi o único lugar que não inspecionei. Seu corpo aparece lentamente, ela se alonga... Olhamos para ela estupefatos, aliviados, mas o alívio não apaga a enorme tristeza que levará tempo para se dissipar. Ah! A sem-vergonha, a safada! A cadela!

Descubro assustado o quanto estou visceralmente ligado a esse pequeno ser minúsculo, que me havia escolhido e que recolhi em novembro de 1992.

Estou exausto.

Por volta das 16h, vou até Noailles fazer compras na cooperativa, que oferece bem poucas escolhas, e ao *shopping*. Assim que chego em casa, volto ao meu manuscrito e trabalho até as 19h, quando vem a fadiga.

Graças à minha pequena televisão portátil, fico sabendo que a OTAN decidiu impor, sob ameaças, a suspensão do cerco de Sarajevo e que os comandos sérvios e muçulmanos concordaram com um cessar-fogo sob a égide do general inglês da FORPRONU[7]. Mais uma vez, eu temia que depois da explosão da bomba no mercado de Sarajevo não houvesse ali senão gesticulações, palinódias, palavrórios. É preciso esperar novamente?

QUINTA-FEIRA, 10 DE FEVEREIRO. Radovan Karadžic, chefe dos sérvios da Bósnia, rejeita o ultimato da OTAN e volta atrás em sua promessa de retirar suas armas pesadas de Sarajevo. A Rússia está pronta a se opor a qualquer ataque às posições sérvias. Os gregos recusam igualmente qualquer sanção contra os sérvios e suponho que os búlgaros farão o mesmo. Eis que, sobre as ruínas da Cortina de Ferro, se reconstitui a nova fronteira entre o Ocidente católico romano e o Oriente bizantino ortodoxo. As vítimas: os muçulmanos bósnios e, é claro, os do Kosovo.

Ao transcrever meu manuscrito no Mac, percebo como é difícil evitar a autobiografia e, ao mesmo tempo, utilizar elementos autobiográficos que permitam compreender minhas ideias-chave. Ainda não sei quantos obstáculos irei encontrar para que esse livro adquira *seu* formato.

SEXTA-FEIRA, 11 DE FEVEREIRO. A crise de Sarajevo provoca o retorno da primeira grande fratura que dividiu a Europa entre Oriente católico romano e Leste bizantino ortodoxo. Essa ideia me obceca. Trata-se

---

7. Força de Proteção das Nações Unidas. (N.Ts.)

simultaneamente de um retorno às origens da Europa, de um retorno aos tempos anteriores a 1914, de um retorno a uma nova Guerra Fria. E esse deslocamento opera-se às vistas de todos, sob uma miopia generalizada.

Às 12h30, reunião com um indivíduo da *France Culture*, um membro da Editora Belfond e Boris Cyrulnik: trata-se de um diálogo sobre a antropologia que acontecerá entre Cyrulnik e eu. A partir desse programa de rádio, se fará um livro[8] de uma coleção que acaba de publicar um diálogo desse gênero entre Jacques Lacarrière e Albert Jacquard. Reitero minha recusa, pelos próximos tempos, de realizar qualquer trabalho de revisão, correção, e que, por outro lado, jamais fiz um livro de entrevistas.
– E o que fez com Anne Brigitte Kern? – objeta o editor.
– Você não o leu.
– É verdade.
– Se tivesse lido saberia que *Terra-Pátria* não é um livro de entrevistas. Anne Brigitte Kern foi minha colaboradora durante o período de redação e correção do manuscrito. Eu quis que seu nome figurasse na capa do livro, um princípio que mantenho, diferentemente de certas pessoas.

À noite saímos para jantar na casa do amigo Léon Hovnanian (que nosso professor de filosofia, com seu defeito da fala, costumava chamar de Hounanian). Para chegar até Saint-Gratien, onde ele reside, passamos por La Défense, ambiente suburbano euroamericanoide.
Enquanto degustamos a excelente cozinha armênia, falamos da Bósnia, de Sarajevo, dos Bálcãs, insistindo no fato de que os ocidentais não sabem nada sobre a civilização dos Bálcãs e do Oriente Médio, na qual não veem senão selvageria e violência (e a deles, então!).
Em dado momento, discutimos se tudo é uma questão de acaso, destino, fatalidade: eu digo que é acaso; Léon afirma que é destino, uma senhora de origem iraniana insiste que é fatalidade. Diante disso,

---

8. Boris Cyrulnik / Edgar Morin, *Dialogue sur la nature humaine*, Paris: Édition de L'Aube, 2000. Edição brasileira, *Diálogo sobre a natureza humana*, tradução Edgard de Assis Carvalho, São Paulo: Palas Athena, 2012. (N.Ts.)

J.-F. R. e eu nos perguntamos por que sobrevivemos durante a Resistência. Percebo muito bem que existe algo mais do que o simples acaso, uma espécie de intuição inconsciente. Lembro-me de um episódio: meu amigo "Jean, o alemão", antigo marinheiro em Hamburgo, combatente na guerra da Espanha, depois resistente na França, tornou-se meu assistente e deveria encontrar-se comigo no cemitério Vaugirard (que como qualquer lugar tranquilo permitia facilmente verificar se éramos seguidos ou não pela Gestapo). Jean não estava ali. Não me inquieto nem um pouco, vou jantar em um restaurante em Saint-Michel, depois passo por seu hotel, que ficava próximo dali, o hotel Toullier, na *Rue Toullier*. Sua chave não está na portaria, pergunto para a dona do hotel se o Sr. Van não sei o quê (em vista de seu sotaque, ele havia assumido um nome falso flamengo) está em seu quarto. Ela não me previne de nada, embora a Gestapo houvesse preparado uma armadilha em seu quarto, no segundo andar. Subo tranquilamente as escadarias, mas, quando chego ao primeiro andar, de súbito sou invadido por uma imensa fadiga. Por causa do imenso calor de verão, desisto de subir até o segundo andar e desço os degraus bem tranquilamente. Na recepção, peço um papel à dona do hotel, sempre impassível, e escrevo a Jean dizendo que não o havia visto no Vaugirard e marco um encontro para o dia seguinte em uma galeria da Sorbonne. Na verdade, a dona do hotel rasgou imediatamente o bilhete e, antes de comparecer ao nosso encontro, fico sabendo que Jean fora preso e que haviam montado uma emboscada em seu quarto! Na véspera, porém, eu não havia tido nenhum pressentimento, nenhuma inquietude; eu simplesmente senti aquela grande fadiga, como se meu inconsciente me enviasse uma mensagem para impedir-me de subir ao segundo andar. Em todo caso, tenho a impressão de que nesse episódio houve qualquer coisa a mais do que o acaso.

Sábado, 12 de fevereiro. Acordei mal do fígado.

Sou convidado para a recepção de despedida em honra de Roland Leroy, no jornal *L'Humanité*. Embora o homem público tenha sempre me desagradado, sei que o personagem é complexo. Eu poderia muito bem ir à recepção, mas não estaria em Paris no dia marcado.

Recebo uma "plataforma para um mundo responsável e solidário" proveniente da Fundação para o Progresso do Homem. Sou solidário e assino.

À noite, assisto ao programa de Patrick Sébastien e acho algumas das caracterizações e imitações fabulosas. Essa noite, é a vez de Simone Veil. Sempre gostei dos imitadores. Possuídos interiormente pela pessoa que imitam, eles captam não apenas seus trejeitos e sua voz, mas seus pensamentos. É uma aptidão que eles desenvolvem, mas que todos nós temos. Percebi isso imitando meus professores. E também G. F., a tal ponto que, durante meses, G. F. não me deixava mais: ele estava impregnado em mim.

Possessão, possessão, problema fundamental: somos possuídos por forças, por seres, por ideias.

DOMINGO, 13 DE FEVEREIRO. Tenho sempre um sonho recorrente: estou em um país distante, quase sempre no Japão. No momento de voltar para a França, ou não encontro mais meu hotel, onde estão minhas bagagens, ou não acho mais meu quarto, ou não encontro mais meu dinheiro para pagar a conta, ou não acho nem o ônibus, nem um táxi para ir ao aeroporto etc. Sou um prisioneiro, paralisado, longe de minha casa.

De manhã, logo antes de despertar, tive o mesmo sonho, versão Brasil. Estou em São Paulo e devo sair para fazer uma conferência na Universidade de Belo Horizonte. Não sei como chegar até lá. Philippe Sollers e Monique Cahen conduzem-me a uma vasta estação de trem, até chegar a uma plataforma onde as pessoas esperam para ir a não sei que destino. Philippe e Monique desaparecem. Acordo com um mal-estar que não se dissipa pela transformação da realidade do sonho em irrealidade.

Ouço as informações sobre Sarajevo: o envio das armas pesadas foi interrompido pelos sérvios de Karadžic.

Tragédias domésticas: oh! Esses ódios balzaquianos, mauriacianos[9]. E essa incapacidade de enxergar os próprios defeitos, as próprias vilanias! E ainda por cima essa calúnia para destruir!

SEGUNDA-FEIRA, 14 DE FEVEREIRO. Dia de São Valentim!

Estou todo atrapalhado por coisinhas inúteis, mas minhas ideias sobre a Bósnia agora se cristalizaram: para salvaguardar o caráter poliétnico de Sarajevo, Tuzla, Srebrenica, Mostar, é preciso inscrever a divisão "étnica" em uma confederação sem fronteiras, dar à Bósnia um acesso ao mar, para que ela não se torne um novo Bantustão[10], é preciso favorecer a organização de uma conferência das nações da ex-Iugoslávia, com a Albânia, a Bulgária, a Áustria etc., para visualizar uma associação danúbio-balcânica.

Recebo uma jornalista grega a quem repito que a conjunção da frustração (ou da humilhação) nacional e de uma grave crise econômica constitui a pior conjuntura para uma democracia. Essa é a situação da Rússia e pode-se considerar uma felicidade que o país ainda não tenha afundado.

O mundo não é mais percebido como um todo, mas como um aglomerado de problemas compartimentalizados, estudados sem considerar o futuro. A hiperespecialização mais a televisão criam esse novo tipo de cretinismo.

Almoço com Claude Cherki e Jean-Claude Guillebaud da Editora Seuil.

Conto a eles o episódio Von Bulow, isso para explicar porque publico meu livro *Não sou um de vocês* pela Editora Stock: no filme de

---

9. O autor refere-se respectivamente aos escritores franceses Honoré de Balzac (1799-1850) e François Mauriac (1885-1970), Prêmio Nobel de Literatura de 1952. (N.Ts)
10. Os bantustões foram pseudoestados de base tribal criados pelo regime do *apartheid* na África do Sul (1948-1994). Seu objetivo era manter os negros fora dos bairros e das propriedades das comunidades brancas. Pretensamente autônomos, os bantustões controlavam a população negra que só podia deixá-los se fosse para trabalhar para os brancos e servi-los como mão de obra barata. Para isso, recebiam um tipo de passaporte. (N.Ts)

Barbet Schroeder, *O reverso da fortuna*[11], no decorrer de um banquete, vemos uma jovem sentada em frente a seu marido que corteja ostensivamente suas duas vizinhas de mesa: de súbito, ela coloca a mão sobre a mão do indivíduo a seu lado, que é Von Bulow, e não retira mais; ele se tornará seu amante e se casará com ela. Assim, abandonado por meu editor etc.

Terça-feira, 15 de fevereiro. Ontem à noite, hesitei entre assistir ao programa de televisão *Les Grosses Têtes* e Édouard Balladur. Finalmente escolhi a cabeça de Balladur.

O homem me agrada porque seu estilo rompe com o estilo dos outros políticos. Seus propósitos são comedidos, ele é cortês, não é polêmico, não faz promessas (essa é sua força depois de tantas palavras ao vento), ele constata a incerteza do futuro, mantém-se mais no nível da hipótese do que da tese, admite estar pronto para reconhecer os erros de procedimento. Continuo a acreditar, porém, que ele evolui na realidade bidimensional econômico-política, esquecendo-se da terceira dimensão, onde se ocultam os problemas de civilização, os mitos, as paixões humanas. Ele aposta essencialmente no crescimento, sem se questionar sobre os problemas que o crescimento provoca, sobretudo em nossa época de supercompetição desenfreada. Sem dúvida, o fato de ainda nos encontrarmos em um período de desencantamento e de ausência de grandes esperanças lhe é conveniente, mas o que fará ele diante de uma crise profunda? Ele está consciente dos desafios de civilização? Tenho a impressão de que ele surfa com elegância sobre uma onda gigante.

Ele é simultaneamente simples e muito oficial, respeitoso dos corpos constituídos. Ele provavelmente tem um lado invisível que escapa à minha percepção. No jantar com Alexander Soljenítsin, descobri em Balladur um ser cultivado, curioso, mas o almoço no clube do *L'Express*, com seu chefe de gabinete, Nicolas Bazire, mostrou-me o tipo de homem em quem ele confia.

---

11. *Reversal of fortune*, filme americano, de 1990, do diretor Barbet Schroeder; no elenco: Jeremy Irons, Glenn Close e Ron Silver. Título francês, *Le mystère Von Bullow*. (N.Ts.)

Ele fala da "política da cidade", sem compreender que uma abordagem como essa nivela e reduz à dimensão territorial os problemas de civilização, civilização que a partir de agora é evidentemente urbana... tudo o que ele diz é justo, mas insuficiente, e essa insuficiência introduz uma fissura na autenticidade de seu propósito.

Escrevo o prefácio do ensaio *Solidarietà o barbarie* [Solidariedade ou barbárie] de Mauro Ceruti e Gianluca Bocchi. Nossos pensamentos são inseparáveis.

Cheguei a Tillard para o jantar com os Havet, a quem não via há muito tempo e fiquei contente de reencontrar. Flavienne se superou: sopa de abóbora, batatas Roseval assadas com casca no óleo de oliva, temperadas com dentes de alho e tomilho, uma carne assada perfeita, um queijo Camambert sensacional, torta saborosa. Após o jantar, Havet e J.-F. R. recordam-se de alguns bons jogos de palavras que anoto para não esquecer:

A África é boa anfitriã, mas as ondas de calor não nos embalam.
Os camponeses se vão em bando, acariciando o pescoço de seus bois.
Na paisagem de Bolonha, prefiro as caras de Pompeia.
Esse caso de Coreia me incomoda (essa se deve a Robert Scipion).
Ela contempla essa planta que vem da Guiné.
Ele torceu o úmero ao descer até o cais por alguns minutos.

Quarta-feira, 16 de fevereiro. Logo de manhãzinha tive um sonho análogo ao do outro dia. Estou no Brasil, dentro do avião da Air France que vai para Paris. A cabine, muito espaçosa, assemelha-se a um anfiteatro ou a uma sala de cinema. Como uma operária, a comissária de bordo acomoda as pessoas. Ela dá meu assento a outro passageiro e me diz que houve um erro. Vou até a parte dianteira do avião procurar uma espécie de comissária-chefe, já ocupada com diversos solicitantes. Finalmente, ela me reconhece, pega minha passagem e promete que vai dar um jeito na situação. Ela propõe que eu saia do avião e me conduz a uma espécie de parque onde as árvores ocultam o avião. Um brasileiro se junta a nós, também me reconhece e diz: "Você conhece

Antelmos?". Eu lhe respondo: "Você está falando de Robert Antelme, que escreveu um livro admirável sobre sua experiência nos campos de concentração?". "Não", me diz ele, oferecendo-me uma caixa de chocolates, "Antelmos é o codinome pelo qual a esquerda brasileira troca documentos clandestinos com o estrangeiro". Por um momento, me inquieto: "E o avião?". O avião começa a andar pela pista, mas a porta traseira ainda parece estar aberta. A comissária corre, o brasileiro a segue. Eu perco os dois de vista; depois parece que vejo a fuselagem. Corro nessa direção e atravesso uma estrada engarrafada pelo trânsito. Finalmente, chego a um enorme terreno de desmanche de automóveis. Prossigo em outra direção e avisto um jovem casal perto de um telefone. Grito para eles: "Perguntem pelo telefone sobre o avião da Air France que vai para Paris". Por fim, o homem retira o telefone lentamente do gancho e eu acordo, desesperado.

De manhã, Edwige me cortou os cabelos.

Leio no *Le Monde* de ontem à noite que a insurreição anti-indiana dos muçulmanos da Cachemira fez milhares de mortes, que as querelas tribais se multiplicam na Nigéria, que os enfrentamentos étnicos fazem centenas de vítimas em Gana. E os conflitos continuam em Angola, no Sudão, na Somália, no Afeganistão, no Cáucaso, na Armênia-Azerbaijão, em diversas repúblicas da Ásia central. Na própria Europa, seríamos bem ingênuos em acreditar que a purificação étnica praticada pelos sérvios é contingente. Como indicam Mauro Ceruti e Gianluca Bocchi, ela não é nem acidental, nem recente, nem representativa apenas dos sérvios, nem mesmo unicamente étnica. Ela pertence à lógica das forças sombrias, as mesmas que triunfaram na Espanha de 1492 e em todas as formas de purificação religiosa até a revogação do édito de Nantes pela França de Luís xiv. Combatido e inibido pela miscigenação dos casamentos em grandes nações poliétnicas, pelo desenvolvimento da tolerância, a dissolução dos guetos dos judeus, o desenvolvimento das grandes capitais cosmopolitas, pelas trocas culturais de todos os tipos, o espectro da purificação retorna com o nacionalismo integral, isto é, integrista e não integrador. Esse livro de Bocchi e Ceruti relembra todos os conflitos do século xx que culminaram em uma purificação:

as guerras greco-turcas, com transferências mútuas de populações aos milhões, a queda do Império Otomano, que provocou a expulsão ou o massacre dos turcos nos países balcânicos libertados; as purificações nazistas (judeus, ciganos, poloneses) e as stalinistas (deportações em massa de etnias julgadas não leais), depois, as do fim da guerra de 1939-1945, com as deportações massivas dos alemães expulsos da Silésia, dos Sudetos, de Danzig, da Prússia Oriental, dos países balcânicos, entre eles a Iugoslávia. Durante e após a Segunda Guerra Mundial, um total de 23,8 milhões de indivíduos foram vítimas desses fluxos migratórios (entre os quais 12 milhões de alemães, cinco milhões de poloneses, 3,6 milhões de russos, ucranianos, bielo-russos, um milhão de eslovacos).

No mesmo número do *Le Monde*, o suplemento *Initiatives* consagra um dossiê ao "emprego de amanhã", que considera a crise atual do ponto de vista das mutações tecnológicas em curso: tendência à redução do trabalho produtivo em prol do trabalho relacional, renascimento do trabalho independente vinculado às redes. A troca de informações, de conhecimentos, de ideias se "simbiotiza" cada vez mais com a troca de mercadorias e de serviços. Guardo esse dossiê para reler com a cabeça mais descansada.

Desisto de voltar a Paris para participar do grande encontro sobre a Bósnia. O que tenho a dizer agora excede muito a breve intervenção concedida em um encontro para o qual são convidadas muitas personalidades. Eu não poderia limitar-me a juntar minha voz indignada às dos outros participantes. Além disso, como não sei expressar-me senão individualmente e no meu tempo, essa forma de intervenção não me convém. A recusa de ir ao encontro, porém, serve-me de estímulo para escrever o artigo que planejo.

Jantar a quatro para comer um excelente *ossobuco*.
J.-F. R. espera que cheguemos ao ano 2000. Quanto a mim, penso que nos encontramos na Alameda dos Franco-Atiradores de Sarajevo: eles atiram ao acaso, mas os melhores alvos são os velhos, pois andam devagar. Existem franco-atiradores, porém, que adoram a dificuldade e preferem abater os jovens.

J.-F. R. cita-me o enunciado de Gilles Martinet. Quando toma conhecimento da morte de alguém mais jovem do que ele, ele diz: "Um tiro muito perto", se for de alguém mais velho: "Um tiro muito longe".

Evocamos as armadilhas literárias: o livro de Marguerite Duras, enviado com uma assinatura desconhecida e recusado pela Editora Minuit, a cegueira dos críticos sobre Ajar[12] etc. Críticos, editores, autores esquecem logo seus erros e recuperam sua segurança, ou melhor, sua arrogância.

Ao me desejar boa-noite, J.-F. R. renova o convite para brindarmos juntos o ano 2000. Bato nervosamente com os dedos na madeira.

QUINTA-FEIRA, 17 DE FEVEREIRO. Retorno à noite de Tillard para Paris. Jantar no restaurante japonês Kunigawa.

SEXTA-FEIRA, 18 DE FEVEREIRO. Devo comparecer a um colóquio intitulado "Do Sistêmico ao Político e à Ética", organizado em um anfiteatro da antiga faculdade de medicina, cujo programa conta com a presença de Mony Elkaïm, Isabelle Stengers e eu.

No táxi, o motorista magrebino me fala de Jacques Chirac, a quem vê como vencedor na eleição presidencial. "E Balladur?". "Ele é honesto, mas não tem força. Chirac tirará a França do sofrimento." Tento lhe dizer que ainda nada está decidido, mas ele está muito seguro de si.

Após minha apresentação sobre "Pensamento complexo e sociedade complexa", saio para almoçar com meu homônimo William em um restaurante sefardita tunisiano.

À tarde, vou ao CETSAH, para uma série de reuniões:

• Uma senhora entusiástica vem pedir-me para ser um dos três padrinhos de uma fundação oriunda do Grupo Internacional *Trois Suisses* e utiliza sua lista de clientes (dois milhões de endereços). Seu objetivo é promover tudo o que melhora (emprego, saúde etc.) e permite lutar

---

12. Edgar Morin refere-se a um dos pseudônimos do romancista, piloto da Segunda Guerra Mundial, Romain Gary (1914-1980). (N.Ts).

contra tudo o que deteriora. Ela me faz descobrir uma porção de associações que não conheço, Doutores da Alegria, Direito Cidadão etc. Seu entusiasmo me contagia, aceito ser o terceiro padrinho (os outros dois são Charpack e um alto executivo).

• Uma estudante que faz trabalho de conclusão sobre a pesquisa interdisciplinar de Plozevet, da qual participei e que originou meu livro, *La métamorphose de Plozevet*[13], faz ressurgir uma porção de lembranças, inclusive a da terrível injustiça de que fui vítima por ter feito um bom trabalho.

• A Sra. Paola Costa, da revista *Diogène*, sugere que eu me encarregue de um número da revista sobre a tolerância. Isso me interessaria, mas não tenho tempo. Como não consegui recusar definitivamente, prometo refletir sobre o assunto.

• Jacques Ardoino e a Sra. Perron-Bonjean entrevistam-me sobre a praxiologia. Ardoino estabelece a seguinte definição da complexidade: "É complexo tudo o que não é redutível a termos cartesianos". Com muita propriedade, ele me convida a introduzir em minhas concepções não apenas a ideia de multidimensionalidade, como também a de multirreferencialidade.

• Jean-Michel Morel, da Editora Seuil, me faz uma proposta, que aliás não compreendi muito bem, referente a uma narrativa policial que seria escrita com base em meu trabalho. Nos veremos outra vez, com a presença do eventual autor.

• Um estudante, que faz um trabalho de conclusão (outra vez!) sobre os intelectuais e a guerra da Iugoslávia, me faz perguntas provocadoras, mas que permitem que eu me explique. No fim, ele me pergunta se, em minha opinião, existe analogia entre a guerra da Espanha e a Guerra da Bósnia; entre o cerco de Madri e o cerco de Sarajevo; entre a queda da Catalunha e o fim da Bósnia.

Às duas primeiras questões, respondo que as diferenças são mais fortes do que as analogias. Mas com respeito à terceira afirmo que, embora não haja analogia de fato, após a vitória da divisão étnica, o sentimento de tragédia irreparável foi igual ao que tive, ainda adoles-

---

13. Edgar Morin, *La métamorphose de Plozevet: Commune de France* [*A Metamorfose de Plozevet: Comuna da França*], Paris: LGF, 1984. (N.Ts.)

cente, no momento da queda de Barcelona. Nos dois casos, identifica-se uma passividade suicida; nos dois casos assiste-se à instalação de um processo terrível. Entretanto, não há certeza absoluta de que caminhamos rumo à catástrofe.

• Última reunião com Pierre de Latil, o jovem velhinho de 91 anos, quase cego (degenerescência da retina), que acaba de finalizar seu manuscrito sobre o sistema da natureza. Ele tem fé em suas ideias. E bastante fé em mim para acreditar que eu poderia persuadir Pierre Nora a publicar seu livro pela Editora Gallimard. Confiante, ele me entrega o manuscrito e vai embora.

A Sra. Vié me leva até em casa. Estou muito cansado. A correspondência à minha espera desde a manhã continua inumana. Durmo, depois acordo para ir ao jantar com Denis Huisman e Tom Bishop no Restaurante Closerie des Lilas.

Jantar alegre. E delicioso: ouriços-do-mar, costeletas de carneiro, um fantástico queijo de cabra Saint-Marcellin[14], tudo isso regado a um vinho Château-Margaux, safra de 1985.

Retorno tardio. Dificuldade para dormir.

SÁBADO, 19 DE FEVEREIRO. Dificuldade para acordar.

No colóquio "Do Sistêmico ao Político e à Ética", que prossegue, faço minha apresentação sobre a ética, da qual reutilizarei uma parte no capítulo do meu livro dedicado à autoética.

Sob a cordialidade de Isabelle Stengers, creio sentir certa desconfiança ou hostilidade. Isso, talvez, porque ela seja muito amiga de pelo menos duas pessoas que me aplicaram golpes baixos e de uma terceira que espalhou que *O método* era um sistema que pretendia ser total, como o de Hegel (evidentemente essa pessoa não leu o livro). Nossa polêmica, porém, não visa ferir muito fundo nenhum de nós dois.

Em minha exposição, descrevo melhor a relação que eu havia esboçado entre comunidade-nação-terra-pátria, e sinto melhor o que deve ser a ética da comunidade.

Descrevo melhor, também, o caráter autofundador da ética na sociedade individualista, autofundação que não tem outro fundamen-

---

14. No Brasil, o queijo Saint Marcelin é fabricado pela marca Serra das Antas, Minas Gerais. (N.Ts.)

to senão ela mesma, mas permanece em uma relação de autonomia-dependência com o que não é ético (principalmente o cognitivo e o político).

De resto, todo fundamento tem seu fundamento. Se a partir do "vazio" os processos turbilhonantes se autoproduzem e se auto-organizam, a auto-eco-produção é um fundamento sem fundamento.

Após minha apresentação, Isabelle Stengers faz uma interessante exposição sobre a toxicomania. Fico sabendo que foram criadas associações de toxicômanos não "arrependidos", entre elas a ASUD (Autoapoio dos Usuários de Drogas). Isabelle Stengers declara guerra à guerra contra os toxicômanos sob a justificativa de proteção e prevenção. Em sua opinião, é preciso, ao contrário, visualizar uma civilização da toxicomania. Isso me faz pensar que existe uma civilização da *cannabis*, uma civilização do ópio, uma civilização da cocaína, todas proibidas em nossa civilização em nome de nosso sistema tecnoprático, que interdita o que entorpece, o que exterioriza, o que provoca êxtase. Por que ela aceita o tabaco? Não foi senão recentemente, com o envelhecimento, que se perceberam suas consequências extremamente nefastas. Por que ela aceita o álcool? Sem dúvida alguma, durante milênios, uma seleção natural na Europa extinguiu todos aqueles que não podiam eliminar a molécula etílica. O álcool, porém, é uma droga destruidora: constatamos seus efeitos devastadores principalmente sobre os indígenas da América. Quando afirmo que a fronteira da droga é arbitrária se não incluir nem o tabaco nem o álcool, imediatamente alguém argumenta que toda civilização estabelece uma oposição arbitrária entre o lícito e o ilícito da qual não se pode escapar. Respondo a esse argumento distorcido.

Finalmente, no que se refere ao desenvolvimento do virtual, abordamos o tema do "sexo virtual", os extraordinários êxtases possíveis por meio das comunicações sensoriais com o mundo imaginário...

Com muita pertinência, Isabelle Stengers denuncia toda "palavra de ordem" na luta contra a droga. Pessoalmente, vejo na palavra de ordem a forma coisificada, politizada, militarizada, degradada de um imperativo ético ou político.

A discussão sobre o movimento de autoapoio dos toxicômanos prossegue no restaurante em que almoçamos: alguns temem que em caso de distribuição de metadona, ou de liberalização das drogas, toda uma população juvenil de pequenos traficantes fique sem seu ganha-pão. Evidentemente, acredito que seja preciso prever sua reconversão, mas não se deve de maneira alguma subordinar tudo ao fato de que isso possa provocar o desemprego desses pequenos traficantes. Não se pode esquecer, também, que a *overdose* (com frequência resultado de mudança de fornecedor, que dosa a heroína de maneira diferente da habitual) provoca a morte, que a falta da droga induz à delinquência etc. Percebo mais uma vez que é difícil introduzir a visão complexa que integra todos os múltiplos e diversos dados de um problema.

Isabelle Stengers não gosta do prefixo "meta". Mony Elkaïm vê nesse prefixo uma forma de observar e de se colocar acima dos conflitos ou das contradições. Lembro que essa palavra pode ter diversos sentidos, que pode incluir, como em Hegel, "o duro trabalho do negativo", "a negação da negação". Que "meta" não significa superar, mas ultrapassar, conservando. Que a linguística cria uma metalinguagem, mas que ela continua a situar-se na linguagem. Que a auto-observação necessita de um metaponto de vista, que, por sua vez, necessita de outros pontos de vista, críticos, sobre o seu próprio ponto de vista.

Como sempre, Mony Elkaïm fala da autorreferência como da autopoiese (autoprodução). Repito que a autorreferência e a auto-exo-referência, que a autopoiese ou auto-organização são auto-eco-poiese e auto-eco-organização. Percebo que essas ideias, básicas para mim, são ignoradas nesse meio, no entanto simpático, que me convida. A única coisa é que Mony Elkaïm agora fala de coconstrutivismo e não mais de construtivismo.

Isabelle Stengers fica "contrariada" com a ideia de *Terra-Pátria*, na qual identifica uma nova máscara de hegemonia ocidental. Respondo que, muito pelo contrário, esse conceito rompe com a ideia de superioridade ocidental e sua crença no monopólio da razão. É fundamentado no respeito da diversidade cultural, na abertura para as culturas desprezadas ou destruídas. Provoca uma ruptura na ideia de que a Europa está no centro do mundo e é dona do poder de dominação universal. Reconhece a Europa como uma província do planeta e até mesmo como uma pequenina Suíça, em comparação com a escala enorme dos dois continentes que costeiam o Pacífico. Empenho-me bastante para desconstruir esse mal-entendido, mas como não leu meu livro, ela não enxerga senão o que suspeitava.

Ela cita Tobie Nathan que, por sua vez, cita um aborígene nômade que pergunta a um viajante ocidental o que ele faz com seus ancestrais. "Nós", responde ele, "conservamos nossos ancestrais debaixo da terra." Sem dúvida, os sedentários mantêm seus ancestrais bem próximos, em casa ou no cemitério local, mas os nômades não abandonam seus ancestrais. Afirmo que com *Terra-Pátria* nós nos "reancestralizamos" em profundidade.

Alguém menciona esta anedota da Escola de Palo Alto: anuncia-se a Donald D. Jackson que ele vai entrevistar um psicótico que acha que é psicanalista. A seu interlocutor, também psicanalista, se diz a mesma coisa. O resultado foi simultaneamente engraçado e catastrófico: ambos se perceberam como pessoas delirantes.

Mony Elkaïm organiza um jogo de simulação que me agrada muito, como tudo que é simultaneamente jogo, semipossessão, estado de transe, rito etc. Adoraria fazer parte de uma trupe, como aquela dos semipossuídos da Etiópia que Michel Leiris descrevia.

Outro participante preconiza "a ética do *zoom* e do *zap*", ideia que me excita.

Finalmente, tudo aquilo foi muito vivo, estimulante. Esse meio de terapeutas sistêmicos é aberto, interessado em fundar suas práticas na reflexão, no aporte teórico ou epistemológico vindo de outras partes. De resto, ele está em movimento, tende a ultrapassar o sistemismo, a ultrapassar certas ideias-matrizes da Escola de Palo Alto sobre o paradoxo. Que contraste com o fechamento do meio lacaniano, no qual tudo remete à exegese da palavra sagrada!

Li na *Le Généraliste* de 18 de fevereiro: "Desde o dia 23 junho de 1983, o Comitê de ministros do Conselho da Europa adotou uma recomendação aos Estados membros 'sobre a prevenção' da possível transmissão da aids de doadores contaminados aos que necessitam de transfusões de sangue ou hemoderivados". O texto aconselhava explicitamente a evitar o uso de redes muito vastas de doadores e a informar doadores, recebedores e profissionais médicos dos riscos de contaminação. O correspondente da *Le Généraliste* em Mont-Pellier, François Cusset, encontrou esse documento explosivo em mãos do Sr. Jean-Louis Escafit que, por sua vez, o havia descoberto por acaso quando trabalhou como especialista contábil, durante o ano de 1992, no balanço do CRTS (Centro Regional de Transfusão Sanguínea) de Montpellier.

Segundo François Cusset, é impossível que uma diretiva tão precisa como essa possa ter escapado aos serviços do Ministério da Saúde. Ou sua vigilância estava adormecida demais, ou seus interesses, muito despertos. Por isso, é preciso fazer remontar a 1983, e não a 1985, o conhecimento dos perigos da transfusão de sangue e a exortação à prudência. "Na França, houve carência completa no assunto." De acordo com J.-L. Escafit, a recomendação europeia comprometia os investimentos obtidos para a concretização da fábrica dos Ulis do CRTS a partir das grandes redes a fim de produzir para os hemofílicos um fator VIII mais adequado em termos de manipulação. "Encontra-se essa lógica econômica e seus efeitos desastrosos até e inclusive 1985."

Nesse caso, houve a conjunção perfeita entre uma lógica administrativa, uma lógica tecnocrática, uma lógica econômica para bloquear a informação e as medidas necessárias para corrigir a situação. J.-L. Escafit imputa o grosso da responsabilidade a instâncias que vão além de Michel Garetta, aos conselheiros dos ministros. Não foi senão recentemente, e em seguida à farsa da petição exigindo o perdão de Garetta, que os holofotes se voltaram para o professor François Gros.

DOMINGO, 20 DE FEVEREIRO. O ultimato lançado aos sérvios parece fazer efeito. Os russos intervêm no problema e desembarcam no local.

Continuo a ruminar esse artigo sobre as causas da guerra da Iugoslávia, que deverá distinguir muito bem as duas guerras: a primeira, a guerra da Croácia, que visa os territórios sérvios da Croácia; a segunda, a Guerra da Bósnia, que conduz ao deslocamento da Bósnia-Herzegovina. As próximas etapas serão o Kosovo, a Macedônia? Já é tempo de passar para as proposições de paz, que há dois meses fervem na minha cachola.

Hoje à noite, no canal Arte, assisto ao filme consagrado à jovem chimpanzé-fêmea Washoe. Eu estava presente, em 1972 ou 1973, quando os Gardner[15], que havíamos convidado para o colóquio Royaumont[16] sobre a Unidade do Homem, descreveram sua experiência. Os Gardner ensinaram uma linguagem análoga à dos surdos-mudos à chimpanzé Washoe, que adquiriu um vocabulário de sessenta palavras, uma sintaxe rudimentar, o reconhecimento de si própria no espelho ("sou eu, Washoe"), a invenção de metáforas ("sujeito safado") etc. Em resumo, Washoe e os Gardner comunicavam-se pela linguagem.

Na época, Washoe era alegre, falante, feliz. Eu ignorava que logo depois ela foi aprisionada, sofreu muito, e que sua vida tomou um rumo trágico. Assim como os golfinhos e os cães, todos os animais que confiam nos seres humanos transformam-se em vítimas da humanidade que os destrói, os aprisiona, os explora.

Nesse filme, fiquei sabendo que, sem ter mais os meios para manter Washoe, os Gardner a confiaram a um instituto em Oklahoma. O diretor quis vendê-la, bem como outros macacos, para uma indústria farmacêutica que realizava experiências. Mas o assistente dos Gardner salvou-a. Durante sua estada em Oklahoma, Washoe ensinou sua linguagem a seu companheiro Lewis, depois a um filhote que ela havia adotado; outros chimpanzés jovens aprenderam a linguagem de Washoe, mas como a utilizavam apenas na presença de humanos, eles haviam modificado o sentido de certos sinais. Tudo isso é fascinante.

Em seguida, assisto a outro filme sobre o povo símio. Ficamos emocionados pelo mistério desses seres tão próximos e tão distantes de nós, essas fisionomias por vezes quase humanas, a elegância dos macacos arborícolas que se lançam de galho em galho, ficamos emocionados,

---

15. Referência ao casal Allen Gardner (1930-) e Beatrix Gardner (1934-1995). Fundadores do Centro de Estudos Avançados da Universidade de Nevada, Reno, EUA, especialistas em estudos comportamentais de primatas não humanos em cativeiro. O livro de ambos, que também contou com a colaboração de Thomas Van Contfort *Teaching sign language to chimpanzees* [*Ensinando a linguagem dos sinais para os chimpanzés*] de 1989, é um marco definitivo nas relações entre animalidade e humanidade. (N.Ts.)

16. Colóquio internacional realizado na Abadia de Royaumont pelo Centre Royaumont pour les Sciences de l'Homme, em 1972, coordenado por Massimo Piatelli e Edgar Morin, cujo título era "A Unidade do Homem: Invariantes Biológicos e Universais Culturais". Além dos Gardner, estiveram presentes ao encontro Jacques Monod, San Sperber, Georges Balandier, entre outros. Publicado integralmente no Brasil, o texto é uma das bases mais importantes do pensamento complexo. Edição brasileira, Massimo Piatelli e Edgar Morin (orgs.), *A unidade do homem*, três volumes, tradução Alípio de Sousa filho, São Paulo: Cultrix, EDUSP, 1973. (N.Ts.)

sobretudo, pelo indizível mistério que todo ser vivo carrega em si. A voz de um locutor nos remete novamente à imbecilidade humana, declarando dogmaticamente que "todos os seres vivos, inclusive os seres humanos, obedecem às leis da natureza".

Qual é a lei da natureza que explica a imbecilidade?

Segunda-feira, 21 de fevereiro. Começo a tratar de meus impostos e de sua sucessão de coisas incompreensíveis.

Leio a resenha sobre o ensaio "Ética e economia" de Amartya Sem[17], publicado pela PUF[18], no *Le Monde de L'économie*. Segundo essa crítica da pseudorracionalidade econômica, a coerência não é suficiente para definir um comportamento racional, mas apenas uma racionalidade primária e binária de "idiotas racionais" (*rational fools*). De forma semelhante, questionou-se a ideia segundo a qual não seriam racionais senão os agentes que buscam satisfazer interesses egoístas. Para ilustrar o fato de que a razão que decide tomar uma decisão não cooperativa desserve a todos os que a tomam, o artigo cita o dilema de dois prisioneiros: propõem-se a dois prisioneiros as seguintes escolhas: 1) você confessa, mas o outro não, você é condenado à prisão perpétua; 2) você não confessa, mas, se o outro confessa, você é condenado a dez anos; 3) você confessa e, se o outro confessa, vocês receberão, tanto um como o outro, uma pena de cinco anos.

Essa noite, no telefone, a mãe de Edwige lhe confessou que chorou de alegria depois que fomos embora no domingo. Essa mulher vive tão sozinha que nossa simples presença a fez feliz.

Cada vez mais eu repito "A vida, a vida não volta mais". Não posso acreditar que as coisas sejam como são, que estejam onde estão, que haja vida, que estou vivo, que a vida seja a vida. A menor coisa me parece estranha, tudo para mim é estranho. Quanto mais as coisas

---

17. Amartya Sen (1933-). Economista indiano, Prêmio Nobel de Ciências Econômicas de 1998, conhecido por seu trabalho sobre as causas da fome e o desenvolvimento de soluções práticas de prevenção ou minimização dos efeitos da escassez mundial de alimentos. (N.Ts.)
18. Presses Universitaires de France. (N.Ts.)

são familiares, mais elas são estranhas. Sentimento sonambúlico. Sentimento de possessão: sei que sou possuído por forças, por espíritos muito diferentes uns dos outros e que me transcendem.

Terça-feira, 22 de fevereiro. De manhã, uma jornalista do *Vanguardia* telefona para me entrevistar a respeito do Prêmio Catalunha que eu deveria receber. Asseguro-a de minha ignorância a respeito, a deliberação do júri não aconteceu, não recebi a confirmação oficial. A jornalista insiste: "Mas sei de fonte segura que..." Confesso-lhe que sou muito supersticioso e prefiro esperar. Mal havia colocado o telefone no gancho, quando a televisão catalã e um outro jornal espanhol me telefonam. São 12h30. A despeito dessas chamadas, continuo a duvidar. Agora, que são 12h30, começo a me inquietar...

Às 13h, Jordi Pujol, presidente da Generalitat da Catalunha[19], me comunica que recebi o prêmio, obtendo 16 dos vinte votos. O telefone não para de tocar, os chamados da Catalunha e da Espanha abundam, se superpõem, se amontoam. Assim como faz um vencedor do *Tour de France*, repito a todos que estou muito feliz de ter recebido o prêmio. Mas falo também da Bósnia e forneço extensas linhas de meu "plano de paz".

Para a pergunta "O que se pode esperar?", respondo: "É preciso se perguntar primeiro diante do que se deve desesperar. Se existe uma esperança, ela se baseia em um irremediável desespero. O desespero constitui a destruição irremediável do tecido poliétnico, ou polinacional, ou polirreligioso da Bósnia-Herzegovina. A esperança é o que se pode esperar salvar diante dessa imensa perda".

À noite, mergulho no interessante dossiê do suplemento *Initiative* do *Le Monde*, uma continuação do dossiê da semana precedente, "O emprego visto sob as lentes cor-de-rosa". Dessa vez, trata-se do emprego visto em negro: o problema é tão multidiferenciado, tão complexo, tão imbricado em uma rede de problemas interdependentes que seria

---

19. A Generalitat da Catalunha é o sistema institucional pelo qual o autogoverno da Comunidade Autônoma da Catalunha organiza-se politicamente. É constituída pelo Parlamento, pelo conselho executivo ou governo da Catalunha, pela presidência da Generalitat e outras instituições previstas pelo estatuto da organização. (N.Ts.)

preciso estudar, confrontar os pontos de vista, as análises, as proposições. Ah! Se o Grupo da Sociologia do Presente ainda existisse...

Leio, igualmente, um excelente artigo de Jean-Marie Poursin denominado *"Mouvements présents et futurs de population"* [*Movimentos presentes e futuros de população*], no *Les mouvements de population et les droits de l'homme* [*Os movimentos de população e os direitos do homem*], uma brochura do CIFEDHOP[20] (Genebra).

Após ter assistido no Canal Plus ao filme *O curandeiro da selva*[21], do qual gosto muito, tive vontade de mergulhar na noite poética de Giorgio Strehler[22], de deixar-me envolver pelos poemas sobre a Lua, mas, fatigada, Edwige precisava mais de um filme policial, e não lamento ter deparado com o início da refilmagem da série *Os intocáveis*, que começa pelo desenrolar paralelo de duas vidas, a do moleque Al Capone, nas ruas do Brooklyn, e a do rapaz certinho, filho de um funcionário da polícia, Eliot Ness.

QUARTA-FEIRA, 23 DE FEVEREIRO. Ainda não consegui me dedicar ao meu livro.

No *Le Monde* dessa noite, Bósnia e México. A batalha política gira em torno da ideia de um plano global para a Bósnia: um acordo entre os quatro Grandes para reprimir os três pequenos. No estado atual das coisas, a ideia de uma confederação croato-muçulmana parece a menos pior, com a condição de que a Bósnia tenha acesso ao Rio Danúbio e que suas fronteiras com os sérvios não sejam muito incoerentes.

As negociações entre os zapatistas e as autoridades mexicanas estão em curso. O representante das autoridades reconhece que "as mudanças são necessárias" e que "o país precisa de mais democracia, de mais liberdades e de progresso em matéria de justiça". Recordo-me dos pequenos vilarejos indígenas que visitei, perdidos nos Chiapas. O

---

20. Centro Internacional de Formação para o Ensino dos Direitos do Homem e da Paz. (N.Ts)
21. *Medicine man,* filme americano, de 1992, do diretor John McTiernan; no elenco: Sean Connery, Lorraine Bracco, José Wilker. (N.Ts).
22. Giorgio Strehler (1921-1997). Diretor italiano de ópera e de teatro. (N.Ts).

dinheiro dos salários e das despesas de funcionamento não chegava às escolas. Os indígenas viviam abandonados. Alguém cita a época, não muito antiga, em que eles não tinham sequer o direito de andar nas calçadas de San Cristóbal de Las Cases. Do Canadá à Patagônia, tudo o que diz respeito aos indígenas me comove e me revolta.

Quinta-feira, 24 de fevereiro. Durante a tarde o telefone quase não tocou, isso me deu certa paz e pude trabalhar um pouco em meu manuscrito.

Sexta-feira, 25 de fevereiro. Um colono israelense massacra a tiros de metralhadora cinquenta muçulmanos que rezavam na Gruta dos Patriarcas, em Hebron, depois se suicida. O atentado é reivindicado pelos "zelotas do Deus de Israel".

Mais uma vez, a lembrança dos massacres de 1943-1945 vai atenuar, e depois apagar, um crime cometido em 1994: "Lembrem-se da Shoah" = "Esqueçam-se dos crimes israelenses". Eu, porém, nada tenho em comum com essa gente e não respeito esse Deus horrível que já ordenou massacres pela conquista da Terra Prometida.

A correspondência burocrática e entediante se amontoa. O número de cartas pessoais amáveis diminui. Quando chegam, parecem milagres.

Às 17h30, dirijo-me à FNAC para uma reunião sobre Sarajevo e a Bósnia. O que tenho a dizer não está de acordo com o tom esperado: para mim, é preciso negociar um protetorado da ONU nas cidades poliétnicas e favorecer uma Bósnia viável (seja concedendo-lhe um acesso ao mar e ao Rio Danúbio e fronteiras, que não se assemelhem às dos bantustões, seja no âmbito de uma confederação croato-muçulmana). Somente a paz pode deter a radicalização do ódio, a dominação dos belicistas sobre os pacíficos, e favorecer um processo de democratização na Sérvia, Croácia e Bósnia. Afirmo que as duas pragas que o Estado-nação trouxe para a história europeia, depois mundial, foram a sacralização da fronteira e a obsessão purificadora (religiosa, depois racial e étnica). Alain Finkielkraut reage como se meu objetivo fosse deixar que a Sérvia desprezasse as fronteiras, quando o que eu disse, explicitamente, era que a solução se encontrava no tipo confederativo ou no modelo europeu da União Europeia, no qual as fronteiras existem, mas desde então são permeáveis e deixam de ser sacralizadas. Ele insiste em seu discurso pró-croata, segundo o qual a Sérvia desencadeou uma guerra de conquista para chegar ao Mar Adriático (enquanto a secessão da Croácia fazia com que ela perdesse o acesso ao Mar Adriático). Ele sempre esquece o problema das minorias sérvias na Croácia; para ele, o cerco de Mostar é a resposta de uma vítima de agressão contra outra vítima de agressão. Tudo remete à fórmula: nomeemos o agressor e a vítima da agressão. Diante dessa hipersimplificação, devo entregar-me à rude tarefa das lembranças históricas, geográficas etc.

Na verdade, participantes e público querem que lhes designemos a origem do mal (a Sérvia), e um culpado (o sérvio). Como Flo, presente à reunião, me faz perceber, o que se deseja é a histeria e a guerra.

Experimento um sentimento de mal-estar, de insatisfação e de amargura. Aceitei participar desse debate por amizade a Francis Bueb. Mas decido não participar mais dessas reuniões em que não se tem senão alguns minutos para falar, em que é necessário perder tempo para responder a argumentos desvirtuados, em que, para começar, os participantes vêm recarregar suas baterias de indignação. Tenho mais é que escrever meus artigos. E, justamente, o que tenho a dizer será publicado no *Le Monde*.

Quando volto, às 20h, inquieto-me ainda mais com os resultados dos exames de sangue de Edwige, que não sei interpretar. Peço os exames precedentes para comparar, mas ela está muito cansada para procurá-los.

Encontro uma mensagem de Rodrigo em minha secretária eletrônica: já faz vinte anos que ele deixou de se comunicar comigo em razão de minha atitude, aparentemente indiferente ou descortês, quando ele tinha sido tão cordial comigo. Fiquei com remorso por isso sem jamais ter podido explicar-lhe meu comportamento. Eu simplesmente lhe pedi perdão por escrito, mas minha carta não obteve resposta. Enfim, fiquei feliz com sua mensagem. Telefonei para seu hotel, mas ele tinha saído, depois acabei por encontrá-lo: jantaremos juntos no domingo.

O xarope de Edwige acabou e ela não consegue dormir. A angústia me mantém acordado.

Sábado, 26 de fevereiro. Assim que acabo de me vestir, vou até a farmácia comprar o xarope de Edwige e as cápsulas de Vivamyne (entrei na psicose dos elementos oligovitamínicos). Ao sair, sinto os doces eflúvios da manhã. Olho para o céu: o sol rompe a camada de nuvens que se espaçam, manchas azuis se esboçam no céu, a primeira manhã de primavera chegou adiantada e me deixa subitamente feliz.

Edwige se queixa de que sua saia está fora de moda. Eu lhe respondo que é a moda que está fora de moda.

Passo a tarde quebrando a cabeça com meus impostos. Não creio que eu deveria preencher o formulário 2.070, pois o que vendi (o resto dos títulos de meu pai, no valor de 15 mil francos) parece-me longe de atingir o limite de 330 mil francos indicado pelo guia de impostos do *Le Monde*... Amanhã de manhã, no máximo, preciso procurar conselho sobre isso.

Fomos a um jantar muito agradável na casa de André Burguière, além do prazer de rever os Daniel depois de tanto tempo. Adoro esses jantares em que discordamos uns dos outros, mas sempre sustentados pela nossa amizade. Volta para casa a pé, na noite tranquila, com um grosso charuto Monte Cristo na boca.

Domingo, 27 de fevereiro. Jantar com Rodrigo. Grande alegria de reencontrá-lo. Sentimento de plenitude. Sem amizade e sem amor eu definho.

Segunda-feira, 28 de fevereiro. Mal terminada a faina do imposto, viajo a Madri para receber meu Prêmio Catalunha.

Véro me lembra do aniversário de Gilles e de Roland amanhã; não chegarei a tempo.

Preparo minha apresentação no avião.

À noite, Baltasar Porcel organiza um jantar com os jornalistas e escritores por ocasião de meu prêmio. Para assombro do responsável pelo Instituto Francês, meu convidado, que esperava um jantar convencional, pomposo e entediante, tudo é vivo, muito alegre. Não estou habituado a ser admirado e homenageado assim! Muito pelo contrário, na França sou desprezado ou rejeitado pelos mesmos meios. Ao menor cumprimento, sinto-me incomodado. Aprecio as lascas de presunto espanhol Serrano, angulas[23] e lulas grelhadas, depois, um queijo Manchego, feito com leite de ovelhas, tudo isso regado a um excelente vinho tinto da Rioja.

---

23. Angulas são os filhotes da enguia. Refogadas no azeite, com alho, pimenta picante, toucinho defumado, camarões, constituem um prato saborosíssimo da culinária ibérica. (N.Ts.)

Março

TERÇA-FEIRA, 1º DE MARÇO. No bufê do café da manhã, há rodelas de tomate em salada. Por curiosidade, sirvo-me de algumas (em Paris elas são insípidas, mesmo no verão). Experimento um prazer tão inesperado no gosto do tomate que corro para me servir novamente: a travessa está vazia.

Entrevista com Francesco-Marc Alvaro, jornalista do jornal catalão *Avui*, depois, a um jornalista de Madri. Ambos (e outros no decorrer do jantar) ficam surpresos com a importância que dou à literatura para o conhecimento sociológico.

Um carro vem buscar Michel Henry e eu para o colóquio sobre as "fronteiras do político", no qual devo fazer a apresentação de abertura. Isso acontece no Instituto Ortega y Gasset. Gosto muito de lembrar que uma de minhas máximas-chave pertence a Ortega y Gasset: *"No sabemos lo que pasa y eso es lo que pasa"* ["Não sabemos o que passa, mas é isso o que se passa"]. José Luis Aranguren me apresenta. Esse querido velho amigo que conheci em Madri, em 1958, por ocasião de um colóquio sobre a Europa, que foi o grande ato de resistência intelectual ao franquismo, conservou seu ardor e sua bondade. Assim como eu, ele foi radicalmente transformado pela Califórnia dos anos 1968-1970. Sua apresentação calorosa e afetuosa me emociona, e continuaremos emocionados ao nos despedirmos, após o almoço.

No decorrer do almoço, um dos participantes do colóquio, Elie Cohen, nos informa que, desde 1980, na França, há uma taxa de desemprego quase invariável de 9 por cento, insensível às mudanças de conjuntura, ao contrário de outros países. Se essa taxa aumentou 3 por cento com a recessão, os 3 por cento desaparecerão, assegura ele, pois iniciamos uma retomada do crescimento. Mas os 9 por cento permanecerão. Por quê? Ele afirma que isso acontece porque o desemprego na França não é um problema, mas sim uma solução: a organização administrativa, social, política da sociedade francesa prefere "externalizar" assim seus problemas, a realizar as difíceis reorganizações que se imporiam (principalmente no modo de divisão dos encargos sociais).

Volto ao hotel para fazer as malas e, com Baltasar Porcel, tomo um táxi que nos conduzirá até *La Zarzuela*, a confortável residência do rei fora de Madri (que Juan Carlos prefere aos palácios suntuosos).

Um belo dia de início de primavera. O táxi sai da cidade. Após uma série de controles, penetramos em um vasto e tranquilo parque de coníferas e de landes em estado quase selvagem. Dois cervos majestosos atravessam tranquilamente a estrada diante de nós, seguidos de suas fêmeas saltitantes que se fingem assustadas. Logo chegamos a uma colina da qual se pode ver Madri ao longe. A guarda é discreta, a recepção, nobre e simples, uma elegante secretária nos conduz ao chefe da casa do rei. O homem, muito amável, declara-se "honrado" com minha visita e promete a presença do rei para a cerimônia do Prêmio Catalunha.

Embora fatigado por ter comido e bebido em demasia desde segunda-feira à noite, não consigo resistir nem à medíocre bandeja de comida, nem à meia-garrafa de vinho da Rioja servidos no avião. Chego em casa esgotado.

Quarta-feira, 2 de março. De manhã, acordo mal do fígado, efeito do excesso de elogios catalão-hispânicos.

Deparo com o texto publicado pelo *Le Monde*, e que somos uns dos poucos a ter assinado, para pedir que Jacques Benveniste possa continuar seus trabalhos. O velho anjo de Reims não assinou: ele faz parte daqueles que se recusariam a apoiar o herético, ou dos prudentes que não querem se molhar?

O caso Schindler, no qual se baseia o filme de Steven Spielberg, chega até mim por meio dos artigos da *L'Observateur* e do *Le Monde*. Alguns argumentos me desagradam: não se deve mostrar um alemão simpático porque a maioria deles não era; não se deve mostrar judeus salvos, porque a maioria deles foi assassinada. Como se os espectadores não soubessem que se existe um filme sobre Oskar Schindler é porque se trata de um caso excepcional, e que um filme ressalta esse caráter excepcional.

Outra imposição unilateral: sem ficção quando se trata do extermínio, sem reconstituição *a posteriori*: o filme *Shoah*[1] deve ser o primeiro e o último filme sobre a Shoah.

O artigo do jornal *Le Point* denuncia, também, toda tentativa de relacionar o massacre dos judeus com outros grandes massacres históricos, como os que aconteceram no Camboja ou na Armênia e, sobretudo, na União Soviética, onde os mortos do *gulag* stalinista ultrapassam em quantidade os mortos dos campos hitleristas. Para esses neuróticos obsessivos, historicizar é diluir. Para eles, a Shoah deve evadir-se da história.

E essa sacralização se faz no momento do massacre de Hebron, no momento em que os colonos judeus fazem do responsável por esse massacre um herói e um exemplo.

Assim como a Shoah serve de justificativa para as matanças perpetradas atualmente por Israel na Palestina, os sérvios evocam a croatização de Ante Pavelić[2] para mascarar a dominação sérvia forçada para a limpeza étnica de croatas e muçulmanos; da mesma forma que os

---

1. *Shoah*, filme francês de 1985, é um documentário, com nove horas e meia de duração, rodado sem o uso de qualquer filme histórico de arquivo, apenas testemunhos pessoais de judeus, poloneses e alemães, além de filmes contemporâneos rodados em várias locações relacionadas ao Holocausto. Foi dirigido por Claude Lanzmann (1925-), cineasta e editor-chefe do jornal *Les Temps Modernes*, fundado por Jean-Paul Sartre e Simone de Beauvoir. (N.Ts)
2. Ante Pavelić (1889-1959). Líder fascista croata, mais conhecido como o açougueiro dos Bálcãs por ter perpetrado o assassinato em massa de 40 mil judeus, 80 mil ciganos e mais de 500 mil sérvios na Segunda Guerra Mundial, sem jamais ter enfrentado um tribunal de crimes de guerra. Em vez disso, recebeu refúgio do Vaticano e, antes de retirar-se para a Espanha fascista, foi conselheiro do ditador da Argentina Juan Perón e de sua esposa Eva Perón. (N.Ts)

croatas e seus propagandistas relembram incessantemente a cidade de Vukovar para apagar o ignóbil fechamento de Mostar.

Não há nada como o presente para fazer esquecer a memória do passado. A memória do passado serve também para fazer esquecer o presente.

Quinta-feira, 3 de março. Na resposta a meu fax que começava com um "Prezado Senhor" e terminava com um "Meus sinceros agradecimentos", o conselheiro cultural adjunto da França em Bonn, sem dúvida muito ocupado, faz a economia do "Prezado Senhor" e da forma de boa educação, embora me assedie há dez anos. Melhor do que se empenhar em perseguir os anglicismos, seria necessário reintroduzir a cortesia no uso da língua francesa.

Por isso, repugna-me um pouco ir para a Alemanha passar oito dias nas mãos dos adidos culturais e outros diretores de institutos. Como sou imbecil de ter cedido à insistência deles! Para a maioria desses oficiais, somos máquinas de preencher programas. Se ficamos à beira da morte e sem condições de honrar nossa conferência, eles nos odeiam por termos perturbado suas agendas.

Como passam seu tempo indo buscar e levar os conferencistas a aeroporto, obrigados a oferecer-lhes pelo menos uma refeição e no dever de se ocupar deles, ficam enjoados desse trabalho idiota. Mas foram eles que escolheram isso. Por essa razão, seria melhor comportarem-se como verdadeiros profissionais, sorrir à maneira japonesa, fingir interesse...

São 13h30: no decorrer da consulta de Edwige, o doutor Abastado cita um caso de bioética aterrador: um moleque de 11 anos bebe um vidro de detergente que, em 12 dias, vai destruir seus pulmões. O pai propõe aos médicos doar um de seus pulmões ao filho. Os médicos aceitam, mas o pulmão do pai é muito grande para a caixa torácica do menino. Os médicos, então, recusam e o garoto morre.

Decidimos ir comprar pratos na loja de departamentos *Printemps*. Na verdade, Edwige não usa nossa lava-louças sob o pretexto de que não temos o que colocar dentro dela. Solução: comprar 12 pratos normais e seis de sobremesa. Como o pacote é pesado, voltamos de táxi. São quase 16h. O trânsito fica engarrafado por causa de uma passeata na margem esquerda do Sena, o motorista, um hábil magrebino, prefere evitar a *Rue du Quatre-Septembre*, onde corremos o risco de enfrentar um gigantesco engarrafamento antes do Restaurante *Le Sébasto*. Ele desvia pela *Place du Palais-Royal*, completamente paralisada por um enorme afluxo de automóveis que convergem para os guichês do Museu do Louvre, eles próprios bloqueados. Esgueira-se por ela até a *Rue Saint-Honoré* para seguir pela rota dos ônibus, passar pela *Rue du Rivoli* e alcançar as margens do rio, mas o cruzamento está totalmente congestionado. O motorista continua, então, pela *Rue du Louvre*, consegue penetrar nas fileiras compactas dos automóveis, pega o túnel que desemboca na *Rue Etienne-Marcel*, depois a *Rue du Beaubourg*, embora congestionada, depois a *Rue Rambuteau*, mais tranquila, e chegamos em casa sãos e salvos. Admirei a estratégia do motorista que, por duas vezes, soube desviar da rota prevista e cortar o caminho. Um pouco mais tarde, tudo ficou impraticável na parte baixa da margem direita do Sena.

No final da tarde, Edwige é assaltada por novos tormentos familiares. Seu suplício exerce seus efeitos sobre mim. Finalmente, impotente e desanimado, deixo de lado meu manuscrito.

SEXTA-FEIRA, 4 DE MARÇO. Despertar muito preguiçoso. Sem entusiasmo matinal. Sobrecarga dessa correspondência fatigante à qual me obrigo a responder (dizem que sou um dos poucos a fazer isso).
Mesmo assim, adiantei um pouco meu manuscrito.
À noite, no canal *France 2*, gosto de um estranho filme policial húngaro-francês centrado em um personagem enigmático, sombrio, taciturno, uma espécie de Lino Ventura magiar, que, como em uma tragédia antiga, termina com a morte de todos os protagonistas.

SÁBADO, 5 DE MARÇO. Em uma entrevista concedida a Jean Daniel, publicada não sei quando, em um congresso sobre a educação, Jean-Pierre Changeux[3] escreveu: "Essa abundante exuberância dos desenvolvimen-

---

3. Jean-Pierre Changeux (1936-). Biólogo molecular, professor do Collège de France, diretor do labora-

tos do conhecimento científico tem, em contrapartida, um fechamento, uma fragmentação que pode desconcertar os que não são cientistas". Apenas os que não são cientistas? Apenas desconcertar? No resto do texto, ele se volta para o humanismo e reivindica um renascimento do enciclopedismo.

Em sequência à petição que assinei em favor de Jacques Benveniste sobre o "direito à heresia", o INSERM[4] envia-me um comunicado assegurando que, após 12 anos de mandato de seu diretor, a unidade de pesquisa 200 foi encerrada de modo normal, como acontece com todas as unidades do INSERM, e que todos os diretores de uma unidade podem solicitar outro mandato, sob a condição de congregar um número suficiente de pesquisadores ao seu redor, o que não era mais o caso de Benveniste. Enfim, Benveniste poderá continuar a trabalhar nesses locais, com o mesmo material e os mesmos créditos, até 30 de junho de 1995.

Evidentemente, fiquei abalado com isso. Mais uma vez, arrependo-me de ter assinado o apoio sem considerar profundamente os fatos. Depois, recebo uma carta de Benveniste que me assegura que o comunicado do INSERM contém muitas inverdades: inúmeras unidades não têm quorum de pesquisadores, seu pedido de um contrato para formação de jovens pesquisadores não foi levado em consideração etc. Sem dúvida alguma, trata-se de uma medida discriminatória, mas o texto que assinamos talvez não fosse suficientemente detalhado, nem preciso. O que me surpreende, sobretudo, nesses meios "científicos" é que é tão difícil saber de que assunto se trata quanto em uma briga de casal ou uma disputa de catadores de papel.

Encontro Andras Biro, que não via há três anos: depois da esposa chilena, que emigrou para o México, e da húngara, ele encontrou uma esposa em Moscou. Nesse meio tempo, criou uma fundação para ajudar os ciganos. Nessa causa justa, nobre e, sobretudo, concreta, reconheço muito bem sua vitalidade e sua jovialidade.

tório de biologia molecular do *Institute Pasteur* em Paris, presidente do comitê consultivo de ética na França. (N.Ts.)

4. Institut National de la Santé et de la Recherche Médicale [Instituto Nacional de Saúde e de Pesquisa Médica]. (N.Es.)

Domingo, 6 de março. Continuo a leitura de Tobie Nathan, *L'influence qui guérit* [*A influência que cura*]. A ideia-chave é a de que a cultura de qualquer indivíduo não europeu está incorporada nele e que não se poderia isolar seus problemas psíquicos de suas crenças e convicções. Aqui, ainda, é preciso partir do princípio da auto-eco-organização e da autonomia/dependência. Eu acrescentaria que o próprio indivíduo ocidental deve ser considerado como um atomizado civilizacional, impregnado de ideias inculcadas por sua cultura (fé na química dos medicamentos, nas vitaminas etc.).

A relação do terapeuta com o paciente também não pode ser reduzida à de um observador/médico objetivo, mas deve ser concebida segundo um circuito inter-retroativo: o terapeuta (principalmente o psiquiatra) deve entrar nos mitos do paciente para livrá-lo de seu mal. Segundo Nathan, fazer mal a um mito incorporado é lesar, ferir aquele que o incorpora.

A caça aos anglicismos que se inicia me parece um sinal de fraqueza. Em um caso, a interdição não tem razão de ser, uma vez que os empréstimos dependem da vida "normal" de uma língua, que fagocita as palavras estrangeiras e as integra em seu vocabulário. No outro, é preciso combater o anglicismo, não por meio de leis, mas pelo desprezo, única atitude razoável em relação aos termos grotescos da publicidade e do *show-business* (termo muito pertinentemente incorporado, pois estigmatiza o caráter cada vez mais *"business"* de tudo o que é espetáculo).

Enquanto espero, afranceso a palavra *because* que vira *"biscotte"*.

Segunda-feira, 7 de março. Na sala de embarque do Aeroporto Roissy, onde espero o avião para Frankfurt, leio na *Commentaire* um texto até então pouco conhecido, mas bastante pertinente, de Raymond Aron sobre Alexander Soljenítsin e Jean-Paul Sartre (fico atônito com o número dos que ainda hoje preferem ter errado com Sartre do que ter tido razão com Aron; com que desprezo eles tratam a verdade!).

Raymond Aron estabelece comparações: durante os 24 anos que precederam a Revolução de 1917, contabilizavam-se 17 execuções por ano. Na época da grande Inquisição Espanhola, dez por mês. No decorrer dos dois primeiros anos do poder bolchevique, mil por mês. No ponto supremo do terror stalinista, quarenta mil por mês.

Outro texto cita uma entrevista de Soljenítsin para BBC, em 1976:

"Meu objetivo consiste em reconstituir a verdade em toda sua plenitude. Para isso, se é obrigado a recorrer aos meios artísticos [...] pois um historiador se serve unicamente do material factual, documental do qual uma grande parte não existe mais [...] e suas chances de penetrar na própria essência dos acontecimentos são limitadas. Um artista (eu diria, um escritor) é capaz de ver mais e de modo mais pertinente graças ao método fantástico que é a visão artística (literária). Não se trata, portanto, de um romance, mas de um recurso ao conjunto dos meios literários disponíveis a fim de melhor penetrar a essência dos acontecimentos históricos".

Acrescento à minha lista de provérbios o de Julien Cheverny: "Tema a baba do pigmeu e, também, a que secreta um intelectual de segunda classe" (existem babosos de primeira classe).

No avião, leio um texto interessante enviado por Martine Rémond-Gouilloux, "O risco da incerteza". Nesse texto, ela demonstra como a teoria do risco nasceu, junto com o desenvolvimento das máquinas, a fim de assegurar uma proteção contra os acidentes. No passado, esses riscos eram vistos como erros aleatórios em um mundo de determinismos, ele próprio ligado a um universo jurídico ávido de certezas sobre a causalidade e a origem de um mal. Hoje, entramos em uma fase em que a complexidade e a incerteza confundem o problema da causalidade: "Como determinar uma responsabilidade pela poluição de Los Angeles, em um dano ecológico, em uma catástrofe como Chernobyl? [...] Nos anos 1970, os fabricantes americanos de amianto descobriram que esses produtos cancerígenos teriam causado mais de cem mil mortes, além de prejuízos avaliados em cem bilhões de dólares. Na época em que eles criaram o produto, o risco era desconhecido, sua responsabilidade é retroativa [...]".

Subjacentes aos riscos técnicos, descobrem-se a ciência e o risco inerente a qualquer descoberta. Efetivamente, as consequências dos progressos da ciência são imprevisíveis, enquanto o poder de previsibilidade da ciência diminui.

Ao mesmo tempo, existe um crescimento do erro dos indivíduos em acidentes técnicos, dos quais de 75 a 90 por cento são causados por falhas humanas.

Tudo isso deve nos incitar a "um princípio de precaução" fundado em um retorno à prudência (o que não examinei muito bem em meu texto do ano passado sobre a prudência, mas do qual Gil Delannoi sentiu e percebeu a importância e a urgência). O corolário do risco de desenvolvimento deve ser o desenvolvimento da prudência. A consciência do risco deve substituir a certeza pelo desafio e pela estratégia.

Em resumo, devemos abandonar uma lógica da certeza, "fundada na fé em um mundo previsível e preordenado", por uma lógica da incerteza. O primeiro golpe na lógica da certeza foi o naufrágio do *Titanic*, considerado absolutamente impossível de afundar. É preciso reformar "o equipamento mental", escreveu Martine Rémond-Gouilloux. O que traduzi como "é preciso reformar nosso modo de pensar".

Na *Le Généraliste,* um artigo sobre o sono aconselha o Imovane (zopiclona), que promove um bom sono e *performances* diurnas ainda melhores do que as de quem dorme bem.

Na *Revue de Psychologie de la Motivation,* um artigo de Isabelle Thomas, "Civilização, cultura e experiência de intensidade"; estou interessado no que a autora escreve sobre "o aspecto místico da existência": "A experiência é mística no sentido em que constitui uma emoção diante do mistério da existência". Posso sentir esse caráter simultaneamente interior, metafísico e cósmico da experiência mística. Cada vez mais, sinto-me simultaneamente místico/racional/crente/cético.

Em Frankfurt, ficaram de me esperar na saída "bagagens", sem me prevenir que havia duas delas. Como não vejo ninguém, sigo para o ponto de "encontros". Ao passar diante da segunda saída, vejo meus anfitriões do Instituto Francês, que me inspiram simpatia e confiança imediatas.

Meu hotel é acolhedor e agradável, mas o quarto é um pouco tristonho. Pedi para ficar em um andar mais alto para poder ver o céu, e minha pequena janela dá, em parte, para um muro de tijolos sujos.

Em um restaurante italiano no qual vamos almoçar, peço tagliatelles ao pesto, mas o pesto é à moda alemã, saturado de creme. Meus anfitriões, que me chamam amavelmente de Reik (será que entendi bem?) Denker (Nem sei quem é esse), aconselham-me a ler Paul Nizon, principalmente *L'année de l'amour* [*O ano do amor*], publicado pela Editora Actes Sud, em 1989.

Após o almoço, uma simpática jornalista me entrevista a respeito da Bósnia. Ela tem uma boca enorme, mas não me sinto com humor para me fazer devorar.

Uma caminhada pela *Grosse Bockenheimerstrasse* me dá a impressão de estar em um centro de cidade bem fuleiro. Mas essa arquitetura do pós-guerra, de fachadas baixas, sem charme, permite entrever muito céu. Em um imóvel bem recente, vejo um estabelecimento da *Wehenbstephan*: a mais antiga cervejaria do mundo!

Leitura do documento da Fundação Saint-Simon, "A preferência francesa pelo desemprego", de Julien Cheverny, que explicita o que Elie Cohen me havia dito em Madri: "Desde meados dos anos 1970, assumimos a crise graças a um consenso social fundado não na distribuição do trabalho, mas dos lucros: os altos níveis das remunerações (salários e gratificações) e de produtividade dos empregados ativos favoreciam a progressão do desemprego dos não qualificados; ao mesmo tempo, tornavam essa progressão relativamente indolor ao permitir o financiamento de uma proteção social ampla que lhe servia de amortecedor [...] Existe um círculo vicioso que faz com que se prefira um consenso implícito desfavorável ao emprego. Por definição, os sindicatos representam os interesses dos empregados ativos; o patronato, individualmente, gera a paz social nas empresas negligenciando os interesses dos desempregados; o governo dialoga com os parceiros sociais e cuida de um eleitorado composto de empregados ativos e segurados sociais; em resumo, os desempregados estão sozinhos nesse mundo, do qual, portanto, são os únicos ausentes".

Encontro com Dany Cohn-Bendit, meu interlocutor na conferência sobre *Terra-Pátria*. A sala de conferências do Museu de Arte Moderna está lotada. Dany continua sempre entusiasmado. Lembro-me da primeira vez em que o vi: um ruivo muito agitado, lançando imprecações da escadaria dos prédios das ciências sociais, no *campus* da Universidade de Nanterre, em março de 1968, depois que as viaturas da polícia tinham ido embora. Ele permaneceu jovem, partidário ardoroso de tudo o que diz. Algumas perguntas na sala comprovam a dificuldade de fazer compreender a *unitas multiplex* e, mais amplamente, toda complexidade conceitual que associa noções antagônicas. Desse modo, um acredita que porque falo de unidade meu desejo é homogeneizar, o outro, que quero separar porque falo de diversidade.

No decorrer de um jantar "típico" em um café-restaurante pós--medieval (vinho do Reno, peito de boi à moda de Frankfurt, segundo uma receita da mãe de Goethe), a discussão concentra-se na Bósnia. Cada um deles quer isolar uma causa para a guerra, apresentando a sua como a Causa, excluindo todas as outras. Tento demonstrar que todas essas causas se entreassociaram. Vejo a causalidade em circuito, a reação em cadeia, as inter-retroações. Eles permanecem na lógica linear e maniqueísta.

Terça-feira, 8 de março. Para ir de trem de Frankfurt a Heidelberg, tomo a conexão Dessau-Constance. Fico perturbado, emocionado quando, depois de Heidelberg, o trem faz paradas em estações cujos nomes me fazem evocar as muitas vezes que passei por elas de carro, durante minha vida na Alemanha Ocupada: Baden-Baden, Offenburg, Fribourg, Donaueschingen... Cinquenta anos se passaram. Elas me retornam à mente como um fantasma.

Em Heidelberg, cidade charmosa, tranquila, adaptada aos pedestres e ciclistas, ouve-se o ruído de passos e raramente o som do motor de um automóvel; as casas antigas são recém-pintadas, limpas. As colinas verdes exibem as videiras plantadas em terraços. Subo até o Schloss, o castelo de Heidelberg, reencontro todas essas paisagens e me sinto cada vez mais um fantasma, sem desejo. Quando falo com um ou com outro, durante minha conferência, no jantar, animo-me um pouco, sinto-me novamente vivo. E eis que me vejo sozinho, perambulando pela cidade, depois, no hotel, nesse quarto que me agrada tanto, com seu pequeno balcão, a vista sobre o Rio Neckar, bem perto da velha ponte. Toda essa beleza exacerba minha melancolia e me fantasmagoriza ainda mais. Eu retorno, um espírito errante. Tudo o que havia ali para me tornar feliz, alegre, suscita, ao contrário, a tristeza de não desejar mais.

Quarta-feira, 9 de março. Nessa manhã bela e suave de céu azul, transcrevo minhas anotações de segunda e de terça-feira no Mac do diretor do Instituto Francês, em seguida vou almoçar em um restaurante italiano, onde como um delicioso tortellini com aspargos e ricota. Consigo limitar-me ao prato único e a não beber vinho a fim recuperar a digestão prejudicada depois de dois dias de libações imoderadas.

Passeio pela *Hauptstrasse* inteiramente adaptada aos pedestres. A cidade é ensolarada, bela, primaveril, tranquila. Nada de agitação, de pressa, de ronco de motores. Ouve-se o ruído dos passos. Na *Marktplatz*, os cafés lotados de consumidores colocaram suas mesas do lado de fora. Quando chego à *Kornmarkt*, descubro ao erguer os olhos o castelo, as muralhas, sua fachada rasgada e nua cujas janelas vazias se abrem para o céu azulado. Quanto maior minha admiração, maior deveria ser minha felicidade, maior é minha tristeza; quanto mais me sinto feito para essa cidade, mais a melancolia me invade. Essa melancolia é difusa, estende-se pela cidade; não são tanto minhas lembranças que criam uma cortina fantasmática entre Heidelberg e eu, sou eu que ali me transformo em fantasma.

De volta a meu quarto para ler, um sono pesado me invade: ah! ultrapassei o limite além do qual começa a crise hepática.

A tv5 noticia os massacres interétnicos no Burundi – resultado do ódio entre tútsis e hutus que desperta periodicamente como um vulcão.

Na *La Recherche*, um artigo sobre o diálogo de surdos a respeito da origem do homem começa bem, anunciando que o obstáculo para a compreensão é paradigmático, mas é sumário e não denuncia desafios ideológicos subjacentes. Ele chega à seguinte alternativa apaixonante: ou o *homo sapiens* é o produto de uma linhagem original nascida na África, ou resultaria da intermestiçagem entre diversos ramos, todos oriundos do *homo erectus*, inclusive o Neandertal. A primeira hipótese reforça a ideia de unidade original de todos os seres humanos; a segunda, a ideia da virtude das mestiçagens que teriam sido criadoras de nossa humanidade. Gosto tanto de uma quanto da outra.

Outro artigo observa que o cálculo das probabilidades, "procedimento que visa definir a racionalidade das escolhas em situação de certeza", nascido entre 1650 e 1660, é cada vez mais insuficiente à medida que descobrimos a dimensão e a amplitude das situações de incerteza, elas mesmas ligadas a acasos, bifurcações, inversões de situações e a complexidade das inter-retroações.

Em *"Ethnicité et pouvoir au Moyen-Orient"* [*Etnicidade e poder no Oriente Médio*], Hosham Dawod ressalta que, desde o fim da Segunda Guerra Mundial, os massacres perpetrados contra grupos étnicos com o apoio de um Estado oscilam entre 1,6 e 3,9 milhões de vítimas civis.

Após a conferência, jantar em um restaurante grego, onde não pude resistir aos feijões *plaki*, às *mezés*[5], ao vinho de Creta.

QUINTA-FEIRA, 10 DE MARÇO. Expio meus excessos de ontem, e os precedentes, com um lamentável mal-estar do fígado. Cansado, sonolento, durmo no avião para Leipzig.

No aeroporto, acolhida muito cordial de Claudine Delphis, que com muito empenho criou o Instituto Francês de Leipzig, decidida, há três anos, a cumprir uma promessa feita por François Mitterrand. Ela tem cabeça, energia e coração para isso e seu instituto é magnífico. Ele está situado no belo bairro residencial em que, antes de 1933, residiam os ricos comerciantes judeus. Alguns conseguiram recuperar suas propriedades, mas muitos desapareceram, sem que se saiba se alguns, vivendo retirados em algum recanto perdido da América ou mortos na Austrália, deixaram herdeiros. Creio que a lei ainda lhes concede dois anos de prazo para reclamarem seus bens. Em consequência, um grande número de imóveis se degrada, o que causa prejuízo aos locatários, que não são necessariamente os descendentes dos expropriadores nazistas ou a gente privilegiada da ex-República Democrática Alemã, a RDA. Um colaborador de Claudine Delphis me conduz ao Colossal Monumento da Batalha das Nações, construído em 1913 para festejar o centenário da derrota sofrida pelos franceses, em outubro de 1813.

5. *Mezés* ou *mezédes*. No idioma turco significa refeição ligeira, uma série de quitutes – beringela, colhada de pepino, abobrinhas, vários tipos de frutos do mar, charutinho de folhas de uva, queijo de cabra grelhado –, geralmente acompanhados de *ouzo*, um vinho fermentado de casca de uva, aromatizado com aniz, de alto teor alcoólico. (N.Ts.)

O conjunto do centro da cidade é gracioso, os antigos monumentos são bem conservados, as lojas, decoradas ao estilo Elizabeth Arden, têm vitrinas iluminadas, embora existam alguns terrenos vazios entre as casas, vestígios de zonas não reconstruídas pela RDA. Por toda parte, se reconstrói, se restaura, se pinta. Com algumas exceções, como é o caso da *Rue Lumumba*, local em que o Instituto foi instalado e onde se encontra um busto do mártir congolês, as ruas mudaram de nome. Em dois anos a cidade se ocidentalizou. Não se destacam praticamente mais as diferenças no modo de se vestir, os carros Trabant misturam-se aos Volkswagen, Renault, Fiat, Mitsubishi. O Ocidental parece ter digerido o Oriental, mas no modo de pensar as cabeças continuam no Leste. Não se trata do comunismo, mas de uma cultura nascida do comunismo e contra ele. De súbito, vemos uma jovem fugir de um grande magazine e se deixar alcançar e agarrar por duas megeras atléticas, que parecem saídas diretamente da seleção da RDA nos Jogos Olímpicos. "As pessoas têm grandes tentações e pouco dinheiro", explica meu guia.

Emoção durante a visita à igreja de Saint-Thomas, muito bela, sóbria, nobre; como os ornamentos barrocos de seu interior foram confiscados, ela adquiriu grande austeridade neogótica e protestante. O órgão que pertencia a Johann Sebastian Bach foi substituído em 1889. Na parte externa, encontram-se a estátua de Bach e a de Goethe. Mais adiante, visito a tumba faustiana. Na praça principal – do mercado, creio eu –, um pequeno grupo de jovens faz uma passeata contra "o novo totalitarismo" (um projeto de lei que concede à polícia saxã poderes análogos aos da polícia da Baviera).

Bastante cansado, tiro uma hora de sono antes de minha conferência. No jantar, muito simpático (no qual me controlo e recuso-me a beber), fala-se do comunismo; agrada-me evocar minhas lembranças de Berlim Oriental, contar as histórias do general Orlov[6] etc.

Fala-se, também, da exclusão de Helmut Kohl das próximas cerimônias do Desembarque das Forças Aliadas na Normandia. Sem dú-

---

6. Personagem fictício do filme *007 contra Octopussy*, de 1983, baseado na narrativa de Ian Fleming, com Roger Moore no papel de James Bond, o Agente 007, e Steven Berkoff como o general. Na película, o megalomaníaco Orlov advoga um ataque militar massivo contra a Europa a fim de dominar o continente. (N.Ts)

vida alguma, trata-se de celebrar a fraternidade aliada que permitiu libertar a Europa da Alemanha nazista. Mas se reconhecermos que a própria Alemanha foi libertada do nazismo, que o sentido profundo do Desembarque Aliado é uma vitória sobre o nazismo, embora seja também uma vitória sobre a Alemanha, se admitirmos que a Alemanha democrática atual aspiraria ser retrospectivamente integrada à comunidade europeia ocidental, da qual ela faz parte desde então, penso que teria sido necessário fazer duas cerimônias: uma estritamente militar, para os antigos combatentes; a outra, política, constituída de representantes contemporâneos da Europa, da Rússia, dos Estados Unidos.

De qualquer modo, o incidente cai mal, enquanto os mal-entendidos e as dificuldades entre a França e a Alemanha aumentam.

Refiro-me a "um velho senhor" quando evoco A. M. Depois me dou conta: eu tenho 73 anos e ele 80.

Sexta-feira, 12 de março. Um quarto muito agradável no Instituto. Despertar não muito ruim. Eu não muito atarantado.

Termino a leitura de um artigo apaixonante de Sean Kelly, no *San Francisco Jung Institute Library Journal*, "The rebirth of wisdom" [*O renascer da sabedoria*], consagrado a um livro de Richard Tarras, *The passion of western mind* [*A paixão da mente ocidental*]. Anoto algumas passagens para usar em meu livro *Não sou um de vocês,* que me permitirão desenvolver uma parte do tema nascimento-morte.

Viagem bastante calma no pequeno avião da Airwings que faz o percurso Leipzig-Paris, com um bom tempo permanente.

No retorno, retorno dos problemas. O acúmulo de uma correspondência sem qualquer interesse, de textos e documentos que não poderei ler. Tudo isso me desanima. Quando poderei voltar a me dedicar ao meu manuscrito?

Sábado, 12 de março. Pela manhã, visto-me o mais rápido possível. Na correspondência há pelo menos três cartas que me fazem bem, entre elas a de Roger Lapointe que, com muita coragem, começou espontaneamente, com Sam Kelly, a tradução de *Terra-Pátria* para o inglês, ainda sem editor.

Decido, também, responder a uma carta de um vizinho rabugento:

Senhor,
Sua carta de 6 de fevereiro, endereçada à minha esposa, inclui a seguinte passagem: "se a senhora deseja manter esse imóvel com um aspecto simpático...".
É com essa intenção que desejo assinalar que suas antipatias pessoais, sua atitude (durante meses o senhor não cumprimentou minha esposa ao cruzar com ela nas escadas), seu temperamento agressivo, tudo isso constitui um aspecto bastante antipático que faz sofrer os habitantes desse imóvel. Gostaria de lhe assinalar também que, além dos defeitos em seu apartamento, existem defeitos em seu espírito dos quais emanam suas ondas de antipatias que incomodam os que são vítimas de suas fixações hostis. Quanto às rachaduras, permita-me dizer-lhe que seria incorreto imputar ao condomínio, como parece ser sua intenção, a reparação das rachaduras de sua própria parede, bem como o custo das perícias suplementares que o senhor deseja acrescentar às já realizadas pela perita juramentada, a Sra. Boyer.
Há 22 anos, o senhor não enxerga senão os cuidados que tem com o imóvel, suas intervenções quando ocorrem prejuízos, fato que reconhecemos de boa vontade. Isso, porém, não deve torná-lo cego aos outros aspectos de seu caráter, principalmente a mania de dramatizar as coisas e ficar obcecado por um determinado detalhe, como a marca deixada por um carteiro, e não por nós mesmos, e que depende de um funcionário da coletividade. Além disso, ficamos atônitos com sua fúria contra todos os restauradores que se sucederam no andar térreo. O senhor enviou a polícia, o departamento de narcóticos etc., contra os Melloni, e sua inumanidade contra gente respeitável, que tenta ganhar a vida em condições difíceis, é algo que, igualmente, não desperta simpatia.
Essas são algumas reflexões que me vieram à mente para que, de seu lado, o senhor contribua para tornar simpáticas as relações humanas neste imóvel.
Com nossas atenciosas saudações.

À tarde, assisto, indiretamente, à passeata contra o "Smig jeunes"[7]: como ela passa pelo *Boulevard Beaumarchais* durante quase três horas,

---

7. O Salário Mínimo Interprofissional Garantido pago aos jovens profissionais e aprendizes. (N.Ts.)

chegam até mim palavras de ordem quase inaudíveis, atmosfera conhecida reutilizada com palavras circunstanciais e, por três vezes, uma *Internacional* cantada com ardor pelos grupos de jovens.

O que foi demolido se reconstitui, a crise da esquerda se atenua graças à crise da direita. A inquietude transforma-se em cólera.

Livro de Pierre Taguieff[8]. Leitura saudável.

DOMINGO, 13 DE MARÇO. A *Time Magazine* apresenta, por sua vez, o novo debate sobre a origem do homem, já tratado na *La Recherche*. Elemento novo desde que escrevi *O enigma do homem. Para uma nova Antropologia*: ainda é preciso recuar as datas. De acordo com fósseis descobertos em dois sítios arqueológicos em Java, parece que o *homo erectus* já teria vivido na Ásia, há dois milhões de anos, e que já existiam homens "modernos" na China, há duzentos mil anos.

Reabre-se a controvérsia, a partir de argumentos reforçados pelos que acreditam que o *homo sapiens*, desenvolvido no mundo antigo a partir do *homo erectus*, inventor do fogo e de instrumentos já sofisticados, teria sido, também, o inventor da linguagem de dupla articulação, diversificando-se em inúmeros ramos que teriam se intermestiçado, cada um desses ramos tendo conseguido manter as caraterísticas somáticas dos amarelos, dos negros e dos brancos. Parece, também, que certos neandertalenses foram integrados no estoque genético do *homo sapiens*. E os outros, foram massacrados? A morte de Abel perpetrada por Caim não compõe a narrativa simbólica do genocídio inicial do *homo sapiens neandertalensis* pelo *homo sapiens sapiens*?

A história de nosso universo teria começado pelo genocídio da antimatéria pela matéria; a história da humanidade, iniciada pelo genocídio dos neandertalenses pelos *sapiens*, perpetua-se com o genocídio dos humanos das sociedades arcaicas perpetrado pelos humanos das sociedades históricas. Como continuar a ter esperança?

---

8. Pierre-André Taguieff (1946-). Filósofo e cientista político, diretor de pesquisa do CNRS. (N.Ts.)

Carta revigorante de Emilio Roger Ciurana. Ele me diz que os críticos espanhóis viram em *Terra-Pátria* uma utopia, enquanto, para ele, trata-se de um ensaio pragmático, a proposição teórica de uma nova práxis, uma tentativa de sair da pré-história do espírito humano, de se desligar dessa era bárbara, o que necessita que se compreenda que a emancipação do ser humano é inseparável da emergência de um novo conhecimento (que comporte o conhecimento do conhecimento), para melhor pensar/agir na *polis*. A nova política exige uma reforma epistemológica e a construção de uma antropocosmologia.

Em uma entrevista publicada na *Time Magazine,* um franco-atirador sérvio admite ter se tornado uma máquina de matar, indiferente a tudo, mas pede a um jornalista para levar uma carta e cigarros a um amigo muçulmano, que é franco-atirador do outro lado. "– Apesar da guerra, continuamos amigos. – Mas você o mataria se ele estivesse na sua mira? – Por que não?"

Derrida deseja reabilitar ou justificar o "messianismo" de Karl Marx, afirmando que esse messianismo significa apenas "é preciso". De fato, o messianismo consiste em dispor de um Messias (o Proletariado Industrial, depois o Partido, que confisca a missão do proletariado) que salvaria o mundo e cujo advento é garantido.

Terça-feira, 15 de março. À tarde, reunião no cetsah:
• Marcel Clodion anuncia para mim que se converteu: passou do althusserianismo-lacanismo para a complexidade. Eu lhe confesso que, pessoalmente, parti de outro marxismo e de outro freudismo. Muito simpático, ele me transmite um pedido dos educadores martinicanos. Visualizamos uma temporada ali em fevereiro próximo.
• Vídeo para o congresso agiem de pesquisa. Vejo que minhas ideias se disseminaram nesses meios educacionais. Uma carta de Olivier Barbarant convida-me para o congresso.
• Com o doutor Léon Nizand, preparamos minha participação em seu colóquio de outubro no Jura[9]. Ele me confia que Madeleine Rebé-

---

[9]. Jura é um departamento francês da região do Franche-Comté. Seu nome provém da cadeia de montanhas Jura. (N.Ts.)

rioux se recusou a participar do colóquio quando ele pronunciou meu nome. Fiquei encantado com isso.

Com Pierre Péan, que faz uma pesquisa muito cuidadosa para um livro sobre juventude/gênese de François Mitterrand, conversamos sobre o período da Resistência, quando conheci Mitterrand. Explico-lhe que isso ocorreu no momento da fusão entre o MRPGD (Movimento de Resistência dos Prisioneiros de Guerra e Deportados), ao qual eu pertencia, o movimento de Mitterrand e um movimento de resistência de origem comunista que se apresentava sob o rótulo de Frente Nacional. Na verdade, esse era um movimento fantasma: quando adverti o Partido da provável fusão entre os dois movimentos de origem "prisioneiros evadidos", ele inventou um terceiro movimento que eu apresentei aos outros dois.

Péan menciona coisas que eu ignorava, principalmente no que se refere a quem denominarei aqui de o Agente X. No dossiê judiciário não se encontra quase nada sobre ele, exceto sua participação no caso da *Rue Dupin*, onde Robert Antelme foi preso. Após a prisão de Antelme, sua esposa, Marguerite Duras, começou um relacionamento com X para obter informações e, talvez, poder libertá-lo. Em vão. Na Libertação de Paris, o Agente X foi preso e, fato que eu ignorava, sua esposa foi interrogada por Mitterrand. Ela começou negando qualquer envolvimento de seu marido com a Gestapo. Péan me afirma que o que causou a perdição do Agente X foram as confidências feitas por sua mulher a Mitterrand, depois que este deu a entender que X estava apaixonado por Marguerite Duras. Depois, foi a vez do testemunho de Marguerite Duras no processo de X, no qual ele foi implicado como membro do bando de assassinos e carrascos Bony-Lafon. Por outro lado, o Agente X salvava judeus por dinheiro. Péan me diz que há qualquer coisa de bizarro nisso tudo. E depois, em sua narrativa, Marguerite Duras fala de dupla identidade, o que ele não compreende. Eu lhe respondo que ali existe um segredo que não me pertence. Dionys Mascolo talvez vá lhe revelar esse segredo. Essa história toda me parece ainda mais fabulosa do que eu imaginava.

• A Sra. B. deseja de qualquer maneira que, como ela, eu retorne às minhas "raízes judaicas", pois é isso o que ela faz. "Cada um tem seu caminho", eu lhe respondo.

Como leu *Vidal et les siens*[10], ela me recorda de que ontem era o dia do aniversário de meu pai. Eu tinha esquecido, e isso se repete há vários anos. Entretanto, experimento um mal-estar. Depois, digo a mim mesmo que aniversários não têm sentido algum para mim, que por muito tempo eu não soube qual o dia do aniversário da morte de minha mãe. E quando fiquei sabendo, eu me esqueci dele. Idem para os vivos, para minhas filhas e meus netos. Reciprocamente, muito poucas pessoas me desejam feliz aniversário.

Quarta-feira, 16 de março. No avião da Air Inter para Montpellier, o sujeito a meu lado espirra sem parar. Eu me viro para não me infectar com seus vírus. Leio a última informação sobre o massacre do mercado de Sarajevo. A emissora TF1 divulgou um relatório secreto da ONU indicando que o tiro de morteiro havia partido de uma posição bósnia e não sérvia. Como o relatório foi desmentido oficialmente, a TF1 forneceu uma cópia impressa do relatório Owen, confirmando que o tiro de morteiro era seguramente bósnio. Nesse relatório, porém, que não era senão uma cópia do original, essa informação era atribuída à agência Tanyug e citada entre aspas. Difícil saber a verdade, mas que, por uma única vez, é secundária, pois o fato mais importante reside na crueldade do cerco de Sarajevo.

Meus problemas pessoais atenuaram em mim os efeitos da notícia da morte de Abelkader Alloula, o dramaturgo argelino capturado em Orã e morto em Val-de-Grâce. Essa morte ocorre após uma lista de assassinatos em série. Longe de se desgastar com o número, cada nova morte aumenta o horror: morte do velho livreirinho francês que se acreditava integrado e tão tranquilo no coração da Argélia, morte de jornalistas, intelectuais, escritores, exterminados como se o objetivo fosse aniquilar o pensamento autônomo... O medo invade as mulheres, que agora adotam o véu, os laicos que se escondem ou querem fugir... A Argélia precipita-se em um buraco negro.

---

10. Edgar Morin, em colaboração com Véronique Nahoum-Grappe, Haïm Vidal Sephiha, *Vidal et les siens* [*Vidal e os seus*], Paris: Seuil, 1989. (N.Ts.)

O ciclo atingiu tal violência que não se pode mais detê-lo. A ocasião para isso foi perdida após as eleições que concederam a vitória ao FIS, o exército poderia ter deixado a nova assembleia agir, garantir a Constituição, a existência dos partidos, um mínimo de liberdade de imprensa. O exército – mas que exército? – está dividido. E o ciclo terrorismo-repressão se iniciou, com um terrorismo atroz e uma repressão também atroz, feita de torturas e de bombas de napalm.

Os buracos negros estão localizados no Mediterrâneo: Palestina (onde o ciclo infernal recomeça), Bósnia, Argélia. O desastre progride rumo Oeste.

A ditadura integrista invade os Estados laicizados, como era o Irã, mas não os Estados religiosos, como a Arábia Saudita.

Na revista *Sciences Sociales,* Catherine Mathieu e Henri Sterdinn, dois pesquisadores do Observatório Francês das Conjunturas Econômicas, adiantam: "No total, a emergência dos países da Ásia em desenvolvimento não será responsável senão por uma parte pouco considerável do aumento do desemprego na França: 0,5 a 0,6 por cento da taxa de desemprego".

Hoje à noite, na televisão, a ex-secretária de Paul Touvier[11] revela que ao retornar da matança de sete judeus em Rillieux, Touvier teria dito: "Vinguei Philippe Henriot"[12]. Apesar de todo o horror que me inspira o Touvier da época, o que vejo, no entanto, é o velho de hoje. A batalha jurídica para que seus crimes não fossem considerados crimes de guerra, mas crimes contra a humanidade, portanto imprescritíveis, desperta minha alergia contra a imprescritibilidade.

---

11. Paul Touvier (1915-1996). Foi colaboracionista do governo nazista de Vichy na Segunda Guerra Mundial. Em 1966, pediu perdão à sociedade francesa, mas associações humanitárias negaram o pedido. Em 1971, o então presidente George Pompidou anistiou-o, mas os protestos aumentaram. Em 1973, foi acusado de crimes contra a humanidade, sendo preso em 1981 após sucessivas fugas. Em 1991, seus advogados pediram liberdade condicional, alegando a idade avançada do acusado. O julgamento iniciou-se em 1994, mas o tribunal manteve a sentença. Touvier permaneceu na prisão de Fresnes, nas cercanias de Paris, onde faleceu de câncer de próstata em 1996. (N.Ts.)
12. Philippe Henriot (1889-1944). Político francês de extrema-direita, colaboracionista na ocupação nazista durante a Segunda Guerra Mundial, executado pelo comando da Resistência Francesa. (N.Ts.)

Robert Faurisson[13] costumava dizer que os judeus haviam declarado guerra à Alemanha, mas foi a Alemanha nazista que primeiro declarou guerra aos judeus.

Todas essas histórias Balladur-Chirac não me interessam nem um pouco. No último domingo, Michel Rocard me interessava menos ainda: ele perdeu sua alma.

A frase de Jean Wahl: "Há uma outra luta de morte instaurada entre o pensamento abstrato e a existência".

Quinta-feira, 17 de março. Longo trajeto de trem Montpellier-Bordeaux. Em Bordeaux, uma haste de meus óculos se quebrou ao cair. Meu anfitrião me conduziu a uma ótica. Uma jovem me diz que vai ver se pode substituí-la e desaparece em seu ateliê. Dez minutos mais tarde, a haste está reparada, mas ela me avisa que o arco metálico que une as duas lentes está solto: "O senhor pode aguardar mais um momentinho?". "Claro que sim." Ela aparece depois de cinco minutos com meus óculos impecáveis. Esse reparo instantâneo é para mim inestimável e estou pronto para pagar uma soma elevada: "Quanto lhe devo?". "Mas é gratuito..." Há algumas semanas, eu já havia ficado felizmente surpreso com o fato de a podóloga não ter me cobrado nada por seus cuidados, declarando que o mal que havia tratado não era muito sério. Que alegria constatar que ainda existem serviços e gestos gratuitos que, no entanto, exigem tempo e arte. Essas zonas preservadas da sede do ganho encolheram em nossa civilização, onde tudo se mercantiliza.

Sou convidado para um debate denominado "A importância da palavra viva", no qual devo responder às mais diversas questões formuladas por um grupo de estudantes. O anfiteatro da faculdade está

---

13. Robert Faurisson (1929-). Acadêmico francês que gerou grande controvérsia por negar o Holocausto. Em seus artigos e cartas enviados aos jornais franceses, especialmente ao *Le Monde*, ele nega a existência das câmaras de gás nos campos de concentração nazistas, do assassinato sistemático dos judeus europeus por meio delas, a autenticidade do *Diário de Anne Frank* e a veracidade dos depoimentos dos judeus sobreviventes desses campos. Após a aprovação da Lei Gayssot contra a negação do Holocausto, em 1990, Faurisson foi processado e multado e, em 1991, foi exonerado de seu posto acadêmico. (N.Ts.)

lotado. No fim do debate, sou aplaudido calorosamente. O responsável considera isso uma homenagem à minha sinceridade. Ele acrescenta: "Muitos não são sinceros e isso pode ser percebido".

Em uma questão sobre Touvier, ousei revelar meu mal-estar diante dessas perseguições feitas contra um homem velho, cinquenta anos depois de seus crimes, sem levar em conta tudo o que muda um ser humano em cinquenta anos; mal-estar, também, diante da imprescritibilidade que paralisa o tempo, o crime, o criminoso; mal-estar ainda no que se refere às trapaças jurídicas necessárias para que o assassinato de sete judeus em Rillieux seja julgado não como crime de guerra (prescritível), mas como crime contra a humanidade, tanto mais pelo fato desse crime, se é verdade o que disse sua secretária ("Vinguei Philippe Henriot"), ter sido cometido no calor da hora, instigado pelo furor cego da vingança e não a sangue-frio, como os jogos dos ss alemães que se divertiam em matar judeus; mal-estar, enfim, diante de um processo que se desenrola no mesmo momento em que Baruch Goldstein mata 29 muçulmanos que rezavam e ninguém menciona isso como crime contra a humanidade.

Eu devia ter começado meu discurso sobre Touvier vestindo um colete à prova de balas, ter dito que dois de meus tios morreram na deportação e que, se Touvier tivesse me capturado, teria me matado três vezes: como degaullista, comunista e judeu.

À questão: "Se o senhor estivesse em Paris, teria participado da segunda passeata contra o Smig-jeunes?". Eu repondo que não.

Mais tarde, com os jornalistas do diário *Sud-Ouest* que me entrevistam a respeito das manifestações que ocorreram o dia todo no interior e em Paris, tento analisar a situação: a diferença capital em relação a 1968 reside no fato de que não existe uma ideologia que possa prometer uma solução e uma salvação. Existe, sim, uma revolta, mas não uma grande esperança. Por outro lado, em lugar de acalmar as coisas, a acanhada medida proposta para diminuir o desemprego entre os jovens despertou, ao contrário, a plena angústia do desemprego. Mais uma vez, o mal-estar surdo na civilização, a crise latente em nossa sociedade se expressa pelo elo mais frágil da corrente: a adolescência. Ressalto, entretanto, que a passeata é fonte de alegria, uma cerimônia de iniciação na qual os adolescentes enfrentam os monstros blindados, de capacete e escudo, do mundo adulto, na qual descobrem sua força, na qual se sentem donos da rua e da cidade.

O jantar no Restaurante *Le Claret* é regado a um vinho tinto excepcional, *L'Esprit de Chevalier*[14].

Em Montpellier e Bordeaux, a excitação das salas de cinema superlotadas, calorosas. Compreendo porque os artistas do *show business* não podem passar sem essa droga.

O *Bulletin des Citoyens-Helsinki* fornece detalhes sobre a população muçulmana do bairro de Mostar, ocupado pelos croatas. Existem croatas que não aprovam a política do HVO[15]. Mas a população muçulmana que vive na margem esquerda do Rio Neretva fica privada de água, de eletricidade, de comida. Milicianos croatas retiram famílias inteiras de muçulmanos de suas casas e as expulsam para a margem esquerda. De seis a sete mil muçulmanos vivem quase clandestinamente na margem direita. Muitos ocultam seu pertencimento, aceitam que seus filhos aprendam a história croata. Quase todas as mesquitas foram destruídas.

Segundo a *Time Magazine*, quando Baruch Goldstein, o assassino da mesquita de Hebron, tinha 13 anos e morava no Brooklyn, ele teria escrito: "Uma das coisas mais importantes da Torah é: Não matar".

No livro *La révolution nécessaire* de Robert Aron e Arnaud Dandieu[16], esta citação do Sermão da Montanha me comove: "Os lírios do campo não trabalham nem fiam". Embora fosse filho de Deus, Jesus não sabia que em todos os seres vivos, inclusive nos vegetais, cada célula trabalha sem parar para obter energia, transformá-la, renovar suas moléculas, se reproduzir etc.

---

14. Vinho tinto produzido na região de Bordeaux pela vinícola *Domaine de Chevalier*, sob a denominação *Graves Pessac-Léognan*, que possui outras modalidades de vinhos. No Brasil, o *L'Esprit de Chevalier* da safra de 2008, modalidade Magnum, custa cerca de 190 euros; um pouco mais barata, a safra de 2010 sai por 165 euros. (N.Ts.)
15. Conselho de Defesa da Croácia. (N.Ts.)
16. Robert Aron, Arnaud Dandieu, Nicolas Tenzer, *La révolution nécessaire* [*A revolução necessária*], Paris: Jean-Michel Place, 1993. (N.Ts.)

Sexta-feira, 18 de março. Retorno de Bordeaux direto, pois desisti da etapa de Poitiers, fatigado antes do tempo, desanimado de sentir-me fora de meu centro.

No TGV, meu vizinho de poltrona brinca com um *notebook*. Será um Mac? Não, trata-se de um Compaq último tipo equipado com um lápis que funciona como *mouse* e – melhor ainda – a máquina permite que se escreva à mão, transformando as letras em caracteres de imprensa. Ele joga o *Civilisations*. Nesse jogo, o participante é chefe de uma nação e, para governar, deve desenvolver sua civilização, seus recursos, sua economia, mas também ser capaz de responder às invasões ou atacar um vizinho. Assim, novecentos anos antes de nossa era, meu vizinho é um imperador da China; ele cria a cidade de Nankin, estabelece ali os colonos, depois reúne uma legião para rechaçar uma invasão bárbara. Edifica monumentos em suas cidades, o que, afirma ele, melhora a coesão social... Além disso, o jogador dispõe da possibilidade, muito contemporânea, das pesquisas de opinião para testar a satisfação de suas populações. A arte consiste em conduzir sua civilização a um desenvolvimento harmonioso, com o progresso da cultura, das indústrias, da segurança, do crescimento demográfico e da proteção generalizada no interior e no exterior. Como ele não favoreceu a educação em seu império, isso impediu o crescimento da metalurgia. Por essa razão, ele não pôde dispor de veículos de combate para rechaçar um ataque inglês. Nesse jogo é possível ser também faraó egípcio, imperador asteca, primeiro-ministro britânico, tanto em séculos passados como em tempos futuros. Esse jogo me impressiona, me excita.

Conversas com o Sr. N'tone no trem.

Chegada a Paris.

Desastre.

Sábado, 19 de março. Esgotamento matinal.

Tento desobstruir minha agenda.

Eu havia pedido a Pierre Péan para avisar-me se Dionys Mascolo lhe confessasse o segredo do Agente X. Ele ficou sabendo, e agora podemos reconstituir o essencial. Eu lhe revelo algo que ele ainda não sabia, que o Agente X era alemão. Após 1918, ainda jovem, ele havia sido enviado à França pelos serviços secretos do exército alemão sob uma identidade francesa. Ele se instalou em Paris como antiquário e, seja como espião infiltrado ou ativado regularmente, vivia em seu segredo. Casado, havia ocultado sua identidade da esposa e não a revelou senão depois da Ocupação. Ele adorava receber os oficiais alemães em sua casa (aliás, sem lhes revelar que era seu compatriota), o que foi a causa de sua perdição, pois na Libertação de Paris ele foi preso, denunciado por seus vizinhos como colaboracionista. Parece que foi só mais tarde que ele colaborou com a Gestapo, seu dossiê não revela mais nada além do caso da *Rue Dupin*, do qual Robert Antelme foi vítima.

Mitterrand encontrou com a esposa de X por ocasião da prisão do marido; ela sucumbiu quando Mitterrand, conhecedor dos encontros entre X e Marguerite Duras, ressalta as inexplicáveis linhas em branco na agenda de seu marido, despertando seus ciúmes. Segundo Péan, pela via do jornal de Marcel Haedrich, ela teria dito: "Desfrutarei feliz o dia em que meu marido for fuzilado". De fato, ela desfrutou esse dia nos braços de seu amante, a quem revelou o segredo de X.

Péan também me revela coisas interessantes sobre o período de Mitterrand anterior à Resistência. Ao contrário do que eu pensava, após sua fuga do campo de prisioneiros na Alemanha, Mitterrand passou por um período de adesão ao período pétainista[17], de janeiro a maio de 1942, depois marechalista. No fim de 1942, começo de 1943, aderiu à Resistência por meio da ORA, Organização de Resistência do Exército, composta de oficiais de Vichy que passaram para a Resistência e forneceram os primeiros subsídios para seu movimento.

DOMINGO, 20 DE MARÇO. Jantar com Pauline e Rolling que acabam de chegar de Nova York. Amizade, um combustível sempre necessário. Planejamos um descanso juntos no Midi para daqui a 15 dias. Isso será possível?

Inquietudes, dificuldades para trabalhar.

Nenhum interesse pelos resultados das eleições cantonais.

---

17. De Philippe Pétain (1856-1951), marechal líder do governo de Vichy, instalado na França pelos nazistas durante a Ocupação Alemã durante a Segunda Guerra Mundial. (N.Ts.)

Segunda-feira, 21 de março. Chuva de outono, com céu muito sombrio para esse primeiro dia de primavera.

Terça-feira, 22 de março. Em seu boletim *Cultures et Développement*, a Associação *Réseau Sud-Nord* insiste na ideia de que, a partir de agora, o conceito de desenvolvimento constitui uma armadilha porque está vinculado ao crescimento econômico ilimitado. O oposto da miséria não é a riqueza... Mas o que é? O livre acesso aos bens vitais...

Todos os julgamentos atuais têm algo de terrível: o julgamento Touvier, o julgamento Cons-Boutboul, o julgamento do pedófilo assassino.

A energia solar fornece quatro vezes mais empregos por ano do que a construção de uma nova central hidroelétrica. Além de economizar eletricidade e energia, ganha-se mais empregos. Segundo o Worldwatch Institute, a energia eólica cria 542 empregos diretos, a solar, 248, a nuclear, cem.

Quarta-feira, 23 de março. Santo Prozac, rogue por mim.

Na Bósnia os nós se desatam e os laços se reatam. Caminhamos rumo ao desatamento que não pode ser acompanhado senão de um reatamento?

As estúpidas negações de Touvier em seu processo suscitam a obsessão sarcástica de muitos jornalistas. Que ele negue ou confesse, é preciso que ele provoque o ódio. É esse papel ritual, sacrificial, imposto a esse velho, talvez incapacitado, sem dúvida malvado, que me incomoda.

Telefonema do sr. Eiji Hatori, representante japonês na Unesco. No ano passado, eu lhe havia prometido ser o interlocutor francês de um diálogo franco-japonês com uma respeitável personalidade nipônica. Mais tarde, quando ele me precisou a data do evento, eu já havia me comprometido a ir a Santiago do Chile e não podia desistir. "Mas o senhor assinou comigo", protestou ele. "Sim, mas a data não havia sido fixada." Ainda assim, ele me considerava compromissado; e trair meu compromisso constituía uma falta imperdoável. "Por muito menos do que isso, o almirante Nomomato cometeu haraquiri", declarou ele. (Não, ele não me disse nada disso, estou brincando.) Em resumo, à guisa de reparação, prometi-lhe uma conferência onde e quando ele quisesse. Hoje, portanto, recebo um telefonema do sr. Hatori que me convoca, como fez Don Ruy Gómez de Silva a Hernani[18]: "Você se lembra de sua promessa?". Estremeço, temo que ele me convoque imediatamente às ilhas Kouriles[19]. Não, não é isso, trata-se da participação em um grande simpósio sobre a ciência em Tóquio, no começo de junho de 1995.

Noticiários dessa noite na televisão. A tragédia argelina. Sem dúvida alguma, tudo havia começado mal com a guerra fratricida da FLN[20] contra o messalismo, que se originou dela, com a radicalização da Guerra da Argélia, que provocou a eliminação e a autoeliminação dos *pieds-noirs*[21], com a destruição de qualquer diversidade de ideias pela FLN e nela própria, depois disso tudo continuou mal com sua esclerose, sua corrupção, a criação de uma democracia popular não fechada, mas a céu aberto, as enormes decepções... Foram os danos do totalitarismo na Argélia (como em outros lugares), a ausência de perspectiva laica e democrática, a infelicidade, que suscitaram o FIS[22]. E somente o FIS mostrou-se capaz de solidariedade concreta na vida cotidiana. Ele abriu uma perspectiva de comunidade, mas à custa do fechamento. Atualmente, assistimos às consequências desastrosas não apenas do voto FIS, mas também da negação desse voto, e tudo contribui para a implosão.

18. O autor refere-se à obra teatral *Hernani*, ou *L'honneur castillan*, de Vitor Hugo, que serviu de inspiração para a ópera *Ernani* de Giuseppe Verdi. (N.Ts.)
19. Formado por quatro ilhas – Kunashiri, Etoforu, Shikotan, Habomai –, o arquipélago das ilhas Kuriles é fonte de desavenças diplomáticas entre o Japão e a Rússia. Além disso, o solo do arquipélago é rico, dentre outros, em minérios de ouro e prata. Tradicional território japonês, as ilhas foram anexadas à ex-URSS no final da Segunda Guerra Mundial. Mesmo insistindo sobre sua soberania na área, o Japão não exclui a possibilidade de uma solução diplomática negociada. (N.Ts.)
20. Frente de Libertação Nacional, partido socialista da Argélia criado em 1954 a partir da conjunção de diversos grupos políticos menores, com o objetivo de conquistar a independência da França. (N.Ts.)
21. O termo *pied-noir* aplica-se a todos os cidadãos franceses, de todas as origens, expatriados por ocasião da independência da Argélia, em 1962. (N.Ts.)
22. A Frente Islâmica de Salvação era um grupo militante argelino que lutava pela criação de um Estado Islâmico. Fundada em 1989 na mesquita de al-Sunna de Bab El-Oued na Argélia, por Abassi Madani, o movimento recebeu o apoio de categorias muito diversas da população, cuja principal esperança era melhorar sua condição social e derrubar o Estado FNL, um regime corrupto e autoritário. A FIS foi dissolvida em março de 1992 pelo Tribunal Administrativo da Argélia. (N.Ts.)

O que será da Argélia? Que convulsão geopolítica extraordinária se prepara? Caminhamos rumo ao fechamento do Mediterrâneo?

Que eu saiba, até o século xx, jamais na história um país islâmico quis livrar-se totalmente dos estrangeiros e infiéis.

Estudantes do segundo e terceiro grau passam de uma passeata a outra. Subjacente a tudo isso, a angústia, o medo do futuro, do desemprego, da aids, mas há também a manipulação da máquina da passeata. A alegria da passeata pela passeata, a alegria de desafiar o mundo dos adultos, os policiais de capacete e escudo...

Os oficiais respeitam os manifestantes sérios, mas denunciam os vândalos oriundos das periferias problemáticas. É claro que existe essa dualidade, mas todo manifestante pode tornar-se um vândalo devido ao próprio dinamismo da festa e do enfrentamento.

Quinta-feira, 24 de março. A história das fugas, das perseguições e dos esconderijos de um fugitivo durante cinquenta anos, como ocorre no caso Touvier, não suscita em mim nenhum sarcasmo.

Os manifestantes do segundo grau desfilam com seriedade ou trata-se de um pronunciamento vazio antes da grande passeata de sexta-feira? Alguns mártires poderiam lhes restituir novo fôlego. Como já declarei na revista *Sud-Ouest*, não vejo nisso um novo maio de 1968: falta-lhes a esperança. De qualquer modo, um sincronismo de protestos diversos poderia provocar um grande conflito. E depois?

Sexta-feira, 25 de março. Manuscrito: meu capítulo "Autoética" avança, vejo-me com novos olhos.

Comprei o exemplar nº 1 do jornal *Infos du Monde*[23], em vista dos títulos da primeira página, cuja inépcia me diverte:

"O carniceiro inglês: ele também matou 12 franceses."

---

23. Distribuído entre 1994 e 1998, o *Infos du Monde* era um jornal semanal, de cerca de 16 páginas, criado por Stéphane de Rosnay e Daniel Filipacchi, que não publicava senão notícias falsas, por vezes extravagantes, ilustradas por fotomontagens. (N.Ts.)

"Para onde vai você? Inferno ou paraíso? Um aparelho lhe revela isso. Descoberta científica capital: uma máquina fotográfica preparada pelo Professor Herbert von Krish permite saber se você está destinado ao inferno ou ao paraíso" (uma foto mostra uma mulher no meio de outras, cuja cabeça está rodeada por uma auréola branca).

"Ela não dormiu nos últimos trinta e dois anos. Marie-Claude, de 39 anos, sofre de uma doença desconhecida" (foto de uma mulher que parece gozar de boa saúde).

"Eles fizeram com que seu patrão fosse empalhado."

"O homem que não tem os polegares."

Há títulos desse tipo também dentro do jornal:

"Ele deu um tiro na cabeça e ficou mais inteligente."

"Vinte e nove anos sem ir ao banheiro: esse hindu destrói seus excrementos dentro de si mesmo."

"Cleópatra usava um nariz falso" (em lugar de seu célebre nariz pontudo, Cleópatra tinha uma horrível bolota de carne).

O que vai acontecer na passeata dessa tarde? Édouard Balladur afirmou molemente sua firmeza. Charles Pasqua[24] anunciou a presença de mil arruaceiros na passeata. As lojas situadas no trajeto são convidadas a fechar suas portas de ferro. Além dos policiais uniformizados, haverá mais oitocentos agentes à paisana. Tudo isso é dissuasivo ou incitativo? Esperemos até o fim da tarde.

No processo Touvier, sua esposa descreve uma vida de perseguição. "Ela chega *quase* a comover", declara o jornalista do *France Info*...

No final da tarde, na *Place de la Nation*, algumas centenas de jovens manifestantes recusam-se a se dispersar e entram em conflito com os policiais da CRS. Um derradeiro grupo, não de "arruaceiros", mas de "autônomos" (libertários?) resiste.

---

24. Charles Pasqua (1927-). Ministro do Interior da França, de 1986 a 1988, no governo do presidente Jacques Chirac, e de 1993 a 1995, no governo do presidente Édouard Balladur. É comumente lembrado por ter forçado a criação de uma série de leis anti-imigração, as Leis Pasqua, e por sua declaração: "Nós aterrorizaremos os terroristas". Foi e continua a ser indiciado como responsável por inúmeros casos de corrupção no país. (N.Ts.)

Por toda parte na França, o movimento foi reativado. Uma grande passeata nacional está prevista para quinta-feira em Paris. Mais uma vez, quem sabe, sente-se o desespero, a angústia da juventude, mas também a festa, a alegria (que Véro qualifica de primaveril): os estudantes do segundo grau são os donos da rua e desafiam os poderes. O próprio Pasqua aumenta a alegria deles anunciando uma fantástica mobilização da polícia. Entre as bandeirolas há uma muito divertida, "Balladur, leve embora seu CIP[25]".

Jantar na casa de Véro. Ali encontro minha amiga educadora Hanifa Kapidzic (que conheci em Struga e reencontrei em Sarajevo em setembro), convidada para uma temporada de dois meses na França, e Française, a amiga em cuja casa ela se hospeda, que viveu cinquenta anos em Sarajevo, casada com um "muçulmano", e voltou à França após a viuvez.

De súbito, a passeata e o CIP parecem minúsculos quando Bósnia e Sarajevo entram na conversação. Quando Michèle Manceaux pergunta como alguém pode suportar dois anos de cerco, na impossibilidade de responder a essa questão, Hanifa cita o provérbio judaico: "Meu Deus, faça com que eu não tenha que suportar aquilo que sou capaz de suportar".

Tento me lembrar de uma frase minha em o *X da questão – o sujeito à flor da pele*[26], na qual evoco o insuportável que é insuportavelmente suportado.

Fala-se da dificuldade de seguir o curso da guerra. Tudo é fechado, proibido aos jornalistas e, com frequência, aos militares da ONU. Não se conhece senão a ponta do *iceberg*. Os massacres são descobertos por acaso, como os que ocorreram nos arredores de Srebrenica.

Michel me informa que havia 140 mil muçulmanos em Belgrado, onde ele visitou uma mesquita ainda em funcionamento. Ali se cometiam "brutalidades". Adnan, o adolescente bósnio adotado por Véro,

---

25. CIP, Contrato de Inserção Profissional com duração determinada para trabalhadores com menos de 26 anos. A remuneração atinge 80 por cento do salário mínimo francês. Foi utilizado pelo governo de Édouard Balladur como medida paliativa para diminuir o desemprego entre os jovens. Foi extinto em 1994. (N.Ts.)
26. Edgar Morin, *Le vif du sujet*, Ed. Seuil, 1969. Edição brasileira, *X da questão – o sujeito à flor da pele*, tradução Fátima Murad e Fernanda Murad Machado, Porto Alegre: Artmed, 2003. (N.Ts)

deixou Sarajevo em outubro de 1992 para se refugiar em Belgrado com um tio sérvio; esse tio, sofrendo de câncer, vivia em um campo visitado periodicamente por *chetniks*[27] de "licença" entre duas campanhas militares na Bósnia. Identificado em virtude do nome, Adnan foi violentamente surrado por eles. Conseguiu fugir do campo e, finalmente, foi recolhido por uma francesa com quem Michel o encontrou. Como os esforços para trazê-lo haviam fracassado, enviei um fax ao ministro das Relações Exteriores.

Hanifa está de acordo comigo: somente a paz permitiria um processo de democratização que, por sua vez, permitiria uma solução. Eu lhe faço um resumo de meu projeto de artigo sobre o desatamento/reatamento.

Falamos das sociedades em decomposição econômica que, no entanto, sobrevivem. Elas fazem isso por meio de atividades informais, tráficos diversos. Na Bósnia, a moeda desvalorizada é substituída pelo marco e na Rússia, pelo dólar.

A conversa gira em torno de diversos assuntos. No que se refere à televisão, Michel evoca esses lares pobres em que o pai troca de canal sem parar e as crianças não podem ver nada em continuidade nem estruturado. Essa mania de mudar de canal incessantemente significa liberdade, mas também delírio, uma possibilidade de escolha que, no final, impede a própria escolha.

SÁBADO, 26 DE MARÇO. Bebi muito ontem à noite: crise de fígado e de fé.

O pedófilo assassino foi condenado à pena máxima. O júri viu não apenas o doente "irresponsável", mas o horror do crime cometido contra essas duas crianças. Fico sempre atônito diante do caráter convencional e arbitrário da noção de responsabilidade, e os psiquiatras que servem aos tribunais exercem sobre mim o mesmo efeito que Diafoirus[28].

---

27. *Chetniks*, organização paramilitar nacionalista e monarquista sérvia que operou nos Bálcãs antes e durante a Segunda Guerra Mundial, conhecidos como o Exército da Pátria Iugoslava. (N.Ts)
28. Thomas Diaforius, personagem de *O doente imaginário*, de Molière (1622-1673). Na peça, ele é um médico que se empenha no uso da terminologia científica antiquada, mas importa-se muito pouco com a saúde dos pacientes. (N.Ts).

A passeata jovem recomeçou; a selvageria das prisões feitas pelos policiais à paisana contribuiu para isso. De fato, uma vez rompidas as primeiras barreiras, seja em razão da tolerância ou da repressão, tudo incita a passeata a recomeçar. A repressão, porém, incita mais fortemente.

O deplorável é que os de pele escura e os rastafáris foram mantidos na prisão.

Jantar bastante agradável com Monique Cahen. Jacques Gandelin e eu falamos muito do passado. Ele também é um antigo resistente. Ele temia escandalizar-me ao falar de sua repugnância diante do processo de Touvier.

Domingo, 27 de março. A Itália vota.

A revolução dos juízes criou um grande vazio político quando procedeu à limpeza do Partido Democrata Cristão e do Partido Socialista, e do grande vazio surgiu Silvio Berlusconi. Será que ele vai ganhar as eleições? Se sim, sua coalizão heteróclita vai resistir?

Em todo caso, trata-se de um tipo de líder bastante novo: homem de negócios-salvador e não mais um tribuno-salvador, ou general--salvador, ou líder-salvador. Sua missão infrapolítica, ou antipolítica, baseia-se na eficácia: trata-se de gerir o Estado como uma empresa. Em seu caráter infrapolítico há também um ingrediente de superqualunquismo[29]. E um ingrediente nacional muito importante: o *Forza Itália*[30] que participa e se aproveita do entusiasmo esportivo-militar. A vontade de vencer dirige-se à profunda fibra nacional.

De qualquer modo, não importa qual seja o vencedor, é na Itália que alguma coisa se organiza/desorganiza além dos partidos tradicionais ou fora deles. É preciso seguir atentamente o que se prepara...

---

29. Referência ao movimento do *l'uomo qualunco* ("homem qualquer"), que correspondia ao pujadismo francês. (N.E.)
30. Partido político italiano fundado em 1994 por Silvio Berlusconi. Foi extinto em 2008, dando origem a um novo partido de direita, o *Il Poppolo de la Libertà*, também comandado por Berlusconi. (N.Ts)

Terça-feira, 29 de março. Touvier sempre pensa segundo a lógica colaboracionista: não são a milícia nem ele os responsáveis pelo massacre de Rillieux, mas sim Londres, que instigou o assassinato de Philippe Henriot, causando em represália a execução dos judeus. Sua mente é totalmente fechada.

Triunfo de Silvio Berlusconi na Itália. Mas sua coalizão poderá produzir um governo? Um programa? Parece que o berlusconismo não representa senão 23 por cento dos votos contra os 44 por cento da coalizão.

O gigantesco bloco de gelo representado pela União Soviética mantinha todas as coisas congeladas na Europa. Por toda parte, o degelo provocou deslocamentos em série.

Péan me informa a respeito das novidades sobre o caso do Agente X. Ele telefonou à sua viúva. Desconcertante. Agora existe um novo segredo que não posso revelar. Ela afirma que X não era alemão. Será essa uma versão oficial para seus dois filhos? Hoje, mais nada pode ser provado. O Agente X comercializava objetos preciosos e livros raros. Vítima de maus negócios, teria ele se colocado a serviço da Gestapo?

Sua viúva só aceitará receber Péan se seus filhos autorizarem.

Quarta-feira, 30 de março. Fracasso de meu programa de autolibertação. A coisa ataca de todos os lados. *Overload*. Estou afogado.

Quinta-feira, 31 de março. A Itália sofre o efeito bumerangue da ação para restaurar a integridade na vida democrática. A revolta purificadora dos juízes foi um expurgo que arrancou as tripas e as entranhas da política italiana. O berlusconismo poderá conter a Liga do Norte e o pós-fascismo do Sul? Ou segue-se rumo a nova desintegração?

Se Bernard Tapie[31] não tivesse o rabo preso, ele poderia ser um Berlusconi de esquerda, com os clubes "Avante França".

---

31. Bernard Tapie (1943-). Empresário francês, político, ocasionalmente ator, cantor e apresentador de televisão. Foi presidente do clube de futebol *Olympique de Marseille*, atuou como ministro do Interior na administração do primeiro-ministro Pierre Bérégovoy, 1992-1993, até sua demissão, em maio de 1992,

Édouard Balladur cedeu ao CIP, mas nem por isso os adolescentes aceitaram que lhes roubem o direito de fazer suas manifestações. Alguns "líderes" tentam encontrar temas para novas manifestações. Mas é Charles Pasqua quem poderá ajudá-los: somente uma repressão brutal poderia provocar a retomada do movimento.

---

quando foi processado pelo ministro da Justiça da França. Em 1995, foi acusado de fraude fiscal, entrou em falência, foi declarado inelegível politicamente e banido do futebol. (N.Ts.)

Abril

SEXTA-FEIRA, 1º DE ABRIL. Dificuldade para levantar.

Ontem assisti a *Vestígios do dia*[1], de James Ivory, com – todos extraordinários – Anthony Hopkins, Emma Thompson, James Fox. A emoção nesse filme vem do que não é falado, não expressado e que, no entanto, é plenamente transmitida com intensidade. No centro da trama, um amor cuja manifestação é totalmente inibida pela honra e a dignidade do mordomo, dedicado exclusivamente ao serviço de seu patrão, que se interdita qualquer sentimento, qualquer ideia pessoal.

No passado, convencido de que a guerra dos Aliados contra Hitler era uma guerra judaica, Paul Touvier vingou o assassinato de Philippe Henriot matando sete judeus. Perseguido, caçado, hoje em dia ele está cada vez mais convencido de que é vítima dos judeus. Seu ódio expressa-se principalmente por esse comentário, escrito após um dos programas de televisão *7 sur 7* de Anne Sinclair[2]: "lixo judeu". O ressentimento dos judeus contra ele reafirma ainda mais seu antissemitismo, mas, ao mesmo tempo, é isso o que ele mais quer calar e dissimular em seu processo.

1. *Remains of the day*, filme anglo-americano, de 1993, do diretor James Ivory. Título francês, *Les vestiges du jour*. (N.Ts.)
2. Anne Sinclair (1948-). Jornalista e uma das mulheres mais conhecidas da televisão da França e da Europa. Durante 13 anos manteve com o mesmo sucesso o programa *7 sur 7* no canal TF1. Todos os domingos à noite ela entrevistava os mais prestigiosos políticos e intelectuais da França e do exterior. (N.Ts.)

Ele se autojustifica totalmente: foi a Rádio Londres[3] que, ao exigir a morte de Philippe Henriot, desencadeou as represálias sobre os judeus que ele foi encarregado de executar.

Perseguido após a Libertação de Paris, o homem escondeu-se em conventos e em apartamentos, e sua cabeça permaneceu fechada em Vichy, na Milícia Francesa, no Colaboracionismo. Teria sido possível abrir essa cabeça?

A única coisa sadia nesse processo foi a descoberta de evidências (sem dúvida já feita pelos historiadores) do colaboracionismo entre a Milícia Francesa e a Gestapo, e de excessos e torturas cometidos pela Milícia.

Revejo, revi tudo isso, e o Touvier miliciano que me vem à lembrança é odioso. Mas identifico ao mesmo tempo o homem perseguido, não apenas durante cinquenta anos, mas também nesse tribunal. Ainda hoje, sua dissimulação dos fatos é um prolongamento da pessoa dissimulada do passado.

Telefonema de Mauro Ceruti. Falamos das eleições italianas. Ele está decepcionado com a derrota da esquerda. Eu lhe respondo que, sem dúvida, Silvio Berlusconi ocupou o imenso vazio político criado pela grande limpeza ética do centro, mas, ao voltar-se para um programa socialdemocrata liberal, o próprio PDS confessa sua incapacidade de se repensar, de se refundar, de relançar a esperança. "Eles abandonaram a utopia", diz ele. "Sim, mas é preciso encontrar a boa utopia e não reencontrar a má."

Passada a decepção, Mauro identifica os subprodutos benéficos do berlusconismo: Umberto Bossi renuncia ao extremismo da ruptura da Itália e Gianfranco Fini repudia oficialmente o fascismo favorecendo a democracia.

SÁBADO, 2 DE ABRIL. Carta preciosa de uma grega, Dimitra Stavropoulo, admiradora de Alain Delon: "Como o senhor, vivo os mitos que analiso e confesso que amo esses mitos [...] O cinema [...] continua a ser um tema capaz de reconduzir qualquer um à sua vida".

3. A Rádio Londres era uma transmissão da BBC de Londres, irradiada em francês para a França ocupada, de 1940 a 1944, que conclamava o povo a apoiar a Resistência Francesa. (N.Ts.)

Terminei o *L'épidémie: carnet d'un sociologue* [*A epidemia: notas de um sociólogo*], de Bertrand Paillard, publicado pela Editora Stock. Essa pesquisa sobre a aids em Marselha, que recobre dos profissionais da saúde às prostitutas, dos farmacêuticos aos dispensários, dos oficiais de polícia aos mendigos, termina com admirável emoção, em um solene *réquiem*.

Recebi o livro *L'essere inquieto* [*O ser inquieto*], de Mario Alcaro, professor de filosofia da Universidade da Calábria, que se utilizou amplamente de *O método*. Isso me reconforta em um momento em que me sinto tão desanimado.

Recebi o número da *Phréatique* do tempo em que o escritor Gilhuette comenta a famosa frase de Santo Agostinho:

Quanto ao tempo presente,
Ele estava sempre presente
E se ele não passasse, não seria mais um tempo,
Seria a Eternidade.
Se o tempo, então, não é tempo
Somente porque ele passa,
Como se pode dizer que ele é
Ou que ele não é
Pois ele está a ponto
De não ser mais, e é verdadeiro dizer
Que ele é um tempo
Porque que se inclina ao não ser.

Ainda na *Phréatique*, graças a um artigo de Gilles Eric Séralini, fico sabendo que "de nossos cinquenta a cem mil genes, estima-se que cerca de setecentos, se combinados, são capazes de desencadear o envelhecimento na espécie humana. Alguns porque não são ativados senão no fim da vida, em uma espécie de autodestruição, outros, que programavam funções reparadoras ou regeneradoras – por exemplo, a eliminação das moléculas oxidantes –, extinguem-se especificamente [...] Para conhecer esses genes detalhadamente será preciso esperar..."

Essa frase de Walter Benjamin deve ser objeto de reflexão: "É preciso fundar o conceito de progresso a partir do conceito de catástrofe".

Após a leitura da *Phréatique*, surge em mim o sentimento de que tudo não passa de ilusão e que, no entanto, essa ilusão é nossa única realidade.

Carta de Alexandre Marc, bastante insatisfeito com a crítica que, por insistência sua, fiz do livro de Robert Aron-Arnaud Dandieu, *La révolution nécessaire*, publicado em 1933 e reeditado pela Editora Jean-Michel Place, em 1993. Esse livro me interessou como testemunho da crise intelectual dos anos 1930 e revelou-me certas analogias com a nossa.

Maravilhoso artigo na revista *La Hulotte* sobre as andorinhas. Os pais alimentam a ninhada até decidir que os filhotes devem aprender a voar. Para que isso aconteça, eles agitam vermes no bico na frente dos filhotes sem entregá-los, desafiando-os a voar, até que um deles se lança no vazio e, desajeitadamente, começa a bater as asas. Os pais vão ajudá-lo, um de cada lado, sustentando suas asas, e o ensinam a atingir a altura suficiente para que ele possa alcançar um poleiro. Fazem o mesmo com os outros filhotes. Quando todos já sabem voar, os pais os expulsam do ninho e se livram deles para sempre.

Quanto mais se explica a vida, mais o inexplicado adquire proporções gigantescas. Como não compreendemos que o conhecimento nos conduz ao incompreensível?

Domingo, 3 de abril. Eu deveria assistir com mais frequência ao programa de Marc Ferro no canal Arte, que reprisa as atualidades da Segunda Guerra Mundial. Estamos em abril de 1944: ocupação da Hungria, aliada do Reich, pelas tropas alemãs; atualidades alemãs sobre a defesa de Monte Cassino, onde após uma resistência heroica a derrota foi saudada como uma vitória.
Essa época, distante milhões de anos-luz no passado, retorna para assombrar minha alma. Ela desperta em mim sentimentos tão diversos que já não sei mais o que sinto...

Não perco a série de tv *Columbo*, muito famosa, no canal tfi.

À tarde, passeio pelo bairro, que nesse domingo de Páscoa tem uma aparência bem provinciana: contemplação dos imóveis da *Rue du Perche*, da *Rue Charlot*; descoberta da Passagem de Retz[4], ainda em reconstrução. Poucos automóveis circulam ao longe, raros transeuntes. Paz.

À noite, nos noticiários, ficamos sabendo que duas centenas de veteranos canadenses, que haviam reservado seus lugares – alguns já há dois anos – para a festa de comemoração do Desembarque dos Aliados na Normandia, no Hôtel du Golf, em Deauville, tiveram suas reservas canceladas porque o governo francês requisitou os quartos para seus convidados oficiais. Como declarou um veterano: *Disgusting*! Gente que arriscou a pele desembarcando se vê desprezada em benefício de "oficiais" que nada têm a ver com a guerra. Ter o desplante de desalojar os que desembarcaram, eis aí uma indelicadeza fenomenal.

Apesar dos protestos no Canadá e na Inglaterra, ninguém ainda se mexeu em Matignon[5] ou no Quai d'Orsay[6]. Os convidados oficiais são sacralizados.

Segunda-feira, 4 de abril. Bênção *urbi et orbi* do Papa. Ele fala novamente da família. Muito mais do que ironizar a respeito dessas intenções "reacionárias", sinto-me inclinado a refletir sobre a dissolução da família e, conjuntamente, sobre a dissolução moral. O que geramos em termos de comunidade e de moral em substituição ao que se decompõe?

Tempo horrível há três dias.
Let the sunshine in !...
Ele brilhará de novo para mim?

---

4. A história da Passagem de Retz traça novamente a história de Paris desde o século xvii. Foi residência de grandes nomes da aristocracia, entre 1613 e 1632, e de grandes burgueses no século xix. Atualmente, o espaço é utilizado como centro de exposições temporárias, de convivialidade, de questionamentos e de pesquisa. (N.Ts)
5. Palácio de Matignon, localizado na sétima circuscrição em Paris. Residência oficial do primeiro-ministro da República. (N.Ts.)
6. Quai d'Orsay, sede nacional da chancelaria localizada na primeira circunscrição. Conhecido nos meios diplomáticos como o Itamaraty francês. (N.Ts.)

Tenho bastante energia para responder às questões da jornalista do *Ta Nea*[7] no Mac e enviar meu texto por fax.

Terça-feira, 5 de abril. Atividade febril antes de minha partida para Atenas. Escrevo o texto sobre a "coragem" para a Academia Beychevelle e respondo à correspondência atrasada.

Quarta-feira, 6 de abril. Despertar às 6h da manhã. No saguão do aeroporto, leio os jornais.

Édouard Balladur: em um piscar de olhos, o ídolo francês tornou-se o alvo preferido.

Silvio Berlusconi: o suflê vai murchar assim que crescer?

Segundo aniversário do cerco de Sarajevo: a cidade recebeu trezentos mil projéteis durante o ano, ao ritmo de quatrocentas explosões por dia, que resultaram em dez mil mortos e sessenta mil feridos. Estima-se em duzentos mil o número de mortos e feridos na Bósnia e em 2,4 milhões o número de refugiados.

A lei de talião se dissemina: o Hamas responde ao massacre com massacre. Nenhum político, rabino, irmã levanta sua voz para apelar à magnanimidade, ao perdão. Quando e a partir de que desastre ainda maior esse ciclo infernal cessará?

No avião, começo a ler as revistas e encontro, na *Commentaire* da primavera de 1994, um interessantíssimo "*Portrait philosophique de Bernard Tapie*" [*Retrato filosófico de Bernard Tapie*], escrito por Henri Hude, que evita os lugares-comuns, o simplismo e o desprezo, sem com isso demonstrar a menor indulgência.

Encadeio com um artigo de Chantal Millon-Delsol, sobre "os séculos obscuros": "Devemos compreender que entramos nos séculos obscuros de nossos pensamentos [...] Auschwitz e a Kolyma, uma guerra nuclear evitada talvez por pouco e muito possível ainda, os conflitos endêmicos onde esbarram o nosso direito internacional, o enfraquecimento do Estado sob o efeito de forças superiores, inferiores e colaterais que o atravessam e o minam, os desafios de envergadura

---

7. Jornal diário, de acesso também *online*, publicado na Grécia e destinado ao público greco-cipriota residente no Reino Unido, oferecendo notícias, análises e artigos sobre estilos de vida em Chipre e na Grécia. (N.Ts.)

inumana lançados ao planeta humano; tudo isso explicita a impotência de nos tornarmos outros e, mais do que isso, no que exatamente somos. A necessidade flagrante de rever nossos conceitos mais decisivos prepara os principais abandonos, talvez dolorosos, mas susceptíveis de nos conduzir à sabedoria dos homens, quando tínhamos começado a sonhar que somos deuses". Ela evoca Jacob Burckhardt que, em 1889, anunciou a ocorrência dos "terríveis simplificadores".

Na *La Recherche*, um artigo de Andrew Sillen sobre a alimentação dos homens pré-históricos (a partir da análise bioquímica de ossadas fósseis), segundo o qual é possível que a rarefação de cereais selvagens, após um resfriamento climático, tenha conduzido as populações da planície costeira do Nahal Oren, em Jericó, entre 8.500 a 7.500 anos antes de nossa era, a cultivar cereais para controlar suas provisões em caso de penúria. Desse modo, a resposta a uma perturbação climática teria desencadeado o desenvolvimento da agricultura. Mais uma vez, um acidente ecológico teria estimulado uma inovação de importância capital na aventura da humanidade. No passado, o recuo da floresta tropical havia arrastado os primatas para a savana, obrigando-os a desenvolver a marcha, a corrida, o instrumento, a estratégia, ou seja, a tornarem-se humanos. Em um recuo ainda maior no tempo, o cataclismo que provocou a extinção dos dinossauros permitiu o desenvolvimento dos pequenos mamíferos dos quais nos originamos.

Difícil acreditar que a Providência tenha maquinado essas catástrofes para favorecer nosso aparecimento e nosso desenvolvimento.

Na resenha de um livro de Herbert Margolis, constato: "Existem princípios cognitivos que transcendem as épocas e as culturas e que não dependem de contextos sociais". E dizer que essas evidências são incessantemente ocultadas por falta de uma concepção antropo-sócio-histórica!

Ainda na *La Recherche*, leio um artigo de Nathan Keyfitz que opõe a concepção dos economistas, polarizada na ideia de crescimento linear e ilimitado, à concepção dos biólogos, polarizada nas ideias de limite, de contingência e de acaso. Recolho nesse artigo a seguinte frase: "A multiplicação por dois do número de indivíduos terá como consequência, além dos efeitos benéficos esperados, um número duas vezes maior de todo tipo de efeitos nocivos".

Em um texto interessante que me enviou sobre o "sentir ódio" no adolescente, Jacques Levine incita a retornar às patologias da família: os pais abusivos ou fracos, eles mesmos oriundos de parentes abusivos ou fracos, fatores aos quais se somam a miséria, o alcoolismo, a escola abstrata, tudo isso forma crianças "desestabilizadas" (palavra engraçada) e adolescentes perdidos, que se entregam à raiva ou à autodestruição. É por isso que não ironizo as intenções do Papa sobre a família. A família é um dos maiores e mais graves problemas de nosso tempo.

No jornal literário *La République des lettres*, esforço-me para ler um longo artigo sobre a história pós-moderna, mas desperto graças a um texto interessante de Samuel Huntington sobre um tema agora em voga, "o choque das civilizações" (que substituiu "o fim da história" na parada de sucessos intelectual-midiática). Mais uma vez, o novo tema suscita adesão ou rejeição, sem jamais fazer qualquer esforço para considerar a parte de verdade ou a insuficiência de teses.

Recolho coisas aqui e ali. De Fernando Pessoa destaco: "É com mentiras que levamos o mundo; quem quiser despertá-lo ou conduzi-lo deve mentir-lhe desmesuradamente e terá tanto mais êxito quanto mais mentir a si mesmo e se persuadir da verdade da mentira que inventou". Do mesmo autor: "Talvez a glória tenha um gosto de morte e de inutilidade, e o triunfo, um odor de podridão..." De Albert Cohen (para o "Evangelho da perdição"): "Irmãos humanos e futuros cadáveres, tenham piedade de seus semelhantes mortos; que dessa piedade nasça, enfim, uma bondade humilde, mais verdadeira e mais séria do que o presunçoso amor ao próximo".

Em *Science et Avenir*, que consagra um número especial, bastante rico, aos enigmas do tempo, encontro o seguinte enunciado de Bernard Pottier: "A origem da linguagem é ainda mais enigmática do que a do universo".

Descubro o nome do compositor Alfred Schnittke e decido comprar sua quinta ou sexta sinfonia em CD (Kurt Mansur). Lembrar: comprar também *L'anthologie bilingue de la poésie allemande* [Antologia bilíngue da poesia alemã] da coleção *Bibliothèque de la Pléiade*, e também, da mesma coleção, o tomo IV das *Obras de Celine* (com *Les féeries pour une autre fois* [Os encantamentos para um outro tempo] que ainda não li).

O avião aterrissa em um subúrbio plano e cinzento. A antecâmara moderna da eterna Grécia é triste, suja, sem graça, sem arte.

Spilios Papaspiliopoulos espera-me no aeroporto, bem como a responsável pelo livro do Instituto Francês. No automóvel, com Spilios e a sra.V., começamos a falar da Macedônia. A parte de minha entrevista sobre a Macedônia, com Theta Papadopoulos, publicada na edição de domingo de um grande jornal de Atenas, já provocou alvoroços. Alguns intelectuais isolados, que se manifestaram contra a histeria, ficaram contentes, mas fico sabendo que houve insatisfação. O delírio não tem comunicação com o exterior. Os gregos se autoexcitam, se autoindignam com as provocações dos "macedônios" ex-iugoslavos que usurparam o símbolo de Philippe, roubaram o nome de Macedônia. Cultiva-se a síndrome do grego justo e solitário, incompreendido pelos europeus. Extraordinária histeria de guerra, fora de qualquer guerra, de qualquer ameaça (da parte dessa infeliz Macedônia constituída de três milhões de habitantes, dos quais um terço é de albaneses muçulmanos). Spilios e 11 colegas assinaram um texto que, em certos jornais, lhes valeu o estigma de traidores. Houve outro manifesto no mesmo sentido que obteve trezentas assinaturas, entre elas a de Cornelius Castoriadis...

Eles me conduzem ao delicioso Hotel Saint-Georges, situado no Mont Lycabette, meu quarto com sacada dá para o Panteão e, ao longe, para o mar. Sentindo minha impaciência, a dona do hotel, sra. Lalou, me leva para a sala de refeições vazia, onde me sirvo de *mezés* com excesso e voluptuosidade.

Quando volto para o quarto, alguém me espera para a entrevista das 15h. Fico surpreso porque ainda são 14h. Todos os meus encontros irão chegar uma hora adiantados. Às 19h, alguém me chama na recepção para me avisar que vieram me buscar para a conferência das 20h30. "Mas ainda não são 19h!" Então me dizem que estou enganado, e percebo que deveria ter adiantado meu relógio uma hora.

Concedo as entrevistas, uma após outra, em minha sacada. O Partenon e as rochas da Acrópole estão ensolarados. Depois, o vento começa a soprar acumulando nuvens negras. O Partenon fica sob a sombra, de repente começa a fazer frio e eu entro para a última entrevista.

Fico contente que a sala de conferências esteja lotada. Mas me sinto um pouco decepcionado no final: eu teria gostado que o abcesso macedônio pudesse se abrir depois de minha conferência, fiz até mesmo um apelo de pé, falei da ex-Iugoslávia e evoquei a nova independência da Macedônia. Nada...

No jantar, em volta de uma mesa muito grande, em uma taverna, estou diante do sociólogo-poeta que me apresentou muito fraternalmente. De todos os lados, a Macedônia é objeto das conversações.

Minha gulodice se manifesta: *mezés*, salada de berinjela, sanduíches de queijo e espinafre no pão pita, *keftedès*[8] etc. Essa é a comida que eu adoro. Bebo falando, falo bebendo.

Retorno no carro do sr. V. que não parou de discutir a Macedônia entusiasticamente com seus vizinhos. Ele me pergunta por que a Macedônia iugoslava se apropriou do símbolo de Philippe. Eu lhe respondo que, por necessidade de ancestrais míticos, eles tomaram o nome de Macedônia, oficializado por Tito após a guerra.

Situa-se a Grécia no Ocidente, pensando na Atenas do século v. Na verdade, ela se situa no Oriente desde Bizâncio, e nos Bálcãs desde os turcos. Ela está simultaneamente no Ocidente, no Oriente e nos Bálcãs. Ela se considera nos Bálcãs, mas quer ser estrangeira para os turcos, ainda ressentidos como inimigos, considera-se estrangeira também para os albaneses, os iugoslavos. Ela só encontra algum tipo de fraternidade com a Sérvia, via a ortodoxia. Esse país tão aberto intelectualmente é muito fechado nacionalmente.

Fui dormir às 2h da manhã.

Quinta-feira, 7 de abril. Despertar muito difícil: ressaca ou crise de fígado, ou ambos. Lamento minha gulodice imoderada, suplico à Deusa Minerva com sua coruja que me ajude. Levanto-me às 8h (7h em Paris) para uma entrevista de televisão com Vidalis.

Felizmente, a atmosfera da entrevista é quase íntima. Ele me fala do livro *X da questão – o sujeito à flor da pele*, e eu lhe confesso que me encontro no mesmo estado de espírito de quando escrevi esse texto:

---

8. Almôndegas feitas de carne de carneiro moída, alho, cebola e hortelã, servidas com molho de tomate. (N.Ts.)

desanimado por causa de minhas dispersões, aspirando à paz interior e exterior, desejoso de fugir para me reencontrar...

O táxi que deveria me conduzir do Hotel Lycabette ao Intercontinental recebeu a mensagem equivocada: ele me esperava no Intercontinental para me conduzir ao Lycabette. Por acaso, meu telefonema é atendido pela secretária que havia pedido o táxi. O motorista dirige como um louco e me catapulta no Intercontinental cinco minutos antes de minha mesa-redonda. Que diferença do Hotel Saint-Georges! Trata-se de uma enorme usina de luxo cosmopolita, destinada a turistas e homens de negócios. Caminho alguns quilômetros para chegar até meu quarto, nº 293 (cem quartos por andar). Ele é grande, funcional, a vista dá para um bulevar de imóveis sombrios; o céu é sinistro. Corro para o segundo subsolo e chego à minha conferência quando a mesa já está instalada e os organizadores, em pânico.

Tema: "Ética e liberdade". Cada um deve falar 15 minutos. Eu havia previsto fazer minha exposição sobre a autoética. Como perdi minhas anotações, tento reconstituí-las:

1. A erosão e, com frequência, a dissolução das éticas tradicionais na civilização individualista: as éticas tradicionais eram éticas integradas (religião, família, nação), com imperativos de solidariedade, de hospitalidade, de honra. Desde então, houve dissolução da sacralidade da palavra, da promessa.

2. A ideia de uma ética sem outro fundamento senão ela mesma; essa autoética significa simultaneamente autonomia e dependência.

3. Não existe ética sem fé que a alimente e ilumine. A fé na liberdade não basta, é preciso, também, uma fé de comunidade e de amor.

4. Os problemas éticos resultam das contradições (imperativos antagônicos simultâneos); das incertezas (ecologia da ação); da necessidade do autoconhecimento e do autoexame crítico (a boa má-fé, a mentira a si mesmo).

Por isso, a ética deve incluir um fator de inteligência e complexidade, origem do sentido da frase de Pascal: "Trabalhar para o bem pensar, é esse o princípio da moral".

Isabelle Stengers pratica a autocrítica ocidental: "Nós, ocidentais, expulsamos o mito, não acreditamos senão na ciência e na razão e não temos os meios para compreender as virtudes do mito". É preciso ampliar a argumentação. Inconscientemente, o Ocidente criou novos mitos sob a forma de ideias-mitos que se ocultaram no interior da noção de ciência e da noção de razão: o cientificismo e o racionalismo.

Um participante grego, o sr. Vassiliu, narra uma história a respeito de Diógenes. Ele é convidado por um homem rico a admirar o interior de sua casa, suas cerâmicas, seus móveis, seus quadros. Depois de ter contemplado tudo, Diógenes cospe no rosto de seu anfitrião. "Mas por que você me cuspiu na face?", pergunta o anfitrião estupefato. Diógenes responde: "Eu precisava cuspir, e foi a única coisa suja que encontrei nesta casa".

Esgotado, vou para o meu quarto, esperando fazer uma sesta. No instante em que adormeço, o telefone toca. Devo apresentar meu seminário sobre a reforma do pensamento às 16h. Após minha exposição, discussão com uma charmosa argentina. Depois, volto ao meu quarto onde espero dormir até as 21h30. Ora diabos! Os telefones, além de uma jornalista, tiram-me da cama às 20h. Não tenho mais forças para ir jantar, mas quando vejo Spilios Papaspiliopoulos e Theta Papadopoulos, minha resolução se dissolve. Eu lhes suplico apenas que me proíbam o vinho e as *mézes*. Ainda assim, peço um purê de favas, depois as *barbounias* (salmonetes) grelhadas, que conciliam gulodice e sabedoria. Divertimo-nos bastante e volto para o hotel à meia-noite.

Sexta-feira, 8 de abril. Levanto às 7h para tomar o avião para Paris, que decola às 10h.

Em Atenas eu havia assistido ao canal francófono TV5, que anunciava a grande noite televisiva da aids. No *Libé*, que leio de manhã em Orly, compartilho de certa forma a reação de André Glucksman: incriminar a ignorância popular ou provinciana é algo necessário, mas constitui uma diversão cômoda para ocultar a responsabilidade/irresponsabilidade das elites médicas, científicas, administrativas, políticas. Os números na França são eloquentes: em 1993, a OMS recenseou 24.200 casos de aids na França, 9.600 na Alemanha, 7.300 no Reino Unido.

Sigo da asa sul de Orly para a oeste e rapidamente chego a Estrasburgo, onde um motorista do Conselho Europeu espera por mim a fim de catapultar-me ao colóquio em memória de Abraham Moles[9]. Por amizade e piedade eu queria estar presente, nem que fosse para a sessão de encerramento. Evoco essa mente fora do comum que, de contrabando, introduziu conceitos da cibernética e da física nas ciências sociais, inventou a microssociologia, foi uma fonte inesgotável de ideias. Pouco reconhecido na França, felizmente era bastante estimado na América Latina. Alguém me pergunta o que impede a inovação e a criação nas ciências sociais. Evidentemente, é a hiperespecialização, o fechamento da formação em sociologia (que não se comunica mais nem com a filosofia, nem com a história, nem com a psicologia, nem com a economia), a pseudocientificidade, a ausência de reflexão epistemológica.

O que fazer? Não se pode responder? Como mudar as mentes e as instituições?

Encontro o amigo Pages, depois vou jantar na casa de Elisabeth Rohmer que, por sua dedicação e bondade, era o anjo da guarda de Abraham Moles. Muito cansado, vou dormir às 23h.

SÁBADO, 9 DE ABRIL. Retorno a Paris. Chego em casa um pouco antes do meio-dia, depois, almoço no Restaurante Le Divellec com os Dagenais, amigos quebequenses de passagem por Paris. Excelente refeição, equilibrada (camarões de casca acinzentada e barbo assado[10], e apenas uma taça de Saumur Champigny[11]). Volto para casa às 17h. Caio na cama e durmo até a hora dos noticiários, depois acompanho a saga do sábado no canal M6. (Edwige detesta Sébastien, que acho genial, senão teria assistido o TF1.). Fiquei muito interessado por esse telefilme.

DOMINGO, 10 DE ABRIL. Com muita dificuldade, desperto às 9h45. Depois, sinto-me mais dinâmico. Falta-me energia para responder aos recados que se acumularam na secretária eletrônica em minha ausência. Conversações cordiais com Gilbert Comte e Patrice Barreau. Heinz

---

9. Abraham Moles (1920-1992). Engenheiro francês, professor de sociologia, psicologia e teórico da comunicação, fundador do Instituto de Psicologia da Comunicação Social, conhecido como Escola de Strasburgo. (N.Ts.)
10. Peixe de águas supergeladas muito valorizado na culinária francesa. (N.Ts.)
11. Vinho tinto proveniente do Vale do Loire, feito de uvas Cabernet Franc ou Savignon, não comercializado no Brasil. (N.Ts.)

Weinmann me confirma a boa nova, na qual ainda não acredito verdadeiramente: a publicação de uma coletânea de meus artigos escolhidos, pela Editora Flammarion, em novembro.

Trata-se de um quase-milagre. O projeto parecia ter sido abandonado. E subitamente...

Noticiários. Que planeta é esse! Em Ruanda e no Burundi, massacre (genocídio) dos tútsis; em Kigali, matam-se famílias inteiras. Na Bósnia, ataque e depois invasão sérvia em Gorazde, e uma pequena intervenção *in extremis* realizada por dois aviões da OTAN (será suficiente?). No Oriente Médio, a Palestina está novamente confinada em campo de concentração (mas as negociações continuam). Na Argélia, duplo terror.

Penso novamente na carta desesperada desse professor de Tizi Ouzou, que ainda há um ano me convidava para ir até lá. Hoje, ele teme por sua vida e, mais ainda, pelas vidas de sua esposa e de seus filhos, se uma infelicidade lhe ocorrer.

Tantos fogos latentes na África, na Ásia (recebo por meio da *Survival International* a informação, ignorada em nossas mídias, sobre as perseguições contra os povos indígenas em Bangladesh, cem membros do povo jumma massacrados em uma aldeia na Indonésia.

Na União Soviética o totalitarismo congelava tudo, não apenas o melhor como também o pior. O pior se degela com grande velocidade.

Era fatal que a evolução se transformasse em desintegração?

Desencorajamento. Não, o inesperado vai acontecer. Ele advirá talvez ainda no sentido do horrível, mas talvez rumo ao melhor...

O suicídio de François de Grossouvre[12]. Segundo a versão do *Palais de L'Élysée*[13], ele se sentia envelhecendo, estava desanimado, consciente de ter crises de demência... O artigo de Edwy Plenel no *Le Monde*

---

12. François de Grossouvre (1918 -1994). Em 1981, Grossouvre foi nomeado para o Serviço Nacional de Segurança pelo então presidente François Mitterrand, encarregado dos assuntos do Líbano, Tunísia, Marrocos, Gabão, países do Golfo Pérsico, Paquistão e as duas Coreias. Era responsável, também, pelo ramo francês da organização clandestina Gladio, as forças secretas paramilitares *stay behind* da OTAN, durante a Guerra Fria. Foi encontrado morto no *Palais de L'Élysée* com dois ferimentos à bala. O relatório oficial atestou suicídio. (N.Ts.)
13. Residência oficial do presidente da república, situada no Faubourg Saint-Honoré nº 55, oitava circunscrição de Paris. (N.Ts.)

lança uma luz glacial sobre esse drama. "Fim de reinado" é a palavra que se repete incessantemente. É verdade que uma fatalidade parece envolver os chefes que envelhecem em um mundo fechado, povoado de gente bajuladora e condescendente, no qual as tragédias palacianas se multiplicam...

Edwy Plenel sabe muito mais sobre o assunto do que escreveu.

Segunda-feira, 11 de abril. Suicídio de Kurt Cobain. Já faz bastante tempo que me afastei do *rock*. Conhecia o movimento *grunge* apenas à distância e ignorava a existência da banda Nirvana e de Cobain. O *Libé* dessa manhã reproduz essa epopeia do *rock*, em que droga e êxtase estão ligados, em que a incandescência da vida atinge e ultrapassa as fronteiras da morte. Tantos desses heróis mortos, tão bem cantados por Serge Gainsbourg (via Jane Birkin), que também está morto.

Deparo com a entrevista de Yehuda Elkana no *Le Monde* de 8 de abril. Enfim, palavras saudáveis sobre o uso político que "se pretende fazer da Shoah, uso perigoso para os judeus tanto em Israel como em outras partes [...] Eu também não considero a Shoah um assunto apenas judeu. Trata-se de um assunto aberto a todo mundo [...] O que contesto é o fato de transformar a Shoah em máquina de guerra política [...] O culto do genocídio, principalmente para os que não o viveram, não suscita senão uma insuportável *ubris* moral judia. Essa culto fragmentou toda sua criatividade, substituindo-a por uma arrogância que pretende se legitimar na eternidade da perseguição [...] É preciso estudar o genocídio, mas como uma parte da história universal, e sem separá-la de seu contexto [...] O processo Adolf Eichmann despertou em nós o espírito de vingança... As visitas dos colegiais judeus a Auschwitz reforçam nos jovens a ideia de que o mundo inteiro está contra eles..."

Terça-feira, 12 de abril. O *France Info* menciona uma nova mini-intervenção em Gorazde, com um ou dois aviões americanos da otan. Nada de dissuasivo: a artilharia sérvia continua a aniquilar a cidade e a infantaria prossegue seu ataque.

Na verdade, a ação dos aviões da OTAN reforça nos sérvios seu sentimento de serem vítimas simultaneamente do islã e da ingratidão do Ocidente. Além disso, quanto mais se consideram vítimas, mais agem como carrascos.

Quanto mais os sindicatos perdem a adesão dos assalariados, quanto mais acreditam consegui-la reivindicando tudo, mais se afastam deles quando chega uma crise radical. O caso da Air France é revelador.

Processo Touvier. O primeiro depoimento é o de Joe Nordmann, antigo resistente. Ainda bem. Recordo-me, porém, e o *Le Monde* lembra o fato sem muita insistência, que em 1949 ele participou da acusação contra Viktor Kravtchenko, o alto funcionário russo que havia "escolhido a liberdade", fugindo da União Soviética, e havia denunciado a existência dos *gulagui*. Na ocasião, Nordmann não apenas quis desqualificar Kravtchenko, classificando-o como um "agente dos serviços secretos americanos", como quis desqualificar, também, os testemunhos dos antigos foragidos dos campos soviéticos, que ele acusava de impostores. O pior de tudo foi sua atitude com Margareth Buber-Neumann, esposa de Heinz Neumann, dirigente comunista alemão preso em 1937, em Moscou, e liquidado por Joseph Stalin. Prisioneira nos campos de concentração da União Soviética, essa mulher foi entregue a Hitler por Stalin, em 1940. Conseguiu fugir e veio testemunhar sobre os dois sistemas concentracionários. Nordmann acusou-a de ser uma "propagandista profissional" que, diante da possibilidade de escolher seu destino, havia "preferido a Alemanha". É claro que Nordmann hoje declara: "Não me perdoo pelo fato de, no ardor da defesa, ter maltratado essa mulher admirável". "Ardor da defesa" é um eufemismo. A despeito desse *mea culpa*, o papel implacável que ele desempenha no processo Touvier me incomoda. "A idade do acusado mereceria indulgência e piedade. Que piedade? O homem é a imagem de seu passado: abominável ou nobre." O próprio passado de Nordmann foi simultaneamente abominável e nobre... E eu me pergunto onde está a nobreza dessa intenção: "A velhice seria uma desculpa, uma circunstância atenuante?". E ele afasta essa eventualidade quando se refere às representações artísticas do Julgamento Final: "Nesses tímpanos, os velhos não figuram entre os malditos?". Temos aqui, portanto, o julgamento do tribunal humano condenado a alinhar-se com o insustentável Julgamento Final, essa horrível criação do cristianismo: ainda mais uma vez, renegando Jesus, a Igreja substituiu o perdão na cruz pela maldição impiedosa e eterna dos pecadores!

Quarta-feira, 13 de abril. Leitura no metrô de *Trente jours dans l'Eglise* [*Trinta dias no interior da Igreja*]. Meditações do cardeal Ratzinger[14] sobre o sábado santo, dia do silêncio de Deus, dia em que Jesus desceu ao mundo dos mortos (o Cheol). Tema: seria necessário esse silêncio e essa experiência da morte para que... etc.

Artigo sobre Joachim de Flore, indicado como precursor de um modernismo gnóstico, pois anuncia que além do reino do Cristo existe o reino do Espírito Santo. "Morghen, um grande historiador, observou que a mensagem de Joachim constitui verdadeiramente a chave de passagem da Idade Média para a Renascença, da espera do 'fim dos tempos' para a espera da 'nova era'. Essa espera participa de tal maneira na fabricação da modernidade que constitui sua 'forma mental': a modernidade é o tempo do *novum*, da 'utopia que se realiza', da 'maturidade e do progresso'... Esse 'erro' conduz a Friedrich Hegel e a Teilhard de Chardin..."

A revista evoca, também, o sucesso em CD do canto gregoriano dos monges de Silos[15]. Gostaria muito de entender o porquê dessa surpreendente ascensão na parada de sucessos. Segundo o Padre Clemente Setra: "Isso provém da necessidade do homem de buscar a serenidade [...]. Os jovens estão igualmente insatisfeitos com suas vidas e procuram novos valores que, na verdade, são os velhos valores da religião".

Na *Globe*, entrevista com o rabino Adin Steinsaltz, que traduziu o Talmude para o francês. Segundo ele, entre os judeus, mesmo os não religiosos, existe uma fascinação pelo monismo, que revela a vontade de buscar o princípio que explica tudo, e cita Marx, Freud, Einstein. Na

---

14. Joseph Alois Ratzinger (1927-). Atual Papa Bento XVI, sucessor do Papa João Paulo II no cargo de sumo pontífice da Igreja Católica. Em abril de 2005, ocasião de sua eleição, foi incluído pela *Time Magazine* como uma das cem pessoas mais influentes do mundo. (N.Ts.)
15. Mosteiro Beneditino de Santo Domingo de Silos, situado em Burgos, Espanha. (N.Ts.)

verdade, desses três, apenas Einstein é verdadeiramente monista. Marx e Freud são dialéticos e, mais do que qualquer outra coisa, foram seus epígonos que simplificaram sua doutrina a partir de um princípio único.

Reunião do comitê Ciências e Cidadãos no CNRS.

À tarde, uma sucessão rápida de reuniões: a primeira para um programa no canal *France Culture*, sobre o tema "Minha mãe". Depois, com os responsáveis da empresa *Courege Consultants* para um colóquio sobre a gestão dos encarregados da *France-Télécom*, a fim de prepará-los para a transição. Na verdade, a Telecom será privatizada e, sem dúvida, integrada posteriormente a uma multinacional da "Tríade" (Europa/Estados Unidos/Japão). Nesse contexto, eles me perguntam se posso lhes repassar "o pensamento complexo".

Exposição em Munique sobre o Rose Blanche[16], movimento clandestino de estudantes da Baviera nazista que levou seus fundadores à morte.
Os noticiários descrevem novo massacre-suicídio do Hamas, em Israel. Finalmente, Isaac Rabin visualiza o desmantelamento de colônias de judeus em troca de uma paz durável.
O primeiro homem[17], texto inédito de Albert Camus que acaba de ser publicado pela Editora Gallimard, acentua o contraste entre Jean-Paul Sartre, filho de família burguesa, bem posicionada, e ele, filho de gente analfabeta e pobre.

---

16. O movimento Rose-Blanche foi fundado em 1942 por Hans e Sophie Scholl e Alexander Schmorell. Revoltados com a ditadura hitlerista e sua campanha de aliciamento de jovens e crianças desde a mais tenra idade, os três estudantes se recusam a aceitar o totalitarismo da Alemanha do Terceiro Reich e decidem agir durante o verão de 1942, distribuindo panfletos inflamados entre a população universitária e os intelectuais de Berlim. Presos pela Gestapo, Hans Scholl, sua irmã Sophie e Christoph Probst são julgados por alta traição e condenados à morte pelo Tribunal do Povo. Os três são guilhotinados na prisão de Stadelheim no mesmo dia da condenação, 22 de fevereiro de 1943. No total, 16 resistentes morreram ou foram executados ou por maus tratos nos campos de concentração. (N.Ts.)
17. Albert Camus, *Le premier homme*, Paris: Gallimard, 1994. Edição brasileira, *O primeiro homem*, tradução Teresa Bulhões de Carvalho da Fonseca e Maria Luiza N. Silveira, Rio de Janeiro: Nova Fronteira, 2005. (N.Ts.)

Quinta-feira, 14 de abril. Ontem à noite assisti ao filme *Um golpe do destino*[18], no Canal Plus. Meu programa afirmava que o filme era chato, piegas, melodramático, mas não me arrependi de tê-lo visto. Trata-se da história simples e comovente de uma tomada de consciência. Um grande cirurgião de São Francisco é um profissional para quem os órgãos, os corpos, enfim, os doentes não passam de objetos. De uma hora para outra, ele é diagnosticado com um câncer de garganta e passa a enfrentar os mesmos problemas que seus pacientes. Esperas, formulários a preencher, chega sua vez de ser tratado como um objeto. No decorrer do tratamento, ele faz amizade com uma jovem que sofre de câncer no cérebro. Certa manhã, ao encontrá-la morta no hospital, sente, enfim, o que é a compaixão. Ele, que até então perfurava alegremente os corpos, descobre a tragédia da vida. Finalmente curado após uma operação, ele começa a tratar seus doentes como seres sofredores e obriga sua equipe a fazer o mesmo.

Partida para a conferência em Estrasburgo. Voo retardado na decolagem porque uma das pistas é monopolizada para a aterrissagem do avião de Ion Iliescu, chefe de Estado romeno. Em seguida, voo agitado por causa de uma tempestade que se aproxima. Depois, aterrissagem retardada porque um avião militar perdeu "alguma coisa" na pista (segredo militar). Resultado, não me resta senão meia hora para o primeiro encontro interuniversitário de estudantes vindos de toda a ex-Iugoslávia, para quem os organizadores traduziram em inglês as principais passagens de meu discurso de Sarajevo. Embora pouco à vontade, faço uma palestra em inglês, resumida e mal construída. Em seguida, devo partir para a FEC (Federação dos Estudantes Católicos), onde sou esperado, bem no momento em que eu queria tanto saber o que pensavam esses estudantes, provenientes da Eslovênia, da Croácia, da Sérvia, do Kosovo, da Macedônia, a maioria ainda muito cansada da viagem. Todos esses estudantes, estrangeiros uns para os outros, que falam a mesma língua, ainda sentem, ou sentem novamente, solidariedade?

---

18. *The doctor*, filme americano, de 1991, da diretora Randa Haines; no elenco: William Hurt, Christine Lahti e Elizabeth Perkins. Título francês, *Le docteur*. (N.Ts.)

Na FEC, um ambiente católico aberto, cordial. A lembrança do "Irmão Médard", antigo diretor, ainda está presente. Jantamos em um vasto escritório onde instalaram uma mesa e, acima dela, uma foto do irmão Médard de frente para uma estatueta do diabo na parede oposta. Athéna se pergunta o porquê da presença do diabo nesse lugar santo. Isso me lembra do demorado encontro que um grande demônio tem com um padre arqueólogo no magnífico filme *O exorcista*[19].

Lembro-me bem do irmão Médard, em 1970 ou 1973. Ele era um velhinho seco, nodoso, enérgico, mas muito hospitaleiro. No início de minha apresentação, um grupo de situacionistas havia começado a me condenar "às latas de lixo da história" (lugar que com frequência tive que ocupar, mas jamais definitivamente, pois a tampa de minha lata de lixo sempre estava mal fechada). O velhinho atacou os situacionistas gritando: "Vocês querem que eu lhes dê um pé na bunda?". E, para minha grande surpresa, o grupo de safados foi embora.

O senhor de meia-idade que veio me buscar no aeroporto é, de fato, um professor chamado Jacques que toma conta de tudo: do serviço do vinho, dos vestiários, do bom andamento dos eventos. Trata-se de um homem dedicado e totalmente consagrado ao serviço de sua instituição e de sua fé. Somente a Igreja Católica (e no passado a comunista) pode suscitar tais devotamentos a uma "casa". Após a conferência, um jovem sociólogo me pergunta como se pode passar de Marte (x) para a Terra. Não tive a presença de espírito de citar-lhe a parte final do antepenúltimo capítulo de meu livro *Autocritique*[20], escrito em 1958: "E libertos enfim, nus como crianças que saem da mais fabulosa lenda, despojados de nossos sonhos como alguém é despojado da substância corpórea, havíamos nos rendido à terra – ao Planeta Terra".

SEXTA-FEIRA, 15 DE ABRIL. Depois do atentado a bomba no ônibus israelense, que fez diversas vítimas, inclusive o autor do atentado, os noticiários de televisão exibem uma passeata pontuada por "morte aos árabes". Alguns meses após o princípio do acordo de paz entre Israel e a OLP, encontramo-nos nos extremos do ódio.

---

19. *L'exorciste*, filme americano, de 1973, do diretor William Friedkin; no elenco: Ellen Burstyn, Max von Sydow, Lee J. Cobb e Linda Blair. Título francês, *L'exorcist*. (N.Ts.)
20. Edgar Morin, *Autocritique*, Paris: Seuil, 1994. Ainda sem tradução brasileira. (N.Ts.)

No avião de volta, leio o *Le Monde*, fico sabendo que em Kigali um em cada três adultos tem o vírus da aids. Artigo sobre "a Fronda da pesquisa": certo número de mandarins e de pesquisadores redigiu um manifesto em defesa da pesquisa fundamental, que estaria sendo ameaçada por intenções ministeriais. Esse manifesto, que inclui a glorificação do rigor nesse meio, não mencionou uma palavra sobre a reforma de pensamento que, evidentemente, atentaria contra seus privilégios e seu prestígio.

Contrariamente ao que acreditei ter lido, Isaac Rabin não propõe desmantelar *as* colônias judias na Cisjordânia, mas apenas as colônias de maneira geral.

Sábado, 16 de abril. Gorazde é rendida. Impotência total das Nações Unidas.

Partida para uma temporada na casa dos Pouytes.

Viagem muito atormentada para Herminette que, a caminho de Orly, mia desesperadamente no táxi, depois dentro do avião, onde, de medo, faz xixi e cocô.

Como estamos apertados como sardinhas na aeronave Mercure e sua pequena bolsa de transporte fede, empreendemos uma operação delicada. Edwige segura a gata pelas patas da frente enquanto eu limpo as patas de trás. Seus sofrimentos não terminaram aí: ela continua a miar dentro do carro que nos conduz a Carcassonne, onde o amigo Jean-Louis Pouytes nos espera.

São 3h da tarde, debruçamos-nos famintos sobre a bebida e a comida.

Nos noticiários das 20h, não se sabe se Gorazde foi completamente rendida, mas a onu e a otan manifestam uma impotência que encoraja a ofensiva sérvia. Depois ter sido dado um passo à frente em Sarajevo há algumas semanas, agora foram dados dez passos para trás.

Domingo, 17 de abril. Despertar tardio...

Jean-Louis Pouytes e Marie-Claude são muito atenciosos, afetivos.

Coloquei meu Mac sobre a grande mesa, diante da ampla porta articulada de três batentes que dá para o jardim. Diante de mim, uma olaia com suas flores arroxeadas; à direita o amarelo-claro de um arbusto chuva-de-ouro; mais distante, o verde-escuro de uma fileira de ciprestes; um pouco por toda parte vê-se o verde suave das folhas jovens ou das gramíneas. Mas o céu está bem cinzento, um vento forte e frio agita os ciprestes...

Jean-Louis acendeu o fogo para preparar o pernil de cordeiro grelhado malpassado.

Quando estava no avião, li uma entrevista com Raymond Moody, na *Nouvelles Clés*, na qual ele declara: "Vocês sabem que mesmo a famosa realidade virtual já está sendo ultrapassada? Alguns neurologistas que conheço afirmam ter elaborado substâncias intermediárias entre os circuitos eletrônicos e os neurotransmissores químicos que permitirão injetar todas as experiências virtuais diretamente no sistema nervoso central?".

Ora bolas, mas já não existia o LSD, o peiote? E mesmo sem LSD, nem peiote, não há sempre a alucinação e o sonho? E como existe o imaginário, isto é, um componente alucinatório em nossa percepção do real, o virtual já não faz parte da textura do real?

Sem dúvida alguma, por meio de nossos sentidos, iremos realmente viver experiências reais em um mundo virtual, que não apresentará nenhuma diferença perceptiva com o mundo real, mas, com isso, não iremos senão ampliar a vasta gama de nossas experiências psíquicas, que são polarizadas, umas mais fortemente na objetividade do mundo exterior, outras na subjetividade dos fenômenos cerebrais.

Gostaria de refletir um pouco mais sobre tudo isso, mas me falta tempo e silêncio.

Na apostila da Fundação Tyssen, um texto assinala a existência de um mecanismo de retroação próprio à natureza física do universo: a repartição dos corpos determina a estrutura de espaço-tempo que, em contrapartida, determina os movimentos desses mesmos corpos.

Como Jean-Louis possui as poesias completas de João da Cruz[21], em edição bilíngue, traduzidas por Bernard Sesé e publicadas pela Editora

---

21. João da Cruz, Jean de la Croix, Juan de la Cruz (1542-1591). Frade carmelita espanhol, famoso por suas poesias místicas, proclamado 26º Doutor da Igreja pelo papa Pio XI. (N.Ts.)

Corti, releio *Noche obscura* [*Noite escura*] e redescubro o poema *"Entreme donde no supe"* ("Entrei, mas onde não sei").

Cuanto sabia primero
mucho bajo le paresce
y su sciencia tanto crescen
que se queda no sabiendo
toda sciencia transcendiendo

Cuanto mas alto se sube
tanto menos se entendia
que es la tenebrosa nube
que a la noche esclarecia
por eso quien la savia
queda siempre no sabiendo
toda sciencia transcendiendo

Este saber no sabiendo
es de tan alto poder
que los sabios arguyendo
jamas lo puede vencer
que no llega su saber
a no entender entendiendo
toda sciencia transcendiendo

(Tudo o que ele sabia antes
Muito baixo lhe parece agora
E sua ciência tanto aumenta
Que ele continua não sabendo
Toda ciência transcendendo

Quanto mais alto se subia
Menos se entendia
O que é a tenebrosa nuvem
Que a noite esclarecia
Por isso quem o sabia

*Continua sempre não sabendo
Toda ciência transcendendo*

*Esse saber não sabendo
É de tão grande poder
Que os sábios arguindo
Jamais o puderam vencer
Que não chega a seu saber
A não entender entendendo
Toda ciência transcendendo)*

No poema *"Aunque es de noche"* [Ainda que seja noite], esta estrofe:

*Su origen no le se, pues no le tiene,
mas sè que todo origen della viene
aunque es de noche*

*(Sua origem não se sabe, pois não a tem
mas sei que toda origem dela vem
ainda que seja de noite)*

Esse modo de expressar a identidade da ciência e da ignorância, a ignorância que existe na ciência, o progresso do conhecimento que é o progresso da ignorância, o saber do não saber (da inocência) e, finalmente, a identidade contraditória da ciência e da ignorância, tudo isso é, para mim, simultaneamente evidente e inacreditável.

Segunda-feira, 18 de abril. Ontem, no final da tarde, fomos à região das Terres-Blanches. Passeamos ao longo de uma paisagem quase toscana, de colinas suaves, um horizonte de montanhas azuis, de ciprestes, de videiras; só faltam as oliveiras. O tempo está horrível. Nessas terras, onde se produz o vinho espumante Blanquette de Limoux[22], o casal de vinicultores, que parece ter pouco menos de quarenta anos, reformou sua casa multiplicando os vidros e as janelas. Próximo a uma granja,

---

22. Produzido na região do Languedoc, não comercializado no Brasil. (N.Ts.)

um simpático asno corre ao ouvir seu nome. Visitamos o porão com Jean-Louis, que é amigo do viticultor. Além de implantar o vinho Chardonnay, o Blanc de blanc, ele agora passou a produzir um vinho AOC[23], envelhecido em tonéis de carvalho, um vinho espumante, mas reduziu a produção do Blanquete. Ele exporta 40 por cento de sua produção para a Alemanha, via negociantes das diferentes regiões germânicas. Temos aí uma reciclagem de sucesso, na qualidade e na inovação. Seu Chardonnay é excelente.

Jantar: *pot-au-feu*[24] de Marie-Claude muito conveniente diante do frio que invadiu a região.

De manhã, no *France Info*, ficou muito claro: o chefão sérvio na Bósnia ridicularizou a Europa, a OTAN, a ONU. Após um pseudocessar-fogo, as bombas chovem no centro da cidade. Parece que os combatentes bósnios abandonaram suas posições e que o exército sérvio pode tomar a cidade quando quiser. Uma catástrofe humanitária se prepara, afirma o General Rose. Uma catástrofe humana, uma catástrofe histórica continua a se efetivar sob nossos olhares atônitos. Ficamos tão indignados, tão emudecidos que quase mais nada sai de nossas gargantas. Mais uma vez, penso que o assassinato da Bósnia-Herzegovina, ele mesmo fruto do assassinato da Iugoslávia, é nosso próprio suicídio. Quando a *Globe* intitulou meu discurso de Sarajevo: "Tenho vergonha", o título me causou vergonha. Agora sinto vergonha outra vez.

Compras no centro comercial *Univers*. Situado em uma zona industrial como todas as outras, um centro comercial como todos os outros. O hipermercado exala um odor fétido de carne semipodre, como todos os outros, e a população do hipermercado, como todas as outras, empurra seus carrinhos abarrotados.

À noite, nos noticiários, assistimos aos assassinatos a golpes de machetes em Ruanda e a notícia de que há dezenas de milhares de mortos.

---

23. Na categoria AOC (*Appellation d'origine contrôlée*) estão os vinhos franceses da mais elevada categoria, cuja elaboração submete-se a regras estritas determinadas pelo Instituto Nacional das Denominações de Origem de Vinhos e de Aguardentes. (N.Ts.)
24. Tradicional cozido francês feito com carnes, legumes e ervas aromáticas. (N.Ts.)

Como em Gorazde não houve presença nem de câmeras nem de jornalistas, não se sabe nada do que acontece dentro da cidade; não se assiste senão às atualidades sérvias. Novos falatórios oficiais que escondem as palinódias. Não consigo mais trabalhar de tão desanimado.

TERÇA-FEIRA, 19 DE ABRIL. De manhã, o *France Info* confirma a retomada econômica. A retomada. Sim, a retomada, mas ao mesmo tempo uma degradação irreversível está em ação.

Correção quase impossível da transcrição datilografada, de resto incompleta, de minha intervenção no congresso "s.o.s. Amizade". Encontro reproduzida incorretamente uma citação de Carlo Suarès que me é muito cara: "A solidão é a dualidade inexorável". Eu disse: "A solidão é o diálogo inexorável consigo mesmo" e havia completado acrescentando: "Não se pode sair dela senão na comunicação com o outro".

Disse também: "Precisamos da literatura e devemos tomar cuidado para não nos fechar nas disciplinas inumanas que denominamos 'ciências humanas'".

Ontem à noite, depois de tantos anos, reli *História do olho*[25], de Georges Bataille. "A Via Láctea perfurada de esperma astral e de urina celeste, através da abóbada craniana de constelações."

Os noticiários da noite, também sempre desanimadores: os golpes de machete ou apedrejamento, mata-se. Em Ruanda, em Gorazde, por toda parte, os "boinas azuis" foram reduzidos à impotência. Não sei mais exatamente qual delegado de qual organização declarou que a impotência da ONU não deve ocultar as verdadeiras causas da impotência: a atitude dos grandes Estados europeus e dos Estados Unidos. Bill Clinton havia declarado de antemão que não iria intervir em favor de Gorazde. Ninguém ameaçou intervir em favor de Gorazde. E foi isso que encorajou o poeta psiquiatra Radovan Karadžic.

---

25. Georges Bataille, *Histoire de l'oeil*, Paris: Éditions Flammarion, 1998. Edição brasileira, *História do olho*, tradução Eliane Robert Moraes, São Paulo: Cosac Naify, 2003.

A sra. Vié me informa, por telefone, o conteúdo do texto do "Manifesto por Gorazde". Embora não aprecie o estilo, eu o assino. O momento não é para delicadezas.

Quarta-feira, 20 de abril. Paul Touvier é condenado à prisão perpétua. Esse é um veredito pouco humano, que atinge um velho de 79 anos por uma desumanidade cometida há cinquenta anos.

O processo Touvier começou no momento do massacre de Hebron e termina no massacre de Gorazde. Nenhum desses massacres foi considerado um crime contra a humanidade, nem mesmo um crime de guerra.

Um pelotão de advogados está empenhado em que ele não escape da prisão perpétua, outros tantos jornalistas estão ocupados em explicar a necessidade da punição! É razoável a França empenhar-se em uma causa que exige a pena máxima cinquenta anos mais tarde? Trata-se mesmo de uma justa causa judia? Muita "gente simples" ficou estupefata, incomodada, inquieta com isso. Por que não escrevi o artigo que deveria? Até o presente, nunca tive medo de ir na contracorrente...

Gorazde ainda bombardeada. Na verdade, o exército da Bósnia não tem interesse em um combate de ruas sangrento na outra margem do Rio Drina. Boris Yeltsin denunciou a duplicidade de Karadžic, que não respeitou o acordo concluído.

"Anunciam-se" cem mil mortes em Ruanda. Aceitamos os números redondos, incapazes que somos de verificá-los.

O frio diminui lentamente. Chove. A olaia começa a perder suas flores. Não consigo trabalhar bem. À tarde, porém, a coisa deslancha. Trabalho. Isso me apazigua. Eu me transformo em uma aranha que secreta o fio de sua própria teia.

No fim da tarde, um jornalista da RTL, Rádio e Televisão de Luxemburgo, que leu o "Apelo por Gorazde" no *Le Monde*, quer me entrevistar. Finalmente, recuso a entrevista por medo de ver minhas proposições editadas arbitrariamente, medo de que não me seja concedido tempo suficiente para me expressar, medo, também, de não repetir senão as mesmas palavras de horror que se usam ao mesmo tempo em que o horror aumenta. Medo, enfim, de não dizer o que deve ser dito. Desligado o telefone, lamento ter recusado.

Quinta-feira, 21 de abril. Ontem à noite, após quatro dias ausente de Paris, decido consultar meus recados à distância na secretária eletrônica. Há um dilúvio de mensagens. A primeira, de uma amiga que não se identifica, comunica uma "novidade triste": a morte de Anne-Marie de Vilaine. A segunda, uma mensagem de Jean Duvignaud, retido em La Rochelle, que, acreditando que eu estava em Paris, avisa-me que não poderá estar presente no enterro de Anne-Marie na terça-feira, ou seja, anteontem.

Ouço as outras mensagens, inquieto... revejo a mulher calorosa, entusiasta, ardente, com a qual cruzei uma ou duas vezes em Paris, depois reencontrei em Hammamet há vinte anos... depois, o desencontro... e penso no fim de 1993, quando ela me pediu que lesse o livro que escrevera com Jean-Pierre Faye. "Eu o lerei, eu o lerei..." Ainda não li.

De manhã, embora algumas flores ainda permaneçam na olaia, tudo está mais outonal que nos dias precedentes.

À tarde, quando vamos até a cidade, ainda faz frio. "Aqui parece a Sibéria do Languedoc", repito para Jean-Louis.

O sol apareceu quando estávamos no mercado de Carcassonne. Jean-Louis é calorosamente saudado por amigos, pacientes e conhecidos. Ele é um médico do interior que fica amigo de todos de quem cuida. Uma verdureira com problemas nos olhos pede-lhe uma consulta rápida. Ali ainda existem velhinhos e velhinhas com uma mesinha onde são dispostos os ovos, os temperos e saladas de sua horta. Nós nos beneficiamos não apenas da cordialidade meridional como também da simpatia que Jean-Louis inspira. Um de seus amigos, proprietário de restaurante, acolhe-me dizendo-se feliz de receber "uma sumidade". Eu o corrijo: "Apenas uma pequena colina".

De súbito, um pensamento sobre Anne-Marie vem assombrar-me, depois esqueço e desfruto desses primeiros momentos de sol. No bulevar, vemos um avô cigano com seus dois netos, um muito moreno, os olhos de um castanho intenso, o sorriso inocente. Como é professora, Marie-Claude surpreende-se com o fato de que o avô não os manda para a escola. "O que eles vão fazer na escola? Vão se aborrecer." "Mas é preciso aprender o francês..." "Eles já conhecem o gitano e o espanhol." Existem oitocentos ciganos em Carcassonne. Jean-Louis nos diz que eles vivem da caridade. "Eles não fazem nada?", pergunta Edwige. "Ora! Eles têm muito que discutir, as famílias são muito grandes, os negócios muito complicados." Em seu antigo consultório, Jean-Louis cuidou de muitos ciganos a quem aprecia ainda mais por ser um aficionado do flamenco.

Ele nos conduz até seu consultório em Leuc, que divide com seu colega Martin. Nenhum pavilhão ou imóvel enfeia a cidade, cuja paisagem também é um pouco toscana. Ele não aceitaria a palavra, mas eu lhe digo que ele cumpriu tranquilamente sua "missão". Ele se ocupa não apenas do corpo, mas também dos doentes como pessoas, sejam eles pagantes ou não. Ele não tem nenhuma ambição, a não ser tentar fazer um pouco o que gosta e viver para quem ama. É por essa razão que, recentemente, ele passou dois meses na Andaluzia. Ele e eu amamos a Andaluzia, a Toscana. Nós amamos amar...

Comprei o nº 5 da *Infos du Monde*, cuja idiotice (que suponho seja voluntária) me fascina, por causa do seguinte título em primeira página: "A mulher de três cérebros" (com a radiografia do crânio revelando os três cérebros como prova). "Ela tem um QI de 386! Jacqueline Calmier, 27 anos, nascida em Nîmes, é mais inteligente do que Einstein e Aristóteles juntos! Ela tem o saber e as capacidades para construir sozinha uma bomba atômica." Além disso, afirma-se que ela é capaz de aprender a *Bíblia* de cor em menos de cinco horas. Mas Jacqueline limita-se a trabalhar na pequena empresa de sapatos dirigida por seu pai.

Outro artigo na página dois é de uma idiotice quase genial. Vê-se uma mulher sendo abraçada por um homem com uma máscara de gás. Título: "Hélène cheira tão mal que seu marido precisa usar uma máscara".

Como o dia está muito lindo, saímos para o jardim da casa, depois visitamos o parque. Herminette, até então reclusa, caminha a passos curtos, muda, tensa, amedrontada, tímida, prudente.

Ela conhece a gata cruel e tímida que vem regularmente reclamar comida e carícias de Jean-Louis, e tudo se passa cortesmente, com uma fleuma quase britânica. Depois, à noite, após o jantar, ela sai novamente, vai até o terraço, de súbito pula no jardim, desaparece, escapa de nós e se embriaga com a noite e a natureza. Em uma reviravolta, a gata de apartamento parisiense torna-se a gata ancestral selvagem. Ela esquece o antropomorfismo que havia adquirido perto de nós e vira uma pequena tigresa. Todos os nossos esforços para agarrá-la e reintegrá-la à morada dos humanos são em vão. Mas, de súbito, Edwige a pega de surpresa. Com a casa trancada, Herminette volta a ser humana e esgueira-se para dentro das cobertas sob meus pés.

Fomos dormir às 2h da manhã. O jantar com Henri, Lucien, Georges foi muito alegre e caloroso. Antigos militantes, mesmo há muito desencantados com o comunismo stalinista, "decepcionados com o socialismo", conservaram a chama. Linguiças grelhadas no forno de lenha, regadas a um vinho Château la Lagune[26], alimentaram nossa convivialidade. Um momento de euforia, rompido quando evoquei Gorazde.

No final da noite, Jean-Louis coloca uma fita cassete de *peteneras*[27], interpretadas respectivamente por Gabriel Moreno, Enrique Morente, Naranjito de Triana, Daniel Mairena, Itoli de los Palacios, Bernardo de los Lobitos, Rafael Romero, Pericon de Cadix, Carmen Linares e Pepe de la Matrona. Momentos sublimes. Terminamos com *A comuna não está morta*, *A internacional* e *O tempo das cerejas*.

Sexta-feira, 22 de abril. Despertar muito tardio.

Herminette é muito cortês com os gatos da vizinhança: são oito gatos semidomésticos que vivem da assistência dos habitantes de nosso vilarejo de Montlaur, principalmente das prodigalidades de Jean-Louis, que cotidianamente distribui porçõezinhas de ração para eles. Eles

---

26. Excelente vinho tinto produzido na região de Bordeaux, com uvas Cabernet-Sauvignon, Cabernet franc, Merlot e Petit Verdot. Encontrado no Brasil em importadoras credenciadas. (N.Ts.)
27. Músicas flamencas de ritmo tradicional. (N.Ts.)

são pacíficos, e Herminette, longe de seus ares de entojada parisiense, mostra-se amável, mas com um não sei quê de indiferença. Como, desde que o sol apareceu, a porta articulada permanece totalmente aberta, a gata Gulosa pula sem cessar no cestinho de Herminette e sai dali imediatamente após ter sido expulsa: a audaciosa acredita que está em sua casa, mas morre de medo de tudo. Desde que estou ali, eu também distribuo as porçõezinhas de ração aos gatinhos. Quanto mais dou, mais eles querem.

SÁBADO, 23 DE ABRIL. Mercado em Carcassonne. Depois, uma sessão de reeducação postural com o método Mézières[28]: a cinesioterapeuta insiste que eu devo descontrair os ombros.

Sol mais vento "do mar". Isso significa, é claro, uma densa umidade entre rajadas de vento frio. Em consequência, sinto-me fatigado.

Por volta das 18h30, acompanhamos Jean-Louis ao casamento de Martin, seu amigo e parceiro no consultório médico. As núpcias, após 18 anos de vida em comum, acontecem na estação semidesativada de Verzeille, situada no meio de uma bela região campestre. Os trilhos de uma linha secundária estão enferrujados. Um alto-falante anuncia: "Roga-se aos passageiros adquirirem seus bilhetes no próprio trem, direto com o funcionário encarregado". O trem Carcassonne-Limoux passa duas vezes pela manhã e duas vezes à noite. E quando a *micheline*[29] para Limoux faz sua parada, os noivos vão oferecer o vinho Blanquette aos passageiros. Ao redor da estação há um grande estacionamento de automóveis. Uma passeata rústica, pacífica, ocupa as duas plataformas. No interior da estação, grandes mesas de refeitório, forradas de toalhas de papel, recobertas de pequenas pizzas, de travessas de azeitonas e de bebidas, entre elas o "Limoux'fizz", um coquetel de vinho Blanquete de Limoux e um *sorbet*[30] de limão. A música vem de um grupo de seis intérpretes, um tocador de tuba de cabelos longos, um homem de

---

28. Elaborado em 1947 pela cinesioterapeuta francesa Françoise Mézières, o método Mézières é uma técnica de reeducação postural que visa relaxar as tensões musculares e corrigir os desvios da coluna vertebral, insistindo nas posturas precisas e no trabalho respiratório. (N.Ts.)
29. As *michelines* foram uma série de trens dotados de pneus de borracha desenvolvidos na França, em 1930, por algumas companhias de trem e pelo fabricante de pneus Michelin. (N.Ts.)
30. Em jantares formais, os *sorbets*, feitos com suco de frutas, vinho espumante ou mesmo vodca, servem para "limpar" a boca entre o primeiro e o segundo prato. (N.Ts.)

barba vermelha que bate sobre um pequeno tamborim e outros quatro músicos excêntricos. Poderíamos acreditar que estávamos em um filme antigo.

As pessoas dançam na plataforma central, convido a noiva e a substituta do consultório médico para dançar. Toca um *passo doble*. De repente, reconheço o *Ay! Carmela*, o hino da Quinta Brigada. A atmosfera me emociona, emociona Jean-Louis e a mãe do noivo, que é madrilenha e abandonou a Espanha depois da derrota da República.

A *micheline* que vem de Limoux se aproxima e faz uma parada. Os convidados saúdam os viajantes; a maioria dos passageiros responde às saudações, outros sorriem, alguns ficam perplexos, outros inquietos, como passageiros de um trem do velho oeste bruscamente cercado por um bando de índios vociferantes. Quando a *micheline* parte, todos acenam e os convidados voltam para a festa.

Um sujeito de Nantes e outro de Reims conversam comigo, ambos estão preocupados com a desertificação das zonas rurais. Eu lhes respondo que o repovoamento das cidadezinhas, em condições contemporâneas (possibilidades de neoartesanato, de teletrabalho, de horticultura, ou seja, de explorações de tamanho médio, consagradas às culturas de qualidade) deveria ser uma parte importante de uma política nacional preocupada com a convivialidade. Retomo os temas que desejaria desenvolver em um artigo ainda em preparação.

Deixo o casamento antes que sirvam o banquete, pois sei que o festim do povo de Carcassone corre o risco de ser fatal para mim.

Nosso jantar deveria ter sido tranquilo, mas Herminette ouviu o chamado da espécie felina e desapareceu por um buraco na cerca do jardim que a Gulosa a fez descobrir. Edwige vai procurá-la no grande parque, mas Herminette dá saltos impressionantes, como esses tigres cinematográficos que caçam uma gazela, e ela desaparece na noite. Decidimos deixar a porta entre o parque e o jardim aberta, e jantamos. Muito inquieta, Edwige vai constantemente chamar Herminette e, por vezes, identifica seus olhos avermelhados na escuridão. De vez em quando, eu também vou chamá-la, mas Herminette esqueceu-se de tudo o que a havia antropomorfizado.

Retorno, então, à minha "saga do sábado" no canal M6. Incapaz de fixar a atenção, Edwige finalmente sai com a caixa de ração *light*, que agita como um chocalho, e chama por Herminette com sua voz mais esganiçada. Ao fim de um longo tempo, seduzida e fascinada pelo som dos grânulos de ração, como os ratos pelo som da flauta, os olhos de Herminette se aproximam, ela entra em casa. Fechamos as portas. Finalmente, posso dedicar-me ao meu telefilme americano.

Domingo, 24 de abril. Almoçamos no parque, depois o céu ficou encoberto.

Ontem, após ter mexido e remexido em meu manuscrito, um plano foi elaborado e consegui concentrar-me na redação do capítulo "Adjetivo/substantivo" (não sei ainda qual será seu título definitivo). No telefone, meu Amigo me comunica que o manuscrito deverá ser enviado no fim de junho, começo de julho, para ser publicado em setembro. Encontrarei extensas praias de paz? Será necessário cancelar meus compromissos de junho?

Depois de nove dias em Montlaur, sinto que mal acabei de me instalar. E depois de amanhã devo ir embora: finalmente incrustado, devo desincrustar-me.

A casa de Jean-Louis faz parte das dependências de um castelo habitado por sua proprietária (invisível), que vive com uma dama de companhia e a empregada. As construções são alugadas em apartamentos de cinco cômodos. Se não me engano, o conjunto forma um condomínio. A casa de Jean-Louis dá para um tipo de pátio ocupado por uma fonte cujo jorro produz um belo ruído andaluz. Uma pequena tribo de gatos fica à espera de que uma porta benevolente se abra e a comida apareça.

A vista que tenho da vasta sala em que trabalho me encanta: se me debruçar um pouco, vejo até mesmo uma colina de videiras. Tudo verdejante. Mesmo com o mau tempo sinto-me bem nessa sala, simultaneamente fechada e aberta para a paisagem. Quando o tempo é bom, estou em pleno verde, em pleno sol. No primeiro andar, situa-se o quarto de Jean-Louis, seu escritório e nossa sala de estar que dá para o jardim e o parque. Coloco cds ou fitas cassete, passo de *peteneras* a Mozart, da guitarra de Pedro Soler a Beethoven... A verdadeira vida está aqui e vou fugir dela...

Jantar com nossos amigos, no menu, galinha-d'angola com champignons, vinho dos vinhedos de Fontsaintes, safra 1990, feito das puras uvas tintas que tanto aprecio.

Segunda-feira, 25 de abril. Anteontem à noite, na cama, li a tradução de Lucien Bordaux (ou Bordeaux) de *Édipo Rei* (que descobri pela primeira vez aos 10 anos, após a morte de minha mãe, e que me encheu de terror), ontem à noite encontrei *Antígona*. Hoje, fico impressionado com algo que antes escapou à minha atenção: o enfrentamento entre Creonte e seu filho Hemon, o noivo de Antígona, e a pertinência de seus argumentos, principalmente quando ele diz a Creonte: "As pessoas que se acham razoáveis e além dessa qualidade não cultivam nenhuma outra, seja da mente ou da palavra, quando são desmascaradas, nelas nada se entrevê além do vazio".

Encontrei o fio condutor do capítulo "Neomarrano". Por isso, desisto de escrever o artigo sobre Paul Touvier, pois meu manuscrito será interrompido amanhã, por causa de meu retorno a Paris, e perturbado nos dias seguintes.

O exército sérvio parece retirar-se de Gorazde com muita má vontade, multiplica as vilanias em relação aos comboios enviados pela onu, e espera, como da última vez, que a ameaça de operações militares decline. Em nossas telas de televisão, finalmente assistimos à chegada dos feridos de Gorazde a Sarajevo.

Jean-Louis nos fala a respeito da Bobote, uma espécie de ogra ou monstro que se evoca para amedrontar as crianças da região. Das profundezas de minha infância surge bruscamente, quase com o mesmo nome, o mesmo ser assustador: "a Babote". Será que minha Babote faz parte, via minha família Beressi (oriunda de Béziers), desse mesmo antigo folclore? Gostaria muito de me informar a respeito.

Jantar maravilhoso com Jean-Louis. Ele nos avisa que uma enorme lua avermelhada desponta no horizonte, através dos ciprestes. Duas ou três horas mais tarde, no momento de partir, chegamos até o terraço: nuvens altas, totalmente brancas, deslizam sobre o céu azul cor da noite, e a lua cheia aparece entre as nuvens, soberana. Pensamos na oração de Salambô: "O Rabbetna, Baalet, Tanit! Anaïtis! Astarté! Derceto! Astoreth! Mylitta! Athara! Elissa! Tiratha!...". E eu murmuro:

Casta diva, che inargenti
Queste sacre antichi piante,
A noi volgi il bel sembiante,
 Senza nube e senza vel.

 (Casta diva, que faz brilhar
Essa vegetação sagrada e antiga,
Volte para nós teu belo semblante,
 Sem nuvem e sem véu.)

Sinto penetrarem em mim os antigos cultos à Lua e convergirem em meu culto à minha deusa suprema: Luna.

Terça-feira, 26 de abril. Perdi meus dois disquetes de segurança do Mac que, por cautela, decidi guardar no primeiro andar antes de dormir. Procuro por toda parte e acabo gravando um novo disquete.
Ontem à noite terminei *Antígona*.

A África do Sul oferece simultaneamente um 14 de julho africano e uma tragédia: uma força fantástica e pacífica de união é contra-atacada por uma força fantástica e violenta de desunião. A desunião não vem somente dos brancos racistas, ela vem também dos negros.
O mesmo acontece no caso de Israel e Palestina, as poderosas forças de união, que se enfraquecem, são ativadas e correm o risco de serem deslocadas por dois terrorismos fanáticos, inimigos-irmãos dos mais atrozes, ambos justificados por Deus.

Reencontrei os disquetes em Paris, no bolso de uma calça. A correspondência transborda. Algumas cartas estão repletas de calor humano – Raul Motta, de Buenos Aires, Saül Fuks, de Rosário, Sergio Gonzales Moena, que agora vive em Bogotá e me anuncia seu casamento, Emilio

Roger, de Valladolid, William... Carta também do sr. Yau Sing, meu correspondente em Hong Kong, que imagino todo enrugado, vestido de mandarim, e que me escreve em um francês muito bom. A carta termina assim: "Senhor, queira receber os especiais sentimentos de um chinês impenetrável que já entrevê as carnificinas do mundo".

Artigo de Jean-Pierre Chrétien que, quando se refere a Ruanda e ao Burundi, fala de "uma verdadeira Shoah africana". Ele escreve aos signatários do "Manifesto em favor de Gorazde". Eu lhe respondo que estou inteiramente de acordo de que se assuma a mesma conduta e nas mesmas condições para Kigali.

À noite, no programa *La Marche du Siècle*, o casal Villemin[31], face a face com Jean- Marie Cavada. O caso, mais do que nunca catastrófico, permanece um mistério atroz. Por trás de tudo, o ódio, um ódio extremo, horrível, e nesse ódio, a loucura, o segredo "da(s) família(s)", que continua secreto.

Acredito que em seu primeiro depoimento Murielle disse a verdade, acusando Laroche, mas...

O casal Villemin permanece hermético ou, para ser mais preciso, totalmente ajustado a seu papel (mediático), mas que talvez corresponda à sua principal verdade...

A questão não é somente "onde está a verdade", mas também "onde estão as verdades".

QUINTA-FEIRA, 28 DE ABRIL. Ontem à noite, após o excelente filme inglês, *Um sonho de primavera*[32], começo a assistir a *O vento de Lichtenstein*[33] para

---

31. Em 16 de outubro 1984, o corpo do menino Grégory Villemin, de 4 anos, foi encontrado com as mãos e pés atados, em Docelles, a sete quilômetros de distância de onde viviam seus pais, Christine e Jean-Marie Villemin. Bernard Laroche, primo de Villemin, foi denunciado como autor do crime por sua cunhada Murielle Bolle, que depois se retratou. As provas foram consideradas circunstanciais e o processo foi arquivado. No mesmo dia em que Bernard Laroche foi libertado, Villemin anunciou, diante dos jornalistas, sua intenção de matá-lo. A mulher de Laroche pediu a proteção da polícia, que se negou a ajudá-la. Em 29 de março Laroche foi morto com um tiro de fuzil por Villemin, que foi preso e condenado pelo crime. O caso adquiriu proporções inusitadas envolvendo muitas pessoas e até 2010 não havia sido resolvido. (N.Ts)
32. *Enchanted April*, filme inglês, de 1992, do diretor Mike Newell; no elenco: Miranda Richardson, Alfredo Molina e Joan Plowright. Título francês, *Avril enchanté*. (N.Ts.)
33. *Vent d'est*, filme franco-suíço, de 1993, do diretor Robert Enrico; no elenco: Malcolm McDowell, Pierre Vaneck e Jean-François Balmer. (N.Ts.)

ver se durmo, mas ele me desperta e me mantém hiperlúcido muito tempo depois de ter terminado, aproximadamente 1h30 da manhã. Um filme de Roberto Enrico cuja existência eu desconhecia. Talvez tenha sido considerado escandaloso e não foi distribuído. Trata-se de um acontecimento real do fim da guerra: no início de 1945, uma tropa vestindo uniforme alemão, na verdade constituída de soldados do "exército nacional russo" de Vlassov, remanescentes de uma divisão derrotada, rompe o controle de Liechtenstein, onde seu general pede refúgio. O "escândalo" reside no fato de que o general é o herói simpático do filme: de origem finlandesa (na época em que a Finlândia fazia parte da Rússia tsarista), lutou na guerra de 1914, combateu os bolcheviques, depois se refugiou na Alemanha. Ele sabe que uma rendição aos soviéticos causaria o extermínio de seus soldados. Em seu soberbo uniforme alemão, ele repete que lutou unicamente no fronte russo, unicamente contra os "bolcheviques" e "com honra". O primeiro-ministro empenha-se em ajudá-lo, ou seja, em resistir às pressões soviéticas que exigem a repatriação dos "traidores". Os soviéticos, por sua vez, conseguem persuadir a maioria dos soldados de que eles serão bem acolhidos em sua pátria-mãe. Eles são colocados em vagões de transporte de gado e liquidados a tiros de metralhadora em alguma parte da Hungria. O general, dizem eles, conseguiu chegar até a Argentina com alguns de seus homens, depois voltou para Liechtenstein, onde morreu em 1988.

O mais chocante para mim é que negamos totalmente os massacres desses russos que, por serem anticomunistas, integraram-se à máquina de guerra alemã. Esses soldados, com base na conferência de Yalta[34], foram entregues pelos exércitos francês, inglês, americano a Stalin, ou seja, à morte. Ainda hoje, não sabemos encarar de frente todos os aspectos da guerra.

A lógica infernal funcionou dos dois lados segundo o princípio: "Os inimigos de meus inimigos são meus amigos". Desse modo, contribuímos para o triunfo de um dos dois totalitarismos monstruosos da história. Entretanto, nós nos julgamos puros e inocentes; os outros, os perdedores, são os únicos culpados...

---

34. Realizada entre 4 e 11 de fevereiro de 1945, a Conferência de Yalta, comandada por Joseph Stalin, Winston Churchill e Franklin D. Roosevelt, selou o final da Segunda Guerra Mundial e o início da Guerra Fria. (N.Ts.)

Partida, hoje de manhã, para Ajaccio, onde devemos embarcar no cruzeiro-colóquio dos "Pioneiros de Marbella" (continuo sem saber quem são esses pioneiros). No Boeing 747, fretado para nós, servem-nos *foie gras* e lagosta, que acompanho com um vinho Nuits-Saint-Georges, safra de 1985. Somos 245 passageiros, a maior parte casais, muitos são altos executivos. Não conheço quase ninguém, mas alguns me conhecem.

Leitura dos dois últimos números da *Time Magazine*. No penúltimo, um grande artigo sobre o câncer. Recordo que, durante anos, se gastaram bilhões para detectar *o* vírus do câncer. No início, procurou-se a explicação simples e a solução simples. Foi depois de inumeráveis tentativas experimentais e uma enorme perda de tempo que se despertou o interesse pelos oncogenes e se compreendeu que os genes que comandavam a multiplicação necessária ao crescimento e à substituição das células mortas eram os mesmos que, privados dos inibidores, comandavam a proliferação desregulada das células. Depois disso, descobriram-se os genes supressores de tumores que previnem exatamente a proliferação cancerosa. Finalmente, nos dias de hoje, o câncer aparece como resultado da desregulação do sistema oncogênico (acelerador bloqueado) e da desregulação do mecanismo de supressão de tumores (perda dos freios). Desde então, as causas são reconhecidamente múltiplas e, com frequência, conjugadas. As estratégias de cura também seguem rumo à sutileza: não se procurará mais massacrar as células aleatoriamente, mas fazer com que as células cancerosas morram de morte natural ou tenham seu desenvolvimento bloqueado.

Esse número da revista contém também extratos dos últimos escritos de Richard Nixon, *Beyond peace* [Além da paz]. Não se fica sabendo nada de fundamentalmente novo, exceto detalhes interessantes sobre o comportamento de Mao Tsé Tung durante sua última entrevista sobre Deng Xiaoping, em 1978, após o massacre de Tien An Men. Sobre a Bósnia, ele apresenta uma ideia que é preciso recordar incessantemente: "Trata-se da verdade incontornável de que, se os cidadãos de Sarajevo fossem de maioria cristã ou judia, o mundo civilizado não teria permitido que o cerco à cidade chegasse até o ponto do massacre da Praça do Mercado".

Ele afirma, também, que a não intervenção do Ocidente na ex-Iugoslávia e a decomposição da União Soviética farão com que a "guerra de civilizações", anunciada pelo Professor Samuel Huntington, se torne a característica dominante do período pós-Guerra Fria: "O perigo real não reside no fato de que esse choque seja inevitável, mas que nossa inação o transforme em uma profecia autorrealizadora".

Quanto aos Estados Unidos, ele pensa que, na era além da paz, eles têm uma necessidade vital "de aprender a arte da unidade nacional na ausência da guerra ou de qualquer ameaça externa explícita. Se não levarmos em conta esse desafio, nossa diversidade, uma fonte de força durante muito tempo, se transformará em uma força destruidora. Nosso individualismo, durante muito tempo nossa característica específica, se tornará o germe de nossa perdição. Nossa liberdade, durante muito tempo nosso bem mais precioso, não perdurará senão nos livros de história".

O *Libé* descreve uma polêmica sobre o genocídio armênio provocada pelos textos de Bernard Lewis e pelo livro, que vai no sentido oposto, de um cônsul inglês na Turquia na época dos massacres. De novo, reencontramos as palavras "revisionistas" e "negacionistas". De novo apela-se para que um tribunal judiciário atue como tribunal da História...

Tudo isso evoca em mim (em grau menor) os múltiplos tabus que envolvem o extermínio nazista: a persistência nos seis milhões de vítimas, a despeito das revisões que confirmam um número menor (mas não se deve "revisar"), a interdição de conspurcar Auschwitz com imagens de ficção. De acordo com a mesma lógica, seria um sacrilégio realizar filmes sobre a eliminação dos indígenas da América, sobre os mortos do *gulag*.

Chegada a Ajaccio, descoberta dessa cidade tão bem situada, rodeada de montanhas, aberta para o mar e, ao mesmo tempo, bem protegida em sua baía. O veleiro *Club Med One*, matriculado em Nassau, nos recebe com seus GO[35], seus marinheiros e rapazes exóticos (caraíbas? paquistaneses?). Bela cabine. Tudo é acolhedor, luxuoso.

---

35. GO – *Gentils Organisateurs*, sigla para os recepcionistas dos Clubes Mediterranèe de todo o mundo. (N.Ts.)

Que diabos! Na hora de dormir, esse paraíso marinho se tornará um inferno devido à climatização barulhenta e ventosa, que não se pode nem desligar nem regular.

Antes, visita à prefeitura da cidade, muito napoleônica, que desperta meu amor infantil por Napoleão. Quando eu tinha 10 anos, meu pai, que adorava Napoleão, me presenteou com dois livros ilustrados sobre esse herói. Fiquei fascinado pelo jovem Bonaparte das guerras da Itália, depois pelo mártir do Prometeu, encarcerado na Ilha de Santa Helena. Entre Bonaparte e o imperador destronado, eu apreciava também Napoleão, sofria com Waterloo. Mais tarde, tomei conhecimento das carências e excessos do homem do 18 Brumário, a execução do Duque de Enghien, as hecatombes provocadas por seu prodigioso caráter aventuresco. Mas apesar de tudo guardo esse amor infinito que surpreende todos que me ouvem falar dele.

Às 20h, apresentação de abertura de Alain Minc. Homem de inteligência viva, com frequência inventiva, mas com igual frequência arbitrária por excesso de cartesianismo, ele recorta a realidade em compartimentos, hierarquiza os problemas, enumera os "fatores" com muita facilidade. Sua apologia da razão não o impede de ter uma reação passional contra Silvio Berlusconi e de quase exigir contra ele medidas que também não propôs contra Slobodan Milošević, ou Radovan Karadžic. De resto, seu tiro de bazuca contra Berlusconi suscita as reservas de Jean-François Poncet e uma oposição de Jean-Claude Casanova. Sua apresentação, porém, é dinâmica, com muitas descobertas, algumas judiciosas, outras simplificadoras: "A Rússia é uma nação imperial, a Alemanha é um povo-nação, a França um Estado-nação" etc. A dificuldade que tem de estabelecer um diagnóstico atual, inclusive para um país muito próximo e muito conhecido, se deve ao papel das *mindscapes*, essas paisagens mentais que pré-formam a paisagem política que se acredita ter observado objetivamente.

A paisagem mental de Alain Minc:
- o fim de uma ordem anormalmente estável (o *anormalmente* é interessante);
- a retomada do acaso histórico;

- o reaparecimento do acaso monetário (com a ideia de que os mercados financeiros, "totalmente mitológicos", estão desconectados do real e que obedecem à "psicologia das massas");
- o princípio de que, se o mercado constitui o estado de natureza das sociedades, o mercado mais o direito constituem o estado de cultura;
- a certeza de que seria necessário formar um núcleo duro europeu e, em torno dele, uma Europa bastante ampliada por pactos políticos.

Jantar no Restaurante Odyssée, no convés superior. O barco deixa o porto. Sem balanço, nem sobe e desce: os estabilizadores fazem com que ele deslize sobre as ondas. Conhecemos nossos vizinhos de mesa, os Duplessis. O sr. Duplessis está no ramo dos revestimentos de imóveis. Retorno à cabine às 23h30.

Sexta-feira, 29 de abril. Sou informado de que devo falar quarenta minutos amanhã e preparo minha conferência, o que me faz ir para cama às 2h da manhã, com o despertar obrigatório às 7h15. Cancelo a ginástica e vou ao encontro dos organizadores para um café da manhã coletivo. O veleiro costeia a Girolata, espécie de fiorde mediterrâneo, ladeado a oeste por um paredão de rochas avermelhadas, iluminadas pelo sol indireto da manhã. Mar tranquilo, céu imenso, nenhum sinal de domesticação humana, nenhuma casa, nenhum ser vivo, embora a paisagem seja intensa.

Reunião dessa manhã: primeiro a apresentação de Jean-François Poncet, muito clara, mas nem um pouco simplificadora, que se interroga sobre a incógnita russa (ameaça? promessa?), o desafio islâmico, o recuo americano, e mostra a necessidade e as dificuldades de uma retomada econômica da Europa.

Em seguida, a superagradável intervenção de Olivier Duhamel sobre a vida política francesa.

Após a pausa das 11h vem a minha apresentação. A discussão é encurtada porque devemos fazer os exercícios de salvamento no mar, previstos para as 12h, mas que não podem atrasar mais do que meia hora. Estamos entre a rigidez que bloqueia e a complexidade que paralisa.

À tarde, coloco o Mac sobre uma mesa com vista para o mar e trabalho em meu manuscrito; por vezes, sou interrompido por gente que me faz perguntas.

No jantar somos convidados para a mesa de Robert Lattès, atual vice-presidente da Pallas-Finance, que dirigia a mesa-redonda dessa manhã; ali também estão Didier Pineau-Valenciennes, um alto executivo da Schneider, um sindicalista que fez uma apresentação essa tarde, e um senhor de quem não guardei o nome.

No começo, eu penso: "Após Davos, lá estou eu novamente no universo dos altos executivos, mundo desconhecido para mim, mas que se revela outro universo, com indivíduos quase sempre muito simpáticos, como foi o caso em Davos". Minha simpatia vai para Pineau-Valenciennes, nome vagamente familiar aos meus ouvidos no passado, mas que não saberia situar.

A conversa converge para Bernard Tapie, execrado pela maioria, mas defendido pelo sindicalista. Confesso não partilhar da antipatia e repugnância das elites francesas pelos emergentes da política, enquanto nos Estados Unidos um ex-vendedor de amendoins ou um ator hollywoodiano de segunda classe podem se tornar presidentes sem que alguém zombe de suas origens. Existe algo em Tapie que escapa à linguagem e ao rito político ordinário, mas isso não me desagrada... Evidentemente, ele é ardiloso, cínico, mas alguém pode ser cínico de um lado e cândido de outro, ou seja, ter convicções.

Evoca-se a transmissão em rede de seis canais de televisão sobre a aids, em seguida passamos para o caso do *insider trading*[36], em uma questão de Pineau-Valenciennes. Por que Max Théret vai mudar o sistema de defesa? Começo a responder que ele está cansado de levar a culpa pelos outros, que foi o único a ter revertido seus benefícios para as caixas pretas do Partido Socialista... Lattès me interrompe: "Essa é a versão angelical da coisa". Ele nos afirma que foi no decorrer do processo que Théret se deu conta de que fora enganado por Patrice Pelat, que

---

36. *Insider trading* é o termo utilizado no mercado financeiro para designar o vazamento de informações privilegiadas, ainda desconhecidas publicamente, obtidas por intermédio de um funcionário ou dirigente de uma empresa e entregue apenas a determinadas pessoas com o intuito de obter compensação financeira extra. (N.Ts)

lhe havia ocultado seus depósitos de dinheiro na Suíça, principalmente a misteriosa conta de quatro milhões em Fribourg. "Isso, porém, não invalida o que eu disse de Théret..." E faço a mesma pergunta do fim do artigo de Edwy Plenel no *Le Monde*: "Quem revelou o segredo?". Sorriso misterioso de Lattès. Eu pergunto: "Foi o presidente?". "Não." Finalmente, ele declara: "Para encontrar o informante, basta saber quem estava presente no dia do aniversário de Pierre Bérégovoy, na mesa do Restaurante Edgar em que Patrice Pelat estava sentado... Isso porque, as ordens para Nova York foram enviadas no dia seguinte".

Em seguida, Pineau-Valenciennes conta uma história da OPA[37] que aconteceu com ele nos Estados Unidos. Minha memória se confunde e não pode reconstituir o conjunto dos fatos. Para mim, fica o sentimento de um *thriller* quando ele volta para o hotel, percebe certa desordem em seus documentos e logo recebe o chamado de um grosso chefão americano que se opõe a seus projetos, diz que sabia como ele tinha empregado seu tempo naquele dia e exige que ele vá encontrá-lo na sede de sua empresa, a 150 quilômetros de Nova York. "Mas meu avião para Paris parte às 18h." "Um helicóptero vai buscá-lo no topo do edifício e o levará de volta ao aeroporto a tempo." Às 17h, Pineau-Valenciennes quer terminar a entrevista. "Você terá seu avião." Às 17h40, o helicóptero decola e vai aterrizar na cabeça da pista do Aeroporto Kennedy, onde uma viatura de polícia o espera e, usando um dispositivo especial, faz parar o avião imediatamente. "Ele quis me impressionar..." Nós todos ficamos impressionados.

Em seguida, Lattès conta uma história sobre François Mitterrand, um grande bibliófilo. Convidado à casa de um especialista em livros raros, Mitterrand identifica uma edição original do livro *Ligações perigosas*. "É meu livro preferido, diz o especialista." "O meu também, responde Mitterrand." O especialista começa a recitar uma passagem do livro de cor, mas logo é interrompido. É Mitterrand que continua a recitá-la de cor.

Pensamos que a história havia terminado. "Esperem um pouco, diz Lattès. Algum tempo depois, um de seus amigos, responsável pela Fundação das Liberdades, confessa a Danielle Mitterrand sua admira-

---

37. Ofertas Públicas de Aquisição. (N.Ts.)

ção pela cultura de seu marido, que conhece de cor uma passagem de *Ligações perigosas*. "Ah!" Exclama a esposa do presidente, "mas ele sabe o livro inteiro de cor: o único caso que ele defendeu na vida se referia à adaptação de Roger Vadin do romance de Pierre Choderlos de Laclos para o cinema e para estar seguro de seus argumentos ele decorou o livro todo..."

Será essa uma história verdadeira, embelezada, inventada?

No fim do jantar, o fascinante sentimento de ter tangido os profundos mistérios da vida política e econômica.

SÁBADO, 30 DE ABRIL. Levantei tarde, perdi a reunião sobre "os perigos que ameaçam a França" e, principalmente, a apresentação de Pineau--Valenciennes sobre o desemprego. Aproximamo-nos da Ilha de Elba. Lembro-me, então, de Castiglioncello de Bolgheri, o castelo meio arruinado no topo de uma colina, que pertencia ao Marquês de Incisa, que me hospedou. De minha janela, eu dominava os cinco mares e via a Ilha de Elba. Paraíso perdido, onde pude começar a redação de *O método* na paz, no amor...

Em uma espreguiçadeira, leio o Evangelho de Tomás. Decepção, exceto pelo convite: "Mostrem-me a pedra rejeitada pelos construtores, ela é a pedra angular" (66) e "Aquele que conhece o Todo, se é privado de si mesmo, é privado de tudo". Essa é a armadilha do saber enciclopédico...

Almoço no convés superior. O sol bate sobre minha cabeça. Totalmente concentrado em empanturrar-me de berinjelas e de algumas outras *mézès*, sofro uma insolação. Digestão paralisada, náusea. Mesmo assim, sigo para a Ilha de Elba, onde uma guia local nos conduz aos lugares napoleônicos, entre eles seu palácio, uma pequena maravilha onde, se tivesse sido imperador, eu teria permanecido, esquecendo glória, poder, conquista. Retrato de Madame Vigée-Lebrun. Conheço o trocadilho à moda elbana que fizeram com o nome dela. Como afirmei anteriormente, meu napoleonismo retorna: gravuras da Ponte de Lodi, da batalha de Leipzig. Conto a Edwige como foi a primeira batalha da Itália, a campanha do Egito, Waterloo, o exílio em Santa Helena...

Atravessamos a ilha de ônibus até Porto Azzuro, com suas baías e praias encantadoras. A ilha ainda se mantém preservada do asfalto e da proliferação anárquica das construções... Minha vontade de permanecer ali é contrabalançada pela minha vontade de permanecer no navio. Isso porque, depois de ontem, é forte em mim o sentimento de estar ligado a esse barco, semelhante ao sentimento do herói de Thomas Mann por Veneza. Que venham o cólera, a peste, nada poderá me arrastar dali. Pelo menos na imaginação, pois deixaria o barco irremediavelmente na segunda-feira de manhã.

Que azar! Em Porto Azzuro, perdemos nosso ônibus, mas um último ônibus nos recolhe e nos conduz a Porto Ferraio, na hora do corso, da linda luz do sol poente... Voltamos para o barco com a última condução das 19h. Recupero-me lentamente de minha insolação. No jantar, no Restaurante Odyssée, o soberano pôr do sol. Ouvimos o deslizar do veleiro sobre um mar infinitamente doce e observamos o crepúsculo que se faz lentamente. Um jovem de Marbella vem até a nossa mesa. Trata-se de um caçador de cabeças, mas o que lhe importa é a espiritualidade hindu, uma visão mística (reconciliada) do mundo...

É extraordinário como o apelo da espiritualidade (empreguemos essa palavra por falta de outra melhor, em oposição à materialidade e ao lucro) impregna-se um pouco por toda parte em nossa sociedade, inclusive nas esferas empresariais. Eu já havia ficado surpreso com um caderno dos "jovens dirigentes" consagrado à espiritualidade. Eles tinham me convidado para um de seus congressos ou colóquios, ao mesmo tempo que a Esteban Volkov[38]. Quanto mais nos falta a dimensão interior, quanto mais a lógica da máquina artificial nos invade e nos oprime, quanto mais o mundo quantitativo do "sempre mais" nos contamina, tanto mais o que nos falta se torna uma necessidade: a paz da alma, o repouso, a reflexão, a busca de uma outra vida como resposta ao que em nosso interior é reprimido, sufocado...

---

38. Vsevolod Platonovich Volkov (1926-). Neto de Leon Trotsky, testemunhou o assassinato do avô. Visitou o Brasil em 2004, participando de diversas reuniões e conferências acadêmicas. Naturalizado mexicano, adotou o nome de Esteban Volkov e ainda vive com sua família na cidade do México. (N.Ts.)

Maio

DOMINGO, 1º DE MAIO. Mais uma vez levantei tarde demais para assistir à reunião que me interessava sobre as mudanças de mentalidade no que se refere ao consumo. No convés, descubro a estranha paisagem de Mônaco e de Monte Carlo: uma Copacabana decadente, uma paisagem deplorável, a nobreza disforme do rochedo.

Após um café da manhã tardio no convés superior, instalo-me com meu Mac sobre uma mesa. Uma estudante de filosofia, que acompanhou o pai ao cruzeiro, diz ter ficado perturbada com meu discurso do outro dia. Com sua formação em filosofia clássica, tudo lhe parece vazio, inconsistente. Percebo que será necessário muito tempo para preencher esse vazio e aconselho-a a ler meus livros.

Almoço sempre no convés superior, dessa vez com bastante protetor solar na cabeça. Na mesa vizinha, Daniel Mermet[1] me faz um resumo das ideias da oficina da manhã: ninguém procura mais se identificar com outro, mas procura sua própria identidade. A necessidade de "sentido" e a necessidade de "espiritualidade" se manifestariam em uma tendência à desmaterialização do consumo.

---

1. Daniel Mermet (1930-): jornalista, teatrólogo, diretor de cinema, produtor de programas radiofônicos. Em 2001, no programa *Jornalistas sem Fronteiras* denunciou as atrocidades do conflito Israel--Palestina. Foi perseguido e preso, acusado de incitação ao ódio racial, sendo finalmente absolvido em 2006. Em 2008/2009 realizou dois excelentes documentários sobre Noam Chomsky e fez a última entrevista com Cornelius Castoriadis, pouco antes de sua morte, publicada na França e, posteriormente, no Brasil: Cornelius Castoriadis, *Post-scriptum sobre a insignificância*, tradução Salma T. Muchail e Maria Lucia Rodrigues, São Paulo: Editora Veras, 2001.

Após o almoço, trabalho um pouco no Mac (ainda no capítulo sobre "o neomarranismo"), depois, quando a bateria descarrega, *dolce farniente*, leitura.

Na véspera da partida, estou familiarizado com esse barco, quase "enraizado".

Essa noite, jantar de gala no Hotel de Paris, seguido de um concerto filarmônico.

Vou vestir-me *ad hoc*.

Um simpático participante do simpósio, que está em minha mesa, me estimula a escrever o artigo que eu projetava sobre Touvier. Vou tentar fazê-lo, se o *Le Monde* não o considerar muito desatualizado.

O jantar é excelente (canelones recheados de espinafre e lombo de carneiro). Na hora da sobremesa, chegam os músicos da Orquestra Filarmônica de Mônaco, que tagarelam sem parar. Como minha mesa era a mais próxima da orquestra, eu conseguia perceber os mínimos *pizzicatos* do primeiro violino e mesmo do segundo, tocado por uma jovem de ar romântico.

O maestro chega e rege com entusiasmo as árias dos grandes cafés, abertura de *Carmem*, *Valsa das flores*, *Czardas de Monti*, *Um americano em Paris*. Depois, o tema do *País do sorriso*, que eu adoro. Tenho certeza de que vou cantarolá-la sem parar durante dias a fio.

Na grande lancha que nos conduz de volta, vozes alegres entoam a grande ária da *Arlesiana*, depois, *Era um pequeno navio*. A meu lado, Pierre Rosanvallon sorri enigmaticamente.

Na cabine do barco, em um vaso, um pequeno buquê de 1º de maio.

SEGUNDA-FEIRA, 2 DE MAIO. Vou à última reunião do *Club Med*.

Eu me pergunto se os objetivos de Daniel Mermet e Ulli Petrat[2], ao anunciarem aos altos executivos que houve uma ruptura com a sociedade de consumo dos anos 1960, que o consumidor deve ceder lugar ao indivíduo, que após uma era de DE (despenalização-desfiscalização),

---

2. Ulli Petrat, jornalista e fotógrafo alemão nascido em Stuttgart, Alemanha. (N.Ts.)

entramos em uma era de RE (renovação, eu acrescento, regeneração) etc., eu me pergunto, então, se Mermet e Petrat não projetam seu humanismo inconscientemente, como fizeram os pesquisadores das experiências de Hawtorne, que concluíram que a hiperespecialização provocava mais aborrecimentos do que vantagens para o rendimento, razão de ampla reforma do trabalho, levando-se em conta as necessidades de autonomia, de responsabilidade, de variedade. Sabe-se hoje que, inconscientemente, os pesquisadores haviam tirado suas conclusões "humanistas" a partir de resultados extremamente incertos.

Eu, porém, tenho que dar um voto de confiança a Mermet e Petrat: ao pensarem em estabelecer um diagnóstico, eles talvez tenham operado uma profecia autorrealizadora que vai convencer os altos executivos a se dirigirem aos indivíduos e não mais a máquinas de consumir.

Adeus ao barco. Visto a partir do *Boulevard de la Croisette*, o grande veleiro inteiramente branco parece se imaterializar. Penso em *Amarcord*[3], no belo navio branco iluminado que desliza na noite, irreal, mágico, sob o olhar estupefato dos ribeirinhos de Rimini.

Para mim, tudo já se tornou irreal... A cabine 333, os seis andares do navio, o convés superior com o Restaurante Odyssée, e o Topkapi na parte de trás, de onde admiramos a cidade de Calvi[4]... Essa vida organizada para nós, o resumo das notícias em um boletim matinal, o luxo, a paz, o pequeno mundo de Paris colocado entre parênteses nesse veleiro de sonho, entre o céu e o mar.

Almoço oferecido pela municipalidade de Cannes no *Palais des Festivais*. Uma orquestra cigana circula de mesa em mesa. Debruçado sobre Edwige, o violinista toca uma ária bem conhecida e vejo as lágrimas marejarem seu rosto aparentemente indiferente. Trata-se da ária que o pai costumava cantar para ela, então com cinco anos de idade, quando, expulso por sua mulher, saiu de casa levando apenas a pequena valise com seus livros. Praticante da homeopatia (e, por isso,

---

3. *Amarcord*, filme italiano, de 1973, do diretor Federico Fellini; no elenco: Magali Noël, Bruno Zanin e Pupella Maggio. (N.Ts.)
4. Cidade francesa de clima mediterrâneo situada na região administrativa da Córsega, na direção do litoral da Côte d'Azur. (N.Ts.)

exonerado pelo conselho de medicina), ele não aceitava dos pacientes pobres senão um copo de alguma bebida. Era amigo de pintores, de músicos – principalmente de Yehudi Menuhin. Edwige praticamente jamais o reviu. Sua mãe, que era cirurgiã proctologista, tornou-se chefe de uma clínica e logo se casou com um grande médico, rapidamente admitido na Academia. Ambos formavam um casal muito mundano, que vivia no luxo, entre viagens, cruzeiros, enquanto o pai de Edwige levava uma vida de boemia...

Última intervenção, ao mesmo tempo brilhante e vigorosa, de Jean-Claude Casanova. Seu discurso, antinômico ao de Minc, foi muito aplaudido, não apenas por ter falado bem, mas porque, após tantas argumentações inquietantes ou sombrias, ele foi tranquilizador.

Eu também concordo que se retenha o caráter positivo de 1989, o colapso simultâneo de um império, de um sistema e de uma ideologia totalitários e, sob esse ponto de vista, que se considere as possibilidades de paz em Israel/Palestina e de emancipação da África do Sul. Creio, porém, que ele subestima não apenas os perigos, mas o caráter cada vez mais minado, frágil, do solo que habitamos.

Guiados por batedores, nossos ônibus correm rumo ao aeroporto de Nice. Olho com melancolia para o que foi uma região fantástica, transformada em um aglomerado asfaltado e mitificado.

No avião de volta, leio no *Courrier International* que, como terra de asilo, a Europa terminou. Os refugiados políticos são empurrados de um país para outro: no Reino Unido são tratados como criminosos, na Áustria, rejeitam-se as vítimas de tortura.

Em um texto de Raul Motta sobre Fernando Pessoa, fico embasbacado diante dessa banalidade aterradora: "O tempo não tem senão uma única realidade, aquela do instante". Então, tudo o que está fora do instante é fantasma, e o próprio mundo não é real senão no momento presente; essa realidade está em migalhas, pois de acordo com o espaço-tempo as miríades de instantes cósmicos não têm sincronia umas com as outras.

Após uma espera pela bagagem quase tão longa quanto a viagem, tomamos um táxi e voltamos para casa...

Terça-feira, 3 de maio. Preferi não responder à correspondência (que ultrapassou minhas capacidades) nem atender os telefones, para dedicar-me à transcrição desse diário no Mac e, depois, ao capítulo "Pós-marrano".

Como devo encontrar os representantes da Editora Stock no dia 5 a fim de apresentar meu livro[5], penso no que vou dizer a eles. Alguma coisa do tipo: "A princípio, quis saber por que eu não apenas não gostava de ser classificado com rótulos conhecidos (sociólogo, universitário, intelectual, e intelectual de esquerda, judeu), como também por que não me integrei bem a um sistema, nem a uma casta, e, sobretudo, por que eu mesmo achava que essas classificações pareciam estranhas. Em resumo, eu queria saber como e por que acredito no que acredito, penso como penso e o que penso..."

Quando reflito, percebo que tudo isso não foi possível senão em condições singulares concretas; quis, então, compreender como essas condições (por exemplo, a morte de minha mãe, a ausência de uma cultura original própria) puderam ser determinantes. Mas quis, sobretudo, enfrentar o paradoxo de que mesmo sendo um ser mediano, relativamente indeterminado, sem qualidades especiais, sem talento particular, surgi como alguém, singular, ou seja, desviante ou aberrante.

Acima de tudo, quis compreender se foi exatamente porque me alimentei da cultura de todos e porque quis conservar todas as minhas curiosidades, todos os meus apetites de conhecimento, que surgi como um aerólito no mundo da especialização universitária e da disjunção entre cultura científica e cultura humanista. Sim, mesmo sendo um puro produto da cultura francesa e europeia, sou visto como um monstro.

Nesse mesmo movimento, quis questionar minha experiência, esse laço inter-retroativo entre minhas ideias e minha vida e reafirmar melhor, por vezes redescobrir, *minhas* verdades.

---

5. *Meus demônios.*

Para os seres humanos privados de pátria, que alegria poder adquirir uma!

Negros-brancos da África do Sul, israelenses-palestinos do Oriente Médio, há três anos esses dois grandes fenômenos de abertura, esses dois únicos acontecimentos positivos (positivos, por serem associativos), criam uma barreira diante da barbárie. Eles constituem novos começos, mas apenas começos. Tudo pode ruir e, com isso, fazer ruir as fundações. Mas que imensa alegria traz a emancipação desse povo negro denegado, que passou da subumanidade para a cidadania! Que felicidade seria para a causa da humanidade se amanhã, no Cairo, Isaac Rabin e Yasser Arafat assinassem os primeiros acordos, os primeiros retalhos de um *patchwork* que formará a autonomia...

Ayrton Senna, herói e mártir nacional. Os europeus compreendem mal o que acontece em certos países da América Latina, sobretudo no Brasil. A Europa deve suas glórias e suas infelicidades nacionais às guerras entre nações. O Brasil, que não tem esse passado belicoso, viveu suas grandes horas patrióticas no século xx, através das competições esportivas, das epopeias de suas equipes de futebol, depois na epopeia de Senna.

Em lugar de honrar seus grandes assassinos, os brasileiros homenageiam seus grandes mortos. As vitórias que celebram são esportivas e não comportam nenhuma morte.

Toda comunidade tem necessidade de alimentar-se de mitologia. O tecnocrata e o econocrata que não compreendem isso não compreenderão nada.

À noite, Woody Allen no Canal Plus, ele não estava nada mal com seu lado cômico brincalhão de judeu nova-iorquino. Como Mia Farrow é comovente.

Quarta-feira, 4 de maio. Consegui trabalhar e terminar a primeira versão do capítulo "Pós-marrano".

À noite, li *Un temps de chien* [Um tempo de cão], de Edwy Plenel. Livrinho complicado, muito denso, no qual se mesclam a acusação, a defesa, o problema particular de François Mitterrand, o problema mais geral de um tempo de corrupção em uma época voltada para o dinheiro. O estilo de Plenel associa o espírito militante e seu complemento antinômico, o espírito de informação: ele milita pela informação, mas informa para militar. É brioso, inflamado, por vezes inflamante, sempre autêntico, por vezes, simplificador. É saudável, mas gostaria de ouvir o eco da palavra de Pelléas: "Se eu fosse Deus, teria piedade do coração dos homens". Há um aspecto que me agrada no autoexame: vê-se transparecer a dúvida, mas ela permanece bloqueada por uma forte segurança. Enfim, trata-se de um livro único, que não pertence a nenhum gênero, que não pode se reduzir ao panfleto, um livro em que a autorreflexão transforma o jornalista em escritor. Ele me comove profundamente; como uma pedra atirada em uma lagoa, propagando seus círculos vibrantes um após outro, cada vez mais longe...

Quinta-feira, 5 de maio. Dia de reuniões no cetsah.

Ao chegar, encontro Véro que acaba de voltar de Beirute, e esteve antes na Croácia e na Hungria, regiões onde existem muitos refugiados da Guerra da Croácia. Gostaria muito de que ela me falasse a respeito, mas estou assoberbado com minhas reuniões.

A primeira é com Zivadinovic, jornalista e editor sérvio, a quem eu já havia encontrado antes. Ele me entrevista para um jornal independente de Belgrado. Após concordarmos com os problemas gerais do nacionalismo etc., divergimos a respeito da Bósnia-Herzegovina. Quanto mais reconheço que a secessão croata criava o problema das minorias sérvias, que se tornavam dependentes de um nacionalismo estrangeiro portador da herança *oustachi*[6], mais mantenho a ideia de que, com sua diversidade etnorreligiosa, a Bósnia-Herzegovina poderia permanecer como uma micro-Iugoslávia. Quando ele me fala do Estado muçulmano, alego que os muçulmanos, que não representam mais do que um terço da população, teriam menos possibilidades de arrastar a Bósnia para um fanatismo islâmico do que se fossem profundamente

---

6. *Oustachis*, nome dado aos membros da sociedade secreta Oustacha, movimento extremista croata fundado em 1929 pelo líder fascista Ante Pavelic (1889-1959), com o apoio de Benito Mussolini (Itália) e de Miklós Horthy (Hungria). Os *oustachis* organizaram o atentado contra o rei dos sérvios, Alexandre I, em 1934, e, sob o comando de Pavelic, dirigiram o Estado Independente da Croácia aliado aos nazistas de 1941 a 1945. (N.Ts.)

laicos. Quando ele me fala de guerra civil, eu lhe respondo que ela começou pela agressão sérvia. Quando ele enxerga em Gorazde uma cidadela forte de oito mil combatentes bósnios, faço-o recordar de que se trata, sobretudo, de um território protegido pela ONU etc.

De súbito, porém, ele me desconcerta ao comunicar que a Editora Seuil, que aceitara que sua filial de Belgrado publicasse *Terra-Pátria*, recusou essa concessão em obediência ao embargo cultural exigido pelo Ministério das Relações Exteriores e pelo Ministério da Cultura da França. Esse embargo obscurantista me faz ir direto para o telefone: na Seuil, falo com Mireille Reissoulet, que me confirma a decisão tomada pelo alto executivo Claude Cherki. Como Cherki não estava em seu escritório, peço que ele me chame depois. Finalmente, ele me encontra em casa no fim da tarde. Cherki declara-se juridicamente obrigado, mas diante de minha recusa formal em aceitar o próprio princípio desse embargo cultural, afirma que vai me ceder os direitos do livro na Sérvia, dos quais posso dispor como quiser.

A tumultuada sucessão de reuniões continua: dois estudantes da Escola de Comércio de Reims querem uma entrevista. Deixo-me entrevistar.

Dois professores do ensino industrial me comunicam que obtiveram resultados inesperados inspirados em minhas ideias. Eu os abençoo.

Um estudante bretão, que leu meu livro sobre Plozévet, escreve uma tese sobre a identidade bretã e pede-me para falar sobre o tema. Eu falo...

Uma estudante de sociologia, que escreve uma tese sobre as referências artísticas e literárias de oito sociólogos, me informa que estou entre os eleitos.

A Sra. Paola Costa, da revista *Diogène*, que vem me convidar para o projeto de um número da revista sobre a tolerância, cuja direção seria minha, não obtém uma resposta definitiva. Minha tendência, porém, é concordar.

Em seguida, recebo uma socióloga que trabalha com sociologia, cujo olhar surpreendentemente azul não tem nada de sociológico, depois, uma socióloga que pensa em escrever uma tese sobre "o próprio e o comum" e deseja cristalizar seu projeto.

Sempre perfeita, a sra.Vié, toma conta de tudo: ela me trouxe o lanche do almoço durante minhas reuniões e me levou de volta para casa.

O édito de Jacques Julliard foi publicado na *Le Nouvel Observateur*, sob o título "Indiferença criminosa! É preciso mais segurança!". Mas onde? Em Ímola (onde Senna morreu), certamente! Mas em Kigali primeiro!

Passo do horror à voluptuosidade, da indignação à alegria: assim, no jantar, regalo-me com um risoto de frango. Impaciente, abro uma garrafa do Pessac-Léognan[7] que chegou ontem (safra 1990): esse vinho é de um classicismo raciniano.

Telefonei a Zivadinovic para comunicar minha intenção de doar-lhe os direitos de tradução de *Terra-Pátria* e para reforçar a certeza de meu repúdio ao embargo cultural contra a Sérvia.

Telefonei a Jean Duvignaud. Sempre igual, ele declara: "Não sou nunca o mesmo em cada época de minha vida". Ele me revela que Anne-Marie morreu quase nos braços de Florence Malraux, enquanto as duas tomavam chá. Ele parte para o Brasil com o mesmo entusiasmo mitológico de antes.

Sexta-feira, 6 de maio. Na *Time Magazine,* a respeito de um texto sobre Mandela, fico comovido pela nobreza interior desse homem. Com respeito à provação que viveu na prisão, ele declara: "Saí dali amadurecido". Ele soube aprender com as consequências da queda do comunismo no Leste, assumir a responsabilidade pela missão gigantesca e sublime de libertar o povo negro sul-africano e permitir um segundo nascimento da nação africana.

A alegria transbordante, a sua própria, a de Desmond Tutu, a demonstrada por mulheres, jovens, velhos, foi um dos mais belos momentos da história, mesmo sendo necessário prever as dificuldades, as desilusões, até mesmo os desastres.

---

7. Pessac-Léognan é uma apelação que produz vinhos tintos e brancos a partir de uvas Sauvignon e Sémillon. (N.Ts.)

Frederik de Klerk dedicou-se de corpo e alma à política sul-africana. Isaac Rabin, por sua vez, negocia passo a passo, parte por parte, sem se dar conta de que com isso agrava os riscos de fracasso.

No jornal do CNRS, li uma resenha interessante sobre os trabalhos de uma equipe de Bordeaux. Graças a um reator adequado, ela evidenciou a formação de "estruturas de Turing". Em 1952, Turing (de quem eu conhecia apenas a máquina) previu que uma interação entre a difusão e a reação química poderia produzir um fenômeno de auto-organização alimentado por uma produção permanente de reagentes, no caso, cloreto, iodeto e ácido malônico.

O artigo afirma que a equipe de Bordeaux abriu novas perspectivas para compreender as fases iniciais da morfogênese biológica. Elas convergem com as perspectivas prigoginianas[8]. A tese da auto-organização, repudiada pelo reducionismo molecular, deverá retornar com toda a força.

Tenho em minhas mãos uma correspondência que chegou semana passada: uma carta de um filósofo chinês, Yi-zhuang Chen, refugiado desde 1987 em Montreal, que finaliza uma tese intitulada *Significações da dialética por meio de estudos comparativos sobre essa noção na China e no Ocidente,* que coloca em paralelo Heráclito e Lao-Tsé, Protágoras e Tchouang-Tsé, depois Hegel e Fang Yizhi (a dialética como unidade da ontologia e da epistemologia). Ele deparou, por acaso, com os três primeiros volumes de *O método* e vê em mim o continuador contemporâneo de uma longa corrente de pensamento humano, que encontrou sua expressão moderna em Hegel e que hoje persiste por meio de minha obra, do teorema de Gödel etc. Ele me envia a parte de sua dissertação referente a esses últimos pontos. Encantado, não resisto à vontade de lhe telefonar em Montreal; ficamos muito contentes com esse nosso primeiro tele-encontro. Da próxima vez, será necessário discutir a ausência do acaso, do reencontro, da desordem em Hegel.

---

8. Referência a Ilya Prigogine (1917-2004), Prêmio Nobel de Química de 1977 por suas contribuições à termodinâmica e à teoria das estruturas dissipativas. (N.Ts.)

Por essa razão, respondo à carta do "impenetrável chinês" de Hong Kong sem ousar ainda lhe fazer perguntas sobre ele mesmo, intimidado por sua impenetrabilidade.

Sábado, 7 de maio. Passo apressadamente por fax as respostas a diversas questões urgentes, depois, ao telefone, polemizo com Mauro Ceruti a respeito do berlusconismo.

Se Silvio Berlusconi é pós-democrático e a Aliança é pós-fascista, então será preciso verificar o que resultará das combinações entre esses dois *pós*.

Tomo o avião Paris-Marselha para chegar ao *Printemps du livre*[9] de Cassis, onde uma tarde inteira será consagrada a mim. Leio no *Le Généraliste* que, desde o início da pandemia, estima-se em 14 milhões de adultos e mais de um milhão de crianças o número de pessoas infectadas pelo HIV.

No avião, começo a ler *L'ami anglais* [*O amigo inglês*], de Jean Daniel. Há um tipo de realização quase lampedusiana no estilo próprio do grande romance à moda francesa. Fico encantado de ter ficado encantado por esse livro, senão o autor teria ficado muito descontente comigo.

Um táxi me conduz do aeroporto a Cassis por uma estrada que ladeia a montanha, contornamos a mediterraneidade popular, violenta, infantil de Marselha. Passamos por uma comunidade inteiramente povoada pelos *pieds-noirs* vindos do Marrocos, depois da Tunísia, depois da Argélia. Finalmente, chegamos ao pequeno e charmoso porto-enseada de Cassis. O Hotel Les Roches-Blanches é delicioso, meu quarto tem uma sacada com vista simultânea para o porto, o mar e a costa. Tenho vontade de ficar ali, mas quero assistir ao debate em torno de Paul Nizon, que ouvi elogiarem e de quem compro dois livros, *L'année de l'amour* [*O ano do amor*] e *Immersion* [*Imersão*]. Interrogado por Antoine Spire e Serge Koster, ele tenta fugir das questões muito precisas, cuja intenção é situá-lo, fazê-lo se explicar. E essa defesa um pouco tímida,

---

9. Manifestação literária, criada em 1995, que conjuga artes literatura, fotografia, cinema e música. Uma verdadeira festa de cultura onde os artistas são convidados a discorrer sobre seus processos de criação e a dialogar com seu público. É realizada em várias cidades da França. (N.Ts.)

um pouco pudica, sob o fogo cruzado dos questionadores, faz com que, em minha opinião, o encontro seja um sucesso, enquanto Antoine temia que fosse um fracasso. É justamente ao contrário, quando um escritor não consegue expressar-se sobre si mesmo é que a coisa vai bem!

Captei rapidamente o método de Paul Nizon em seu livro *Immersion:* "intoxicação amorosa". Para ele, escrever e amar têm em comum o fato de se doar, de se expandir.

Passo uma hora e meia em meu quarto: trabalho, banho, leitura, depois vou ao jantar literário realizado no restaurante do hotel. No decorrer do jantar, uma atriz recita "Ode marítima", de Fernando Pessoa (gostaria de ler o poema ao mesmo tempo), depois, fragmentos de um romance de Amós Oz, *La boîte noire* [*A caixa preta*]. Deleito-me com as entradas libanesas em homenagem ao escritor Amin Maalouf, que me fala de seu interesse por Sabbetaï Zevi. Eu lhe dou as informações e o encorajo a fazer o livro que ele imagina escrever sobre esse Messias. Durante o jantar, Antoine e eu discutimos sobre a unicidade e a singularidade do extermínio de judeus por Adolf Hitler. Se o temor dos judeus egocêntricos é a "banalização da Shoah", o meu é a banalização do *gulag*, das mortes massivas na União Soviética, dos massacres dos armênios, do que hoje acontece contra os tútsis, os bósnios e outros.

Antoine me informa que seu filho prepara uma dissertação sobre uma questão interessante: por que houve tantos judeus na direção do partido bolchevista até as liquidações massivas dos bolchevistas por Joseph Stalin? A hipótese do rapaz é a de que, para eles, se tratava de um meio de integrarem-se à sociedade. Pessoalmente, penso que se trata muito mais de uma das reações típicas do judeu fechado em seu núcleo, que uma vez emancipado, na sociedade laicizada e por meio dela, rejeita a cultura religiosa judaica; estranho à sua cultura, ele se vê repudiado, ou seja, excluído pela cultura nacional à qual desejaria integrar-se: daí a "a aceleração" de um processo incontrolado que marcou o universalismo abstrato da Internacional. Eis porque encontramos entre os judeus tantos heróis, mártires e carrascos da causa comunista, dos quais muitos chegaram ao ponto de imolar sua honra no altar do Partido.

Antoine me revela que para um programa de televisão que será exibido no canal *France Culture* no dia 29 de março, ele reuniu cinco deportados salvos por Oscar Schindler, que se reconheceram e reencontraram no filme de Steven Spielberg e que confessam a Claude Lanzman como esse filme foi uma libertação para eles.

Quando retorno ao meu quarto, deparo com o fim de um filme pornô na televisão, o que me irrita. Sono agitado.

DOMINGO, 8 DE MAIO. Por volta das 9h da manhã, levanto-me preguiçosamente da cama, perco o belo passeio no mar, e na sacada do meu quarto de hotel termino o *L'ami anglais* e começo a ler a parte da tese de Yi-zhuang Chen dedicada a Fang Yizhi, a Hegel, depois a mim.

Como já havia pressentido, descubro coisas que não enxerguei por ter lido Hegel muito antes de cristalizar minha concepção da autoprodução. Isso porque, o hegelianismo é fundamentalmente uma teoria de autoprodução do mundo e, na sequência, do mundo do espírito e do próprio sujeito.

Tiram-me de minha sacada para conduzir-me à Fundação Camargo, incrustada no rochedo: pinheiros de formas irregulares, anfiteatro ao ar livre à moda antiga, um bangalô construído pelo General Bonaparte em 1794, ao qual se juntaram belas construções. Senhoras simpáticas conversam comigo. Em seguida, vamos a um restaurante à beira-mar, de frente para uma praia repleta de turistas de maiô estirados na areia. Fala-se novamente da *Lista de Schindler*. Minha vizinha de mesa, e o próprio Paul Nizon, estão convencidos de que os nazistas haviam filmado o extermínio concentracionário e que, por isso, usar de ficção para falar de Auschwitz é indecente. A "lanzmanização" estendeu-se, propagando a ideia de que a ficção degradaria o que mostrasse. Maalouf, sua esposa e eu vamos tomar café em um terraço no porto e voltamos a falar de Sabbetaï Zevi. Em dado momento, um sujeito se aproxima e me diz que a leitura de meu *Diário da Califórnia*[10], em 1970, mudou sua vida: ele deixou sua profissão tediosa para ocupar-se de gatos e criou um teatro de gatos com o qual ganha a vida. Ele me mostra uma espécie de cena,

---

10. Edgar Morin, *Journal de Californie*, Paris: Éditions du Seuil, 1984. Edição brasileira, *Diário da Califórnia*, tradução Carmem Cacciacarro, São Paulo: Edições SESC SP, 2012. (N.Ts.)

fotografada sobre um triciclo motorizado, no qual quatro extraordinários felinos repousam tranquilamente enquanto esperam para entrar em cena. Eu lhe conto sobre Herminette, ele me fala da sociedade dos gatos, cujo comportamento é igual ao dos humanos. "Você não os castiga?" "Jamais." Ele me convida para assistir a seu espetáculo, que dura vinte minutos, mas estou atrasado para o espetáculo que eu mesmo devo apresentar e, contrariado, deixo os gatinhos.

No centro de conferências Calendal, sou instigado por Serge Koster e Antoine Spire, que conduzem o debate. Gosto muito de responder as perguntas na hora, ao vivo.

No decorrer da discussão sobre complexidade, literatura e cosmopolitismo, afirmo que o duplo imperativo contraditório do tradutor é ser fiel à palavra, mas também à musicalidade e ao espírito, que é impossível realizar as duas coisas juntas, exceto em raros momentos de graça, e que a tradução está condenada a esse duplo vínculo[11]. No que se refere à obra, afirmo que ela possui diversos autores: não apenas o escritor, em seu interior/exterior, e sua cultura, mas também a própria obra que se autoproduz na mente-cérebro do autor como o embrião no ventre de sua mãe, de onde ele suga os sucos e a substância. Enfim, o leitor é também um coautor ao cocriar a obra a cada leitura.

Refeição rápida engolida no aeroporto, chegada às 10h30, fila de táxis, depois para casa, recebido por Edwige atormentada e Herminette. Herminette quer falar, acredita que fala silabicamente como nós, emitindo *cliks*, *ziks*, *kiks*. Ela prefere que eu volte para casa à noite e só se esgueira no meio das mantas quando estou lá. Ela não somente tem seus hábitos, seus ritos, suas próprias necessidades afetivas, como, sem dúvida, também seus mitos.

SEGUNDA-FEIRA, 9 DE MAIO. Vejam só, eu havia esquecido que ontem era o dia do aniversário da vitória de 1945, embora em Cassis alguém me tivesse dito que o prefeito presidira uma cerimônia pela manhã. Não

---

11. No original, *double bind*. Expressão consagrada por Gregory Bateson para designar os processos de subjetivação. Biólogo e antropólogo, falecido em 1980, casado com Margareth Mead, Bateson pregava a unidade necessária entre mente e natureza. (N.Ts).

prestei a menor atenção nisso, embora durante dezenas de anos essa data tenha ecoado muito forte em mim.

Noto com frequência a que ponto me distanciei de meu passado. Ou melhor, meu passado se fantomizou, tornou-se impalpável, imaterial, incorpóreo, como as sombras que Ulisses encontrava nos Infernos.

Quantos esquecimentos, que Esquecimento!

Um motorista vem me buscar ao meio-dia para conduzir-me até a L'Oréal, onde diante de todos os dirigentes e do presidente da empresa, Joël de Rosnay[12] faz uma descrição apaixonante de tudo o que os novos desenvolvimentos informáticos, estradas, redes, televisão interativa vão produzir, principalmente no circuito produção-consumo. Ao antigo ciclo de produção, difusão, publicidade etc., dirigido ao público, se sobreporá outro ciclo que completará e complexificará o primeiro, graças aos agentes informáticos, uns a serviço do produtor, outros a serviço do consumidor (principalmente um valete Oliver, uma criada Sara!).

O consumo vai se individualizar e autonomizar cada vez mais e a publicidade se transformará em acessório. A tele-existência vai progredir de modo fantástico, suprimindo as instalações dos supermercados, as vitrines das lojas, mas também as relações homem-máquina. O homem não terá mais que aprender laboriosamente como funcionam as máquinas. Segundo Joël, "as máquinas devem ensinar ao homem e não o homem às máquinas".

Depois, no almoço, como entrada, exponho diante dessas mentes importantes as origens do pensamento complexo.

Em seguida, o motorista me conduz de volta para casa em grande estilo.

Resolvo algumas coisas. Não posso me dedicar ao meu manuscrito.

Vamos até a oficina de reformas do turco; Edwige fica estupefata com a desordem oriental: tecidos, caixas, espalhados pelo chão, jovens turcos na máquina de costura, cantos turcos no rádio portátil, crianças

---

12. Joël de Rosnay (1937-). Biólogo molecular. Foi professor-associado do MIT, dirigiu a *Cité des Sciences et de l'Industrie* em Paris até 2002. Atualmente, é consultor da *Biotics International*, uma empresa de consultoria que avalia o impacto das novas tecnologias nas indústrias. Sua ideia do Homem Simbiótico é importante para o pensamento complexo. Integrou o Grupo dos Dez com Edgar Morin e outros pensadores. (N.Ts.)

que escapam para rua, pais que os agarram pela orelha assim que se aventuram nas calçadas, retorno das crianças para dentro da loja, todas sujas e com uma torta açucarada nas mãos. Evidentemente, não há espelhos, não há cabine de provas para verificar as medidas da roupa a ser reformada. Edwige fica confusa. Eu me sinto bem, adoro essa desordem simultaneamente produtiva e existencial. *"Ajuda!"*, eu grito e todos me olham com curiosidade.

Consegui dar uma espiada no final do filme de Jean Marbeuf sobre Pétain[13] e assisti metade do filme de Claude Chabrol sobre Vichy[14]. A "ficção" de Marbeuf, com Jacques Dufilho no papel de Philippe Pétain e Jean Yanne no papel de Pierre Laval, é melhor do que o filme de Chabrol, que teria sido interessante se não tivesse sido feito às pressas. Eu, por minha vez, teria coisas a escrever sobre Vichy.

Terça-feira, 10 de maio. Pela manhã, assembleia geral da Agência Europeia de Cultura na Unesco. Eles me elegem presidente. O objetivo da agência é apoiar projetos culturais originais que não podem ser financiados pelos Estados ou organismos do governo. Projetos para Sarajevo, para o Mediterrâneo etc. É muito mais apaixonante do que eu acreditava.

Na *Time Magazine*, um missionário testemunha: "Não há mais demônios no inferno, eles estão todos em Ruanda". No mesmo número da revista, a jovem que acusa Bill Clinton de assédio sexual pretende fornecer detalhes sobre "os traços distintivos da área genital de Clinton".

O relatório de 1993 da *International Survival* ainda revela informações terríveis sobre as perseguições sofridas pelas minorias étnicas: prospectores de jazidas de todo tipo continuam a atacar as populações indígenas na Austrália, no Brasil, na Venezuela. Que mundo impiedoso! Que mundo impiedoso!

---

13. *Pétain*, filme francês, de 1993, do diretor Jean Marbeuf; no elenco: Jacques Dufilho, Jean Yanne e Jean-Pierre Cassel. (N.Ts.)
14. *L'oeil de Vichy*, filme francês, de 1993, do diretor Claude Chabrol; no elenco: Michel Bouquet, Brian Cox e Maquisard Alfonso. Título brasileiro, *O olho de Vichy*. (N.Ts.)

Quarta-feira, 11 de maio. Dificuldade de levantar. Sinto-me novamente sobrecarregado, fatigado, insatisfeito. Ontem, S. me revela o destino que Umberto Eco reserva a qualquer fax que recebe: ele espera que se forme um rolo bem grosso, arranca e atira tudo na lata de lixo.

No *Courrier International*, artigos extremamente inquietantes sobre o plutônio confirmam minha ideia de era damocleana: uma simples caminhonete carregada de plutônio pode varrer do mapa uma cidade inteira. Até 1940, o plutônio não era conhecido na Terra e hoje é um de seus perigos essenciais.

Na origem da nobreza feudal, os predadores, os ladrões; na origem da prosperidade dos Estados Unidos, a conquista impiedosa, a eliminação dos indígenas; na origem das novas burguesias do Leste, os mafiosos, os *apparatchiks*[15], os traficantes de toda espécie. E seus herdeiros constituirão a honorável sociedade futura.

Almoço no *Palais de L'Élysée* com Hubert Védrine[16]. Um guarda me conduz à sala de segurança. Sigo-o com os olhos fixos na coronha de seu revólver que desponta no coldre. Em uma reminiscência dos filmes americanos, vejo-me arrancando-lhe a arma, apontando o cano em suas costas, obrigando-o a conduzir-me (Onde? Onde está o presidente?). De súbito, digo a mim mesmo que posso ficar louco e efetivamente fazer isso (ontem à noite assisti ao *Cabo do medo*[17] no Canal Plus).
Védrine mostra-se amargo, agressivo a respeito dos intelectuais "defensores dos direitos do homem", dos intelectuais de Saint-Germain-des-Près, em resumo, daqueles que acreditam que a França pode fazer tudo, acabar com a guerra na Iugoslávia etc. Pessoalmente, deploro mais a ausência dos intelectuais, desmoralizados, limitados, que perderam simultaneamente o concreto e o universal... Eu lhe falo da

---

15. *Apparatchik* é um termo coloquial russo, de cunho pejorativo, usado para designar o funcionário em tempo integral do Partido Comunista, um agente do "aparato" governamental ou partidário que ocupa qualquer cargo de responsabilidade burocrática ou política, mas nunca altos postos do governo. (N.Ts.)
16. Hubert Vedrine (1947-). Político socialista, diplomata e conselheiro do presidente François Mitterrand. (N.Ts.)
17. *Cape Fear*, filme americano, de 1991, do diretor Martin Scorsese; no elenco: Robert de Niro, Nick Nolte e Jessica Lange. (N.Ts.)

necessidade política de assumir os dois imperativos antagônicos da ética e do realismo. Ele me afirma que as maiores infelicidades vieram dos idealistas e não da *realpolitik*.

À tarde, mesa-redonda na Escola de Pais e Educadores com Bertrand Schwartz (sempre ardoroso contra a exclusão e ardente defensor da formação). Estou ali para falar da reforma de pensamento.

Aprendo uma palavra nova: *docimologia,* ou ciência da avaliação. Algumas ciências mostraram como as avaliações dos alunos por seus professores (e eu acrescentaria a avaliação dos laboratórios pelo CNRS etc.) eram arbitrárias. Aproveito para afirmar que é preciso buscar o metaponto de vista que permita aos avaliadores analisarem a si próprios pedindo a opinião de não avaliadores.

Tenho a impressão de que se começam a ouvir algumas ideias muito caras para mim. Isso, provavelmente, porque já é muito tarde, talvez tarde demais?

Retorno. Fadiga. Abro uma garrafa de Château-de France (Pessac-Léognan), o vinho raciniano que Philippe Brenot me enviou. Ele acompanha com discreta sublimidade nosso *steak* grelhado!

Re-re-vi, no canal Arte, *O terceiro homem*[18], que continua um filme muito forte, principalmente nas fantásticas cenas de Orson Welles como Harry Lime, sobretudo a primeira, na Viena em ruínas da Ocupação quadripartita. A ária de cítara continua sempre muito envolvente. Quando foi exibido, o filme fez literalmente voar em pedaços uma mitologia da Libertação para deixar transparecer subitamente uma realidade fatal e sórdida.

QUINTA-FEIRA, 12 DE MAIO. No telefone, confesso a Jean Daniel a alegria que senti em ler seu livro *L'ami anglais*. Na conversa, confio-lhe minha dificuldade de levantar pela manhã, sinal de meu péssimo estado moral. Quando ele tem esse mesmo problema, quando sente que a vida

---

18. *The third man*, filme americano, de 1949, do diretor Carol Reed; no elenco: Joseph Cotten, Alida Vali, Orson Welles. Título francês, *Le troisième homme.* (N.Ts.)

não tem sentido, ele se esforça para lhe dar um sentido. Bem... vamos tentar...

Irene me chama para saber onde pesquei o verso de T.S. Eliot que cito em meu livro *O enigma do homem. Para uma nova Antropologia*[19]: "*Human kind cannot bear very much reality* [A natureza humana não pode suportar muita realidade]".

Esqueci que tinha citado esse verso e, mais ainda, me esqueci de onde o havia tirado. Consulto minha edição bilíngue das poesias de T. S. Eliot, da Editora Seuil, procuro pelos quartetos e, pan! Abro exatamente na página e na linha do verso (está em "Burnt Norton"[20], p. 158). De súbito, sinto imensa satisfação em reler alguns versos, depois, fico furioso de que a urgência me impeça de mergulhar no poema.

SEXTA-FEIRA, 13 DE MAIO. Ontem à noite assisti a *Um mau filho*[21], um dos melhores filmes de Claude Sautet, com Patrick Dewaere, sempre irresistivelmente ele mesmo em todos seus filmes, e nesse mais ainda, perdido, tocante, espontâneo, infantil. Nesse filme, ele se salva *in extremis* do destino fatal do qual não soube escapar em sua própria vida. Sempre me comovi com a presença de Dewaere na tela, sua morte não fez senão intensificar sua presença.

De manhã, no canal FR3, enquanto assistia ao programa *Continentales*, que exibe a máfia, a delinquência, o mercado negro em um país da ex-União Soviética, notei que os sociólogos, psicossociólogos, psicólogos, antropólogos etc. nem sequer imaginaram considerar a extraordinária experimentação antropo-sócio-psicológica da decomposição/recomposição dos antigos países comunistas, que provocou

---

19. Edgar Morin, *Le paradigme perdu*, Paris: Seuil, 1979. Tradução brasileira, *O enigma do homem. Para uma nova Antropologia*, tradução Fernando de Castro Ferro, Rio de Janeiro: Zahar, 1979. (N.Ts.)
20. T. S. Eliot, *Poesias escolhidas (1909-1935)*. "Burnt Norton" é um dos poemas dos *Four Quartet*. Em todos eles percebe-se uma especulação vigorosa sobre a natureza do tempo, como sugerem as palavras iniciais da estrofe número um. Diz Eliot: "O tempo presente e o tempo passado estão ambos talvez presentes no tempo futuro. E o tempo futuro contido no tempo passado. Se todo o tempo é eternamente presente, todo o tempo é irredimível". Edição Brasileira, T.S. Eliot, *Poesia*, tradução, introdução e notas de Ivan Junqueira, Rio de Janeiro: Nova Fronteira, 1981. (N.Ts.)
21. *Un mauvais fils*, filme francês, de 1980, do diretor Claude Sautet; no elenco: Patrick Dewaere, Brigite Fossey, Jacques Dufilho. (N.Ts.)

a conversão dos *apparatchiniks* em capitalistas ou hipernacionalistas, a surpreendente expansão de uma delinquência juvenil e, a partir das máfias, de uma teia socioeconômica, ou seja, a reorganização mafiosa da economia, a dissolução da crença no comunismo seguida da dissolução da crença no mercado.

Café da manhã com François Rachline, que prepara um grande projeto em torno de uma personalidade misteriosa. Depois disso, vou direto para o Mac: é absolutamente necessário que eu termine meu discurso de Barcelona e passe o texto por fax ao ICEM. Cancelo todas as minhas reuniões para trabalhar...
Termino por volta das 17h, exausto...

À noite, assisto a um telefilme (baseado em uma história verídica) sobre uma prostituta com um passado familiar muito doloroso, que trabalha pedindo carona e mata, em série, seus clientes. A atriz não é bonita, há momentos em que chega a ser repugnante, mas reflete a infelicidade e o horror do destino que encarna. Por vezes, vejo mais profundidade em telefilmes tapa-buracos do que em certos filmes de autor.

Dei uma olhada no programa de televisão *Bouillon de Culture* em que Bernard-Henry Lévy[22] fala de seu filme *Bósnia*, rodado em Sarajevo. O filme será exibido em Cannes, os jornais irão focalizar o novo André Malraux, que gera seu malrausismo como Silvio Berlusconi faz com suas mídias. Sem dúvida, ele coloca todo seu talento publicitário a serviço da causa mais justa, mas ao mesmo tempo coloca a causa mais justa a serviço de sua publicidade. O bonsai acabará por crescer e tornar-se um carvalho?

Ainda no *Bouillon de Culture*, uma reportagem sobre Francis Bacon mostra alguns de seus quadros; quando lhe perguntam o que ele sente ao compor coisas horríveis, ele replica que o horror deste mundo é mil vezes mais horrível.

---

22. *Bosna!*, documentário francês, de 1994, com direção de Bernard-Henri Lévy (BHL) e Alain Ferrari. (N.Ts.)

De súbito, esse horror me invade, penso não somente em todos esses seres vivos que serão mortos amanhã, nesse triunfo da decomposição e da podridão, mas também na crueldade dos abatedouros, na malignidade crescente, na impiedosa ambição e no impiedoso fanatismo... Durante alguns minutos sinto-me submerso nesse horror, depois, a energia vital que afugenta morte e horror se coloca em marcha...

SÁBADO, 14 DE MAIO. Pela manhã, começo meu texto para o comitê Ciências e Cidadãos. Sou interrompido pelo sr. Mery, do "s.o.s. Amizade", que quer publicar minha apresentação final no congresso do ano passado, em Estrasburgo, no qual eu respondia a perguntas feitas por escrito. Lembro-me de que na véspera de minha intervenção, em vez de voltar ao hotel para prepará-la, acompanhei os congressistas em um passeio de automóvel até uma bela cidade vinícola para participar das degustações do vinho Riesling e da refeição rústica. Como cheguei tarde e razoavelmente alcoolizado, incapaz de coordenar minhas notas esparsas, fui obrigado a levantar às 6h da manhã para organizar minhas ideias.

E, no entanto, no dia seguinte fui "inspirado", a plateia, de pé, me aplaudiu, em uma interminável ovação. Exceto em Buenos Aires, jamais obtive tal sucesso. Mas a transcrição que Mery me enviou era totalmente sem vida, mutilada, principalmente minhas respostas às questões sobre a "espiritualidade". Para resumir, pedi para ouvir as fitas no gravador e pelo menos tentar completar e melhorar o texto. Creio, porém, que não restará senão um esqueleto de tudo aquilo...

Na revista *Espaces Latino-Américains* de maio, encontro um artigo que dissolve o partidário que eu era do "compromisso histórico" entre Augusto Pinochet, que permaneceu chefe do exército, e a democracia, cujos efeitos pude testar em Santiago. Esse artigo informa que a obstinação de alguns juízes fez com que se abrisse um inquérito contra o General Rodolfo Stange, atual diretor de polícia, e quatro outros generais da polícia acusados do assassinato de três oponentes, em 1985. Como a constituição de Pinochet não permite que se exija a demissão do diretor de polícia, o ministro do Interior, depois o Presidente Eduardo Frei, apelam para a consciência do General Stange, que se nega a pedir demissão e continua a encobrir os agentes e executores do crime de 1985.

Na correspondência, encontro um manifesto do Movimento *L'Arpent Vert*, cujo objetivo é revitalizar o tecido social no meio rural, oferecendo aos cidadãos dos países europeus os meios de redescobrir um patrimônio natural, uma cultura, uma vida regional e, assim, contribuir com essa vida, e, por outro lado, tentar organizar e desenvolver uma economia local, graças, principalmente, aos métodos agrobiológicos, às redes de difusão etc. Assino sem pestanejar.

À tarde: consigo escrever o texto para o comitê Ciências e Cidadãos, depois, esgotamento total.

Por volta das 17h30, quando saio para comprar o *Le Monde,* encontro diante de minha porta o jornalista do *La Vanguardia*, Rafael Jorba, com quem tinha uma reunião e havia esquecido. Ele me entrevista para o canal 19. Sempre muito falador, perco-me em mil digressões.

Novo desastre para a Bósnia. Os americanos amolecem quando os europeus endurecem, e vice-versa. Jogo de balés e de proclamações. Não se sabe por que preço Radovan Karadžic avalia os reféns franceses. Apesar de suas divergências, os Grandes entram em acordo sobre um plano de divisão, cujo princípio é recusado pelo governo bósnio.

Eu teria participado de bom grado da lista pró-bósnia apresentada nas eleições europeias, mas dos seis pontos de seu programa há um que não posso assumir, o que exige o julgamento dos criminosos de guerra como uma das condições para a paz.

Jantar com Stéphane Robert. Por trás de sua fisionomia doce, sábia, sempre igual, descubro um destino surpreendente e doloroso. Para explicar-me o espírito da língua chinesa, ela dá um exemplo que me agrada muito: o ideograma da palavra "tristeza" é formado pela palavra "outono" apoiada sobre um coração.

Herminette tem cada vez mais vontade de falar a linguagem humana: ela multiplica os monossílabos feitos de pequenos *cliks*, que modula de diferentes formas, olhando-nos fixamente.

Ela não tem somente a graça dos movimentos e das poses, ela carrega em si o permanente mistério do ser vivo.

Domingo, 15 de maio. Sonho que me encontro em Barcelona para uma conferência política com o rei da Espanha e o presidente da *Generalitat* da Catalunha. Jordi Pujol preside a cerimônia de entrega do Prêmio Catalunha. Estou sentado ao lado de Pujol, que pede ao rei a introdução de uma cláusula proibindo a construção de qualquer Disneylândia na Catalunha. A cerimônia termina e eu devo falar meia hora depois, percebo, então, que esqueci o texto de meu discurso no Hotel des Arcades. Seguindo as vagas indicações de uma jovem, Edwige e eu perambulamos em vão à procura do hotel e, de súbito, nos encontramos à beira-mar. Não sei por que, tiro os sapatos e as meias para molhar os pés na água. Quando saio, não encontro mais meus sapatos. Que diabos! Vejo-me então sem o texto e sem sapatos. De repente, miraculosamente, meus pés se recobrem de uma camada negra que se transforma em sapatos. O que é isso! Continuamos a não encontrar o hotel. Depois de muitas peregrinações, alguém me informa que o hotel faz parte da mesma construção do palácio em que me encontro. Quando chego ao saguão do hotel, entro na interminável fila para explicar ao *concièrge* que sou um dos convidados e acordo.

Tenho muito medo de que meu discurso para a recepção do Prêmio Internacional da Catalunha não corresponda às expectativas. Por sugestão de Baltasar Porcel, foquei-o no Mediterrâneo, mas agora penso que lhe falta poesia e filosofia. Edwige e Anne Brigitte Kern acham que ele está bom, mas esse encorajamento não me basta...

Neste domingo, consegui trabalhar tranquilamente em meu manuscrito, sem o telefone tocando, com o sol ao meu redor: o exterior calmo torna-se interior... No fim do dia, sem estar muito cansado, tenho o sentimento do dever cumprido, ou melhor, de ter cumprido minha função fisiológica como a abelha que produz seu mel.

À noite, assisto a *Louis, enfant roi*[23], de Roger Planchon, um filme sobre a infância de Luís XIV que me agrada bastante. Sente-se a admiração do diretor, ou melhor, seu culto por Luís XIV. Mas será verdade que, ainda criança, o rei já era um pequeno chefe de guerra?

SEGUNDA-FEIRA, 16 DE MAIO. Enviei um fax a Porcel confessando meus medos com referência a meu discurso, ele me responde com outro fax, afirmando que falta ao texto uma conceitualização filosófica sobre o que é pertencer ao Mediterrâneo e, talvez, algumas linhas dedicadas "aos esforços de ser natural da Catalunha".

Fico tentado a retomar algumas ideias de minhas conferências precedentes sobre o Mediterrâneo, mas não quero ser repetitivo demais. Enquanto espero, trabalho em meu manuscrito.

Avalanche de notícias funestas no *Le Monde* dessa noite. Agora que Édouard Balladur "defende uma Europa mais democrática e mais segura de si", tudo na Europa desmorona: a negociação pela Bósnia fracassa, em Magdebourg, bandos de jovens perseguem negros e estrangeiros; os dois irmãos Saincené se suicidaram em Tourtour, os assassinos da Argélia vangloriam-se de ter matado dois religiosos acusados de serem "cruzados", a guerra no Iêmen avança; continuam os massacres em Ruanda, em Hebron, o exército israelense atira, depois que os palestinos atiraram nos colonos. O Camboja continua sempre em guerra...

No canal Arte, o filme *Bird*[24], de Clint Eastwood, prende minha atenção. O ator que interpreta Charlie Parker se parece com um Robert Antelme de pele negra. O filme é ainda mais comovente pelo fato de ser sóbrio, os quadros se sucedem como constatações, até a morte.

Encontrei Alain Robbe-Grillet no metrô, ele diz que recentemente viu meu nome em algum lugar... ele procura, procura... "Ah, sim! A

---

23. *Louis, enfant roi*, filme francês, de 1993, do diretor Roger Planchon; no elenco: Carmem Maura, Maxime Mansion e Paolo Graziosi. (N.Ts.)
24. *Bird*, filme americano, de 1988, do diretor Clint Eastwood; no elenco: Forest Whitaker, Diane Venora e Michael Zelniker. (N.Ts.)

Bósnia! Você está presente na lista de BHL..." Digo que ele se engana e explico meu desacordo sobre um ponto do programa. "A anulação do embargo das armas?" "Não, a exigência de julgamento para os criminosos como precondição para a paz."

Ele desce na estação Châtelet do metrô e lança enigmaticamente a frase: "Eu vou a Metz..."

Recebi uma carta da leitora que esperei em vão em Cassis. Na verdade, ela me havia abordado na conferência para me dar um livro, *Paroles d'amour* [*Palavras de amor*], do qual achei que era a autora. Agradeci maquinalmente e deixei-me arrastar no turbilhão. Sua nova carta desfaz o mal-entendido e sugere que eu leia algo que acreditei ser uma dedicatória do livro e que é a descrição, recopiada de uma enciclopédia do tarô, do Arcano XXII, ou seja, segundo ela, o meu arcano, o Louco.

"De todas as imagens do jogo do tarô, essa é a mais misteriosa, portanto, a mais fascinante, a mais inquietante. Diferente dos outros arcanos maiores, enumerados de um (O Mago) a 21 (O Mundo), O Louco não tem número. Ele está fora do jogo, ou seja, fora da cidade dos homens, fora dos muros.

"Ele caminha apoiado em um bastão de ouro, semelhante a um cetro, cuja extremidade superior, em forma de cabeça, é ornada com uma touca da mesma cor; veste uma calça rasgada sem parecer se preocupar com isso, um cachorro ergue o pano da calça, expondo suas nádegas nuas.

"Trata-se de um louco, concluirá o observador, abrigado atrás das ameias da cidade. É um 'Mestre', murmurará o filósofo hermético, salientando que a trouxa amarrada a uma vara, que ele carrega nos ombros, continua branca, cor do segredo, cor da iniciação, e que seus pés, com sapatos vermelhos, estão firmemente apoiados em um solo bem real e não em um suporte imaginário. Seu bornal está vazio, mas ele é cor-de-rosa, como sua coxa, e como o cão que tenta agarrá-la: símbolos da natureza animal e do ter, com os quais ele não se preocupa.

"Em contrapartida, o ouro do conhecimento e das verdades transcendentais é a cor do bastão no qual ele se apoia, da terra na qual ele caminha, de seus ombros e de seus cabelos. E, sobretudo, ele caminha, isso é o mais importante, ele não vagueia, mas avança.

"Alguns autores dão a essa carta do tarô o número zero, outros, o número 22, 21 cartas formando um ciclo completo. O que significa o número 22 senão o retorno ao zero, semelhante ao que acontece em um medidor?

"De acordo com a simbólica dos números, dizem que o número zero, ou o 22, O Louco, significa o limite da palavra, o que vai além da soma, que não é outra coisa senão o vazio, a presença ultrapassada que se transforma em ausência, o saber último que se torna ignorância, disponibilidade, a cultura do que resta quando tudo é esquecido. O Louco não é o nada, mas sim a vacuidade dos sufis, quando nenhum ter é mais necessário, a consciência do ser torna-se a consciência do mundo, da totalidade humana e material da qual ele se desligou para ir mais adiante. [...] com uma evidência solar das terras virgens do conhecimento, para além da cidade dos homens."

Preparativos de viagem para Barcelona. No avião, servem um jantar bem lamentável para uma classe executiva: um vinho Bordeaux pretensamente de "prestígio", ou um Moulin-a-Vent[25] sem caráter, um bolinho de merluza e um pedaço de salmão sem molho vinagrete, sem limão, mas acompanhado de um sachê de mostarda. Com essas economias sórdidas, a *Air France* se degrada.

A *Time Magazine* anuncia a próxima colisão de inúmeros fragmentos de cometas sobre Júpiter, cada um deles tão grande como uma montanha: "Advertência para a Terra".

Em Barcelona, somos recebidos por Teresa Sala. O tempo está um pouco frio, mas a cidade está aquecida pela perspectiva da partida Barcelona x Milan pela Copa Europa. Durante toda a noite, tanto de Barcelona como de Milão, os torcedores irão partir rumo a Atenas em voos *charters* especiais. Encontro Baltasar Porcel no saguão do Hotel Presidente, onde me reservaram um belo quarto no décimo quinto andar, com uma ampla sacada que dá para a montanha e o céu.

25. Linha de vinhos da marca Beaujolais, produzida em uma zona particular da Borgonha, com uma uva específica, a Gamay. Enquanto o Beaujolais comum é consumido ainda novo, o da linha Moulin-a--Vent é envelhecido em tonéis de carvalho e pode levar cerca de vinte anos antes de estar pronto para consumo. (N.Ts.)

Quarta-feira, 18 de maio. Um sol brilhante ilumina o banheiro. Café da manhã no quarto, depois, saída para a televisão.

Barcelona está em efervescência. A cada meia hora, as rádios dão a palavra a seus correspondentes em Atenas. Bordel mediterrâneo: os torcedores ficam sabendo em seu hotel que seus quartos já estão ocupados; alguns dormem no aeroporto ou em qualquer outro lugar.
Entrevistado sobre a partida de futebol pela televisão catalã, meu gosto pela emoção coletiva, a comunhão festiva, surpreende a jornalista. Sua surpresa aumenta ainda mais quando lhe explico que o futebol é uma arte de grande complexidade.

Entrevistas, conferência de impressa no ICEM, depois almoço-bufê no hotel com Baltasar. Ele me fala da posição de árbitro que o partido catalão de Pujol tem no parlamento espanhol. Mas hoje não se enfrenta um difícil dilema com esse governo corrupto à beira da ruína? Apoiá-lo ou abandoná-lo, tanto uma coisa como a outra implicam perigo.

Corrijo meu discurso acrescentando um adendo sobre o Mediterrâneo, levo o disquete ao ICEM, dou uma entrevista e encontro com Ana Sanchez, que vem de Valência com uma amiga e dois outros jovens, um dos quais trabalha em minhas ideias e quer levar-me a Granada. Vamos passear pelas Ramblas[26] com Ana Sanchez e sua amiga. Alguns jovens perambulam exibindo as cores do Barça. Observamos os pássaros: os pombos desfilam sem parar, uma ninhada de canarinhos pia agitada, os periquitos se balançam de um lado a outro, um papagaio se indispõe comigo... Próximo da Notre-Dame du Pi, sentamos no terraço de um café, no centro da praça, enquanto uma pequena orquestra meio *hippie* toca à moda de New Orleans. Antes de se esconder atrás de um edifício, o sol banha meu rosto de luz.
Na vitrina de uma loja, um cartaz me faz sonhar: *Liquidaciones de existencias a precios de fabrica.*

26. *Las Ramblas* é um famoso conjunto de pequenas ruas e uma das principais atrações turísticas da cidade de Barcelona. Milhares de turistas passeiam por lá. Quase inteiramente reservada aos pedestres, é repleta de bares com mesas e cadeiras nas calçadas, quiosques de flores, bancas de jornais e artistas de rua. (N.Ts)

De volta ao hotel, tomado pelo entusiasmo, assisto à partida de futebol na televisão. As duas equipes mostram-se elegantes e precisas, com um não sei quê de melhor para o Barcelona. Saio do quarto no momento em que o Milan faz um gol. No carro que nos conduz ao jantar na casa de Porcel, cujo motorista ouve a partida pelo rádio, ficamos sabendo que o Barcelona sofreu o segundo gol. Assim que chegamos na casa de Porcel, corro para a televisão com uma taça de um excelente vinho da Rioja: começa o segundo tempo, mas, em lugar da energia do desespero, o desânimo corrói os nervos dos jogadores barceloneses. Terceiro gol. O Milan exulta. Troco a televisão pelo jantar. Ao compartilhar os camarões, ouvimos que o Milan marcou o quarto gol. Sinto-me vencido, humilhado. "Que demagogo você é!", alguém me diz. "Não se trata de demagogia, mas sim de identificação!"

Na mesa, três membros do júri que me premiou: Tahar Ben Jelloun, Simon Nora e Umberto Colombo (ex-ministro do Ensino Superior do governo de Carlo Azeglio Ciampi, cuja obra reformadora vai ser varrida pelo berlusconismo). Simon se diz muito feliz de me ver homenageado pelo rei da Espanha, depois de ter sido expulso por seu antigo predecessor, em 1492. "Sim vou exigir que ele me devolva a chave de minha casa." Essa expulsão dos judeus da Espanha, ocorrida em um passado distante, é o que hoje me permite compreender os palestinos, expulsos de suas casas.

No que se refere à Itália, deploro a facilidade com que se usa a palavra fascismo para qualificar um fenômeno de elementos novos, que ainda não assumiram forma. Colar sobre eles, de uma só vez, um velho rótulo, longe de incitar à verdadeira vigilância, desvia-a para o deserto dos tártaros.

Luto contra uma gripe que se agrava com a ajuda de aspirinas e do remédio homeopático *oscillococcinum*. Gostaria de fazê-la recuar, pelo menos até a cerimônia do prêmio.

Quinta-feira, 19 de maio. O sol ilumina inteiramente o quarto. Permaneço na cama, mas três toques de telefone me fazem levantar por volta das 10h.

Entre as entrevistas, uma, com dois jovens músicos-musicólogos, me agrada muito, eles encontraram uma extrema convergência entre as ideias de *O método* e as que tentam elaborar sobre a música. Ambos me confiam alguns textos que fico curioso para ler.

Almoço com o pessoal do júri. Cordialidade e calor humano.

Após o almoço, vamos a um terraço para tomar uma bebida com Ana Sanchez. De volta ao quarto, visto meu belo terno cinza, uma camisa branca e uma gravata. Edwige acha que seu vestido está muito justo. Eu lhe digo que adoro quando ela usa vestidos colantes. No saguão do hotel, habituados a me ver sem gravata e em roupas confortáveis, os amigos exclamam de admiração. Como me esqueci de colocar minha comenda da Legião de Honra na lapela, Simon Nora retira a sua e a coloca em mim. Os carros dão a partida, seguindo a sirene de uma viatura de polícia que nos guia até Montjuich. Esperamos em uma grande sala solene e envidraçada. Federico Major, que veio especialmente de Salônica para a cerimônia, esperou quatro horas no aeroporto de Atenas, sobrecarregado pelos inumeráveis torcedores milaneses e barceloneses. Ele me confessa ter ficado emocionado em Salônica por causa de uma reunião de mulheres balcânicas pela paz. "Havia algumas mulheres da Macedônia ex-ioguslava?" "Muito poucas", responde ele.
Ele tem um coração enorme, acredita nas belas causas, fico ainda mais tocado por sua demonstração de amizade.
Chegada do rei, da rainha, do Presidente Pujol, que me congratulam e vão se instalar na tribuna. Em seu discurso, Pujol me cataliza com ardor; em seguida, Baltasar Porcel faz a leitura dos motivos pelos quais o júri justifica a atribuição do prêmio à minha pessoa. Quando chega minha vez, falo do Mediterrâneo como se o carregasse nos ombros, ergo-o em meus braços e, com isso, arrebato a plateia.
Na recepção, sorrio timidamente quando me felicitam por ter sabido me dirigir à razão e ao coração. Na verdade, sinto que consegui agitar simultaneamente os marginais e os oficiais. Fico contente. Depois, chegam a descompressão e o vazio que se seguem a qualquer triunfo. No fundo, depois que se obtete um sucesso, procuramos outro, depois outro, até que isso se torna uma necessidade, como a de uma droga; é de sucesso que se drogam todas as vedetes de todos os *shows*. Eu as compreendo. Sofro agora do mesmo sentimento de vazio.

Fomos todos convidados a visitar o ateliê de Ricardo Bofill, um dos meus mais calorosos adeptos, mas depois de Edwige ter sofrido a ação dos ventos, dos polens, do frio do salão de Montjuich, decidimos voltar para o hotel. Não contávamos com a presença de Rodrigo Uria, vindo especialmente de Madri, que nos convence a ir comer um prato de camarões grelhados na região do novo porto. Nós o seguimos com José Vidal Beneyto. A presença desses amigos tão antigos, que conheci quando ainda eram jovens resistentes ao franquismo, me encanta. E os camarões gigantes, as pequenas lulas, as cavaquinhas do mar exaltam minhas papilas mediterrâneas bem como o excelente vinho da Rioja escolhido por Rodrigo.

Voltamos ao hotel mais tarde do que o previsto, e fico muito angustiado com a crise de asma de Edwige, que desperta diversas vezes durante a noite com falta de ar.

Sexta-feira, 20 de maio. Pela manhã vou ao ICEM para duas reuniões. Na universidade, onde devo fazer uma conferência, o reitor se desculpa: a maior parte do público fugiu por causa de um alerta de bomba. Agradeço à meia dúzia de aficionados que permaneceu e faço minha conferência em itanhol.

Almoço no bufê do hotel, parada nos estúdios da televisão espanhola, depois, chegada a Aiguablava, na Costa Brava.

No jantar, não consigo resistir nem às favas à moda catalã, nem a uma espécie de *ratatouille*, nem aos frutos do mar, nem ao vinho da Rioja...

Sábado, 21 de maio. Impossível levantar hoje de manhã: os excessos à mesa desses últimos dias, somados ao vírus que prolifera em minha garganta, deixaram-me com uma forte dor de cabeça. Não consigo repouso nem para a alma nem para o corpo, mesmo que tudo ali seja adequado para o repouso da alma e do corpo: o Hotel Parador, situado em um promontório, domina um paredão de rochas avermelhadas, pinheiros e carvalhos agarram-se desesperadamente às encostas, o mar é de um azul profundo manchado de verde, o céu é límpido.

Para não deixar Edwige sozinha, finalmente me levanto. Vamos fazer um passeio até a praia, mas o sol e a subida me esgotam. Simon me dá noz-vômica, um medicamento homeopático. Em vão: meu fígado congestionado e minha dor de cabeça pioram ainda mais.

Domingo, 22 de maio. Como Edwige volta a Barcelona de avião, levanto cedo e um pouco melhor. Mas, hoje, com a promessa de jejuar... ou quase.

Instalo meu Mac sobre a mesa do terraço e pretendo trabalhar em meu manuscrito até que a bateria descarregue. Devo deixar o hotel às 9h30 para ir não sei a que castelo, onde acontecerá esse colóquio catalão, cujo convite eu não podia recusar.

O palácio é fantástico. Com vista para o mar, rodeado por um parque cujas árvores se precipitam ao longo dos rochedos. Como me sinto cada vez mais febril, peço que me levem ao Hotel Parador. Temperatura: 38,8 graus. Médico. Diagnóstico: garganta muito irritada, brônquios um pouco inflamados e, o principal, problema de vesícula. Portanto, repouso, antibióticos, aspirina e xarope. Passo o dia inteiro entre meio dormindo, meio acordado. Em dado momento, as nuvens invadem o paredão de rochedos, não deixando visíveis senão os picos da colina, como em uma pintura chinesa. Transpiro e lentamente vou me sentindo melhor, mas não tão bem a ponto de arriscar-me a ir à conferência de imprensa essa noite. Depois de ter assistido no canal 5 ao programa *7 sur 7*, com uma guianesa de fisionomia muito convincente, dedico um instante a este Diário, mas logo paro, nauseado.

Segunda-feira, 23 de maio. A febre baixou, mas devo fazer meu discurso às 12h em lugar das 17h, isso por causa da deserção de BHL, que foi receber Alija Izetbegovic[27] em Paris. Edwige telefona e me avisa das inúmeras mensagens em minha secretária eletrônica que me pedem para participar da lista europeia da Bósnia. Ainda não sei se o texto foi modificado...

---

27. Alija Izetbegovic (1925-2003). Advogado, político, escritor, filósofo e ativista bósnio. Após a Guerra da Bósnia ter sido oficialmente terminada pelo acordo de paz de Dayton, em novembro de 1995, Izetbegovic tornou-se o primeiro presidente da Bósnia-Herzegovina, cargo que manteve até 1996. (N.Ts.)

Essa viagem de festa vai terminar em obrigação?

Meu discurso está previsto novamente para as 17h. Permaneço no quarto e almoço no terraço. Uma enorme andorinha-do-mar vem bicar os restos de meu peixe e de meu pão que esmigalhei para ela. Outra andorinha, mais delicada, bem que gostaria de participar do repasto, mas a grandona a expulsa; intimidada, a pequena mantém distância, se perguntando se deve desistir ou esperar.

Quem foi o inepto que inventou os colóquios?

TERÇA-FEIRA, 24 DE MAIO. No aeroporto, leio no jornal *El País* um artigo de Gilberto Dimenstein sobre o assassinato de crianças no Brasil. As crianças abandonadas ou sem pais se multiplicam e chegam a sete milhões nas ruas do país. Policiais ou mafiosos, pagos pelos narcotraficantes e comerciantes, vítimas dos furtos cometidos por esses bandos de pequenos miseráveis, exterminam em média um por dia! No mesmo jornal: o litígio da Crimeia entre Rússia e Ucrânia. O Lago Vitória saturado de cadáveres; a alta de preços em Cuba.

Em uma entrevista ao jornal *Le Figaro*, Haroun Tazieff relembra que o método VAN, o sistema de prevenção de sismos, elaborado pelo professor grego Panayotis Varotsos, obteve de 92 a 94 por cento de êxito na previsão de tremores de terra na Grécia. Entretanto, quando Tazieff pediu que as zonas sísmicas frágeis da França fossem equipadas com estações VAN, deparou com uma oposição científica tão forte quanto a que enfrentou durante anos na Grécia, quando era vítima dos sarcasmos de seus colegas sismólogos gregos, italianos e franceses.

Refeição da *Air France*, classe executiva: presunto supersalgado, melão ainda verde, queijo insípido. *Air France*, tua comida de bordo é uma grande porcaria!

No avião, leio *O voo nupcial*[28], de Francesco Alberoni. Sua parte "sociológica" me aborrece, mas é admirável a maneira como ele faz

---

28. Francesco Alberoni, *Il volo nuziale*, Milão: Garzanti Libri, 1992. Edição brasileira, *O voo nupcial*, tradução Elia Ferreira Edel, Rio de Janeiro: Rocco, 1994. (N.Ts.)

com que se manifeste o que há de extraordinário no fenômeno mais banal de todos: o encontro amoroso, o enamoramento, essa coisa que transforma, possui, transfigura o ser que ama e o ser amado. Nessa transfiguração existe divinização e idolatria (daí origina-se o amor pelas estrelas de cinema já pré-divinizadas). No que Paul Nizon denomina a intoxicação amorosa, existe, sobretudo, um parentesco profundo com a mística e a religião, com essa fascinação mais radical oriunda das profundezas vulcânicas do ser.

Um parágrafo de Alberoni agrada-me particularmente: "O amor no Ocidente... é sinônimo de subversão, de adultério, de conflito com as famílias, de transposição de barreiras sociais, raciais, religiosas. Trata-se de uma força que divide e que reúne de modo diferente, incongruente, viva, e transfigura o existente... É o destino de uma sociedade que se regenera continuamente, que jamais se satisfaz com as estruturas que criou, mas as subverte e renova ao longo de uma sucessão ininterrupta de erros e hesitações, sob o efeito incessante de uma pulsão que a impele para o alto".

Retorno a Paris. Embora não fosse meu desejo participar da lista de Sarajevo, fico contente com a pressão que ela exerceu sobre os políticos. Devo reconhecer que a mediatização feita por BHL contribui para popularizar a causa bósnia. Ao mesmo tempo, começam os combates entre os intelectuais e a Guerra da Bósnia torna-se uma guerra de Saint--Germain-des-Prés.

A notícia da morte de Jackie Kennedy chega para mim com atraso.

Essa noite, no Canal Plus, um filme de Louis Malle denominado *Perdas e danos*[29], em francês, *Fatale*. É o apêndice que falta ao livro de Alberoni sobre o amor, onde ele se transforma na força irresistível que se perde no horror. Fico fascinado com o encontro fatal entre Jeremy Irons e Juliette Binoche. Binoche não é o tipo clássico da "mulher fatal", mas seu rosto reflete a fatalidade do destino da heroína, que assistiu

---

29. *Damage*, filme franco-inglês, de 1992, do diretor Louis Malle; no elenco: Jeremy Irons, Juliette Binoche e Miranda Richardson. (N.Ts.)

ao suicídio do próprio irmão. Aparentemente feliz, ela é noiva de um jornalista. O encontro com um ministro britânico, pai de seu noivo, interpretado por Irons, vai subitamente arrebatar esses dois seres, ela, marcada pela morte, e ele, possuído pela louca paixão que jamais havia conhecido. A atração irresistível que os atira um nos braços do outro conduzirá a um epílogo fatal. Devastação sublime, mortal... O filme me deixa completamente perturbado...

Quarta-feira, 25 de maio. Conversa ao telefone com E. P. que me deixa desanimado. Tento preparar um artigo para o debate sobre a Bósnia no *Le Monde*.
O desânimo continua.

No canal Arte, uma tarde consagrada a Franz Schubert: interpretação do quarteto *La truite* com Daniel Barenboïm ao piano, Itzhak Perlman ao violino, Zubin Mehta no contrabaixo; alegria dos executantes; fervor da execução. No filme consagrado aos últimos anos de Schubert, ele é visto carregando uma tocha no funeral de Beethoven, e dizendo: "O que pode existir depois de Beethoven?" Ele, evidentemente. Fragmentos do segundo movimento do *Quinteto para cordas* ...

Quinta-feira, 26 de maio. Consulta no *Hôtel-Dieu*[30].
Toda essa gente que sofre de falta de amor! Mais uma vez, constato que os melhores não podem sobreviver. Esse mundo demasiadamente duro mata os que são muito sensíveis, muito lúcidos. Somente a sorte permite que alguns se salvem.

Consulta com os especialistas enviados por Michel Albert. Eles me demonstram que é impossível sonhar em comprar um apartamento que nos convenha com os meios de que eu poderia dispor.

Dia bastante difícil, em que não só me senti sobrecarregado, como também incessantemente estressado.

---

30. Fundado no ano de 651, o *Hôtel-Dieu* é o mais antigo hospital público de Paris. Ligado à faculdade de Medicina Paris-Descartes, situa-se nas proximidades da Catedral de Notre-Dame. Sua atual arquitetura data de 1877. Foi o único hospital de Paris até a Renascença. (N.Ts.)

Sexta-feira, 27 de maio. Mal-entendido com E. P.

Sem contrapartida, Bill Clinton renova a cláusula que situa a China como a nação mais favorecida. Manchete no *Le Monde*: "O sr. Clinton dá ao comércio com a China a prioridade sobre os direitos do homem". O retrocesso dos direitos do homem e da democracia é geral.

O peso exercido pela China tornou-se enorme. Seu crescimento econômico deverá transformá-la no primeiro país da Ásia, a menos que esse mesmo crescimento a desloque desse posto.

Retorno de Alexander Soljenítsin à União Soviética: primeira escala em Magadan, cidade central da região de Kolyma[31].

A lista de Sarajevo foi entregue. Ela foi útil em impedir o entorpecimento da opinião pública e o sufocamento da questão bósnia. Se tiver energia, escreverei um artigo sobre o tema "Qual guerra? Qual paz?".

Dia em que o acúmulo de estresse me decompõe.

Esta noite no programa *Bouillon de Culture*, o debate entre intelectuais se degradou.

Sábado, 28 de maio. O desencorajamento da manhã. Não sei mais o que fazer.
Mesmo assim, à tarde escrevi o artigo "Qual guerra? Qual paz?" e mandei imediatamente por fax ao *Le Monde*.

Jantar de casais na casa de Samy Naïr, com Edwy Plenel, Miguel-Angel Bastenier.
Discussões bastante animadas, repletas de oposições, sem constrangimentos, como deve ser entre amigos. É esse tipo de clima que eu gosto. A Bósnia, a Sérvia, a França, a Espanha, a imprensa. Miguel Angel faz a pergunta: "A França está perdendo seu sentido do universal?". Sim, respondem Edwy e Samy. Como de costume, eu respondo "sim

---

31. Região da Federação Russa localizada às margens do Mar de Okhotsk e do Oceano Pacífico, na parte do país comumente conhecida como Sibéria. Sob a ditadura de Joseph Stalin, Kolyma tornou-se a principal região dos *gulagui*, campos de trabalho forçado. Mais de um milhão de pessoas morreram ali entre 1932 e 1954. (N.Ts.)

e não" e indico que o sentido do universal se regenera sem cessar, pelo menos no meio da juventude estudantil. Sem dúvida, a retração e o desencantamento ocorrem com os intelectuais franceses, após o entusiasmo irrefletido pelo falso universal de Moscou e de Pequim. Mas há, também, o desenvolvimento do movimento dos direitos do homem.

Também considero saudável o eletrochoque provocado pela lista de Sarajevo; pouco importa o histrionismo que conseguiu contaminar alguns. O que me inquieta é apenas o risco de que essa lista contribua para uma desintegração do Partido Socialista, o que criaria um grande vazio político.

Volto para casa tarde da noite.

Domingo, 29 de maio. Cumpri meu dever com o canal Europa 1 de falar sobre o Ciências e Cidadãos por ocasião das jornadas de Ciência em Festa.

Nos noticiários, a matilha aproxima-se de Tapie. Sem dúvida alguma, sou a favor de que a lei persiga o trapaceiro, mas, assim como em um filme em que se vê um sujeito caçado pela polícia após um assalto, a simpatia recai sobre o perseguido. Na verdade, quanto mais se persegue Tapie, mais sua popularidade política aumenta. Quanto menos se assemelha a um político que fala por meio de jargões dissimulados, mais se torna interessante ou seduz.

Chegou a hora da derrocada final? Mesmo eleito deputado europeu, ele não poderá beneficiar-se da imunidade parlamentar senão depois da primeira sessão do Parlamento, e apenas por fatos posteriores à eleição.

No momento em que os impiedosos organizam sua morte, o que sinto é piedade.

Segunda-feira, 30 de maio. Trabalhei lentamente em meu capítulo "Caminante".

À noite, na televisão, o filme *Adeus ao rei*[32], de John Milius, me chamou a atenção. Adoro esse gênero de filme-mito.

---

32. *Farewell to the King*, filme americano, de 1989, do diretor John Milius; no elenco: Nick Nolte, Nigel Havers e Frank McRae. Título francês, *L'adieu au roi*. (N.Ts.)

Em uma circular, Anne Lazarevitch faz uma narrativa sobre um paciente acometido de meningoencefalite. A infeção é tratada, mas o paciente permanece em estado de coma. Segundo os neurologistas, ele pode tanto despertar do coma quanto morrer, mas, se sobreviver, provavelmente terá profundas sequelas. Na presença do doente, sua esposa confessa à médica Nathalie que preferia que ele morresse do que vê-lo como deficiente. Nathalie responde: "Você poderia dizer-lhe que gostaria que ele vivesse". A esposa repete a frase e, no dia seguinte, o paciente desperta do coma sem nenhuma sequela neurológica. Tempos mais tarde, a esposa desse homem é acometida de um câncer de endométrio e não quer se tratar. No meio de uma longa conversa, em que tenta convencê-la a se cuidar, o nariz de Nathalie começa a sangrar. O sangramento cessa no exato momento em que a senhora sai de seu consultório.

Anne Lazarevitch vê nesses dois fenômenos a atuação de uma verdadeira função biológica que mistura inconsciente, percepção, representação e fisiopatologia. Para compreender esse fenômeno, acrescenta A. L., seria preciso não apenas mudar nossa concepção da biologia, mas também nossa concepção do mundo como um todo.

Na *La Recherche*, um artigo de Robert Rocchia confirma que no limite entre o Cretáceo e a Era Terciária um enorme objeto extraterrestre, de cerca de dez quilômetros de diâmetro, entrou em rota de colisão com a Terra e que, provavelmente, seu ponto de queda seria a origem da cratera de Chixculub, na Península de Yucatã, fato que explicaria o desaparecimento brutal de diversas espécies, entre elas a dos dinossauros, e teria favorecido o desenvolvimento ulterior de nossos ancestrais, os pequenos mamíferos.

Outro artigo sobre a preparação científica do Desembarque dos Aliados, em junho de 1944, demonstra que o cristalógrafo John Desmond Bernal, mente multidisciplinar e inventiva, havia conseguido antecipar os lugares em que os tanques que desembarcassem na Baía dos Arromanches correriam o risco de atolar na areia. O artigo de Sylvia Arditi mostra as astúcias empregadas por Bernal, que sem dúvida buscou referências principalmente em documentos medievais e cartas do século XVII. Finalmente, tudo estava previsto para um desembarque em maré baixa e tempo calmo (a fim de melhor superar os obstáculos construídos pelos alemães). Segundo Bernal, na verdade, foi a improvável tempestade que salvou o desembarque. De um lado, ela entorpeceu totalmente a desconfiança dos alemães, em seguida, "a maré fez os barcos passarem por cima dos obstáculos mais perigosos". Vou introduzir esse assunto em "A ecologia da ação"[33].

Outro artigo nos informa que a porcentagem de doentes que contraem infecções em certos serviços hospitalares atinge os 50 por cento.

Após a leitura desse número da *La Recherche*, tenho novamente o sentimento muito forte de que, mesmo sob o acúmulo do saber científico, somos impotentes em detectar o que é importante. A compartimentalização disciplinar agrava o mal. Torna-se cada vez mais urgente organizar melhor o saber e detectar os nós górdios do conhecimento.

TERÇA-FEIRA, 31 DE MAIO. Ontem à noite, jantar com Luan, Raffaele, Irène.

Luan chega a Paris para assumir o cargo de embaixador da República da Macedônia. Evocamos a situação balcânica. Ele me estimula a escrever um artigo "Pensar os Bálcãs". É verdade que todo mundo esqueceu o que foi a Europa otomana. Todos se recordam apenas – e ainda – da ameaça sobre Viena, da Batalha de Lepante, dos janízaros. A despeito das crueldades, esqueceu-se da tolerância religiosa, a convivência entre as nações. O que é destruído progressivamente é esse fundo de tolerância, de convivência.

---

33. Embora a ideia de "Ecologia da ação" apareça em várias partes da obra de Edgar Morin, ela se encontra explicitada no quarto saber – "Enfrentar as incertezas e a ecologia da ação" – que integra o livro *Les sept savoirs nécessaires à l'éducation du futur*, Paris: Seuil, 2000, texto-base do projeto da reforma do ensino médio coordenada por Edgar Morin em 1998, no final do governo François Mitterand. A ecologia da ação implica o reconhecimento de qualquer ação empreendida por um indivíduo, implica o aleatório, o acaso, o inesperado. Edição brasileira, *Os sete saberes necessários à educação do futuro*, tradução Catarina Eleonora F. da Silva e Jane Sawaya, revisão técnica Edgard de Assis Carvalho, São Paulo: Editora Cortez; Brasília, UNESCO, 2011. Essa segunda edição inclui nova apresentação. (N.Ts.)

A lista de Sarajevo se desfaz. Não gosto do modo como Roger-Gérard Schwartzenberg expressa seu desprezo. Magoado com a defecção de BHL e de outros, ele evoca o exemplo de Jean-Paul Sartre, para ele glorioso.

Trabalhei esta tarde, mas deixei as urgências se acumularem.

Junho

QUARTA-FEIRA, 1º DE JUNHO. Vou ao almoço do Clube do *L'Express* no qual Raymond Barre é convidado. Como de hábito, há muitos altos executivos, quase todos desconhecidos para mim, exceto José Bidegain, que encontrei no Simpósio Pioneiros de Marbella, a quem saúdo com o entusiasmo do beduíno solitário que encontra um rosto humano no deserto.

Pressionam-me a fazer uma pergunta sobre os intelectuais; para uma pergunta sem interesse, uma resposta sem interesse. Todo o debate político desse almoço está centrado na economia: competitividade, taxas de juros a longo e médio prazo. No que se refere à competitividade, Barre confessa que, no ano passado, havia sugerido que Édouard Balladur reduzisse em um terço os encargos das empresas que criassem novos postos de trabalho. Ninguém fala nada a respeito dos problemas de civilização. Esse é o reino do economicismo. O sentimento de impotência permite varrer Bósnia e Ruanda do foco de nossa atenção.

Raymond Barre aborda, também, a importância capital que a China e a Índia adquiriram, mercados gigantescos que se abrem para todos, principalmente para aos americanos, que a partir de agora têm o olhar fixo na Ásia. Um participante que compareceu ao encontro da Comissão Trilateral de Tóquio assinala que os americanos e os japoneses se intimidaram diante da China. Segundo Barre, o mundo evolui para um sistema multipolar que ainda não adquiriu formas claras e transparentes. A Europa encontra-se ainda mais reduzida, liliputizada, diante desse enorme conjunto formado pela Sibéria, China, Índia... Penso, porém, que em cada um desses espaços destinados ao desenvolvimento econômico também existem forças de deslocamento interno. O futuro é cada vez mais misterioso.

Quando se evoca a Europa dos cidadãos, Barre reitera sua reverência pela democracia, mas retorna à noção de Estado. Insiste na importância da França na Europa, a única potência militar forte e dotada da arma nuclear, uma vez que a Alemanha permanece militarmente limitada por sua Constituição. Ao sair, penso novamente nos danos que a corrida pelo lucro provoca: aumentos, desemprego, cronometragem. E no destino da Europa, que se fez graças ao "despotismo esclarecido" dos patriarcas fundadores, alternado com um despotismo simultaneamente esclarecido e obscurecido pela "econocracia" e a tecnocracia.

À tarde: reuniões no CETSAH.

O motorista do táxi que me conduz, furioso por ter sido fechado por um ônibus, vocifera: "São todos uns patifes". Ele me conta que já por duas vezes um desses ônibus bateu em seu carro. Essa é a maneira pela qual a indução, modo de conhecimento pertinente, torna-se perversa ou delirante quando generalizada para qualquer traço encontrado apenas em um ou dois casos. Motoristas de ônibus magrebinos, judeus, ciganos, chineses etc., todos colocados no mesmo saco... Em meu "Manual para estudantes", é preciso que eu dedique um lugar importante à indução.

Respondo a Jean-Francis Held, que prepara um dossiê sobre a "crise do modernismo", a ser publicado na *L'Evénement du Jeudi*. Ele me informa que, em seu romance, cita uma de minhas frases em epígrafe (tirada de onde?), segundo a qual, com Sônia e Raskolnikov[1], Dostoiévski estava há milhões de anos-luz à frente de Marx.

Dois jovens queriam que eu fizesse um comentário sociológico sobre o décimo aniversário do Trivial Pursuit[2]. Ouvi falar desse jogo "convivial", mas não o conheço... OK, eles irão me enviar a documentação.

---

1. O autor refere-se a Sônia e Raskolnikov, dois personagens do romance *Crime e castigo* (1886), do escritor russo Fiódor Dostoiévski. (N.Ts.)
2. Trivial Pursuit é um famoso jogo de tabuleiro, comandado por dados, que testa o saber dos jogadores em várias áreas do conhecimento. O jogo foi criado pelos canadenses Scott Abbott e Chris Haney. (N.Ts.)

Diante da insistência do professor Alain Bentolila, aceito participar da conferência de encerramento de seu colóquio de educadores, com a condição de que eu possa desenvolver minhas ideias obsessivas sobre a educação.

Enfim, reunião com André Furtsov. Trata-se de um russo, de 45 anos, que dirige o departamento afro-asiático do Instituto de Informação Científica das Ciências Sociais (da Academia Russa de Ciências), organismo que nos tempos de Leonid Brejnev analisava a literatura mundial em todas as ciências humanas e, com isso, tinha acesso a informações interditas.

Ele obteve uma bolsa de estudos de alguns meses nos Estados Unidos, depois uma bolsa de três meses na *Maison des Sciences de L'homme*. Interessado na palavra "método", ele adquiriu em uma livraria meus três primeiros volumes, em edição de bolso; em seguida, interessado na palavra "sujeito", comprou o *X da questão – o sujeito à flor da pele*. Mais tarde, encontrou Jean Gimpel (que em vista da eminente catástrofe que vai se abater sobre a humanidade, o convenceu a preparar o mais rápido possível um plano ORSEC), que havia citado meu nome e dado minhas coordenadas.

No telefone, ele já tinha dito que seria preciso abandonar todos os conceitos clássicos que definissem o sistema soviético e que trabalhava em um estudo centrado na ideia de *cratocracia* ou "poder do poder". Seduzido, pedi-lhe imediatamente um artigo para o número da revista *Courrier de l'Unesco* que preparo sobre a complexidade.

X da questão – o sujeito à flor da pele o interessou pelo fato de ele ter vivido uma experiência semelhante aos 29 anos de idade. Depois de ter sido diagnosticado com um câncer irreversível e internado vários meses em um hospital, ele descobriu que o diagnóstico estava errado. Mas durante o período em que se acreditava condenado aprendeu uma coisa: "não sentir pena de si mesmo: é o único modo de se suportar tudo".

O homem, que fez parte do grupo de conselheiros de Boris Yeltsin, é ativo, seguro de si, muito inteligente e sobretudo inventivo. Ele adianta que o golpe de agosto foi provocado não pela assinatura iminente do Tratado da União, mas sim pelo artigo 14, a diretiva sobre o Partido Comunista na qual Yeltsin dissociava, radicalmente, a organização do Partido do sistema de produção, o que não passava de outra coisa senão da liquidação de fato do poder do Partido. Na opinião de Furtsov, Gorbatchev e Yeltsin, separadamente, haviam estimulado os golpistas a agirem em agosto, pois no inverno seria impossível mobilizar a população em torno da Casa Branca russa[3].

Ele ressalta um fato extraordinário: durante seus setenta anos de poder absoluto, o Partido Comunista era uma organização clandestina: ainda que acima da lei, era um fora da lei, o mesmo acontecia com a KGB. O Partido era senhor do país inteiro, sem ter título de propriedade de nada. Ele dominava tudo, mas não tinha nada porque era dono de tudo. Ocorreu também que, desde a desintegração do sistema, o Partido ficou nu: não tinha nada de seu, nem seus imóveis, nem seus escritórios, nem nada. Por isso, foi necessário um trabalho enorme e oculto dos *apparatchiks* para se tornarem proprietários de uma parte do que possuíam sem ter títulos de propriedade.

No que se refere aos arquivos da KGB, a partir de agora disponíveis, ele afirma que os que tratam da história recente foram destruídos no segundo dia do golpe. Segundo ele, a verdadeira reforma da União Soviética começou com Leonid Brejnev, no chamado período de estagnação. Satisfeito com meu ar de incredulidade, ele me assegura que foi a corrupção que propiciou a reforma: ela começou a separar os interesses privados da sociedade civil dos interesses da máquina cratocrática. Dito de outra forma, a corrupção teria efetivado o começo de uma redistribuição "normal" do produto econômico. Para ele, Gorbatchev não fez mais do que dar prosseguimento a um processo já iniciado.

Ocorrem-me algumas objeções, mas sou invadido por essa torrente de ideias inesperadas que esclarecem de outro modo o que se acreditava conhecer.

Como ele está em contato com Immanuel Wallerstein[4], falamos da "história global". Ele afirma que, com o fim da modernidade e das hegemonias que dominaram o século, vivemos o fim da terceira

---

3. Em agosto de 1991, um grupo de dirigentes linha-dura do Partido Comunista da União Soviética depôs o então presidente Mikhaïl Gorbatchev, que passou três dias preso em uma dacha na Crimeia. O golpe fracassou e Gorbatchev assumiu novamente o poder. Em dezembro do mesmo ano foi decretado o fim da URSS e concedida anistia aos golpistas. (N.Ts.)
4. Immanuel Wallerstein (1930-). Sociólogo cujas ideias sobre a teorização do sistema-mundo são frequentemente referidas por Edgar Morin e Ilya Prigogine. (N.Ts.)

idade. Para o mundo de hoje, a queda do mundo soviético tem o mesmo significado que teve a queda de Bizâncio, em 1453, para o mundo medieval.

Pare ele, o acontecimento importante da história foi a revolução que, de Martinho Lutero ao Tratado de Vestfália, fez surgir o "sujeito histórico".

No que se refere ao futuro da Rússia, ele está convencido de que ela não será capitalista à maneira ocidental. Por outro lado, trata-se de um mundo tão à parte que a história da União Soviética não foi uma ruptura, mas uma repetição, em novos termos, de um processo que começou em 1440 (com Ivan III, o Grande, que estabeleceu um aparelho de Estado centralizado e pôs fim ao domínio tártaro). Ele me mostra a tabela dos ciclos repetitivos, mas o tempo passa e eu preciso voltar para casa para o jantar com Jacques-Francis Roland.

Mesmo assim, ele engata o assunto do politicamente correto, que descobriu nos Estados Unidos. "Se eu fizer assim, de longe, para uma mulher (e ele imita um beijo), posso ser condenado por isso." Por outro lado, continua ele, muitos nomes foram "desmasculinizados": os *firemen* [bombeiros] agora são os *firefighters* [combatentes do fogo]. Quanto aos ecologistas ingleses, eles agora exigem que não se diga mais *fish* para designar os peixes, mas sim *ichtyofellow*, ser ictiológico, e *genocídio contra os ichtyofellows* quando alguém se refere à pesca.

Jantar com J.-F. R. e Flavienne. Eles partem amanhã para Brugassières, sua residência na costa de Saint-Tropez. Mais do que nunca o mesmo, ele me provoca expressando seu desprezo pelos *"bougnoules"*[5] e pelos "proletários": assim, o gato castrado Fifi, que ele criava, foi selvagemente atacado e morto "por um bando de gatos proletários".

Quando ele exclama: "Sem Estado muçulmano na Europa", eu o recordo de que os otomanos se mostraram religiosamente tolerantes durante seu império: ele quer que tudo se dane, que a Bósnia se dane.

---

5. *"Bougnoule"* origina-se da palavra senegalesa *"bougnoul"* que significa "o negro" para diferenciar do *"toubab"*, "o branco". É comumente usada para se referir de maneira pejorativa e depreciativa aos negros, árabes, magrebinos, latinos etc. (N.Ts.)

Ele continua: "Abaixo os vencidos, a história é feita pelos vencedores". "Então você é a favor do Bispo Cauchon e contra Joana D'Arc?" Ele hesita: "Precisaria examinar o caso de perto..."

Argumento ainda que o comunismo vencedor acabou sendo vencido, como aconteceu antes dele com o nazismo vencedor; os dissidentes vencidos felizmente acabaram vencedores... Ele não dá a mínima, quer viver tranquilo, vira as costas para a história, para as tragédias.

Comentando o assunto dos apartamentos, explico a Flavienne o quanto me sinto atraído pelo modo como eles vivem entre Paris e Tillard. Edwige, porém, está com a ideia fixa no belíssimo apartamento, muito caro, financeiramente inacessível e isolado, no último andar de um prédio de escritórios, ao qual se chega por um velho elevador...

Quinta-feira, 2 de junho. Não consegui estar fisicamente presente na reunião da Fundação Trois Suisses. As dificuldades morais que hoje me assaltam deixam-me em frangalhos. Penso nos últimos anos de vida de meu pai e me pergunto se também não vou terminar meus dias sem poder encontrar a paz. Mas ele tinha um "lago interior" no qual podia se refugiar. Eu sou um ansioso; quando me refugio em mim mesmo, sou dominado pela angústia.

No pior momento, sobrevém o feliz.

Li com interesse e emoção a revista *La Lettre Sépharade*[6], iniciativa louvável da família Carasso. Fico sabendo que Vidal é de origem catalã. Leio ali, também, a receita do *sfongato de queso*[7], que guardo comigo.

Em sua carta de Buenos Aires, Raul Motta escreve-me de modo especial:

"Lentamente, há dois anos, começa em nossa sociedade um movimento político-social que se distingue da oposição contestatária e reativa, para começar a analisar o presente sem o fatalismo implícito dos velhos programas ideológicos e do progressismo ingênuo... Para

---

6. *La Lettre Sépharade* é uma revista fundada e dirigida por Jean Carasso, publicada entre 1992 e 2007, em um total de 57 números, cujo objetivo era difundir e preservar a cultura da Espanha judaica pelo mundo. (N.Ts)
7. O *sfongato* é um prato típico da culinária salônica. A receita a que o autor se refere encontra-se no nº 10 da revista. Ingredientes: 6 ovos inteiros, 150 g de queijo feta ou Gervais. Bater bem, colocar em uma forma untada com azeite e levar ao forno brando. O prato assemelha-se a um suflê de queijo. (N.Ts)

nós, a conquista do presente é um duplo desafio, de um lado, porque nossos políticos e intelectuais devem retornar de um futuro do qual nunca fizemos parte. De outro, porque nossa sociedade, bem como toda a América Latina, deve reconciliar-se com o passado e, a partir de então, reinventar nosso próprio caminho no desafio da planetarização. Esse processo é possível unicamente a partir de um presente retroprogressivo, sustentado por um pensamento inscrito na complexidade."

Ele me fala, ainda, de uma luta invisível e ingrata nos círculos acadêmicos e políticos pela percepção da complexidade, mas ressalta que uma importante exigência transparece nessa temática, ela tem relação crescente com a lucidez e "a intempérie" intelectual que envolvem a juventude e a sociedade. Ele me informa que, com alguns outros, pretende se ocupar da criação de um instituto latino-americano das ciências da complexidade.

Embora eu já esteja farto de coquetéis, vou à recepção em honra de Octavio Paz, organizada pelo ministro da Cultura, Jacques Toubon. Paz é, de fato, o grande espírito contemporâneo. Apesar de não vê-lo há vinte anos, ele me reconhece e, como diria Jean Daniel, fico muito feliz com o fato de "que ele consinta em demonstrar alguma amizade por mim". Troco, também, duas ou três frases com o ministro defensor da língua e termino com um *"concordo plenamente"*.

Alguns desconhecidos incensam meu ego, dizem ter apreciado meu artigo sobre a Guerra da Bósnia publicado no Le Monde de ontem. Alguém diz ao ministro: "Ele é admirável, o senhor não acha?". E Toubon, que ou não o leu, ou não ficou muito contente com o que leu, responde: "Estou inteiramente de acordo".

Sexta-feira, 3 de junho. Fico progressivamente envolvido pelo aniversário do Desembarque dos Aliados na Normandia. Isso é bonito nos aniversários, a ressurreição subjetiva e afetiva do passado. A Time Magazine reproduz os acontecimentos de junho de 1944 e publica testemunhos, entre eles, o do ex-coronel alemão Von Suck, que comandava a única divisão blindada perigosa no fronte da Normandia. Tendo observado o salto dos paraquedistas, ele interroga os que foram feitos prisioneiros.

O oficial mais graduado entre eles revela a que unidade pertence, mas quando lhe perguntam: "Trata-se de um raide?", ele se recusa a responder. Quando o oficial alemão insiste, ele diz às gargalhadas: "Mas não, seu imbecil, é o desembarque, e vamos direto para Berlim". Como havia recebido ordens de defender suas posições, mas não atacar em caso de desembarque, Von Suck quis alertar seus superiores. Em vão: Erwin Rommel está de licença, e no QG de Hitler asseguram-lhe que ele, Von Suck, caiu na armadilha dos anglo-americanos. Quando fica claro que se trata mesmo do desembarque, ele continua sem receber a ordem de contra-atacar, quando, de fato, poderia ter repelido e destruído o avanço em seu setor. Quando a ordem finalmente chega, ele consegue alcançar uma elevação que domina a praia do desembarque, mas uma represália rápida dos canadenses o expulsa e sua divisão é dispersada. Na verdade, uma quantidade incrível de acasos marcou esses dias, uns favoráveis aos Aliados, outros desfavoráveis. E foi finalmente esse pequeno "a mais" favorável que garantiu a vitória da Operação Overlord.

No dia 6 de junho de 1944 pela manhã, indo não sei mais a que reunião, atravessei o Boulevard Montparnasse e entrei em um bistrô, onde fui acolhido por um grande clamor. "Eles desembarcaram!" A informação espalhou-se por toda Paris em velocidade supersônica, ecoando em todos os bairros pelos quais circulei naquele dia.

Às 11h30, chego à sessão plenária de três dias do colóquio Ciências da Comunicação, para a qual Dominique Wolton me convidou, a fim de retraçar a pré-história dos estudos da comunicação, inaugurados pelo Centro de Estudos das Comunicações de Massa, fundado em 1960, por Georges Fridmann, Roland Barthes e eu. Aproveito minha exposição para repetir que minha luta não é apenas contra a "cretinização da esfera inferior" (as mídias), mas igualmente contra a esfera superior (as elites universitárias). No momento das questões, Uli Windish pede-me para precisar o que entendo por "cretinização da esfera superior", e isso me irrita. Prazer de reencontrar Serge Proulx e Daniel Bougnoux.

Carta de Noëlle Burgi que me dá prazer.

No boletim do clube Ciência, Pesquisa e Sociedade, François Bédarida escreve que "A história não é um tribunal", eu acrescentaria: um tribunal não é um historiador.

No texto de André Furtsov sobre a "cratocracia", encontro muitas convergências com o que eu havia escrito em *A natureza da União Soviética*, exceto que ele rejeita a palavra totalitarismo entendida em seu sentido banal (tudo controlado pelo Estado), enquanto eu era dos que antecipavam que, nesse sistema, o Estado é fraco porque está totalmente nas mãos do Partido.

O autoritário não sabe que é autoritário, sobretudo se tem outros traços de caráter. Lembro-me de que Violette e eu havíamos perguntado a Véro, então com 6 anos, quem de nós dois era autoritário. Amedrontada, ela não quis responder. "Pode dizer", repete Violette com voz doce, "nenhum de nós vai repreender você." Finalmente, Véro responde: "Você, mamãe". Violette furiosa: "Como você se atreve a me chamar de autoritária, sua pequena cretina!?".
Por que penso nisso? Não revelarei neste diário.

SÁBADO, 4 DE JUNHO. Ontem à noite, jantar em casa com Chobei Nemoto, que acaba de chegar de Tóquio, e os Rochemaure. Boa harmonia entre nós todos. Edwige preparou um exótico gaspacho e um delicado carneiro ao *curry*, e eu abri meu Château Latour – se eu fosse rei, esse seria meu vinho cotidiano.
Nemoto explica que na juventude, desconfortável com sua niponicidade, atraído pela literatura francesa, havia estudado francês e, depois, passado uma parte de sua vida como correspondente do *Ashahi Shimbun* em Paris e Roma. Hoje em dia, ele se assume outra vez como japonês, ou melhor, interessa-se por suas raízes japonesas. De resto, o sobrenome Nemoto significa "raiz" (mas o nome Chobei evoca os graciosos personagens da literatura japonesa do último século). Ele se reconcilia não com um Japão fechado, mas com o Japão que recebeu sua escrita e sua arte da China, via Coreia, no século VII.

Quando ele nos fala do complexo de inferioridade do Japão em relação à Europa, menciono Porto Artur[8]. "Sim", diz ele, orgulhoso, "era a primeira vez que um exército amarelo vencia um exército branco, mas isso não eliminou nosso complexo de inferioridade, só acrescentou a ele um complexo de superioridade. E quisemos imitar a Europa em tudo, mas com meio século de atraso. Como a Europa possuía colônias, nós colonizamos a Manchúria. Mas, com esse meio século de atraso, o que era uma honra se tornou um crime aos seus olhos".

Contrariamente ao que eu acreditava, ele me afirma que os japoneses não são xenófobos. Hoje em dia, como os jovens camponeses nipônicos não encontram mais mulheres que queiram permanecer no campo, importam-se mulheres filipinas, que são adotadas muito cordialmente por seus sogros camponeses. "E nas cidades?" "Atualmente temos iraquianos, iranianos, diversos imigrantes, e não há manifestações de rejeição como ocorre na Alemanha ou na França." (Parecia-me, no entanto, que os coreanos... mas não prolongo mais a discussão.)

Pergunto-lhe se o desejo das jovens japonesas de trabalhar fora, agora generalizado, não vai conduzir à desagregação da cultura japonesa, fundada no lar, na conservação dos costumes e do gênero de vida tradicionais... ele não acredita que isso aconteça... as mulheres não terão tempo de cozinhar, mas encontrarão seus pratos na sessão de congelados...

Falamos da Bolívia, para onde Jacques deve ir dentro de alguns meses com a missão de lutar contra a reincidência da tuberculose nas regiões andinas. Em seguida, falamos da União Soviética: Chantal recebeu de Ronsac os livros sobre as atividades da KGB. Mas, como vive totalmente alheia a esse universo, ela me pergunta: "Mas quem era esse sujeito que Stalin mandou assassinar?". Fico muito contente de lhe fazer uma pequena biografia de Leon Trotski; recordo as circunstâncias de seu assassinato e evoco o acaso, em Vanves, que me tornou vizinho de uma assustadora stalinista que, eu ignorava na época, era irmã de

---

8. Travada entre 8 e 9 de fevereiro de 1904, a batalha de Porto Artur foi o combate que deu início à guerra russo-japonesa. Começou de surpresa, com um ataque noturno da esquadra de destróieres japonesa contra a frota russa ancorada em Porto Artur, na Manchúria, e continuou até maio de 1904. A derrota da marinha russa ali não era apenas inconcebível para o mundo, ela traria consequências terríveis para o Czar Nicolau II e para o regime imperial russo. A perda da confiança do povo russo nos militares, desde a nobreza até os servos mais comuns, foi a causa direta da Revolução Russa de 1905. (N.Ts.)

Ramón Mercader, o assassino de Trotski. Por ocasião de minha exclusão do Partido, ela exclamou: "Não se deve jamais frequentar alguém que foi expulso do Partido, não há nada pior do que isso!".

Separamo-nos. Louça para lavar.

Em uma carta de Jean-Yves Chevalier, encontro esta citação de André Siegfried: "A decisão nos toma com mais frequência do que a tomamos". Pessoalmente, eu diria: "Nós tomamos a decisão que nos toma".

Domingo, 5 de junho. Essa é a beleza dos grandes aniversários, o acontecimento passado ressuscita, adquire vida, toma conta de nós. Assim, o aniversário do Desembarque Aliado na Normandia, em 6 de junho de 1944, tomou conta de mim. No jantar de ontem com os Rochemaure e Nemoto, mantive minha ideia de que convidar os alemães para a comemoração seria insistir no sentido da guerra como guerra contra o nazismo e não contra a Alemanha, e insistir que o Desembarque foi a libertação da Europa, inclusive da Alemanha. De súbito, percebo que, em junho de 1944, o Japão não só estava do outro lado do mundo, mas em plena guerra e que, para eles, o fim de tudo foi Hiroshima e Nagasaki. Sem dúvida alguma, o Japão vivia sob uma ditadura, embora não "totalitária". Nemoto me disse que, para os japoneses, a chegada dos americanos, evidentemente, não foi sentida como uma libertação.

Durante o jantar na casa de Michel e Hélène Maffesoli, relembro mais uma vez o Desembarque ainda mais satisfeito por estar sentado em frente de uma jornalista que realizou uma reportagem para sua revista na Normandia. Menciono as miríades de acasos que se interpenetraram e combinaram para, finalmente, influenciar no sentido da vitória aliada (penso que deveria dar esse exemplo para explicar o que é uma estratégia, método para adquirir o máximo de certezas e evitar o máximo de erros, para induzir o inimigo ao erro e inspirar-lhe a incerteza, e, durante o percurso, saber modificar o desenrolar da ação, segundo os acasos e informações).

Indiferente à conversação, Michel fecha-se cada vez mais em si mesmo. Vivaldo da Costa Lima, esse "sábio" de Salvador, na Bahia, parece alheio aos nossos assuntos, tão particulares ao hexágono francês. Um jantar é como uma maionese, é preciso dar liga. Seu êxito depende de um calor comunicativo, fonte de cumplicidade e bem-estar, e mesmo de uma excitação, de onde se combinam palavras de espírito, brilhantismo e comensalidade. Isso quase sempre acontece na casa dos Maffesoli, essa noite, porém, a maionese desandou...

Volto a pensar nas ideias de Foursov que vê o nascimento do sujeito histórico com Lutero. Sim, Lutero confia em seu julgamento contra a autoridade sagrada da Igreja, mas encontra sua força na certeza de interpretar a verdade do texto ainda mais sagrado. No passado, Joana d'Arc ousava contradizer um tribunal da Igreja, animada pela verdade que acreditava receber dos enviados de Deus. Ainda no passado, Antígona transgredia a interdição do Chefe da Cidade, porque obedecia a injunção sagrada de dar uma sepultura a seu irmão. O sujeito histórico precisa ser investido de uma missão sagrada... Enfim, será preciso refletir sobre tudo isso...

Festa de aniversário da pequena Vera na casa de Pepin e Cécile. Pepin e eu evocamos nossos projetos comuns, entre eles o necessário apoio que a Fundação Europeia da Cultura deveria conceder ao futuro Instituto Europeu das Ciências da Complexidade que se estabeleceria em Aix.

Com um professor de ciências políticas, estudioso da cultura russa, evoco a inusitada situação criada pela ilegalidade de fato do Partido Comunista e a ausência de todo e qualquer título de propriedade na extraordinária máquina econômica. Segundo ele, um economista americano ultraliberal teria declarado que a União Soviética deveria primeiro ter nacionalizado tudo para, depois, privatizar.

Quanto aos arquivos, ele insiste no fato de que os arquivos da KGB não contêm necessariamente a verdade. Assim, para se vangloriarem, os agentes secretos citavam como informantes gente do alto escalão que não foram senão interlocutores ocasionais. Uma socióloga presente acrescenta que, graças às imagens de síntese, em breve se poderão criar documentos históricos trucados, introduzindo um personagem fabricado que faz declarações inventadas no meio de um filme, aliás totalmente realista. Mais uma vez, quanto mais possibilidades houver de verdade, mais chance haverá de distorções e de mentiras...

À noite, após o interessantíssimo programa de Marc Ferro sobre o 6 de junho – com a participação do filho de Erwin Rommel, de Adolf von Thadden, do historiador russo Naumov, de um historiador inglês e de um americano –, assisto ao filme *O mais longo dos dias*[9], já começado, que me faz reviver a epopeia de modo extraordinário. A película já havia me impressionado quando a vi pela primeira vez, no momento em que escrevia *X da questão – o sujeito à flor da pele*.

Fico cada vez mais sensível a essas miríades de microbatalhas em meio à batalha, quase sempre isoladas umas das outras, cada uma comportando seus imprevistos e que, no entanto, todas juntas, efetivaram essa gigantesca batalha.

SEGUNDA-FEIRA, 6 DE JUNHO. Somos quase totalmente sonâmbulos.

De manhã, na France Info, o Desembarque Aliado na Normandia.

No noticiário das 13h, no canal TF1, vejo uma reportagem sobre os locais onde aconteceu o Desembarque. As lembranças mais comoventes não são as dos libertados, mas as dos libertadores, hoje septuagenários e octogenários, de retorno aos locais onde saltaram de paraquedas, aos locais de seu desembarque, de seu combate. Um fragmento da reportagem foi consagrado a todos os jovens mortos nessa terra desconhecida, a nossa. No final, fico com os olhos marejados de lágrimas. Vivam as mídias! Sem a televisão, não haveria uma invasão tão profunda do passado em nossas almas!

TERÇA-FEIRA, 7 DE JUNHO. O desembarque ainda está presente em meu espírito enquanto o táxi me conduz ao Aeroporto Roissy para o voo a Milão: Samuel Fuller fala da "areia vermelha de sangue americano", dos homens abatidos antes mesmo de alcançarem a praia, do raide épico, heroico, sangrento, e afinal inútil, sobre a falésia de Ha, o bombardeamento da cidade de Caen, que ficou 90 por cento destruída por

---

9. *The longest day*, filme americano, de 1962, dos diretores Ken Annakine e Andrew Marton; no elenco: John Wayne, Robert Ryan e Richard Burton. Título francês, *Le jour le plus long*. (N.Ts)

causa de um erro do general Bernard Montgomery... Penso novamente no título de um artigo do jornal *Liberation*, "Se o desembarque houvesse fracassado".

Leituras na sala de embarque e no avião: o primeiro congresso dos responsáveis ciganos realizado em Sevilha. Existem mais de oito milhões de ciganos na Europa, dos quais mais de 65 por cento são analfabetos. Por toda parte, eles são vítimas da rejeição e do desprezo.

Morte de Henri Desroches. Morte de Toto Bissainthe.

As sombras da vitória: quinhentos mil soldados e civis croatas refugiados na Áustria, porque desejavam se render às tropas anglo-americanas, foram desarmados, internados em campos e, finalmente, repatriados pelos ingleses para a Iugoslávia libertada por Tito: 150 mil deles serão imediatamente fuzilados ali.

E quantos russos e soviéticos foram liquidados após terem sido repatriados para a União Soviética?

Interessantíssimo o número da *Dirigeant* sobre a organização do território. Segundo a DATAR[10], não se trata mais de organização, mas da reconquista do território apresentada como "um verdadeiro projeto de sociedade". Podemos começar a mudar de via.

Na *Eléments*[11], segundo Egon Vietta, o Heidegger tardio convidava para um salto além do pensamento moderno, da representação, do cálculo, da planificação, em prol de um novo começo, o do se deixar ser, o do ouvir e o da vigília...

Igualmente, um artigo sobre Hannah Arendt que, em seu prólogo à condição do homem moderno, diagnosticava uma aspiração de se fugir da condição humana terrestre no desejo, inspirado na ficção científica, de deixar a Terra para povoar outros mundos estelares.

---

10. Delegação Interministerial para a Organização do Território e para a Atratividade Regional. (N.Ts.)
11. *Éléments pour la civilisation européenne* [Elementos para uma civilização europeia], ou simplesmente *Éléments* como é conhecida, é uma revista trimestral que trata de temas culturais, políticos, sociais e científicos, publicada pela *Éditions du Labyrinthe*, desde 1973. (N.Ts.)

Na mesma revista, um artigo sobre os videofilmes pornográficos de Laetitia Pasquini, principalmente a série *Intimidade Violada por uma Mulher*, que "mostra a face perturbadora da realidade".

Finalmente, um artigo sobre Eugen Drewermann, o teólogo herético.

Leio os três artigos de Maurice Allais no exemplar do *Le Figaro* que a Sra.Vié guardou para mim. Ideias cruéis sobre a ciência econômica fechada em si própria: "Em economia tudo depende de tudo, tudo influencia tudo". Ele cita Friedrich von Hayek: "Ninguém pode ser um grande economista se for apenas um economista". Ele acrescenta que um economista que é apenas economista, "se torna nocivo e pode até mesmo constituir um verdadeiro perigo".

A respeito da Europa: em todo caso, a União Europeia não poderia reduzir-se nem à dominação irresponsável dos novos *apparatchicks* de Bruxelas, nem a uma vaga zona de livre-comércio mundialista, nem ao restabelecimento da soberania absoluta dos Estados. Ela permanece "uma via a ser encontrada" para se construir a Europa.

No número da *Diogène* sobre o caos, encontro formulações de Tito Schabert que me agradam:

"O mundo é a comunidade do que não tem comunidade. Cada coisa e cada ser existem na divisão do todo. E ele não é todo senão em virtude de sua divisão. Em si própria, cada parte exclui o todo. O mundo como mundo é dispersão. E tudo está em comunidade. Isso porque, tomados como partes, cada ser e cada coisa fazem parte do todo; eles participam do todo, como qualquer coisa ou ser; em sua ligação com o todo, cada um é semelhante a cada um; cada um faz parte do todo. É em suas partes que o mundo verdadeiramente se constitui. Existe uma história no fundo de todas as coisas: elas se dispersam e se reúnem. Ali está o caos e ali está a criação. E ali estão as coisas, juntando-se umas às outras no caos e na criação. Elas estão entre dois ou, mais precisamente, elas são o advento do mundo que constitui essa comunidade do que não tem comunidade..."

Chegada a Milão. Conduzem-me ao Hotel Manin, onde tenho um quarto do jeito que gosto: no sexto andar, com vista para um vasto jardim, para uma grande árvore muito frondosa e, na frente, muito céu.

Permaneço ali um pouco mais, pois ainda falta uma hora para a primeira entrevista. Depois, desço e vou ao encontro dos jornalistas e de um renomado fotógrafo que me obriga a fazer poses idiotas em lugares bizarros. Mario Quaranta veio de Pádua. Chega Mauro Ceruti. Confio-lhe minha preocupação.

Conferência no Instituto Francês. Decididamente, habituo-me às salas cheias em que o excesso de público é deixado de fora. Depois, debate com Giulio Giorello, Giancarlo Bosetti, Mauro Ceruti, Gianluca Bocchi. Esse último é candidato ecologista, e seu manifesto "por uma Europa da diversidade" tem o apoio familiar de nossos amigos comuns e certamente o meu.

Jantar ao ar livre, sob uma tenda, em uma *trattoria* de boa fama. Antepasto de frutos do mar, espàguete à butarga[12], panachê de peixes grelhados, seguido de um delicioso queijo sardenho que não é *pecorino*. Vejo-me mergulhado no berlusconismo. Os intelectuais de esquerda estão grogues. Fico sabendo que meu amigo Scarpelli, que dirigia a *Casa della Cultura*, local em que eu costumava fazer minhas conferências, aderiu à máquina berlusconiana.

A respeito da memória histórica, Mauro nos conta que em uma prova para estudantes de 24 anos ele perguntou: "Quando viveu Darwin?". Uma estudante respondeu: "Em 1492". Outra: "Não sei". A uma terceira, perguntou: "Quando o primeiro homem pisou na Lua?" "No fim do século XVIII."

Mauro me acompanha ao hotel. Na televisão vejo um *reality show* em que uma corajosa septuagenária fala de seus amores. A lição é sempre a mesma: "não parar nunca". Um *show* italiano com lindas jovens de seios fartos. Depois, os noticiários do canal *France 2*, adormeço e deixo a janela aberta.

---

12. Ovas de peixe salgadas e secas, revestidas com cera de abelha para evitar a deterioração. Preparada com espaguete ou outro tipo de massa, a butarga é uma especialidade da culinária mediterrânea pouco conhecida no Brasil. (N.Ts.)

Quarta-feira, 8 de junho. Levanto muito cedo. No saguão do aeroporto, noto que toda a imprensa italiana faz suas manchetes baseada no discurso de Silvio Berlusconi contra a RAI, Rádio e Televisão Italiana: "*Basta con questa RAI*". Proprietário de três redes de televisão, ele critica violentamente essa televisão "anormal", hoje nas mãos dos partidos de oposição, sempre hostil à maioria e em *deficit* crônico. Protesto violento. Um oponente assinala: "Esses três canais não lhe bastam, ele quer também os três canais públicos!"

Ressalto a expressão de Gianfranco Fini: "O Desembarque na Normandia assinala o fim da civilização europeia".

Segundo o jornal *La Repubblica*, foram encontrados ao largo da Groenlândia, há três mil metros de profundidade, vestígios de cinzas expelidas na explosão do vulcão de Santorini, na Grécia, há três mil e seiscentos anos!

No mesmo jornal (a menos que seja no *Il Giornale*), a resenha do livro de um judeu italiano, naturalizado israelense, revela que cinquenta mil judeus, fugitivos da Croácia, França, Tunísia, não foram reenviados aos nazistas pelos italianos, embora Benito Mussolini tivesse cedido à solicitação de Joachim von Ribbentrop. Essas instruções teriam sido sabotadas, principalmente por Galeazzo Ciano, ministro das Relações Exteriores e genro de Mussolini, e por um alto funcionário cuja esposa era judia.

No Airbus, continuo a leitura de Yi-zhuang Chen. Termino seu capítulo sobre Hegel. Chen o regenera para mim, partindo da ideia de que Hegel, ao querer compreender primeiro a vida, a entendeu como a união da união com a não união. Ele ressalta a dialética como "caminho que constrói a si mesmo" caracterizando a "síntese" não como "superação" do antagonismo tese-antítese, mas como união da síntese e da antítese ou "união de contrários de duplo nível'". Chego, então, a Fang Yizhi.

Regresso cansado. Vou até o Mac, depois me lembro de que devo sair. Revejo Noëlle Burgi, muito feliz: ela encontrou o homem de sua vida e, na própria Sorbonne, o laboratório que procurava. Depois, por profundo respeito, vou até a Sala Coty no Senado, onde se rende homenagem a Jean Fourastié[13].

Um fax de Jean-Louis Pouytes, que voltou para a Espanha, me informa que a gata Gulosa foi esmagada por um carro, mas que os outros gatos vêm sempre à sua casa em busca de comida.

Recebi o livro de Octavio Paz sobre o amor. Vou lê-lo amanhã durante o percurso no TGV. Penso que o amor é a união de duas religiões que possuem, cada uma, força infinita. A primeira religião diviniza o ser amado e proporciona o êxtase da contemplação. A segunda, via encontro sexual, conduz ao êxtase aniquilador do ato do amor. Uma e outra nos conduzem à exaltação sagrada, uma por meio da elevação sublime, a outra pelo mergulho na loucura genésica. Essas duas religiões podem ser separadas e caminhar isoladamente uma da outra. Sua união conduz ao duplo êxtase.

Jantar na casa de Cornelius e Zoé Castoriadis, com o casal Octavio Paz e o casal Julian Mesa. Aos 80 anos, Paz continua um homem muito ativo, jovial. Para mim, ele é o grande espírito vivo deste século. Lembramos nosso encontro no México, há vinte anos, e da cerimônia em honra do Marquês de Sade, que André Breton[14] organizou na casa de Joyce Mansour (meu Deus, isso foi há trinta... quarenta anos?). Eu o coloco a par da descoberta dos documentos da KGB sobre o assassinato de Andrès Nin[15]. O jantar é bastante cordial. Tento comer pouco, não beber...

---

13. Jean Fourastié (1907-1990). Economista francês, marcou profundamente a segunda metade do século XX. Autor de mais de quarenta livros, traduzidos em diversas línguas, notabilizou-se por ter inventado a expressão "Os trinta gloriosos" para se referir ao período de prosperidade alcançado pela França, desde o fim da Segunda Guerra Mundial até 1973. (N.Ts.)
14. André Breton (1896-1966). Médico psiquiatra, escritor e poeta, considerado o fundador do Surrealismo. Logo após a publicação de seu primeiro *Manifesto surrealista*, em 1924, Breton lançou, também, o primeiro número da revista *A Revolução Surrealista*, considerada escandalosa e revolucionária. Entre os números da publicação, um tratou especificamente da crescente fascinação contemporânea pela perversão sexual, revelada em um artigo de Paul Éluard celebrando a obra do Marquês de Sade, preso durante quase toda a vida por causa de seus escritos considerados imorais. Textos e imagens influenciados por Sade, Breton e Salvador Dalí também foram incluídos na revista. (N.Ts.)
15. Andrès Nin (1892-1937). Professor e jornalista, um dos chefes do Partido Comunista da Espanha, assassinado a mando de Stalin. (N.Ts.)

Quinta-feira, 9 de junho. Fadiga matinal. Não consigo trabalhar no Mac, ocupadíssimo com a correspondência e as arrumações.

Sesta após o almoço.

Sexta-feira, 10 de junho. Partida em TGV para Aix-en-Provence.

O *Le Monde* de ontem publicou um artigo sobre o estado de graça na África do Sul: ausência de violência, tanto de um lado como de outro, paz civil inusitada. "Um alto funcionário *afrikaner* constata que não precisa se fazer perdoar por seu ministro negro pela cor de sua pele." Isso mostra qual pode ser a virtude do eletrochoque pacificador de um grande ato de concórdia, de reconhecimento, de igualdade, de um lado, de perdão pela ofensa, do outro, que Frederik de Klerk e Nelson Mandela efetivaram.

Esperemos que isso dure[16].

Ocorrerá o mesmo em Israel e na Palestina? Isaac Rabin não é um Frederik de Klerk: até o presente, falta-lhe uma dimensão de magnanimidade. Nos encontros, foi sempre Yasser Arafat quem lhe estendeu a mão.

O Libé menciona o assassinato de um velho mendigo por dois jovens que se divertiam em um "jogo interativo". Fix me abriu uma janela para o universo dos jogos interativos. Mas eu fiquei de fora, como aconteceu no Trivial Pursuit, mesmo sabendo que esses dois jogos teriam me apaixonado. Sem que eu tenha percebido, minha vida se fechou insensivelmente. Paradoxo: ela não é isolada o bastante e, no entanto, é bem fechada.

A *Time Magazine* afirma que as ameaças norte-coreanas de guerra atômica seriam sérias. Ela cita um artigo do jornal *Hong Kong Standard*: "Existe um laço entre os que foram mortos na Praça Tien An Men e os que tombaram na Normandia. Eles não se tornaram fracos, nem cínicos. Não perderam sua fé nos ideais de liberdade e de democracia". Outro artigo sobre a fantástica mobilização industrial da América entre 1943 e 1944. Um desenho ilustra a enormidade de meios empregados

---

16. No original, *"Pourvu qué ça doure!"*, expressão empregada pela mãe de Napoleão, Maria Letizia Bonaparte, ao evocar as vitórias de seu filho. (N.Ts.)

na Normandia e a ausência de qualquer esforço na Somália, na Bósnia, em Ruanda.

O jornal do CNRS publica uma pesquisa, conduzida pelo Centro de Pesquisa de História Quantitativa da Universidade de Caen, sobre a morte de civis nessa cidade por ocasião do Desembarque: a avaliação de cem mil vítimas, feita em 1944, baixou depois para cinco mil e, no decorrer do tempo, para três mil; hoje está fixada em duas mil (sobre dez mil mortes de civis na Normandia, na época do Desembarque).

Um número redondo, global, inspirado pelo horror de uma destruição, de uma hecatombe, passa a ser considerado como dogma até que as pesquisas históricas se desenvolvam.

De modo semelhante, partiu-se de números redondos nos casos de Auschwitz, do *gulag*, de Pol Pot. As verificações históricas, quando podem ser realizadas, fazem com que a revisão dos números seja para baixo. Nesse caso, as vítimas, ou seus descendentes, têm a impressão de que se quer atenuar o mal e as perdas sofridas, sem se darem conta de que as novas cifras são em si mesmas impressionantes.

Segundo o *Globe*, uma parte cada vez mais importante dos narcodólares é lavada nos Bálcãs e contribuiria para financiar as milícias sérvias e croatas; as milícias muçulmanas os trocariam por armas com alguns contingentes da ONU.

Já faz bastante tempo que a droga se transformou em uma arma política para financiar os guerrilheiros na América Latina e no Afeganistão. Ela desempenha seu papel não apenas na paz (quer na patologia, quer na economia), como também na guerra.

No *L'Intranquille*, uma pequena brochura que contém os resumos dos artigos de seus números 2 e 3, encontro uma informação sobre a catástrofe armênia de 1915-1916 (número difícil de estabelecer: em 1914, havia na Turquia de dois a 2,5 milhões de armênios, em 1918, não restavam mais do que algumas centenas deles). Esse crime está ligado à formação do Estado-nação turco sobre os escombros do Império Otomano.

Hoje em dia, tudo o que subsistia da tolerância religiosa característica nos quatro séculos do sistema imperial otomano se desintegra sob as investidas furiosas dos Estados-nações monoétnicos e monorreligiosos em formação: ver a ex-Iugoslávia.

Um documento estabelece que a fome de 1932-1933, na Ucrânia, teria matado nove milhões de pessoas, enquanto o número de ucranianos civis e militares mortos na Segunda Guerra Mundial eleva-se a 5,25 milhões. Foram precisos sessenta anos para que esse quase-genocídio fosse rememorado pela primeira vez. Mais um crime contra a humanidade permaneceu no silêncio.

Não posso impedir-me de pensar, ainda uma vez, que, para conservar a unicidade da Shoah, o egocentrismo judeu desvaloriza e banaliza tudo o que foi perpetrado pelos nazistas contra os ciganos, pelo comunismo contra os *koulaks*[17], os dissidentes, os deportados, os intelectuais etc.

Destaco na *Revue des Sciences Religieuses* uma resenha do livro de Jean-Marie Matthieu, *Le nom de gloire, essai sur la Qabale*, [*O nome da glória, ensaio sobre a Cabala*], que "se situa na tradição venerável da Cabala cristã, ilustrada por grandes nomes como Pico della Mirandola, Robert Fludd, Friedrich Christoph Oetinger". Vou comprar.

Em Avignon, a Sra. Bonjean ficou de me receber no aeroporto: de fato, ela me esperava em uma das duas escadas de saída, mas acreditando que era a única, não me encontrou, perambulou por ali, telefonou a Aix, enquanto eu esperava no saguão de desembarque, surpreso de não encontrar ninguém à minha espera. Finalmente, ela me aparece em um estado de extrema agitação e, sob um forte vendaval, conduz-me a Aix, onde acontece o colóquio internacional Modelização da Complexidade, organizado pelo GRASCE[18], sob o comando de Jean-Louis Le Moigne[19]. São 150 participantes. A princípio tenho a reconfortan-

---

17. Termo pejorativo usado pelos comunistas para se referir aos camponeses relativamente ricos do Império Russo, proprietários de grandes fazendas que pagavam salários a seus empregados. (N.Ts.)
18. Grupo de Pesquisas sobre a Adaptação, a Sistêmica e a Complexidade Econômica. (N.Ts.)
19. Jean-Louis Le Moigne (1931-). Especialista em epistemologia sistêmica e construtivista, dirigiu o GRASCE entre 1988 e 1997. (N.Ts.)

te impressão de que a problemática da complexidade se difunde nas disciplinas e meios diversos, depois, ao ouvir alguns participantes da mesa-redonda, vejo que eles concebem a complexidade como resposta e não como questão, como receita programática e não como ajuda à estratégia. Ainda há muito o que fazer.

Marie-Noëlle Sarget denuncia o perigo que representa a utilização de um conhecimento complexo pelas manipulações políticas, como o projeto Camelot, elaborado pelos Estados Unidos com a intenção de derrubar Salvador Allende. No decorrer de minha intervenção, mostrarei a diferença entre o conhecimento complexo que pode ser empregado para fins muito diversos e o pensamento complexo que tende ao reconhecimento das autonomias e à ação não coercitiva ou repressiva.

Paul Bourgine destaca um movimento muito profundo da ciência moderna, que passa da experimentação à simulação via desenvolvimento das atividades computacionais. Ele evoca a vida artificial pela simulação das propriedades emergentes do ser vivo.

Já não sei mais quem cita a frase de Nietzsche: "Não é a dúvida, mas a certeza que enlouquece".

Em sua intervenção, Jean-Louis Le Moigne diz essas belas palavras: "Somos capazes de manipular nossa própria mediocridade". Da comunicação escrita de Sergio Vilar sobre Antonio Machado ressalto ainda duas citações do poeta: "Uma ideia não tem mais valor do que uma metáfora; em geral ela vale menos" e "O real é de uma aparência infinita, uma constante e inesgotável possibilidade de aparecer".

Jantar "familiar" afetuoso na casa de Jean-Louis e Maguy. Volto cedo para o hotel, deito, mudo os canais de televisão ao acaso, fico com sono, telefono para Edwige, adormeço...

SÁBADO, 11 DE JUNHO. Levanto às 7h da matina. Translado para Avignon. Tomo novamente o TGV. Releituras. Dessa vez, termino a terceira parte da tese de Yi-zhuang Chen: "A concepção da dialética como unidade da ontologia e da epistemologia ou como visão da autonomia: comparação entre Hegel e Fang Yizhi".

Continuo a encontrar enunciados de Hegel aos quais corresponde o que escrevi em *A vida da vida*[20]: "A substância da vida é o ser que é sujeito".

Descubro que, no Budismo do Grande Veículo, samsara e nirvana são duas faces da mesma coisa e não coisas separadas como os fenômenos das "coisas em si". Descubro os pensadores chineses, entre eles Zhiyi, que escreveu: "O mundo não é nem absolutamente real nem absolutamente irreal". Descubro, enfim, Fang Yizhi que, assim como Hegel, inclui o entendimento na razão dialética: Yi-zhuang Chen resume: "Na primeira fase, deve-se observar o princípio da contradição, na segunda fase é preciso submeter-se ao princípio da unidade dos contrários, e na terceira fase deve-se respeitar simultaneamente os dois princípios, cada um na sua medida".

Yi-zhuang Chen identifica os prolongamentos atuais da dialética de Fang Yizhi e de Hegel em Kurt Gödel, em Douglas Hofstadter, e, enfim, em mim mesmo. O que ele diz na conclusão da terceira parte me agrada: "O ponto de vista de Morin não é isolado e possui um plano histórico muito profundo que o antecede, ele provém de uma corrente de pensamento humano cuja fonte é longínqua e o jorro, abundante, reunindo as intuições geniais e as visões penetrantes dos sábios das civilizações oriental e ocidental"...

Encontrar a foto de uma figueira-de-bengala[21] (eventualmente para capa do livro).

Procuro sempre entender o mundo em seu devir, leio revistas, brochuras as mais diversas, tento ver a noite com a ajuda dos vaga-lumes que me rodeiam. Ao mesmo tempo, gostaria de parar, de cessar de me instruir... Tudo o que leio dispersa minha reflexão, mas, simultaneamente a estimula... No entanto, é chegado o momento de uma fase de reconcentração.

---

20. Edgar Morin, *La méthode 2. La vie de la vie*, Paris: Seuil, 1980. Edição brasileira, *O método 2, a vida da vida*, tradução Marina Lobo, Porto Alegre: Sulina, 2001. (N.Ts.)
21. No original, *banian – Ficus benghalensis* ou figueira-de-bengala, árvore de grande porte muito usada na medicina aiurvédica, considerada a árvore nacional da Índia. (N.Ts.)

Domingo, 12 de junho. Dia de trabalho no preparo do livro *Sou um de vocês?*

Segunda-feira, 13 de junho. Ontem à noite, resultado das eleições europeias.

Na França, divulgação das duas listas, a de Philippe Villiers (atualmente mais de 12 por cento) e a de Bernard Tapie (atualmente entre 11 e 12 por cento). As duas listas não estão em dissidência aberta com o tronco de onde saíram. Villiers continua a reivindicar o apoio da maioria e ainda faz parte da UDF, Tapie quer o apoio da esquerda e pede a união com os socialistas. Mas nem um nem outro revelam a erosão e a esclerose dos velhos aparelhos.

É preciso considerar a importância dos dois temas de Villiers: o retorno à França e a integridade. Seu retorno à França inscreve-se na renovação do nacionalismo e no repúdio a qualquer instância política supra ou metaeuropeia. Em minha opinião, o retorno à França tem dois aspectos: um, "negativo", que é o fechamento nacionalista, o outro, positivo, que é a volta às origens de uma cultura e uma civilização que desagregam urbanização abstrata, a anonimização resultante da padronização, da mecanização, da burocratização, da atomização dos indivíduos. O retorno à qualidade de vida convida, então, a uma reconquista dos vilarejos, dos pequenos e médios povoados.

O segundo tema, o da integridade, é de extrema importância e evidentemente foi negligenciado pela maioria, pelo Partido Socialista e bem entendido por Tapie. As políticas não compreendem bem as necessidades de moralidade e de ética que surgem, as novas gerações e as profundezas vivas de nossa sociedade. A necessidade de integridade pode ser mistificada como fez Berlusconi na Itália, mas o que importaria justamente é não mistificá-la.

Do lado de Tapie, a bandeira não é a da integridade, mas a da integração. Tapie retoma e rejuvenesce os temas da esquerda, mas como, com sua ironia e eloquência, é o único a não usar o tradicional jargão político, é designado como "populista". Na verdade, ele é popular porque parece encarnar a imaginação, o ardor, e também porque, perseguido pela corja oficial, é percebido como a vítima da *nomenklatura* e dos poderosos. Talvez, a máquina judiciária acionada possa derrubar

Tapie, mas eu me pergunto se isso será um bem político. Não pertenço à categoria dos que são antitapistas por elitismo, contra um plebeu emergente.

A derrota do Partido Socialista não traduz apenas sua esclerose, sua incapacidade de aproveitar a aura das eleições legislativas para fazer sua revolução cultural e regenerar-se, revela também a paralisia de Michel Rocard, que se deixou assimilar pelo aparelho que deveria ser assimilado por ele. É Lorenzaccio[22], jantado pelos elefantes e envenenado por François Mitterrand.

Entrevista com Jean Oriot, da revista *Turbulences*. Lamento não dialogar além da entrevista com esse rapaz tão simpático. Isso porque devo preparar-me (engravatar) para o almoço da *New York University*, quando irei receber a medalha da universidade. O almoço acontece em uma sala de restaurante do Senado, com uma bela vista para o Jardim de Luxemburgo. Durante a sobremesa, Tom Bishop anuncia ao microfone que cumprirá a promessa de encerrar tudo às 14h30: ele informa sobre as atividades francófonas e francófilas de seu departamento, faz um discurso em minha homenagem e me passa o microfone. No meu relógio são 14h25 e sei que um segundo condecorado, um conselheiro cultural americano em Paris, também deve ouvir o discurso em sua homenagem e fazer seus agradecimentos. Pouco à vontade com isso, em lugar do discurso espiritual que tinha imaginado fazer, balbucio meu agradecimento, evoco minha fiel amizade por Tom e vice-versa. O segundo condecorado, por sua vez, lê seu discurso de agradecimento tranquilamente, até as 14h35.

Régis Debray afirma que estou estatuificado. "Você é que é minha estátua de Comendador. Aliás, estou escrevendo um livro desestatuificante" etc. O que me irrita é que quando sou homenageado, as pessoas me veem "oficializado".

Caminhamos um pouco pelo Boulevard Saint-Germain. É curioso, depois de cada entrega de prêmio ou de cada medalha, sinto-me deprimido.

---

22. O autor refere-se a *Lorenzaccio*, uma famosa peça de teatro escrita por Alfred de Musset, em 1834. (N.Ts.)

Às 15h30, reunião no Instituto do Mundo Árabe, para a qual Edgard Pisani convidou uma dúzia de pessoas, quase todas árabes, com exceção de três (eu entre elas) para falar dos problemas subjacentes à missão desse instituto, principalmente da noção de "mundo árabe", de "civilização árabe" etc. Sou o primeiro a intervir para dizer que é excelente levantar esses problemas preliminares, mas que também há problemas que são preliminares a esses problemas preliminares. O da "nação árabe" e do Estado-nação, o da grande linha de fratura que progride na direção oeste do Mediterrâneo etc. Provocamos um ciclone mental. Insisto para que os conceitos sejam abertos e fluidos, que levem em conta as interferências entre as noções de arabismo e de islã, sem reduzi-las uma à outra, mas sem separá-las. Insisto para que não se oponha diversidade e unidade, mas para que nos situemos no plano da unidade múltipla. Insisto para que se faça a distinção da identidade concêntrica ou integrativa que, como faz Elias Sanbar (simultaneamente cristão, palestino, árabe e impregnado de cultura islâmica), assume suas identidades em vez de opor umas às outras. Nossa mente passa a utilizar a palavra "modernidade" sem pensar que o termo possui múltiplas acepções e recobre realidades de tipos muito diversos. Parece-me, cada vez mais, que as noções complexas são indispensáveis para que haja uma compreensão mútua.

Fico sabendo que na Palestina e em outras partes os estudantes islâmicos procuram frequentar as faculdades de ciências e não as de letras ou de ciências humanas. No Egito, os irmãos muçulmanos tomaram conta da Ordem dos Advogados e introduziram ali a informática. Creio que foi Mohamed Benouna quem disse que a *fatwa* contra Salman Rushdie já foi executada na Argélia contra todos os Rushdies potenciais.

Volta para casa. Como a geladeira está vazia, vou até a loja de um sincrético ítalo-grego que abriu há alguns dias a dois passos de nossa casa, no Boulevard Beaumarchais, (na verdade, é um "iugoslavo", mas não descobri sua identidade. Macedônio? Sérvio?). Sirvo-me de presunto *serrano*, de salada de beringelas, de homus. Na volta, encontro Edwige em prantos. O apartamento que ela achava tão belo (mas cujo preço estava bem acima das minhas possibilidades) foi vendido. Ela havia sonhado tanto com ele que seu sonho se consolidou e agora desmorona sobre ela. Não sei o que fazer para consolá-la...

À noite, vejo televisão. Embora adore os épicos, no final, esse Salomão hollywoodiano apaixonado pela rainha de Sabá é muito enfadonho. Mudo para *Le cinéma de papa*[23], de Claude Berri, que depois de um início lento, ou melhor, discreto, torna-se cada vez mais comovente e termina na comédia e na emoção, em hino de amor a seu pai e sua mãe.

TERÇA-FEIRA, 14 DE JUNHO. No sempre interessantíssimo *Diagonales Est-Ouest* sobre os países da ex-União Soviética, leio um artigo de Lydia Miteva sobre o processo de reformas. Se o processo foi pacífico nos primeiros anos, de um lado, foi graças ao importante papel exercido pelos reformadores comunistas, que se social-democratizaram e, fortalecidos por suas numerosas alavancas de poder, impediram os conservadores de reagir; de outro lado, isso aconteceu porque, ao se tornar democrática e liberal sob a influência das ideias antitotalitárias, a oposição aceitou o diálogo com esses reformadores.

Outro artigo sobre o desenvolvimento industrial da Rússia nos séculos XIX e XX me informa que, desde o século XIX, criaram-se gigantescos complexos integrados, de características monopolistas. Em 1911, a Rússia era a quinta potência industrial mundial. Assim, "o monopolismo e o gigantismo são invariantes da indústria russa desde suas origens". Será preciso destruir isso? Se sim, como?

L., o buquinista[24], vem buscar algumas caixas de livros que eu havia guardado no porão. A cada livro que examino e lhe entrego, experimento um sentimento de luto. Forçado pela obrigação de arranjar espaço, ora rejeito livros sem piedade, ora, ao contrário, lamento ter que me desfazer deles e os pego de volta, uns que apreciei ler, outros desconhecidos, que não sei se terei ocasião ou tempo de ler. Embora não seja do interesse de L., eu lhe dou livros estrangeiros que não pode-

---

23. *Le cnéma de papa*, filme francês, de 1971, do diretor Claude Berri; no elenco: Yves Robert, Hénia Suchar e Claude Berri. (N.Ts)
24. Vendedor de livros usados, expostos ao ar livre ou em caixas especiais, nos parapeitos dos muros que ladeiam o rio Sena em Paris. (N.Ts.)

ria ler, mas que não quis jogar fora. No momento de rejeitar um livro, imagino o montante de trabalho, de sonho, de investimento pessoal, de fé concentrado e quase sempre recoloco o pobre livro em um canto.

Nesses últimos dias trabalhei no Mac e fiz uma primeira impressão dos três primeiros capítulos de meu manuscrito, atualmente sem título (*Não sou um de vocês*, não é de maneira alguma conveniente. Hoje, hesito entre *Não sou um dos outros* e *Sou um de vocês?*, mas nenhum deles me agrada).

Assisto à televisão: *"La nuit des longs couteaux"*[25], em *Les Brûlures de l'Histoire*[26]. As imagens de Nuremberg, os discursos de Hitler sempre exercem um efeito de terrível fascinação. A explicação do historiador é um pouco racionalizadora.

QUARTA-FEIRA, 15 DE JUNHO. Começo a revisão do quarto capítulo, provisoriamente intitulado "Do submarrano ao pós-marrano".
Às 11h45, consulta com minha cinesioterapeuta, sra. Deligny. Adoro a primeira parte da sessão. Deitado de barriga para baixo, ela massageia minhas costas com suas mãos poderosas, mas relaxantes. Detesto a segunda parte, quando ela puxa, estica, dobra.
No decorrer da fase relaxante, sinto-me como essas mulheres no cabeleireiro, que sob o efeito da suave massagem do couro cabeludo se sentem predispostas à confidência. Evoco, então, Montreal, abalada a noite passada pela queda explosiva de um grande meteorito, e falo de Johanne, dos dias que ali passei.

No retorno, volto a trabalhar em meu capítulo, cuja revisão terminarei à noite.

---

25. Na noite de 29 de junho de 1934, a Noite dos Longos Punhais, Hitler em pessoa, de arma em punho, comandou o acerto de contas contra colaboradores que ameaçavam seu poder. Ernst Röhm, chefe do Estado-Maior da SA, Divisão de Assalto Nazista, pupilo e aliado de Hitler nas horas sombrias, foi a primeira vítima ilustre. Assassinatos ocorreram por toda a Alemanha garantindo o triunfo da SS e o estabelecimento da ditadura nazista. (N.Ts.)
26. Série de televisão premiada, produzida por Patrick Rotman, de 1993 a 1997, que exibia os grandes fatos da história, sempre apresentados por um especialista no assunto. (N.Ts.)

Em seguida, David Oïstrakh no canal Arte, seguido do balé *Petruska*[27]. Mudo muitas vezes de canal, depois desligo tudo. Noite agitada, talvez devido à *foccacia*[28]...

Quinta-feira, 16 de junho. Há dois anos, sou periodicamente bombardeado por um *International Biographical Center* que se propõe a me incluir como homem do ano ou homem de realizações em sua edição, com a condição de que eu compre ou a medalha *ad hoc* ou a edição biográfica. Trata-se de um *Quem é Quem* no qual se paga para entrar. Eles pensam que vão me atrair pela ambição.

Quantas semanas foram necessárias, após o início dos massacres em Ruanda, para que a França propusesse o princípio de uma intervenção à onu, aos europeus e à Organização da Unidade Africana? O tempo enfraquece a indignação, que renasce bruscamente quando a tela da televisão nos exibe um monte de corpos massacrados, depois arrefece. Não se ousa expressar o sentimento de impotência que, uma vez consciente, nos paralisa ainda mais. E outro sentimento nos marca, sem nos abandonar jamais: a repugnância, a dúvida fundamental sobre a aptidão humana de sair da barbárie. Em que merda mergulhou essa última década do século que, no entanto, se havia aberto em um nascer de sol...

E, com a aceleração de todos os processos tecnoeconômicos de competição, rumo a que explosão iremos?

Sob uma enorme pilha de papéis, encontro a carta de parabéns de Jean-Claude Léonides, na qual ele cita esta frase de Robert Muller (ex-secretário geral adjunto da onu, chanceler da Universidade da Paz, na Costa Rica): "A longo prazo, uma conferência mundial sobre nossa evolução cósmica poderá ser de monumental importância, uma reviravolta na história humana, e poderá manter nossa evolução em seu caminho ascensional". Sem dúvida alguma, ele exagera a importância histórica

---

27. Composto por Igor Stravinsky e marco do balé contemporâneo, Petruska foi apresentado em 1911, no Teatro du Châtelet, em Paris, com Vaslav Nijinsky como primeiro balilarino. (N.Ts.)
28. Massa de origem genovesa, de textura macia, em geral recoberta com sal grosso, alho e alecrim, assada em forno a lenha. (N.Ts.)

de uma conferência como essa, mas ela seria de enorme interesse, pois por toda parte cessaram de considerar esse grande longo prazo.

Ainda de manhã, eu pensava em ir ao coquetel da Editora Seuil. Depois, a vontade diminuiu. Sem dúvida, o calor foi responsável, a fadiga de Edwige também, mas, sobretudo, uma perda de desejo e um tédio crescente me impediram. Sim, nos anos precedentes, eu ficava contente; chegávamos ali cedo, na hora da abertura, encontrávamos uma mesa no jardim, os amigos chegavam, alguns se sentavam, depois, atravessávamos a multidão em direção à saída, com um aceno de cabeça aqui, uma saudação acolá. Mas o sentimento de feira das vaidades tomou conta de mim, ao mesmo tempo em que sentia a fadiga nervosa de minha vida em Paris e o remorso de não dedicar todo meu tempo possível a meu livro... Para resumir, voltamos pela *Rue du Pré-aux-Clercs*, compramos um *gravat laks*[29] no balcão de venda de salmão e jantamos tranquilamente.

Sexta-feira, 17 de junho. Saí de casa às 9h15, depois do café, e voltei às 19h45 para o jantar. Nesse meio tempo, viajei 1.800 quilômetros de avião na rota Paris-Nice-Paris, mais 150 quilômetros em um carro alugado, entre Nice-La Bollène-Nice, comi um lanche na cafeteria de René e Rita (que ela me ofereceu), fiquei sabendo que os trabalhos de construção da piscina estavam quase no fim, vi a Sra. Barengo, sua filha Marie-France e o bebê de dois meses, que dormia tranquilo com os dois braços para trás, assisti à reunião de condomínio nas dependências da prefeitura, onde tudo se passou normalmente, corri pela 106, consegui pegar o avião das 19h, embora estivesse em uma longa lista de espera. E aqui estou eu, em casa, atônito demais com essa parcela de espaço-tempo em Nice que tão rapidamente desvaneceu.

No decorrer da reunião de condomínio, M. P., conhecido na cidade por procurar briga, queixa-se da nova condômina do apartamento abaixo do dele, dizendo que a sra. A. puxou um fio de sua própria antena de televisão. Eu lhe pergunto: "Sua imagem sofre com isso?"

---

29. O *gravat laks* é um excelente prato preparado com salmão marinado em açúcar, sal, conhaque e endro, servido com um molho cremoso. (N.Ts.)

"Não, mas ela rouba minha imagem. Por falar nisso, se eu fosse me conectar à sua antena parabólica, o que o senhor diria?" "Mas eu não tenho antena parabólica!" "Como?!" Existe efetivamente uma antena parabólica e o secretário da prefeitura nos anuncia, com toda tranquilidade, que ela foi instalada pela sra. A. "Então, ela não rouba a imagem do senhor?" "Não, mas seu fio é branco e não fica bem em nossa fachada de cor ocre."

No avião regalo-me com La République des Lettres. Essa é uma revista que não tem medo de publicar longos artigos. Ressalto uma frase da entrevista de Cornelius Castoriadis: "As vozes discordantes ou dissidentes não são sufocadas pela censura, são sufocadas pela comercialização generalizada". Ele fala da "atenção span", duração útil da atenção diante da televisão, que baixou para dez segundos.

Nos jornais, a palavra "populismo" retorna sem trégua, ela preenche os vácuos conceituais formados nas mentes quando surgiram candidatos políticos inusitados para as vagas eleitorais dos partidos tradicionais. Essa palavra tapa-buraco impede que se veja antecipadamente qual é o teor do assunto.

Leio os documentos sobre o caso Watzel, que Michel Koriman me enviou por fax. Fico desencorajado ao ver ressurgir a mesma mentalidade que me repugnou durante décadas e que eu acreditava ter desaparecido. Koriman havia convidado universitários alemães para um colóquio em Nanterre, assim como Laurent Watzel, homem de centro-direita antimastrichiano. Vaiado, depois insultado, Watzel não apenas não pôde falar, como precisou fugir e refugiar-se no RER, perseguido por uma vintena de estudantes membros do CNT/FAC e Scalp Reflex. Eles justificam sua agressão em um comunicado: "O direito à expressão concedido a Watzel nos parece incompatível com o ambiente progressista e científico que a Universidade deveria propiciar aos estudantes... O caso Watzel constitui um perfeito exemplo de conivência entre a nova direita e uma parte da *intelligentsia* de esquerda, de banalização, legitimação e institucionalização da extrema-direita". E aí está de novo o amálgama, o complô. Essa pretensa vigilância que se equivoca de endereço é prelúdio de incomensuráveis asneiras futuras...

O duelo entre Joseph Haïm Sitruk e Gilles Bernheim pelo posto de Grande Rabino. Isso pouco me importa, embora preferisse, evidentemente, que o "tradicionalista" vencesse o integrista.

Li o belo texto de Jean-Claude Léonides que defende a complexidade nas Termópilas[30]. Ele cita *sparsa colligo* ("eu reúno o que está separado"), com o qual me identifico imediatamente.

Copa do mundo de futebol: Ah! Pela primeira vez, desde que ela foi inaugurada, não estarei colado à minha televisão, evitando qualquer encontro ou compromisso. Assisto à cerimônia de abertura em Chicago e um sopro épico me invade.

Sono. Tenho tempo de assistir Bertrand Poirot-Delpech citar com admiração (justificada) a frase de não sei quem da marinha ele considera também como um pensador: "Nunca nos enganamos ao perdoar". Tenho a impressão de que recentemente ele se enganou.

Sábado, 18 de junho. Sim, é verdade, O Manifesto 18 junho! E na *Commentaire* deparo com a assustadora declaração de Jacques Attali na *Rádio J*, ele afirma que não era unicamente Vichy, mas a França e a República que eram colaboracionistas. Por que a República? Por que ela votou dando plenos poderes a Pétain "para a colaboração"? Ora, os plenos poderes votados em 10 de julho de 1940 não foram para a colaboração que se estabeleceu posteriormente em Montoire, no mês de outubro.

Vou à Unesco, na sala X, onde vai começar o colóquio "E o desenvolvimento?" Agentes, viaturas e carros de polícia estão espalhados por um vasto perímetro: o presidente da República deve fazer o discurso de abertura. Forte dispositivo de segurança. Na entrada da sala estão os simpáticos gêmeos Baghat Elnadi e Adel Rifaat.

---

30. Referência à batalha das Termópilas, desfiladeiro na Grécia antiga, palco da batalha travada entre 300 mil persas e 301 espartanos. Comandados por Leônidas, conseguem vencer os primeiros ataques, mas, em número muito menor, acabam massacrados. No local, há hoje um monumento com os seguintes dizeres: "Digam aos espartanos, estranhos que passam, que aqui jazemos, obedientes às suas leis". (N.Ts.)

Enquanto espero, leio na *Commentaire* a tradução francesa do texto de Samuel P. Huntington sobre o choque de civilizações que destronou o "fim da história". Refletores. A assistência levanta. Chegada imponente do presidente da República junto com Federico Mayor, diretor geral da Unesco e um verdadeiro "homem de boa vontade".

Sala X: uma gigantesca mesa circular, com o nome dos participantes marcados, delimita um grande espaço vazio. Nos cantos da sala, há cadeiras reservadas aos diplomatas, jornalistas e espectadores convidados. Federico Mayor[31] apresenta os justos diagnósticos, as justas exortações. Depois, fala François Mitterrand. Ele retoma o pseudodiscurso de Cancun, mas sem as viseiras ideológicas da época. Fala de ajuda, de créditos insuficientes (embora a França tenha consagrado quase 0,7 por cento de seu PIB aos países pobres), do mito do mercado livre (a evolução do mundo não poderia estar submetida unicamente às regulações monetárias), mas se mantém no conceito clássico de desenvolvimento. Uma informação que capto no ar: "O fluxo dos capitais que vai dos países pobres para os países ricos é mais importante do que o que vai dos ricos para os pobres (sobretudo via fuga de capitais privados)". Ele fala em Ruanda, mas, após tantas semanas de inação, comete o erro de afirmar que a urgência é uma questão de "horas".

Pausa. Paul-Marc Henry, que visita Belgrado regularmente por causa de um dos organismos da ONU ali instalado (Universidade da Paz, creio eu), me revela que o diretor do Banco da Sérvia, Michel Avramovitch, é um sujeito muito astucioso e que, de fato, alinhou o dinar com o marco. Não ouso perguntar-lhe como ele fez isso. Ele afirma, também, que as enormes reservas de alimentos feitas pelo exército iugoslavo logo irão se esgotar. Ao organizar a Iugoslávia para resistir a um possível ataque da União Soviética (a instalação subterrânea de fábricas de armamentos, que propiciou à Bósnia o meio de fabricar armas, as enormes reservas militares e alimentares que permitiriam enfrentar uma longa guerra), Tito, sem saber, havia criado as condições para a atrocidade da guerra interna atual.

---

31. Federico Mayor Saragoza (1934-). Bioquímico nascido em Barcelona. Ocupou o cargo de diretor-geral da UNESCO de 1987 a 1999. (N.Ts.)

Recepção-coquetel. O bufê não é tão ruim. Enquanto petisco por ali, alguém me procura sem me encontrar, o presidente havia expressado a vontade de trocar algumas palavras comigo (sobretudo para se livrar de uma velha jornalista americana pegajosa que, ao que parece, o persegue de um continente a outro). Almoço no sétimo andar com meu querido amigo Sami Naïr e Enrique Baron Crespo, quando discutimos a Espanha, o fascismo, e evoco meu amigo Mauro Giallombado, ex-secretário de Bettino Craxi, que eu havia perdido de vista e que, fico sabendo, entregou-se à polícia italiana em Vintimille. Ele permanece na prisão.

A sessão das 14h30 começa comigo. Disponho somente de um quarto de hora para problematizar o conceito de desenvolvimento. Parto do fato de que o desenvolvimento se tornou um problema sem deixar de ser concebido como uma solução, que ele se tornou incerto, mas sempre esperado, e tento demonstrar que é a infraestrutura da noção de desenvolvimento, tal como foi imposta nas décadas de 1960 e 1970, que deve ser repensada. (Eu poderia ter lembrado que no colóquio de Figline Valdarno, em 1973, Cândido Mendes e eu já havíamos denunciado o caráter unidimensional do desenvolvimento e diagnosticado o "desenvolvimento da crise do desenvolvimento".)

Minha intenção é muito abstrata, sinto tarde demais que minhas referências são muito ocidentais (evidentemente, "o pássaro de Minerva" não significa nada para os indianos, para os japoneses, e para a maior parte dos africanos). Em resumo, termino muito decepcionado comigo mesmo.

Depois de mim, um indiano, Nitin Desaï, utiliza o conceito econômico-técnico clássico. Em seguida, Baron Crespo empenha-se em ampliar a noção de desenvolvimento em nome da revolução democrática universal de 1989. A partir de então, a democracia não pode mais ser concebida como uma mistificação do Ocidente: trata-se de uma aspiração que provém de todos os povos.

Sim, mas podemos ligar indissoluvelmente democracia a desenvolvimento (econômico)? Como ressalta um texto de Jean-François Médard, publicado na *Carta do Fórum de Delfos* (de maio-junho de 1994): "Até então, ouvíamos dizer, 'sem desenvolvimento não há democracia', hoje nos dizem, 'sem democracia não há desenvolvimento'. Desse modo, passamos de um lugar-comum a outro". Por outro lado, Médard insiste no fato de que a crise mundial atual constitui a expressão de uma crise do desenvolvimento de uma sociedade tecnicista.

As intervenções se sucedem, diversas, fragmentárias, todas elas unilaterais, como se quisessem refletir a situação múltipla e caótica do mundo e sugerir, involuntariamente, a dificuldade de um diagnóstico que só pode ser complexo.

Finalmente, Ehsan Naraghi, amigo iraniano que encontro de vez em quando em colóquios internacionais, faz uma intervenção muito interessante. Segundo os trabalhos de uma socióloga turca sobre o desenvolvimento industrial no norte da Anatólia, a modernização geraria insegurança, dúvida, incertezas que, por sua vez, suscitariam como reação movimentos religiosos de grande intensidade. O fundamentalismo seria uma consequência reativa da modernização. Ele faz a mesma demonstração no caso do Irã: um ano antes da revolução dos aiatolás, o Irã era considerado o próprio modelo de sucesso em desenvolvimento. Foi esse desenvolvimento, no entranto, que desencadeou o fundamentalismo. Isso vem ao encontro de Huntington, que acabo de ler e que afirma que, na maioria dos países e das religiões, os fundamentalistas são técnicos, membros das profissões liberais, homens de negócios, todos jovens, burgueses e titulares de diplomas...

Eu acrescentaria que, da mesma forma que em sua origem os marxistas eram intelectuais burgueses, cultivados, mas revoltados, que inocularam a revolta nas massas populares, assim também os fundamentalistas reavivaram e tornaram virulentas as crenças ancestrais populares, mesmo que nos vilarejos as massas fossem sensíveis às seduções do *american way of life*.

Georges Corn, libanês, acredita observar que, em todos os países, a eletrônica cria uma nova divisão entre os "digitalizados" competentes e os que não receberam senão a cultura das ruas.

Samir Amin, que encontro pela primeira vez, critica minha intervenção que, segundo ele, tende a mascarar as verdadeiras causas do fracasso do desenvolvimento: o capitalismo etc. Discurso crítico pertinente se fosse acompanhado da autocrítica por parte desse adulador de Sékou Touré e do modelo "socialista".

Pausa. Antes de minha partida, um sujeito me diz: "Entre os velhos stalinistas que denunciam sem cessar o liberalismo econômico e o mercado e os partidários do referido mercado, não há quase ninguém".

Penso, sobretudo, na dificuldade de alcançar o nível epistemológico unicamente a partir do qual se pode repensar a noção de desenvolvimento.

Distribuíram-se elementos de informação do PNUD (Programa das Nações Unidas para o Desenvolvimento): um quarto da população mundial encontra-se em estado de segurança econômica (o que quer dizer isso?). Um quinto da humanidade, que vive nos países industrializados, absorve mais de quatro quintos do lucro mundial. A quantidade de recursos alimentares disponível em escala mundial é suficiente. Entretanto, oitocentos milhões de pessoas sofrem de desnutrição.

Deixo o colóquio na hora do intervalo e volto para casa para trabalhar, se puder (não poderei). Sinto-me desencorajado pela diversidade, a amplitude e o intricamento dos problemas, pela dificuldade de compreendê-los por meio do pensamento. O pássaro de Minerva não vai levantar voo no crepúsculo[32].

Talvez fosse necessário ter começado por uma leitura crítica da plataforma da Fundação para o Progresso do Homem, mas ninguém concebe a necessidade do enraizamento de uma consciência da Terra-Pátria como uma das condições para salvar a Terra.

No metrô, leio o relatório de Alain Vidal-Naquet e anoto as seguintes passagens:

"Os acontecimentos trágicos da Bósnia-Herzegovina, as crises que muitas regiões da África, da Ásia e da América Latina ainda atravessam, não devem fazer com que se esqueça que o número de vítimas silenciosas da pobreza e da desnutrição no mundo ultrapassa muito

---

32. Expressão consagrada do filósofo Friedrich Hegel (1770-1831): "O pássaro de Minerva levanta voo no crepúsculo". O pássaro de Minerva é a coruja, pássaro da inteligência, da razão. A coruja é a Filosofia que implica um trabalho crepuscular de reconhecimento e de paz com o mundo. Para isso, será preciso reapropriar-se da totalidade dos saberes e direcioná-la para a compreensão ética do mundo. (N.Ts.)

o número de vítimas étnicas e fratricidas, para as quais nosso olhar é atraído todos os dias.

"Contrariamente ao que se poderia esperar, o contexto político e econômico não melhorou desde o fim da Guerra Fria [...]. A competição de influências engendrada pela Guerra Fria estimulava o interesse pelo desenvolvimento. Atualmente, essa competição desapareceu e numerosos países doadores expressam sua dúvida e sua fadiga, e os países pobres não acreditam mais nela. Pode-se mesmo afirmar que o contexto global se deteriorou, dando lugar a conflitos selvagens, para os quais a comunidade internacional não estava preparada e que demonstraram a fragilidade das civilizações de países que se dizem desenvolvidos. [...]

"O que se denomina dividendos da paz, ou seja, os quinhentos milhões de dólares economizados em armamentos, entre 1987 e 1992, foram pouco utilizados para apoiar as ações de desenvolvimento. Desde 1989, nos países do terceiro mundo, o crescimento econômico continua a correr atrás do crescimento demográfico. Na África, em particular, isso se deve não apenas às catástrofes naturais, mas cada vez mais a fatores de desestabilização política, quase sempre violentos, que criam fluxos de refugiados difíceis de conter (Sudão, Etiópia, Somália e Ruanda). Por outro lado, a rarefação dos trabalhadores migrantes nos países desenvolvidos representa, além da dívida e apesar de um acordo comercial no GATT[33], um novo freio ao processo de desenvolvimento".

Ao sair do metrô, vejo um monte de confetes na rua e na calçada. A parada *gay* passou recentemente no Boulevard Beaumarchais. "Por que eles se mostram orgulhosos de ser homossexuais?" pergunta Edwige. "Essa é a única maneira de não se sentirem envergonhados".

Apesar de tudo, consigo assistir à partida de futebol entre Itália e Irlanda. O Giant Stadium está lotado. A atmosfera é fantástica, coisa que eu adoro. Torço para a Itália, mas reconheço as virtudes dos irlandeses. O jogo italiano, cheio de passes laterais, com muitos floreados,

---

33. Acordo Geral sobre Tarifas e Comércio. (N.Ts.)

é sempre bloqueado pela defesa irlandesa, enquanto no contra-ataque a defesa irlandesa organiza-se a toda velocidade. Resultado, a Itália perde de 1x0.

Domingo, 19 de junho. A companheira de meu Amigo vem às pressas buscar os cinco primeiros capítulos de meu livro para que ele os leia em Stromboli.

O desencadeamento desse delírio homicida em Ruanda, essa crueldade desenfreada, evidentemente não é algo novo na história, mas tudo isso surgiu na história posterior a 1989, após a primavera dos povos e a primavera da onu. Hoje, depois de um mês, dois meses, já não sei mais, a França decide intervir em caráter de urgência, mas nenhum país a segue, com exceção do Senegal. Uma das duas partes combatentes rejeita essa intervenção. A onu não tomou nenhuma decisão, e se sua decisão for positiva o que irão fazer ali os "boinas azuis" franceses senão repetir, de maneira piorada, a aventura na Somália?

Há dez anos, tudo o que acontece é cada vez mais desanimador. Outra vez, "a roda da História passa por cima de nosso corpo", particularmente no dos ruandeses, bósnios, curdos etc.

No entanto, esse acontecimento bastante localizado, nesse pequeno país da África, é de alcance universal: a História continua de maneira atroz e ignóbil (Hegel: "O homem é um animal doente").

Penso novamente em todos os flagelos humanos que devastam o planeta. Ah! A reforma de pensamento, já tão difícil, não será suficiente. Será necessária uma reforma da pessoa humana... Isso será possível?

Respondo à chamada de Pierre Péan, que progrediu muito em seu livro sobre François Mitterrand, o qual, consciente do fato de que Péan possui muitos documentos sobre esse passado, fala abertamente de sua entrevista com o Marechal Pétain e da época em que se transferiu do petainismo para a Resistência. Encontro com Péan na terça-feira para responder a algumas questões.

Na televisão, passa um filme muito lindo, muito discreto, com imagens tão belas, muito puro, do vietnamita Ahn Hung Tran, *O cheiro da papaia verde*[34].

SEGUNDA-FEIRA, 20 DE JUNHO. O canal TF1 começa seu noticiário pelas imagens de bois e touros de corte que, jogados de uma grua de vários metros de altura, vão se estatelar dentro dos vagões, onde, feridos e urrando de dor, são conduzidos para a morte; depois, são catapultados para fora dos vagões aos montes por meio de descargas elétricas que os fazem saltar de dor e se ferir ainda mais. Edwige havia me falado ontem do artigo do *Courrier International* detalhando as horríveis experiências feitas com macacos, gatos e cães nos laboratórios. Os subsolos de nossa bela civilização são campos de extermínio para animais. Crueldade, indiferença, sadismo. Tudo o que nossa civilização ocidental tem de implacável encontra-se simultaneamente oculto e revelado nesses subsolos.

Por toda parte, a ausência de compaixão, inclusive o assassinato político de Michel Rocard pelos paquidermes do Partido Socialista que por si só levaram o Partido à esclerose total. Evidentemente, Rocard usou o Partido em sua obcecada busca pelo sonho presidencial; ele o usou contra e dentro da máquina política que desejava controlar e que sempre quis rejeitá-lo; ele o usou no gestionarismo, no pragmatismo, no tecnocratismo, no qual seus conselheiros acabaram se fechando. A lista europeia, sua lista, era de fato a lista dos paquidermes, das dosagens de tendências. A queda foi tanto dos paquidermers, quanto de Rocard, mas os paquidermes o imolam. Laurent Fabius se vinga. Ninguém no partido, na imprensa, tem uma palavra de compaixão. Sem dúvida, em uma democracia, os assassinatos são simbólicos e psíquicos e é raro chegarem ao derramamento de sangue, mas fazem parte do mesmo espírito impiedoso, da mesma ambição insaciável...

---

34. Filme vietnamita, de 1993, do diretor Anh Hung Tran; no elenco: Tran Nu Yên-Khê, Man San Lu e Thi Loc Truong. Título francês, *L'odeur de la papaye verte*. (N.Ts.)

Isso tudo é uma mistura de Bébête-Show[35], Labiche[36] e Shakespeare.

Escrevo a Michel Rocard.

À noite vamos à sede da Associação *Flamenco en France*, onde o grupo Yerma se apresenta. O endereço da *Rue des Vignoles* nº 33 é uma espécie de galpão grosseiramente revestido, mobiliado com cadeiras e bancos: na frente há um estrado e atrás um balcão onde servem *tortillas, fino, gaspacho* e refrigerantes. Os animadores da Associação Flamenco na França, que organizam cursos de canto e de dança, aproveitam a presença de cantores e guitarristas de estilo tradicional de passagem por Paris. Eles fazem esse trabalho com amor. Os espectadores são andaluzes e aficionados franceses. Vou à *Rue des Vignoles* o mais frequente que posso. A simplicidade da sala em termos de equipamentos me faz lembrar das reuniões de militantes.

Como era de se esperar, o espetáculo começa com um grande atraso no horário, mas progressivamente se transforma em festa coletiva. Essa noite a temperatura subiu rapidamente: a essência do grupo Yerma é o flamenco puro, mas com variações em certas partes, produzidas por um tambor afro-brasileiro. O mais surpreendente é a bailarina, que se apresenta de calças negras justas e um pequeno colete também negro, vestida quase como um homem e que, em uma síntese de *zapateado* masculino e meneio de quadris feminino, se entrega completamente à dança. Sua boca, que se crispa ou grita nos momentos de violência, faz literalmente amor. "Adoro quando ela faz cara de malvada", murmurei eu a Edwige e a Guy de la Chevallerie. No fim do espetáculo, sob aplausos intermináveis, eles retornam todos juntos acompanhados do homem que ensina canto e das duas mulheres que ensinam dança na associação. Eles se apresentam no palco um após outro e as duas mulheres parecem literalmente possuídas. Saímos de lá felizes.

---

35. Programa humorístico francês, transmitido de 1983 a 1995, que utilizava marionetes para satirizar os políticos do momento. (N.Ts.)
36. O autor refere-se a Eugène Labiche (1815-1888), dramaturgo francês que em suas peças retratava a burguesia da época. (N.Ts)

Na volta, assistimos ao programa *Ex-libris,* no qual uma mulher magra, que acaba de escrever um livro em colaboração com uma gorda, ataca cruelmente uma mulher muito gorda, autora de um livro com um título bastante estúpido do gênero *Bas les pattes aux grossophobes* [*Não se metam com os que têm fobia dos gordos*]. Esse aspecto vilão do parisianismo me desaponta... Mudo de canal e vejo um filme de Ingmar Bergman, mas desisto na metade, pois estou com muito sono.

Uma pessoa, a mil quilômetros de Paris, que ouve ruídos em seu quarto, estalos em seus móveis, acha que eu ocupo indevidamente seu apartamento. Ela me escreve tratando-me de canalha.

TERÇA-FEIRA, 21 DE JUNHO. Troca de correspondência com a sra.Vié. Trabalho. Visita de Pierre Péan às 19h. Nossos encontros me fascinam. Ele está quase no fim de seu trabalho sobre a juventude-gênese de François Mitterrand. Achou fotos do encontro de Mitterrand com o Marechal Pétain, a resenha de sua biografia no Serviço de Inteligência por ocasião de sua primeira viagem clandestina à Inglaterra. Nesse momento, Mitterrand estava em uma encruzilhada. As Casas do Prisioneiro[37] de Vichy, que após a ocupação da zona sul não repatriavam os prisioneiros fugitivos, rapidamente se transformaram de viveiros de "vichistas" em viveiros de resistentes.

Longe de ficar incomodado com os documentos que Péan lhe mostrou, Mitterrand se considerou liberto. E, muito à vontade, recordou seus anos de aprendizado. Hoje, porém, a consciência do que foi Vichy, uma realidade evolutiva e derivante, não foi esclarecida, mas sim obscurecida. Um dia, será necessário que se faça alguma coisa a respeito disso. O livro de Péan será publicado no outono.

Debaixo de nossas janelas, a banda de *rock* que participa do Festival de Música na frente do Restaurante Arquebusiers afina o som: após al-

---

37. No fim de 1941, a França contava com 1,216 milhão de prisioneiros de guerra em seu território. Um comissariado foi criado para fazer o recadastramento dessas pessoas e estabelecer em cada prefeitura um centro de acolhimento de prisioneiros e de suas famílias, ajudando-as a resolver todos os processos e problemas que tivessem. Em 1942, havia 122 dessas casas, em 1944 mais de 150. Por ocasião da Libertação de Paris, esses centros receberam o nome de Casas do Prisioneiro e do Deportado. (N.Ts.)

gumas sequências de ruídos ensurdecedores, por volta das 20h, a coisa começa. Belo som e uma bela voz americana da cantora.

Edwige permaneceu na casa da mãe, no cais André-Citroën, do outro lado de Paris, até às 21h. Presa no engarrafamento da Place de la Concorde, por causa do Festival de Música, ela precisou abandonar o táxi na frente da Câmara dos Deputados e subir a pé o *Boulevard Saint--Germain* até a *Place Saint-Michel*. Em meio a um barulho indescritível, ela conseguiu me telefonar. Marco encontro com ela no Café des *Tours de Notre-Dame*, desço do apartamento enquanto nossa banda alcança sua temperatura de cruzeiro e alguns curiosos começam a se movimentar em uma dança agitada. E por ruas e avenidas, algumas engarrafadas, outras vazias de carros, mas repletas de gente, atravesso os sons de *rock*, os ritmos ameríndios, as javas, os tangos, os coros próximos da Igreja de Saint-Gervais-Saint-Protet, depois de novo *rock* e quiosques de comida. Finalmente, pela *Rue du Cloître-Notre-Dame*, chego ao terraço do *Café des Tours*, onde a encontro diante de uma xícara de café preto.

Saímos dali com a intenção de encontrar um bistrô onde ela possa recuperar suas energias. Atravessamos a efervescente ponte Saint--Louis, pegamos a *Rue du Pont-Louis-Philippe*. A Lua está cheia e bela, a noite é amena, a cidade está repleta de jovens, em grupo ou em casais. É uma bela noite de São João. Alguns restaurantes na *Rue François--Miron* já fecharam as portas de sua cozinha, são 11h da noite. Finalmente, encontramos uma creperia-pizzaria sincrética, que serve uma síntese bretã-napolitana de um crepe de muzarela. Bebo meia garrafa de Chianti. "O senhor é italiano?", pergunta Edwige ao garçom, visivelmente norte-africano. Tomado de surpresa, ele responde: "Sim... sim". "De onde?" E, como se quisesse expressar seu embaraço camuflando-o, ele diz: "De Gênova".

Regressamos a pé. Ainda há muitos engarrafamentos, Edwige está morta de cansaço.

A banda de *rock* do Arquebusiers termina sua apresentação pontualmente à 1h da manhã.

Quarta-feira, 22 de junho. Hoje de manhã, me levanto tarde. Saímos para visitar um apartamento na *Rue Saint-Claude*.

A França quer levar ajuda humanitária a Ruanda. As associações humanitárias afirmam que essa ajuda será anti-humanitária, reacendendo os ânimos rebeldes e governamentais. Os tútsis veem nisso uma declaração de guerra, os hutus a consideram como uma ajuda à sua guerra. A OUA não está de acordo, a ONU hesita. Os países europeus não se mexem. Quanto mais se quer fazer alguma coisa, menos se pode fazer qualquer coisa. Aqui, ainda, o sentimento e a consciência de impotência.

Jantar do comitê de ajuda aos "jovens talentos", no Restaurante Drouant. Trata-se de uma iniciativa do Professor Jacques Marseille, apoiada e financiada pela Editora Larousse (e, ao que parece, por um outro editor universitário), que deseja selecionar e publicar as melhores teses de mestrado produzidas no curso de letras e de ciências humanas. Embora esse ano não tenha tido tempo de cumprir minha obrigação (ler as quatro teses que me enviaram), eles mantiveram o convite, e eis-me aqui no Salão Goncourt (foi a vontade de pisar nesse lugar mítico que contribuiu para que eu saísse da minha toca). Discussão interessante, que confirma o fato de que todos nós estamos ali para praticar uma "boa ação". De início bem decepcionante (caudas de lagostins nem firmes nem saborosas), o jantar melhora depois com um cordeiro de Pauillac, muito bem preparado, um excelente queijo Pont-l'évêque, tudo regado a um mais do que honesto vinho do Médoc.

No decorrer do jantar, quanto mais reprovo minha frivolidade (aceitar "jantares na cidade" enquanto tenho tanto trabalho a fazer), mais me felicito por participar de uma Boa Ação.

Regresso bem cedo. No canal M6, assisto a um telefilme muito interessante, já na metade, *Queimando-se lentamente*[38]. Eric Roberts tem uma presença forte e patética em seu papel de detetive quase-particular. Em contrapartida, Beverly d'Angelo parece menos fatal, apesar da extrema luminosidade de seus olhos azuis.

---

38. *Slow Burn*, filme de televisão americano, de 1986, do diretor Matthew Chapman; no elenco: Eric Roberts, Beverly D'Angelo e Dennis Lipscomb. Título francês, *Morts en eau trouble*. (N.Ts.)

Quinta-feira, 23 de junho. De manhã, na correspondência, recebo mais uma vez em meu endereço uma convocação do exército em nome de Morin Samatar Jonas Didier, informando que sou requisitado oficialmente para o serviço militar. Em ocasiões precedentes, eu já havia comunicado que nenhum Morin Samatar residia em meu endereço, mas a implacável máquina burocrático-militar do exército francês não está ali para me ouvir. Já me vejo algemado, levado para a caserna, vestindo uniforme de combate e de partida para o treinamento.

Terminei ontem a primeira versão de meu capítulo "Reorganizações genéticas". Não imagino um capítulo novo para escrever, exceto recapitular tudo, concluir e, eventualmente, incorporar os fragmentos espalhados pelas diversas pastas de arquivos de meu Mac.

Todos os anos, em junho, uma mosca varejeira entra em minha casa, filha da enorme mosca varejeira do ano anterior que, por sua vez, faz parte da longa linhagem de moscas varejeiras que constroem seu ninho perto de minha janela. Ela emite seu zumbido, seu voo é sem graça, tosco, mas escapa a todas as minhas tentativas de neutralizá-la. O que deseja essa criatura estúpida, voejando assim em volta da minha mesa de trabalho?

Vou ao Museu Social, onde acontece a simpática cerimônia em homenagem a Pierre Naville, por ocasião da doação de sua biblioteca e de seus arquivos ao referido museu. Sento-me ao lado de Violette. Ali estão Irène e Véro, Maurice Nadeau, Gilles Martinet, velhos amigos trotskistas, e outros menos velhos da sociologia do trabalho.

Uma jovem, Françoise Blum, já catalogou os arquivos e também as cartas que Pierre enviava a seu pai, desde os 16 anos, até suas últimas cartas. É projetado um vídeo de entrevistas de Pierre, as interessantes do período surrealista e trotskista, e as um tanto mornas do período sociológico. Vemos seu rosto de octogenário, muito vivo e quase sempre sorridente, e sentimos sua extraordinária presença entre nós. Na tribuna, os amigos falam de suas lembranças. Dos fundadores do surrealismo, não resta mais nenhum vivo. Maurice Nadeau, muito lúcido aos 85 anos, recorda-se de seu primeiro encontro com

Naville na redação da revista *La Vérité* e evoca suas últimas palavras ao telefone: "É um escândalo, eu ainda existo". Martinet também se reporta ao passado, não mais trotskista, mas pós-trotskista da revista *La Lettre International*. Jean-Marie Vincent, que retraça o período PSU de Naville, está muito feliz de que Martinet tenha qualificado o eclipse do marxismo de provisório. Eu ressaltaria muito mais essa outra asserção de Martinet: "O desenvolvimento do capitalismo inevitavelmente suscitará um anticapitalismo". Colette Chambelland me concede a palavra. Revelo como Pierre havia sido instrumento de minha libertação, uma vez que me incitou a escrever o artigo para o *France Observateur* que me valeu a expulsão do Partido Comunista Francês (na verdade eu não tinha renovado minha carteira do Partido, mas não havia ousado lhe dizer). Afirmo que não havia sido a crítica marxista da revolução confiscada pela "casta burocrática" que me havia afastado do comunismo stalinista, mas a decepção diante de tantas mentiras e baixezas, *dos excessos*. Acrescentei que o que me havia seduzido em Pierre foi, em primeiro lugar, sua simplicidade e seu rigor moral que o diferenciavam dos "intelectuais", depois, sua policultura multifacetada de homem da Renascença. Alain Touraine, que rejeita sua obra sociológica, confessa sua admiração pelo homem, enquanto Pierre Rolle e outra pesquisadora do CNRS exaltam sua obra sociológica. Ambos são seguidos por um pesquisador catalão que elogia sua obra psicológica behaviorista e "objetiva". Pessoalmente, considero que o lado marxista cientista de Pierre era sua parte petrificada, e que, felizmente, sua inteligência no que se refere às pessoas e às coisas não o reduziram a ela.

Quando Jean-Marie Vincent referindo-se ao seu passado declarou, "quando se é jovem, é fácil tornar-se sectário", insisti em precisar que, mesmo sendo comunista stalinista, eu não era um sectário, e em relembrar minhas discussões com Jean-Philippe Chauvin, a quem eu predizia: "Você terá razão apenas depois do ano 2000..." Na saída, Chauvin, a quem eu não tinha visto, me diz: "Está bem, nos vemos no ano 2000!..."

À noite, na televisão, tentei ver o jogo Itália x Noruega, mas a partida estava tão monótona que mudei para o canal M6 e assisti a

A besta da guerra[39], de Kevin Reynolds, filme americano sobre a guerra no Afeganistão, cujos personagens são marcantes, isso sem dúvida porque essa guerra lembra seu realizador da guerra do Vietnã. A presença permanente de montanhas e vales desérticos, o caráter convincente dos guerrilheiros afegãos, essa história terrível na qual a "besta de guerra", o monstruoso tanque de guerra soviético, é caçada a pé por homens simples do povo, armados com seus fuzis, tudo isso impressiona fortemente.

Sexta-feira, 24 de junho. Visita do encanador para detectar a origem de um vazamento de água em meu porão que molhou uma boa quantidade de livros. Os sinais do vazamento estão na parede, mas o vazamento foi vedado. Não se consegue detectar sua origem.

Visita do técnico do aparelho de fax: no dia anterior, a informação de "trocar *toner*" apareceu no visor do fax, que emitia sons indicadores de erro, consultei o manual. Infelizmente, não compreendi o sentido da palavra *toner* e menos ainda como fazê-lo. Por isso, retirei os cartuchos de tinta em pó de dentro do compartimento de recarga da máquina, me sujei inteiro, também sujei e limpei todo o banheiro para que Edwige não percebesse nada, depois ainda fiz mais besteiras ao recolocar o cartucho novo, sem saber como eliminar todos os restos de tinta que caíram dentro da máquina. Entretanto, por um milagre, consegui encaixar o cilindro, que não tem forma de cilindro, o cartucho, que não tem forma de cartucho, a bandeja, que eu jamais teria chamado de bandeja. Ora diabos! Tão perto da vitória, foi impossível recolocar o "filtro de limpeza", isso porque não consegui identificar onde ele se encaixava. Por isso, chamei o serviço de assistência técnica. Quando disse ao telefone que desejava que alguém me ensinasse como recolocar o *toner*, uma voz feminina me informou: "Então será preciso pagar pela substituição". Corrigi a atendente assinalando que queria que alguém inspecionasse os resultados de minha manipulação, pois minhas folhas

---

39. *The beast of war*, filme americano, de 1988, do diretor Kevin Reynolds; no elenco: George Dzundza, Jason Patric e Steven Bauer. Título francês, *La bête de guerre*. (N.Ts)

de fax apresentavam manchas de tinta: "Então, o chamado é para uma revisão?" "Sim, sim..." "Não há problema, está na garantia."

Assim, de manhã, recebi a visita de um técnico com sua maleta que, em um instante, me mostrou como agir no futuro.

Visita do corretor de imóveis para discutir nosso interesse no apartamento vizinho [no fundo, não tenho vontade de mudar, mas a escada do dúplex exacerba a asma de Edwige, que continua a visitar apartamentos depois de selecioná-los no *Le Figaro*). O problema é que os apartamentos que reúnem todas as qualidades que desejamos são caros demais para o meu bolso.

Não consegui trabalhar de manhã, começo a mexer em meu manuscrito por volta das 3h da tarde. Às 5h chega o fotógrafo da Agência Olympe que me coloca em poses bizarras. Em uma delas, fico sentado na parte mais estreita de um degrau de minha escada interna, com uma nádega e meia apoiada no vazio. Levanto dali com lumbago. Mas ele, inteiramente absorto em sua arte, não dá a mínima para mim.

Discussão sobre o amor. Ele me diz que perto de minha casa, no Boulevard Beaumarchais, reside uma mulher que ele amou, mas que, ao que parece, não retribuiu seu amor. Fico curioso em saber se eles foram amantes. "Vocês dois transaram?" "Eu jamais empregaria uma expressão como essa..." "Isso foi justamente para não empregar aquela que me veio à mente."

Cheio de perspicácia, continuo: "É triste amar sem ser amado, mas é triste ser amado sem amar".

Ele concorda com o segundo ponto, mas afirma que é bom amar, mesmo sem reciprocidade.

"Pelo menos", digo eu, "na falta do amor é preciso inspirar a amizade, isto é, afeição..."

Ele vai embora um pouco antes do previsto, eu saio para fazer algumas coisas: levo uma calça na lavanderia, depois compro Pliz, Cif, Ajax, e ainda outro produto especial de limpeza, pego algumas tônicas *Schweppes* que Edwige pediu e, para mim, três latinhas de *Ginger Ale*. O calor sufocante desde a manhã tornou-se insuportável. Peguei ainda o *Le Monde* e a *Le Nouvel Observateur,* que comprei por curiosidade, em razão dos éditos de Jean Daniel e dos programas de televisão (embora os comentários sejam quase sempre irônicos e depreciativos, segundo a doutrina parisiense que considera quase tudo uma merda). Volto para casa, Emilio Roger já está ali.

Professor em Valladolid, há dois anos ele prepara uma tese sobre mim e veio a Paris para me entregar a parte redigida e discuti-la comigo. Tomou o trem em Valladolid na quarta-feira com sua esposa e sua neta, sem saber que a SNCF[40] estava em greve. Paralisação em Hendaye, parada noturna, verificação dos passaportes, partida para Bordeaux após uma longa espera. Em Bordeaux, como havia perdido o direito ao uso do vagão-leito, ele pede para trocar seus bilhetes por lugares no TGV que vai para Paris. Recusa da burocracia. Finalmente, ele toma o TGV, que não lhe cobra multa. Em Paris, visita o Louvre, sobe na Torre Eiffel. Amanhã, por insistência da netinha, eles irão à Disneylândia.

Ele me avisa que existem erros lamentáveis nas traduções de meus livros em espanhol. Falamos de seu texto. Vamos jantar no Arquebusiers. O lumbago de Edwige piora. Ela volta para casa mais cedo.

Dou uma olhada no jogo Brasil x Camarões. Duas belas equipes que não chegam a exibir sua genialidade (dois gênios contrários podem anular um ao outro). O Brasil ganha de 3x0. Como sou um aficionado do Brasil, fico contente, mas triste pela valorosa equipe de Camarões.

Vejo o fim da partida Bélgica x Holanda; bastante ofegantes, os holandeses tentam empatar, mas em vão. Resultado, 1x0.

Será que é a descarga magnética da tempestade que se prepara no ar, associada ao calor de estufa? Levo horas para adormecer e Edwige, que sofre com seu lumbago, tampouco consegue dormir.

Sábado, 25 de junho. Despertar difícil. Edwige permanece na cama. O sr. Dechamps, o massagista que chamei ontem à noite, chega às 11h e, por algum tempo, lhe traz alívio.

São 13h e ainda não consegui trabalhar em meu manuscrito.

---

40. Sociedade Nacional das Estradas de Ferro da França. (N.Ts.)

Longa carta de apresentação de Yi-zhuang Chen. Ele nasceu em 1946, no Sichuan, na família de um grande proprietário capitalista. Quando Mao Tsé Tung tomou o poder, sua família foi perseguida e seu pai morreu na prisão, em 1950. A mãe encontrou refúgio em Pequim, na casa do irmão, um velho comunista e tradutor de Karl Marx. Depois, ela se casou com um funcionário público. A "má origem social" de Yi-zhuang Chen, registrada em seu dossiê, lhe valeu medidas discriminatórias. Sua sorte se agravou mais ainda com a condenação do reitor da Escola Superior do Partido, Yang Xianzhen, que quis completar o princípio dialético formulado por Mao, "um divide-se em dois", com o princípio de Fang Yizhi, "dois unem-se em um". Yizhuang Chen, então com 17 anos, que havia escrito um artigo demonstrando a complementaridade das duas formulações, foi censurado. Privado do direito de acesso a uma universidade importante, entrou para o curso de francês do Instituto de Transporte Marítimo de Xangai. No decorrer da Revolução Cultural, obrigaram-no a trabalhar como estivador no porto durante dez anos e foi submetido à execração pública. Após a morte de Mao (1976), transferiu-se para o Instituto de Pesquisa Científica e Técnica do porto de Xangai e tornou-se tradutor. Reabilitado com a idade de 80 anos, seu ex-reitor, Yang Xianzhen, ajudou o jovem a concluir um mestrado em filosofia, ocasião em que Yi-zhuang Chen se aprofundou na filosofia de Hegel e explorou os problemas filosóficos das "três teorias" (teoria dos sistemas, teoria da informação e cibernética). Após a leitura de um fragmento do livro *Gödel, Escher, Bach*[41], de Douglas Hofstadter, ele começou a acreditar na existência de um laço entre a dialética hegeliana e o procedimento demonstrativo do teorema de Gödel. (Yi-zhuang Chen me faz lembrar que, no limiar dos anos 1960-1970, eu próprio havia mergulhado na corrente de pensamento das três teorias.). Tornou-se professor adjunto da Escola Central de Administração da China até sua partida em 1987.

Após essa data, ele prossegue seus estudos de doutorado na Universidade de Montreal. Ele produziu o manuscrito do qual me enviou

---

41. Douglas Hofstadter, *Gödel, Escher, Bach*, Nova York: Basic Books, 1999. Edição Brasileira, *Gödel, Escher, Bach. Um entrelaçamento de brilhantes gênios*, tradução José Viegas Filho, Brasília: Universidade de Brasília; São Paulo: Imprensa Oficial do Estado, 2001. (N.Ts.).

a terceira parte: *Exploração das significações da dialética através dos estudos comparativos dessa noção na China e no Ocidente.*

Ele gostaria muito de trabalhar comigo e talvez ajudar-me. Ele ressalta que, em *As ideias*[42], eu hesito no seguinte ponto: o paradigma da complexidade deveria ser uma nova lógica ou um novo modo de pensar? Que relação existe entre lógica e modo de pensar?

Ele me escreve: "O senhor é um grande pensador da atualidade, que goza de uma reputação considerável; mas sei que apesar disso existe uma controvérsia nos meios intelectuais sobre o valor de suas ideias; elas são mal conhecidas ou subestimadas por um certo número de eruditos".

Quando os mandarins da ciência não compreendem qualquer coisa, ou querem criticar qualquer coisa que lhes desagrada, ele dizem "escalada do irracional". Assim, esse pontífice que supervisiona a pesquisa da aids denuncia as declarações mediáticas de Cherman sobre sua vacina: em lugar de dizer que essas declarações são prematuras, ele fala de "escalada do irracional".

No fim da tarde, depois de trabalhar um pouco, vou à exposição de telas de Jacques Gandelin no Bateau-Lavoir. Gosto muito dessas paisagens semi-imaginárias, que despontam das brumas da memória, parecendo provir de um Oriente ou de um passado perdido, que não se sabe se evocam Veneza ou Istambul...

Imagens de televisão mostram os franceses calorosamente acolhidos pelas populações de Ruanda. Será que, finalmente, eles conseguirão ser tutores benfazejos?

Domingo, 26 de junho. Por causa de pessoas que chegaram ao redor das 21h, só pude ver algumas imagens fugazes da partida Argentina x Nigéria. Prazer de rever o grande pequeno Maradona.

---

42. Edgar Morin, *La méthode 4. Les idées – leur habitat, leur vie, leur moeurs, leur organization*, Paris: Seuil, 1991. Edição brasileira, *O método 4. As ideias, habitat, vida, costumes, organização*, tradução Juremir Machado da Silva, Porto Alegre: Sulina, 2001. (N.Ts.)

Trabalho bastante tranquilo. Visita de Irène.

À noite, após dar uma olhada na partida Estados Unidos x Bulgária, assisto ao filme de Andrei Konchalovsky[43], ironizado pelo comentarista de televisão da *Nouvel Observateur*. Evidentemente, no canal TF1 passava *Os três dias do condor*[44], que eu teria revisto pela terceira vez, mas preferi assistir ao filme de 1991, cujo herói é o operador de projeção de Joseph Stalin.

Jantar no Bofinger[45] com meu querido Patrice Blank. Eu o estimo, o admiro, o amo.

Talvez eu não devesse ter comido o chouriço (mas era um AAAAA Duval[46]), noite de sono pesado.

TERÇA-FEIRA, 28 DE JUNHO. Despertar difícil.

Partida para Orly. Será que foi o chá que tomei de manhã? Na estrada, peço ao motorista de táxi que pare no primeiro posto de serviço que aparecer, preciso fazer xixi. Ele estaciona em um lugar tranquilo. Volto para o táxi e confesso-lhe minha alegria pelo alívio. "O pior é quando se tem diarreia", afirma ele com toda sua sagacidade.

Viagem difícil no Airbus 320 para Bordeaux. Leio na *Commentaire* o debate sobre Samuel P. Huntington. A maioria dos textos são muito críticos. Efetivamente, uma simplificação anula a outra. É preciso uma ideia simples para explicar nosso tempo. Ron E. Hassner ressalta que já se tentou abarcar a complexidade da evolução histórica por meio de fórmulas: moderna, pós-moderna, industrial, pós-industrial etc.

Um artigo de Francis Fukuyama rebela-se contra as Cassandras[47] da atualidade. Grosso modo, para ele tudo vai bem: o desenvolvimento

---

43. O autor refere-se a *The inner circle,* filme italo-soviético, de 1991, do diretor Andrei Konchalovsky; no elenco: Tom Hulce, Lolita Davidovich e Bob Hoskins. Título brasileiro, *O círculo do poder*. (N.Ts.)
44. *Three days of the condor,* filme americano, de 1973, do diretor Sydney Pollack; no elenco Robert Redford, Faye Dunaway e Cliff Robertson. Título francês, *La nuit du condor*. (N.Ts.)
45. Com sua decoração no estilo *Belle Époque*, o Café-Restaurante Bofinger, fundado em 1864, próximo da *Place des Vosges* e da *Place de la Bastille*, é considerado "A mais bela Brasserie de Paris".(N.Ts.)
46. O autor refere-se à marca Duval, criada por Simon Duval, que recebeu o certificado AAAAA, outorgado pela Associação dos Apreciadores do autêntico chouriço francês. (N.Ts.)
47. Na mitologia grega, por sua beleza, Cassandra recebe de Apolo o dom da profecia, mas, como ela não retribui seu amor, ele joga uma maldição sobre ela que faz com que jamais alguém acredite em suas predições. (N.Ts.)

asiático (China, Coreia do Sul, Taiwan), o desenvolvimento da América Latina, a passagem para a democracia liberal e as esperanças econômicas para Polônia, Hungria, República Tcheca, Eslováquia, Eslovênia, Países Bálticos...

Chegada ao castelo Beychevelle. Trata-se da última sessão de nossa academia: depois de quatro anos, as dificuldades financeiras da GMF colocam-lhe um ponto final.

Após uma longa calmaria, meu lumbago voltou, e impede que eu me concentre nas obras que visitamos para julgar. Uma belíssima composição em terracota, da escultora holandesa Hanneke Beaumont, obtém nossos votos unânimes. Vemos três homens jovens, atentos, inseguros, sentindo-se impotentes, e mais distante, debruçado em uma espécie de estrado, um homem com uma cabeça de procônsul romano, pleno de certeza. Parece que é ele que deve simbolizar a coragem. Para mim, ele parece um bruto e os outros significam a coragem de assumir a incerteza.

Reparamos, também, na obra do francês Erik Samakh, uma espécie de sofá mágico com duas pranchas que saem dos braços para que se repousem os pés. Ele pede um voluntário e eu me ofereço, isso porque sinto-me exausto. Impressão deliciosa de relaxamento, meus olhos se fecham, parece que alcanço o nirvana. O autor pede para eu me mexer um pouco. Giro um pouco a cabeça, mecho os dedos dos pés. Ouço mugidos de vacas, cantos de passarinhos. Os movimentos aleatórios do paciente desencadeiam sons muito diversos, via computador e um sistema elétrico. Lamento muito ter que deixar o sofá.

As outras obras não me dizem nada, com exceção da obra de um fotógrafo guatemalteco, Luis González Palma, que fez uma espécie de ex-voto em homenagem aos sofrimentos do povo indígena. Belos rostos sérios, enfeitados de modo derrisório com os atributos espanhóis da glória.

Jantar no terraço, em pleno ar livre. Vou ligar a televisão em uma sala ao lado, pois começa a partida Brasil x Suécia. Retorno ao meu assado de cordeiro com vagens. Depois, com o copo de vinho Beychevelle na mão, vou para a frente da televisão. Bernard Pivot e Erik Orsenna, cada um por sua vez, fazem o mesmo. René Berger vem nos trazer mais vinho. Vou rapidamente servir-me de queijos, dos quais o cremoso e o macio são irresistíveis. Brigitte Huard nos traz a sobremesa. Pivot nos oferece um charuto Monte-Cristo. Desse modo, com o Brasil, o Beychevelle, o Havana, vivemos emoção e volúpia. René Berger fica surpreso com nossos gritos e os conselhos que vociferamos aos jogadores, que não nos podem ouvir. A partida tem bons momentos e termina empatada. Depois é a vez de Rússia x Camarões. Os russos marcam um excelente gol, depois mais um, que é anulado (os cameroneses paralisam o jogo para protestar), depois um pênalti. Indignado, decido não assistir ao segundo tempo do jogo. No caminho de volta para meu quarto, ouço no meio da noite os acordes de uma salsa e vejo gente dançando no terraço, são os casais de artistas que vivem ali. Entro na dança, depois de meia hora saio e vou para a cama dormir.

Deito com as janelas abertas para as grandes árvores do parque, para o céu, e ao longe a Gironda. Não há Lua, apenas estrelas. O ar refrescou e permanece sereno. Mergulho no sono.

Quinta-feira, 29 de junho. Café da manhã. Falamos de futebol e depois de vinhos com Berger e Pivot. Vou até meu Mac. Instalei-o em uma mesa perto da janela, de frente para os galhos e ramos de uma árvore muito grande (uma acácia gigante?), para a relva, para o céu onde passeiam as nuvens.

À mesa, Philippe Beaussant pergunta ao astrofísico Michel Cassé o que existe em um copo de Beychevelle do ponto de vista físico. Cassé responde que há grande quantidade de água, isto é, de hidrogênio, que se formou logo após o *big bang*, de oxigênio, que exalou das estrelas, de carbono, que se constituiu nas estrelas vermelhas gigantes, de diversos elementos químicos, todos também de origem cósmica, e, finalmente, da energia organizadora da vida que produziu a videira, a transformação da uva pela ação humana, uma cultura milenar à qual se juntaram as últimas tecnologias informáticas.

Com meu copo de Beychevelle da safra 1986 nas mãos, com seus reflexos rubi, maravilho-me ao descobrir nele o cosmo.

Debate sobre a coragem. René Berger, muito espiritual, maravilhoso. Erik Orsenna, muito engraçado. Sinto-me eclipsado pelos dois, mas minha alegria dissolve uma eventual amargura. Em minha pequena preleção afirmo que, diferente da temeridade, a noção de coragem deve conter em si seu contrário, o medo, que ela supera, e a lucidez.

No avião de volta, na *Commentaire*, ressalto a seguinte frase de Fabrice Bouthillon: "Nossa época é definida pelo triplo fracasso político da fé, da razão e da irracionalidade".

Jantar muito simpático no restaurante tailandês com as Barbiaux, mãe e filha.

QUINTA-FEIRA, 30 DE JUNHO. Ai de mim! Ontem consegui um doloroso lumbago. De manhã a sra. Deligny me fez uma sessão de ultrassons. Preciso trabalhar no Mac.

Diego Maradona foi expulso do Campeonato Mundial por ter usado efedrina. Depois de sua derrota em Nápoles, Maradona havia ressuscitado. Essa decadência definitiva me afeta e passa a fazer parte do panorama dos acontecimentos trágicos do mundo.
O mundo: de um lado, os processos de deslocamento, de ódio, de crises; do outro, assistido por mais de um bilhão de telespectadores de todos os continentes, o Campeonato Mundial de Futebol, jogos e festas planetárias...

Julho

SEXTA-FEIRA, 1º DE JULHO. À tarde, um telefonema de Alanys Obomsawin. Fico alegremente surpreso: "Você está em Paris?". "Não, em Montreal." Ela me informa que Johanne teve uma recaída. Seu médico lhe teria comunicado isso ontem. Telefono a Johanne que, em lágrimas, me diz que quer viver e que fará tudo para viver. Devem lhe fazer uma biópsia, cujo resultado sairá na próxima sexta-feira. Eu lhe telefonarei novamente quando retornar de Fribourg-en-Brisgau. Fico arrasado, ando de um lado para outro, depois volto a trabalhar.

Visita de Harry Redner; sociólogo-filósofo australiano que, assim como eu, não se sente à vontade com as formalidades. Temos caminhado independentemente nas mesmas direções. Ele propôs a um editor americano que se fizesse a tradução de meu livro *Science avec conscience* [*Ciência com consciência*], o editor, por sua vez, consultou Pierre Bourdieu, e o elegante personagem declarou que existe "uma centena de sociólogos franceses para se traduzir antes de Edgar Morin".

Redner chegou a Paris aos 9 anos, em 1947, graças ao *Joint*[1], que o ajudou a deixar a Polônia, onde todos seus parentes haviam sido exterminados; após ter residido durante alguns meses na *Rue de Malte*,

---

1. O *American Jewish Joint Distribution Committee* (JDC). Principal organização mundial de assistência humanitária ao povo judeu. O JDC atua em mais de setenta países além de Israel na função de socorrer judeus em perigo, aliviar sua fome e seu sofrimento, criar conexões duradouras com a cultura judaica e proporcionar socorro imediato e apoio às vítimas de desastres naturais ou provocados pelo homem. (N.Ts)

emigrou para Austrália. Ele retorna à Europa via uma temporada em Israel. Como quase sempre acontece com quem não viveu na Europa Ocidental nas décadas após a guerra, seus sentimentos antialemães ainda estão muito vivos. Ele se sente muito judeu. Fala-me do livro que prepara sobre os pensadores antissemitas do período entre as duas guerras mundiais: Martin Heidegger, Ludwig Wittgenstein, György Lukacs. Eu argumento: "Mas o fato de Heidegger ter acreditado no nazismo entre 1933-1937 não faz dele um antissemita!". Ele me assegura que sim, e que há testemunhas disso. "Mas Wittgenstein era três quartos judeus e Lukacs totalmente..." O antissemitismo dos dois, um por sua vergonha de ser judeu e o outro por sua adesão ao totalitarismo stalinista, parece-lhe um exemplo disso.

Em vista de nossa comunhão de ideias em outros terrenos, não me atrevo a expor-lhe minhas objeções, pois temo tornar-me um exemplo de antissemita a seus olhos.

Massagem: meu lumbago resiste.

Terminei a primeira versão do capítulo final de meu manuscrito, que tenho vontade de intitular *Que sei eu?*.

Ao consultar o extrato de meus direitos autorais na Editora Seuil, constato mais uma vez que meus livros vendidos mais regularmente, em formato de bolso (cerca de dois mil exemplares por ano), são *O homem e a morte*[2], *O enigma do homem. Para uma nova Antropologia*, e os volumes de *O método* (sobretudo o primeiro). Em contrapartida, meus livros "de escritor", como o *X da questão – o sujeito à flor da pele*, *Diário da Califórnia,* vendem pouco (em torno de duzentos). Quanto mais me consideram relevante para a pedagogia, menos me concebem como escritor. Consolo-me dizendo a mim mesmo que durante vinte anos os manuais de literatura consideravam Marcel Proust como um psicólogo sutil, mas um péssimo escritor.

2. Edgar Morin, *L'homme et la mort*, Paris: Éditons du Seuil, 1970. Edição Brasileira, *O homem e a morte*, tradução Cleone Augusto Rodrigues, Rio de Janeiro: Imago Editora, 1997. (N.Ts.)

Sempre fascinada pelo aparelho de fax, Herminette tenta introduzir a cabeça entre as extremidades da máquina e enfiar a pata na fenda de onde saem as folhas de papel. Ela se interroga desvairadamente, mas não obterá mais respostas do que nós quando nos interrogamos sobre os mistérios do universo.

Nos noticiários das 20h, chegada de Yasser Arafat a Gaza, momento perturbador em que o homem reencontra sua terra.

Colonos integristas e likudistas[3] querem proibir Arafat de rezar na grande Mesquita de Jerusalém, invocando os israelenses mortos nos atentados palestinos. Em instante nenhum eles pensam no número bem maior de palestinos mortos vítimas dos ataques de Israel.

Jantar na casa de Véro, com Violette, Irène, os amigos de Véro, entre eles um advogado que se ocupa do tribunal internacional para os crimes cometidos na ex-Iugoslávia. Começamos a evocar os anos de resistência e a prisão de Jean. Eu e Violette divergimos quanto às condições que evitaram minha prisão no Hotel Toulier. Insisto que foi apenas uma incrível lassidão que me impediu de subir as escadas e cair na emboscada. Violette afirma que a gerente lhe fez um sinal e que, assim que cheguei ao patamar da escada, com um aceno, ela me convenceu a descer de novo os degraus. Ela acrescenta que havia alguém da Gestapo no balcão da gerente. Quanto a mim, lembro-me muito bem da ausência total de inquietude de minha parte e de minha inexplicável fadiga, o que não teria sido o caso se Violette tivesse feito algum gesto e se houvesse alguém da Gestapo no balcão. Além disso, eu não apenas teria percebido sua presença, como ele teria me prendido. Ela acredita piamente em sua versão da história. E eu na minha. Testemunhas, testemunhas...

Depois, Véro dirige a conversa para os tribunais contra os crimes cometidos na Iugoslávia. Defendo a ideia de que somente a paz pode acabar com os crimes de guerra e que a paz não pode resultar senão do compromisso. Se tanto Yasser Arafat como Isaac Rabin tivessem

---

3. O autor refere-se ao Likud, partido político sionista israelense, de tendência nacionalista, com elementos da direita conservadora e da direita liberal. Criado em 1973, sob a direção de Menahem Begin, até o fim de 2005, foi um dos três partidos políticos dominantes em Israel. (N.Ts.)

exigido a punição dos assassinos israelenses e palestinos, não teria havido a possibilidade de libertação para a Palestina etc. Véro não pode suportar a impunidade. Pessoalmente, sei que a punição não poderia reparar o irreparável e creio na necessidade da magnanimidade, como fez Nelson Mandela. Mas, quando lhes falo de perdão, eles usam o mesmo argumento de Vladimir Jankélévitch: "Que eles me peçam perdão primeiro", e Véro me diz: "Então, você deixa que o ladrão de iogurte seja punido e vai abraçar Hitler"... Fico exaltado. Mas adoro essas discussões animadas, como nos bons velhos tempos com Dionys Mascolo, Claude Lefort...

Sábado, 2 de julho. Li na comunicação de Jean-Claude Léonides à Academia du Var (*Cultura e pensamento complexo*), o enunciado *sparsa colligo*, que integro imediatamente em meu manuscrito. Insiro, também, as citações de Claude Bernard, Hélène Cixous e Peter Altenberg, encontradas aqui e acolá:

"Chegará o dia em que o fisiologista, o poeta e o filósofo falarão a mesma língua e todos se entenderão" (Claude Bernard).

"Dirija sempre seu olhar para além das fronteiras do infinito" (Peter Altenberg).

"Atualmente, nas estações de trem, não se veem mais lenços agitados ao vento, parece que ocorreram explosões no Sol e que há medicamentos que suprimem a vergonha, o remorso e os sonhos. Logo se poderá nascer sem gritar, depois, sem gritar, se fará amor, se perderá um filho, se morrerá. Caminha-se rumo ao silêncio" (Hélène Cixous).

Segundo o nº 33 do *Courrier International*, desde 1990, haveria a possibilidade de criar programas informáticos que evoluiriam como os seres vivos. Thomas Ray, autor de um código de informática capaz de se reproduzir e dotado de um dispositivo de mutação, observou que, em uma noite, esse código havia se proliferado e diversificado em uma população de descendentes que apresentavam diversos comportamentos como o parasitismo, a cooperação, ou seja, uma forma de reprodução sexual (?). Esse pesquisador agora quer utilizar a internet, a imensa rede informática internacional, para ver seu programa se dispersar, multiplicar e, talvez, produzir formas de vida cibernéticas inesperadas.

Almoço no Vinos y Tapas da *Rue des Tournelles*. O gaspacho frio é bom quando faz calor.

À tarde, ligo o telefone na secretária eletrônica e começo a trabalhar. O telefone toca. Ouço a voz de Ghislaine. Atendo. Ela me informa que Jacques Dofny teve uma crise de epilepsia na manhã de quarta-feira, em Mormoiron, e depois entrou em coma. Transportado ao hospital de Marselha, seu estado é grave. Na melhor das hipóteses, ele ficará com uma hemiplegia ou com a mão paralisada. Ghislaine segue para Marselha. Ela está completamente desolada. O irmão e a cunhada de Jacques virão da Bélgica. Alain Touraine foi avisado.

No primeiro Centro de Estudos Sociológicos formávamos uma pequena equipe de amigos. Durante a Guerra da Argélia, Jacques participava da rede de Henri Curiel, da qual foi expulso por ser de nacionalidade belga, mas Georges Friedmann encontrou um trabalho para ele em Montreal; ele se tornou professor da universidade e adquiriu a nacionalidade canadense. Alguns anos após a morte da esposa, vítima de câncer, ele se casou com Ghislaine, uma quebequense doce e frágil, e quando se aposentou os dois foram se instalar no Vaucluse.

Assim, com a idade, pedaços de cada um de nós são arrancados e nos tornamos seres descarnados, semifantasmas.

Fantasma, fantasma! Amanhã, viajo para Fribourg-en-Brisgau, que conheci tão bem, entre 1945 e 1946, e desde então jamais revisitei.

Por volta das 18h, fazemos compras no mercado da *Rue de Bretagne* e adquirimos os saborosos tomates sicilianos. Já faz anos que em Paris não existem mais tomates gostosos.

A noite vai chegar e, de súbito, lá no alto do céu, turbilhões de andorinhas gorjeiam de alegria. Pela primeira vez na vida, vejo andorinhas no coração de Paris. Onde fazem seus ninhos? Algumas agora descem bem baixo... fazem festa antes que o Sol se ponha.

DOMINGO, 3 DE JULHO. Em Ruanda, massacra-se às machadadas. Eles são bárbaros. Os civilizados massacram com bombas aéreas.

De volta já há dois ou três dias, meu Amigo ainda não me telefonou; é porque não leu meu manuscrito em Stromboli. Por isso, penso que ele não terá tempo de dar uma olhada nele. Além do mais, temo que ele ache politicamente deliquescente algo que, para mim, é metapolítico. Esse samurai vai me olhar como se eu fosse um pregador moralista.

Envio-lhe algumas palavras por fax. Ele me telefona: "Que crise é essa?". Ele vai ler meu manuscrito durante a semana.

No avião Paris-Mulhouse, fico sabendo pelo *Bulletin d'Afrique* que mais de um ano antes dos acontecimentos de abril de 1994, no *Palais de L'Élysée* e em Matignon acumulavam-se as informações sobre a eventualidade dos massacres de tútsis. Mas a França apoiava o "francófilo" Juvénal Habyarimana contra a "anglófila" Frente Patriótica. Além disso, leio no *Réseaux de Citoyens* que a França privilegiava as situações de estabilidade na África e, com isso, quase sempre as ditaduras, fechava os olhos às sevícias praticadas contra os oponentes, os rebeldes ou as populações. De qualquer modo, foram as unidades francesas que treinaram a guarda pretoriana do presidente morto. Pode-se perguntar se a atual expedição humanitária não teria também como missão oculta impedir a tomada de poder da FPR em todo o território ruandês.

No Aeroporto de Mulhouse, o Professor Wolfgand Essbach está à minha espera e me conduz a Fribourg-en-Brisgau. Após quase meio século, eu temia cair em uma sombria melancolia ao me reencontrar na região que percorria alegremente quando fazia parte do governo militar de Baden-Baden. Todos os nomes familiares me voltam à memória. Quando sairmos do estacionamento e seguirmos pelo calçadão de pedestres que conduz ao Hotel Am Rathaus, temo ser invadido por uma irreprimível tristeza. Mas não! Sinto o encanto dessas casas de Baden reformadas, repintadas, graciosas; nas ruas sufocantes de calor (35°), os jovens estão sentados no chão, alguns leem, refrescando os pés em um fio de água que corre ao longo da calçada.

Sinto-me em paz. No hotel, pedi um quarto com vista e fico contente com minha pequena célula no quarto andar, com uma janela-mansarda de onde se vê o telhado e o sino da igreja e, ao fundo, as colinas de bosques e a amplitude do céu. Instalo minha mesa junto à janela, meu Mac sobre ela, e vou tomar uma ducha no banheiro minúsculo.

O professor e eu jantamos em um terraço ao ar livre ao pé da catedral. Por toda parte, os muros exalam o calor do dia, enquanto nossa mesa, distante do edifício, recebe uma brisa que vem da Floresta Negra. Conto a ele a visita que fiz a Martin Heidegger, creio que no outono de 1945. Até então, cada oficial francês que tinha ido até a casa de Heidegger não havia significado para ele nada além de interdição ou requisição. Por isso, ao me ver em uniforme de oficial, ele fica estupefato de não me ouvir falar senão de sua filosofia...

O professor Essbach é um antigo esquerdista de 1968-1969. Quando era estudante de filosofia, não sei mais em que universidade, seu professor o havia proibido de apresentar sua tese e feito com que o expulsassem por esquerdismo; outro professor o admitiu no curso de sociologia. Ele ensina em Fribourg há cinco anos. Fico mais feliz ainda de encontrar um sociólogo não ortodoxo que leu *Arguments* e o *Diário da Califórnia*. Escolhi um tipo de raviólis grandes à moda de Baden, recheados com carne. O que me agrada bastante. Em contrapartida, o vinho Rotwein é uma droga.

Na volta, na *Place du Rathaus*, a festa está no auge. Há quiosques de cerveja, de vinho, bancos, mesas, uma orquestra. Tenho muita vontade de beber vinho branco, mas o bom senso me detém.

Muito cansado para trabalhar, de minha cama assisto a um pouco do Campeonato Mundial de futebol. No primeiro tempo de Argentina x Romênia, os romenos fazem contra-ataques felizes. Desligo a televisão quando o resultado está 2x1. O ruído, o calor não me deixam dormir até as 2h da manhã.

SEGUNDA-FEIRA, 4 DE JULHO. Um raio de sol me desperta por volta das 6h; durmo de novo, depois, os sinos da igreja, tocando sem parar, me despertam outra vez. Mal acabo de tomar banho e o calor já me extenua. Foi o tempo de levar minha camisa suja a uma lavanderia, a trezentos metros do hotel, e voltar e já estou molhado de suor. Bufê do café da manhã à moda alemã, e eu me esbaldo nos defumados e afiambrados. Depois volto para meu Mac. Meu curso está marcado para as 15h.

Consegui trabalhar no capítulo "Não sou mais um de vocês" até quase às 12h, depois o calor me afeta de tal maneira que durmo da 1h até às 2h da tarde, sem mesmo sentir vontade de almoçar. No Frankreich Zentrum, onde eu devia cumprir algumas formalidades, uma burocracia quase francesa impede-me de tocar em minha grana; ela será transferida para mim dentro de alguns meses, enquanto eu queria gastá-la aqui mesmo.

Nos muros da universidade, os grafites, entre eles, o seguinte: *I wait for another revolution or revelation* [Eu espero por outra revolução ou revelação].

Após meu seminário, que vai das 15h às 19h, vou tomar uma bebida com três estudantes, entre eles, um prepara uma tese sobre a "sociologia do presente".

Por volta das 21h, acomodo-me em uma mesa no terraço da Tessiner Weinstube, onde, em vista do calor, evito a salsicha e peço um espaguete ao pesto, acompanhado de um vinho de Baden, que não me diz grande coisa.

Enquanto espero o pedido, leio na última *Time Magazine* um artigo apaixonante sobre o que devia ser o plano secreto do Pacto de Varsóvia para a Terceira Guerra Mundial: no primeiro dia, um ataque de mísseis nucleares aniquilaria a base central da OTAN na Alemanha Ocidental. No segundo dia, um milhão de soviéticos, alemães do Leste (esses últimos superiormente armados e treinados), mais seus auxiliares poloneses, penetrariam na Alemanha com 12 mil tanques e 25 mil veículos blindados. No terceiro dia, a Alemanha Ocidental seria ocupada e milhares de administradores alemães do Leste alemão assumiriam o controle. No 14º dia, a Dinamarca e o Benelux seriam ocupados; no 30º dia, as tropas alcançariam a costa atlântica, a França seria neutralizada.

Desse modo, nos anos 1960-1970, tudo estava preparado para uma eventual guerra nuclear, rápida e devastadora, ao contrário das expectativas ou previsões dos ocidentais. Os milhares de documentos recuperados nos arquivos secretos em Stzausberg, perto de Berlim, revelam todos esses planos. Diante desse ataque nuclear o que teria acontecido? Os americanos teriam respondido com um contra-ataque nuclear às cidades soviéticas, e os soviéticos, por sua vez, teriam replicado com um ataque às cidades ocidentais, tudo isso culminando no pior horror jamais visto? Os ocidentais teriam sido capazes de conter os orientais? E se a União Soviética tivesse ocupado a Europa, teriam ocorrido ali as rudes depurações (levando-se em conta a época, imagino na França um governo Georges Marchais-Jean-Pierre Chevènement, com Régis Debray no Ministério da Cultura e François Nourissier na Direção das Letras)? Cedo ou tarde, porém, o comunismo soviético não teria desmoronado sob o efeito de sua vitória? Por razões de eficácia econômica, ele não teria mantido o capitalismo no Ocidente, principalmente o capitalismo alemão (uma vez que a dupla Marchais-Chevènement teria nacionalizado toda a indústria francesa)?

Jamais saberemos o que teria acontecido com a Europa nazificada, nem com a Europa sovietizada, após trinta anos de hegemonia. Mas seria um equívoco acreditar que a União Soviética teria necessariamente implodido nos anos 1980. Ela seria capaz de continuar a levar sua fuga adiante e de encontrar um *sursis* ao ocupar a Europa...

Leio em outro lugar: "O verdadeiro Michel Rocard desapareceu atrás de um clone que não interessa a ninguém". Ao entrar para o Partido Socialista, ele perdeu a França...

Ao voltar ao hotel, uma vitrine de bonecas me fascina: ali estão menininhas quase em tamanho natural, cada uma delas com um rosto surpreendentemente expressivo, cabelos de verdade, vestidas com roupas muito simples de menina do início do século. A impressão é ainda mais forte do que no Museu Grévin. São bonecas vivas que parecem congeladas. Não consigo afastar-me da vitrine, as pequenas fadas me retêm. Assim que eu virar as costas, elas vão cair na risada. Ouço dentro de mim a melodia da flauta do mágico do balé *Petrouchka*. Aquela boneca, com seu uniforme cinza de colegial com um beicinho, me faz uma espécie de careta. De repente, os sinos da Martinskirche ecoam, estremeço e deixo minhas belas bonecas.

Assisto na televisão ao jogo Brasil x Estados Unidos. No momento em que escrevo, o placar está 0x0, dez minutos após o início do segundo tempo, o Brasil se solta, mas fracassa sempre ao chegar perto do gol.

A partida é animada, vibrante, apaixonada, não tão bela, mas apaixonante, a despeito da feiura de algumas faltas.

Ribombar de trovões ao longe, um relâmpago, e mais nada... Um sopro de frescor, depois tudo se torna úmido e quente novamente. Outra vez os relâmpagos, mas nenhum ruído. Volto ao jogo de futebol que espiava com o canto dos olhos enquanto escrevia em meu Mac. O Brasil marca um gol. O fim da partida é disputado e termina com o placar de 1x0. Um jogador americano parece-se terrivelmente com o Presidente Lincoln.

A chuva começa a cair. A tempestade se aproxima.

Terça-feira, 5 de julho. Fui deitar enquanto a violenta tempestade desabava sobre Fribourg. O frescor levou tempo para chegar; não o senti senão hoje pela manhã.

Meu seminário será das 9h às 13h.
Ao sair, vagueio um pouco por essa bela e serena cidade de pedestres, entrecortada por transportes elétricos e bicicletas. Encontro um café do tipo italiano que serve um bom expresso...
O tempo ficou denso. Apesar do almoço frugal em meu quarto, composto de pão de centeio e queijo, a sesta me deixa prostrado.

Tarde tranquila, de cuecas em minha célula, diante da janela, de frente para o sino da Martinskirche. Céu sereno. Nem um único telefonema. Ouço um trovador no estilo Bob Dylan que canta em alemão na *Place du Rathaus*. Preparo minha conferência dessa noite no Instituto Francês... sobre a "reforma do pensamento". Após a conferência, junto com o Professor Essbach e alguns estudantes, todos com suas bicicletas, vamos a um restaurante grego. No caminho, uma caravana de automóveis em delírio, bandeira italiana ao vento, a Itália venceu a Nigéria.
No jantar, assim como um velho (por que eu disse "como"?), evoco minhas lembranças do tempo da Ocupação em Fribourg, minhas visitas a Heidegger, minhas aventuras com Robert Antelme em Berlim, em 1949.

No Hotel, acompanho o segundo tempo de Bulgária x México, que termina em 0x0. Estou muito cansado e não tão apaixonado para assistir às prorrogações.

Quarta-feira, 6 de julho. O calor excessivo passou. Meu último seminário termina com vigorosos golpes de punhos nas mesas à guisa de aplausos. Reatravesso Fribourg, vou dar uma última olhada nas pequenas bonecas: minha favorita não mostra mais seu gracioso beicinho, tem até mesmo um arzinho dissimulado. Penso nesse fantástico filme em que as bonecas piscam o olho, fazem caretas, mas, quando o herói vira as costas, tornam-se muito malvadas. Bem que tenho vontade de comprar minha inquietante queridinha, mas os 1.500 marcos que ela custa justificam minha inibição. Na verdade, meu temor é de que assim que eu a possua seja ela que me possua.

Levo uma lembrança encantadora de Fribourg, cujo centro de pedestres foi reconstruído como era no passado, sem nenhum imóvel que o desfigure. Os pedestres são livres, caminham tranquilamente, sentam-se nas praças; os terraços dos cafés espalham-se pelos espaços públicos. A cidade se humanizou. Segundo Essbach, Fribourg-en-Brisgau foi declarada a capital ecológica da Alemanha. A prefeitura, em grande parte defensora do verde, criou uma rede de estacionamentos subterrâneos que circunda o centro da cidade. Os carros circulam além dos limites desse centro, mas em pouca quantidade e sem poluir muito, pois um painel luminoso nos semáforos indica quando se deve parar o motor e quando dar a partida novamente. Outra rede de estacionamentos é encontrada na periferia, uma espécie de cartão de cor laranja permite aos titulares não apenas utilizar os transportes públicos em um raio de sessenta quilômetros como também dispor de um lugar gratuito nesses estacionamentos perfeitamente seguros. O campo de aviação de turismo será suprimido para a construção de apartamentos a preços moderados. Como no futuro canteiro de obras foram descobertos alguns sobreviventes de uma espécie raríssima de escargôs, os ecologistas criaram uma pequena ponte de grama que, quando os trabalhos começarem, permitirá aos gastrópodes abandonarem o terreno e chegarem a um parque tranquilo. O plano de reformas, que rejeita o princípio de criação de subúrbios, prevê uma clara separação entre cidade e campo.

Digo a Essbach que se faria muito bem em generalizar por toda parte a reconquista dos vilarejos pela convivialidade e para a convivialidade. Na França, porém, os partidos políticos não compreendem que se trata de uma questão maior, não compreendem tampouco a importância vital da humanização da tecnoburocracia. Na França, os verdes encontram-se divididos e impotentes. Os outros estão esclerosados.

E eu, que temia ser tomado pela nostalgia em Fribourg, parto com a nostalgia de Fribourg.

Ao me reconduzir ao Aeroporto de Mulhouse, Essbach fala de sua tese. Muito acertadamente, ele considerou os "jovens hegelianos", Mose Hess, Bruno Bauer, Ludwig Feuerbach, Karl Marx, como um todo, uma espécie de buquê que se projeta do poderoso tronco do qual ele revelou as ricas potencialidades. De fato, depois de Marx ter sido desgigantizado e de décadas de esquecimento, descobre-se que a fecundidade do hegelianismo se manifestou em um florescimento crescente nos "jovens hegelianos".

No avião, após de três dias de interrupção, coloco a imprensa francesa em dia. No *Libé*, uma entrevista de Anatoly Tchoubaï me informa que na Rússia 70 por cento das pequenas empresas foram privatizadas e, desde então, existem quarenta milhões de russos portadores de títulos parciais de propriedade ou de ações.

Na *Time Magazine*, assinalam-se as novas formas de correspondência escrita utilizadas nas redes de internet e outras, e seus novos glossários. Assim, IMHO significa *in my humble opinion* [em minha humilde opinião] e MOTOS, *member of the opposite sex* [membro do sexo oposto] etc. Pretensamente vencida pela imagem e pelo telefone, a escrita retorna com força, mas não sob a forma da sra. de Sévigné[4].

---

4. Marie de Rabutin-Chantal, Marquesa de Sévigné (1626-1696). Passou para a história da literatura francesa, graças à correspondência que, de sua residência parisiense do Hotel Carnavalet, manteve com sua filha Françoise Marguerite, Condessa de Grignan, que residia na Provença. Em suas cartas, publicadas sob a forma de memórias, em 1696, Madame de Sevigné narra com pormenores e espontaneidade os costumes que imperavam na corte de Luís XIV. (N.Ts)

No número de primavera da *Politique Étrangère,* Faik Dizdarevic analisa as causas e consequências do desmantelamento da Bósnia. Ele situa sua origem em 1986, época em que os ultranacionalistas subiram ao poder na Sérvia e na Croácia. A vontade comum de Slobodan Miloševic e Franjo Tudman de dividirem entre si a Bósnia-Herzegovina constitui a causa profunda da guerra na Bósnia. O passo decisivo foi dado em março de 1991, por ocasião do reencontro entre os dois chefes de estado, ao fim do qual Tudman declarava: "A solução reside na divisão étnica da Bósnia, que permitiria que os sérvios e os croatas se ligassem às repúblicas vizinhas"; quanto aos muçulmanos, um miniestado poderia ser criado para eles na Bósnia central. Se Miloševic e Tudman não tivessem obtido o acordo tácito dos Grandes, eles não teriam ousado invadir a Bósnia. Desde o verão de 1995, assistimos à proclamação quase similar de regiões autônomas "sérvias" e "croatas" que, em 1992, se transformaram em Estados. Na *Réseaux de Citoyens* de junho de 1994, Marie-Christine Ingigliardi afirma que, em Split, as forças armadas croatas regulares expulsavam as esposas de militares sérvios, que sempre haviam vivido na região, para fazer da Croácia um território etnicamente puro. Os manuais de história são revisados "em um sentido favorável demais aos *oustachis*" (seria preciso verificar isso).

Em Paris, uma mensagem na secretária eletrônica me anuncia a morte de Jacques Dofny no hospital de Marselha, enquanto eu estava em Fribourg.

Na correspondência, encontro o convite para a cerimônia da Unesco, na qual Federico Mayor entregará o Prêmio de Pesquisa da Paz a Yasser Arafat, Isaac Rabin e Shimon Peres. Interessante entrevista de Arafat no canal de televisão *France 3*. Em contrapartida, em sua declaração, na saída do *Palais de L'Élysée,* Rabin mostra-se absolutamente realista; nenhuma magnanimidade, nenhuma palavra humana dirigida aos palestinos. Apesar disso, resta-nos a esperança...

Um fax de Jean-Louis Pouytes, que me envia de presente de aniversário um belo poema de Antonio Machado sobre a Lua:

Luna llena, luna llena
Tan oronda, tan redonda
En esta noche serena...

Yo te ve, clara Luna
Siempre pensativa y buena

(Lua, lua cheia, lua cheia,
Tão plena e tão redonda
Nesta noite serena...

Eu te vejo clara Lua,
Sempre pensativa e plena)

Embora cansado, assisto ao seriado de televisão *Columbo*.

Quinta-feira, 7 de julho. Após ter expedido um pouco da correspondência, vou fazer compras no mercado da *Rue de Bretagne*.

No *Libé*: o êxodo urbano substituiu o êxodo rural. O jornal cita um estudo de Jacques Rouzier, do CNRS, segundo o qual, entre 1975 e 1982, as comunidades rurais receberam 840 mil habitantes; o recenseamento de 1990 confirma que há um saldo migratório positivo em 22 regiões rurais francesas.

Aparentemente é positivo o resultado das discussões dessa noite entre Arafat e Peres: caminha-se rumo à "reorganização" do Tsahal[5] fora da Cisjordânia.

Após o almoço, Edwige me arrasta até o Magazine Madelios a fim de me oferecer uma calça de presente de aniversário. No metrô, leio um artigo da *Gazeta de Antropologia* da Universidade de Granada (nº 10) sobre a noção de barbárie: é tão necessário abandonar o conceito descritivo de barbárie (com respeito à civilização), quanto é necessário

---

5. Exército de Defesa de Israel. (N.Ts.)

inventar um conceito ético, fundado em um princípio de universalidade, que reconheça os direitos humanos de quem quer que seja, onde quer que seja.

De volta para casa, recebo um telefonema de Anne Brigitte Kern, que me faz um resumo do congresso de educadores de La Rochelle. Como a interrompo para lhe dizer que estou muito triste com a morte de um amigo próximo (Dofny), ela acredita que se trata de Paul Thorez. Eu nada sabia a respeito. "Ele morreu já faz uns dez dias", diz ela, "foi anunciado no *Le Monde*". Nós nos gostávamos muito, vimo-nos com muita frequência a partir de 1968. Minha lamentável deriva parisiense impediu-me de encontrá-lo nos últimos três anos. Ele havia deixado mensagens em minha secretária eletrônica, mas, ocupadíssimo, não o chamei de volta.

Esse filho de Minos e de Pasífae[6] nasceu na Sibéria durante a guerra e tinha dupla nacionalidade, soviética e francesa, foi criado entre os filhos da Nomenklatura, como ele mesmo revelou em um pequeno livro de recordações engraçado e comovente, *Les enfants modèles* [*As crianças modelos*]. Quando o conheci, ele despertava para a dissidência. Ligamo-nos mais estreitamente na época do massacre da Primavera de Praga. Em 1969, ele foi ser GO no Clube Mediterranée de Cefalù[7] e convidou-me para fazer uma conferência, o que me valeu 15 dias de férias ali. Tornou-se antistalinista sem deixar de amar sua mãe difícil, nem de respeitar a memória de seu pai (que havia aceitado sua homossexualidade). Jamais conseguiu pertencer a lugar nenhum. Fundamentalmente isolado, ele tinha ao mesmo tempo muita paixão de viver. Era um sujeito de boa índole, afetuoso e honesto.

Essas duas mortes me afetam bastante.

Não consigo trabalhar, nem me concentrar, ou melhor, a seiva vital da coragem não flui. É curioso, não pensei nisso quando preparei meu texto sobre a coragem para a conferência de Beychevell: em cada um

---

6. Minos, rei de Creta e sua esposa Pasífae, figuras nucleares da mitologia grega. (N.Ts.)
7. Situada na província de Palermo, na Sicília, a cidade de Cefalù é uma das maiores atrações turísticas da região. (N.Ts.)

ocorre um processo que vem das raízes, que o ativa e que é a energia biológica da coragem.

Telefonema de Elias Sanbar, por quem sinto uma simpatia instintiva. Após ter-lhe confessado o quanto lamentava ter chegado tarde demais à cerimônia da Unesco, falamos das negociações em que ele está envolvido. Quando antevejo que a próxima dificuldade virá dos colonos, ele me responde: "De maneira alguma, menos ainda de Jerusalém". "Então, onde está o problema?" "O problema são os refugiados: eles são quatro milhões. A resolução da ONU que reconhecia Israel estipulava o reconhecimento dos direitos dos refugiados de regressarem à sua terra."

Hoje à noite, na televisão, assisto a uma reportagem sobre as máfias do Leste, principalmente na Rússia. Antes havia o Partido-máfia. Atualmente, as máfias se multiplicaram, se ramificaram, se espalharam, aliadas em torno da extorsão, da droga, da prostituição etc. Os mafiosos infiltram-se por todo o aparelho de Estado, por todo o pessoal político... Foi assim que as sociedades históricas debutaram: os predadores impondo sua extorsão, que se tornará tributo, depois imposto; são os chefes saqueadores e dominadores que por meio de guerras e crueldades se tornarão reis. Tudo se legaliza, seus herdeiros formarão as classes dirigentes civilizadas e cultivadas. Desse modo, a história recomeça na Rússia por meio do crime e da extorsão...

Em contrapartida, as reportagens sobre a máfia báltica e ainda mais sobre a máfia de Belgrado são bem decepcionantes; excesso de comentários fora de contexto que repetem que o crime e a política se confundem, que os criminosos se tornaram patriotas sérvios etc.

Sexta-feira, 8 de julho. Anteontem, encontrei na correspondência um cartão de "feliz aniversário" de Mireille Varigas; ontem, uma mensagem de Monique Cahen na secretária eletrônica; de manhã, uma carta gentil de Athéna e um telefonema de *auguri* de Mauro Ceruti. Essa tarde, um chamado de Hélène de São Francisco, depois um fax gentil de Nadine e Bernard Dagenais do Québec, outro de Manu, de Nova York, um fax de Santa di Siena, de Lecce, precedido de uma citação de

Montaigne (que ficou ilegível). Finalmente, um fax de Izabel Cristina Petraglia, de São Paulo. Sim, é meu aniversário...

Os enormes damascos encontrados esse ano nos mercados são carnudos e suculentos, mas não têm nem a suculência nem o gosto especial do damasco pequeno.

Jantar de aniversário no restaurante marroquino Le Mansouria. A *pastilla*[8] é crocante e úmida, o cuscuz impecável.

SÁBADO, 9 DE JULHO. Telefono para Mormoiron: Ghislaine foi acompanhar sua cunhada até Avignon. A mãe de Ghislaine, que veio de Montreal, me revela que Dofny havia expressado o desejo de que suas cinzas fossem espalhadas no Monte Ventoux, o que foi feito ontem.

Telefonei para Martine Thorez, que me informa que Paul morreu vítima de um câncer. Ele vivia em Lot-et-Garonne para onde havia se retirado. O filho deles, Mathieu, tem 27 anos...

Continuo atento em relação ao novo comitê de vigilância dos intelectuais sobre a Bósnia que vai se reunir hoje à noite na prefeitura. Compartilho de sua indignação. No fundo, sinto toda sua repugnância.

Morte de Kim Il-sung, fascinante personagem que não apenas introduziu a sucessão dinástica no comunismo como também a hereditariedade do gênio político, transmitindo a seu filho seus genes geniais.
Os comentaristas, que não sabem grande coisa, assinalam que o filho poderia ser um delirante ou um débil mental e que teria grande vontade de brincar com os mísseis nucleares. A Ásia estremece...

Uma estudante do ensino médio, que obteve o segundo lugar em filosofia no Concurso Geral, constatou na cópia de seu exame de bacharelado que havia recebido nota um, quando a máxima era vinte.

---

8. Prato exótico da cozinha marroquina, em forma de torta, com camadas intercaladas de carne de pombo refogada e massa folhada, assado no forno. (N.Ts.)

Ela contesta a avaliação. Dizem a ela que as notas são subjetivas. Evidentemente, o problema não é essa subjetividade, o problema é que ela não seja controlada por pessoas cuja profissão é ser filósofo, ou seja, é de refletir, de se conhecer e de se controlar. O inusitado é que essa subjetividade alcance os auges do incontrolado. Gostaria muito de saber se quem corrigiu a prova é um discípulo desses Diafoirus para quem o sujeito não existe.

No noticiário da televisão, assiste-se a milhares de norte-coreanos soluçarem, o locutor norte-coreano soluça. Todos soluçam. Assim como ocorreu com Stalin, o momento da morte é o momento de vitória suprema do culto à personalidade. Mas a decadência começa logo em seguida.

Perdi o jogo Itália x Espanha, ou melhor, minhas preocupações e o encontro com Hadiza Isa Bazza fizeram-me esquecer dele. Mas espero com impaciência a partida Brasil x Holanda, em Dallas.

São 21h30. A partida torna-se progressivamente bela e apaixonante. No início, sofria-se com a ineficácia das belas jogadas brasileiras que, lamentavelmente, fracassavam na linha de gol. Depois, de repente, um gol sensacional. No segundo tempo, a partida se inflama. O Brasil vence por 2x0, mas os holandeses deslancham e marcam dois belos gols. O fim da partida se aproxima em uma incrível superexcitação e, em uma cobrança de pênalti, um jogador brasileiro, cujo nome esqueci, chuta uma inacreditável bola rasante, que passa por uma brecha de alguns centímetros da barreira da defesa e deixa o goleiro sem reação. Equipes valorosas.

Termino a primeira versão de meu capítulo "Não sou um de vocês", que agora tenho vontade de denominar "Entre os intelectuais". Finalmente, meu Amigo leu os capítulos que lhe enviei. Ele faz críticas pertinentes que vão ao encontro das de Anne Brigitte Kern:
1) atenção à autoestatuificação na antiestatuificação;
2) atenção à maneira desprendida com que me refiro aos amigos que, desse modo, parecem gravitar ao meu redor;

3) atenção à evocação dos amores: ou falo demais sobre eles, ou não falo o suficiente (isso eu sabia). Por isso, vou mais apagar do que somar coisas, embora tenha muita vontade de falar de minha Providência 1 e minha Providência 2.

Difícil não fazer uma autobiografia em um livro que, no entanto, inclui necessariamente elementos autobiográficos. Será preciso que na introdução eu me explique, que eu assinale que o amor e a amizade foram as coisas mais importantes da minha vida e que, apesar disso, devo mantê-los quase no silêncio.

Meu Amigo formula muitas críticas, capítulo por capítulo. O que me surpreendeu é que, segundo ele, o primeiro capítulo não estava concluído. Em contrapartida, e isso me surpreende mais ainda, para ele, os capítulos sobre as ideias são mais expressivos do que os capítulos que tratam de experiências vividas. Sem dúvida, isso se deve ao lado fragmentário, abreviado, ressequido dos elementos autobiográficos que eu não soube apresentar de outra forma.

Quanto ao novo título para o livro *Que sei eu?*, meu Amigo preferiria *Quem sou eu?* Esse título também não é grande coisa: nesse livro não penetro de modo profundo em minha subjetividade, não me entrego inteiramente. Por isso, prefiro *Que sei eu?* Então, ele propõe *Sei eu quem sou?* ou o inverso. Esse título a princípio me seduz, mas depois de refletir, prefiro *Que sei eu?*

O Campeonato Mundial! O Campeonato Mundial! Ah! Ele progressivamente me envolveu com seus tentáculos que se fecharam sobre mim; depois do jogo Brasil x Holanda, fico preso, possuído. Esses estádios de futebol são taças ovais oferecidas aos céus, mais vastas e vibrantes do que o Templo do Céu de Pequim, que se expandem com o rumor nessa alegria coletiva transbordante, nessa alegria que se transforma em histeria, embora continue a ser alegria, nesses orgasmos difíceis de alcançar, que subitamente explodem e fazem morrer de gozo. A despeito da espantosa identificação, do hipernacionalismo da competição, a histeria não se transforma em violência, ela conduz aos êxtases coletivos: de sessenta a noventa mil espectadores no estádio aos quais se juntam um bilhão de telespectadores, a maioria vociferando e gritando na sala como eu!

O hipernacionalismo que essas partidas desenvolvem é pacífico, ainda que seja um nacionalismo de combate, um combate de vida ou de morte (provisórias). É para aí que deve ser canalizado o nacionalismo; para os jogos mundiais! Eu torço por meus favoritos, Brasil ou Itália, por exemplo, mas vibro também pelas equipes adversárias que fazem uma bela campanha, belas jogadas.

É nesse estado de espírito que me preparo para assistir a Romênia x Suécia (não assisti a Alemanha x Bulgária). Tolero as publicidades, os comentários introdutórios. Enfim, as equipes entram em campo. Adoro os *closes* laterais nos jogadores do país do qual se toca o hino nacional. Na maioria deles, observamos a boca que canta o hino com fervor. Cada um deles fica impregnado por sua pátria. Cada um deles me transmite sua emoção: aqui estou eu hoje, romeno e sueco.

Depois disso, tudo se desloca, se agita, se dispersa. Começou... Os romenos constroem um jogo de numerosos passes, mas acabam por desconstruí-los assim que se aproximam da linha de defesa. Os suecos reagem em contra-ataques rápidos que se perdem no último momento. Os comentaristas nos fazem reparar nas qualidades de Hagi, "o Maradona dos Cárpatos". Sentimento de esterilidade durante o primeiro tempo.

No segundo tempo, os romenos esbarram na vitória marcando dois gols no esperto Ravelli. Os suecos, por sua vez, marcam dois gols no fim da partida. Vai haver prorrogação. Os passes continuam frenéticos, mas a fadiga atrapalha os jogadores. Resultado no placar, empate. É preciso, então, passar pela terrível prova do destino: cobrança de cinco pênaltis para cada time. Mais uma vez, renovam-se as esperanças dos romenos: seu goleiro defende o primeiro pênalti. O jogo prossegue, os dois goleiros são pegos a contrapé, mas um romeno consegue perder o gol e a cobrança de pênaltis termina em empate: 4x4. Chega, então, o momento aterrador: se um conseguir marcar o gol e o outro fracassar, o jogo termina. Ravelli defende o tiro romeno. Os suecos exultam, os jogadores romenos estão caídos no gramado, arrasados pela dor, muitos estão em lágrimas...

Lamento que os asiáticos e os africanos tenham sido eliminados. Para as oitavas de final restam sete equipes europeias contra uma única latino-americana. Mas gostei que, em três dessas partidas, os nórdicos (Alemanha, Holanda, Suécia) foram adversários dos meridionais (Bulgária, Brasil, Romênia). De um lado, um jogo regular, potente; de outro, um jogo vibrante, nervoso.

Segunda-feira, 11 de julho. Graças a uma passada de aspirador sob o dispositivo da calefação, encontro essa citação de Freud que havia perdido: "Nossos concidadãos do mundo não desceram tão baixo como havíamos acreditado, pela simples razão de que não se encontravam em um nível tão alto como havíamos imaginado" (*As desilusões da guerra*, 1915).

Respondo à correspondência que se acumulava há duas semanas, recebo o sr. Ma Shengli, que faz parte do Instituto de Estudos Oeste-Europeus da Academia Chinesa de Ciências de Pequim.
Ele fala muito bem francês, passou dois anos em Aix-en-Provence, fez uma tese na China sobre Jean Jaurès e interessa-se pelas "ideias europeias". De acordo com ele, Jean-Paul Sartre e Michel Foucault foram parcialmente traduzidos, mas a China não conhece grande coisa das ideias europeias de hoje. Ele se sente bem embaraçado de não ter lido nada meu e eu bem embaraçado de expor-lhe minha ideia do pensamento complexo. Eu lhe dou quatro ou cinco livros meus. No momento de partir, ele me revela que em Xangai havia um Boulevard Foch, denominado assim na época da dominação francesa. O ideograma chinês para "Fochou" significa "nuvens purpúreas": para todos os chineses de hoje, o marechal da França eclipsou-se atrás de nuvens purpúreas.

Julian Mesa vem tomar uma bebida comigo antes de seu retorno ao México (uísque de malte para ele e Beaujolais para mim). Estamos de acordo em muitas coisas. Constatamos o quanto Octavio Paz ficou isolado na *intelligentsia* mexicana, antes pró-stalinista e pró-castrista em sua maioria, que hoje não lhe perdoa o fato de ter permanecido lúcido. Não se deve jamais ter razão cedo demais.

À noite, recebo um fax de Raul Motta, de Buenos Aires, que me agrada muito. Ele me revela como, por volta de 1978, um pequeno grupo heterodoxo procurou nas poéticas de Octavio Paz, Antonio Machado, Fernando Pessoa "metapontos de vista para enxergar o que as ciências balbuciantes, a filosofia, a epistemologia, não podiam admitir". Ele continua: "Imagine, em 1986, o impacto que nos causou a descoberta do volume I de seu *O método*, que, por cúmulo, continha em castelhano a frase do poeta Machado: *caminante no hay camino*"[9]. Ele me revela, também, que há dez anos ele e seus amigos da "rede" passaram oito horas em um churrasco com o poeta Roberto Juarroz e com Octavio Paz. Mais tarde, Juarroz mencionou a emoção de Octavio Paz diante da intrepidez deles e lhes perguntou se eles estavam bem conscientes do que havia acontecido ali. Motta não viu mais Juarroz, mas continuou a lê-lo. "Que surpresa e que alegria ao receber o convite para o 1º Congresso Mundial de Transdiciplinaridade em Arabida, no qual Juarroz e o senhor mesmo, junto com outros, anunciam esse importante acontecimento." A despeito de todos os obstáculos, ele também irá a Portugal. Ele multiplica os contatos com os argentinos, chilenos e mexicanos a fim de organizar um conjunto de oficinas de reflexão sobre a complexidade, utilizando certo número de textos meus...

As ideias que não dispõem de poderosos centros e redes de propagação levam muito tempo para encontrar solos onde germinar, devem esperar que se constituam espontaneamente os núcleos que, por sua vez, poderão difundi-las. Aí está, então, o que após 15 anos se começa a fazer em diversos lugares do mundo.

TERÇA-FEIRA, 12 DE JULHO. Calor insuportável. Eu me arrasto. No fim da tarde, avanço um pouco no capítulo "A experiência política".

Como os programas de televisão não me entusiasmam, encontro o vídeo do filme *A Atlântida* que a *Les cahiers du cinéma* me enviou. Bastante emocionado de rever esse filme-mito dos meus 12-13 anos, fico imediatamente emocionado com as belas paisagens desérticas que havia esquecido. Depois, lembro-me do misterioso Targui e, à medida que as imagens surgem na tela, minha memória revive. Quando o rosto de

---

[9]. Essa expressão poética do poeta sevilhano Antonio Machado (1875-1939) é usada de forma recorrente nos escritos de Edgar Morin. (N.Ts.)

Brigitte Helm aparece pela primeira vez, sinto um nó no estômago: é ela, mas não é a mesma de minha lembrança. Continuo achando-a fatal e ainda mais fascinante, isso porque hoje reparo em suas sobrancelhas estranhamente redesenhadas e em seus olhos maquiados como os de um ídolo. Em certos planos, a parte inferior de seu rosto me parece pesada, quase sem inteligência, mas quando se fixa sua boca e seus olhos, ela volta a ser a mesma mulher fatal. Como o Capitão Morhange pôde resistir quando ela se oferecia a ele? Em contrapartida, compreendo muito bem que Saint-Avit, possuído por ela, vagando pelas galerias da Atlântida, clamasse com voz de demente por "Antinea" e obedecesse como um zumbi ao comando de "mate Morhange" que ela sussurra em seus ouvidos após terem estado um nos braços do outro.

Quarta-feira, 13 de julho. Menos calor: consegui trabalhar hoje de manhã.

Edwige perdida no labirinto inumano da burocracia: ela precisou ir três vezes à prefeitura da 3ª circunscrição, pois a cada vez a atendente esquecia de lhe pedir um documento, depois teve que ir até a prefeitura de Neuilly, a fim de obter uma certidão de nascimento de sua filha, em seguida retornar à prefeitura da 3ª circunscrição, tudo isso debaixo de um calor escaldante. Penso nos infelizes que nasceram fora da França, nos estrangeiros que não compreendem bem o que lhes pedem...

Quinta-feira, 14 de julho. Ainda ontem, eu estava decidido a ir à recepção do *Palais de L'Élysée*, mas essa manhã perdi a vontade: sinto-me preso, não tenho vontade de sair, nem de me vestir, ainda menos de terno e gravata! A única coisa que me atraía eram os bufês de comidas típicas das províncias da França, mas penso que não iria ver senão pessoas do círculo oficial, gente a quem não saberia o que dizer, exceto repetir frases convencionais. Não imagino o reencontro feliz com algum amigo há muito distante. Além disso, se for de bufê em bufê, não poderei resistir ao prazer de degustar todos os pratos, de beber os vinhos que aprecio. Já me vejo voltando para casa estufado, atirando-me na cama, incapaz de trabalhar, enquanto gostaria tanto de terminar o capítulo que estou escrevendo.

Como não fui ao *Palais de L'Élysée*, vi pela televisão os jardins em que Patrick Poivre d'Arvor e Alain Duhamel entrevistaram o Presidente, bem-disposto e bem-humorado.

Depois, trabalhei com uma fadiga crescente durante a tarde, entristecido pela infelicidade que atinge os seres sensíveis.

Coloquei outra vez um pequeno trecho do filme *A Atlântida*, a sequência em que o Capitão Saint-Avit descobre a Rainha Antinea. Sou fascinado pela cena da partida de xadrez. Direção de Georg Wilhelm Pabst. Saint-Avit chega. Como ele, vemos primeiro a nuca de Antinea. Ela gira lentamente a cabeça, exibe seu perfil, depois uma parte do rosto. Seu olhar parece distante e, simultaneamente, animado por certa curiosidade. Uma sucessão de *closes* do rosto nos mostra um olhar azul de gravidade absoluta que, instintivamente, vai fascinar sua vítima. Divertida um instante pelo rugir de uma de suas panteras, ela retorna à sua presa, lança um discreto sorriso convidativo, pega um peão negro e um branco do tabuleiro, fecha os dedos sobre eles, torna a sorrir para Saint-Avit e pede-lhe para escolher uma. Nenhuma palavra ainda foi pronunciada. O homem escolhe uma das mãos, que se abre e deixa tombar de sua palma aberta a peça negra. Ele está subjugado, ora sorri sob o encanto, ora é tomado por uma solenidade trágica. Um *targui*[10] convoca uma orquestra e mulheres seminuas que executam um tipo de dança ritual acompanhando a partida de xadrez. Antinea não move os lábios senão para repetir a palavra "xeque", a cada movimento vencedor, até que, finalmente, exclama "xeque-mate". Ela então se levanta e deixa a sala sem olhar mais para Saint-Avit que, como eu, fica totalmente enfeitiçado.

Será o deslumbramento dos meus 13 anos que retorna e se projeta na imagem reencontrada? Será a força do encantamento atemporal de Brigitte Helm que se manifesta em mim, embora hoje ela provavelmente tenha noventa anos de idade? Se não me controlar vou assistir a essas cenas vezes sem fim, como um doido...

---

10. *Targui*, tuaregue em português, singular de *tuaregs*, grupo étnico das regiões do Saara que compreendem áreas da Argélia, Nigéria, Líbia e Chade. (N.Ts.)

Encontramo-nos na extremidade de uma asa cósmica, propulsados para e por uma aventura que nos ultrapassa. Que destino incompreensível!

Nada de sair. Noite caseira. Assisti a um pouco do espetáculo de Michel Sardou em Bercy. Gosto muito das canções *Les Marie-Jeanne* e *J'accuse les hommes*, embora nos versos dessa última haja alguns clichês. Depois, meu interesse é despertado pelo filme *La prima notte di quiete*[11], com a bizarra tradução em francês *Le professeur*, filme de Valerio Zurlini, de 1972, do qual eu ignorava a existência, com Alain Delon e Sonia Petrova. Delon, professor substituto de literatura, chega a Rimini. Progressivamente, ele se apaixona por uma aluna. Em torno desse amor denso de segredo há uma tristeza oculta, um bando de amigos do gênero *Os boas-vidas*[12], um pouco velhos demais, a esposa que o trai, mas que o ama, os poemas que escreve, nos quais se refere à morte como *"A primeira noite de tranquilidade"*. A história vai se tornando cada vez mais trágica e sórdida, até culminar com o suicídio da esposa, a morte acidental do professor e, sem dúvida, a perdição da jovem amada que ele acreditava ter salvado.

SEXTA-FEIRA, 15 DE JULHO. A manhã está linda.
É temporada dos turistas. Japoneses, italianos, espanhóis, alemães e anglo-saxões (esses últimos parece que em menor quantidade nesta estação) saem em pequenos grupos do metrô *Saint Sébastien-Froissard*, chegam à esquina da *Rue Saint-Claude*, consultam seus mapas amassados para verificar o caminho do Hotel Salé, hesitam, perguntam com sotaques diversos "Museu Picasso". Alguém lhes mostra a direção, mas quando chegam à *Rue de Turenne* já estão outra vez atrapalhados: o caminho é confuso, não tem sinalização; a *Rue du Roi-Doré* é pequena demais, a *Rue Thorigny* toda sinuosa, e eles não conseguem se localizar

---

11. *La prima notte di quiete*, filme italiano, de 1972, do diretor Valério Zurlini; no elenco: Alain Delon, Giancarlo Giannini e Sonia Petrova. Título brasileiro, *A primeira noite de tranquilidade*. (N.Ts.)
12. O autor refere-se ao filme italiano *I vittelone*, de 1953, do diretor Federico Fellini; no elenco: Alberto Sordi, Franco Fabrizi e Franco Interlenghi. O roteiro retrata a vida de cinco sujeitos na casa dos trinta anos, que ainda vivem como adolescentes na casa dos pais, sem intenção de trabalhar ou levar a vida a sério. (N.Ts.)

no mapa. Como passo pelo museu para chegar à cinesioterapeuta, guio dois quebequenses até lá.

Na cinesioterapeuta, uma surpresa: eu havia marcado uma consulta para hoje com Bénédicte, mas o consultório ficará fechado até 18 de julho. Volto a pé pelas ruas calmas de Braque e Charlot.

Recebemos a notícia de que Monique (que não parou de expulsar todos os profissionais que Edwige contratou para tentar cuidar dela à noite) caiu e foi conduzida às pressas ao Hospital de Boucicaut: fratura do colo do fêmur.

Como não há leitos disponíveis ali, principalmente por causa do feriado de fim de semana, ela é transferida para uma clínica de freiras na *Rue Oudinot*. Segundo Vacheron, ela precisa de uma cirurgia. Esperamos pelo especialista, o Doutor Barthalon, que atende outro chamado urgente fora da clínica.

Mal acaba de chegar, e o médico já fala da doente como de um objeto descartável. "O que vocês querem que eu faça?" "Mas, doutor, cabe ao senhor nos aconselhar..." "Assumam suas responsabilidades!"

A operação pode ser fatal; mesmo se tiver êxito, deixará sequelas ainda mais terríveis em vista da idade e do desgaste ósseo e Monique ficará condenada a permanecer no leito para sempre. Mas, se não for operada, cedo ou tarde terá uma infecção pulmonar e escaras, ou seja, sofrimentos atrozes sem qualquer esperança.

Edwige fica sabendo que a clínica da *Rue Oudinot* deve fechar as portas no fim de julho, cedo demais para uma convalescença total. Nesse caso, é preciso operar sua mãe em outro local. Depois de procurar em vão um lugar no Hospital Ambroise-Paré ou no Cochin, decidimos, então, pela Clínica Blomet, até então descartada na esperança de encontrar um Hospital de Assistência Pública. Edwige volta para casa exausta, por volta das 11h da noite. Ela come qualquer coisa no Arquebusiers. Dentre todos os telefonemas que fizemos, as únicas vozes humanas eram as dos africanos que, sem querer encurtar as conversas, responderam com boa vontade às nossas perguntas.

Encontro Edwige em prantos no banheiro: "Mesmo que ela seja um monstro, é a única mãe que tenho".

SÁBADO, 16 DE JULHO. De manhã bem cedo, telefono aos meus amigos médicos para lhes pedir ajuda e conselho. Todos estão na secretária eletrônica.

É isso mesmo, é fim de semana: aqueles cuja missão é socorrer deixam seus telefones nas secretárias eletrônicas. Como em um filme de ficção científica, os seres humanos desapareceram deixando as máquinas em seu lugar. Por sorte, encontro Claudine, que muito gentilmente me dá o nome de alguns de seus amigos cirurgiões. Inacreditável! Um deles sai de férias hoje à noite, o outro, impossível de ser encontrado durante o fim de semana. Telefonamos à Clínica Blomet para confirmar a internação de Monique. Eles respondem que é preciso que a doente chegue durante a manhã, antes que o Doutor Léonard deixe o centro cirúrgico. Às 11h da manhã, Monique está em seu novo leito e todo mundo espera pelo Doutor Léonard, que continua no centro cirúrgico. Quando Monique fala, não se compreende o que ela diz, mas está calma, talvez sob o efeito da morfina. Edwige acha que ela tem o canto da boca paralisado e se pergunta se isso não será um começo de hemiplegia. Esperamos por Léonard. Assistimos à televisão no quarto: essa noite um cometa vai entrar na órbita de Júpiter. Mostram-nos uma simulação da colisão. Continuamos a esperar por Léonard. Cochilo um pouco, depois desço até o estacionamento da clínica com Edwige, que quer fumar um cigarro. A magnífica BMW que havíamos visto não está mais lá. Pergunto na recepção sobre o Doutor Léonard. Ele foi embora. Quando volta? Não se sabe. Assim que acabou a cirurgia, ele precisou sair correndo para sua partida de golfe ou para ir a um restaurante, sem sequer dar uma olhada em Monique.

O fim de semana do 14 de julho + a irresponsabilidade do pessoal especializado + a ausência de qualquer sentimento pelo próximo = um mundo kafkaniano cujo caráter monstruoso agrava-se ainda mais quando se situa na antessala da morte.

Voltamos para casa. Edwige telefona a Jacques Rochemaure, que se encontra na Bretanha, mas muito afetuosamente pede para ser informado dos fatos. Edwige menciona a boca ligeiramente entortada de sua mãe, ele se pergunta se a queda não teria sido consequência de uma pequena embolia cerebral. Nesse caso a operação seria fatal. Como

sabê-lo? De Fornara, ele telefona duas vezes para a Clínica Blomet. Em vão. O Doutor Léonard não voltou e não pode ser localizado...
   Diante dessa situação, ficamos indignados contra os indivíduos: "Esse salafrário", "esse nojento". Essas carências, porém, resultam de uma doença de civilização que destrói qualquer sentido de responsabilidade e de solidariedade. A miséria humana agrava-se em razão da irresponsabilidade humana e da burocracia inumana.

   Tento trabalhar, mas em vão.

   Às 21h, Edwige chega da clínica muito abatida. Como sua mãe insistia compulsivamente em retirar a sonda, as enfermeiras a amarraram na cama, sem levar em conta as lágrimas e os protestos de Edwige. "Não se pode vir aqui a toda hora para recolocar a sonda nela..."

   Uma velha, um velho: os africanos, os norte-africanos, os asiáticos ficam chocados com a forma com que tratamos os velhos, ficam desconcertados com nossa falta de respeito por eles, nossa preocupação em nos desfazer deles, nosso furor quando eles nos atrapalham, porque são impotentes... Nossa bela civilização tem muitas feiuras...

   DOMINGO, 17 DE JULHO. Ontem pela manhã, o rosto de Monique estava quase seráfico e adivinhava-se como ela deve ter sido bela. Hoje de manhã, ela tem as maças do rosto encovadas, a boca aberta e a tez esverdeada.
   Finalmente, o Doutor Léonard passa e afirma que a única chance de sobrevivência é a operação. Ele se parece um pouco com o ator Philippe Noiret, o que me transmite uma vaga confiança.
   Monique sai de sua letargia, murmura palavras incompreensíveis, depois, irritada pela enfermeira negra que lhe escova os dentes, ela a trata de "gorda vagabunda". Edwige e a irmã pedem desculpas pela mãe. Ela se recusa a comer, inclusive o bolo de chocolate que lhe trouxemos. No momento de nossa saída, ela pede o bolo. Eu a sirvo em pequenas colheradas.

Leio a revista IANDS, especializada no estudo de estados próximos da morte, particularmente das experiências além-morte reveladas pelos que quase morreram e foram ressuscitados. Evelyne Sarah Mercier, que dirige a revista e a associação, acredita cada vez mais em vida após a morte. O mais interessante é que, a partir de agora, os novos argumentos se apoiam na teoria dos fractais ou na teoria do caos, nas metafísicas de físicos como Fritjof Capra e, evidentemente, na hipótese dos táquions[13], desenvolvida pelo biofísico Régis Dutheil e sua filha Brigitte Dutheil no livro *L'homme superlumineux* [*O homem superluminoso*] (1990). Como o desejo ardente de escapar da morte utiliza todos os caminhos possíveis; hoje em dia, ele procura os caminhos científicos. Que tristeza! pensei eu ao observar esse corpo velho e miserável de mulher inválida, esse rosto que não reflete mais do que um resíduo de inteligência.

A chuva não aliviou a atmosfera, ao contrário, a evaporação torna-a ainda mais pesada. Embora esgotada, Edwige vai ver a mãe antes que termine o horário de visitas da clínica. Encontra-a encolhida no leito, incapaz de levar um copo aos próprios lábios. Ela volta arrasada. É preciso fazer de tudo para evitar que ela sofra, repete ela sem cessar.

Desisto de assistir ao jogo Brasil x Itália para fazer companhia a Edwige, que prefere ver um episódio de *Derrick*[14] para pensar em outra coisa. Entretanto, no fim do segundo *Derrick*, mudo para o canal *France 2* e assisto ao fim do segundo tempo (0x0), às prorrogações, e depois aos pênaltis, que dão a vitória ao Brasil, ou melhor, a derrota para a Itália.

SEGUNDA-FEIRA, 18 DE JULHO. Edwige não dormiu a noite inteira. Depois de uma manhã terrível de espera, o Doutor Léonard me telefona para dizer que tudo correu bem na operação.

---

13. Deve-se ao físico Gerald Feinberg (1933-1992) a criação do termo Táquion, que em grego significa rápido. Ele usa a teoria da relatividade para demonstrar a existência de partículas que se deslocam mais rápido do que a velocidade da luz e estão presentes do outro lado dessa barreira. Essas partículas teriam energia e movimento reais. (N.Ts.)
14. Seriado de televisão produzido na Alemanha, entre 1974 e 1998, que narra as aventuras de um detetive, Stephan Derrick, e seu leal assistente, inspetor Harry Klein, que elucidam crimes misteriosos em Munique e nos arredores. (N.Ts.)

No metrô, a caminho da clínica, leio o *Le poil dans la main* do amigo Régis Debray. Com respeito ao populismo, ele escreve: "Foi com a entrada de Bernard Tapie em cena que se passou a aplicar o adjetivo a todos os que não praticam a demagogia da política tradicional".

Na clínica, às 14h, Monique ainda dorme. Depois de uma reunião para tratar do apartamento, Edwige volta para a clínica, de onde me telefona para avisar que sua mãe ainda não acordou.

Tento trabalhar no capítulo 1, que preciso reescrever. O ânimo não chega.

Fico sabendo do atentado a uma instituição judaica em Buenos Aires que provocou dezenas de mortes. Como não quis identificar-me com o judeu-Tsahal, fui convertido em judeu-vítima. Dessolidarizado do judeu que mata, aqui estou eu, judeu, porque me matam.

E em Ruanda... todos esses mortos que se amontoam na tela da televisão: a gente se sente tão impotente que não dá nem para se indignar; aliás, contra quem? Hutus, tútsis, franceses, todos? Não se pode sentir mais do que um horror difuso e generalizado.

Edwige voltou fatigada demais para irmos comer *tapas* no L'Espagnol. Assistimos na televisão à reportagem sobre a rota de Michel Strogoff, de Moscou a Irkoutsk. Decepção...

Terça-feira, 19 de julho. Fomos informados de que Monique acordou.

Pressionado por mil urgências, não consigo trabalhar em meu manuscrito.
Tempestade sobre Paris. Por volta das 11h da manhã, de súbito, cai uma noite apocalíptica, que dura uns 15 minutos.

Ainda chove forte quando saímos para ir ao dermatologista, na *Rue de Sèvres*, com quem temos uma consulta às 13h. Às 12h20, tomamos o nº 96 na *Rue de Turenne*, mas o ônibus logo fica parado na *Rue du Rivoli*, pouco depois do cruzamento Vieille-du-Temple. Decidimos tomar o metrô na estação do Hôtel-de-Ville, fazer a baldeação em Châtelet e descer em Saint-Sulpice. Em Châtelet, a plataforma do metrô que vai para a Porta de Orleãs está lotada. No alto-falante, uma voz anuncia a interrupção do tráfego... Desespero! Não, ainda há a linha 2 do RER[15]. Esperança. O metrô chega. Lotado. Edwige e eu nos insinuamos até a borda da plataforma e, por sorte, uma porta se abre justo diante de nós. Somos empurrados, carregados pela massa de músculos e tórax que nos esmaga. Grande parte das pessoas permanece na plataforma enquanto as portas se fecham sobre os abdômens comprimidos. Por felicidade, uma profusão delas desce na estação Saint-Michel. Finalmente, chegamos ao dermatologista às 13h10.

Na sala de espera leio o manifesto do Grupo de Lisboa, presidido por Riccardo Petrella, que me parece bastante lúcido: hoje em dia, o perigo virá do que, para os economistas e políticos, ainda em um passado recente, era a principal salvação: a competitividade, que doravante constitui uma deriva perversa e incontrolada da concorrência. Será necessário refletir sobre isso...

Depois de refletir mais sobre o artigo, penso que atualmente existem dois mundos no mundo: o mundo informático-técnico-capitalista e o mundo dos pobres seres humanos. A nação constitui uma proteção contra o primeiro mundo? Ou ela é incapaz de responder sozinha a esses desafios? Isso não a impede de enxergar o segundo mundo?

Passo para o número de outubro de 1993 da *Gazeta de Antropologia* da Universidade de Granada, *"Tras las huellas del hombre post-moderno"* [*Nos rastros do homem pós-moderno*], que trata da pós-modernidade definida como a perda de todo fundamento; segundo a palavra de Gianni Vattimo[16]: "Não existe nem fundamento último, nem único, nem normativo". Ele mostra que esse é um traço comum a Nietzsche, Wittgenstein, Heidegger etc. Afirma que a indiferença pelo individual, o contingente, o ultrapassado foi o traço essencial da metafísica ocidental. Ele deveria ter acrescentado da ciência, da técnica, da burocracia

---

15. Metrô regional que serve toda a região ao redor de Paris. (N.Ts.)
16. Gianni Vattimo (1936-). Filósofo e pensador multidisciplinar, notabilizou-se pela ideia de "pensamento fraco", uma forma particular de niilismo. Fortemente influenciado por Nietzsche, Vattino oferece contribuições significativas para a política e a cultura contemporâneas. (N.Ts.)

ocidentais. Em contrapartida, a poesia, a música, a literatura e uma parte minoritária da filosofia ocidental foram hipersensíveis ao individual, ao contingente, ao ultrapassado... Elas salvaram a alma, o sujeito, o amor...

O Doutor Nourry nos recebe. Falamos de Monique, a quem ele conheceu. "O senhor, que faz estudos sobre a sociedade, deveria um dia tratar da incapacidade de nossa sociedade de salvar as pessoas idosas." Segundo ele, prolongam-se suas vidas tecnicamente para em seguida abandoná-las: os asilos de velhos são antessalas da morte, a maioria sórdidas. Mesmo os luxuosos estão todos abarrotados. Não se pode encontrar lugar senão a dezenas de quilômetros de Paris. Em toda parte, para os enfermeiros e empregados sobrecarregados, os velhos tornam-se mercadorias, carne avariada. "Haveria necessidade de trezentas mil pessoas para se ocupar deles e existem três milhões de desempregados", afirma ele.

Os velhos têm a vida prolongada, mas ficam inválidos, impotentes, dependentes, pois não existe mais teto familiar comum para todas as gerações. As gerações jovens não têm mais lugar para se ocupar de seus velhos nem em seus apartamentos, nem em seus corações. Cada um vive para si. A vida é demasiadamente ocupada, apressada... Não se tem tempo para os velhos.

Evocamos os doentes de câncer, das paralisias, das escleroses múltiplas etc., que têm a vida prolongada. "É preciso morrer de repente, não se pode ficar doente", afirma o Doutor Nourry. Aprovação total.

A burocracia e a competitividade são os dois motores centrais de nossa sociedade: a primeira ignora os seres humanos concretos, a segunda os manipula ou os rejeita.

Edwige vai à clínica, mas eu corro para minha reunião no banco. Na volta, são quase 15h, e estou faminto. Como presunto e berinjelas. Ou um ou outro devia estar fora do prazo de validade: caio em uma prostração melancólica, deito e não saio de meu torpor senão perto das 17h.

Estou tão desorientado que telefono para Y. Caio em uma secretária eletrônica.

Às 17h30, toca o interfone: trata-se da reunião com o pessoal do canal *France Culture* para o programa *Le Bon Plaisir* de Jean-Paul Goude, que eu havia esquecido.

O tempo refrescou um pouco, mas continua muito úmido.

QUARTA-FEIRA, 20 DE JULHO. Telefonema de Edwige anunciando que Paul teve um problema cardíaco. Fazemos tentativas diversas de encontrar um lugar para Monique ficar no início de outubro. Às 9h45 um telefonema de M. S., que chegou de Marselha, me lembra de que tínhamos um encontro marcado às 9h15 no bistrô da esquina da *Rue du Pont-aux-Choux*. Caio das nuvens; eu havia esquecido. Peço desculpas. Muito gentil, ele não manifesta nenhum mau humor e propõe que adiemos o encontro para amanhã.

Não aguento mais! Estou farto dessa história de apartamento. Não sei mais qual general dizia: "Meu flanco esquerdo está destruído, meu centro foi derrotado, meu flanco direito debandou, por isso, eu ataco". Eu poderia ter dito o mesmo há alguns anos. Hoje tenho vontade de dizer, "Salve-se quem puder".

Uma estranha paz me invade quando penso que poderia perder tudo. É preciso saber renunciar. A mim me bastaria conservar meu Mac. Eu poderia viver não importa onde. Jamais me senti tão bem quanto na época em que não tinha nada, vivia na casa de um ou de outro... na Toscana... em Maremme...

Aniversário do atentado contra Hitler, em 20 de julho de 1944: o filho do Conde Staffenberg, que havia colocado a bomba sob a mesa de Hitler, contesta o princípio da exposição, consagrada à oposição alemã a Hitler, na qual os comunistas são homenageados como os outros resistentes. Para ele, os comunistas da República Democrática Alemã, a RDA, responsáveis por outro sistema totalitário, são desqualificados. Mas pode-se retirar retroativamente o título de resistentes daqueles que estiveram nos campos de concentração ou foram mortos?

O que está em questão mais profundamente é essa aliança entre os ocidentais e os soviéticos que, sem dúvida, salvou a humanidade, mas também provocou uma noite sombria durante cinquenta anos. De resto, as "democracias" por acaso eram puras? Seu império colonial, edificado à distância, não se baseava na conquista, na dominação, na repressão?

Não se poderia um dia ter uma visão complexa de toda essa história, sem por isso renegar nossas opções e nossas convicções?

Cerca de um milhão e meio de refugiados ruandeses no Zaire, fome, epidemias. A paralisia das grandes potências impotentes paralisa as boas vontades, que perdem a vontade...

Um editor russo vai traduzir meu livro *De la nature de l'URSS*[17], publicado em 1983, totalmente ignorado pelos estudiosos do regime soviético e pela crítica. Ele me pede para escrever um prefácio retrospectivo.

QUINTA-FEIRA, 21 DE JULHO. Mesmo sem força muscular, Monique insulta as enfermeiras. Ódio e desprezo são sinais infalíveis de sua vitalidade.

Michel Gonzáles me informa pelo telefone que M. M., desaparecido há meses de Estrasburgo, a ponto de eu temer por sua morte, reapareceu: ele deixou uma mensagem em sua secretária eletrônica.

Doce surpresa: carta de Francette Trentin, de Veneza.

O cólera atacou os refugiados ruandeses no Zaire. Imagens horríveis. Tudo isso nos paralisa em lugar de nos mobilizar.

Início do *Tour de France*. Já faz muitos anos que deixei de acompanhar a prova.

---

17. Edgar Morin, *De la nature de l'URSS. Complexe totalitaire et nouvel Empire*, [*Da natureza da URSS. Complexo totalitário e novo Império*]. Análise socioeconômica, política e cultural na qual Morin apresenta sua visão do partido comunista na URSS, suas relações com a Igreja, o Estado e o aparelho policial. Contrapõe o totalitarismo real e o socialismo imaginário e situa a sociedade civil no enfrentamento das contradições da luta de classes. (N.Ts.)

Sexta-feira, 22 de julho. Na *Time Magazine*, cartas dos leitores indignados com o fato de que se possa falar retrospectivamente das ameaças soviéticas. A ameaça da União Soviética foi exagerada? Eis um belo tema do qual tratarei em meu prefácio para a edição russa de *De la nature de l'urss*.

Na clínica, Monique está melhor, já come sozinha.

O calor me aniquila, assim como a ideia de refazer meu primeiro capítulo, que estava uma droga.

Lembro que M. M. me deixou uma mensagem na secretária eletrônica. Ele me revela o que lhe aconteceu. Como havia perdido seu trabalho em Estrasburgo, decidiu ir para Montreal por Frankfurt, onde tem um primo zairense. Na polícia federal alemã, ele apresenta o passaporte que um amigo de origem zairense, mas francês, lhe havia dado. Como não se parecia com a foto do passaporte, a polícia o prende e o reenvia a Paris. Em Paris, inexplicavelmente, o mandam de volta para Frankfurt, onde a polícia não lhe devolve os oito mil francos que havia apreendido dele. De volta à França, sem um tostão no bolso, atualmente ele se hospeda em Saint-Denis, na casa de outro primo, mas ainda quer ir para Montreal, dessa vez com o passaporte francês de um enésimo primo. Por essa razão, ele não precisa de visto canadense. "Mas a foto!..." "A gente se parece um pouco..." Seu primo de Montreal vai recebê-lo no aeroporto, mas faltam-lhe os 2.200 francos da passagem de ida e volta...
Ele vai para a casa de Michel Gonzáles no fim de semana. Evidentemente, M. M. conta conosco para conseguir o dinheiro da passagem.

Jantar simpático no restaurante com os gêmeos Bahgat El Nadi e Adel Rifaat. Eles vislumbram um número de sua revista, *Le Courrier de l'Unesco*, sobre a corrupção. Tratamos, também, do projeto de um futuro número sobre a complexidade. Apesar do calor, não resisto ao desejo de comer morcela e miolos de carneiro, quando deveria ter pedido salada e peixe.

Na volta, assisto no canal TF1 ao episódio semanal da nova série *La Pieuvre*, a novela italiana antimáfia. Acho-o um pouco lento em comparação com as antigas séries, que adorei, mas assisto até o fim.

Sábado, 23 de julho. Despertar difícil.

Mil obstáculos me impedem de trabalhar no Mac. Começo após o almoço, mas, por volta das 16h, o calor me faz adormecer. Sou acordado por um chamado de Jacques Robert, que acaba de telefonar a Johanne. Ela está passando muito mal, sua voz é inaudível. Com o acidente de Monique, eu adiava cada dia mais o telefonema que prometi lhe fazer, sem dúvida porque tinha medo.

Telefono para ela. Fico mais tranquilo ao ouvir sua voz com clareza. Mas o que ela revela me deixa arrasado. O doutor Saint-Louis lhe disse que sua leucemia está piorando: os glóbulos brancos proliferam, as plaquetas diminuem. Ela recebe quimioterapia em casa e lhe aplicam morfina. "Eles não a levaram para o hospital?" "Eu queria ficar em minha casa." O doutor teria insistido: "A senhora deseja ficar em sua casa até o fim?". Ela afirma que sim. Ela acrescenta: "Não se preocupe, estou lutando com todas as minhas forças". Ela está molhada de suor, seu lençol, encharcado, deve ter muita febre.

No começo de julho, os Daniel e os Burguière lhe telefonaram de Argentário, por ocasião da festa de aniversário de Jean. Ela não lhes disse que estava passando mal. Penso com desespero em Argentário, outro paraíso de amizade perdido...

Tomei Lexomil para dormir.

Domingo, 24 de julho. A propósito de Ruanda, eu falava de paralisia. Entretanto, embora com atraso, começa a movimentação para a erradicação do cólera entre os refugiados. Há sistemas de purificação da água etc. Acontece que a inação das potências continuará a ser o fato mais importante. Não existe mais humanidade.

Telefonei a Johanne, que quer viver. Nesse meio tempo, a velha megera de 90 anos ressuscita.

Estou em um beco sem saída.

No canal *France 3*, algumas partes do filme *Os novos monstros*[18] felizmente me divertiram: *"Tantum ergo"* com Vittorio Gassman como padre, *"Auberge"* com Gassman e Ugo Tognazzi, e os mais geniais: *"Premiers soins"* e *"L'éloge funèbre"*, ambos com Alberto Sordi.

Domingo, 25 de julho. Ainda no penoso trabalho de reescrever o capítulo 1.

Telefono ao Doutor Saint-Louis no Hospital das Clínicas de Montreal. Ele me confirma que Johanne teve uma recaída. Como não aguenta mais a quimioterapia pesada, eles lhe aplicam uma leve e aliviam suas dores com morfina. Salvo por uma pneumonia ou hemorragia, ela ainda tem algumas semanas de vida. "Não há qualquer esperança?" "Biologicamente, a situação é sem esperança, mas existem remissões inesperadas."
Telefono a Johanne, que tem a voz fatigada, muito fraca. Ela acredita que sua vontade de viver a impedirá de morrer.

Visita do jovem músico que me dedicou uma peça de orquestra e que gostaria de consagrar uma espécie de ópera à minha obra. Ambos ficamos bastante intimidados.

Hoje à noite, gostei muito de assistir *La lectrice*[19], de Michel Deville, na televisão.

Terça-feira, 26 de julho. Chego tarde demais para atender ao telefone; na secretária eletrônica já encontro gravada a mensagem: "Aqui é Marie France, tenho uma péssima notícia, Guy morreu".
Guy Delommez é um amigo que fizemos em La Bollène-Vésubie. Ele era marido de Sylvie, filha de nossa amiga e vizinha, a sra. Barengo.

---

18. *I nuovi mostri*, filme italiano, de 1977, constituído de 12 episódios dos diretores Mario Monicelli, Dino Risi e Ettore Scola; no elenco: Vittorio Gassman, Ornella Muti, Alberto Sordi, Ugo Tognazzi. Título francês, *Les nouveaux monstres*. (N.Ts.)
19. *La lectrice*, filme francês, de 1988, do diretor Michel Deville; no elenco: Miou-Miou, Christian Ruché e Régis Royer. Título brasileiro, *Uma leitora bem particular*. (N.Ts.)

Era motorista de táxi em Nice e presidia a associação dos taxistas. A partir de sua experiência como taxista, sua visão de mundo me interessava e me divertia muito. Louco por computador, ele fazia seus próprios programas, conversávamos sobre computação. Fazia dez anos que ele sofria de uma estranha doença que o paralisava progressivamente.

O Doutor Michel Hautefeuille, chefe de serviço no Centro Imagine, especializado no tratamento da toxicomania, convida-me para uma jornada de reflexão em comemoração ao décimo aniversário do serviço e me envia um dossiê interessante do qual destaco o seguinte parágrafo: "Os franceses são os recordistas mundiais de consumo de psicotrópicos por ano e por habitante. Os adultos ingerem de quarenta a sessenta milhões de comprimidos a cada noite... O fenômeno desenvolveu-se, sobretudo, de 15 anos para cá". Mais adiante: "levar a vida igual a de todo o mundo" é o *leitmotiv* dos toxicômanos que encontramos. Essa 'normalização' é simultaneamente solicitada como ideal e rechaçada como realidade sinistra. Todos os toxicômanos vivem sempre nessa ambivalência".

Alanys me telefona: Johanne consultou um curandeiro que fez algumas preces para que Jesus a salve.

Fiz a revisão de meu primeiro capítulo e tirei uma cópia na impressora.

Quarta-feira, 27 de julho. Tomo um táxi para o Aeroporto Roissy. Falo por falar com o sr. Claude, o motorista. Cito-lhe os méritos das companhias de aviação comparadas umas às outras. Ele acena com a cabeça e limita-se a pontuar meu discurso com grunhidos.

No balcão vazio da *Air France* aguardo as atendentes, enquanto elas se entretêm fazendo de conta que não me veem. Finalmente, exclamo em alto e bom som: "Não há ninguém aqui?". Uma jovem diz que vai me atender assim que terminar de mandar um telex. Eu espero.

No avião, no número da *Diagonales Est-Ouest* consagrado ao humor nos países do Leste, encontro a seguinte expressão do humor croata atual: "Se poderia muito bem gritar morte ao fascismo, mas isso seria um convite ao genocídio".

Um texto de Mikhail Invanetsky, um cantor de 60 anos originário de Odessa:

"A população trabalhadora levou para a rua seus tênis usados, seus relógios quebrados, o resto da aspirina que não foi engolida inteiramente e troca tudo por dinheiro. É por isso que as mercadorias realmente apareceram, embora ninguém as tenha produzido. Daí provêm os diagnósticos do governo que anunciam que nos encontramos às vésperas da abundância de mercadorias não produzidas.

"A qualidade do ar e da água potável, as latas de conserva fora do prazo de validade e a emigração irão resolver rapidamente o problema da habitação. Espera-se uma abundância de apartamentos não construídos por volta do ano 2000. A entrada das sobras da população na economia de mercado será triunfal. Não se deve esquecer que os conflitos nacionais liberam importantes superfícies a ser semeadas. Para os que permanecem na terra, o leite e a carne disponíveis serão suficientes. Vejam só para onde nos leva a nova economia até então desconhecida no mundo."

Uma piada de Guennadi Khazanov: uma enfermeira transporta um doente em uma cadeira de rodas. "Para onde vamos, irmã?" "Para o necrotério." "Mas eu ainda não estou morto!" "Mas nós ainda não chegamos lá..."

Ainda na *Diagonales Est-Ouest*, uma comissão mista americano--russa de estimativa de perdas humanas na Segunda Guerra Mundial tornou público o resultado de suas pesquisas: quarenta milhões de mortos soviéticos, cifra bastante superior às estimativas oficiais anteriores (seis milhões em 1945, vinte milhões nos anos 1960, 27 milhões nos anos 1980).

Os alemães recensearam seis milhões de mortos de 1939 a 1945, dos quais a metade no fronte do Leste.

Sempre interessante, Catherine Samary evoca a perspectiva de uma grande Albânia formada pelo Kosovo, por uma parte da Macedônia e pela Albânia atual. Talvez, o agravamento atual da guerra provocará no futuro a guerra pela grande Albânia, a menos que essa grande Albânia não agrave e não amplifique a guerra atual...

Na *Time Magazine* de 27 de junho, que leio com atraso, um artigo sobre a China me informa que a rentabilização das empresas do Estado atira milhões de trabalhadores nas ruas. Haveria também um excedente de 150 a 250 milhões de trabalhadores rurais, parte dos quais migra para as províncias marítimas. O setor privado não emprega mais do que trinta milhões de pessoas, ou seja, 5 por cento da força de trabalho. As normas de segurança não são aplicadas nem na construção das fábricas, nem nas condições de trabalho. "É muito mais barato corromper um oficial do que assumir os custos dos encargos oficiais."

Um grande problema é prevenir o colapso catastrófico das indústrias do Estado, que reúnem a maior parte dos operários chineses. Os dissidentes e certo número de observadores de Hong Kong preparam-se a todo momento para essa perspectiva... Aí está um sistema que ainda se desenvolve na temperatura de sua própria destruição...

Ainda na *Time Magazine*, um artigo sobre a situação social na Rússia e na Europa do Leste revela que, por toda parte, se nota crescimento das taxas de mortalidade e baixa nas taxas de natalidade. Na Alemanha Oriental, estima-se duas mortes para cada nascimento. A expectativa de vida na Rússia é de 59 anos, como no Paquistão. Na Rússia, o alcoolismo, as toxicomanias de todos os tipos, o desemprego, a poluição elevam a taxa de mortalidade e de suicídios. Os hospitais gigantes não recebem mais medicamentos suficientes. Sem dúvida, alguma coisa advirá desse caos, mas o quê?

É evidente que esse desastre histórico decorre do próprio sistema totalitário que, durante décadas, destruiu sistematicamente todas as forças capazes de regenerar a sociedade e a economia. Mas não é menos evidente que as fórmulas de transição não foram encontradas e que a liberalização descontrolada dos preços não apenas agravou os males antigos (burocracia corrupção, máfias), mas engendrou novos males. A fantástica máquina, mais ou menos regulada, deslocou-se totalmente. Esse desastre favorece as alianças de centro-esquerda e de centro-direita.

A incompetência conjugada dos especialistas do Oeste e do Leste suscitou uma das maiores catástrofes dos tempos de paz.

Simultaneamente, ocorre o desastre histórico da ONU que, desde 1989, parecia sair de sua paralisia: fracassos na Somália, na Bósnia, em Ruanda, aos quais se soma a negligência das grandes nações.

Na *Transversales*, um artigo virulento de Jacques Robin e outro de Francesco de Castri denunciam a cegueira dos políticos e especialistas diante das fantásticas mutações tecnoecológicas. Castri afirma: "Nossas instituições engolem a mundialização e cospem regras uniformes e inaplicáveis. Elas engolem a complexidade e a diversidade e ainda procuram princípios uniformes que conduzem à segregação dos grupos e dos indivíduos".

Com seus 40 graus de temperatura, Madri tornou-se uma gigantesca sauna. Alonso me recebe; depois, um automóvel climatizado me conduz ao *El Escorial*[20]. Atravessamos *San Lorenzo* e passamos ao lado do Palácio Monastério construído por Felipe II. À primeira vista, o edifício parece uma massa enorme e inóspita.

Fui convidado para uma "conferência extraordinária" sobre a Europa, no âmbito dos cursos de verão da Universidade Complutense, que se realiza quer no Palácio dos Infantes (que abrigava as crianças da família real) quer no Hotel Felipe Secondo, situado no flanco da montanha, cercado por altos pinheiros.

No Hotel Felipe Secondo, Pepin me conseguiu uma bela suíte com sacada e uma fantástica vista para o Escorial que, contemplado do alto, me parece belo com sua torre e seu sino. A vastidão da paisagem fica um pouco eclipsada pela bruma do calor. Faz menos calor do que na cidade e, por volta das 20h, sopra uma leve brisa. Antes de jantar com Alonso, Pepin e eu tomamos um *bitter* sem álcool no terraço.

---

20. Grande complexo histórico-cultural que inclui o palácio, o mosteiro, o museu e a biblioteca. Em 1984 foi declarado Patrimônio Histórico Mundial, pela UNESCO. (N.Ts.)

Depois, vamos ao concerto Jazz com Duende, do grupo de jazz Chano Dominguez, com o guitarrista flamenco Tomatito. O encontro entre *jazz* e flamenco é feliz; certos momentos me fazem lembrar do *Las noches en los jardines de España*, de Manuel de Falla; musicalmente discreto, o grupo (piano, contrabaixo, bateria e percussões), pontua sobretudo o canto da guitarra. Os solos de guitarra de Tomatito são fantásticos.

O concerto acontece no pátio interno do *El Escorial* que, iluminado tanto do interior quanto do exterior, me parece transfigurado. Quanta nobreza na austeridade! Do pátio interno, onde somos centenas em comunhão, vemos a torre e o domo que se esboçam no céu. Um sentimento de sublimidade me invade pelos olhos e ouvidos.

E tudo isso se originou do *big bang*? Digo a mim mesmo que ou é possível (e conheço a explicação, dos núcleos às estrelas, aos átomos, às moléculas, à vida etc.) e isso é espantoso, ou é impossível, e então?

Retorno sereno ao hotel na companhia de Pepin.

Quinta-feira, 28 de julho. Fico de cuecas em minha suíte, preparando minha conferência que será realizada no Palácio dos Infantes.

Pepin vem me buscar. Ele me apresenta ao auditório. A meu lado, Marcelino Oreja, antigo ministro das Relações Exteriores e agora membro da comissão de Bruxelas, onde preside o comitê dos transportes. (Apesar da forte pressão dos ingleses, seu relatório concordou com o pedido da *Air France* de ser financiada pelo Estado francês.)

Após a conferência, almoçamos no local com alguns amigos. Particularmente, me agrada muito uma sopa de amêijoas, tomates e batatas.

De volta ao hotel concedo-me um *semifarniente*, alternando leituras e cochilos. Uma sensação de descompressão me invade e me preocupa, pois, a partir de amanhã, devo voltar ao meu manuscrito. Decido voltar para casa essa noite mesmo.

Telefono a Johanne. Alguém responde que Johanne está dormindo, mas ela pega o telefone e fala comigo, sua voz é fraca e cansada. Peço-lhe que volte a dormir e digo que chamarei outra vez amanhã.

Por causa de um caminhão enorme estacionado na monumental porta do *El Escorial* que serve de passagem única para os veículos, além de outros obstáculos, chegamos ao aeroporto em cima da hora, Pepin pela Ibéria, eu pela *Air France*.

No jantar do avião, são servidos duas fatias de lagosta muito borrachudas, um pedaço de peito de frango grosso e insípido com um bizarro molho amarelado por cima, tudo acompanhado de massas e de alguns legumes, entre os quais dois pedacinhos de abacate. Felizmente, o vinho Pessac-Léognan é bom; peço outra garrafa.

Termino o relatório do Clube de Marselha, no qual encontro enunciados que me agradam, como o que segue: "O risco globalizou-se, impondo à humanidade um pensamento humanista sobre ela mesma. [...] O mundo que se abre será Universal de um modo diferente do mundo de ontem. Um *modo diferente* que contém justamente o essencial do debate a se abrir. [...] O homem aparece como um vencido por sua própria modernidade".

Leio também um surpreendente texto cosmogônico de Richard Sünder, que une de maneira dialética a concepção da partida do universo do zero e a concepção da partida de um vazio quântico, de modo que essas duas concepções se revertem uma na outra e assim se dão conta do problema do acaso e da necessidade (ele escreve *"a née cécité"*)[21]. Ah! Conheço muito bem a embriaguez de encontrar a racionalidade no irracionalizável... mas não vou até o fim, como faz Sünder, que acaba acreditando ter encontrado o segredo do mundo...

Ele recorda a experiência de William Mac Dougal, que se apoia principalmente na teoria de Rupert Sheldrake[22]: a experiência, realizada em diversas gerações de ratos, consistia em colocá-los em um labirinto em forma de T, com uma saída iluminada, mas falsa, e uma

---

21. O autor refere-se à grafia incorreta da palavra *"necéssité"* usada por Sünder. (N.Ts.)
22. Rupert Sheldrake (1942-). Biólogo e bioquímico. Pesquisador do Instituto de Ciências Noéticas, em São Francisco, Califórnia. Diretor do Perrot-Warrick Project do Trinity College, em Cambridge. Sua teoria dos campos morfogenéticos desfaz a fronteira natureza-homem. Com livros traduzidos no Brasil pela Editora Cultrix, suas ideias não são assimiladas pelas ciências humanas que relutam em aceitar que, de modo geral, animais possam ter algum tipo de cognição. (N.Ts.)

saída não iluminada (que provocava descargas elétricas), mas verdadeira. As gerações posteriores encontraram a saída com mais rapidez do que as gerações anteriores. Melhor ainda, os ratos submetidos à mesma experiência em outros continentes teriam, eles próprios, descoberto a saída mais rápido do que os primeiros. De acordo com Sheldrake, eles "aprenderam" pelas vias da "ressonância mórfica" entre os cérebros da espécie e os campos morfogenéticos que contêm a memória holográfica das formas e comportamentos da espécie. Se o tipo de experiência realizada por Mac Dougal fosse verificado, é evidente que seria preciso examinar essa ideia dos campos morfogenéticos.

Começo a ler o número da *Trimestre du monde* dedicado à teoria das relações internacionais, fico surpreso com o fato de não existir uma teoria ecossistêmica que leve em conta o mundo como ecossistema das interações entre Estados, grupos, indivíduos etc., e examine as relações internacionais como um tipo específico dessas interações. Por outro lado, um artigo questiona a pertinência de uma teoria pós-moderna de relações internacionais.

Não sei por que isso me faz pensar na sociologia. Ela não identifica senão a parte emergente da sociedade, as regras oficiais, os comportamentos a céu aberto, enquanto nossas sociedades constituem um fantástico mundo submerso, pleno de relações clandestinas, amorosas ou outras, onde o desejo erótico cria estranhas formas de comunicação entre as classes, onde as redes de confiança e de amizade são definitivas para boa parte das decisões econômicas. É graças a essa parte submersa que damos um jeito de viver em um mundo que, de outra forma, seria inviável.

Chegada a Paris, onde a temperatura caiu de 30 para 25 graus.

SEXTA-FEIRA, 29 DE JULHO. Novo mergulho no inferno.

Felix Guattari provoca muito entusiasmo. Após um número da revista *Chimères* dedicado a ele, Jean-Jacques Lebel lhe consagra uma escultura.

O problema da mudança de apartamento parasita minha tarde. Quanto mais o assunto é mudar, mais tenho vontade de me incrustar.

Não ouço as mensagens em minha secretária eletrônica antes do jantar. Louise Robert telefonou de Montreal para falar de Johanne. Eu a chamo de volta em seu restaurante. Ela me diz que o médico suspendeu o tratamento de quimioterapia e as transfusões desde quarta-feira à noite e não lhe administra mais nada além de morfina. Segundo o doutor Saint-Louis, ela não tem mais do que duas ou três semanas de vida. Como a partir de domingo a enfermeira da noite não poderá mais cuidar dela, o médico insistiu para que Johanne volte para o hospital. Ela se recusa. Louise pediu ao filho de Johanne que a convença, mas sem grande esperança. Eu lhe digo que irei a Montreal e peço que ela me mantenha a par de qualquer novo acontecimento.

Sabado, 30 de julho. Trabalho despido por causa do calor. Por volta das 16h, estou completamente exausto.

Longa conversa com Alanys Obomsawin, que me telefona de Montreal. Após anos de desentendimento (por culpa de Johanne), Alanys voltou a ser sua amiga mais fiel. Ela dedicou a vida a seus irmãos indígenas, vai cantar nas prisões e adotou Kisous, uma pequena inuíte que se transformou em uma jovenzinha adorável.
Ela passou duas noites com Johanne e voltará para passar a noite de domingo. Ela oferece a passagem Nova York-Montreal a Emmanuel.
Depois, telefono a Johanne, cuja voz está muito fraca. Ela toma uma sopa preparada por Louise Harrelle, que está a seu lado.
Perdemos a esperança de que ela possa sair dessa.

Jantar precedido de uma curta sessão de trabalho com Ami. Suas críticas são pertinentes, mas ele lê rápido demais, perturbado por problemas com seu jornal (imprevistos cotidianos e a reforma programada para o fim do ano). Ele sai de férias para um período de repouso total. Quando voltar, lá pelo dia 15 de agosto, devo entregar-lhe uma segunda versão do manuscrito. Mas não estarei eu mesmo à mercê de um excesso de perturbações?

No jantar, *guacamole* e salada de berinjelas, depois, uma fatia de peito de ave magro acompanhado de um excelente vinho Madiran[23]. A companheira de Adam voltou de uma colônia de férias do Bundt com uma antologia de cantos que incluem *A varsoviana*[24] e *Frente Vermelha*[25], que canto muito emocionado.

Domingo, 31 de julho. No telefone, quase não se ouve Johanne, ela está sob o efeito da morfina.

Trabalho muito mal, não consigo concentrar-me no texto que corrijo, e menos ainda distanciar-me dele o bastante para identificar seus defeitos.

---

23. Vinho rústico do sudoeste da França, região de Madiran, aos pés dos Pireneus, fabricado basicamente com a uva Tannat. Na composição do Madiran utilizam-se partes de uvas Cabernet Sauvignon e Cabernet Franc. (N.Ts.)
24. *A varsoviana* é um antigo canto polonês, escrito no fim do século xix, que se tornou muito popular na Rússia nos períodos revolucionários de 1905 e 1917. (N.Ts.)
25. "Frente Vermelha", poema de Louis Aragon (1897-1982), membro do Partido Comunista Francês. Os poemas de Aragon foram musicados e cantados com muito sucesso por Georges Brassens e outros. (N.Ts.)

Agosto

SEGUNDA-FEIRA, 1º DE AGOSTO. De manhã, quando me sentia esgotado, a Rádio Classique toca a *Terceira Sinfonia* de Beethoven, depois, a abertura de *Lohengrin*. A energia retorna.

Nas portas de todas as casas da *Rue Saint Claude*, da *Rue de Hesse*, da *Rue des Arquebusiers*, um cartaz com três fotos coloridas de um gatinho, sua descrição minuciosa e um mapa da região, pede a quem encontre o bichano que avise no endereço da *Rue de Hesse*, indicado no cartaz. É preciso muito amor para ter feito tantos cartazes com tanto cuidado, que tristeza, que expectativa... o sr. Aurel afirma: "Sem chance! Esse aí já foi embarcado: tem uns sujeitos que passam à noite de carro, embalam os gatos e os vendem por cem francos aos laboratórios..."

Jantar com Monique Cahen. Aflige-me o fato de ela deixar a Editora Seuil. Em 1969, foi ela quem cuidou do meu livro *X da questão – o sujeito à flor da pele*, que havia provocado alergia em François Wahl (quando ele ouvia a palavra "sujeito", sacava o revólver). Desde então, sempre insisti que ela se ocupasse de meus livros. Ela foi meu elo sensível e humano nessa empresa onde, por muito tempo, fui malvisto.

Telefonei ao Hospital das Clínicas de Montreal, mas o doutor Letendre, de volta ao hospital no dia 1º de agosto, fazia sua visita aos doentes. Será preciso chamá-lo às 14h de Quebec.

Consigo falar com ele quando são 21h em Paris. Depois que o doutor Saint-Louis interrompeu a quimioterapia e as transfusões, ele não tem conhecimento do estado atual de Johanne, o doutor Latreille tampouco. Pergunto-me quem lhe faz companhia. Alanys, que vai passar a noite com ela, vai me informar amanhã pela manhã.

Aniversário da Insurreição de Varsóvia, em agosto de 1944. O presidente alemão Roman Herzog veio para pedir perdão à Polônia. Boris Yeltsin enviou apenas um representante. John Major compareceu, mas nem François Mitterrand nem Édouard Balladur estavam presentes.

Tento rememorar os fatos: para nós, tudo aconteceu exatamente antes e durante a Insurreição de Paris, tudo ocultava a passividade voluntária dos soviéticos, que deixaram as tropas alemãs esmagarem a Insurreição de Varsóvia. Creio lembrar-me de me sentir perturbado com isso; precisei dizer e redizer a mim mesmo que as tropas soviéticas precisavam se reagrupar, se revitalizar, concentrar sua artilharia, que a insurreição havia sido desencadeada cedo demais, de maneira irresponsável (esquecendo que a Insurreição de Paris havia começado sem qualquer combinação com as tropas aliadas). E então! O evento foi escamoteado por nós.

Na televisão, o episódio de *Columbo* me ocupa e me diverte.

TERÇA-FEIRA, 2 DE AGOSTO. Telefono para a *Air France* para reservar minha passagem para Montreal. Ao meio-dia, ainda não consegui trabalhar em meu manuscrito.

Às 15h, Francis Bueb, que passou três semanas em Sarajevo, me telefona: os tiros dos franco-atiradores, os tiros de morteiro recomeçaram. Os sérvios de Radovan Karadžic cercaram Sarajevo novamente, quanto mais sufocante o calor, 30 graus logo de manhã cedo, mais diminui o moral das pessoas. Elas foram abandonadas, esquecidas... A raiva e o sentimento de impotência simultaneamente me invadem.

Trabalho com dificuldade. Minha mente não domina suficientemente o capítulo "Autoética"[1]. O plano geral tem mediocridades.

---

1. *Meus demônios*, capítulo III. (N.Ts.)

Encontro com Athéna; ela me fala de seu gabinete de filosofia em Estrasburgo. Diferentemente dos países vizinhos, entre eles a Alemanha, na França essa filosofia, ainda sem classificação, encontra-se exposta à hostilidade da filosofia universitária, agarrada a seu monopólio, incapaz de se abrir para o mundo, para os seres humanos, esquecendo que Sócrates mantinha seu gabinete de filosofia em praça pública. Como fez estágio em uma empresa, Athéna ficou estupefata com a incapacidade dos profissionais especializados em contextualizar.

Ela encontrou sua via. Falta-lhe agora manter um mínimo de rentabilidade.

O sr. Marius Mukungu, a quem vejo mais tarde, comunica-me que precisou interromper seu *Vocabulaire de la complexité* por problemas de dinheiro e de trabalho. Sem a cooperação de seus primos zairenses ele estaria perdido. Ele pensa em ir a Montreal, pois lhe afirmam que, graças a seus diplomas obtidos no Zaire, ali ele poderá encontrar um emprego de professor. Enquanto espera, Michel pode oferecer-lhe uma situação alternativa durante alguns meses. Meu conselho é que será melhor ele permanecer aqui: a partir de outubro, terei condições de colaborar com seu *Vocabulaire de la complexité*[2], ao qual Athéna poderia se associar.

À noite, tenho uma ideia inspiradora para meu manuscrito enquanto escovo os dentes no banheiro. Foi o tempo de escovar os dentes, tomar um banho, voltar correndo para meu escritório, esferográfica na mão, e a ideia desapareceu.

Por falta de coisa melhor, assisto ao começo do *Commissaire Moulin*[3], no canal TF1, minha intenção é dormir na frente da televisão, mas fico atraído pelo enigma; a direção dos atores é ótima e a trama, benfeita. Edwige adormece e eu desço para ver o fim do filme na televisão do andar de baixo.

2. Marius Mukungu Kakangu, Guy Berger, Christiane Peyron Bonjan e Edgar Morin, *Vocabulaire de la complexité: Post-scriptum à La méthode d'Edgar Morin* [*Vocabulário da complexidade: Post-scriptum a O método de Edgar Morin*], Paris: L'Harmattan, 2007. (N.Ts.)
3. *Commissaire Moulin, Police Judiciaire*, série de televisão que foi ao ar de 1976 a 2008 no canal de televisão francês TF1. (N.Ts.)

Quarta-feira, 3 de agosto. Um telefonema de Myron Kaufman, da Inglaterra. Ele não sabe como traduzir em inglês o termo *"asservissement"* [subordinação] que utilizo no sentido cibernético em *O método*. Ele deixará o termo *in french*, e traduzirá *"assujettissement"* por *subjugação*. Não ouso lhe perguntar se ele fez algum progresso no livro que escreve sobre mim.

Irène vem almoçar. Vejo-a raramente e a Véronique também. Tenho um grande coração de pai, mas ele se dirigiu, sobretudo, às mulheres.

Calor intenso: cochilo em cima do Mac.

Quinta-feira, 4 de agosto. Às 6h da manhã, o telefone toca em meu escritório. Pensando que talvez fosse um chamado de Montreal, vou até a secretária eletrônica: não há mensagem alguma.

De manhã, vou ao banco e volto correndo.

Almoço no Restaurante Arquebusiers: como um *carpaccio* no balcão mesmo. Volto para trabalhar e consigo terminar a revisão do capítulo 3. Às 15h15, telefono a Alanys que, provavelmente, já foi para casa. Sou atendido pela secretária eletrônica e aviso que chamarei mais tarde. Em seguida, telefono a Louise Robert; ontem à noite, a enfermeira lhe disse que Johanne tinha doses de morfina para 24 horas e que não precisaria mais de seus serviços depois disso.
Reservo minha passagem na *Air France* para amanhã. Mal desligo e o telefone toca novamente, é Alanys: "Johanne está morta."
Um silêncio muito profundo.
Val estava à sua cabeceira, mas precisou ausentar-se por meia hora hoje de manhã. Quando voltou, Johanne estava morta. Ela havia passado a noite muito agitada.
Alanys me pergunta se recebi sua mensagem de ontem à meia-noite que, levando-se em conta a diferença de horário, corresponde ao chamado de hoje às 6h da manhã. Na mensagem, que não foi gravada, ela me recomendava ir para lá o mais rápido possível, pois, sem dúvida,

Johanne vivia seus últimos dias. Eu lhe afirmo que estarei em Montreal amanhã por volta das 15h. Ela vai me buscar.

Minha cabeça gira, Edwige me abraça.

Sem conseguir dormir, tomo um Lexo.

SEXTA-FEIRA, 5 DE AGOSTO. De manhã bem cedo, Chobei Nemoto telefona de Tóquio para me convidar para uma conferência internacional sobre cultura no próximo ano com Octavio Paz. Nemoto me informa que Paz se encontra hospitalizado em Houston em razão de um problema cardíaco. Recordo-me, então, de que o *Le Monde* preparava um "necrológio" para Paz. Ele me pergunta se concordo em participar de um diálogo com Umberto Eco. Com prazer, respondo eu.

Táxi para o aeroporto; sinto-me calmo e até mesmo frio. Como acontece quase sempre em casos semelhantes, não sei o que se passa *dentro de mim*. No balcão de *check-in* do aeroporto, a atendente me informa que recebi um *upgrade* para a primeira classe. Explosão de alegria intempestiva: "Terei caviar!".

No salão 2000 do Aeroporto Roissy, leio um artigo interessante de Hassan Al Tourabi sobre o novo papel do islã. De acordo com ele, o islã ocupa o lugar vago deixado pelo socialismo e o nacionalismo e, como ocorreu no passado com a ética protestante, pode tornar-se um fator muito positivo do desenvolvimento. O integrismo terrorista não será senão um caso particular; na Malásia, o islã já possui aspecto pacífico e positivo e, no Sudão, Salman Rushdie não está mais jurado de morte.

No avião, remexo em meu pacote de revistas. O número de maio-setembro de 1993 da *Dharma*, publicação do centro budista Karma Ling, é consagrado à interdependência. Ali há um diálogo entre o Lama Teundroup e Arnaud Desjardins sobre nutrição, eles passam da ideia de jejum dietético à ideia de "jejum mental": alimentamo-nos de um excesso de informações, de impressões, de mil coisas inúteis, daí a necessidade do jejum mental por meio da meditação. Após essa leitura, eu deveria jogar fora todos os meus jornais e revistas. Mas, que diabos, ainda não sou desintoxicável.

Em um velho número da *Eléments*, da primavera de 1992, descubro que, no dia 28 de fevereiro de 1593, o Papa Clemente VIII publicava a bula *Cum Haebrorum malitia,* que proíbe os cristãos de ler e até mesmo de possuir o Talmude.

A refeição chega: o esperado caviar, depois cogumelos recheados[4], pato confitado com cogumelos silvestres e queijo, que rego com um grande vinho Pessac-Léognan, o Château-Carbonnieux[5].

Sinto-me bem, bastante calmo. Vou ao toalete e, de súbito, sem nenhuma náusea, vomito em pequenos espasmos regulares. Isso já me havia acontecido em um voo Paris-Pequim, após a notícia da morte de Félix Guattari[6].

Coisas acontecem nos subterrâneos de meu ser.

Continuo minhas leituras. Um número da *Études philosophiques* sobre "fenomenologia e cognitismo" entedia-me. Na *Littérature* de fevereiro de 1989, um artigo à parte de Judith Schlanger sobre "as aventuras do valor cognitivo" desperta meu interesse: do mesmo modo que os objetos que caem de moda perdem seu valor, depois se tornam novamente sedutores quando viram antiguidades e preciosos quando se tornam raros, assim também há ideias esquecidas, adormecidas nos arquivos que ressuscitam e desenvolvem nova carreira estética. Seria preciso acrescentar que no domínio das ideias o desperdício é tão grande quanto no domínio dos esporos vegetais ou dos ovos dos peixes .

Finalmente, em um velho número da *Phréatique* (inverno de 1991) um artigo revela a beleza do verso alexandrino que ornamenta as portas dos TGV:

O TREM NÃO PODE PARTIR
SEM AS PORTAS FECHADAS

---

4. No original, *morilles farcies*, prato tradicional da culinária francesa, geralmente servido como entrada. Em sua preparação são usados certos tipos de cogumelos acinzentados ou marrons, semelhantes a esponja, de hastes brancas e longas, conhecidos como *morilles*, recheados com *foi-gras*. Terrines de fois-gras e assados em geral fazem uso desses cogumelos, cuja variedade é imensa (N.Ts.)

5. O Château-Carbonnieux é um vinho da marca Pessac-Léognan, encontrado nas modalidades branco ou tinto. É comercializado no Brasil a preços que variam de 27 a 60 euros, dependendo da safra. (N.Ts.)

6. Abalado pela morte de Félix Guattari, da qual tomou conhecimento em pleno voo Paris-Pequim, Morin narra o fato em seu livro *Diário da China*, tradução Edgard de Assis Carvalho, Porto Alegre: Sulina, 2007. (N.Ts.)

Alanys e Manu esperam-me no aeroporto. Manu chegou de Nova York na quinta-feira, na esperança de encontrar Johanne viva.

Da casa de Alanys, por telefone, dou meu consentimento para a cerimônia na igreja amanhã de manhã, na qual está previsto que Manu eu falemos e que Alanys cante. Depois, vamos à agência funerária de Verdun, onde repousa o corpo de Johanne.

Trata-se de um estabelecimento para pessoas modestas: as salas, as cadeiras são baratas. Os salões estão desertos, por toda parte há um grande vazio. Não há pessoal de serviço. O responsável, sr. Laurent Thériault, nos informa que os mortos agora são levados diretamente do hospital para o cemitério e que esses salões estão condenados. Subsistem apenas os salões de luxo, com mortos pomposos, embalsamados, em caixões de baldaquim, música religiosa, poltronas Luís xv. Thériault é uma pessoa extremamente jovial e não reclama da própria sorte. Ele nos conduz por salas vazias, repletas de um sem-número de poltronas, depois abre uma câmara fria. Johanne está estendida sobre um leito alto, de rodas, recoberta com um lençol branco, que ele retira. Minha impressão não é de ver Johanne, mas sua estátua; a impressão se confirma quando beijo sua fronte rígida e gelada.

Antes de ir jantar na casa de Alanys, fazemos uma parada para comprar vinho: Manu escolhe duas garrafas de Nuits-Saint-Georges, o vinho preferido de Johanne e de Alanys, e eu um Château la Lagune[7] e um Château Carbonnieux. Na mercearia vizinha, Alanys compra um queijo *cheddar* e um queijo holandês suave. Ela nos prepara batatas ao forno. Bebemos e conversamos. Alanys conhece Johanne há quase quarenta anos, desde quando tinham 24 e 26 anos respectivamente. Embora suas personalidades fossem completamente opostas, elas tinham em comum o fato de serem mestiças e de terem sido rejeitadas, uma porque era índia, a outra porque tinha a pele negra. Foram sempre amigas, embora dois anos atrás uma confusão causada por Johanne as tenha separado, mas há alguns meses as duas reataram a amizade novamente, como duas irmãs. Alanys, que cuidou de Johanne, me revela

---

7. Vinho tinto, produzido nas regiões francesas de Bordeaux e do Haut-Médoc, comercializado no Brasil. (N.Ts.)

que dois dias antes de morrer Johanne lhe disse: "Você sabe que muitas vezes me perguntei por que nasci e nunca fui capaz de responder. Hoje eu sei: nasci para dar prazer".

Alanys nos conta a história do deducionalista, que ouviu bem recentemente de Johanne: no avião que vem de Toronto, um quebequense pergunta a seu vizinho, que se vangloria de ser bem pago, qual é sua profissão. "Ah, bem, sou um deducionalista." "Dedu o quê?" "Deducionalista." "Explique o que é isso, homem de Deus!" "Veja, sou consultado pelas empresas, examino a situação e faço meu relatório." "Mas em que consiste isso, dê-me um exemplo!" "Está bem, você será meu exemplo. Você tem um aquário em sua casa?" "Bem, sim..." "Deduzo, então, que você tem um peixe." "Isso é verdade!" "Se você tem um peixe, deduzo que você goste de água." "Ah, sim, eu amo a água, os rios, os lagos!" "Se você ama a água, deduzo que você ama a natureza." " Com efeito, amo demais os campos, os bosques..." "Se você ama a natureza, deduzo, então, que você ama as mulheres." "É claro que eu amo as mulheres!" "Se você ama as mulheres, deduzo que você é casado." "Exato, sou casado." "Bem, se você é casado, deduzo que você é heterossexual..." "Claro que sim! Esse deducionalismo é realmente fantástico..." No dia seguinte, o quebequense encontra um velho amigo, que conhece há vinte anos. Comenta com ele seu encontro com o deducionalista. "Um dedu o quê?" "Espere, você logo vai compreender. Você tem um aquário?" "Mas que espécie de idiota é você, faz vinte anos que me conhece e sabe muito bem que não tenho aquário!" "Deduzo, então, que você é um pederasta..."

Assim, passamos a noite com muitas risadas.

Já deitado à meia-noite (6h da manhã em Paris), depois de ter tomado um chá de ervas, acordo diversas vezes durante a noite. Às 4h da manhã telefono a Edwige, depois volto a dormir.

Sábado, 6 de agosto. Levanto às 7h. Às 9h estamos na igreja, onde alguns amigos nos esperam, informados por telefone ou pelo jornal *The Gazet*, que publicou um belo artigo sobre Johanne. Louise, cunhada de Johanne, ali está com seus três filhos e o marido, em cadeira de rodas, paralítico há mais de vinte anos, depois de ter sido atropelado por um automóvel; seus lábios murmuram qualquer coisa, mas não consigo compreender o que ele diz.

O padre faz uma brevíssima homilia sobre "nossa irmã Johanne", de quem ele louva o devotamento filial e maternal (embora ela tenha sempre negligenciado seu filho e se dedicado sobretudo aos amigos).

Tudo vai mudar. Com a voz embargada pela emoção, Manu começa: "Minha Johanne, nossa querida Johanne, nossa bela Johanne. Nós nos conhecemos, você, Edgar e eu, na *Rue des Blancs-Manteaux*; você entrou em minha vida, você mudou minha vida para sempre. Conheci seus amigos, eles se tornaram meus amigos; juntos formamos um círculo de amor a seu redor..." Ele termina evocando uma canção da cantora francesa Barbara que Johanne gostava muito: "Nossa mais bela história de amor é você".

Quando chega minha vez, evoco o que ela confessou a Alanys, "eu nasci para dar prazer", depois me calo. Eu, que até então tinha permanecido tão calmo, sinto minha voz sufocar na garganta. Controlo-me para não chorar. Finalmente, consigo continuar, e com a voz embargada afirmo que ela era um cometa de amor que nos arrastava em seu rastro luminoso, generosa com todos e dotada de muitos talentos, não pôde consagrar-se a nenhum deles, senão à capacidade de doar a si mesma. Recordo que ela viveu grandes felicidades e enormes sofrimentos. Quando volto ao meu lugar, tenho uma crise de choro. A missa continua. Chega a vez de Alanys. Ela permanece muda. Ficamos todos petrificados, à espera. Depois, quando já não esperávamos mais nada, com uma voz doce e grave, ela começa uma melopeia que, de súbito, se transforma em um lamento dilacerante. Ficamos todos atônitos e Alanys se desfaz em lágrimas.

No fim do último ritual, a esposa de Hamani entoa uma linda canção cujos acordes ecoam como o lamento de um pássaro aprisionado em sua gaiola.

Quando a cerimônia termina, nosso sentimento é de plenitude: o que poderia ter sido uma missa comum, com uma homilia estereotipada, foi transfigurado em uma verdadeira cerimônia de celebração da dor e das lágrimas.

Depois de um café na casa de Louise e uma visita ao cemitério para resolver a questão da cremação, vamos almoçar em Carignon com Jacques e Louise Robert, proprietários de um restaurante isolado no campo, do outro lado do Rio Saint-Laurent. Somos uma dezena ao redor da mesa, em pleno ar livre. Trata-se de uma refeição de festa endocanibal na qual consumimos Johanne, enquanto seu espírito paira à nossa volta e possui a todos. Lembramos de seus defeitos, de suas qualidades, de suas facetas engraçadas, e, de modo eucarístico, nós a bebemos com os vinhos Condrieu, Château Pétrus[8], Côte-Rôtie[9]. A festa é feliz, como em todas as vezes em que, em uma ceia fúnebre, o morto se encontra presente, mais vivo do que nunca.

Tomamos consciência de que, desde que se instalou na *Île des Soeurs*, Johanne havia começado uma metamorfose. Sem pensar mais em beber, ela desfrutava plenamente do Rio Saint-Laurent e da natureza e se tranquilizava.

Até mesmo nós, quando nos separamos no fim da tarde, nos sentimos calmos e serenos, como se houvesse ocorrido uma purificação.

Domingo, 7 de agosto. Belíssima manhã. Após o café, trabalho na impressão em papel de dois capítulos de meu manuscrito, depois telefono para despedir-me de Louise e de Hamani.
Posso voltar para casa, já dei meu adeus a Johanne.

Alanys nos acompanha ao aeroporto: Manu vai para Dorval, eu, para Mirabel. Ainda ali, conversamos sobre diversos aspectos de Johanne e também do infortúnio de seu filho, que nada recebeu do que ela oferecia tão generosamente aos outros, mesmo aos desconhecidos.
Alanys entrega-me o vídeo de seu filme sobre o episódio de Kanehsatake, ocorrido em julho de 1990, quando os índios mohawks resistiram à polícia e ao exército contra o projeto de transformar uma parte de suas terras em campo de golfe. Ela passou setenta dias e noites filmando o conflito.
No *Le Monde*, comprado no aeroporto de Mirabel, leio que em Birkenau três mil pessoas celebraram "o holocausto esquecido" dos

---

8. Château Pétrus, vinho tinto da região de Bordeaux. Sua safra mais valorizada é a de 1983. (N.Ts.)
9. O Condrieu e o Côte-Rôtie são vinhos tintos da região do Vale do Rhône. (N.Ts.)

ciganos: quinhentos mil foram assassinados pelos nazistas em diferentes países da Europa.

Segunda-feira, 8 de agosto. Não consegui um *upgrade* no avião de volta. Releio meu péssimo capítulo ("Caminante"). Aterrissamos debaixo de chuva, após muitas trepidações em virtude de uma série de tempestades.

Sinto-me pronto para começar o dia, mas o café que tomo me ataca o fígado e vou me deitar.

À tarde, transcrevo o diário dos últimos dias e, de tempos em tempos, cochilo na frente do Mac.

Não consegui ver senão fragmentos do filme *Le Dossier 51*[10], de Michel Deville, entrecortados por momentos de sonolência. Noite atormentada por queimações de estômago e cólicas: a morte continua a trabalhar em meu interior.

Quarta-feira, 9 de agosto. As infindáveis insignificâncias da vida preenchem a lacuna do nada.

Esse verso em um poema de não sei mais que autor:

Alguém nos toma a mão
Vira sua palma para o céu
Para decifrar
Por sua vez
Como nossa vida nos é estranha

Respondo a uma carta de Rafik Aboud, dizendo-lhe que somos feitos do mesmo tecido complexo.

Saul Fuks escreve-me longamente sobre sua felicidade de ser pai aos 51 anos: *"Disfrutendo como un loco (en todos los sentidos) de mi nueva paternidad"*. Ele me conta que seu filho Ivan, de 4 meses, quando as-

---

10. *Le Dossier 51*, filme francês, de 1978, do diretor Michel Deville; no elenco: Françoise Béliard, Patrick Chesnais e Jenny Clève. (N.Ts.)

sistia a um congresso em Santiago do Chile, do qual o pai participava, queria por toda lei dialogar com ele com seus *ugghs*, *grrs* e *chnechnntrg*. Mais adiante, ele afirma que a explosão da sede da AMIA, em Buenos Aires, "teve uma repercussão de consequências ainda inimagináveis e, no plano imediato, provocou essa sensação de fragilidade e de vulnerabilidade que tomou conta de nós, judeus e não judeus". Ele termina evocando a dificuldade, em seus projetos comunitários, de despertar os valores de solidariedade em uma sociedade dominada pela obsessão de "ganhar a qualquer preço e por todos os meios".

Mergulho novamente nos acontecimentos do mundo que ficaram ocultos para mim nesses últimos dias.

Na Argélia, três gendarmes e dois agentes consulares franceses foram assassinados, ameaça nas escolas; na França, controle de identidade e prisões. Não é um risco reduzir o islã ao integrismo? Será tarde demais para um compromisso entre democratas, islamistas e exército? Como cada um desses clãs está dividido, não seria necessário que, antes de mais nada, cada um deles estabelecesse um compromisso interno?

Em Ruanda, a catástrofe prossegue sob formas diversas, que vão dos massacres à epidemia, da epidemia à fome, da fome a novos massacres. Cada vez mais, vejo o aspecto antropológico sob o político, *homo sapiens demens*. Em uma situação já bastante febril, a destruição do avião presidencial constitui o estopim de um sismo antropológico de todas as forças de deslocamento e de destruição latentes em nós. Somos todos ruandeses potenciais.

Por ocasião do próximo aniversário da Libertação de Paris, será que se refletirá um instante sobre a onda de loucura que, em diversas partes da França, fez com que se raspasse a cabeça das mulheres que tinham ou teriam dormido com os alemães?

A *L'Entreprise* de julho denuncia o atendimento telefônico execrável reservado aos clientes das empresas de serviços públicos: esperas prolongadas, ligações cortadas intempestivamente, mau humor das atendentes. Das 44 empresas selecionadas, a *France Télécom* recebe a pior nota. A tecnoburocratização, a anonimização, a irresponsabilização, a mecanização, a falta de iniciativa imperam por toda parte.

No *Le Monde* dessa tarde, Amo Klarsfeld refere-se à Cruzada dos Inocentes de 1212 e convoca uma greve humanitária da juventude para lutar contra a miséria humana, principalmente contra o genocídio tútsi em Ruanda.

Os comerciantes do centro de Varsóvia cerraram as portas de suas lojas e seus restaurantes em protesto contra a máfia.

QUARTA-FEIRA, 10 DE AGOSTO. Termino a segunda versão do capítulo "Submarrano".

Não sei mais em que província, um homem, Marc Pecin, divertiu-se em fabricar instrumentos, armas, cerâmicas de uma civilização pré-histórica de sua invenção, a qual denominou Pécinois, depois espalhou os objetos, enterrou alguns, atirou outros nos leitos dos rios. Desde então, a civilização Pécinois passou a existir, os arqueólogos recolhem e estudam seus objetos, os amadores os compram a altos preços. Isso me faz pensar no conto de Arnold van Gennep[11], que imaginava arqueólogos do futuro descobrindo uma caixa de queijo *camembert*, interpretando-a como um símbolo do disco solar, exibindo a imagem do deus-touro adorado pelas populações normandas do século XX.

Seleciono a correspondência para a sra. Vié, a quem verei essa tarde.

Essa noite, no canal de televisão M6, assisto a *Une femme encombrante*[12], telefilme em duas partes, muito complexo. Por ambição, uma bela jovem, garçonete de um bistrô, torna-se amante de um riquíssimo sexagenário, mas aos poucos apaixona-se por ele. Quando o homem morre, de um ataque cardíaco, a jovem é sucessivamente rejeitada,

---

11. Arnold van Gennep (1873-1957). Etnógrafo francês, autor de *Les Rites de Passage* (1909), um dos clássicos da Antropologia, considerado extremamente atual até os dias de hoje. Edição brasileira, *Os ritos de passagem*, tradução Mariano Ferreira, Petrópolis: Vozes, 2011. (N.Ts.)
12. *An inconvenient woman*, telefilme americano, de 1991, do diretor Larry Elikann; no elenco: Jason Robards, Jill Eikenberry e Rebecca De Mornay. (N.Ts.)

espoliada e depois assassinada pela esposa legítima do homem. Assim como na vida real, a maldade triunfa e o amor é vencido.

Quinta-feira, 11 de agosto. Dificuldade de encontrar o equilíbrio para reformar meu capítulo "Caminante". As coisas íntimas ou são insuficientes ou em demasia. Insuficientes: o conteúdo é muito longo, superficial. Em demasia: evoco o que devo calar (minha vida amorosa).
No fim da tarde, o formato ainda não foi encontrado.

Assisto com certo tédio ao *Assassinato num dia de sol*[13], filme policial inglês baseado no livro de Agatha Christie, com Peter Ustinov que aprecio pouco no papel do Inspetor Poirot. Depois, no canal TF1, vejo com grande interesse o documentário-reportagem sobre "A estranha viagem do General De Gaulle", em 30 de maio de 1968, quando ele desapareceu e viajou clandestinamente a Baden-Baden. Sempre considerei esses acontecimentos do ponto de vista da juventude revoltada, hoje os vejo do ponto de vista do general e de seus próximos. O que me comove é o abatimento do titã histórico, pronto a abandonar tudo, e que, de súbito, encorajado pelo comandante Jacques Massu, retoma seu destino nas mãos.

Sexta-feira, 12 de agosto. O cachorro-quente do meio-dia deixa-me em profunda prostração. Só consigo me recuperar às 16h15, furioso pelo tempo perdido.

Clima de amizade na casa dos Alien, com quem jantamos. Tratamos primeiro dos assuntos da FNAC, do destino de Francis Bueb, que espero seja reintegrado à empresa. O casal viaja amanhã de manhã para São Francisco, onde experimentará viver durante seis meses. Eu lhes passo o telefone de Hélène.

Na volta, por acaso, vejo o filme *Star Trek*[14] no Canal Plus. O Capitão Kirk envelheceu bastante, mas o sr. Spock não mudou quase nada.

---

13. *Evil under the sun*, filme inglês, de 1982, do diretor Guy Hamilton; no elenco: Peter Ustinov, James Mason e Maggie Smith. Título francês, *Meurtre au soleil*. (N.Ts)
14. *Star Trek vi: The undiscovered country*, filme americano, de 1991, do diretor Nicholas Meyer; no elenco:

Os primeiros episódios de televisão devem remontar há quase 35 anos, pois, quando eu assistia a série em La Jolla, em 1969, eles já estavam sendo reprisados pela enésima vez em um pequeno canal de televisão secundário.

O novo *Star Trek* não tem mais as deliciosas ingenuidades dos antigos. Mas a imagem e os efeitos especiais são muito bem cuidados; aconteceu o mesmo com a saga *Guerra nas estrelas*[15]. Fico apaixonado até o fim, quando a tripulação da nave estelar *Enterprise* chega justo a tempo de salvar a grande conferência de paz interestelar de um atentado que teria recomeçado a guerra. Em seguida, Kirk recebe a ordem de conduzir a nave espacial até sua base a fim de que ela seja desativada. Pela primeira vez, Kirk desobedece uma ordem: em lugar de retornar à base, ele dirige a nave para o cosmo desconhecido e diz (penso que foi o dublador francês que tomou essa iniciativa poética): "Partimos novamente para essa obscura claridade que cai das estrelas[16]".

SÁBADO, 13 DE AGOSTO. Um sonho muito desagradável ao amanhecer me provoca dor de cabeça e me deixa mal-humorado.

Tento terminar a segunda versão de "Caminante", mas fico incerto quanto ao formato.

Vejo os noticiários. Antes, Fidel Castro ameaçava fechar a Ilha de Cuba, proibindo os cubanos de saírem do país. Agora, ele ameaça inundar os Estados Unidos de cubanos. Dar à população a liberdade de fugir é a última arma da ditadura para não conceder a liberdade aos que ficam.

À noite, último episódio de uma série italiana muito chata, sobre drogas e máfia, mas que tem uma atriz fascinante que corresponde a meu arquétipo da morena fatal.

William Shatner, Leonard Nimoy e DeForest Kelley. Título brasileiro, *Jornada nas estrelas VI: A terra desconhecida*. (N.Ts.)
15. *Star wars*, série de sete filmes, do diretor americano George Lucas. Título francês, *La guerre des étoiles*. (N.Ts.)
16. O autor refere-se à substituição da famosa frase, repetida no final de todos os episódios e filmes da série *Star Trek*, quando a nave espacial do Capitão Kirk, a uss *Enterprise*, parte para novas aventuras *"To boldly go where no man has gone before"* [Para audaciosamente ir onde nenhum homem jamais foi antes]. (N.Ts.)

Domingo, 14 de agosto. Noite muito agitada, acordo com o corpo moído.

Emoção ao ouvir o noticiário da *France Info* pela manhã: duas mortes e inúmeros casos de asfixia após um incêndio durante à noite na Clínica Sainte-Périne, onde Monique está hospitalizada. Edwige telefona para lá imediatamente. Alguém lhe responde que o incêndio foi em uma ala bem distante e que tudo permaneceu tranquilo na unidade onde Monique se encontra.

Vamos ao mercado Richard-Lenoir, que permanece muito movimentado nesse bairro desertificado. No balcão de comidas, onde já compramos chouriços, que cozinham lentamente no vapor de uma enorme panela de ferro, não resistimos a uma *paella* amarela de açafrão e às batatas *sautées* com pedaços de linguiça e toucinho.

Termino parcialmente as correções de "Caminante", que hoje à tarde irei mostrar a Anne Brigitte Kern, bem como o primeiro capítulo.

Após o almoço, vou de carro até a Clínica Sainte-Périne, em uma Paris tranquila: céu completamente azul, temperatura amena, ruas quase vazias; a voluptuosidade de dirigir em uma cidade transfigurada por ter sido refigurada.
A Clínica Sainte-Périne é constituída de um conjunto de edifícios baixos, dispostos em arco, em torno de um belíssimo parque repleto de árvores enormes. Os velhinhos e as velhinhas estão espalhados por ali, uns empurrados em cadeiras de rodas, outros sentados ou acomodados diante das mesas. Se ficassem concentrados e não houvesse o parque, a impressão seria sinistra. A simpática cafeteria é mantida por uma jovem portuguesa meio mulata. Monique tem um apetite de ogro.

No Canal Plus, uma refilmagem alemã recente (1993) de *Stalingrado*[17], de Joseph Vilsmaier, que reconstitui o inferno da batalha após o cerco aos 250 mil homens do General Fiedrich von Paulus, dos quais

---

17. *Stalingrad*, filme alemão, de 1993, do diretor Joseph Vilsmaier; no elenco: Dominique Horwitz, Thomas Kretschmann e Sebastian Rudolph. Título francês, *Stalingrad*. (N.Ts.)

91 mil foram feitos prisioneiros e apenas seis mil retornaram vivos. Comentário jocoso do suplemento de televisão da *Le Nouvel Observateur*: "Na categoria Ach! Krieg, gross Katastroph... já nos impingiram com demasiada frequência a farsa da Alemanha inteiramente vítima dos nazistas". Quem foi o impiedoso que escreveu uma coisa dessas?

SEGUNDA-FEIRA, 15 DE AGOSTO. Apenas as mercearias árabes estão abertas na cidade morta. Felizmente, o Corão não prescreve que se festeje o dia 15 de agosto.

Casais e famílias de turistas passeiam pelo Boulevard Beaumarchais.

Viajamos para Tillard na casa de J.-F. R. Como Herminette não parou de miar, ou melhor, de gemer dentro do carro, assim que chegamos, Edwige a solta no jardim. Herminette desaparece. Edwige entra em pânico.

Procuramos no jardim, depois em todos os cantos da casa, debaixo das camas, das poltronas, e até mesmo no ateliê no fundo, no qual há uma porta entreaberta que dá para um recanto completamente escuro. Edwige chama, chama e, de súbito, vemos três pelos de bigode saírem da obscuridade.

No número 13 da *Billets d'Afrique et d'ailleurs*, de agosto de 1994, encontram-se reunidas todas as questões e informações inquietantes sobre o papel da França em Ruanda. A princípio, fica claro que a França fez de tudo para assegurar o poder hutu. Por que as tropas francesas abandonaram Kigali no momento dos massacres? Quem derrubou o avião presidencial? A Frente Patriótica ruandesa fará uma política metaétnica? Os resultados humanitários da intervenção francesa são mais positivos do que negativos?

Uma coisa é certa: esse é um dos maiores genocídios do século, sobre o qual se vai passar com indiferença.

J.-F. R. me informa que Carlos[18] foi preso no Sudão e entregue à França. Esse terrorista "marxista" encontra-se defasado temporalmente do terrorismo integrista. Em que acredita ele atualmente?

---

18. Ilich Ramírez Sánchez, mais conhecido como Carlos, o Chacal (1949-). Terrorista de origem venezuela-

Terça-feira, 16 de agosto. Péssima noite, queimações no estômago por causa do vinho branco + *aïoli*. Despertar tardio. A indolência me paralisa.

A retransmissão de *Woodstock 2* me deixa indiferente... O primeiro, entretanto, me havia emocionado tanto!

Depois de ter trabalhado um pouco após o almoço, vamos ao Centro Leclerc, na saída para Beauvais: estacionamento gigantesco, supermercado enorme, inumeráveis setores; o infalível comportamento dos frequentadores, os carrinhos lotados, o débito automático nos caixas. Tudo isso é banal, entretanto tão estranho...

Herminette sai prudentemente para o jardim, como se enfrentasse uma floresta virgem. Tornou-se uma solteirona de apartamento.

Meu capítulo "Reorganizações genéticas"[19] me decepciona. Tédio e dificuldade de pensar.

J.-F. R. preparou um excelente *carpaccio* para o jantar, como manda o figurino.

Quarta-feira, 17 de agosto. Ao levantar, céu cinzento e chuva. Sentimento de fim de verão. Ao trabalho.

Herminette, que subiu no telhado, não sabe mais como descer. Subo em uma mesa de ferro e lhe estendo os braços. Ela dá alguns passos, depois volta; por várias vezes, hesita entre a audácia e o arrependimento. Finalmente, atira-se em uma derrapagem controlada e aterriza suavemente.

Nessa tarde, trabalho produtivo no capítulo sobre os intelectuais, foi mais fácil do que o previsto. Mas chove sem parar e o tempo tornou-se glacial.

---

na que atuou em causas associadas aos comunistas, árabes nacionalistas e islamistas. Em 1994, foi preso no Sudão e extraditado para França, onde cumpre pena de prisão perpétua. (N.Ts)

19. Edgar Morin, *Meus demônios*, capítulo vi. (N.Ts).

Para sua defesa, Carlos escolheu o advogado Jacques Vergès, figura enigmática e, no entanto, evidente. De acordo com a *France Info*, os documentos apresentados pela Comissão Stasi[20] comprovariam que Vergès tinha um cargo "operacional" na rede terrorista de Carlos, e que teria recebido fundos dessa rede para subornar os policiais. Resposta altiva e serena de Vergès. De qualquer modo, psicologicamente, é bastante possível que nos anos em que esteve desaparecido ele tenha participado de tais ações "revolucionárias". Foi de uma maneira brechtiana que ele defendeu Klauss Barbie, para demonstrar que o que o oficial da Gestapo fez corresponde ao que os colonialistas franceses fizeram na repressão da resistência na Argélia e em outras partes do mundo. Para estigmatizar essa hipocrisia, ele usou de uma hipocrisia mais profunda: a hipocrisia da defesa do direito.

O advogado Mourad Oussedik, por sua vez, ressalta que seu cliente foi preso e transportado ilegalmente, mas sua justa indignação perde a força quando ele não menciona uma palavra sequer a respeito da vida de Carlos, totalmente ilegal e sanguinária. Carlos está tranquilo, talvez aliviado: a partir de agora não corre mais o risco de ser liquidado por seus ex-comandatários sírios ou outros, não será torturado nas prisões francesas e não pode ser condenado à morte.

No jantar, J.-F. R. e Flavienne convenceram Edwige a não empatar o preço aleatório do apartamento atual, bem como o total dos adiantamentos que solicitei a meu editor e a soma que sua mãe lhe emprestaria, em um novo apartamento. Essa loucura significaria que, durante anos, eu teria que pagar impostos dobrados, que viveríamos parcamente, sem nenhuma reserva. É melhor alugar.

Quanto ao nosso passado comunista, J.-F. R. exclama de súbito: "Vou dizer-lhe o que resta dessa experiência: tal como a ss, o comunismo era uma escola da coragem, do devotamento, do sacrifício. Fazíamos parte de uma aristocracia que colocava em risco a própria vida; é por isso que não fomos corruptos! "Essas afirmações me surpreendem, mas em sua inexatidão contêm um fundo de verdade. Tenho vontade de acrescentar: assim como a ss, éramos capazes de liquidar tudo o

---

20. A polícia secreta da Alemanha Oriental. (N.Ts.)

que se opunha à nossa causa, éramos capazes da pior crueldade. Será que a natureza de nossa fé comunista, que era a fé na humanidade, enquanto a fé da ss se fixava na raça, produzia um comportamento diferente? Para nós, que fazíamos parte dos malditos, dos perseguidos, dos sem poder, isso sem dúvida acontecia. Mas não acontecia com os stalinistas triunfantes, donos do poder, responsáveis pelo massacre de Katyn, pelo esmagamento da Insurreição de Varsóvia, e por tantas outras atrocidades...

Após o jantar, ouvimos um pouco de Scott Joplin, depois um belo trecho de New Orleans, *Martinique,* de Kid Ory.

Quinta-feira, 18 de agosto. Um gato preto entra na sala em que trabalho, depois fica imobilizado ao ver Herminette, ela mesma também imóvel. Os dois animais permanecem petrificados. O preto rosna sem parar. Herminette fica alerta, mas sem muita inquietude. A chegada de Edwige interrompe o *tête-à-tête.*

Trabalho com dificuldade, meus neurônios estão cansados. Trata-se de um péssimo capítulo para repensar e refazer, e não tenho força cerebral para isso. Por volta das 18h30, completamente esgotado, deito e durmo, mas logo ouço a voz de J.-F. R. que me chama para um aperitivo com seu vizinho Napoléon Murat (o nome me impressiona).
Tomo apenas um gole do excelente vinho Pouilly-Fumé[21].
Primeiro chega Scipion, depois Havet. Citam-me duas belas definições de palavras cruzadas:
H aspirado: Haxixe.
Cowgirl: Io[22].

O canal de televisão TFI revela a existência de novos documentos da Comissão Stasi sobre o advogado Vergès (dos quais o liquidatário alemão dos arquivos da Stasi confirma a autenticidade). Durante o jantar,

---

21. Vinho produzido no Vale do Loire, região de vinhos brancos e *rosés* de alta qualidade, feitos com uvas Sauvignon brancas. (N.Ts.)
22. Na mitologia grega Zeus se apaixona por Io e a seduz. Na tentativa de esconder a paixão de sua esposa Hera, Zeus transforma Io em uma vaca. (N.Ts.)

falamos de todas essas coisas. Scipion trouxe uma garrafa de Château Giscours, 1985, J.-F. R. preparou um excelente frango com batatas ao forno. Regalamo-nos e disputamos as últimas batatas.

Sexta-feira, 19 de agosto. Vergès abandona sua estratégia altiva de defesa contra os "maledicentes". Ele anuncia que foi Gaston Defferre, então ministro do Interior, que lhe pediu para sondar o grupo de Carlos para que este desistisse dos atentados na França; ele afirma que, em 1981, os serviços secretos franceses quiseram lhe preparar uma cilada e que Paul Barril deveria até mesmo assassiná-lo. Após uma longa reflexão, François Mitterrand teria decidido poupá-lo.

Diante da necessidade de regressar a Paris, lamentamos muito ter de deixar esses lugares amigáveis e pacíficos. À tarde, cansado, trabalho mal e continuo sem conseguir dominar meu capítulo.

A indiferença e a maldade de Monique provocam asco no pessoal da Clínica Sainte-Périne. Agora que está totalmente inválida, ela ameaça voltar para casa, para grande alívio das enfermeiras. Edwige interfere. Depois de ouvir palavras viperinas da mãe, Edwige volta para casa arrasada. Distraio-me assistindo ao telefilme britânico *Le mur du silence* [*O Muro do Silêncio*], policial ambientado nos meios hassídicos de Londres; Edwige, porém, permanece enclausurada em sua tragédia.

Sábado, 20 de agosto. Fidel Castro quer punir Bill Clinton concedendo aos cubanos a liberdade de emigrar para os Estados Unidos. Clinton quer punir Fidel Castro fechando os Estados Unidos aos refugiados cubanos.

Ouço na *France Culture* o programa sobre minha mãe, gravado há muito tempo. O luto não terminou. Quarenta anos após sua morte, evoco ali o sonho em que a encontro para lhe dizer adeus, um sonho que durante muito tempo me aliviou de um peso horrível. Dizer "adeus" à pessoa que morre é algo de suma importância. Eu me senti melhor por ter podido dizer adeus a Johanne.

Ao meu redor, ninguém se dá conta de que estou no limite de minhas forças.

À tarde, adquirimos um pequeno móvel para organizar os CDs e fazemos as compras da casa. Depois, volto a trabalhar no Mac. Apesar do tempo entrecortado, o capítulo sobre a experiência política adquire nova estrutura.

Encontro uma simpática estudante de Genebra que trabalha na Cruz Vermelha, ela realiza um estudo sobre os intelectuais franceses e a Iugoslávia; nossas ideias e sentimentos parecem estar em ressonância. No momento de nos separarmos falamos de Ruanda. Como as palavras são pobres...

No jantar, um sanduíche *croque monsieur* com ovo, que se aproxima de minha divina crosta de pão com queijo e ovo de Lausanne.

As imagens de Ruanda recobrem o sanduíche *croque monsieur*: com a fronteira do Zaire fechada, as pessoas se atiram no rio para passar para o lado zairense; crianças e mulheres, em prantos por serem separadas de seus familiares do outro lado da fronteira, são rechaçadas com rudeza pelos militares franceses ou pelos guardas zairenses. A chegada dos franceses teve consequências catastróficas, sua partida terá consequências catastróficas, o fechamento da fronteira tem consequências catastróficas. Tudo não é senão uma sucessão de catástrofes, e os telespectadores do planeta assistem a essa *crazy* tragédia.

No canal M6, assisto a *Lace*[23] (em francês, *Nuits secrètes*), telefilme americano em duas partes, no começo aborrecido, depois, progressivamente, muito cativante. Três amigas de faculdade, logo após uma delas ter dado à luz secretamente, decidem colocar a criança em um lar provisório, sem dizer qual delas é a mãe, mas deixam combinado que a primeira que vencesse na vida iria buscar a criança. Embora as três tenham tido êxito, cada uma delas adia o momento da adoção. A criança

---

23. *Lace*, telefilme americano, de 1984, do diretor William Hale; no elenco: Bess Armstrong, Brooke Adams e Arielle Dombasle. (N.Ts.)

espera sua mãe vir buscá-la, como lhe prometeram os pais de criação, de origem húngara. Um dia, eles partem de carro para a Hungria, então uma democracia popular, à procura de um parente perseguido. Quando chegam à fronteira, são assassinados, e a pequena Alcée, de 6 anos, é enviada para um campo de concentração. Acreditando que a família inteira morreu em um acidente, as três amigas se separam e vivem cada uma sua vida. A menina cresce e, aos 16 anos, foge do campo de concentração, consegue passar para o Ocidente, leva uma vida de miséria, depois vira atriz pornô em Paris e torna-se a famosa estrela internacional Lili. Descobre o paradeiro das mulheres, encontra-se com elas separadamente, sem revelar quem é, depois convoca as três para um encontro a fim de lhes demonstrar seu desprezo pela vida que cada uma delas levava. Subitamente ela exclama: "Afinal, qual das três vagabundas é minha mãe?". Esse momento me agradou muito.

Domingo, 21 de agosto. Hélène e sua filha chegaram de São Francisco. Estão hospedadas no pequeno *Hotel du Levant*, na *Rue de la Harpe*. No bistrô, eu lhes falo a respeito dos acontecimentos de Montreal, do apartamento, de meus problemas...

Na Clínica Sainte-Périne, Monique está de muito bom humor, com um apetite de ogro.

Noticiários de televisão sobre Ruanda. Difícil fazer o balanço. A França, que apoiava o regime francófono no poder, de maioria hutu, eclipsou-se desde os primeiros massacres dos tútsis. Reapareceu depois, em junho, com o aval da onu, para uma missão humanitária. O que ela salvou? O que ela agravou? Por trás da missão humanitária não havia a preocupação de mostrar uma presença militar francesa na região?

O caso de Vergès torna-se apaixonante, o famoso Capitão Barril lança sua bomba no canal de televisão tf1: ele confirma que os serviços especiais franceses deveriam liquidar Vergès por ocasião de uma de suas viagens ao exterior, fato que Mitterrand não poderia deixar de estar a par. Como a emboscada não pôde ser montada, o plano de liquidar Vergès foi abandonado.

A ópera *Guerra e paz*, de Sergei Prokofiev, entedia Edwige. Passamos para um episódio de *Derrick,* não de todo mau. Não consegui assistir senão a um começo da ópera, com um Príncipe André melancólico, e depois o final, antes da batalha de Smolensk, na qual tive o prazer de rever Pierre Bézukhov, como se fosse um velho amigo muito querido que eu perdera de vista. Não sei se a ópera foi composta em plena guerra ou logo depois, mas a cena diante de Smolensk representa verdadeiramente a epopeia stalinista de guerra, com o levante espontâneo da massa de camponeses, proclamações pela defesa da pátria sacralizada. Vê-se, também, o famoso Kutouzov, com uma venda em um olho, pleno de sagacidade, de humanidade e de patriotismo.

Segunda-feira, 22 de agosto, de manhã. Vergès se pavoneia: Barril confirmou suas acusações sobre a tentativa de assassinato. Vergès afirma que eles visavam o advogado dedicado a seus clientes; não menciona uma palavra sequer sobre suas próprias ideias e convicções na época (e talvez ainda hoje). De qualquer modo, a partir dos arquivos providencialmente preservados da Comissão Stasi e das revelações de Barril, desvela-se a ação dos serviços secretos no começo dos anos 1980. Espero novas revelações e contrarrevelações.

Athéna telefona e me informa sobre o excelente artigo publicado no *Le Monde,* de 20 de agosto, que cita seu gabinete de filosofia de Estrasburgo. Ela considera que tenho muitos traços em comum com Carl Jung. Em certo sentido, sim: a dialética de *animus* e *anima*. E mesmo a ideia de inconsciente coletivo. Por que não existiria um computador subterrâneo espontâneo, constituído de todas as interações entre os seres humanos, capaz tanto de invenções como de delírios?

O Le Monde anuncia a morte de Aleksander Petrovic, diretor do *Até encontrei ciganos felizes*[24]. Ele me deu o vídeo de seu filme *O maestro e Margarida*[25], baseado em Mikhaïl Boulgakov, e disse que preparava o

---

24. *Skupljaci perja*, filme iugoslavo, de 1967, do diretor Aleksander Petrovic; no elenco: Bekim Fehmiu, Olivera Katarina e Velimir Živojinovic. Título francês, *J'ai même rencontré des Tsiganes heureux*. (N.Ts.)
25. *Il maestro e Margherita*, filme italiano, de 1972, do diretor Aleksander Petrovic; no elenco: Ugo Tognazzi, Mimsy Farmer e Alain Cuny. Título francês, *Maître et Marguerite*. (N.Ts.)

Migrations[26], retirado da monumental obra-prima de Cernanski. Pelo fato de se opor a Slobodan Milošević, a situação criada pela guerra o afetava muito. Essa morte me causa infinita dor. Que temperamento generoso, que bela natureza!

Jantar alegre com Hélène, sua filha Jacqueline e Monique. Conto a ela a história do "deducionalista". Depois da louça lavada, assisto a um trecho do velho *Mélo*[27], com Gaby Morlay, para recordar a cena fascinante que me marcou profundamente quando eu tinha 15 anos.

Terça-feira, 23 de agosto. Termino a segunda versão do último capítulo de *Meus demônios*. Tal como o penúltimo capítulo, "A experiência política"[28], esse também foi difícil de reorganizar e ainda estou insatisfeito com ele; parece que esse "final" flui, embora não tenha introduzido nem desenvolvido nele a ideia-chave de resistência contra a crueldade do mundo.

Agora, preciso corrigir as provas dos textos escolhidos para a Editora Flammarion, frutos de uma longa história: há quatro anos, Jean Hamburger havia decidido criar a coleção *Champs/L'Essentiel*, cada título comportaria textos escolhidos de um autor das ciências humanas, com uma longa apresentação de cem páginas feita por outro autor. Ele me havia escolhido como um dos primeiros, com Georges Dumézil. Heinz Weinmann escreveria meu prefácio. Embora o conjunto da obra tenha ficado pronto rapidamente, por razões misteriosas (desinteresse ou hostilidade), jamais explicadas pelo amável sr. Audibert, tudo foi paralisado. Hamburger protestou, depois morreu. Como dois títulos já estavam preparados, o de Dumézil (pronto depois do meu) e o do próprio Hamburger, decidimos procurar outro editor. Nesse momento, Monique Labrune, da Editora Flammarion, anuncia a Weinmann que o livro vai sair em junho e que iremos receber as provas. Elas che-

---

26. *Seobe*, filme iugoslavo, de 1989, do diretor Aleksander Petrovic; no elenco: Avtandil Makharadze, Isabelle Huppert e Richard Berry. (N.Ts.)
27. *Mélo*, filme francês, de 1932, do diretor Paul Czinner; no elenco: Gaby Morlay, Pierre Blanchar e Victor Francen. (N.Ts.)
28. *Meus demônios*, capítulo VIII. (N.Ts.)

garam há dois dias. Prisioneiro de *Meus demônios,* eu ainda não tinha olhado para elas.

Weinmann tinha sugerido o título *O Édipo do complexo.* Nome que me agrada bastante, mas não a Monique Labrune, ela me propõe *Perfeitas desordens*, que acho repulsivo. Procuro algo que tenha a ver com a palavra "complexo". *Sparsa colligo* ficaria bem, mas a tradução soa mal. Finalmente, como queria insistir no aspecto antropológico, mas no contexto da natureza e do cosmo, proponho *O homem peninsular.* Título que convém a Monique e a Heinz também.

Às 14h, a BBC vem me entrevistar a respeito de minhas lembranças da Libertação de Paris; sou obrigado expressar-me em *English*. A inglesa, inglesa demais, me pergunta primeiro o que poderia ser a Paris ocupada, situação inimaginável para os *rosbifes*[29], que jamais foram invadidos. Evoco o selo militar alemão onipresente, as placas de madeira em todos os cruzamentos, sobretudo no centro da cidade, indicando as direções da Kommandantura, da Soldatenheim e outras. Depois, o agravamento das restrições, o sentimento de hostilidade crescente, bem como o da esperança de libertação; após o desembarque na Normandia, foi a espera impaciente pelos Aliados, ainda mesclada ao medo de falar livremente nas ruas e ao perigo para os resistentes e os judeus até a libertação.

Falo de meu período insurrecional, da ocupação da Casa do Prisioneiro, na *Place Clichy*, das prostitutas acusadas de terem dormido com os alemães que me entregavam e que eu libertava, fazendo-as sair por uma escada de serviço, da miserável barricada que mandara construir na *Rue Le Pelletier* para proteger a sede do Partido Comunista e que os tanques alemães desdenhavam, como todos os outros, de minhas incursões fanfarronescas a Montmartre, com minha braçadeira bordada com as letras FFI e meu fuzil de caça inutilizável.

Evoco a noite do dia 24: os sinos tocam por toda parte, subimos no telhado do prédio da *Place Clichy*, de onde contemplamos as labaredas vermelhas dos edifícios em fogo nos bairros periféricos da zona sul. O alvoroço dos sinos é embriagador; é evidente que fomos libertados,

---

29. Termo irônico, com viés pejorativo, usado para referir-se aos ingleses. (N.Ts.)

mas onde estão os libertadores? O rumor nos informa de que eles estão no prédio da Prefeitura. Seguimos para lá a pé, no meio da noite: na praça, desponta a aurora, alguns tanques do General Philippe Leclerc e, saindo das escotilhas, rostos fatigados, marejados de lágrimas.

No dia seguinte, creio eu, acontece o grande desfile que sai do Arco do Triunfo e segue até a Notre-Dame. Como dizia Charles de Gaulle, era um mar humano. Atrás das viaturas militares, seguem nossos veículos da FFI[30] com bandeiras tricolores. Estou de pé em um carro conversível conduzido por Georges Beauchamp, com Dionys Mascolo, Marguerite Duras e Violette, e agito a bandeira. De súbito, da direção dos *Champs-Élysées*, ouvem-se tiros: uma parte da multidão se atira no chão, a outra se dispersa por todos os lados. Os tiros redobram, se multiplicam. Beauchamp segue pela avenida, hoje *Avenue Roosevelt*, chega ao Boulevard Haussmann, ainda debaixo de tiros, e eu continuo na capota do carro com minha bandeira; a multidão fica apinhada sob os toldos dos grandes magazines nos aplaude.

Repito à jornalista que a Libertação de Paris foi o êxtase da História mais forte de todos os que conheci. Sem dúvida alguma, o dia 8 de maio de 1945 também foi um dia de felicidade, mas Paris já estava livre e a guerra terminava lá longe, na Alemanha.

"O senhor costuma fazer peregrinações a esses lugares significativos da Libertação de Paris?" "Claro que não, são lugares familiares onde passo toda hora, Paris é minha cidade..."

Grandes cerimônias são anunciadas para amanhã e quinta-feira. Mas eu me sinto melancólico e triste.

QUARTA-FEIRA, 24 DE AGOSTO. Bela carta de Simone, de San Clemente, sobre Johanne, de cuja morte ela tomou conhecimento por meio de Carlo, na Itália. Telefonema de Myriam de Courtils, a quem revelo como foi o fim de Johanne.

A *Time Magazine* consagra um artigo à reconstrução do centro de Berlim e ao debate entre os que querem impor um estilo simples e

---

30. Após os desembarques na Normandia e na Provença, a resistência dos combatentes foi organizada mais formalmente em unidades conhecidas como as Forças Francesas do Interior ou FFI. (N.Ts)

funcional, no espírito da Prússia de Frederico, e os que querem deixar florir a diversidade. A maquete da futura Alexanderplatz me parece demasiado fria, temo pela Potsdamer Platz, e também pela Friedrichstrasse, já reconstruída a todo vapor. Gostaria muito de ver essa nova Berlim dentro de dois anos e ali escrever o texto que há muito tenho em mente sobre minhas Berlins, visitadas e revisitadas por meio de todas as metamorfoses e divisões que sofreu, desde junho de 1945.

A *Time Magazine* noticia a morte, aos 91 anos, de Yeshayahu Leibowitz[31], o velho filósofo que denunciava a ocupação "judeu-nazista" da Cisjordânia.

Noto ainda, de passagem, na seção carta dos leitores, a seguinte frase: "As mortes em Ruanda não resultam apenas dos massacres e do cólera, mas também da apatia". E essa citação do jornal *Stuttgarter Zeitung*: "Na Rússia, o crime organizado é mais organizado do que o Estado e até mesmo do que o poder militar". E essa apreciação sobre o Woodstock bis, que não é nem uma simples cópia, nem uma ressurreição, mas alguma coisa da antiga comunhão musical-cultural regenerada "a 60 por cento".

No jornal *24 heures de Lausanne*, leio o título de um artigo de Henri Charles Tauxe: "Não se pode progredir sem transgredir".

Finalmente, uma nota de René Lenoir sobre a função da Comissão Minc lembra que "A deterioração do comportamento de um grande número de pessoas, traduzido pelo consumo desenfreado de psicotrópicos e antidepressivos (multiplicado por seis em 25 anos) e os cuidados ministrados em psiquiatria (oitocentas mil pessoas) é um fenômeno novo". Mais ainda: "Em um país cuja riqueza de mercado continua a crescer, é escandaloso que novos grandes bolsões de pobreza comecem a se formar, que o sofrimento da pessoa (seja ele físico ou moral) volte a ganhar terreno".

---

31. Yeshayahu Leibowitz (1903-1994). Judeu ortodoxo, considerado um dos pensadores mais controversos do século XX. Suas ideias sobre judaísmo, ética, religião e política serviram de base para polêmicas de toda ordem. Em 1993, foi indicado para o Prêmio Israel, mas se recusou a recebê-lo. (N.Ts.)

Meu Amigo chega atrasado depois de ter encontrado Vergès, escoltado por seus dois advogados RPR[32]. Ele está persuadido de que Vergès foi convencido a "mudar de opinião" e que foi encurralado pelos serviços especiais franceses. Pessoalmente, acredito que, ao mesmo tempo, ele manipula aqueles que o manipulam. De maneira simplista, meu Amigo concluiu que Vergès não passa de um esteta, um *bon vivant*, que perdeu a fé na revolução, no marxismo e, interiormente, aderiu à direita. Acredito muito mais que, de modo singular, nele se operou a grande síntese esquerda-direita, que ocorre principalmente na Rússia e na Alemanha Oriental e, um pouco por toda parte, em pequenos grupos políticos que têm como denominador comum o ódio da democracia, dos judeus, do cosmopolitismo, do americanismo. Coerente, Vergès mantém o ódio da França colonialista, mas se ele atualmente considera normal que os colonialistas normais (a direita) tenham sido colonialistas, julga ignóbil que os anticolonialistas por princípio (os socialistas e a esquerda) tenham sido os principais responsáveis pela Guerra da Argélia. Por isso, seu ódio concentra-se nos socialtraidores. Da escola stalinista, ele conserva o desprezo total pelos indivíduos, que devem sempre ser sacrificados à causa superior. Como prova disso, a passagem do livro de Vergès consagrada a Nikolaï Bukarin[33], cuja condenação ele justifica pelo fato de Bukarin ter errado politicamente quanto ao ritmo a ser empregado na coletivização e na industrialização (quando hoje fica evidente que, em vista dos resultados da kolkozificação[34] forçada e da destruição física do modo de vida rural, a coletivização das terras foi um desastre não apenas humano, mas econômico). De acordo com meu Amigo, Vergès odeia tudo o que

---

32. Sigla de *Rassemblement Pour la République*, partido político francês de direita, inspirado nas ideias de Charles de Gaulle e da Resistência Francesa durante a Segunda Guerra Mundial. Criado em 1976, sob o impulso de Jacques Chirac, era considerado o equivalente francês do Partido Conservador Britânico. Autodissolveu-se em 2002. (N.Ts.)

33. Nikolaï Ivanovitch Bukarin (1888-1938). Intelectual, político e revolucionário russo, redator-chefe dos jornais *Pravda* e *Izvestia* e um dos mais jovens herdeiros políticos citados no "testamento" de Lenin, de 1922. Com a morte de Lenin, ele passa a apoiar Stalin. Apesar de seu respeito formal às regras e disciplinas do Partido, quando toma consciência das orientações reais da política de Stalin, tenta se rebelar, mas fracassa, e será uma das vítimas do Grande Expurgo do fim dos anos 1930, constrangido a confessar seus "crimes" em uma espetacular encenação judiciária, antes de ser executado em 1938. (N.Ts.).

34. O autor refere-se ao *kolkhoz*, forma de agricultura coletiva surgida com as fazendas estatais na União Soviética, após a Revolução de outubro de 1917, como a antítese das fazendas de agricultura familiar. (N.Ts.)

invoca "os direitos do homem". Eis aí um aspecto simultaneamente de esquerda e de direita. Lembro-me, então, de que Védrine também me havia falado com desprezo dos direitos do homem. Meu Amigo está atônito: essa é uma expressão típica do jornal de direita *Minute*. Finalmente, para ele, Vergès é um corrupto. Para mim, ele é um ser de curiosa e horrível complexidade.

Jantamos juntos. Segundo meu Amigo, o *Le Canard Enchainé*[35] de hoje e o *L'Evénement du Jeudi* de amanhã irão aventar a possibilidade de uma eleição presidencial antecipada. O câncer de próstata de François Mitterrand, diagnosticado muito tarde, em 1992, quando ele sofreu graves problemas urinários, desenvolveu metástases. Charles Pasqua, Édouard Balladur, Jacques Chirac também aceleram os preparativos em vista da hipótese de uma vaga antecipada no *Palais de L'Élysée*.

No decorrer desse jantar animadíssimo, nos lembramos de nossos pais: o dele precisou refugiar-se na Argélia sob o degaullismo: um destino interrompido aos 43 anos, idade atual do filho. Os pais reencarnam em nós e, sem que o saibamos, seus demônios nos guiam a partir de nosso interior.

Não sei mais por que, menciono o "anti-humanismo" de Louis Althusser[36], que na verdade justificava a rejeição total de tudo o que era direito do homem e da democracia.

Falamos do jornalismo. Lamentamos que sobre Ruanda, Argélia, México não tenha existido um grande artigo que sintetizasse e situasse os acontecimentos. Reafirmo minha ideia de que os jornalistas são muito apressados, só pensam no acontecimento, não sonham em se tornar pessoas cultas. Antes de encontrar Vergès, meu Amigo fez anotações sobre seus dois livros, leu o livro de Jacques Givet. Mas e os outros? No caso de Ruanda, da Argélia, do México, os jornalistas não se esforçam em contextualizar e historicizar.

---

35. Jornal semanal fundado em 1915 por Maurice e Jeanne Maréchal. Permanece até hoje como portador de uma visão de mundo aberta e satírica. (N.Ts.)
36. Louis Althusser (1918-1990). Filósofo marxista, responsável pela renovação do marxismo na França. A vida de Althusser foi marcada por sérios problemas mentais. Em 1980, durante um de seus surtos psicóticos, estrangulou a própria esposa. Afirmando não ter lembrança clara do que havia acontecido, foi diagnosticado como mentalmente irresponsável e não foi julgado, mas internado em um hospital psiquiátrico onde ficou recluso durante três anos. Morreu aos 72 anos de ataque cardíaco. (N.Ts.)

A propósito do Xeique Hassan Al-Tourabi, que estaria na origem da prisão de Carlos, evocamos a ideia, já desenvolvida no *Libé*, de um islamismo não mais terrorista, mas fator de desenvolvimento pacífico e de integração social. Uma negociação seria estabelecida entre os islamistas argelinos pacíficos (via xeique) e Paris (na qual ele mesmo seria o intermediário com a Argélia). A fim de favorecer as negociações, Charles Pasqua teria tomado alguns islamistas como "reféns", mas não aqueles que teriam poder de negociar. Nesse caso, a entrega de Carlos aos franceses teria desempenhado um papel muito importante no estabelecimento de novas relações entre a França e um Sudão preocupado em entrar para o grupo das nações não terroristas, e que seria favorável a um poder islâmico não terrorista, como o que existe na Malásia.

Testo o novo título para meus textos escolhidos da Editora Flammarion: *O homem peninsular.* Quando menciono o peninsular, meu interlocutor entende pênis. Como ele me incita a buscar inspiração no lado do global e do singular, sugiro *As partes e o todo*. Rimos: mais uma vez o pênis. Então, por que não: *O todo e a a parte*, ou o inverso?

Volto a pensar em Carlos: trata-se de um terrorista arcaico armado de lanças comparado ao neoterrorismo do plutônio que se prepara.

Chego em casa após a meia-noite, mesmo assim, vemos um telefilme inglês, a enésima edição do *Doutor Jekyll*; ele prende nossa atenção e o assistimos até o fim, por sinal bem imprevisto: cinco anos após a morte de Jekyll-Hyde, sua amante, Lady Crawford, confessa a um velho amigo que tem um filho de Jekyll. O menino, de costas, brinca em um monte de feno, sua mãe o chama, ele se volta: é o retrato de Mr. Hyde quando criança.

QUINTA-FEIRA, 25 DE AGOSTO. Despertar tardio. Nos noticiários do canal TFI, mais uma reportagem retrospectiva sobre a Libertação de Paris. Depois, de súbito, começa nosso *Canto dos partisans*[37], e meus olhos

---

37. O *Canto dos partisans* ou *Canto da libertação* era o Hino da Resistência Francesa durante a Ocupação pela Alemanha Nazista, na Segunda Guerra Mundial. Com letra de Joseph Kessel e Maurice Druon e música de Anna Marly, era ouvido, cantado e assobiado clandestinamente pelos resistentes e pelas forças militares combatentes. Após o término da guerra, seu sucesso se prolongou em inúmeras interpretações, das quais a de Ives Montand é uma das mais famosas. (N.Ts.)

ficam marejados de lágrimas. A letra de Joseph Kessel e Maurice Druon me causa profunda emoção.

As festividades e os desfiles vão acontecer à tarde. Todos os ônibus exibem bandeirolas em comemoração à Libertação de Paris.

Em lugar de participar da festa, vou ao cemitério, para o funeral de Aleksander Petrovic. Na capela do cemitério Père-Lachaise, celebra-se uma missa ortodoxa: cinco padres entoam os cânticos, em sincronia com coros gravados, transmitidos por alto-falantes. De todos os cânticos cristãos, nenhum me emociona tanto quanto os ortodoxos. Entre as coroas de flores, destaca-se um enorme e suntuoso ramalhete de rosas vermelhas (sem dúvida de sua esposa), com a seguinte dedicatória: *Para quem foi meu orgulho.* Isso soa tão perfeito para Petrovic! Como na França é proibido deixar o caixão aberto, diferentemente dos países ortodoxos, após a cerimônia iremos prestar nossos respeitos com um beijo sobre a tampa do caixão. Penso na Sérvia. Da mesma forma que durante a Resistência jamais deixei de amar a Alemanha, mesmo combatendo o nazismo, assim também jamais deixei de amar a Sérvia, mesmo odiando a política de seus dirigentes atuais. Por seu intermédio, digo adeus à Sérvia que amo e que está morrendo.

Da capela do Père-Lachaise, desço pela parte antiga e arborizada do cemitério. Muitos jovens ou estrangeiros passeiam por ali, onde se realizariam festas noturnas, celebrações em túmulos, ritos ocultos, sabás. Saio direto na *Rue de la Roquette* e vou tomar o ônibus 69 um pouco mais abaixo.

O *Le Monde*, que leio no ônibus, resume um estudo médico publicado na revista inglesa, *The Lancet*, que demonstra que os fetos são sensíveis à dor: sua concentração sanguínea de substâncias corticais e betaendorfinas eleva-se segundo a duração e a agressividade da ação médica.

Tudo já está consumado sem que saibamos disso.

No decorrer da noite, a televisão transmite várias vezes o discurso improvisado de Charles de Gaulle, em agosto de 1944: "Paris ultrajada, Paris martirizada, mas Paris libertada". Havia no passado uma frase que cito quase de cor, "Não tentarei ocultar minha emoção. Existem momentos que nos elevam bem acima de nossas insignificantes existências". Sim, que êxtase da História! Que sorte teve a França de ter De Gaulle!

Eu, no entanto, não tenho vontade de ir à festa mimética da reconstituição da chegada da 2ª DB[38]. A nostalgia em mim é mais forte do que a alegria.

Um documentário sobre Dominique Leclerc parece-me bastante superficial. Com Jean Lacouture e Georges Buis, eles poderiam ter feito muito melhor.

SEXTA-FEIRA, 26 DE AGOSTO. Leitura das provas dos "fragmentos escolhidos". Eu já havia lido a introdução de Heinz Weinmann[39], que sutilmente transforma minha cosmologia em produto de minha tragédia edipiana e marca bem o "regresso do pai". Pelo telefone, sugiro que ele feche o circuito no próprio cosmo: meu cosmo, oriundo de minha aventura pessoal, não reflete o cosmo órfão de hoje, que não sabe para onde vai, voltado para a dialógica da ordem e da desordem etc. Dito de outra forma, meu cosmo não é apenas o reflexo das ideias oriundas de minha aventura, essas ideias são, em si mesmas, reflexos da própria aventura cósmica. Ele concorda comigo.

Como o título *O homem peninsular* foi abandonado, eu lhe proponho *O desafio da complexidade humana*. Sua esposa, Monique, sugere *O pensamento constelar*.

Hélène e Jacqueline passam para me ver. Fazemos uma pequena caminhada até a agência do correio Saintonge, onde devo retirar uma carta registrada. Filas enormes, exceto por um guichê que atende apenas duas pessoas; embora ainda esteja aberto, o funcionário me diz: "Está fechado". "Ah?" "É isso mesmo!"

---

38. O autor refere-se à Segunda Divisão Blindada, uma unidade militar francesa, criada durante a Segunda Guerra Mundial, sob o comando do general Philippe Leclerc, que desempenhou importante papel no Desembarque dos Aliados na Normandia. (N.Ts.)
39. Autor do importante livro *Cinéma de l'imaginaire québécois: De La petite Aurore à Jésus de Montréal*, Montreal: L'Héxagone,1990. (N.Ts.)

Em minha televisão, retransmissão do início das festividades dessa noite: um rio de tecido tricolor, carregado por jovens, desce a *Avenue des Champs-Élysées*. Nas cerimônias de comemoração/rememoração, os grandes momentos da História penetram profundamente nas mentes das novas gerações, inscrevem-se nelas e, assim, são regenerados a cada aniversário. Desse modo, a pátria e sua liberdade penetram em nossa cabeça e em nosso coração. O que nos mostram: Paris libertada primeiro por seu povo, depois por seu exército. Esquece-se um pouco do exército americano (sem o qual...), mas o mito da autolibertação é bem melhor, bem mais reconfortante e não é verdadeiramente mentiroso: "nós" libertamos Paris. A unidade esconde as divisões, a luta subterrânea dos dois poderes, a questão da trégua, da qual a imprensa falou muito pouco. No nível comemorativo, porém, isso é secundário. A França prosaica de 1994 reinscreve-se em sua tradição de sofrimentos e de glórias.

Sábado, 27 de agosto. Paul nos confiou seu gato Othello. Após a crise de ciúmes, a angústia do abandono, e mais 24h de observação, Herminette aceita esse gato negro de estranho olhar amarelado e o convida a brincar. Mas o bonachão já passou da idade e não responde aos avanços.

Não sei se redigirei hoje minha nova conclusão. Não, continuo a leitura das provas para a Editora Flammarion. Por volta das 17h, meio sonolento, saio para comprar o *Le Monde*, arroz basmati, Schweppes para Edwige, Volvic limão verde para mim, duas latas de Sheba para Herminette. Ela faz graças para Othello, lambe o gato e o provoca.

Domingo, 28 de agosto. Após as compras no *Marché des Enfants-Rouges*[40], continuo a leitura das provas dos "textos escolhidos", que termino no fim da tarde.

Contrariamente às previsões, o crescimento da população mundial diminuiu consideravelmente. A bomba demográfica estaria em vias de

---

40. *Le Marché des Enfants Rouges*, literalmente, Mercado das Crianças Vermelhas, localizado no nº 39 da Rue Bretagne, 3ª circunscrição, é o mais antigo mercado de alimentos de Paris. Deve-se o nome a um orfanato estabelecido nas redondezas, no século XVI, cujas crianças, perdidas e abandonadas, vestiam uniformes vermelhos. (N.Ts.)

ser desativada? Mas eis que, depois da Igreja Católica, é a vez do islã intervir contra a redução dos nascimentos.

Athéna enviou-me diversos excertos de Jung e *O segredo da flor de ouro*[41]. De fato, estou muito mais próximo de Jung do que acreditava, principalmente em seu sentido de união dos contrários. Embora desconfiasse de seu lado "esotérico", lembro-me, no entanto, de ter ficado fascinado pela leitura de *Símbolos da transformação*[42], quando preparava *O homem e a morte*[43]. Guardo na memória: "Se você evita o erro, você não vive".

Se, como previsto, o referendo sérvio da cidade de Pale recusar o plano de paz, se o embargo das armas for suspenso, se os soldados da ONU se retirarem, a horrível guerra então vai recomeçar, com novos perigos e extensões.

Jacques Delors silencioso do alto do Monte Sinai; coro dos socialistas: *"Delors, go down, Let my people go!"* [Delors, desça a montanha e deixe meu povo partir].

Hélène vem para o jantar: ela relembra a vida de seu pai, de quem sei pouca coisa. Nascido em Marselha, filho de pai desconhecido e de uma aristocrata russa que, sem dúvida, veio dar à luz na França, razão de sua nacionalidade francesa, seu pai chega a Moscou com a idade de 2 anos, estuda medicina, química, física, torna-se cientista e professor da Universidade de Zurique; durante a Primeira Guerra Mundial, encontra em São Petersburgo sua prima, a jovem Princesa Iapounoff, muito mais nova do que ele, casa-se com ela e prossegue sua carreira em Zurique, depois em Liège. Quando o exército alemão invade a Bél-

---

41. Carl Jung, *Commentaire sur le mystère de la fleur d'or*, tradução Etienne Perrot, Paris: Albin Michel, 1994. Tradução brasileira, *O segredo da flor de ouro, ou um livro de vida chinês*, tradução Dora Ferreira da Silva, Maria Luíza Appy, Petrópolis: Vozes, 2001. (N.Ts.)
42. *Wandlungen und Symbole der Libido*, título original do livro de Carl Jung publicado em 1912. Em 1952, o autor publicou uma versão revisada do texto em alemão. O ensaio ilustrava a divergência teórica entre Jung e Sigmund Freud quanto à natureza da libido. Tradução brasileira, *Símbolos da transformação*, Coleção Obras Completas de Carl Gustav Jung, tradução Eva Stern, Rio de Janeiro: Vozes, 2011. (N.Ts.)
43. Edgar Morin, *L'homme et la mort*, Paris: Éditions du Seuil, 1970. Edição brasileira, *O homem e a morte*, tradução Cleone Augusto Rodrigues, Rio de Janeiro: Imago Editora, 1997. (N.Ts.)

gica, em junho de 1940, a família, que tem quatro filhos (a mais nova Hélène, tem a minha idade), chega a La Rochelle, onde ele morre de pneumonia. Pouco tempo depois, eles tomam o trem para Toulouse; no controle militar alemão, a sra. Henri mostra seu recibo de aluguel e o policial a deixa passar; como eu era o responsável pelo centro de acolhimento dos estudantes refugiados em Toulouse, conheci Hélène e sua família, da qual eu iria tornar-me o satélite.

Meu Amigo, que deveria me chamar o mais tardar essa manhã por causa de meu manuscrito, telefona-me de dentro de um carro, na hora do jantar. Pergunto se ele conseguiu dar uma olhada em meu texto. Ele me assegura ter lido minha segunda versão. Opinião positiva. Iremos trabalhar nele quarta-feira à tarde.

TERÇA-FEIRA, 30 DE AGOSTO. Anne Brigitte Kern leu minha segunda versão: ela acha que está boa.
Espero a opinião de Monique Cahen, mas não ouso telefonar-lhe.
Vou tentar escrever minha segunda conclusão.

O gato preto Othello veio passar três dias de *mossafir*[44] em nossa casa. Herminette e ele observaram-se durante horas. Em seguida, Herminette faz alguns avanços alegres. Após ter explorado tudo e feito o reconhecimento, ele se aclimatou e se instalou como se estivesse em sua casa, veio dormir em nossa cama impedindo Herminette de entrar no quarto. E ainda foi comer sua ração. Ele se roça em mim. No momento em que elegeu nossa casa definitivamente como seu domicílio, eis que chega Paul, coloca-o em sua cesta e leva-o embora, enquanto ele mia furiosamente.

Começo a redação do ensaio "A resistência à crueldade do mundo"[45], mas tenho cada vez mais a impressão de que essa não poderia ser a conclusão do livro.

---

44. Palavra turca que significa "convidado", "hóspede".
45. *Meus demônios*, posfácio, "A crueldade do mundo". (N.Ts.)

Primeiro jantar fora do apartamento depois de muito tempo, no La Perla: *guacamole*, depois *chili con carne*, que acompanho com duas *margaritas*. É uma ocasião muito agradável, embora falemos de tudo o que nos preocupa.

Quarta-feira, 31 de agosto. Terminei o capítulo "Resistência", que considero mais como um posfácio do livro *Meus demônios*. Esse é o título definitivo do que originalmente era *Não sou um de vocês*, que depois se tornou *Que sei eu?*

Espero por meu Amigo desde as 15h30. Às 16h15, ele telefona dizendo que não vai dar para vir: a Irlanda, os islamistas etc. Fico furioso, mas como ele diz que hoje é aniversário dele, eu me acalmo. Transferimos o trabalho para sexta-feira, ele jura de pés juntos. Mas ele nem é mais dono de si mesmo.

Na correspondência que me envia Raul Motta, a seguinte citação de Álvaro de Campos (um dos heterônimos de Fernando Pessoa): "Passai, frouxos que tendes a necessidade de serdes os *istas* de qualquer *ismo!*". Ele menciona, também, uma expressão de Octavio Paz sobre o Estado, "ogro filantrópico", e envia-me um texto sobre Fernando Pessoa, outro sobre a ideia de sociedade sustentável (em oposição a desenvolvimento sustentável).

Crise amorosa de Herminette. Ela se encosta em mim com miados ardentes, roça sua cabeça diversas vezes na minha, lambe meu nariz e as maçãs do rosto.

O *Le Monde* menciona a seguinte declaração de Alija Izetbegovic: "Obter armas suplementares não deve ser algo necessariamente ligado à suspensão do embargo". Esse fato provocaria a partida das forças de proteção da onu, poderia desencadear uma ofensiva massiva imediata dos sérvios, enquanto os bósnios precisariam de semanas para conseguir armas pesadas. Por outro lado, desde a confederação croato--muçulmana, a Bósnia pode abastecer-se de armas clandestinamente por meio dos portos croatas.

Além disso, Haris Silajdžic, chefe do governo bósnio, reitera sua aceitação do plano de paz internacional.

O que vão dizer os que apoiam incondicionalmente a suspensão do embargo?

O que vão dizer os mesmos que recusavam incondicionalmente o plano de divisão da Bósnia?

Mais uma vez, os signatários de manifestos vão se encontrar presos no contrapé por aqueles que desejavam apoiar.

Ao fechar seus consulados na Argélia, a França fecha suas portas aos argelinos, ao mesmo tempo em que a fronteira com o Marrocos é trancada: os que não podem viver na Argélia atual são tratados como ratos.

A maioria dos islâmicos, colocados em prisão domiciliar e vigiados por Charles Pasqua, é expulsa para o Burkina. Isso porque nem eram suspeitos, eram apenas "incriminados". Com o que rima essa medida de urgência absoluta?

Na Irlanda, o IRA anuncia um cessar-fogo ilimitado. Na conjunção África do Sul/ Palestina/Irlanda, meu Amigo vê um sinal de que o pós-Guerra Fria traz possibilidades pacíficas que a Guerra Fria impedia. Sim, mas essa conjunção traz, também, novas possibilidades belicosas.

Setembro

QUINTA-FEIRA, 1º DE SETEMBRO. Começo a terceira versão de *Meus demônios*.

Compro nossos bilhetes de cor laranja do metrô. Edwige vai ao hospital, onde o doutor Abastado deve examinar sua mãe. Da Clínica Sainte-Périne, ela me liga agitada: Monique deve receber alta em oito dias.

Após o almoço com Hélène, vamos até o bebedouro dos pássaros, repleto de belos buquês de flores secas e de doces aromas.

Na volta, encontro o livro de Pierre Péan, *Une jeunesse française, François Mitterrand, 1934-1947* [*Uma juventude francesa, François Mitterrand, 1934-1947*]. Interrompo *Meus demônios* para devorar o livro com avidez. Quando tocam a campainha, não sei bem onde estou, tal a maneira como fui novamente transportado pela antiga aventura. O passado de Mitterrand é irrefutavelmente reconstituído: suas ideias de direita quando era estudante, seu petainismo na volta depois da fuga, depois seu marechalismo, sua evolução nos anos 1942-1943, cada vez mais acentuada em direção à Resistência, primeiro em um jogo duplo, em seguida, na ruptura. Segue-se, ao mesmo tempo, a trajetória da ORA[1], que passa do petainismo ao giraudismo; e Mitterrand do girau-

---

1. Organização de Resistência do Exército, uma organização da Resistência Francesa criada dentro do exército francês no regime de Vichy. (N.Ts.)

dismo ao degaullismo. Péan respeita as transições históricas, mostra muito bem que o que poderia ter sido incriminatório em suas amizades com diversos ex-vichistas (dentre eles, René Bousquet?) muito tempo depois, era também uma questão de fidelidade de pessoa a pessoa.

Há também a narrativa do Agente X, que involuntariamente desencadeei e que finalmente vem a público, mas conserva ainda seu mistério principal.

Deixo um recado na secretária eletrônica de Péan para lhe indicar dois erros, entre eles, um me diz respeito e deixa-me pouco à vontade. Quando menciona os encontros entre Marguerite Duras e X na época da Ocupação, no decorrer dos quais ela tentava obter notícias de Robert Antelme e fazer com que ele fosse libertado, ele escreve que eu julgo "severamente" esse comportamento como "equívoco e perigoso". Afirmo a Péan que minha observação não era uma crítica à atitude de Marguerite, mas a constatação objetiva do caráter perigoso daquela relação. Quando Péan me chama de volta, ele me assegura que isso será corrigido na próxima edição.

Como ele evocou a prisão de Robert Antelme, eu lhe pergunto por que ele não mencionou sua fuga do campo de concentração de Dachau. O campo já havia sido libertado pelos americanos, mas colocado de quarentena por causa do tifo. Enviado até lá em missão, Mitterrand ouviu o som débil de uma voz em meio àqueles corpos amontoados: "François...". Assim que retornou, ele preveniu Marguerite. Uniformizados e em viatura oficial, Dionys Mascolo e Georges Beauchamp partiram para Dachau munidos dos documentos de missão, fornecidos por Mitterrand, ali descobriram Robert, vestiram-no com um capote militar e o fizeram sair dali clandestinamente. Robert chega a Paris quase morto. Marguerite encontrou um médico que havia tratado da fome na Índia e que o salvou da morte. Robert foi salvo pela amizade e pelo amor.

No livro de Péan, encontrei a seguinte citação de Jean Rostand: "Afirmar a sobrevivência é uma blasfêmia contra a fragilidade da pessoa".

Era Monique Cahen que tocava a campainha enquanto eu estava absorto no livro de Péan. Ela leu os sete primeiros capítulos de minha segunda versão e veio para me fazer observações e críticas. Ela considera dois capítulos muito "densos".

Vou integrar as correções que ela propõe.

Edwige volta para casa esgotada, alquebrada pela mãe infernal que insultou os médicos, sua vizinha de quarto, sua filha. Acompanho-a ao magazine Habitat-République para arejar as ideias, depois vamos jantar no restaurante de *tapas* da Rue des Tournelles. Peço um prato de *garbanços*, mas o garçom, que não é espanhol, não compreende, pergunta ao cozinheiro paquistanês, depois a outro empregado argelino, até que, finalmente, lhe dizem que se trata de grão-de-bico. O presunto *serrano* está um pouco salgado, as anchovas e a salada de polvo excelentes.

Assistimos ao agradabilíssimo *De volta para o futuro II*[2], de Robert Zemec. O terceiro filme dessa série se situará no século XIX. Em seguida, um filme policial implacável e surpreendente, *Le solitaire*[3] (baseado em uma autobiografia, *The home invaders*).

SEXTA-FEIRA, 2 DE SETEMBRO. Vichy. De súbito, a derrota integra forças políticas heterogêneas, isto é, antagônicas umas às outras, em torno de um núcleo marechalista que, por sua vez, vai impor uma nova ordem inspirada no maurrassismo[4]. Mas a história de Vichy é também a história de uma desintegração. O pacto de colaboração firmado em Montoire[5] vai fazer com que os indivíduos passem para a Resistência. Depois, os acontecimentos mundiais (a resistência de Moscou, a vitória de El Alamein, a entrada dos Estados Unidos na guerra e Stalingrado) irão fazer com que uma parte da gente de Vichy passe para a Resistência, via ORA e o giraudismo, e a outra parte oscile na direção da repressão ativa, depois selvagem, da Resistência pela via da Milícia. O que o livro de Péan sobre Mitterrand mostra muito bem é um aspecto do processo de desintegração rumo à Resistência.

2. *Back to the future II*, filme americano, de 1989, do diretor Robert Zemec; no elenco: Michael J. Fox, Christopher Lloyd e Lea Thompson. Título francês, *Retour vers le futur II*. (N.Ts.)
3. *Le solitaire*, filme francês, de 1987, do diretor Jacques Deray; no elenco: Jean-Paul Belmondo, Jean-Pierre Malo e Michel Beaune. (N.Ts.)
4. O autor refere-se à doutrina política criada por Charles Maurras (1868-1952), em estreita associação com o Movimento Ação Francesa, que defendia o nacionalismo integral, o monarquismo em oposição à democracia, ao liberalismo e ao capitalismo. (N.Ts.)
5. Em 24 de outubro de 1940, em um encontro na estação ferroviária de Montoire-sur-le-Loir, realizado em seu vagão de trem particular, Adolf Hitler e o Marechal Philippe Pétain trocaram o aperto de mão que selou o acordo de colaboracionismo entre Alemanha e o governo de Vichy. (N.Ts.)

Quem está envolvido pela paixão de desmascarar Mitterrand não se interessa por esse lado das coisas. Seria necessário, entretanto, aproveitar o livro para contextualizar e historicizar a aventura do jovem François. Uma das virtudes da Resistência não foi o fato de ter conseguido transformar jovens de extrema-direita, ou maurrassianos (como foi o caso de Claude Roy), em resistentes de esquerda?

Esperando Godot[6]: meu Amigo não compareceu ao nosso encontro das 17h. Sem dúvida alguma, está ocupado com o trabalho em seu jornal.

O *Le Monde* dessa tarde indica que os sérvios de Radovan Karadžic ficariam encantados com uma suspensão do embargo, o que eliminaria imediatamente a força de interposição da ONU. Ah, os intelectuais, os intelectuais papagaios! Não se serve ao partido que se defende repetindo as palavras de ordem de seus dirigentes. Primeiro, reflete-se sobre elas. A suspensão do embargo poderia ser catastrófica para a Bósnia e os Bálcãs.

João Paulo II mantém sua viagem a Sarajevo, ele será acompanhado pelo cardeal Lustiger. Atitude de se tirar o chapéu, ou melhor: a mitra!

Em um bairro negro de Chicago, um moleque de 11 anos, separado da mãe aos 3 anos, vivendo de lar substituto em lar substituto, criado na rua, em um ambiente assolado pelas drogas, desemprego e delinquência, preso uma dúzia de vezes, aponta sua pistola semiautomática para outro grupo de adolescentes e mata uma menina de 14 anos. Ele é encontrado pouco depois com duas balas na cabeça, provavelmente executado por sua gangue.

---

6. O autor refere-se à tragicomédia em dois atos, *En attendant Godot* [*Esperando Godot*], obra do teatro do absurdo, escrita originalmente em francês, no final dos anos 1940, pelo dramaturgo irlandês Samuel Becket (1906-1989). Em um caminho, dois vagabundos de nome Vladimir e Estragon, respectivamente, esperam em vão a chegada de um tal Godot, com quem, ao que tudo indica, têm um encontro marcado. O público jamais chega a saber quem é Godot, citado o tempo todo nos diálogos, mas que a cada ato faz chegar aos dois, que esperam por ele, a mensagem de que "ele não virá hoje, mas amanhã certamente que sim". (N.Ts.)

SÁBADO, 3 DE SETEMBRO. Ontem à noite, no canal de televisão Arte, assistia testemunhos sobre os voluntários estrangeiros na Guerra da Espanha, principalmente as antigas Brigadas Internacionais. O lado épico revive, o lado atroz é apagado. Veem-se as arenas de Albacete[7], mas nada se diz sobre as execuções ordenadas por André Marty. Os antigos "stalinistas" ainda se apresentam como bons antifascistas.

Espero que alguém me envie o último livro de Alexander Soljenítsin, que vai ser lido com os óculos habituais da imprensa de esquerda francesa. No *Le Monde*, o jornalista Michel Tatu surpreende-se com o fato de Soljenítsin denunciar os tzares, uns após os outros.

A dona da mercearia que frequento, a sra. Petit-Potin, me fala de La Creuse, o vilarejo em que nasceu, de onde acaba de voltar de férias. Ontem mesmo, havia no local um padeiro, dois charcuteiros, três merceeiros. Hoje em dia, a alguns quilômetros, existe um grande hipermercado. As fazendas de terras produtivas foram abandonadas. "É de cortar o coração", me diz ela. Quando virá a política vital de repovoamento dos vilarejos, de estímulo à agricultura biológica etc.?

Irène e Alice vêm almoçar. Fico encantado com minha neta (13 anos). Como queria emprestar-lhe o livro *Stéréogram*, no qual, após se olhar fixamente o vazio, as imagens tornam-se tridimensionais e revelam paisagens incríveis, ela me diz: "Como não o vi mais do que uma vez em um ano, tenho medo de não poder lhe devolver o livro senão daqui a um ano".
Quanto às questões políticas, Irène tem as mesmas reações que eu.

Finalmente, meu Amigo chega. Tempestade. Vamos ao manuscrito. Segundo ele, dois capítulos não são adequados ou estão mal localizados, o capítulo sobre os intelectuais e o outro sobre experiência política. Concordo com ele, mas não vejo solução para isso. Entrego-

---

7. Capital da província de Albacete, situada a 258 km a sudoeste de Madri. Na Guerra Civil Espanhola (1936-1939), a cidade abrigava o quartel-general e o campo de treinamento das Brigadas Internacionais, cujo comandante era André Marty, também conhecido como o "Carniceiro de Albacete". (N.Ts.)

-lhe os dois capítulos gravados em um disquete e amanhã, às 17h, ele me fará suas proposições.

Edwige volta da Clínica Sainte-Périne transtornada, sua mãe é capaz de matar até um santo. Vamos jantar no Restaurante Arquebusiers. Na volta, assisto ao programa *Les Grosses Têtes*[8]. Ouso confessar que adoro.

Domingo, 4 de setembro. Trabalho na terceira versão.
Godot não virá essa tarde.
Enquanto tomo café, assisto por um instante ao programa de Jacques Martin. Patrick Bruel suscita o êxtase das adolescentes: o produtor selecionou o belo rosto de uma adolescente à beira do êxtase que quase sempre aparece em primeiro plano. Em seguida, vem o "velho" Joe Cocker, que faz estremecer as mesmas adolescentes. Seu ritmo toma conta de mim e começo a balançar o corpo.
Tenho muito trabalho, mas Edwige está tão desamparada que fazemos um pequeno passeio à *Place des Vosges*, *Rue de Birague*, depois ao Hotel de Sully.
Durante o passeio, observamos um céu cinzento de outono sucede um calor de verão.

Volto para casa extenuado. Cometo o erro de comer os cogumelos que já andavam pela geladeira há uma semana, isso em virtude do princípio milenar (que acaba na geração do consumo) de que não se deve jogar fora as sobras de comida, mas sim comê-las. Por isso, guardo o pão duro para fazer uma *panzanella*[9]. Acontece que esse hábito saudável me prejudicou. Agora que preciso trabalhar o máximo possível no Mac caio em um sono pesado e não desperto senão às 17h. Preparo um mate e, ainda meio sonado, volto a trabalhar.

---

8. Programa de rádio francês, criado por Jean Farran e Roger Krecher em abril de 1977, que apresentava notícias, temas culturais, atendia os ouvintes pelo telefone, entrevistava convidados. Uma versão para a televisão foi ao ar de 1992 a 1997. (N.Ts.)
9. *Panzanella* é uma receita italiana, oriunda da região de Florença, muito popular no verão, que utiliza sobras de pão para compor uma salada feita com tomates, cebolas, manjericão, pepinos, mostarda e óleo de oliva. (N.Ts.)

Na casa de Violette, jantar de aniversário de Irène (nascida em 4 de setembro) e Véro (nascida no 1º de setembro seguinte). Massas e um excelente vinho Pauillac. Divertimo-nos bastante. Em dado momento, Violette afirma: "Eu que era petainista...". Eu a interrompo: "Mas não, você não era petainista, era totalmente pacifista, mas, a partir de novembro de 1940, virou ativista na pequena manifestação de protesto no último curso de Vladimir Jankélévitch[10], esvaziado por Vichy". Caçoamos de sua paixão passageira por Jankélévitch. Irène comenta que quase não nasceu etc. Michel fala de seu congresso de Washington, de seus encontros com os albaneses do Kosovo, depois, de seu congresso em Jerusalém, onde a tensão ainda era muito forte no começo do verão.

Na volta, assisto a um pedaço de *Casablanca*[11]. Bogey conserva o mesmo fascínio, Ingrid Bergman tem presença forte, mas seu rosto não me inspira. A magia do filme não acontece: o lado hollywoodiano pretensioso é mais forte do que a sedução da história de amor. Desligamos a televisão.

SEGUNDA-FEIRA, 5 DE SETEMBRO. Hoje trabalhei bastante. Mas o portador de meu Amigo com as proposições de modificação dos últimos capítulos não chegou. Prometido para amanhã.

Minha mente está inteiramente concentrada no manuscrito, as notícias do mundo mal chegam até ela. Entretanto, acompanho os preparativos da viagem do Papa a Sarajevo e a Conferência sobre a população no Cairo.

Monique Labrune concorda que o título de meus fragmentos escolhidos seja *La complexité humaine*[12].

TERÇA-FEIRA, 6 DE SETEMBRO. Como é difícil levantar! Pela manhã, sinto-me desesperado. Depois, tudo melhora.

10. Vladimir Jankélévitch (1903-1985). Filósofo e musicólogo francês, de origem judaica, foi aluno de Bergson na *École Normale Supérieure*. Em 1941, depois de perder a nacionalidade francesa e ser considerado apenas judeu, Jankélévitch entrou para a Resistência Francesa. Em 1951, foi indicado para a cátedra de Filosofia Moral na Sorbonne, onde lecionou até 1978. (N.Ts.)
11. *Casablanca*, filme americano, de 1942, do diretor Michael Curtiz; no elenco: Humphrey Bogart, Ingrid Bergman e Paul Henreid. (N.Ts.)
12. Edgar Morin e Heinz Weinmann, *La complexité humaine* [A complexidade humana], Paris: Flammarion, 2007. (N.Ts.)

Encontro o texto sobre o filme de Alanys, *Kanehsatake: 270 ans de résistance*[13], rodado em Oka, durante o confronto dos Mohawks contra o exército canadense.

Às 18h, coquetel na Editora Seuil em homenagem a Monique Cahen, que se aposenta. Em seguida, reunião no primeiro andar do *Café de Flore*[14] com meu Amigo, que deveria me entregar o disquete com a reorganização do capítulo sobre os intelectuais: ele não teve tempo de fazer. Como está sentado a uma mesa com Pierre Péan, a discussão envolve François Mitterrand, a quem ele essencialmente reprovou por ter mantido amizades com os vichistas. No que me diz respeito, como ele não tinha nenhum interesse pessoal, nem político, em manter suas amizades (exceto com René Bousquet), merece crédito por isso. Difícil falar da complexidade de um personagem, sobretudo de Mitterrand.

Quando volto para casa, encontro um recado da assistente de Christine Ockrent pedindo-me para participar do jornal de quinta-feira à noite. Sem dúvida, a respeito do livro de Pierre Péan. Chamo Guy Lagache: confirmação. Pergunto-me se terei tempo de explicar claramente meu ponto de vista no programa. Darei minha resposta amanhã ao meio-dia.

O *Le Monde* divulga as numerosas execuções sumárias, raptos, massacres cometidos pelos vencedores da guerra civil em Ruanda. "Centenas e até mesmo milhares de inocentes são vítimas deles." Por isso, acabo de receber uma petição exigindo a perseguição universal dos responsáveis pelo genocídio em Ruanda no plano penal. Por qual tribunal? Não existe sequer uma verdadeira Sociedade das Nações capaz de assegurar o direito e que disponha de uma força de coerção para fazer com que essa exigência seja aplicada. Não posso assiná-lo.

---

13. *Kanehsatake: 270 years of resistance*, documentário de 1993, filmado e dirigido por Alanys Obomsawin. (N.Ts.)
14. O *Café de Flore*, situado na esquina do Boulevard Saint-Germain com a *Rue Saint-Benoît*, com seu interior clássico Art Déco, sofás vermelhos, balcões de mogno e espelhos, pouco mudou desde a Segunda Guerra Mundial e tem sido celebrado como o local de encontro da maioria dos intelectuais franceses. Atualmente é frequentado por turistas de todas as partes do mundo. (N.Ts.)

O *Le Monde* assinala, também, que no dia 15 de setembro, em La Paz, diversos milhares de agricultores bolivianos se manifestaram contra a política de supressão das plantações de coca, cuja cultura permite a sobrevivência de setenta mil famílias.

Finalmente, de acordo com a FORPRONU[15], teriam sido as forças bósnias que bombardearam o aeroporto de Sarajevo, em 18 de agosto.

QUARTA-FEIRA, 7 DE SETEMBRO. Ah! Essas organizações de venda por correspondência. Elas nos bombardeiam com cartas personalizadas, com notificações registradas em cartório de que você ganha milhões, automóveis de luxo etc., incitando-o, ao mesmo tempo, a encomendar seus produtos. Elas nos inundam com as lembranças de nossa feliz sorte e, finalmente, nada chega, senão um colarzinho vagabundo ou um rádio barulhento feito em Taiwan.

As pessoas são seduzidas pelo anúncio de um preço fantástico a fim de subtrair delas uma encomenda imediata. De manhã, portanto, Edwige, que não sei já quantas vezes respondeu ingenuamente a esses salafrários, e a quem quase anunciaram o prêmio de três milhões de francos, recebeu um aviso para "reclamar" seu prêmio, um rádio falsificado.

Que bagunça. Já é meio-dia e ainda não consegui trabalhar.

Trabalho durante a tarde, depois vou visitar um apartamento na *Rue Caumartin* que me agrada: último andar, acesso ao telhado, que consiste em um terraço entre as chaminés, estilo novaiorquino. Vê-se muito céu, o domo do Teatro da Ópera de Paris bem próximo, a Torre Eiffel ao longe. Mas não encontro lugar conveniente para instalar meu recanto preferido: minha mesa com vista para o céu.

Jantar no Restaurante Arquebusiers com Edwige, Hélène e Vera. Vera vive há dois anos no Kuwait, onde François é conselheiro cultural. A cidade é circundada pelo deserto. Ninguém pode atravessar a fronteira com o Iraque, nem mesmo um diplomata. O Iraque é fantomi-

---

15. Força de Proteção das Nações Unidas. (N.Ts.)

zado: jamais mencionado, nem mesmo nos boletins meteorológicos, jamais assinalado, nem mesmo nos mapas geográficos. O ensino do francês é vigiado por inspetores que colam as páginas discutíveis dos manuais de biologia e de literatura. Por isso, Voltaire foi proibido, depois parcialmente tolerado, exceto por seu livro *Cândido*. Um terço do país é constituído de estrangeiros, trabalhadores imigrados (egípcios, paquistaneses, filipinos) que vivem à mercê de seus patrões. Enquanto os kuwaitianos são ricos graças ao petróleo, seus imigrados são mal pagos e os beduínos são seus ciganos. Eleito por uma elite restrita de kuwaitianos, estabelecidos há duas ou três gerações, o Parlamento é composto de deputados que em geral praticam um islamismo moderado, mas uma parte deles exige que a charia seja integralmente aplicada, enquanto o país obedece simultaneamente à lei civil e à charia.

Um motorista vem buscar-me para me conduzir ao canal de televisão *France 3*, onde, após muita hesitação, finalmente aceitei participar de um pequeno debate com Serge Moscovici sobre o livro de Pierre Péan, portanto sobre Mitterrand. Moscovici já havia expressado seu desconforto, e mesmo sua reprovação, quanto às relações de amizade do presidente. O que me incomoda, em relação ao parco tempo concedido, é o fato de não poder contextualizar e historicizar com precisão a juventude de Mitterrand.

Christine Ockrent vai apresentar nosso debate como um debate entre gerações. Moscovici declara-se pronto a admitir o itinerário da direita para a esquerda, inclusive a passagem por Vichy, mas deplora o fato de Mitterrand manter relações posteriores com os dignitários vichistas, dentre eles, René Bousquet.

Quanto a mim, reajo contra qualquer olhar retroativo que reduz e desfigura o passado. Relembro que, transtornado pela catástrofe histórica de junho de 1940, o maior desastre que a França conheceu, o país se agarrou a Pétain, em quem a maioria dos parlamentares da Frente Popular havia votado e concedido plenos poderes. Moscovici refuta minha colocação e menciona Léon Blum[16], Jean

---

16. André Léon Blum (1872-1950). Político, foi primeiro-ministro da França por três vezes. Em junho de 1940, quando os alemães ocuparam a França, Blum não abandonou o país, apesar do perigo extremo que corria pelo fato de ser judeu e líder socialista. Fez parte dos "Oitenta de Vichy", uma minoria

Zay[17] e os parlamentares embarcados no navio *Massilia*. É claro que sim, e acrescento que houve Charles de Gaulle, Pierre Fresnay[18] etc., mas na época eles não passavam de uma minoria. Para a maioria, a Alemanha nazista havia implantado uma hegemonia durável na Europa. Foi no outono de 1941 (a resistência de Moscou) e sobretudo em 1942, com Stalingrado e o desembarque aliado na África do Norte, que a esperança mudou de campo, que começaram a hemorragia e a decantação de Vichy, uma parte aliando-se à Resistência (com frequência via giraudismo), a outra radicalizando-se na colaboração policial e militar, como fez a Milícia.

Depois, passo diretamente a René Bousquet, pois creio que no período de alguns dias o nó da questão se deslocou: não se censura mais Mitterrand por sua juventude de direita, até mesmo de extrema-direita, uma vez que esse fato torna sua passagem para a esquerda mais meritória, não se reprova mais seu vichismo temporário, que precede sua entrada na Resistência, o que se reprova é o fato de ele conservar até hoje suas amizades do passado.

Afirmo que era sabido que Mitterrand, fiel a seus amigos e a seus correligionários, "é um padrinho" (essa palavra me escapa). Sabe-se agora que ele permaneceu fiel a seus amigos de juventude que continuaram na direita e aos amigos de Vichy. Do ponto de vista político, isso pode ser criticado, mas como ele não tinha qualquer interesse em conservar essas amizades, por exemplo com o doutor Martin, ele me-

---

de parlamentares que se recusou a conceder plenos poderes ao Marechal Philippe Pétain. Preso e julgado como traidor, em 1943, foi deportado para Buchenwald, na Alemanha. Sua futura esposa, Janot Blum, escolheu viver com ele voluntariamente no campo de concentração. Em 1945, quando os exércitos aliados se aproximavam, foi transferido com outros prisioneiros importantes para o campo de Dachau, depois para o Tirol. Nas últimas semanas da guerra, os nazistas deram ordens para que Blum fosse executado, mas as autoridades locais não obedeceram. Blum foi resgatado pelos Aliados em maio de 1945.

17. Jean Zay (1904-1944). Político francês. Foi o mais jovem ministro da Educação e Belas Artes da França, de 1936 até 1939, quando criou o Festival de Cinema de Cannes. Em 1940, após a derrota e o armistício, Zay embarca no navio *Massilia*, com 27 parlamentares, em direção ao Marrocos, com a intenção de prosseguir com a luta contra os alemães. Zay e mais quatro parlamentares são presos, e ele é condenado pelo regime de Vichy, mas na prisão consegue fazer contato com uma organização de resistentes. Em junho de 1944, é transferido de prisão e, no caminho, é assassinado no meio de um bosque pela Milícia. (N.Ts.)

18. Pierre Fresnay (1897-1975). Ator consagrado do cinema francês, dirigiu apenas um filme, *O duelo*, em 1941. Durante a Ocupação Nazista na França, foi ardente defensor da indústria cinematográfica. Após a guerra, foi preso durante seis meses, acusado de colaboracionismo com o governo de Vichy. (N.Ts.)

rece crédito do ponto de vista humano. Eu o compreendo, pelo fato de eu mesmo ser um transpolítico quando se trata de amizade.

Volto a Bousquet, que Moscovici acusa de ser o facilitador ou o autor da denúncia dos judeus aos nazistas. Bousquet deve ser inserido na cadeia das responsabilidades, que começa com Adolf Hitler que, em janeiro de 1942, decidiu a "solução final", passa por Pierre Laval, depois por René Bousquet, que negocia com a autoridade alemã, entrega judeus estrangeiros para salvar judeus franceses e, em 15 de julho de 1942, assina a ordem de capturar e entregar 17 mil judeus, o que provoca 13 mil prisões. A sequência de responsabilidades termina com os policiais franceses que prendem os judeus, em seguida entram para a Resistência e obtêm a insígnia da organização. O programa de televisão chega ao fim antes que se possa entrar no cerne da discussão. Christine Ockrent me interrompe, sem que eu possa reagir, perguntando: "Será que essas amizades, compreensíveis para um indivíduo privado, o são para um presidente da República?". Questão importante que adoraria ter debatido. Da mesma forma, teria adorado evocar, com Moscovici "o crime contra a humanidade" que ele imputa a Bousquet. Fora do ar, lembro que nem o massacre dos atletas israelenses em Munique, nem o massacre de 29 muçulmanos que oravam em Hebron, nem os massacres em massa cometidos no Leste e no Sul foram considerados crimes contra a humanidade.

Eu sabia que após o programa voltaria para casa frustrado. De súbito, sinto vontade de escrever um artigo sobre Mitterrand no *Le Monde*. Mas, após terminar meu manuscrito, espero conseguir o tempo necessário para um segundo olhar sobre o caso, ou melhor, um olhar sobre os olhares.

Há alguma outra coisa subjacente no caso Bousquet, como no caso Adolf Eichmann ou, de outra forma, no caso do sangue contaminado: é a máquina de criar irresponsabilidade. Bousquet é incitado por Laval, que é incitado por Hitler: ele sabe que é uma engrenagem da máquina e se satisfaz com o ato de entregar os judeus estrangeiros para preservar os judeus franceses. Ele é um funcionário público. Retomo minha ideia inicial: é preciso focalizar essencialmente em

Bousquet quando ele é um elo em um posto elevado da cadeia, mas não em sua cúpula?

Quinta-feira, 8 de setembro. De manhã, na correspondência, encontro o programa de um simpósio em Zermatt sobre a criatividade. Essa formulação do escritor nigeriano Wole Soyinka me impressiona: "Progressivamente, fiquei convencido de que o que denominamos intuição é simplesmente o despertar súbito de um *software* sonâmbulo". Onde foi mesmo que escrevi que a intuição é uma computação inconsciente, extremamente rápida, a partir de minúsculos sinais e indícios invisíveis à consciência, mas captados pelos sentidos, (talvez) com a ajuda de um sentido complementar?

Kazuhiko Nishi: "A intuição é a via oriental para se chegar ao cerne das coisas".

Recebo um manifesto pela constituição de um tribunal internacional contra os crimes em Ruanda. Pessoalmente, desejo a criação de uma Sociedade das Nações, um poder legislativo e um poder coercitivo capazes de fazer aplicar a lei. Mas como constituir um tribunal, e como poderia ele decidir em Ruanda?

Um artigo do *Libé* evoca o debate no escritório nacional do Partido Socialista a respeito da juventude e das amizades de François Mitterrand. O argumento de Dominique Strauss-Kahn é típico daqueles que temem que a complexidade do real os impeça de se indignar: "Meu temor, no que se refere à esquerda, é que o livro de Péan seja um início da reabilitação de Vichy, segundo os temas dos revisionistas: o período era complicado, não se pode compreendê-lo de maneira simples".

Anne Brigitte Kern chama minha atenção para a maneira como Daniel Schneidermann, em sua crônica de televisão no *Le Monde*, percebeu minha intervenção de ontem. "E. M. empenha-se em minorar a dimensão do estatuto dos judeus, editado por Vichy, louva a fidelidade de Mitterrand por suas amizades – inclusive com Bousquet – e chega a ponto de atenuar o papel desempenhado pelo próprio Bousquet, aparentemente culpado apenas de ter preferido entregar mais judeus estrangeiros do que franceses." Tudo aquilo que de minha parte é tentativa de exatidão é visto como tentativa de minimização: pelo fato de eu ter precisado que os decisores eram Hitler e Laval e de não ter maximizado o papel de Bousquet como negociador na execução das ordens, então sou culpado de tê-lo minimizado. Felizmente, nessa época eu estava na Resistência e jamais encontrei esse sujeito!

Em face da histeria política, sempre me esforço em contextualizar e historicizar. Tive essa reação na época da Guerra do Golfo (onde o mal estava concentrado apenas em Saddam Hussein), no momento da Guerra da Iugoslávia (quando quis indicar que havia também o problema dos sérvios, que se tornavam minoria em uma Croácia tornada independente); tenho-a ainda hoje, quando tudo se concentra em Bousquet e no Vél d'Hiv[19].

Devo ter provocado bastante alergia. Uma mensagem telefônica indignada é registrada na secretária eletrônica da sra.Vié, ao mesmo tempo em que uma outra, de felicitações.

De carro, por volta das 8h30, na *Avenue Albert I*[er], depois na *Avenue Cours-la-Reine*: um vento forte faz turbilhonar os redemoinhos de folhas mortas. O súbito outono irrompeu de forma violenta no verão e o matou. Rodamos ao longo do Rio Sena, envolvidos pelas nuvens de folhas de castanheiros.

Sexta-feira, 9 de setembro. Faço uma cópia em papel de minha última reorganização do capítulo "Uma experiência intelectual"[20], quando meu Amigo chega com suas proposições. Discutimos novamente o caso Mitterrand-Bousquet. Como lhe pergunto se Bousquet sabia que os deportados estavam destinados ao extermínio, uma vez que a "solução final", programada em janeiro de 1942, tinha permanecido um

---

19. Em 1942, cumprindo ordens do alto comando nazista, a polícia de Paris prendeu civis judeus em massa, reunidos previamente nos velódromos de Vél d'Hiver e de Drancy, sem as mínimas condições de acomodação e higiene, no programa cognominado Brisas de Primavera, destinado a reduzir a população judia na França ocupada. De acordo com os registros da prefeitura da cidade 13,152 mil pessoas foram presas nos dois velódromos e depois deportadas para o campo de extermínio de Auschwitz, na Alemanha. Em 16 de julho de 1995, o então presidente Jacques Chirac determinou que já era tempo de a França enfrentar seu passado e reconhecer o papel do Estado na perseguição dos judeus e de outras vítimas da ocupação nazista. (N.Ts.)
20. *Meus demônios*, capítulo VII. (N.Ts.)

segredo da SS-Gestapo. Meu Amigo me assegura que diversos depoimentos e testemunhas confirmam que Bousquet sabia que os deportados estavam destinados a uma situação concentracionária terrível.

No *Le Monde*, Gilles Martinet assina um artigo sobre "o crepúsculo do miterrandismo", que se conclui pela necessidade do Partido Socialista de romper com o mitterrandismo. Sim, mas o artigo chega no momento da agonia do mitterrandismo. No que se refere à palavra "padrinho", que mencionei no canal de televisão *France 3*, Martinet mostra que Mitterrand pretendia ramificar sua rede de influências um pouco por toda parte, em todas as famílias políticas, e que aí, talvez, residisse o segredo de conservar suas amizades. Isso é verdade, mas é preciso levar em conta, também, a eventual amizade nas "amizades".

Logo abaixo do artigo de Martinet está o artigo médico de Jean-Yves Nau e Franck Nouchi sobre a evolução do câncer de Mitterrand "que se tornou imprevisível" e que anuncia que a agonia física de Mitterrand pode chegar rapidamente. Dupla agonia, política e individual. Esse é um momento em que chovem os golpes. Penso no magnífico documentário, assistido nos anos 1960, sobre os caçadores pigmeus de não sei mais qual religião sul-africana: eles atingem com uma flecha envenenada uma girafa, que foge em seguida. Os caçadores partem em busca de suas pegadas, principalmente de seus excrementos, nos quais detectam o odor do veneno. Após vários dias de perseguição, eles se aproximam da manada de girafas, que fogem, exceto a girafa ferida que não tem mais forças para correr. Ela permanece de pé, gigantesca, enquanto os homenzinhos lhe atiram flechas, umas após outras. Fazem isso durante muito tempo. De repente, a girafa cai no chão.

Apesar de jamais ter sido um seguidor de Mitterrand, de ter criticado a união da esquerda e, depois, o primeiro período do mitterrandismo, de ter escrito o livro *Le rose et le noir*[21], de jamais ter sido um intelectual palaciano, sou eu quem estende a mão ao vencido, já fora de combate, enquanto os caçadores continuam a crivá-lo de flechas.

---

21. Edgar Morin, *Le rose et le noir* [*O rosa e o negro*], Paris: Éditions Galilee, 1984. (N.Ts.)

Precisamos de escritores, de Shakespeares, para restituir a tragédia e a complexidade humanas. O político não vê senão o político.

Juntos, a sra.Vié e eu, estamos submersos pela necessidade cortês de responder (negativamente) aos pedidos de conferências e participação em colóquios.

Jantar com o estudante S. Desvignes e dois de seus amigos, que ele converteu às ideias de *O método*. Informático de formação, ele se interessa pela inteligência artificial. Os três se perguntam "O que fazer?". Minha concepção da ecologia da ação, na qual as consequências de qualquer ação são imprevisíveis a longo prazo, perturba-os. Entretanto, se há uma "fé", como a fé na fraternidade, é preciso aceitar o desafio, é preciso pensar na estratégia e, com isso, saber que existe o risco permanente de erro e de fracasso que permite suscitar os antídotos. Ao mesmo tempo, incito-os a tentar "viver poeticamente", a preferir a consumação ao consumo, a viver plenamente os êxtases da vida pessoal, bem como os êxtases da história, quando eles se apresentam.

Sábado, 10 de setembro. Muita coragem: três dias de trabalho para fazer correções, ajustes, modificações, revisões e entregar tudo na segunda-feira.

O crime de Thorigné-sur-Dué (Sarthe). Dany Leprince confessou ter matado seu irmão, sua cunhada e as duas filhinhas do casal, de 7 e 10 anos, a golpes de machado. Surpresa para os vizinhos, segundo os quais, os dois irmãos, que habitavam bangalôs geminados, se davam bem. Devido ao reconhecimento de uma dívida do assassino com seu irmão, alguns deduzem que, devido a dificuldades financeiras, Dany Leprince tinha inveja do sucesso de seu irmão, proprietário de uma oficina de automóveis. É aterrador que um ódio como esse possa ser cultivado e depois explodir bruscamente.

Após o almoço, corremos ao 14 Juillet Bastille para assistir ao filme *Sol enganador*[22], de Nikita Mikhalkov. O filme começa, à maneira de Mikhalkov, em uma ampla casa de campo na qual vive uma família inteira, com avó e neta, felicidade doméstica. A tragédia dos expurgos stalinistas de 1937 vai imiscuir-se em pequenas nuanças, até atingir um paroxismo. O filme não apenas me impressionou e emocionou, ele reacendeu meu horror ao comunismo stalinista. Horror que se oculta para não "banalizar" Vichy. (A propósito, Stalin precedeu Pétain na ação de entregar a Hitler os antifascistas e judeus alemães refugiados na União Soviética.)

Domingo, 11 de setembro. Rearticulação, reorganização de meu capítulo "A experiência política"[23]. Trabalho o dia todo, com incrível energia para entregar o disquete final amanhã, segunda-feira. Fico ainda mais satisfeito pelo fato de ter encontrado um novo plano assim tão rápido.

Por volta das 22h, após ter terminado a revisão do capítulo, assisto a *Escalado para Morrer*[24], de Clint Eastwood, no canal TF1. O filme me agrada muito, embora (e porque) as cenas de montanha me causam vertigem.

Segunda-feira, 12 de setembro. Telefonema de Gilles Anquetil, que gostaria de um artigo sobre Mitterrand. Digo-lhe que o *Le Monde* espera um texto meu, mas que não estou certo de que o farei.

Termino às 15h. Não pude reformar o plano de meu último capítulo; sinto que após as primeiras páginas, os parágrafos se sucedem de maneira pouco coerente, mal dominada: a proximidade do fim me fatiga. Enfim, gravo o disquete, aviso meu Amigo, espero o portador.

Saio, vou à farmácia buscar o Biostim, à padaria comprar pão integral, depois volto para casa e sinto-me esgotado. A descompressão chegou muito depressa, antes mesmo que eu tivesse terminado.

---

22. *Utomlyonnye solntsem*, filme russo, de 1994, do diretor Nikita Mikhalkov; no elenco: Nikita Mikhalkov, Ingeborga Dapkunaite e Oleg Menshikov. Título francês, *Soleil trompeur*. (N.Ts.)
23. *Meus demônios*, capítulo VIII. (N.Ts.)
24. *The eiger sanction*, filme americano, de 1975, do diretor Clint Eastwood; no elenco: Clint Eastwood, George Kennedy e Vonetta McGee. Título francês, *La sanction*. (N.Ts.)

Alguns adiantam que o livro de Pierre Péan, que lhes serviu para denunciar o vichismo de Mitterrand, é uma justificativa dissimulada para Vichy.

Recados telefônicos de uma jornalista do *Le Figaro* que me pede, em caráter de urgência, uma entrevista para contrabalançar a de Serge Klarsfeld. De um lado, meu trabalho não é contrabalançar quem quer que seja, de outro, no caso de um problema complexo, como exigir de mim algumas proposições lapidares?
Finalmente, será necessário que eu escreva o artigo sobre "Mitterrand e o nó górdio".

Essa noite, no canal *France 2*, entrevista de Mitterrand.
O início nos faz penetrar na tragédia: piedade e terror, o rosto de Mitterrand é de uma palidez assustadora, quase cadavérica, a pele parece colada nos ossos, os lábios, invisíveis, a expressão fixa, rígida. Depois dos dardos de Jean-Pierre Elkabbach, a evocação das lembranças desperta sua combatividade: o rosto vai se animando, o famoso sorriso, simultaneamente encantador e inquietante, reaparece.
Elkabbach fala e volta a falar do câncer de Mitterrand, isso contribui para tornar patético o homem velho que faz bela figura. Depois, Elkabbach aborda a questão do passado: juventude de direita, período vichista, René Bousquet. Ele oscila entre a interrogação e a impertinência, ou melhor, a ironia. Quando diz a Mitterrand que ele poderia ter ido para Londres, como De Gaulle, este lhe responde que era prisioneiro de guerra na Alemanha.
Quando Elkabbach se surpreende de que a França não tenha pedido perdão aos judeus pelo que aconteceu em Vel d'Hiv, Mitterrand responde que não foi a França, mas o poder ilegítimo de Vichy que ordenou a prisão massiva dos judeus. Penso então: será que Nelson Mandela exigiu que a África do Sul pedisse perdão pelo ignóbil *apartheid* e os inumeráveis massacres dos negros? Será que Yasser Arafat exigiu que Israel pedisse perdão por ter se apossado do território palestino?
Há muita obscuridade na amizade ou na relação com Bousquet, mas essa obscuridade não significa que Mitterrand conhecia Bousquet na época da Ocupação e, se o conhecia, que estivesse a par de suas

negociatas com o General Carl Oberg sobre a deportação de 17 mil judeus, em julho de 1942... Que haja máculas, erros na vida de Mitterrand, que haja um aspecto carniceiro em sua aventura política, tudo bem. Mas é injusto focalizar apenas seu período vichista de 1942, no qual, de resto, começam suas atividades clandestinas, em uma vida de 77 anos, da qual um ano foi de prisão e três fugas, e um ano e meio de resistência clandestina total.

Penso no que me dizia Charles Guetta, quando falava de si mesmo e de mim: "Nós não somos como eles: quando o adversário está caído por terra, nós lhe estendemos a mão para que ele se levante, eles, eles lhe desferem um grande pontapé em plena garganta".

Diversos telefonemas do *Le Figaro* que quer me entrevistar "para contestar Klarsfeld". Inútil. Basta dessas entrevistas-relâmpago.

TERÇA-FEIRA, 13 DE SETEMBRO. De manhã, o canal TF1 me pergunta quais foram minhas reações diante da apresentação de ontem de Mitterrand. Recuso-me a falar sobre esse assunto em três segundos. (Então, é preciso que eu escreva o artigo para o *Le Monde*).

Chegada surpresa de Jean-Louis Pouytes, quando voltamos do mercado. No decorrer do almoço, ele explica que está de partida para uma viagem de um mês pela Itália, que fará preguiçosamente. Eu lhe forneço os endereços de meus bons amigos e amigas.

Após o almoço, Luan Starova passa para me ver com um queijo *kachkaval* da Macedônia. Amanhã, ele apresenta suas credenciais a Mitterrand. Evocamos a situação balcânica, depois o trágico *reality show* protagonizado por François Mitterrand e Jean-Pierre Elkabbach. Luan me revela que quando envelheceu e se sentia abandonado, Habib Bourguiba[25] divertia-se em recitar *La mort du loup* [*A morte do lobo*], de

---

25. Habib Bourguiba (1903-2000). Estadista tunisiano, fundador e primeiro presidente da república da Tunísia, de 1957 a 1987. (N.Ts.)

Alfred de Vigny, que conhecia de cor. Ainda hoje, quando recupera a lucidez, ele recita *La mort du loup*.

Encontro com Hélène, que viaja de volta a São Francisco. Eu a tenho visto pouco.

Entrevista a um jornalista e escritor romeno para um programa da *Radio-France Internationale* destinado à Romênia.

Para o jantar com os Rochemaure, abri uma garrafa de Château Latour[26]. Depois de termos falado da Bolívia, de onde Jacques acabou de chegar, ficamos novamente magnetizados pelo caso Mitterrand. Sem saber, Péan abriu uma caixa de Pandora que, ao mesmo tempo em que revela a verdade, revela também a doença de que sofre a esquerda: não é mais de mitterrandismo, mais da incapacidade de pensar a situação francesa passada, presente e futura.

Quarta-feira, 14 de setembro. Em seu livro, *O sono dogmático de Freud*[27], Pierre Raikovic coloca em epígrafe um extrato de uma carta de Hegel a Friedrich Niethammer: "O trabalho teórico – cada dia mais me convenço disso – traz mais ao mundo do que o trabalho prático; se o reino das ideias é revolucionado, a realidade não pode permanecer tal como ela é". Se eu tivesse conhecido essa frase, eu a teria colocado em destaque em meu livro *As ideias*.

Apresso-me, encontro um táxi para me conduzir à sede da Sociedade Nacional de Horticultura da França, onde a Associação dos Inspetores Gerais do Ensino organiza uma jornada de estudos intitulada, para meu grande prazer, A Reforma de Pensamento. Um jovem professor, que eu havia encontrado há dois ou três anos em outro colóquio, me diz: "O sr. está vendo, suas ideias progridem, as inspetoras-gerais vêm para ouvi-lo falar. – Elas não ganharam nada por isso".

---

26. Considerado o melhor de todos os vinhos da região de Bordeaux, o Château Latour tem reputação internacional. (N.Ts.)
27. Pierre Raikovic, *Le sommeil dogmatique de Freud*, Paris: Les Empecheurs/Seuil, 1992. Edição brasileira, *O sono dogmático de Freud*, tradução Tereza Resende Costa, Rio de Janeiro: Zahar, 1996. (N.Ts.)

Faço minha apresentação. Depois vem Henri Laborit, de muletas. "Você tem dor ciática?". Ele me explica que uma velha tuberculose, tratada e curada quando ainda era jovem, reincidiu cinquenta ou sessenta anos mais tarde e que hoje não respira senão com um quarto do pulmão. É a falta de ar que o obriga a se apoiar nas muletas. Quando começa sua apresentação, ele tem o ar muito fatigado, depois se anima e torna-se vivo e jovial. Essa é a maravilha: a paixão rejuvenesce. E, entre as paixões, os intelectuais manifestam ainda mais a paixão pelas ideias, as dos outros e as suas. Em dado momento, Laborit irrita-se com o fato de eu ter citado Heinz von Foerster, enquanto poderia ter citado ele próprio. Reencontro nele o egocentrismo intelectual e a susceptibilidade que explicam seu destino de pesquisador marginal. Quando assumir a palavra no decorrer do debate que se seguirá, admitirei de bom grado minha dívida de reconhecimento para com ele.

Laborit tem enunciados como os seguintes: "A igualdade das oportunidades de se tornar desigual" ou "Nosso planeta é um imenso matadouro, onde cada espécie vive nutrindo-se de outras espécies, além de contar com o homem que ameaça sua própria espécie".

O que mais me impressiona é o que ele diz dos "grandes delirantes", do tipo daqueles que se tomam por Napoleão ou César. Ter-se-ia constatado que eles são menos sujeitos ao câncer e às doenças infecciosas do que as pessoas normais. Explicação: as pessoas normais são sempre inibidas em seus desejos e suas inspirações e essa inibição enfraquece suas defesas imunológicas. Em resumo, a inibição de nossos delírios nos deixa doentes!

Jean-Yves Calvez, esse padre jesuíta especialista em Marx, subitamente vai romper em mim uma barreira mental que impedia minhas ideias-chave de se comunicarem. Evocando os exercícios espirituais de Inácio de Loyola, ele afirma que a reforma de pensamento é inseparável de uma reforma de vida. A evidência me impressiona. Como reformar o pensamento sem o controle de si mesmo, sem o autoexame e a autocrítica de sua própria percepção, de sua própria memória, de sua argumentação? Como reformar o pensamento se não se é capaz de escutar o outro? Isso significa necessariamente reformar o próprio modo de vida para fugir da superficialidade, da mundanidade, em resumo, de tudo o que nos distrai e nos faz desviar do caminho...

Percebo que não visualizei as interações/consequências entre reforma de pensamento e reforma de vida.

Devo sair na metade do debate para ir à Estação Montparnasse e tomar o TGV das 18h40 para La Baule, onde acontece uma grande reunião dos diretores de recursos humanos da *France-Télécom*, para a qual Thierry Gaudin, Jean Le Bihan, Henri Mendras[28] foram igualmente convidados como oradores.

Mendras está no mesmo compartimento que eu. Tem o olhar jovial e aberto de sempre, mas alguns dizem que não se deve fiar muito nisso. Eu sempre o vejo com simpatia e inquietude. Ele me fala do livro que acaba de escrever sobre seus primeiros anos sociológicos no CNRS, que coincidem com os meus. Falamos do caso Mitterrand, ele não compreende muito bem as reações da esquerda. Tento explicá-las, explicando-as a mim mesmo. Depois, mergulho no *Le Monde* e deparo com a exegese de fragmentos de cartas e textos publicados por Mitterrand em 1942, feita por uma historiadora. Com uma mentalidade semelhante à de Tomás de Torquemada, ela interpreta os textos que, se publicados em outros lugares, teriam parecido anódinos, como provas de um "petainismo duro". Eu acreditava que esse gênero de literatura havia acabado, mas ele retorna e retornará, e um dia, talvez próximo, ele nos submergirá novamente, venha ele dos fascistas ou dos antifascistas.

Leio também que 25 mil jovens nascidos na França, de pais estrangeiros, manifestaram a vontade de ser naturalizados franceses (dentre eles, 41 por cento de portugueses).

Na *Time Magazine*, um artigo muito interessante trata do retorno das doenças bacterianas que acreditávamos vencidas, como a tuberculose ou a sífilis, pela proliferação de bactérias resistentes aos antibióticos. Penso em Henri Laborit, ele próprio vítima do despertar bacteriano de uma tuberculose muito antiga. O artigo anuncia a chegada de vírus desconhecidos[29]. Segundo a *Time*, por consequência, "a questão deixou de ser: quando desaparecerão as doenças comuns? Ela se torna: onde e quando aparecerão novos vírus mortais?". Nesse caso, também,

---

28. Henri Mendras (1927-2003). Sociólogo, especialista na análise de sociedades camponesas. (N.Ts.)
29. A proveta de um deles se quebrou em um laboratório e a infecção se espalhou.

o futuro radioso da vitória da ciência sobre os males da humanidade transforma-se em um futuro carregado de ameaças.

Após ler um artigo sobre a evolução pacífica na Irlanda, me dou conta de que ali a guerra durava desde 1968.

Encontro essa citação de Stephen Smithe em um velho exemplar do *Libé* do mês de agosto: "O humanitário moderno, nascido há um quarto de século no Biafra, morre hoje em razão de seu sucesso no continente africano... (ele) sufoca no excesso de miséria". Depois: "Sem a televisão, o maior de todos os dramas não é nem visto nem conhecido. Não há dinheiro, em caráter de urgência, senão quando as telinhas de televisão são invadidas pelos cadáveres".

A *Sciences Humaines* me informa que o balcão de bistrô foi inventado em 1821 pelo dono de um café preocupado em lavar os copos ao mesmo tempo em que servia as bebidas. Foi o balcão que transformou os bistrôs franceses em miríades de minifóruns, de lugares de formação de opinião e de ideias e, no século XIX, no lugar de encontro das associações operárias.

Na *La République des Lettres*, "Tratado da negação"[30], de Fernando Pessoa: "Deus crê existir e não existe; o próprio ser é o Não Ser do Não Ser, é apenas a afirmação mortal da vida".

Depois dos russos, os ocidentais evacuaram Berlim. A Águia Magna torna-se novamente independente. No mesmo momento, o Japão pediu para entrar no Conselho de Segurança da ONU. Esses dois acontecimentos de suma importância abalam definitivamente o mundo do pós-guerra e o transformam em um Novo Mundo.

Chegamos em La Baule às 21h30. Por minha sugestão, Mendras e eu nos contentamos com um sanduíche *croque-monsieur* (lamentável)

---

30. O "Tratado da negação" ao qual Edgar Morin se refere, de autoria de Fernando Pessoa sob o heterônimo Rafael Baldaia, é um ensaio escrito de forma numerada. O número um afirma o seguinte: "O mundo é formado por duas ordens de forças: as forças que afirmam e as forças que negam". Fernando Pessoa, *O banqueiro anarquista e outras prosas*, organizador Massaud Moisés, São Paulo: Cultrix, 2008. (N.Ts.)

na esperança de poder fazer uma refeição de ostras na chegada. Felizmente, o restaurante de nosso hotel fica aberto até as 22h30. Peço ostras e mexilhões. Mendras escolhe ostras e sardinhas grelhadas. Não posso resistir à visão dessas sardinhas grelhadas e peço uma porção para mim também. O Muscadet que bebemos é excelente, mas me impedirá de dormir. Meu quarto tem uma grande janela envidraçada que dá para o oceano.

Quinta-feira, 15 de setembro. Despertar às 7h, para preparar minha conferência sobre o "desafio da complexidade".
Tenho sede de oceano, mas um carro me transporta ao Palácio do Congresso, onde me vejo enclausurado diante de 240 participantes. Tenho medo de não interessá-los, mas tudo corre muito bem.

Após minha exposição, Thierry Gaudin, prospectivista humanista, autor de *2100, Odyssée de l'espèce* [*2100, Odisseia da espécie*], fala-nos do planeta conectado em rede via eletricidade. A eletricidade traz consigo não apenas o eletrodoméstico, a televisão, o telefone, mas também as vastíssimas redes informáticas públicas e privadas; essas redes desenvolvem-se de modo alucinante (a rede oficial da Mitsubishi recolhe e trata 350 mil dados por dia). Entramos na era do capitalismo globalizado pelas redes, no qual a sociedade se dividirá em três novas classes: os manipuladores de símbolos; os fornecedores de serviços personalizados; os trabalhadores rotineiros.
Desse modo, irão surgir os problemas de tele-ética, bem como os de bioética. No que diz respeito ao problema da identidade, Gaudin preconiza o multipertencimento, que permite evitar o fechamento e o desenraizamento. (Ele constata, de passagem, que os habitantes da cidade são semelhantes aos animais dos zoológicos: eles dormem demais, comem demais, são muito nervosos.). Prevê-se para os próximos trinta anos uma dinâmica de desordem, Gaudin pensa de maneira otimista que, quando o desenvolvimento das comunicações ultrapassar certo limite, as burocracias centrais serão incapazes de controlar a economia e que será necessário proceder a uma reartezanalização da economia via telefones celulares e faxes.

Em seguida, a participação de Jean Le Bihan, bela figura de bretão e também um prospectivista. Ele lembra que o Ocidente se distanciou da China em tecnologia civil por volta de 1700, mas que nossa própria modernidade se desenvolveu na desintegração de nosso passado. As novas modernidades, por sua vez, vão integrar seu passado. Assim, ele prevê uma modernidade confuciana (China, Japão, com o Japão integrando-se cada vez mais à Ásia), uma modernidade hinduísta, uma modernidade ortodoxa. Ele não diz nada sobre a modernidade islâmica, quando poderia ter citado as perspectivas do xeique sudanês Hassan el Tourabi, anunciando que o Islã desempenharia o papel da ética puritana no desenvolvimento econômico do mundo islâmico.

Diferente de Gaudin, ele nos prevê um futuro sombrio. Há 15 anos, ele constata o crescimento do poder das máfias por toda parte: 35 por cento do produto mundial está oculto, a organização internacional do crime é mais eficaz do que a da proteção. De agora até o ano 2000, um bilhão de seres humanos serão expulsos de suas terras para viver nas periferias empobrecidas. Todas as zonas dotadas de ecossistemas frágeis (essencialmente na África) vão desaparecer. Por toda parte, inclusive em nosso país, irão multiplicar-se as terras de ninguém sem controle e os espaços mafiosos. Pelo fato de a globalização das ameaças ser mais rápida do que sua eliminação, a decomposição se acelera e a recomposição é incerta.

Jean Le Bihan divide nossa população em duas categorias: os competentes, expostos à competição internacional, e os incompetentes, não expostos a essa competição. Segundo ele, antes de mais nada, seria preciso restabelecer a ordem republicana nos quinhentos guetos em que a polícia não entra mais, reagir contra a indisciplina social, como aparentemente se faz em Cingapura, restaurar a família, cujo desaparecimento é responsável pelos problemas de droga e de delinquência. Le Bihan rejeita qualquer ideia de ajuda humanitária, inútil, exceto para as máfias e burocracias corruptas. Evidentemente, esse novo cartierismo[31] provocador (cada um por si e o resto que se dane) suscita reações.

---

31. O cartierismo é a teoria segundo a qual o melhor modo de ajudar o Terceiro Mundo é não lhe fornecer ajuda. Essa ideia surgiu na França, no fim da década de 1950, quando se estimava que a manutenção das colônias custava muito caro. Seu nome origina-se do jornalista da *Paris-Match*, Raymond Cartier. (N. Ts.)

Após sua apresentação, eu lhe digo que a crise da família remete à crise da sociedade que, por sua vez, remete à crise da família.

A interessantíssima apresentação de um responsável das empresas *Télécom* sobre a complexidade leva-me a estabelecer que, para mim, a complexidade é a união da simplicidade e da complexidade, que o que nos parece mais simples é produto de uma extraordinária complexidade. Assim acontece com o beijo: remonto aos mamíferos, passo pela hominização, depois pela mitologia da alma, antes de chegar ao beijo.

Em minha apresentação de "síntese", afirmo que devemos visualizar o provável, o possível, o improvável, o incerto, o invisível; a mudança sempre começa de modo invisível: assim, as consequências da estrutura do átomo, da cibernética e da teoria da informação, da elucidação dos códigos genéticos não foram percebidas senão muitos anos mais tarde. Insisto na necessidade de uma visão binocular: um olho considera os desenvolvimentos tecnoeconômicos contínuos, o outro olho considera o "som e a fúria" das guerras, crises e perturbações de todos os tipos. Como o conhecimento não pode ser enciclopédico, devemos procurar os pontos estratégicos que permitem controlar vastos territórios sem ocupá-los em detalhe. Navegamos em um oceano de incertezas através de arquipélagos de certezas. Encontramo-nos em uma aventura desconhecida. Até agora, a humanidade ignorava isso e acreditava-se inscrita em um mundo estável com ciclos rotativos regulares. Hoje, não podemos fugir da incerteza do futuro.

Durante a pausa, das 14 às 16h, conduzem-me ao estabelecimento de talassoterapia: recebo uma massagem, depois tomo uma sauna dupla e nado na piscina de água do mar, na qual jatos de água morna titilam diferentes partes de nosso corpo. Saio com pesar da piscina para ir ouvir Mendras falar sobre a nova sociedade francesa. Ele rejeita o esquema da pirâmide social em prol de um modelo em forma de pião, no qual a parte mais bojuda é composta de camadas constituídas pelas novas classes médias que, segundo a predição de Georg Simmel, no início do século, criam a dinâmica das sociedades democráticas. Os pobres situam-se na base do pião, as elites, no topo. Acima dos pobres, uma "constelação popular" de 50 por cento da população; acima dela, 25 por cento de quadros técnicos. Ele ressalta que os novos fenômenos de nossa sociedade provêm do trabalho das mulheres, do prolongamento da idade da juventude, e da formação de uma categoria de aposentados ativos que representa 20 por cento da população.

A juventude parece prolongar-se até os 28 anos; os jovens não se casam, não têm filhos, com frequência estão desempregados, são instáveis, têm uma vida cultural e coletiva intensa. De repente, aos 28 anos, eles se estabelecem, têm um filho, encontram trabalho, tornam-se caseiros. Os avós aposentados, sem ter o que fazer, ocupam-se dos netos e os ajudam, criando uma rede de parentesco semelhante às das sociedades caraíbas.

Se a criatividade social emana dos grupos com vida cultural intensa, em expansão numérica, e uma identidade bem marcada, então, segundo Mendras, a inovação futura advirá das classes médias aposentadas, constituídas por uma população muito ativa, cuja expectativa de vida gozando boa saúde é cada vez maior. De súbito, imagino grupos de choque sexagenários tomando de assalto o *Palais de L'Élysée* para fazer a revolução, e penso em *A fada Carabina*[32], de Daniel Pennac. Mendras termina afirmando que, para ele, a sociedade atual é bem melhor do que a sociedade passada, pois é uma sociedade de liberdades.

Em resumo, Mendras tem uma visão rósea de nossa sociedade. Onde Le Bihan enxerga o desaparecimento da família, ele vê uma nova família, ampliada pelos vovôs e vovós e, mesmo no caso de pais divorciados, a possibilidade de que um filho que não ame seus irmãos e irmãs consanguíneos ligue-se ao filho da nova união de seu pai ou de sua mãe. Onde Le Bihan enxerga decomposição, Mendras vê recomposição. Onde enxergamos o naufrágio da terceira idade, Mendras vê um bando de avós dinâmicos. Sugiro novamente minha visão binocular da sociedade, na qual a decomposição é também recomposição, mas não sei se o processo de recomposição é suficientemente rápido, nem qual é sua natureza. A decomposição da família nuclear segue nos dois sentidos, no de Le Bihan e no de Mendras. As liberdades adquiridas

---

32. Daniel Pennac, *La fée Carabine*, Paris: Gallimard, 1997. Edição brasileira, *A fada Carabina*, tradução Mauro Pinheiro, Rio de Janeiro: Editora Rocco, 2011. (N.Ts.)

por nossa civilização individualista têm como reverso as solidões e as angústias provenientes da atomização. Não afirmo que é necessário enxergar a gama de cinza que existe entre o rosa e o negro, mas que é preciso ver o rosa e o negro e se perguntar qual cor predomina, a qual será a mais poderosa.

Após o relatório de síntese efetuado pelo presidente dos conselheiros de síntese (eu ignorava a existência dessa profissão), cada um dos oradores fará um seminário. O meu terá lugar na sala Plutão, que eu teria preferido um A em lugar do U.

Enquanto espero, aproveito a meia hora de pausa para ir até a praia. O céu está límpido, ainda bem azul, o horizonte vermelho, ofuscado atrás de uma espessa nuvem solitária, o sol aparece, desaparece. É maré baixa, a areia úmida, docemente ondulada, estende-se ao longe: alguns pescadores de camarões caminham beirando as ondas, curvados, em pequenos passos. De súbito, vejo um moleque de 7 anos de idade, com uma rede nas mãos, as pernas dentro da água, também procurando camarões. Era eu, era eu! E de repente reconheço a praia, desaparecida de minha lembrança, ao mesmo tempo em que as férias em La Baule, com meus pais, tantos e tantos anos atrás!

Um imenso bando de gaivotas ocupa um ou dois quilômetros da faixa de areia úmida: é a hora do fórum dos palmípedes, que trocam as informações do dia e estreitam seus laços sociais. Tudo isso me agrada infinitamente. Deixo a praia com pesar para voltar ao hotel, onde um ônibus deve vir nos buscar. Ele nos conduz pelo porto a um restaurante de peixes mais ou menos em forma de proa. O grande salão tem cerca de 240 mesas. Bandejas de frutos do mar, lagosta grelhada. Evito o vinho branco e me atenho ao tinto. Os vapores etílicos me impedem de lembrar muito bem das conversações com meus vizinhos de mesa.

Sexta-feira, 16 de setembro. Levanto por volta das 7h30, vejo os noticiários na televisão, olho pela janela. Chuva. Desisto de meu passeio matinal.

Na *Le Monde des Livres*, página dupla sobre Karl Popper[33]. Eu teria contextualizado Popper de outra maneira.

Tarde de tempo bom. Poesia. Mar infinito.

Ao tomar o trem de volta, uma voz me interpela: "Edgar!". É Le Gab e a esposa, a quem não vejo há 15 anos, de férias em La Baule, e que, por causa da chuva, vão fazer uma excursão a Nantes. Le Gab me parece em forma, mas fico sabendo que durante dez anos sofreu de uma hepatite B não diagnosticada que o exauria. Como sempre, ele me parece muito sagaz politicamente, até o momento em que se declara partidário do fechamento das fronteiras aos magrebinos.

No TGV, penso em meu livro: não esqueci demais de meus erros e desregramentos em prol de minha lucidez em tempos passados? Não eliminei como inessenciais as coisas incômodas, como o livro escrito por encomenda, *Allemagne, notre souci*[34]...

Como faz frio, para o jantar, Edwige preparou uma sopa de lentilhas com a divina linguiça de Morteau[35]. *Lar, doce lar.*

SÁBADO, 17 DE SETEMBRO. Reorganizo meu último capítulo, "Pandemônio"[36], e modifico outra vez a introdução.

Guy Sorman vem para me falar sobre a revista mensal que está lançando. Informo-o de minha indisponibilidade até 1995. Eu me sinto mal de escrever artigos para outros que não o *Le Monde*.

---

33. Karl Popper (1902-1994). Embora crítico contumaz do marxismo e da psicanálise, Popper rompeu com o positivismo, lançando as bases lógicas do conhecimento científico moderno. Suas ideias sobre a falseabilidade ou a refutabilidade dos sistemas teóricos indicam que as teorias, conceitos e métodos jamais são eternos e definitivos. (N.Ts.)
34. Edgar Morin, *Allemagne, notre souci, essais et documents* [Alemanha, nossa preocupação, ensaios e documentos], Paris: Éditions Hier et aujourd'hui, 1947. Nesse livro Morin faz uma severa crítica das políticas empregadas pelo Governo Militar Francês em sua zona de Ocupação na Alemanha pós-guerra. (N.Ts.)
35. As afamadas linguiças e salsichas de Morteau são o principal produto do Franche-Comté, uma das regiões mais frias da França. Ingredientes habituais na cozinha tradicional francesa, são feitas a partir de uma receita secular. (N.Ts.)
36. *Meus demônios*, capítulo IX. (N.Ts.)

No telefone, meu Amigo e eu nos deixamos envolver pela discussão durante uma hora e meia. Quando desligo, estou esgotado.

Domingo, 18 de setembro. Telefonema de Pierre Péan: a polêmica o estimula ao debate, ainda mais porque depois do artigo de Charles Pasqua as preocupações com a eleição presidencial se avivam.

Sinto-me completamente desolado com o rumo tomado pela discussão com meu Amigo, na qual tanto ele como eu nos contestamos no que há de mais caro em nossos corações. Eu lhe deixo uma mensagem confessando meu pesar. Ele me chama de volta; em dado momento, a emoção me embarga a voz. Suas palavras me consolam, mas meu pesar, como todo pesar, precisa de tempo para ser aliviado após o consolo.

Vamos ao cinema na *Place de l'Odéon* assistir a *Maverick*[37], de Richard Donner. É engraçado, alegre, mas não valeu o deslocamento. Teríamos feito melhor se fôssemos assistir a *Quatro casamentos e um funeral*[38], de Mike Newell.

Saber, não saber; lembrar-se, não lembrar. Falamos disso como de coisas simples, enquanto o conhecimento procede por seleção e eliminação do que perturba nossas concepções e opiniões, e que, segundo a expressão de Frederic Bartlett[39], a memória é uma "reconstrução ou construção imaginativa". Retirei essa citação da *Sciences Humaines*, que também fazia referência a um artigo de A. G. Greenwald sobre o "Ego totalitário" e a maneira pela qual cada um revisa sua própria história. Pessoalmente, eu teria falado de ego revisionista. Greenwald diagnostica três tipos de manipulação de nossa percepção da realidade: fornecemos de nós mesmos uma imagem melhor e mais favorável do que ela é; consideramos os êxitos como créditos nossos, mas somos

---

37. *Maverick*, filme americano, de 1994, do diretor Richard Donne; no elenco: Mel Gibson, Jodie Foster e James Garner. (N.Ts.)
38. *Four weddings and a funeral*, filme inglês, de 1994, do diretor Mike Newell; no elenco: Hugh Grant, Andie MacDowell e James Fleet. Título francês, *Quatre mariages et un enterrement*. (N.Ts.)
39. Frederic Charles Bartlett (1868-1969). Psicólogo britânico, foi o primeiro professor de psicologia experimental da Universidade de Cambridge, de 1931 a 1951. Seus livros *Remembering*, de 1932, e *The Problem of Noise*, de 1934, são referências importantes para o Pensamento Complexo. (N.Ts.)

reticentes em reconhecer nossos fracassos e nossas responsabilidades; preferimos deformar a realidade a desistir de nossas convicções. (É por isso que em *As ideias* eu afirmei: "Com frequência, as ideias são mais irredutíveis do que os fatos".)

Na televisão, assisto a *Um profissional em perigo*[40], de Clint Eastwood, filme de que gosto muito. Sei que já o assisti, mas minha impressão de *déjà-vu* é sempre consecutiva a um instante ou sentimento muito breve de vê-lo pela primeira vez.

SEGUNDA-FEIRA, 19 DE SETEMBRO. Haiti, invasão pacífica, parece. Muitas incertezas.

Vou até o *Quai Conti*, na Editora Aubier-Montaigne, para ver Monique Labrune a respeito dos fragmentos escolhidos para o *Champs/L'Essentiel*. Proponho como ilustração de capa o rosto do ser feminino (não se trata de um anjo, talvez seja o princípio feminino da divindade de que fala a Cabala) que o Criador enlaça com um braço, enquanto o outro se estende para a mão de Adão, a quem vai despertar para a vida. Esse rosto aparece em toda sua beleza enigmática desde que se descobriram os afrescos na Capela Sistina. Ele ainda não foi banalizado. Monique Labrune está de acordo.

Volto para casa, tento corrigir o texto de minha apresentação no colóquio de Cerisy consagrado a Cornelius Castoriadis. Fadiga insuportável. Vou para a cama e durmo profundamente durante mais de uma hora e meia. Acordo entorpecido. O torpor desaparece lentamente.

Enquanto a máquina de lavar roupas faz seu trabalho, assisto a *Noivo neurótico, noiva nervosa*[41], um Woody Allen perfeito que ainda não tinha visto. Depois de ajudar Edwige a subir e estender a roupa lavada, planto-me diante da televisão e assisto a um episódio de *Columbo*, de-

---

40. *The rookie*, filme americano, de 1990, do diretor Clint Eastwood; no elenco: Clint Eastwood, Charlie Sheen e Raúl Julia. Título francês, *La relève*. (N.Ts.)
41. *Annie Hall*, filme americano, de 1977, do diretor Woody Allen; no elenco: Woody Allen, Diane Keaton e Tony Roberts. (N.Ts.)

pois, na sequência, *O Príncipe Guerreiro*[42], um filme mitológico-infantil que não consigo parar de assistir. Vou dormir muito tarde.

Quarta-feira, 20 de setembro. Recebo o número de aniversário da *Marie Claire* na qual vinte ou trinta homens, inclusive eu, confrontam-se com a questão: "Por que você ama as mulheres?". Eu respondi: "Porque elas são meu mito e minha realidade". Ao lado da resposta, uma caricatura engraçada minha e da escultura marmórea do rosto de Antinea, no filme *A Atlântida*, de Pabst (que sugeri como ilustração).

Monique Labrune me anuncia por telefone que a reprodução do rosto pintado por Michelângelo não é possível, isso porque os direitos exclusivos de qualquer reprodução da Capela Sistina estão nas mãos dos japoneses, que exigem somas dez vezes mais elevadas do que as tarifas normais. Esse tiro de canhão me transtorna. É preciso encontrar outra coisa, sugiro um retrato de Rembrandt, como o do cavaleiro polonês. Será necessária também uma ilustração para *Meus demônios*.

Longo telefonema de Mauro Ceruti, a quem falo de meu mal-estar diante do caso Mitterrand: com medo de olhar para a complexidade histórica à frente (com medo de que ela atenue a indignação ou mesmo que "banalize" Vichy), ataca-se antecipadamente aqueles que tiverem a ousadia de falar de complexidade. Mauro me diz que acontece o mesmo na Itália, onde se rejeita a evocação da complexidade da situação política como se ela devesse dissolver a responsabilidade. Em minha opinião, eles querem, sobretudo, ter os culpados muito bem localizados, um mal bem circunscrito e absolutizado. Desse modo, poupam os sistemas que criam a irresponsabilidade.

Almoço uma salada de couve não muito saborosa, mas com uma cor linda, depois, trabalho no prefácio da edição russa do *De la nature de l'urss*. Não terei tempo de avançar muito, pois vou visitar um novo apartamento às 17h.

---

42. *The beastmaster*, filme americano, de 1982, do diretor Don Coscarelli; no elenco: Marc Singer, Tanya Roberts e Rip Torn. Título francês, *Dar l'invincible*. (N.Ts.)

No metrô, leio na *Time Magazine* que os desfolhantes pulverizados pelos aviões americanos no Vietnã deixaram uma herança de cânceres, malformações e defeitos físicos nas crianças. Essas consequências manifestam-se 19 anos após o último lançamento do desfolhante, em 1970.

Quando saio para visitar Dionys Mascolo, com quem tenho um encontro às 18h, encontro Claude Roy. Falamos do tumulto em torno do caso Vichy-Mitterrand. "Muito bom, seu artigo na *Le Nouvel Observateur*", me diz ele. Pela enésima vez, devo explicar que se trata de uma declaração verbal que Pierre Péan integrou em seu livro. A *Le Nouvel Observateur* publicou-o como um artigo, não indicando senão em caracteres itálicos minúsculos de que se trata de um extrato do livro de Péan. "Não compreendo por que o assunto Vichy retorna novamente e dessa maneira." Como lhe dou minha interpretação, ele me responde: "Você, você tem coragem: você foi judeu, resistente e comunista". Evocamos, também, o inquietantíssimo artigo da historiadora Claire Andrieu, no *Le Monde,* cuja interpretação dos escritos de Mitterrand em 1942 nos faz recordar das exegeses stalinistas. Juramos nos rever... Mas o que valem em Paris esses juramentos?

Dionys deve ter bem uns quatro anos a mais do que eu, ou seja, 77 anos, mas o que vejo é seu rosto adolescente e não consigo considerá-lo um septuagenário. Esse maravilhamento do primeiro encontro permanece sempre vivo. Em 1943, após a fusão com o movimento Mitterrand, Georges Beauchamp designou-o como meu colaborador, dizendo "É um belo presente", e fui encontrá-lo na *Avenue Trudaine*. Com minha bicicleta na mão, primeiro falamos dos negócios clandestinos, depois de literatura, de política. Tudo o que ele dizia me agradava e me interessava. Eu estava tão feliz de tê-lo encontrado que logo o apresentei a Violette. Sim, existem amizades à primeira vista. Tudo isso está presente em mim, sentado diante do velho Dionys, em sua casa.

Ele me havia dito ao telefone:
– Então, você não tem Alzheimer?
– Não, e você?
– Eu também não!...diga, por que me telefonou?
– A respeito de Péan.

– Quem é ele?
– Ora, aquele que escreveu o livro sobre a juventude de Mitterrand!
– Que livro?
– Então, você não está a par disso?
– Não.

Eu, comigo mesmo: "Que homem insociável!". Em voz alta:
– Mas você já o encontrou!
– Jamais.
– Ele foi vê-lo...
– Jamais.
– Foi em julho...
– Não.

Finalmente, eu lhe digo que Péan transcreveu suas declarações a respeito do caso do Agente X e de sua própria ligação com a sra. X.

Ele fica completamente atônito. Sua filha Virginie, que ouvia a conversa de longe, se aproxima.

– Mas sim, papai, você nos falou dele, você até nos disse que eu tinha um irmão mais velho...

O pobre Dionys fica confuso, inquieta-se com o que Péan possa ter escrito. Eu o tranquilizo. Ele movimenta o braço como se varresse tudo da frente: "De qualquer modo, essas são histórias para porteiros".

Vamos tomar um Campari no bar Escorailles, onde Virginie e Solange se reúnem a nós. Felizes reencontros.

Para voltar para casa, como perco por pouco o ônibus 96, tomo o 58, que deixo perto do Sena para apanhar o 69, do qual desço na Bastilha para tomar o 20, mas, como chega um 29, entro nele, desço em Saint-Gilles e faço o resto do caminho a pé.

Jantar no Restaurante Arquebusiers com Stéphane. Falo novamente do livro de Péan e de Mitterrand. É Bousquet, o osso duro de roer. Mas esse osso é de fato um monte de pequenos fragmentos calcificados.

Na volta, pego quase no começo o *Solo pour une blonde*[43], filme de 1963, de Roy Rowlands, com roteiro de Mickey Spillane e o próprio

---

43. *The girl hunters*, filme inglês, de 1963, do diretor Roy Rowland; no elenco: Mickey Spillane, Shirley Eaton e Scott Peters. (N.Ts.)

Spillane no papel de Mike Hammer. O filme é totalmente incompreensível, mas a trama é bem-feita e Mickey-Mike aparece nu.

Quarta-feira, 21 de setembro. No *Le Monde* de ontem, leio a página dupla sobre Vichy. O artigo de Zeev Sternhell retoma seus temas sobre o fascismo francês. Ele insiste justamente na importância da direita antissemita na França antes da guerra. Depois, acredita demonstrar que a ausência de um partido único reforça o caráter fascista do poder de Pétain, em lugar de diminuí-lo, e faz de Vichy um espécime mais completo do que o fascismo de Mussolini. Ele esquece a coisa importante: o petainismo de Vichy não é resultado de um processo endógeno, como o fascismo italiano, o franquismo etc., mas a consequência de uma catástrofe nacional sem precedentes, em junho de 1940, e da hegemonia alemã sobre a Europa até o outono de 1941.

Os artigos de Lothar Baier[44] e de Tony Judt[45] são completamente outros. Baier surpreende-se com a "desconcertante obsessividade": em nenhum lugar fora daqui encontram-se reações tão violentas em relação a um passado, enquanto a Bélgica ou a Holanda colaboraram muito mais amplamente com o ocupante; ele ressalta que, após 1945, a Alemanha democrática utilizou, em grande número e em postos importantes, nazistas antigos notáveis.

No artigo de Judt, ressalto: "Pelo fato de a história e a memória dos judeus da Europa terem se tornado a alavanca que permitia reforçar a história de Vichy, propagou-se a ideia de que Vichy não apenas era um regime antissemita (o que em grande parte é verdade), mas também um regime fundado no antissemitismo, o que é falso". Ele indica, também, que os judeus não eram tampouco a maior preocupação da Resistência e dos Aliados; mais tarde, François de Menthon, procurador francês em Nuremberg, não fez senão uma alusão aos judeus.

Iremos ver esboçar-se uma tendência a historicizar e contextualizar o debate, que a página dupla do *Le Monde* testemunha?

---

44. Lothar Baier (1942-2004). Ensaísta alemão, editor, tradutor e cofundador do periódico literário *Text+KritiK*, foi considerado um dos mais profundos pensadores alemães do mundo francófono. Em 2004, cometeu suicídio em Montreal, no Canadá. (N.Ts.)
45. Tony Judt (1948-2010). Historiador britânico, crítico das ideias de Eric Hobsbawn. A edição brasileira de seu livro, *O mal ronda a Terra*, tradução de Celso Nogueira, foi publicada no Brasil pela Editora Objetiva, em 2011. (N.Ts.)

Se fizer o artigo que maquino em minha cabeça, ressaltarei a confusão em que se encontravam as mentes nos anos 1930: a crise e o posterior crescimento dos fascismos fazem duvidar da democracia parlamentar; a esquerda, fundamentalmente pacifista após a guerra mundial de 1914-18, que condenou o tratado de Versalhes amputando a Alemanha vencida, encontra-se confrontada com o crescimento vertiginoso do poder de uma Alemanha hitlerista belicosa que reivindicava o que essa esquerda julgava legítimo. Discórdia e ruptura: uma parte da esquerda opõe-se a qualquer concessão, pronta para a guerra contra Hitler; a outra, permanece fiel ao pacifismo; mais tarde, os pacifistas "integrais" aceitarão a derrota, depois, alguns justificarão o colaboracionismo. A direita, por sua vez, germanófoba por excelência, a partir de 1933, começa a admirar a ordem hitlerista e, após a derrota, uma parte dessa direita vai aceitar o princípio do colaboracionismo. No mesmo período, desconfiando da democracia parlamentar, muitos espíritos vão alimentar suas esperanças em um "socialismo" salvador. Mas as duas faces do socialismo, em 1937, são assustadoras, tanto uma como a outra. Por horror ao stalinismo, alguns se tornarão complacentes com o nazismo; por horror ao nazismo, outros vão aceitar os processos de Moscou e as atrozes mentiras stalinistas. Os comunistas passam para o fascismo, como Jacques Doriot; os céticos passam para o comunismo, como André Gide, que logo depois saiu. A derrota vai trazer a essa desordem e a essa confusão seu próprio eletrochoque.

O primeiro momento de Vichy cristaliza-se rapidamente em torno do núcleo duro, marcado pelo maurrassismo: ao redor desse núcleo, encontram-se todos aqueles que não veem outra solução senão suportar o fato consumado. Esse aglomerado vai decantar-se e depois explodir em 1942-1943. A primeira Resistência, a de 1940, provém de certas mentes oriundas da direita (como Charles de Gaulle), que, por nacionalismo, recusam o assujeitamento, e de algumas mentes oriundas da esquerda que, por seu antifascismo, rejeitam a ocupação nazista. Progressivamente, esses dois polos da Resistência atrairão, de maneira conjunta, inúmeros indivíduos que, em 1940-1941, estavam entorpecidos, mas que despertarão com a notícia da resistência dos soviéticos em Moscou, dos britânicos que salvam o Cairo e, depois, com as vitórias soviética em Leningrado e anglo-americana nos diferentes frontes.

Penso de súbito no que a Resistência Francesa teve de extraordinário: foi o fato de, desde 1940, ter se desenvolvido a partir de dois polos *a priori* antagônicos: o polo nacionalista de direita e o polo antifascista de esquerda. A ação comum vai ligar progressivamente uns aos outros; os nacionalistas vão perder seu ódio pela esquerda, bem como seu antissemitismo, no contato com seus companheiros antifascistas ou judeus, os antifascistas vão reunir neles o espírito internacionalista e o espírito patriótico, os judeus vão se sentir totalmente integrados no combate libertador da França. Desse modo, a Resistência formou e transformou aqueles que a haviam constituído, e o que vivemos foi essa surpreendente fraternização, antes que ela se diluísse após a Libertação e que a Guerra Fria estabelecesse suas novas clivagens. François Mitterrand, que foi um resistente da leva de 1943, viveu essa formação e essa transformação.

O escândalo da descoberta do passado vichista de Mitterrand resulta do fato de que as gerações que não conheceram a guerra, em contrapartida, conheceram Mitterrand sob suas faces-mitos: o mito, a partir de 1958, de um Léon Gambetta defensor intransigente da República, que se opunha ao poder degaullista oriundo do golpe da Argélia; depois, a partir de 1973, o mito de um Jean Jaurès moderno, inimigo intransigente da direita. Esses dois mitos mascararam as origens direitistas e a passagem por Vichy, que Mitterrand, então, calou.

Quanto a René Bousquet, uma mácula de sangue aparece em sua mão quarenta anos após o crime, e eis que o presidente da República continuou a apertar essa mão.

Por que isso não me causa indignação? É porque procuro primeiro compreender o fato? É porque cinquenta anos se passaram e penso em tantos outros crimes horríveis, cometidos desde então e em outras partes, e em tantas outras vilanias e felonias esquecidas e impunes? É porque não cessei de reagir contra aqueles que esquecem os crimes stalinistas, mas tornam imprescritíveis os crimes hitleristas? É porque há muito tempo conheço bem as faces contraditórias da pessoa de Mitterrand? Ainda não posso responder a tudo isso, pois nesse momento resisto a uma "histeria" antimitterrandista (assim como, há dois anos, reagi a uma histeria pró-mitterrandista, deixando a revista *Globe*). Mais tarde, tentarei compreender minha atitude atípica a respeito de Mitterrand.

Um táxi vem me buscar para conduzir-me a Nanterre, onde faço uma conferência sobre o Sistema-Terra, na Companhia *Lyonnaise des Eaux*, organizada pelos simpáticos criadores do movimento Meio Ambiente sem Fronteiras: concentro quatro bilhões de anos, passando do sistema geofísico ao sistema geobiosférico, para chegar aos problemas humanos de Terra-Pátria. Perguntas e respostas, autógrafos nos livros.

Volto para casa às 21h. Edwige fez uma boa sopa de legumes, eu me ocupo das massas frescas. Em seguida, assistimos a um policial americano nada banal, *Paixões perigosas*[46].

QUINTA-FEIRA, 22 DE SETEMBRO. Dedico-me à leitura do artigo de Jacques Julliard consagrado ao amor de Paul Claudel por Rosalie Vetch, inspiradora da peça de teatro *Partage du midi* [*Partilha do meio-dia*]. Encontro esse fragmento de carta de Claudel, de 1918: "Sempre pensei que a mulher é o símbolo visível da alma e que existe um misterioso parentesco entre sua forma física e nossa personalidade espiritual, que ela é alguma coisa de nós mesmos que dorme e que desperta quando a enlaçamos em nossos braços e que nos olha com esses olhos nos quais vemos que eles nos veem".

SEXTA-FEIRA, 23 DE SETEMBRO. Acordo de madrugada, mas não consigo nem levantar da cama, nem voltar a dormir. Todos os meus problemas fervilham em minha cabeça. Levanto três vezes, depois volto a deitar. Finalmente, por volta das 8h45, saio da cama e não retorno mais. Por que essa tristeza matinal? O fígado? A fé? Os dois ao mesmo tempo.

Tenho tantas coisas para resolver de manhã que não consigo me aproximar do Mac.

Depois do almoço, começo a trabalhar no prefácio da edição russa do *De la nature de l'URSS*[47], publicado na França em 1983, no qual

---

46. *Acting on impulse*, telefilme americano, de 1993, do diretor Sam Irvin; no elenco, C. Thomas Howell, Linda Fiorentino e Nancy Allen. Título francês, *Roses mortelles*. (N.Ts).
47. Edgar Morin, *De la nature de l'URSS. Complexe totalitaire et nouvel Empire* [Da natureza da URSS. Complexo totalitário e novo Império], Paris: Fayard, 1983. (N.Ts).

pressenti a hipótese do processo gorbatcheviano e suas consequências: "Pode-se conceber que o novo dirigente, apoiando-se na fração liberal dos *apparatchiks* realistas ou 'na face humana', apoiada pela *intelligentsia* dos executivos, especialistas, técnicos e dispondo, enfim, da força militar, possa impor o 'compromisso histórico' no núcleo duro do aparelho... Não está excluída a possibilidade de que uma pilotagem política hábil possa operar uma evolução liberalizante, evitando a desintegração em série. Para obter êxito, porém, uma política como essa deveria abandonar a corrida armamentista, trabalhar pela paz e cooperar com a Europa Ocidental. Entretanto, cedo ou tarde, esse processo desenvolveria suas próprias contradições e conflitos que exacerbariam o eventual despertar político da sociedade civil e o despertar das nacionalidades".

De modo imprevisto, termino meu prefácio por volta das 4h da tarde. Aliviado, vou fazer compras com Edwige no *shopping*.

Troco de canal sem entusiasmo até chegar ao programa *Bouillon de Culture*: os gestos e mímicas da atriz surda-muda Emmanuelle Laborit (logo percebo que é a neta de nosso Henri Laborit) são de uma expressividade fascinante. Todo trêmulo, Jean-Pierre Changeux[48] tem ar sonolento, Rozenberg, leiloeiro da Drouot, fala com paixão de Nicolas Poussin, em sua opinião o maior pintor francês... Ah, é mesmo? Vamos ver...

Sábado, 24 de setembro. Despertar difícil após uma série de sonhos violentos, que agora esqueci completamente.

Vou à *Gare de Lyon* buscar nossas reservas para o vagão-leito no trem para Nice.

No ônibus, termino o pequeno livro de fragmentos escolhidos e apresentados por André Comte-Sponville, *Pensamentos sobre a política*[49],

---

48. Jean-Pierre Changeux (1936-). Neurocientista, professor do Collège de France, diretor do Laboratório de Neurologia do Instituto Pasteur e atual presidente do Comitê Nacional Consultivo de Ética da França, é referência importante para o Pensamento Complexo. (N.Ts.)
49. Blaise Pascal, *Pensées sur la politique*, Paris: Rivages,1992. Edição brasileira, *Pensamentos sobre a política*, tradução Paulo Neves, São Paulo: Martins Fontes, 1994.

de Blaise Pascal, publicado pela Editora Rivages. Vê-se até que ponto Pascal nega qualquer fundamento e qualquer justificativa ao respeito dirigido à nobreza, à realeza, ao poder, às honras, à riqueza; ele pede respeito em segundo grau não para os indivíduos, mas para a ordem social e a lei. Já faz um bom tempo que releio os discursos sobre a condição dos Grandes; o primeiro, absolutamente sublime, sobre o acaso do nascimento: "Você não nos encontra no mundo senão por uma infinidade de acasos".

Não é absurdo que cada uma dessas máquinas, constituída de bilhões de células tão bem organizadas, esteja destinada ao aniquilamento? Não é atroz que nossas máquinas, dotadas vitalmente de egocentrismo e de consciência de si, sejam conscientes de sua própria morte, bem como do desaparecimento de seu próprio mundo? Tarde demais para inserir esses belos pensamentos em meu capítulo "A crueldade do mundo".

Demasiado tardia, também, essa consideração sobre o judeocentrismo: a obsessão do antissemitismo fará com que se considere Voltaire essencialmente como um antissemita, embora seu antijudaísmo venha da matriz cultural que ele recebeu. O erro consiste em definir o antissemitismo como o aspecto ignóbil de um indivíduo, e não como um aspecto ignóbil de uma cultura que, aliás, tem outros aspectos.

Jean-Manuel Traimond, que há alguns anos me fez visitar a cidade *hippie* de Christiania, perto de Copenhague, onde viveu muito tempo, envia-me seu manuscrito sobre essa experiência (vou aproveitar uma viagem de TGV para lê-lo). Ele me informa que tudo se transformou: a TVA[50] foi introduzida nas zonas de trabalho, embora o pessoal continue a trabalhar sem declarar impostos. Agora existem barreiras por toda parte. Dentro de algum tempo, diz ele, Christiania se tornará uma reserva autogerida de artesãos e de excêntricos, mas ali continua a não haver hierarquia nem diluição da democracia direta.

---

50. A TVA, Taxa sobre Valor Agregado, é um imposto aplicado a quase todos os bens e serviços comprados e vendidos para fins de consumo na Comunidade Europeia. (N.Ts.)

Respondo a cartas por vezes datadas de fins de 1993, explicando que elas estavam encobertas por outras cartas, amontoando-se em pilhas cada vez mais altas.

Leio o fascinante final do livro *Le pardon*[51] de Vladimir Jankélévitch, no qual, após ter se recusado a conceder o perdão aos nazistas, aos carniceiros etc., ele não pode se impedir de redirecionar o perdão "à maldade infinita, graça infinita, e reciprocamente" em uma extraordinária dialógica: a mácula maldita do ter feito é indelével, entretanto é o próprio milagre do perdão que niilisa o "ter sido" e o "ter feito". Pela graça do perdão, a coisa feita não foi feita. "A reciprocidade das duas contradições é recíproca até a vertigem... Por isso, não existe última palavra [...] O perdão é forte como a maldade, mas não é mais forte do que ela."

DOMINGO, 25 DE SETEMBRO. Meu inconsciente deve ter registrado a passagem do horário de inverno ao mesmo tempo em que a passagem do sábado para o domingo; depois de um sono muito tranquilo, só acordei às 9h45 do verão, isto é, às 8h45 do inverno.

Decido arrumar os livros, os papéis que se empilham por toda parte, recobrem o chão, e, por falta de espaço, desfazer-me de alguns desses livros. Passo de prateleira em prateleira, de título em título, como um oficial da ss que passa em revista os deportados a fim de triar aqueles que enviará para a morte. Diferente do ss, porém, a cada livro sacrificado, meu coração se aperta... Tanto amor foi colocado em cada livro, tanta substância vital do autor. Posso eu me habituar à minha atividade criminosa? No final, não consegui eliminar muitos deles.

Em seguida, leio os extratos de Carl Jung que Athéna me enviou, bem como sua apresentação sobre o *self* junguiano. Um parágrafo de Jung me converte: ele fala do que está no centro da personalidade, o *self*, "Essa coisa que [...] nos é simultaneamente tão estranha e tão próxima que permanece irreconhecível para nós, como um centro virtual de uma compleição tão misteriosa que tem o direito de reivindicar as exigências as mais contraditórias, o parentesco tanto com os animais como com

---

51. Vladimir Jankélévitch, *Le pardon* [*O perdão*], Paris: Aubier Montaigne, 1993. (N.Ts.)

os deuses, tanto com os minerais como com as estrelas, sem sequer provocar nossa surpresa, nem nossa reprovação". Athéna me escreve: "Parece-me que o 'eu' do sujeito do pensamento complexo deve emergir do *'self'* junguiano e não do 'ego' para poder exercer um metaponto de vista em incessante superação em relação a si mesmo". Em minha concepção, o eu se faz e se refaz incessantemente no circuito eu-ego-*self*. Eu, porém, não havia concebido o *self* em sua profundidade complexa.

Graças a Athéna também, comecei a ler o *O segredo da flor de ouro*, de Jung. Não sei por que (por sofrer influência das correntes do parisianismo?) me afastei de Jung.

Jack Lang[52] no programa *7 sur 7*. Em sua calorosa defesa de Mitterrand, ele cita uma de minhas frases, mas amputada. Ele vem com uma proposição absurda segundo a qual o estatuto dos judeus não me havia atingido. Na verdade, o que escrevi é que ele não me atingiu porque a Faculdade de Toulouse, na qual eu estava matriculado, não havia aplicado o *numerus clausus* imposto pelo estatuto.

Entrevista Rabin-Arafat. A retirada das tropas israelenses está vários meses atrasada. O que envenena tudo é a presença dos colonos judeus na Cisjordânia. É nessa situação de envenenamento que o Hamas se desenvolve e que a Palestina se encontra em estado de pré-guerra civil, enquanto a independência nem sequer foi conquistada.

Na Suíça, referendo sobre o racismo. Parece que a lei antirracismo vai passar, graças, sobretudo, aos votos da Suíça de língua francesa.

Imediatamente antes da aterrissagem, um Airbus 310 da companhia romena choca-se de súbito com a pista, levanta voo novamente, depois baixa e se estabiliza *in extremis* antes de aterrissar normalmente. Atordoados, os passageiros tremem de medo, uma criança desmaia. No portão de desembarque nenhum acolhimento especial, nenhuma assistência: eles devem entrar na fila da polícia federal sem nenhuma prioridade. Por que o responsável pelo aeroporto não tomou nenhu-

---

52. Jacques Lang (1939-). Ministro da Cultura do governo do Presidente François Mitterrand. (N.Ts.)

ma atitude? Por que ninguém da *Air France* (que é sócia da companhia romena) organizou alguma coisa? Isso é porque o final feliz não estava previsto. Prevê-se a queda do avião, por isso a prontidão dos bombeiros e das ambulâncias, mas não o milagre. Como não houve catástrofe, ninguém se sente responsável. Ilustração exemplar da perda de responsabilidade em uma organização tecnoburocrática.

Revejo o filme de Sam Peckinpah, *Os implacáveis – Fuga perigosa*[53]. Como em todos os filmes dublados, traduzem *great* por super. Um superfilme.

Segunda-feira, 26 de setembro. Por ocasião de seu encontro com o Presidente Bill Clinton, Alija Izetbegovic pede, dessa vez oficialmente, que o embargo não seja suspenso, mas que a onu proteja os territórios ao redor das grandes cidades sitiadas. Bem que minha razão me havia dito para não me juntar aos papagaios, que gritavam para que o embargo fosse suspenso, e envidar todos os esforços para que a onu estabelecesse um protetorado ao redor das cidades multiétnicas (o que me valeu os sarcasmos dos especialistas em Iugoslávia do *Le Monde*).

A *Diagonales Est-Ouest* indicava que, na Bósnia, as facções mais nacionalistas pareciam ir de vento em popa, o que significa mau augúrio para a oposição laica pluriétnica. A mesma *Diagonales* publica um artigo bastante alarmante sobre o Kosovo.

Action, o boletim da *Survival International* para os povos indígenas, produz um texto sobre os 450 membros do povo *cree* do Lubicon, que há mais de cinquenta anos esperam pela reserva que lhes foi prometida em 1940. A causa: na região, uma multinacional se enriquece abundantemente com a extração do petróleo florestal. Entretanto, o povo cree não reivindica mais do que 2 por cento de seu território ancestral e 2 por cento do valor dos recursos explorados ali. A caça tornou-se impraticável e as armadilhas impossíveis de usar: os animais de caça fugiram e as armadilhas foram destruídas pelos *bulldozers*.

---

53. *The getaway*, filme americano, de 1972, do diretor Sam Peckinpah; no elenco: Steve McQueen, Ali MacGraw e Ben Johnson. Título francês, *Le guet-apens*. (N.Ts.)

Hoje de manhã, o novo *Libé* não está nas bancas: ficamos sabendo que houve problemas técnicos. Como desde ontem os canais de televisão e a *France Info* não falam de outra coisa senão dos furos de reportagem do novo *Libé,* quando compro o jornal, no período da tarde, acho-o esvaziado.

Comecei a ler o *preprint* de *Synergetics at the crossroads of the Eastern and the Western cultures* [Sinergéticas no cruzamento das culturas Ocidental e Oriental] por Helena Knyazeva e Sergei P. Kurdyumov, do *Keldish Institute of Applied Mathematics*, da Academia de Ciências da Rússia. De súbito, leio o seguinte: "A metáfora é um indicador de uma não linearidade local no texto ou no pensamento, é um indicador de abertura do texto ou do pensamento para diversas interpretações e reinterpretações, para o estabelecimento de ressonâncias com as ideias pessoais de um leitor ou um interlocutor".

Examinando os rascunhos de *Meus demônios* no Mac, vejo que não integrei as notas que havia feito na classe de nono ano, em 1935, quando tinha 14 anos. "Será que quando afirmamos que o homem é o ser mais inteligente da Terra, temos noção da incomensurável estupidez que atribuímos aos animais? Descubro neles um sentido da lógica de uma profundidade diferente do que exibem muitos seres humanos e refinamentos de sensibilidade dos quais muitos dentre nós parecem totalmente incapazes".

No mesmo caderno, muitas anotações contra o dinheiro: principalmente a história de um homem que ao receber uma senhora idosa lhe diz bom-dia e mergulha novamente em seu jornal; mais tarde, ao receber outra mulher, ele lhe dispensa sorrisos e amabilidades. A primeira mulher era pobre.

Encontrei o rascunho de meu trabalho de conclusão do segundo grau sobre o seguinte tema: "Imaginem uma carta endereçada por um diplomata prussiano a seu rei, a fim de transmitir-lhe as notícias da República das Letras[54] em Paris, por volta de 1775". Eu terminava da seguinte maneira:

---

54. A partir do Renascimento, A República das Letras constitui um espaço virtual que transcende as enti-

"Voltaire, Diderot têm como seu principal inimigo o fanatismo, qualquer que seja ele. Ambos elegeram a razão como ídolo. Mas Rousseau não está derrubando esse ídolo? Amo o ardor de seus escritos, mas estremeço ao pensar que esse ardor é o ardor do fanatismo, da intolerância, sempre pronto a incendiar o mundo. Jean-Jacques é um homem terno. É um pensador. Mas toda ideia nova é semente de revoluções e de convulsões. O entusiasmo é belo, mas conduz à violência. Em toda ideia, exceto a da tolerância, incubam a morte e a guerra. Mas a tolerância deve matar o entusiasmo? Homens como Turgot estão no poder. Creio que a felicidade humana está próxima. Tudo prenuncia isso. As guerras terminadas. Morte à intolerância. A paz, a justiça, a fraternidade irão reinar no mundo."

Essas últimas linhas, nas quais eu me abstinha de prever a revolução, valeram-me uma excelente nota. Eu já tinha consciência da inconsciência dos tempos aparentemente tranquilos, quando se preparam as tempestades da História.

No outono de 1942, sob a Ocupação Alemã, J.-F. R. e eu havíamos decidido escrever uma História da Luta de Classes na França, desde 1789. Eu me encarregaria do começo e ele do fim (Vichy). Eu fiz a introdução. Tentava explicar por que o desenvolvimento da burguesia francesa é menos rápido do que o da inglesa e chegava até a Revolução:

"A que se deve a extraordinária propagação da Revolução Francesa? Isso acontece porque a lenta marcha da evolução é substituída pela explosão revolucionária. Em sua alegria impaciente, uma revolução prefigura o futuro que ela quer construir; seus primeiros atos são como a construção da Cidade Ideal; depois, ameaçada de todos os lados, a revolução se endurece em sua vontade radical: ela se desnuda e alcança uma pureza terrível; obrigados pela necessidade, seus guias chegam a uma tomada de consciência profética. A Revolução traz algo mais para a evolução. Esse algo mais não é um suplemento gratuito, ele é

---

dades territoriais. Pessoas eruditas de todas as partes da Europa utilizavam-se das cartas para manter contato com seus pares, o que era possível, pois tinham o latim como língua europeia comum. As pessoas trocavam notícias, interrogavam-se sobre questões gramaticais e de exegese, discutiam considerações estilísticas, políticas ou filosóficas. Escrevia-se a alguém para pedir um livro emprestado, a outro para solicitar de um autor célebre uma carta de apresentação que lhe abriria as portas de esferas intelectuais superiores. Homens, cartas e livros circulavam em todos os sentidos. (N.Ts.)

o germe dos tempos futuros... Sem esse algo mais... não teria existido Maximilien de Robespierre, mas um Richard Cobden[55]."

Encontro minhas anotações sobre *Le crépuscule de la civilisation*[56], de Arturo Labriola, que li entre 1944 e 1947. Entre as frases anotadas: "A essência da mentalidade ocidental é a conquista", "A civilização ocidental é a organização permanente da guerra", o liberalismo é "a forma anglo-saxã do Estado conquistador", "Os escravos das colônias são a verdadeira interpretação desse liberalismo", "Países donos de grandes colônias jamais serão inteiramente fascistas. Para a população das colônias, o país como um todo representa um fascismo"... Evidentemente, hoje em dia, eu complexificaria tudo isso, considerando as duas faces antitéticas do Ocidente.

Sua necessidade de enraivecer-se. Seus demônios incitam-nos ao furor.

QUARTA-FEIRA, 27 DE SETEMBRO. Com a sra. Vié, encaminho a correspondência acumulada.

Às 17h iremos ao doutor N., com quem Edwige tem uma consulta marcada. Ele afirma que René Bousquet, que havia sido seu paciente durante dez anos, parecia muito tranquilo até o fim, provavelmente seguro da proteção do *Palais de L'Élysée*.

Depois, corremos ao apartamento, saio para buscar o carro no estacionamento sinistro, apanhamos Herminette, que presa em sua caixa de transporte mia e faz xixi, deixamos a gata sorrateiramente na casa de Stéphane e vamos para a Estação de Bercy embarcar o carro no vagão-leito do trem Paris-Nice.

Jantamos no Jardin de Bercy que, nessa estação de concreto com paredes de hospital, tenta de maneira surrealista exibir um ar rústico e

---

55. Richard Cobden (1804-1865). Pensador inglês, considerado nas Ciências Políticas como um liberal clássico, que pregava a ideia de uma sociedade livre construída por indivíduos responsáveis. (N.Ts).
56. Arturo Labriola (1873-1959). Sindicalista, revolucionário, jornalista e político socialista. *Le crepuscule de la civilization, l'Occident et les peuples de couleur* [*O crepúsculo da civilização, o Ocidente e os povos de cor*], Paris: G. Mignolet et Storz, 1936.

campestre: guirlandas de flores artificiais, uma enorme gaiola repleta de falsos colibris no meio da sala, o menu anunciando os "legumes da horta", as "frutas do pomar", a batata ao forno e os assados na grelha a lenha.

Os consumidores-viajantes são majoritariamente da terceira idade (é o período das "tarifas em promoção"), casais idosos, viúvas coquetes bem vestidas, alguns cães na coleira e um ou dois gatos nos cestos. Em nosso vagão do T2, leitura de um artigo do *Le Monde* descrevendo o processo que conduz a Bósnia ao nacionalismo islâmico, processo que a passividade dos europeus e das grandes potências favoreceu. Em meu artigo no *Le Monde*, insisti no fato de que o prolongamento da guerra conduzia à radicalização do pior em cada um dos campos. Não se tratava de uma ideia de "especialista", mas de uma ideia tirada da experiência histórica das guerras que apodrecem durante muito tempo, como foi o caso da Guerra da Argélia.

Na Argélia, Matoub Lounes, o cantor-símbolo da identidade kabila, é raptado, depois Cheb Hasnie, cantor-símbolo do raï, é assassinado. Sentimento de impotência absoluta.

No carro-leito, leio também alguns artigos do *Courrier International*, mas estou muito cansado e, sobretudo, mal acomodado no leito superior para tomar notas. Adormeço rapidamente, acordado por vezes pelo brusco silêncio que sucede as paradas do trem nas estações.

Quarta-feira, 28 de setembro. Despertar com a aurora. Os rochedos avermelhados do Esterel, depois o mar. Na época da Ocupação Alemã, quando eu tomava o trem noturno de Lyon a Nice, onde meu pai se encontrava, dormia na noite brumosa e fria e acordava com o sol quente da manhã. Que felicidade eu sentia, enquanto hoje não sinto senão um vago contentamento.

Café da manhã no Hotel Ibis, ao lado da estação, no qual cada um recebe uma pequena bandeja com uma xícara, dois envelopes de açúcar, um potinho de geleia, uma pequena porção de manteiga, um pãozinho, um *croissant*, um suco de laranja em caixinha. Tudo estereotipado, padronizado.

Passando por Villefranche, não sinto mais a antiga emoção que a estrada que ladeava a costa montanhosa me provocava. Será pelo fato de que tudo está muito alterado, repleto de inumeráveis edifícios e casas? Chegamos a essa Madona Negra de onde não posso extrair nenhuma lembrança boa. Trata-se de uma construção na encosta do rochedo, onde o estacionamento de entrada fica no nível superior e os porões, no último andar. Vamos ao porão de Monique: como ela vendeu o apartamento, é preciso esvaziá-lo antes de 1º de outubro; livros amontoados, caixas cheias de roupas, baús. E uma adega de vinhos climatizada com algumas garrafas de vinho Borgonha, talvez envelhecidos demais. Durante quatro horas, tiramos os velhos livros, levantando nuvens de poeira. Precisamos lavar as mãos a toda hora.

Quinta-feira, 29 e sexta-feira, 30 de setembro. Dias extenuantes, dedicados a esvaziar o porão. Transportamos as caixas, volto a sentir minha dor ciática, Edwige tem dores na nuca e nos ombros. Finalmente, Rapuc nos encontra um caminhão, conduzido por seu genro Taon e mais três ajudantes. Eles carregam em Villefranche, depois descarregam em nossa casa, em La Bollène. Deixamos as caixas a cargo da transportadora Sernam, que as enviará a E. V.

Mal acabei de desfrutar de um belo mergulho em Cap Ferrat, onde se encontra a Igreja da Madona Negra, e logo tenho o prazer de encontrar La Bollène[57], vilarejo muito bem localizado em seu pico rochoso dominando o vale conhecido como La Valée de la Vésubie, rodeado por seu anfiteatro montanhês. O céu é límpido, a água corre das fontes. Bem no alto, na *Place Ange-Bosio*, algumas de nossas janelas dão para o portal da Igreja de Saint-Laurent, outras, para as encostas da montanha, com vista para o pasto, de onde, com bons ventos, ouvimos o berrar dos carneiros. Quer eu desça para ir ao café-tabacaria, para ir ao correio, ou para esvaziar as latas de lixo, cada vez é uma nova paisagem, que pode tanto ser alpina, se olharmos para os abetos e as florestas, como mediterrânea, se olharmos na direção dos terraços cultivados,

---

57. La Bollène-Vésubie, vilarejo na região dos Alpes Marítimos da Côte d'Azur, no sudoeste da França. (N.Ts.)

das últimas oliveiras e das plantações hortifrutícolas. Nesses alpes nicenses, as noites são alpinas, os dias, mediterrâneos.

A praça da igreja é tranquila: estacionados na dupla rua circular, os automóveis não podem circular ao redor da praça. Ouvimos os rapazes repetirem as tradicionais gracinhas masculinas às jovens que passam: "Ah! As franguinhas frescas!" As mais modernas respondem: "Venham aqui ver, se são homens!".

Por ser mais um vilarejo do que uma cidade, La Bollène possui três cafés, entre eles o café-tabacaria de René e Rita, uma padaria, uma mercearia, um açougue, artesãos, mas a farmácia, os médicos, o banco, a loja de armarinhos, a loja de material de construção ficam em Roquebillère e em Lantosque. Vítima do processo geral de senescência, o vilarejo ainda possui certa vitalidade econômica, com os matadouros na montanha do Turini e a pecuária que sobrevive, embora ameaçada pela importação de carneiros a baixo custo. A extensão da pequena empresa de instalação elétrica de René Rapuc contribui bastante com essa vitalidade. Além de ter empregado seu genro Taon, depois seu sobrinho Olivier, ele conta atualmente com seis empregados, ou seja, vinte e oito consumidores para o comércio local e cinco alunos para a escola. Grande patriota bolenense, ele se sente feliz com o resultado de seus esforços, mesmo que esteja sobrecarregado de trabalho. Tanto em La Bollène como em outras partes, começou a luta entre as forças de desertificação e de morte e as forças de regeneração e de vida. Se um dia eu vier a me instalar definitivamente em La Bollène, como é meu desejo, tentarei reconverter a antiga casa de repouso, hoje abandonada, em centro cultural para artistas e escritores.

A municipalidade, que prepara as atividades de verão, mandou construir uma piscina, inaugurada há dois meses, atraindo muita gente que costuma passar as férias de verão na região. Até o presente, a distância de La Bollène em relação aos grandes fluxos turísticos salvaguardou sua paz e sua autenticidade, mas também contribuiu para seu empobrecimento econômico.

Com alegria, reencontramos nossa vizinha e amiga, a sra. Barengo. Sua filha Sylvie veio viver com ela em La Bollène após a morte do marido, nosso amigo, o motorista de táxi Guy Delommez, homem cheio de vitalidade, gozador, observador dos costumes e um aficionado do computador. Após seu falecimento, na primavera, a família dele quase expulsou Sylvie de seu apartamento. Nossa outra vizinha é Nadine, que veio de Paris com três filhos, cujo pai não se vê. Quase todo o vilarejo a despreza. Nadine nos confia sua tristeza de ser malvista.

Por sorte, a família Barengo nos aceitou e depois adotou; em seguida fomos reconhecidos como "integráveis" pelo clã Rapuc, René e Rita do café-tabacaria, e o irmão de René, que faz alguns trabalhos em nossa casa. E nos entendemos bem com a secretária da prefeitura.

Em La Bollène encontro a edição iugoslava de *Penser l' Europe*[58] e me dou conta de que ela foi feita em Sarajevo, lugar em que todas as minhas esperanças de Europa foram assassinadas.

Um pouco de televisão, uma rápida leitura dos jornais; a peste propaga-se pela Índia. Ela tomou conta de Nova Délhi. O duelo Chirac--Balladur tem aspectos de opereta, mas subjacente a tudo se sente a presença de uma rivalidade implacável.

Esse porão! Ondas de suor me invadem, mas não são apenas por causa do esforço. Arrepios. Um banho quente me reanima momentaneamente.

---

58. Edgar Morin, *Penser l'Europe* [*Pensar a Europa*], Paris: Gallimard, 1987. (N.Ts.)

Outubro

Sábado, 1º de outubro. Não há por que retornar a Villefranche. Tudo já foi feito. Edwige ocupa-se das arrumações e limpezas internas. Eu a ajudo. Tomo um Oscillococcinum, um medicamento homeopático para prevenir a febre.

No fim da manhã, os sinos da Igreja de La Bollène soam alegremente, freneticamente. O pórtico está aberto. Um casamento sobe por ele em procissão. Na frente, o noivo de braços com a mãe. Os casais os seguem, trajados com belas roupas; a noiva e seu pai fecham o cortejo. Durante o casamento, leio um pouco. O *Libé* noticia os massacres dos hutus sob a égide ou acobertamento do governo de Kigali. Ruanda é um espelho antropológico que reflete para a espécie humana a imagem de sua própria demência em plena atividade.

O casamento deixa a igreja. Os noivos são fotografados sob o pórtico. Jovens lançam braçadas de fios de palha sobre os noivos, que as devolvem. Sem dúvida alguma, essa batalha de palha deve pressagiar fortuna e prosperidade. Em seguida, algumas jovens lançam sobre eles o que acredito serem confetes mas que, de fato, nos afirma a sra. Barengo, são pétalas da flor do milho secas (ou fritas, já não sei mais). A multidão ainda não se havia dispersado quando nos eclipsamos pela *Rue Thaon*, passando diante do jovem P., que nos lança um olhar pouco amistoso.

Deixamos La Bollène sem ter tido tempo de desfrutá-la e chegamos adiantados à estação de Nice, onde a composição do trem forma-se nos últimos minutos.

Na *Clés* leio que os japoneses vão lançar uma pílula MJU, que à proporção de um comprimido ingerido após cada refeição suprimirá o odor dos excrementos humanos. Para quando serão as pílulas que perfumarão os gases com aromas de rosas e jasmim?
A *Clés* noticia, também, a reedição de *l'Invasion divine* [*A invasão divina*] romance místico de ficção científica de Philip K. Dick[1], que evoca uma criação que fugiu ao controle de seu criador e cai na ilusão e no mal.
Apesar de ter tomado o Oscillococcinum, a dor de garganta aumenta cada vez mais. Na viagem de volta no T2, porém, a noite foi bastante calma.

Domingo, 2 de outubro. Um abatimento que me faz permanecer na cama: febre e frio, dor de cabeça e de garganta, nariz escorrendo e olhos lacrimejantes. Edwige encontra uma farmácia aberta que lhe vende um colutório e supositórios. À noite, ela telefona para o doutor Abastado, que prescreve Clamoxyl.

André deixou uma mensagem anunciando a morte de Doune. Mesmo depois de ter me afastado da pequena pátria de amizade onde fomos tão felizes, o laço com ela e Jean Ceresa, Michèle e Jean Daniel, Evelyne e André Burguière permaneceu muito caloroso. Não tenho forças para telefonar a Jean Ceresa, nem a ninguém.

Uma dor ativa todas as outras: fígado, ciática.

---

1. Philip K. Dick (1928-1982). Escritor americano responsável pela reinvenção do gênero ficção científica, autor de vários livros e contos, muitos deles adaptados para o cinema. Entre seus romances mais conhecidos estão *Blade runner*, de 1966, adaptado para o cinema em 1982, direção de Ridley Scott; no elenco: Harrison Ford, Rutger Hauer e Susan Young, título brasileiro, *Blade Runner – O Caçador de Androides*, e *The mynority report*, de 1956, adaptado para as telas em 2002, direção de Steven Spielberg; no elenco: Tom Cruise, Max von Sydow e Colin Farrel. Título brasileiro, *Mynority report- A nova lei*. (N.Ts.)

Segunda-feira, 3 de outubro. O início da noite foi abominável, pois dormi profundamente e acordei moído, febril.

Chega a primeira parte das provas de *Meus demônios*; olho para elas vagamente, adormeço com frequência.

Faço Edwige cancelar minha viagem a Bordeaux, prevista para a noite de terça-feira, e adiar nosso jantar de hoje com Baltasar Porcel.

Como previsto, o estudante russo Bajelov vem me ver antes de partir para Moscou. Em La Bollène tive tempo de ler sua interessantíssima tese de doutorado sobre "O lugar da ideia de nação na vida intelectual e política na Rússia de hoje", que mostra que a consolidação da ideia nacional é a resposta da sociedade russa para a atual situação de crise. As aspirações de fundir-se ao Ocidente fundiram-se elas mesmas. Digo-lhe que, além de seu trabalho, seria interessante que ele refletisse sobre o que poderia significar uma via específica russa, ou uma modernidade russa que integrasse o passado ortodoxo e multiétnico, que buscasse a dialógica histórica entre as duas tendências, a eslavófila e a ocidentalista.

Ele me confessa ter sido afetado pelas críticas que recebeu por ocasião da defesa de sua tese. Ao ressaltar a expressão "As minorias nacionais que mantêm relações com o estrangeiro, por exemplo os judeus", Michel Wieviorka e outros enxergaram nela algo de antissemita. "Seguramente", afirmo eu, "você enunciou um fato; mas hoje existe uma espécie de *overreaction*, uma reação exagerada da parte de inumeráveis judeus, que identificam tal observação com a ideia de que os judeus ou são agentes do estrangeiro ou são mais ligados ao estrangeiro do que à sua própria pátria."

Terça-feira, 4 de outubro. Recupero-me progressivamente de meu abatimento, mas não estou em condições de ir ao almoço previsto com Jordi Pujol, presidente da Generalitat Catalã. Sinto grande mal-estar pelo fato de não poder aproveitar a ocasião para manifestar minha gratidão e meu apoio à Catalunha, que me concedeu seu prêmio internacional.

Na cama, olho superficialmente a primeira parte das provas de *Meus demônios*.

Penso, não sei mais a respeito de que assunto, que a crença de que existe uma solução técnica para tudo é um absurdo que não pode ser corrigido por meios técnicos.

Noite. Edwige me traz o *Le Monde* no qual, em um artigo sobre "a complexidade de Vichy", René Rémond sente necessidade de mencionar a pesquisa histórica acumulada etc., antes de chegar a algumas formulações de bom-senso que não é preciso ser historiador profissional para admitir.

Zev Sternhell foi muito mais longe. Sua afirmação de que o fascismo francês é até mesmo pior do que o italiano, que suas raízes são mais profundas e antigas, que ele se implantou a partir de um vasto consenso, apaga o fato de que o petainismo (qualificado de fascismo, embora seja um regime do tipo horthysta[2], franquista), longe de se impor por si próprio na França, não pôde se implantar senão por ocasião de um desastre militar sem precedentes. Rémond mostra muito bem que Vichy é um fenômeno evolutivo etc. No fundo, o que é interessante é o sentido do ataque de Sternhell no contexto dos anos 1970-1980. O que importa, então, aos olhos dos judeus, e singularmente aos dos judeus diasporados, é que as dominações, as conquistas, as repressões exercidas por Israel contra árabes e palestinos sejam ocultadas – ou melhor, apagadas – pela lembrança de Auschwitz, do Vel d'Hiv, das crianças de Izieu, das vítimas de Rilleux. Quase sempre de maneira inconsciente, a máquina comunitária judaica faz de tudo para convencer os judeus franceses de que sua pátria fundamental, aquela que jamais os trairá, é Israel. Para isso, é preciso que, por meio de Vichy, a França seja considerada culpada. Daí se origina a assertiva de Jacques Attali[3] a uma emissora de rádio judaica, segundo a qual os franceses em massa foram colaboracionistas, aí reside a urgência do pedido de perdão da França aos judeus. E é nessa mesma ocasião que Emmanuel Todd, no livro

---

2. O autor refere-se a Miklós Horthy de Nagybánya (1868-1957). Militar e político conservador de extrema-direita, governou a Hungria de 1920 a 1944, aliando-se à Alemanha nazista em troca da devolução de territórios perdidos no Tratado de Trianon e promovendo um programa antissemita que levou vários intelectuais judeus do país ao exílio. (N.Ts.)
3. Jacques Attali (1943-). Economista e ensaísta de origem argelina. Aos 27 anos foi conselheiro do Presidente François Miterrand. Em 2007, foi nomeado pelo Presidente Nicolas Sarkozy como chefe da Comissão para a Libertação do Crescimento Francês. (N.Ts.)

Le destin des immigrés [*O destino dos emigrados*], publicado pela Editora Seuil, apresenta a porcentagem de judeus mortos pelos nazistas em relação à estimativa de populações judaicas às vésperas da Solução Final:

– 90 por cento para a Polônia, os Países Bálticos, a Boêmia-Morávia,
– entre 77 e 70 por cento para os Países Baixos, a Grécia, a Hungria ,
– 65 por cento para a Bielorússia,
– 60 por cento para a Ucrânia, a Bélgica, a Iugoslávia,
– 50 por cento para a Romênia,
– 26 por cento para a França,
– 22 por cento para a Bulgária,
– 20 por cento para a Itália.

Como não foi Vichy que salvou 74 por cento de judeus, é óbvio que um número muito grande de franceses, resistentes ou não, os ocultou, os protegeu. Então, quem deve pedir perdão?

Fico infeliz em pensar que o árduo trabalho com meu livro, depois minha fadiga, me tenham impedido de escrever o artigo que eu projetava sobre o conjunto dessas questões, das quais a questão Mitterrand é um aspecto.

Quando fizer esse artigo, direi que, na opinião francesa, o que houve não foi senão uma estúpida submissão à derrota. Desde o verão de 1940, houve a propagação das profecias de Santa Clotilde que anunciava a derrota alemã, depois, no outono, espalhou-se por toda parte o rumor do fracasso do desembarque alemão na Inglaterra, finalmente, em 1941-42, a crença amplamente compartilhada da existência de um estratagema entre Pétain e De Gaulle, no qual De Gaulle seria a espada e Pétain o escudo.

Como faz tempo que não tenho oportunidade de falar com meu Amigo, não percebo se a obsessão em reduzir Mitterrand ao vichismo, envolvê-lo no escândalo Bousquet, e a agitação desse espectro transtemporal de Vichy não foram muito longe, não provocaram um efeito bumerangue. Temo, porém, que em meus questionamentos ele veja alguma coisa que me identificaria com seus adversários. Enfim, estou em meio às brumas e adoraria ser informado de tudo.

Françoise Bianchi envia-me essa citação de André Suarès extraída do livro *Trois grands vivants* [*Três grandes seres viventes*], publicado pela Editora Grasset, em 1938, que diz respeito ao amor de Don Quixote por Dulcineia: "Ele criou sua quimera, ela a criou de volta".

Baltasar, Maria-Angel e Teresa vêm visitar-me no quarto. Sugiro a eles um colóquio sobre Karl Popper, ganhador do Primeiro Prêmio Internacional Catalunha: tudo o que li sobre ele por ocasião de sua morte passa ao lado do núcleo central.

Por fim, dedico-me seriamente à leitura das provas de meu livro.

O destino me enviou *La fuga di Tolstoj* [*A fuga de Tolstoi*] de Alberto Cavallari, da coleção Garzanti-Gli Elefanti. Comecei a lê-lo em pequenos fragmentos. Ele me encoraja. Aos 82 anos, o velho Leon Nikolaïevitch Tolstoi teve a força de fugir de sua casa, Iasnaïa Poliana[4].

QUARTA-FEIRA, 5 DE OUTUBRO. O *Le Monde* indica que Israel pratica uma colonização pérfida na Cisjordânia, multiplicando as colônias na "linha verde". Os americanos não se manifestam, preocupados prioritariamente com o avanço das negociações entre Israel e Síria.

QUINTA-FEIRA, 6 DE OUTUBRO. Permaneço na cama, vítima de bruscas ondas de inquietude, sobretudo a respeito do apartamento.

Termino a correção das provas, a despeito do fato de que paginaram a penúltima e não a última versão do último capítulo. Por isso, faço modificações, melhoro, mudo o final, mas ainda continuo insatisfeito.

SEXTA-FEIRA, 7 DE OUTUBRO. O massacre da Seita do Sol; os Bonnie e Clyde de Nanterre: seu ódio à sociedade é generalizado. Hoje, Charles Bovary diria: "É culpa da sociedade" e não mais: "É culpa da fatalida-

---

4. Iasnaïa Poliana é o lugar em que o escritor russo Leon Tolstoi (1858-1910) nasceu e viveu por cerca de sessenta anos. Situa-se na região de Tula, há duzentos quilômetros de Moscou. Ali Tolstoi escreveu a maioria de seus romances e ensaios filosóficos. Em uma tempestuosa noite, no outono de 1910, ele deixou sua casa em busca de um modo de ser e de viver mais simples. No caminho, adoeceu e morreu na pequena estação de trem de Astapovo, mas foi enterrado em Yasnaya Poliana. (N.Ts.)

de". A sociedade vira um monstro do qual cada membro exibe uma cabeça de Hidra.

Almoço da fundação *Trois Suisses* com o diretor presidente da empresa, um diretor e a sra. Berthéas, a relações públicas da fundação, no restaurante *Le Toit de Passy*: vitrais, céu, sol, guarda-sóis. A sra. Berthéas é muito entusiástica, o diretor presidente, muito administrativo. Querendo ser amável, ele me diz: "O senhor é sociólogo e, no entanto, manifesta grande sensibilidade" (ele acha que os sociólogos são uns brutos). Ele me felicita por haver escrito: "Lá onde cresce o perigo cresce também o que salva". "Essa frase não é minha, mas de Hölderlin...", respondo eu. Ele fica decepcionado pelo fato de eu apontar seu erro.

As iniciativas da Fundação para ajudar os jovens sem trabalho, para encorajá-los a criar seus empregos, parecem-me excelentes. Afirmo que seria necessário um lugar para centralizar os projetos dispersos que se ignoram uns aos outros, que seria necessário que tudo isso fizesse parte de uma "política de civilização" reinventando a convivialidade, impulsionando a regeneração do conjunto dos povoados e vilarejos, criando casas de solidariedade etc. As pessoas me interrogam e eu, todo contente, desenvolvo meus temas. "Mas por que não se seguem suas ideias? O senhor é influente..." "Vocês se enganam, eu prego no deserto."

Enquanto faço minhas pregações, regalo-me com os cogumelos selvagens, com as *coquilles Saint-Jacques* e um extraordinário vinho Bordeaux Pomerol[5].

Meu Amigo deveria ter me telefonado ontem para combinar um encontro para esta tarde. Ele esqueceu. Liguei para ele hoje de manhã; ocupado, ficou de me telefonar dentro de meia hora. Não telefonou. Mas deixou uma mensagem na secretária eletrônica esta tarde avisando que estará em seu trabalho amanhã. Se eu assinalar suas falhas a meu respeito ele ficará furioso e ressentido comigo; se não lhe disser nada, serei eu que ficarei furioso e ressentido com ele.

---

5. O Pomerol combina 70 por cento de uvas Merlot e 30 por cento de Cabernet Franc. O Pétrus Pomerol tem combinações diferentes e, dependendo da safra, é comercializado a preços astronômicos. Um Pétrus da safra de 1982, por exemplo, atinge a casa dos 5.200 dólares no mercado internacional. (N.Ts.)

À noite, hesito entre assistir a *Os imperdoáveis*[6], de Clint Eastwood, ou ao *Duelo de gigantes*[7], de Arthur Penn, filme de 1976. Como o primeiro será reprisado no Canal Plus, opto pelo segundo e, é claro, fico subjugado por Jack Nicholson, cujo sorriso eu adoro, e por Marlon Brando como "pistoleiro de aluguel", matador de ladrões de cavalos, que interpreta um personagem monstruoso, no limite da loucura, um pouco como Robert Mitchum em *O mensageiro do Diabo*[8], dirigido por Charles Laughton.

SÁBADO, 8 DE OUTUBRO. Monique, uma verdadeira assassina, continua a fazer seus estragos.

Provas de *Meus demônios*. Excesso de repetições, de parágrafos mal articulados uns com os outros: se eu tivesse conseguido dominar esse texto, deveria ter feito inúmeros cortes. Faço-os, mas eles não são suficientes. Às 19h, esgotado, abandono o projeto de trabalhar até tarde esta noite.

Uma dor traiçoeira invadiu minha nuca, começa a descer e se espalha pelos ombros. Sem dúvida, esta semana fiquei muito tempo seguido diante do Mac, na correção de minhas provas demoníacas.

À noite, deitado, muito fatigado, moído, assisto no canal M6 a *La Loi du sang*[9], uma história de máfia siciliana, com uma trama até que benfeita. Sinto-me cada vez pior. No momento de alongar-me, uma terrível dor me afeta o ombro. Edwige afirma: é "periartrite". Ela se empenha, faz massagem, coloca uma bolsa de água quente, oferece-me um comprimido de Di-Antalvic. Sem grande efeito. Passo uma noite abominável, com esse maldito ombro direito, incapaz de encontrar uma posição confortável para dormir.

---

6. *Unforgiven*, filme americano, de 1992, do diretor Clint Eastwood; no elenco: Clint Eastwood, Gene Hackman e Morgan Freeman. Título francês, *Impitoyable*. (N.Ts.)
7. *The Missouri breaks*, filme americano, de 1976, do diretor Arthur Penn; no elenco: Marlon Brando, Jack Nicholson e Randy Quaid. (N.Ts.)
8. *The night of the hunter*, filme americano, de 1955, do diretor Charles Laughton; no elenco: Robert Mitchum, Shelley Winters e Lillian Gish. Título francês, *La nuit du chasseur*. (N.Ts.)
9. *Legge di sangue*, filme italiano, de 1948, do diretor Luigi Capuano; no elenco: Elli Parvo, Vera Bergman e Leonardo Cortese. (N.Ts.)

Domingo, 9 de outubro. Durmo um pouco de madrugada, levanto dolorido e cansado. Edwige me prepara um banho quente, depois me massageia com Prialgine etc. Continuo a correção de minhas provas fora do computador. Prossigo com *Meus demônios* e termino, começo imediatamente a trabalhar nos fragmentos escolhidos da coleção *Champs/L'Essentiel* e, para minha grande surpresa, no fim da tarde já acabei quase tudo, ao som da *Sonata da Primavera* e do *Concerto para violino*[10].

Segunda-feira, 10 de outubro. Um mensageiro da Editora Flammarion vem buscar as provas dos fragmentos escolhidos. Às 15h30, meu Amigo vem buscar o manuscrito; ambos ficamos igualmente embaraçados: ele por minhas prováveis censuras; eu por sua suposta atitude.

Depois do almoço, minha fadiga se intensifica: quando termino os dois manuscritos, uma extraordinária sensação de alívio me invade. Vou para a cama e durmo profundamente.

Edwige cuida de mim. Assisto ao filme de Woody Allen, *Memórias*[11], que me agrada muito, depois, meio adormecido, encadeio com um episódio de *Columbo*.

Terça-feira, 11 de outubro. Vou ao cetsah para algumas reuniões. Primeiro com Marcelin, para os últimos preparativos do encontro "Ciências e Cidadãos", no Futuroscope de Poitiers. Parece que tudo corre bem.

Em seguida, encontro com Anne Lazarevitch e um de seus colegas médicos. Foi ela que relatou o caso de uma mulher que, a princípio resignada em deixar morrer seu marido, que entrara em coma profundo, seguiu a orientação de uma enfermeira e disse claramente ao ser inanimado como ela desejava que ele vivesse. No dia seguinte, o homem saiu do coma. Anne Lazarevitch e seu colega conhecem inúmeros casos, não apenas de cura, mas também de fenômenos inexplicáveis segundo as teorias atuais. Eles gostariam de discutir tudo isso com os

---

10. O autor refere-se à *Sonata para violino nº 5*, em fá maior, opus 24, e ao *Concerto para violino*, em ré, opus 61, de Ludwig van Beethoven. (N.Ts.)
11. *Stardust memories*, filme americano, de 1980, do diretor Woody Allen; no elenco: Woody Allen, Charlotte Rampling e Jessica Harper. (N.Ts.)

cientistas; eu lhes aconselho a recensear e classificar os "casos" antes de dar início ao diálogo.

Concedo uma entrevista a um jornal do Kosovo, o que me faz mergulhar novamente no problema iugoslavo.

Depois, tenho o grande prazer de conversar com Elias Sanbar, com quem me sinto em ressonância a respeito de tudo; em seguida, recebo uma estudante italiana que escreve uma tese sobre o papel de Claude Gregory na criação da *Encyclopaedia Universalis*; por fim, atendo uma estudante de Toulouse que prepara uma tese sobre o início do Centro de Estudos Sociológicos.

A sra. Vié me dá o significado dos caracteres chineses que finalizavam a carta de meu enigmático correspondente de Hong Kong:

A montanha é pobre, a água se esgota,
Não se sabe se há uma estrada.
O salgueiro é sombrio, a flor brilha;
De novo, um vilarejo.

De acordo com o amigo da sra. Vié, que fez a tradução, esse texto poderia expressar uma ruptura interior que se cura na esperança. Ele acrescenta: "A caligrafia é bela, própria, sem dúvida, de um espírito cultivado e pleno de sutileza".

Por volta das 13h30, encontro com Edwige no terraço do Restaurante Petit Sauvignon, onde peço um sanduíche quente de pão rústico com linguiça de porco e um copo de vinho Beaujolais. A tarde é estival, miraculosa.

Noticiários: no Iraque, repetição caricatural da pré-guerra do Golfo. Por que Saddam Hussein envia suas tropas novamente para a fronteira do Kuwait? Terá ele imaginado que os americanos estão muito ocupados no Haiti, ou desencorajados pela Somália? Por que, sobretudo, essa imediata, massiva, extraordinária mobilização dos Estados Unidos por um simples movimento interno de tropas, enquanto durante os dois anos de agressão contra a Bósnia-Herzegovina eles não se moveram? Isso tudo é repugnante.

Na televisão, afirma-se que os países da OPEP não têm qualquer interesse em suspender as sanções contra o Iraque, muito pelo contrário. A entrada do Iraque no jogo faria baixar o preço do petróleo e reduziria as exportações dos Emirados, do Kuwait, da Arábia Saudita. Em contrapartida, o Irã está de acordo com a suspensão do embargo. Caminharemos nós para uma reaproximação?

No meio da correspondência, encontro um folheto do Messias Rael:

"Há mais de 25 mil anos, os *Elohim*, plural da palavra *eloha*, que significa 'aquele que veio do céu', vieram para a Terra e criaram a vida em laboratório, graças ao DNA e a um perfeito domínio da engenharia genética...

"Eles enviaram diversos profetas para a Terra: Moisés, Maomé, Buda, Jesus (fruto da união de um *eloha* e de uma mulher da Terra), com a missão de anunciar o Apocalipse. O Messias nasceu em 1946, na França, e foi por essa razão que Hitler quis eliminar todos os judeus da Europa, pois sabia que o Messias iria nascer nessa época e que, ao matá-lo, mudaria o curso da história" etc.

Uma caixa de venda por correspondência me anuncia, *pessoalmente*, que irei ganhar três milhões, outra me promete diretamente um automóvel Clio. Todas me bombardeiam com injunções, a serem confirmadas imediatamente, de que aceito seus fabulosos presentes. Respondo que aceito, mas sem fazer nenhuma encomenda. Disso resulta nova salva de intimações, cada vez mais insistentes. A tensão aumenta, é preciso confirmar, pela última vez, a aceitação dos três milhões; trata-se da *derradeira* chance de receber os milhões ou o automóvel Clio. Basta que se preencha a folha de pedidos (sem obrigação de comprar), de rabiscar aqui, de colar uma etiqueta ali, de preencher os quadrados correspondentes e enviar tudo, com tarifa de urgência, por intermédio de um serviço de correio *prioritário*. Deveria ter jogado essas promessas na lata de lixo desde o começo. Uma vez enredados no jogo, eles nos seduzem, tentam, excitam, enlouquecem.

Assisto a *Os imperdoáveis*, o terrível antiwestern de Clint Eastwood, depois não consigo dormir.

Quarta-feira, 12 de outubro. Em consequência disso, não levanto a tempo de tomar o café da manhã em Saint-Simon, onde Jacques Rouffio foi convidado para falar de Vichy.

Cartas, correção de textos, leituras, até que chegam as segundas provas de *Meus demônios*. Ocupo-me delas alegremente e termino por volta das 22h. Depois, deparo com a ópera Édipo Rei, de Igor Stravinsky, gravada no Japão, no festival de Saito Kinen. Os personagens, de resto surpreendentemente paramentados e vestidos, têm a cabeça recoberta por uma máscara grega, terrível e sem olhos. Jessie Norman está formidável como Jocasta. A tragédia alcança seu apogeu sagrado e bárbaro. A música é implacável. O terror e a piedade foram ressuscitados.

Assisto ao início do filme-opereta *Os três do posto de gasolina*[12], em sua versão francesa, com a ária *Avoir un bon copain* [Ter um bom amigo], tão cara aos meus 10 anos, depois, troco de canal e vejo *Terroriste à abattre*[13] (1989), no qual stalinistas da KGB recrutaram um terrorista irlandês para assassinar Mikail Gorbatchev, secretamente protegido por agentes "bons" da CIA, que fracassam em protegê-lo e são providencialmente ajudados *in extremis* por um agente bonzinho da KGB. Tudo termina em um banho de sangue, mas Gorbatchev é salvo.

Quinta-feira, 13 de outubro. De manhã, refaço o texto da quarta capa para *Meus Demônios*, e discuto os detalhes com a Editora Stock. A diretora, sra. Nemer, confessa que o livro a emocionou muito, e eu fico emocionado de tê-la emocionado. Na verdade, não sinto apenas os efeitos normais do alívio após o término de um livro, na verdade, sou invadido por uma grande angústia em relação ao destino reservado a esse texto, no qual me coloquei moralmente nu.

---

12. *Die Drei von der Tankstelle*, musical alemão, de 1930, do diretor Wilhelm Thiele; no elenco: Willy Fritsch, Lilian Harvey e Heinz Rühmann. Título francês, *Le chemin du paradis*. (N.Ts.)
13. *Red king, White knight*, telefilme americano, de 1989, do diretor Geoff Murphy; no elenco: Tom Skerritt, Max von Sydow e Helen Mirren. (N.Ts.)

Oscar me chama de Nápoles. Ele e Gianlucca Bocchi se reconfortam, repetindo a si mesmos que, se eu pude resistir ao nazismo, depois ao stalinismo, eles resistirão muito bem ao berlusconismo.

Vou fazer a conferência de abertura do ano letivo da *Université Bayard Presse* (imprensa católica), cujo edifício, semelhante à Torre Eiffel, passa por uma restauração, sobre o tema "a imprensa e o conhecimento do presente". Debate, questões. Como Alain Carignon[14] foi preso ontem à noite, as pessoas me perguntam sobre os "casos". Não respondo às questões com o devido recuo no tempo. Assim, me esqueço de dizer que na Itália, após um hiperbloqueio do sistema judiciário, a brecha que se abriu provocou um desbloqueio generalizado, afetando as maiorias parlamentares da democracia cristã e do partido socialista, origem do vazio político no qual se precipitaram o pós-fascismo, o federalismo nortista e o berlusconismo. O problema é saber se na França o desbloqueio judiciário também não vai provocar consequências devastadoras criando um vazio político onde se precipitariam... o quê? Quem?

SEXTA-FEIRA, 14 DE OUTUBRO. Levanto cedo. Sou conduzido a Montrouge, na Fundação para a Pesquisa em Ação Social, onde faço uma conferência cujo tema é "Que fazer e dever fazer".

Sesta após o almoço. Vítima da *melancolia pós-manuscrito*, levanto-me com dificuldade para ir ao Aeroporto de Orly.

No avião para Mulhouse, leitura da *Time Magazine*. Paradoxalmente, na Rússia, o assustador fracasso econômico engendrou uma retomada do consumo, graças aos que se aproveitam da crise, mafiosos ou não: desse modo, bancos comerciais, planos de saúde, guarda-costas, vendedores de Mercedes-Benz usados, agentes imobiliários, bares, restaurantes, veterinários para cães e gatos, fisioterapeutas, todos prosperam. Nas grandes cidades, 40 por cento da força de trabalho será em-

---

14. Alain Carignon (1949-). Político francês, ministro do Meio Ambiente e das Comunicações no governo do Presidente François Chirac até 1994, quando se demitiu do cargo e foi colocado sob investigação. Em 9 de julho de 1996, foi condenado a cinco anos de prisão por crimes de corrupção, abuso dos bens sociais e suborno de testemunhas. Foi libertado em maio do ano seguinte. (N.Ts.)

pregada no setor de serviços (inclusive nos transportes e na educação) e mais de 50 por cento de renda nacional advirá dos serviços.

Miki Manojlovic[15] envia-me cópias de todos os artigos pró-sérvios que encontra na imprensa francesa e inglesa. Entre eles, um artigo de Maurice Duverger, publicado no *Le Figaro*, que escreve que não se pode mais sonhar em fazer com que a parte sérvia da Bósnia-Herzegovina participe de uma confederação bósnia. Ele recorda também que, em 23 de junho de 1991, a Comunidade Europeia havia decidido não reconhecer uma eventual secessão unilateral da Eslovênia e da Croácia.

Leio, também, a transcrição em francês de um longo artigo de um correspondente inglês presente no cerco de Gorazde. Não sei se o que leio é verídico, mas trata-se de uma descrição minuciosa das diversas fases dos combates, ataques e contra-ataques, tomadas de posições estratégicas, por uns ou por outros, fracasso das ofensivas (muçulmanas, nesse artigo) etc. De repente, percebo que nessa guerra, que já dura dois anos, nenhum correspondente de guerra escreveu qualquer artigo sobre movimentos e manobras etc. Ficamos no escuro. Sem dúvida alguma, porque para os jornalistas estrangeiros é impossível circular na zona dos combates. É uma guerra sobre a qual nada se sabe, militarmente falando.

No *Le Monde*, encontro a seguinte frase de Nietzsche citada por Philippe Sollers[16]: "Ninguém mente mais do que um homem indignado".

No Aeroporto de Mulhouse, Albert Jacquard, sua esposa Marianne Schaub e eu somos recebidos pelos membros do Direito Humano (ordem maçônica mista internacional) que organiza o XI colóquio de Ferrete, do qual devemos participar. São 18h15 e já anoiteceu. Somos conduzidos a um restaurante em alguma parte do Sundgau, que,

---

15. Miki Manojlovic (1950-). Ator de cinema nascido em Belgrado. Em 2009, foi nomeado pelo governo da Sérvia como presidente do Centro Sérvio de Cinema. (N.Ts.)
16. Philippe Sollers (1936-). Profícuo ensaísta que se notabilizou pelas reflexões sobre a linguagem. Além de seus romances, pouco traduzidos no Brasil, é uma figura presente no cenário cultural parisiense. Seu casamento com a psicanalista Julia Kristeva, em 1967, que durou trinta anos, sempre foi fonte de curiosidade e sensacionalismo por parte da mídia e dos meios intelectuais. (N.Ts.)

segundo me dizem, foi por muito tempo uma região isolada, antes que seus vizinhos suíços da região de Bâle ali viessem como turistas. Amanhã visitaremos os lindos vilarejos com suas belas e grandes fazendas, suas treliças externas de geometrias sutis, sua paisagem de colinas repletas de bosques, de vales recobertos de pradarias e de plantações de milho.

Enquanto se espera que todos os convivas do banquete tenham chegado, a cada um é servido excelente vinho Muscat da Alsácia (quanto a mim, preferi o Susswein). Sinto-me pouco à vontade entre essas pessoas que me são apresentadas, fico sem saber bem o que dizer, sobretudo quando me cumprimentam.

René Passet e eu nos perguntamos como desacelerar a competição mundial, uma vez que isso não pode depender senão de um acordo internacional. Talvez existam algumas soluções, como o *dumping* social, que consistiria em estabelecer uma taxa sobre a mercadoria importada a fim de compensar a desigualdade entre os baixos salários da Ásia e os altos salários da Europa, taxa que seria revertida para o país produtor para financiar seu próprio desenvolvimento. Abandonando essas perspectivas planetárias, consulto o doutor Léon Nisand, nosso anfitrião, a respeito da periartrite em meu ombro.

O jantar foi muito bom: salada louca com finas fatias de *foie gras*[17] e filés de imperador[18]. Quanto ao vinho, escolho um excelente Graves[19].

Minha dor no ombro se agrava, deixo a mesa antes dos outros com Marcel Bolle de Bal, que, muito gentilmente, se propõe a acompanhar-me ao hotel. Infelizmente, ele se perde várias vezes no caminho e chegamos depois de todos os outros convivas.

SÁBADO, 15 DE OUTUBRO. Esse pequeno Hotel Kolberg é genial. A grande janela envidraçada do meu quarto dá para uma ampla sacada de onde

---

17. Além das finas fatias de *fois gras*, a salada louca é feita com peito de ave (pato, galinha) e folhas verdes, temperados com sal, azeite e vinagre. (N.Ts.)
18. O imperador é um peixe nobre, originário das águas frias da Bretanha e de Boule-sur-Mer, levemente cozido em um sofisticado molho feito com ostras, champagne, flor de sal, limão, manteiga branca, azeite e especiarias, é geralmente acompanhado de batatas cozidas fatiadas. (N.Ts.)
19. A região de Graves, perto de Bordeaux, produz excelentes vinhos tintos e brancos, que são comercializados no Brasil. (N.Ts.)

descubro uma bela linha de colinas repletas de árvores. O céu está tão completamente azul, o tempo tão ameno, que eu adoraria permanecer estendido na cama, com essa paisagem diante dos olhos. Mas preciso preparar-me para a cerimônia de abertura.

Marcel me conduz à capela de Ferrette, que o abade ecumênico Engella coloca anualmente à disposição de homens e mulheres maçons do Direito Humano. Ali se encontram cerca de 360 pessoas, homens e mulheres. Os maçons distinguem-se dos outros pelas insígnias de cores diversas que usam como gravata ou como echarpe. A audiência lota a sala, enquanto esperamos do lado de fora. Depois que cada um de nós tem seu lugar designado, segundo um código tão preciso quanto misterioso, forma-se um cortejo composto pelo Grão-Mestre Internacional, pelos ilustríssimos da ordem e, por fim, pelas "eminentes personalidades" convidadas. Precedidos por três indivíduos carregando candelabros com velas acesas, avançamos majestosamente em direção ao palco e aos espectadores, que se encontram de pé. Solene, com uma gravidade sagrada, Léon Nisand anuncia nossa entrada com golpes de martelo fortes e regulares sobre a mesa. Ele vive o rito intensamente e eu, fascinado pelo ritmo profundo do martelo, tenho a impressão de ser figurante de um filme assírio-babilônio. De fato, essa sessão matinal é uma cerimônia protocolar, que termina com um discurso de Léon Nisand citando passagens de *Terra-Pátria*, transfiguradas por sua voz possante e convicta.

Vamos almoçar no Hotel Kolberg, depois retornamos a Ferrette, onde Marianne Schaub evoca o Tratado de Augsburgo, de 1555 (*cujus regio, ejus religio*), depois, a inovação do édito de Nantes (duas religiões no mesmo Estado). Mais tarde, Passet trata da "economia globalizada". A corrida da produtividade se tornou uma supercompetição que necessariamente se opera pela exclusão de trabalhadores. Segundo ele, as transações financeiras ultrapassam de 35 a 50 vezes os valores de produção e, a partir de então, o capital financeiro obedece a uma lógica de frutificação que se aproveita das performances passadas do aparelho produtivo. Em mim, a condenação sem apelação desse processo desperta objeções que, por sua vez, geram contraobjeções. Que torvelinho em minha cabeça! Preciso refletir... Parece-me, entretanto, que a corrida desenfreada em que nos encontramos, simultaneamente econômica, técnica, científica, conduz a um desastre que talvez seja o começo de uma metamorfose...

Albert Jacquard, que milita pelo Mediterrâneo (eu ignorava que ele fazia isso e ele ignorava que eu fazia o mesmo), evoca o passaporte mediterrâneo que seu grupo acaba de distribuir (eu queria um). Ele lembra que atualmente existem duzentos milhões de judeus-cristãos no norte, 350 milhões de muçulmanos no sul.

Após a sessão, cochilo dentro do ônibus que nos conduz ao ecomuseu da Alsácia, a cerca de oitenta quilômetros de distância. Quando chegamos, a noite já caiu totalmente. Somos separados em grupos. Perco o meu, mas nem por isso admiro menos as belas fazendas reconstituídas, a velha e comovente escola, com suas carteiras manchadas de tinta, seu mapa da França, que me faz lembrar da última classe de Alphonse Daudet. Por fim, como chega muito cedo ao salão de banquete, nosso grupo espera uma hora e meia pelos últimos convidados. Luto contra uma penosa sonolência até que servem um soberbo vinho alemão *Backofen,* que bebo vorazmente. Depois, fadiga, fadiga. No carro que nos leva de volta, morro de sono, sem no entanto conseguir dormir.

DOMINGO, 16 DE OUTUBRO. Fui acordado pelo Sol. Nova sessão plenária em Ferrette, da qual devo participar. Como o plano de minha exposição já está pronto desde ontem, dormito como Kutuzov[20], até o momento em que Léon Nisand me concede a palavra a fim de que eu justifique a noção de Terra-Pátria. No decorrer de meu discurso, assim como o Generalíssimo Kutuzov, desperto de verdade e me inflamo. O auditório me acompanha. Em dado momento, explodem os aplausos. Contente, sigo para a conclusão sobre os processos de decomposição/recomposição que, desde ontem, decidi ilustrar com a metamorfose da lagarta em borboleta, durante a qual, encerrada na crisálida, a lagarta ativa suas defesas imunológicas, não mais para defender-se contra as agressões externas, mas para se autodestruir como lagarta e, da mesma

---

20. Mikhail Kutuzov (1745-1813). Marechal russo que desempenhou papel importante na resistência militar russa à invasão napoleônica. É personagem central do romance *Guerra e paz* de Leon Tolstoi. A Ordem Kutusov permanece até hoje como um dos principais galardões militares. (N.Ts.)

forma, se autoproduzir em outro ser que, no entanto, continua a ser a mesma borboleta.

Antes que eu tivesse chegado a essa conclusão, uma grande e fantástica borboleta marrom cruza a sala, desde a tribuna até as últimas fileiras, suscitando o interesse divertido de todos. Dirijo-me a ela dizendo: "Daqui a pouco converso com você", sem que a plateia compreendesse o sentido dessas palavras. A borboleta desaparece. Começo a descrever o processo de metamorfose. Quando chego na última fase, momento em que a crisálida se rompe para libertar uma borboleta, com suas asas ainda coladas, viscosas, imóveis, em que não se sabe se ela conseguirá alçar seu voo, a grande borboleta marrom reaparece, voa de novo sobre a cabeça dos espectadores e, no exato momento em que descrevo o desdobramento das asas, ela se eleva e voa em direção ao lustre da sala. Então, designando com o dedo minha providencial parceira, termino dizendo: "Que esse seja um signo de esperança para nossa metamorfose!". A surpreendente coincidência suscita um paroxismo. A plateia explode em aplausos, depois, como acontecia nas sessões do Soviete Supremo, quando os delegados unânimes saudavam com um vibrante "Hurra para o camarada Stalin", sem cessar de aplaudir, a assistência se levanta, os membros da tribuna se levantam. Eu também me levanto e logo sento novamente para pôr um fim ao triunfo, embora adore tudo aquilo.

Após a sessão plenária, e durante todo o dia, uns me perguntam se eu havia trazido a borboleta em uma caixa, outros se eu havia usado esse pretexto para concluir com a história da borboleta, enquanto outros, maravilhados com a coincidência, afirmam seriamente que se trata de um sinal de alguma coisa.

Em consequência, um grande número de pessoas compra o *Terra-Pátria*, que eu autografo acrescentando o esboço de uma borboleta, o que agrava minha dor no ombro.

Debate à tarde, depois *kouglof*[21]. Tudo termina em euforia.

---

21. O *kouglof* é um delicioso bolo mármore que se costuma servir com café, típico da Áustria e da Baviera. (N.Ts.)

Fico sabendo por Marcel, que ouviu no rádio do carro, a notícia sobre a demissão de Gérard Longuet[22] do cargo de ministro da Indústria e das Comunicações e, sobretudo, da morte do soldado israelense preso como refém pelo Hamas, em seguida ao ataque de um comando que terminou em um banho de sangue.

Em Orly, ao ver-me em dificuldades com minha mala, Jacquard me leva para casa de carro.

SEGUNDA-FEIRA, 17 DE OUTUBRO. Acordo de paz entre Jordânia e Israel.

O delito de "negacionismo", instituído pela lei Gayssot, é utilizado pelos advogados para atacar Bernard Lewis, que contestou não o massacre, mas o projeto deliberado de exterminar o povo armênio. Essa lei, que substitui o julgamento histórico pelo julgamento de um tribunal, é obscurantista.

No *Libé*, Serge July observa com muita propriedade que o desenrolar dos "acontecimentos", a prisão de Alain Carignon, a demissão de Gérard Longet, constituem uma revolução invisível, a da independência da justiça em relação aos políticos. Vamos ver o que acontece em seguida...

TERÇA-FEIRA, 18 DE OUTUBRO. Consulta com a fisioterapeuta. Bénédicte me pressiona a nuca, o ombro, tortura meu Arnold (o nervo ferido). Eu grito de dor. Quando termina, acredito estar moído, incapaz de me levantar. Mas ao fim de alguns minutos sinto-me bem melhor. *Durch leiden Freude*. Por meio do sofrimento, a alegria.

Passo na Livraria Colette, depois no banco, em seguida tomo o metrô até a estação de L'Etoile, pois Claude Fischler[23] convidou-me para almoçar no restaurante de seu amigo Guy Savoy[24]. Embora com

22. Gérard Longuet (1946-). Político conservador, em 2011 assumiu o cargo de ministro da Defesa da França, no governo do Presidente Nicolas Sarkozy. (N.Ts.)
23. Claude Fischler (1947-). Especialista em antropologia da alimentação, Fischler é diretor de pesquisas do CNRS e codiretor do *Centre d'Études Edgar Morin*, antes denominado CETSAH, vinculado à *École des Hautes Études en Sciences Sociales*. (N.Ts.)
24. Guy Savoy é um renomado *chef* de cozinha francês, cujo restaurante, classificado na categoria três estrelas pelo guia Michelin, em 2002, localiza-se no nº 18 da *Rue Troyon*, 17ª circunscrição de Paris. (N.Ts.)

a firme decisão de controlar-me severamente, resolvido a não beber senão um único vinho, e tinto, logo de saída já fraquejo diante de um extraordinário vinho branco Côtes du Rhône, depois sou tentado por um admirável Cornas. Idem para os pratos: não resisto às delícias dos *champignons* e mariscos, nem aos filés de salmão com *champignons* negros, nem à combinação de caças servidas com couve, nem tampouco à sobremesa, contrariamente a todos os meus princípios. Volto para casa simultaneamente eufórico e enfastiado...

Claudion e, depois, Dortier não irão demorar a chegar, quando não tenho senão uma única vontade: fazer a sesta.

Assim que chega, Claudion confirma minha viagem para a Martinica em fevereiro. Aimé Césaire estaria ansioso para receber-me, o que me enche de prazer.

Jean-François Dortier e seu assistente gravam uma entrevista sobre a Complexidade para um próximo número da *Sciences Humaines*, excelente revista criada e produzida em Auxerre, por alguns autodidatas provincianos. Dortier, que acaba de regressar dos Estados Unidos, prepara cuidadosamente um formato semelhante para lá, ou melhor, uma espécie de *Courrier International* das Ciências Humanas. Vamos jantar no *Vinos y Tapas*, na Rue des Tournelles.

O último número da *Time Magazine* menciona a extraordinária recuperação econômica americana em automóveis, máquinas-ferramentas, eletrônica, setor em que, há alguns anos, Japão, Coreia do Sul, Taiwan e Alemanha eram incontestavelmente superiores em termos de preço e qualidade. O *Fórum Econômico Mundial* de Davos, por sua vez, anuncia que após oito anos de decadência, em 1993, os Estados Unidos possuem a economia mais competitiva do mundo. O reverso da medalha: ondas sucessivas de demissões, limitação ou corte dos aumentos de salários, substituição de trabalhadores em tempo integral pela mão de obra em tempo parcial, sobrecarga de trabalho para os que possuem emprego regular, diminuição da renda média familiar. Cheios de otimismo, os economistas liberais predizem que essa fase será sucedida por melhoria das condições de vida dos americanos e a aquisição de bases sólidas para crescimento estável.

A paz entre Jordânia e Israel não servirá para eliminar qualquer tipo de negociação com os palestinos sobre Jerusalém?

Quarta-feira, 19 de outubro. Essa amanhã, às 9h, reunião preparatória para a homenagem a Edgard Pisani do próximo domingo. Ele gostaria que essa cerimônia ocorresse não como uma homenagem, mas como uma defesa de tese – que seria sua própria vida política –, na qual ele responderia às questões de uma "banca" composta por Jean-Noël Jeanneney, Jean Lacouture, uma senhora da Unesco (que acredito seja queniana) e eu. Pisani pergunta à senhora: "Como vai a Unesco?", ela responde: *"Ask me no questions and I will tell no lies"*[25]. Admiro a frase. "De quem é ela?" "De Bing Crosby." Fico impaciente para usá-la.

Em dado momento, Pisani me pergunta sobre a proporção de coisas interessantes em minha correspondência. "Não chega a 1 por cento." "Ah, a minha, 10 por cento", me diz ele. Lembro não apenas das inumeráveis publicidades, mas de uma correspondência estereotipada, repleta de pedidos de conferências sobre temas que me aborrecem, de relatórios e de outros documentos a examinar. Mesmo entre as raras cartas manuscritas, fico decepcionado com os admiradores que parecem não me ter compreendido. Raríssimas são as cartas que me tocam afetivamente. E quanto mais raras são, mais espero por elas a cada manhã.

Além disso, há a correspondência referente à caridade. Quando chegam cinco pedidos de doações no mesmo dia, jogo tudo no lixo, faço o mesmo com as solicitações em papel luxuoso com fotos coloridas. Em contrapartida, permaneço fiel aos Hospitais da Ordem de Malta, que me parecem velhos aristocratas distintos, incapazes de desviar fundos ou de desperdiçá-los sem discernimento, como denota seu papel modesto, quase pobre, e seu envelope-resposta selado em tarifa econômica; contribuo também com a Anistia Internacional, por vezes, com os Médicos ("sem fronteiras", "do mundo"), com Raoul Follereau, mas jamais com a pesquisa médica na França.

---

25. Não faça perguntas e eu não direi mentiras.

Pisani vai embora e nos deixa preparar a sessão de domingo. Depois disso, saio com o amável Jean Lacouture, cujo livro sobre Jacques Rivière a Editora Seuil acaba de publicar.

Nos noticiários das 13h, ficamos sabendo do horrível atentado a bomba em um ônibus no centro de Tel-Aviv. Já são trinta mortos. A espiral de ódio romperá a espiral de paz?

Telefonema aterrador de meu Amigo anunciando que deveríamos evitar nos encontrar durante três meses. Aqui estou eu, simplesmente abandonado com meu livro, que sai dentro de uma semana

Tomo um Lexo duplo para dormir.

Quinta-feira, 20 de outubro. Manhã sinistra, recopio os fragmentos de meu diário referentes às minhas dificuldades com meu Amigo desde o mês de junho. Envio-os por fax dizendo-lhe: não é justo você dizer: "Você que me procure!". Ou melhor, eu o procurei em vão, sem encontrá-lo.
Estou sendo pressionado de todos os lados e invadido pela angústia e a desmotivação.

A sra. Vié deve vir buscar-me às 15h30 para participar do colóquio organizado por Claude Fischler. Meu tema: "Pensamento mágico, racionalidade, racionalização". Incapaz de concentrar-me, escrevo algumas notas incoerentes, pesquiso em meu livro *O conhecimento do conhecimento*[26] as páginas sobre o pensamento simbólico-mitológico-mágico. Recebo, então, um telefonema da companheira de meu Amigo que quer tentar esclarecer o "mal-entendido na comunicação". Segundo ela, isso se deve à minha implicância obsessiva (como a de meu pai, que menciono em *Vidal et les siens*), à minha maneira de gracejar, que é sentida como ironia, uma vez que meu Amigo está sobrecarregado, e ao fato de que nós dois não temos o mesmo senso de humor. Concordo com ela,

---

26. Edgar Morin, *La méthode 3 – la conaissance de la connaissance*, Paris: Seuil, 1992. Edição brasileira, *O método 3 – o conhecimento do conhecimento*, tradução Juremir Machado da Silva, Porto Alegre: Sulina, 2005. (N.Ts.).

compreendo que ele esteja irritado, mas ontem à noite ele ultrapassou os limites da irritação e claramente me rejeitou. Sinto, também, que o que sou e o que penso estão em questão. Ele está irritado, mas eu estou descontente com o próprio conteúdo de suas palavras.

Como a sra. Vié me espera no carro, desço apressado com minhas anotações e meu dossiê. Tenho a mente muito agitada e confusa para refletir sobre minha conferência durante o trajeto, ainda mais pelo fato de corrermos o risco de que diversas passeatas bloqueiem nosso caminho. Por fim, chegamos ao Hotel *Maison des Centraliens*, na *Rue Jean-Goujon*, no momento em que os participantes do colóquio fazem uma pausa em torno das mesas do bufê. Colocam uma pequena sala à minha disposição e, durante os minutos que me restam antes da minha apresentação, tento conceber algo em torno da "racionalidade" entre Caríbdis e Cila[27] (a racionalização e a magia). No instante em que entro na sala, uma universitária americana comenta a respeito de uma pesquisa sobre os cidadãos e estudantes de seu país, revelando suas atitudes irracionais ou "mágicas" no que se refere à alimentação. Na verdade, de acordo com os textos de comunicação que consultei, a maior parte das intervenções refere-se às atitudes mágicas em nossas civilizações contemporâneas, não nas sociedades arcaicas, e mostram que essa magia é recoberta pela máscara da "ciência". O terreno é propício para minhas ideias. Começo afirmando que qualquer distinção clara e evidente entre o racional e o irracional é mágica, que a racionalidade comporta não apenas argumentação, crítica e abertura para o que é irracionalizado ou irracionalizável, mas também autocrítica, que a racionalização, forma fechada da racionalidade, redescobre a magia etc. Em resumo, nos vinte minutos concedidos, consigo apresentar um plano organizado. Ufa, tudo saiu bem. Após a reunião, um participante me pergunta por que não falei dos intestinos. Eu: "Dos intestinos?". Ele: "Ora, das expressões que se utilizam nas quais eles estão subjacentes". Eu: "Isso ficará para um outro colóquio".

---

27. Na *Odisseia* de Homero, Cila é o monstro marinho que devorou seis dos companheiros de Ulisses; Caríbdis, filha da Terra e de Poseidon, foi fulminada por Zeus e lançada ao mar transformando-se em um monstro que tudo devorava. Ultrapassar Cila e Caríbdis simboliza a coragem para vencer qualquer dificuldade. (N.Ts.)

Depois, coletiva de imprensa na qual Fischler, Chiva e Igor de Garine respondem às questões dos jornalistas. Durante o coquetel que se segue, a sra.Vié e eu acertamos alguns negócios pendentes.

Volto para casa e assisto, já na metade, ao documentário *Le chagrin et la pitié*[28], que revejo com novo olhar, embora sempre cheio de interesse, após a ressurreição do problema Vichy nesses últimos anos.

SEXTA-FEIRA, 21 DE OUTUBRO. No *Le Monde* de ontem à noite, em um artigo intitulado "Kigali desacreditado", fico sabendo que os neogovernistas massacraram os hutus, mas menos do que os hutus haviam massacrado os tútsis. São eles, então, aqueles que punem? É o ciclo infernal do ódio que é preciso tentar cessar até que ele se rompa. O ódio é o inimigo dos hutus e dos tútsis.

Da mesma forma que o ódio é inimigo dos israelenses e dos palestinos. O ódio se inflama novamente entre eles após o massacre do ônibus. E tudo contribui para reacender o ódio: a extensão das colônias judaicas nos territórios ocupados (principalmente em Jerusalém e em torno dela), o congelamento das tropas israelenses que deveriam se "espalhar" para fora da Cisjordânia para as eleições, as inevitáveis represálias recíprocas. Tudo isso intensifica o ciclo infernal do ódio.

Na Assembleia de Knesset, Isaac Rabin declarou: "Vocês acreditam que teríamos conseguido localizar a casa em que o soldado Nashon Waxman era mantido refém, se tivéssemos respeitado literalmente o Relatório Landau (que autoriza uma 'pressão moderada' sobre os suspeitos)? Não! É preciso que nos permitam interrogar de maneira tal que possamos obter respostas. Não falo de tortura, sou contra a tortura...". Então, quais são os meios físicos não torturantes para arrancar as respostas?

---

28. *Le chagrin et la pitié* [*A tristeza e a piedade*], documentário francês, de 1969, do diretor Marcel Ophüls. Mesclando imagens de arquivo e entrevistas com oficiais alemães, colaboracionistas franceses e membros da Resistência, Ophüls comenta a natureza, os detalhes e as razões do colaboracionismo do governo de Vichy com os nazistas, no período de 1940 a 1944, desde o antissemitismo, a xenofobia e o medo dos bolcheviques até a simples precaução. A primeira parte, "O colapso", inclui extensa entrevista com Pierre Mendès-France, preso por atividades anti-Vichy e, posteriormente, eleito primeiro-ministro da França. A parte dois, "A escolha", apresenta uma entrevista com Christian de la Mazière, um dos sete mil soldados franceses que lutaram no fronte vestindo uniforme alemão. (N.Ts.)

Encontro com Athéna, sobre quem despejo minhas preocupações, meus pensamentos sombrios, minhas inquietudes. Como bom mediterrâneo, me faz bem falar de meus males e sinto-me revigorado. Ela me sugere ver na borboleta (eu lhe contei o que ocorreu em Ferrette) o signo de um novo nascimento...

Faço algumas anotações para o debate sobre a língua francesa, amanhã às 13h, na Rádio *Europe 1*, do qual devo participar, eu ao telefone, com Jean D'Ormesson, Jacques Toubon e mais alguém: em minha opinião, uma língua regenera-se com as contribuições oriundas de baixo (a gíria ou as gírias), do alto (os textos dos escritores) e do lado (os empréstimos estrangeiros). Se ela se regenera bem por baixo e pelo alto, os empréstimos vindos de lado são positivos e não ameaçam a língua. Uma língua vive pelo amor. Não somente o amor por "sua" língua, mas também pelas palavras, as frases, as cadências etc. Pessoalmente, não sou a favor da interdição dos empréstimos, com a condição de que a disciplina de ortografia, de gramática, de sintaxe, que se aprende na escola, seja respeitada.

A vida da língua francesa passou por uma bifurcação: ela se tornava uma língua florescente, prolífera, quando foi disciplinada por François de Malherbe e o Grande Século. No século XIX, essa disciplina fecunda tornou-se excessiva. Deixemos nossa língua viver. A meu ver, não existe perigo.

Sinto-me esgotado. Minha desmotivação se agrava.

Sábado, 22 de outubro. Edwige telefonou à companheira de meu Amigo, que lhe revela algo que dessa vez me abre os olhos e me arrasa. Está tudo arruinado. Quanto mais meu Amigo tiver falhado comigo, mais raiva terá de mim.

Sinto-me preso como um rato. Eu deveria ter deixado Paris há dez anos. Aqui, sou prisioneiro da mãe de Edwige, desse apartamento comprado (sem que o apartamento em que moro tenha sido vendido), enquanto poderia ter me instalado em Senlis, em Sens, que sei eu? Meu Amigo tornou-se um chefe nesse ambiente terrível e, desde então, segue os hábitos dominantes. Comigo, ele comete seu primeiro assassinato psíquico. Evidentemente, isso o traumatiza, mas ele se recuperará, assim como Trotski se recuperou de haver mandado atirar nos marinheiros de Cronstadt, que haviam salvado sua revolução.

Eu, porém, só peço para sair de cena, para deixar que os ferozes e os coriáceos se digladiem entre si. De qualquer modo, serei eliminado, sobretudo com *Meus demônios*. Partir, partir. Mas não posso abandonar Edwige em plena crise. Estou verdadeiramente preso como um rato.

Iasnaïa Poliana... Continuei a ler o livro de Cavallari sobre Tolstoi em pequenas doses, mas não li nada ontem, nem hoje.

Efetivamente, a borboleta, a borboleta de Ferrette era um signo, mas não de metamorfose, nem de nascimento. Era o anúncio de que agora minha alma deverá alçar seu voo...

A vinda desse professor de Montreal, que acabou conseguindo que eu lhe desse uma entrevista, alivia minha náusea. Ele me diz alguma coisa que, de súbito, cristaliza o que eu havia pensado sem ter formulado claramente: é preciso considerar o *corpus* romanesco como um *corpus* antropológico.

Não sei por que minha confirmação de participar, por telefone, do debate das 13h na Rádio *Europe 1* ainda não chegou à emissora. Às 12h45, uma mensagem é registrada em minha secretária eletrônica, eu atendo, mas trata-se de um fax, em resumo, não participei do programa.

Onze mil crianças judias foram mortas pelo sistema hitlerista, os campos de extermínio, os ss. A questão principal é saber se, em meados de 1942 (a Solução Final havia sido decidida por Hitler em janeiro de 1942), funcionários públicos franceses, como René Bousquet, já sabiam que os pais e, com isso, as crianças, estavam destinados à morte, ou se pensavam que os estavam enviando a campos de concentração interessados em explorar a força de trabalho dos deportados. É essa a questão que deveria ser pesquisada.

Em novembro de 1940, eu estava entre alguns estudantes que vieram manifestar sua solidariedade ao último curso de Vladimir Jankélévitch, expulso da Universidade pelo governo de Vichy; mais tarde, assisti a seus cursos privados no primeiro andar de um bistrô. No fim de 1941, início de 1942, tornei-me um resistente, comunista e, melhor ainda, um dos raros a querer ajudar os antifascistas alemães e austríacos, clandestinos na França, que faziam o trabalho mais perigoso que existia, obter informações dos alemães da Wehrmacht e incitá-los a desertar. Depois da Libertação, tomei a iniciativa de criar uma exposição sobre os crimes hitleristas, montada no *Grand Palais*. Meus adversários na polêmica atual se enraivecem por não poder me tratar de vichista, colaboracionista, antissemita... Eles saberão como punir-me.

À tarde, fui para a cama totalmente vencido. Edwige fez com que eu me levantasse para ir ao cinema assistir a *Comer, beber, viver*[29], um delicioso filme taiwanês de Ang Lee, que me arejou as ideias. Como o herói principal era um grande *chef* de cozinha, que preparava os pratos mais refinados e visivelmente saborosos diante de nossos olhos, na saída do cinema, todos os espectadores tinham um desejo irresistível por comida asiática. Por isso, fomos ao restaurante tailandês do Boulevard Beaumarchais para tomar uma sopa de carne refogada com talos de erva-cidreira[30] e raviólis de camarão cozidos no vapor.

Domingo, 23 de outubro. Hoje, debate na Sorbonne no âmbito do projeto "Cidade do Sucesso", iniciativa estudantil que reúne dez mil pessoas durante dois dias. Há seis debates simultâneos, um em cada anfiteatro. Estou com Georges Duby, Bronislaw Geremek e o diretor da *Le Point* para uma sessão sobre "a educação para a paz e a compreensão". Em meu pequeno discurso introdutório, explico que isso pressupõe uma tripla junção entre conhecimentos separados: os de nossa origem, que é terrestre e biológica, os de nossa natureza, que é única em sua diversidade, os de nossa era planetária, que permitem conceber nossa comunidade de destino. Unicamente essa junção nos possibilita conceber nossa Terra-Pátria sem, com isso, negar os enraizamentos e os retornos aos valores fundamentais das pátrias mais restritas... Para isso, porém, é preciso um pensamento que saiba religar e possa subs-

---

29. *Yin shi nan nu*, filme taiwanês, de 1994, do diretor Ang Lee; no elenco: Sihung Lung, Yu-Wen Wang e Chien-lien Wu. Título francês, *Salé sucré*. (N.Ts.)
30. Sopa de inspiração vietnamita muito valorizada nos restaurantes orientais de Paris. (N.Ts.)

tituir um pensamento que não sabe senão separar. Oponho Pascal a Descartes, recordo que a Sorbonne do século XVII condenou todos os progressos das ciências. A reforma das universidades só aconteceu no século XIX. Será preciso esperar até 2094 ou 2194 para que, aqui mesmo, se opere uma reforma de pensamento?

No decorrer desse debate, muitas questões enfocam a integração dos migrantes e a ideia de comunidades etnorreligiosas na França. Pessimista, Duby observa que os valores republicanos, cuja virtude integradora era tão forte no começo do século, se enfraqueceram muito, que nossa democracia é frágil. Argumento que a fraqueza da democracia, bem real, é também sua força, isso em relação ao totalitarismo e às ditaduras. Muitas ideias são discutidas. Essa efervescência intelectual e os aplausos fazem com que, por duas horas, eu esqueça de meu tormento.

Depois disso, volto para casa apressado, pois às 13h30 tenho um encontro com Yi-zhuang Chen.

Muito cortês, muito chinês, ele me presenteia com uma pintura sobre bambu representando dois grous, símbolos da longevidade. Embora ele já tenha almoçado, eu lhe proponho compartilhar minha refeição, e ele aceita. De modo bizarro, ele coloca um pedaço de carne de porco entre duas fatias de pão lambuzadas de mostarda. Exceto por isso, a coincidência de nosso modo de pensar é impressionante. Espero que ele obtenha uma bolsa de estudos para vir trabalhar em Paris sobre a "epistemologia complexa".

Após sua partida, caio em um sono profundo. Será que foi o *homus* comprado anteontem no restaurante grego? Eu deveria ter desconfiado. Tudo o que é passado no liquidificador se decompõe muito depressa, mas o *homus* estava muito bom. Esforço-me para acordar por volta das 17h para ir ao Senado assistir à homenagem pelos cinquenta anos de vida política de Edgard Pisani. A grande sala está lotada e telões de imagem foram instalados nas salas vizinhas. Do filme, que retrata os episódios-chave de sua vida, desde a Libertação de Paris, quando ele ocupou a Prefeitura sob a ameaça dos tanques blindados alemães, até os dias de hoje, eu afirmo que ele mostra dois atores: o tempo e ele mesmo. Sua voz permanece inalterável, sua fisionomia quase não mudou, exceto pela barba, negra como ébano no início, grisalha atualmente. Encarregado da "síntese" final, descrevo-o como um caminhante que desejou se inscrever na trajetória de seu tempo e na trajetória do mundo. Longe de ter sido um diletante político, ele se distingue por sua policompetência. Autônomo, mas recusando-se a ser um homem de aparelho, ele exerce sua autonomia gravitando ao redor de um astro de primeira grandeza. Trata-se de um grande servidor do Estado, mesmo sendo um homem de Estado em potencial. Sua abertura para o Mediterrâneo, para a África, para o Oriente Médio, ligada à sua preocupação com tudo aquilo que sofre, que é renegado ou negado, faz dele um resistente aos processos inexoráveis e impiedosos de nosso tempo. Um eterno adolescente. Concluo dizendo: "O modo como você desejou fazer dessa sessão uma defesa de tese, na qual você seria o arguido, demonstra isso. Assim, querido adolescente de barba grisalha, em nome de nosso júri unânime, eu o declaro *dignus est entrare in nostrum pantheonum*" [Digno de entrar em nosso panteão].

Saio antes do coquetel, pois sou esperado na *Rue Lhomond*, na casa de Véro. Vou a pé, por falta de meios de transporte. Nessa capa se encontram vários de seus amigos, todos devotados à causa bósnia. O que nos diz Francis Bueb, que acaba de chegar de Sarajevo, é terrível: até essas últimas semanas, ninguém tinha feito provisões de inverno, como se fosse para exorcizar a ideia de que haveria um terceiro ano de cerco. Agora que a cidade está novamente sitiada, eles correram para se abastecer de madeira, papelão, papel, fósforos. A miséria é tanto maior quanto mais é ocultada: as mulheres jovens andam fardadas, os cafés ficam cheios, embora não haja nada para beber. Francis conta que um grupo de combate montou um golpe audacioso, diversos quilômetros atrás das linhas sérvias, contra um posto de comando cujos ocupantes foram executados a facadas e granada. Desse modo, mesmo se houvesse soldados mulheres, esse seria um ato de guerra e não um massacre de civis. Quanto às relações entre sérvios, croatas e muçulmanos em Sarajevo, que um artigo de Rémy Ourban anunciava terem se degradado sob o efeito de uma radicalização do nacionalismo islâmico, ele afirma que há elementos nesse sentido, mas que foram exagerados. Assim, não é a televisão oficial que começa suas emissões com um "Salam aleikoum", mas uma emissora privada; talvez existam pequenas escolas nas quais as meninas usem o lenço na cabeça e onde ensinem o Corão, mas o ensino superior continua totalmente laico. Sarajevo permanece livre, não aprisiona ninguém por suas opiniões, diferente de Zagreb e de Belgrado, embora ali haja fortes tensões no exército e no governo. Fenômeno tranquilizador: o número de casamentos mistos não diminuiu após o início do conflito.

Francis Bueb nos mostra fotos da livraria francesa que criou e abriu lá. É tocante: toda essa literatura, romances e ensaios, clássicos e modernos, não é vendida, mas oferecida às bibliotecas e aos leitores que verdadeiramente a desejem.

Na hora de voltar para casa, digo a Véro, que viaja para Sarajevo na quinta-feira: "É bom o que você faz. Reconheço meu sangue. Mas a temperatura do meu está em 37° enquanto a sua ferve a 40°".

Aos amigos de Véro que me levam para casa de carro, confesso que para mim tudo isso é pior do que a Guerra da Espanha. "Mas por que pior?" "Porque a causa da Espanha republicana era ambivalente: desde o início houve o esmagamento das comunas libertárias de Aragão, seguido da repressão ao POUM[31], organizada pelos serviços secretos soviéticos, depois a repressão aos anarquistas de Barcelona. Enquanto, logo de início, Bósnia e Sarajevo simbolizavam a causa da Europa aberta, de uma Europa que rompia com a exclusão do Islã. Trata-se de um desastre irremediável..."

De fato, de agora em diante, eles estão abandonados, esquecidos. Por isso é absolutamente necessário que Francis escreva sua experiência de Sarajevo, que ele traduza os textos que nos mostrou. Essa é a única e última coisa a fazer: testemunhar.

De volta para casa, assisto a O milhão[32], de René Clair, que tanto me encantou quando eu era moleque. Que deliciosa palhaçada! Lembro-me perfeitamente de cada cena; os temas musicais que eu cantarolava, cantarolo-os de novo. E esse fim maravilhoso faz-me recordar o início, pois o filme começa pelo fim, quando os vizinhos erguem a tampa

---

31. Partido Operário de Unificação Marxista. (N.Ts.)
32. *Le million*, filme francês, de 1931, do diretor René Clair; no elenco: Annabella, René Lefèbvre e Jean-Louis Allibert. (N.Ts.)

de uma claraboia para ver do que se tratava a festa no ateliê de René Lefèbvre...

Durmo muito bem, isso porque todos os episódios do dia e o filme, no fim, refrearam meu desespero.

Entretanto, em minha secretária eletrônica, esta mensagem: "Edgar, você é um crápula", de uma voz feminina que acredito reconhecer como a de Marilu, em seguida um recado de Colette que me revela que Marilu está solitária e infeliz.

Segunda-feira, 24 de outubro. Esta manhã um telefonema de Annie. Foi ela que me chamou de crápula porque, em sua opinião, a mensagem que deixei gravada na secretária eletrônica (onde declarava que me encontrava "fora de circuito") é uma barreira para a amizade. Ela me dá o número de telefone de Marilu. Eu a chamarei mais tarde, pois, segundo ela, Marilu dorme até o meio-dia...

Todo o antigo amor me volta à memória pelo telefone. Depois, recebo um fax de meu Amigo. Caloroso. Será que ele me compreendeu?

À tarde, começo a assinar o contrato de serviços de divulgação de *Meus demônios*. E à noite acompanho o jogo no *Parc des Princes*[33].

Terça-feira, 25 de outubro. Café da manhã com a imprensa no CNRS.

Almoço na casa de Guy Sorman, com Michel Lancelot, Jean Claude Barreau, Philippe Alexandre. Esse último fala de seu livro *Plaidoyer pour Mitterrand* [*Justificar Mitterrand*] que se tornou *Plaidoyer impossible* [*Justificativa impossível*]. Sorman nos oferece o primeiro exemplar de *l'Esprit libre* [*O espírito livre*]. Jean Claude me acompanha até seu automóvel de serviço da Editora Stock. Volto para casa, mas chego atrasado para uma entrevista com Elias Sambar.

Esgotado, todo suado, sinto que uma recaída da rinofaringite se prepara. Felizmente, o dia de amanhã deverá ser repousante: uma única reunião no CNRS, às 12h30, com o novo diretor-geral, sr. Guy Aubert.

---

33. O *Parc des Princes* é um estádio desportivo, localizado na 16ª circunscrição de Paris, sede do time de futebol francês *Paris Saint-Germain*. (N.Ts.)

Véro viaja amanhã para Sarajevo.

Quarta-feira, 26 de outubro. Policiais nos acordam às 5h da manhã para avisar que nosso automóvel foi arrombado dentro do estacionamento. Temos dificuldade de voltar a dormir.

O vidro quebrado, o rádio furtado; deixaram a caixa de vinho Côtes-de-Bordeaux intacta, mas remexeram na caixa de Chambertin. Além de tudo, entendidos!

Na delegacia de polícia, um sujeito me explica que roubaram seu cartão de débito quando ele ia introduzi-lo na máquina de bilhetes. Ali há muitos negros, mas também indianos (ou paquistaneses), um mendigo me fala das distribuições de sopa popular na *Avenue Victoria*. Toda essa miséria humana é cercada, escondida, invisível em nossas sociedades civilizadas.

Encontro Michel Crozon para nossa reunião com o diretor do CNRS, sr. Guy Aubert (estatura imponente, fisionomia imponente), para quem apresentamos o projeto "Ciências e cidadãos". Ele se mostra favorável, mas inquieta-se com as eventuais derivações (políticas) nos clubes "Ciências e cidadãos" que vão se instituir pelo país.

A sra. Vié me faz companhia; almoçamos no bistrô do térreo e conversamos sobre o trabalho em curso. Depois disso, no meio dos engarrafamentos que precedem os feriados de Finados, levo meu carro para ser reparado na oficina de meu "primo" na *Rue de la Folie-Régnault*, em seguida tomo o metrô Père-Lachaise, para uma consulta com o doutor A. acerca de minha rinofaringite, e volto para casa de táxi (que leva uma hora para chegar).

Esse dia de repouso tornou-se o mais fatigante de todos.

Quinta-feira, 27 de outubro. Sono excelente, graças aos antibióticos.

Hoje de manhã, despertar agradável seguido por uma tempestade: vejo sangue onde não deveria ver. É a primeira vez na vida que isso me acontece. Fico logo convencido de ter um câncer. Ao me ver assim tão preocupado, Edwige me obriga a revelar o sangramento. Ela chama imediatamente sua amiga proctologista, que trabalha no Hospital Léopold-Bellan. Mimi Arnous, que dali a uma hora parte para Marrakech, me consegue uma consulta para segunda-feira de manhã com seu colega, o doutor D. M.

Tento portar-me como um nobre estoico. Venham a mim Epicteto, Sêneca[34]. Sejamos romanos: a mim, Petrônio. Divirto-me com meu teatro e isso me distrai um pouco da preocupação. A partir daí, lanço-me no desespero: isso pode não ser nada, rompimento de um vaso, hemorroidas não dolorosas. Passo sem cessar do otimismo ao pessimismo, tento habituar-me à ideia de minha própria morte. Lembro-me da borboleta de Ferrette, a partir de agora um símbolo fúnebre que me anuncia a partida de minha alma para o céu.

Esse golpe do destino vem juntar-se ao resto. Não posso mais suportar. Rumino a derradeira palavra de Tolstoi: "Escapar de tudo".

Felizmente, tenho que preparar minha comunicação para o colóquio sobre o capitalismo, organizado por Guy Sorman, na Fundação Singer-Polignac. Edwige está absolutamente adorável.

Em seu livro, *Le capital, suite et fins* [*O capital, consequências e finalidades*], Guy Sorman[35] escreve que o capitalismo traz as virtudes positivas do pacifismo e do materialismo. Das virtudes do pacifismo, não estou verdadeiramente persuadido. Quanto ao materialismo, ele provocará uma contracorrente: a satisfação material cria nova insatisfação, física e moral.

Não se deve esquecer, também, que o capitalismo se alimenta do imaginário e que ele próprio alimenta o imaginário, por meio do cinema, das mídias, da televisão. Ele se alimenta e alimenta a informação. Em resumo, seria necessário reconsiderar tudo, mas não tenho tempo nem cabeça para isso.

---

34. Juntamente com o Imperador Marco Aurélio Antonino (121 d.C.-180 d.C.), Epicteto (55 d.C.-136 d.C.) e Sêneca (4a.C- 45 d.C) compõem o grupo dos "novos estoicos" que valorizavam a virtude como principal qualidade ética da vida humana. (N.Ts.)
35. Guy Sorman (1944-). Economista e filósofo. Articulista regular do *Le Figaro* e do *Wall Street Journal*. O livro a que Edgar Morin se refere foi publicado pela Editora Fayard em 1994. (N.Ts)

O colóquio começou pela manhã. Assisto a uma interessante exposição de Yuri Afanassiev sobre a Rússia. Ele insiste no fato de que o stalinismo reforçou os fatores históricos anteriores. Hoje, o número de arrendamentos independentes, criados em 1980-1990, diminuiu, a criminalidade organizada alcançou um nível nunca visto antes; quarenta milhões de pessoas vivem em zonas ecologicamente sensíveis. Mais tarde, em sua exposição sobre a África, Michel Levallois indica que, ao contrário das ideias recebidas, uma extraordinária desenvoltura revitaliza a agricultura e a pesca na África sul-saheliana.

Por toda parte onde há esclerose, dificuldade, bloqueio, são as redes de confiança, a desenvoltura, as iniciativas, as mobilidades, as polivalências, os mercados informais ou os mercados negros que dinamizam as economias.

Quanto a mim, em lugar de tratar do capitalismo de crise, como previsto, faço minha exposição sobre as preliminares paradigmáticas do mercado, do capitalismo e, mais amplamente, da economia. Minhas cinco teses:

1. O mercado e o capitalismo são fenômenos auto-eco-organizadores.

2. Não se pode isolar nem o mercado nem o capitalismo do contexto e do complexo histórico/econômico/ social.

3. O desenvolvimento do capitalismo precisa do desenvolvimento dialógico de seu antagonista.

4. O anticapitalismo se desenvolverá com o desenvolvimento do capitalismo e se tornará virulento por ocasião de suas crises.

5. Um sistema pode ser diminuído e, finalmente, reforçado, ou pode ser devastado, ou melhor, destruído por uma crise. A crise pode não ser necessariamente econômica. Aliás, as crises futuras não virão *stricto sensu* da economia.

Foi como se eu falasse hebraico, mas fui cortesmente aplaudido.

Durante a pausa, pergunto a Alain Touraine[36] se em sua família de médicos haveria um proctologista. Que ele saiba, não. E não tem

---

36. Alain Touraine (1925-). Sociólogo vinculado ao CNRS. Sua análise sobre as democracias latino-americanas e sobre as contradições da globalização são de conhecimento obrigatório para as Ciências Sociais. Da mesma geração de Edgar Morin, visitou o Brasil em várias oportunidades, tendo participado do programa *Roda-Viva* da TV Cultura, em 2007. (N.Ts)

tempo de se informar, pois toma o avião para a Itália às 18h. Todo mundo desaparece.

Deixo o colóquio e sigo para o *Palais de L'Élysée* convidado por François Kurilsky, que recebe sua comenda da Legião de Honra das mãos do presidente da República.

No *Le Monde*, deparo com um artigo parricida.

Na plataforma Champs-Élysées do metrô, encontro Dionys Mascolo e Solange. Não posso impedir-me de lhes anunciar meu fim próximo. Ele exclama: "Mas não é nada, eu também já tive isso" etc. Suas palavras me reconfortam e, mais uma vez, prometemos nos rever.

No *Palais de L'Élysée*, chego a um grande salão onde os convidados conversam em pequenos grupos. Rostos desconhecidos, amigos dos diversos condecorados. Como um turista na Capela Sistina, procuro "meu" grupo e, por fim, encontro a esposa de Kurilsky, depois o próprio Kurilsky. No centro do salão, uma espécie de quadrilátero sagrado tem três quartos da área cercada por um cordão de isolamento, onde será realizada a cerimônia. Constato que serão sete ou oito condecorados. A solenidade está prevista para as 18h. Às 18h, nada. Às 18h15, nada. Às 18h30, nada. Todos permanecem de pé, como passageiros em uma sala de embarque de aeroporto. Chegada de Mitterrand às 18h45. Ele se desculpa, está de regresso de Blois. Seu rosto é de uma palidez quase cadavérica; a princípio, sua voz é fraca, a respiração curta, como se estivesse ofegante. Depois, progressivamente, ele se anima, sua voz adquire forma e força, sua fisionomia parece iluminar-se. Ele começa exaltando as qualidades de Dina Verny, a quem entrega a grã-cruz da Legião de Honra. Eu não a havia reconhecido, irei abraçá-la após a cerimônia e evocaremos Paul Thorez com emoção.

Observo fascinado a fisionomia de Mitterrand quando ele se dirige a cada um dos condecorados. Olho para seu destino, sua resistência à morte que agora lhe confere algo de soberano.

Converso um pouco com Georges Kiejman: segundo ele, se, no decorrer do programa de televisão com Jean-Pierre Elkabbach, Mitterrand tivesse declarado: "Sim, houve um crime de indiferença e também me considero culpado por ele", ele teria saído vencedor na entrevista.

Para mim, o crime é permanente, cotidiano. Hoje, como no passado, cada um recalca o que não quer perceber e depois esquece.

Quando volto para casa, na secretária eletrônica, encontro um fax da emissora *France 2* e um pedido do jornal *Le Figaro*, ambos querem entrevistar-me a respeito do lenço de cabeça islâmico (nove alunas que usavam o lenço foram excluídas do Liceu Faidherbe, em Lille). Tarde demais, não tenho tempo para isso. Pergunto ao telefone: "Por que eu?" "Porque é o senhor."

Sexta-feira, 28 de outubro. Meu trem para Poitiers, onde se realizam os encontros Ciências e Cidadãos do CNRS, cujo projeto científico presido desde a origem, parte às 13h55. Às 9h45, recebo um chamado do Hospital Léopold Bellan: como estará ausente na segunda-feira, o doutor D. M. se propõe a atender-me esta manhã, às 11h30. Correria. Quando Edwige e eu saímos (com minha bagagem), o Boulevard Beaumarchais está engarrafado, todos os táxis estão ocupados. Pegamos o ônibus e descemos em Saint-Gilles. Ainda não há táxis. De súbito, miraculosamente, deparamos com um que deixa seu cliente diante de nós. O motorista, um português experiente, evita os grandes corredores que conduzem às estações de metrô, pega a *Rue Saint-Jacques*, depois a Arago, a Froidevaux, e chega com menos de cinco minutos de atraso à *Rue Vercingétorix*. Formalidades. Depois, uma hora de espera. Sou o último a ser atendido. O doutor me coloca em posição; digo-lhe que permaneci virgem desse lado; ele faz três intervenções irritantes, bizarras, mas não dolorosas. Anuncia que sofro de hemorroidas, mas que, por medida de segurança, preciso fazer uma colonoscopia. Recuso-me a fazê-lo, declarando que sou anticolonialista. Ele propõe, então, uma radiografia, a ser realizada ali mesmo, no Hospital Léopold Bellan, cujo serviço é bastante competente. Aceito com pesar. Parece que devo adiar para mais tarde minha estoica saída da existência.

Acompanhado de Edwige, sempre adorável, vamos à estação Montparnasse, que fica a dois passos do hospital; deixo-a no terminal 96, depois tomo meu trem.

Meu vizinho de poltrona no TGV, o sr. Auguste Commeyras, é um químico, professor da Universidade de Montpellier. Ele trabalha sobre a origem da vida. Sua ideia original parece-me bastante convincente: a princípio, a primeira célula é a própria Terra, onde se forma, um pouco por toda parte, certo número de moléculas cada vez mais complexas. Depois, em certos locais privilegiados, constitui-se um processo em circuito, uma espécie de bomba que reúne, trata e recicla os constituintes cada vez mais complexos que se articulam uns aos outros e encontram em si mesmos seu próprio motor energético, via certas transformações químicas. Seu laboratório conseguiu reconstituir artificialmente as "bombas" que criam os circuitos, onde se operam as transformações de caráter pré-biótico, formando proteínas e aminoácidos. Sua hipótese é que, além de certo estado, esses circuitos podem produzir DNA. Desse modo, a vida não teria nascido do encontro entre ácidos nucleicos e aminoácidos, mas da autoprodução em circuito de todos os seus constituintes até a formação do primeiro ser arquicelular que, resumindo, seria fruto de um processo simultaneamente termodinâmico, cinético e químico. Esse processo autoprodutor e auto-organizador reforça minha concepção, segundo a qual autoprodução e auto-organização são inseparáveis da ideia de um circuito recursivo que produz, a partir de si mesmo, uma "maquinaria molecular natural pré-biótica" que comporta seu motor e seu carburante. O fato de que ele utilize espontaneamente essa noção de "maquinaria" segue o mesmo sentido do que expus em *A natureza da natureza*[37]. Faço com que ele fale muito, ele me mostra alguns textos e, principalmente, um projeto de artigo destinado à revista *Science ou Nature*. Ele diz: "A vida não pôde ser criada senão via um motor que teria sido ativado e colocado para funcionar em processo contínuo".

Evidentemente, o processo físico-químico é totalmente determinista, mas, ao mesmo tempo, não pôde se produzir senão em circunstâncias excepcionais, pois o próprio Commeyras acredita que houve um único ser vivo primitivo sobre a Terra. De qualquer forma, o que é notável é que ele ativou um dispositivo experimental que poderia continuar e mesmo progredir até a emergência de um ser vivo primitivo, análogo ao nosso ancestral, que emergiu há quatro bilhões de anos.

---

[37]. Edgar Morin, *La méthode I, la nature de la nature*, Paris: Seuil, 1997. Edição brasileira, *O método 1 – A natureza da natureza*, tradução Ilana Heineberg, Porto Alegre: Sulina, 2002. (N.Ts.)

Segundo a *Time Magazine*, os beneficiários da ajuda aos refugiados ruandeses são os instigadores do genocídio. Ainda na *Time*, um artigo intitulado "Adeus ao Solidariedade", revela que, após 14 anos, o sindicato polonês quase se desintegrou. O heroico operário dos estaleiros navais de Gdansk se tornou um presidente autoritário. Perdeu sua popularidade: o primeiro-ministro, ex-comunista, bate Lech Walesa de longe nas pesquisas. Mais uma vez, em alguns anos, as sublimes auroras tornam-se crepusculares. Assistimos à degradação de um movimento em seu contrário. Eu deveria tratar desse assunto em minha antropologia histórica. Agora que "meus demônios" já saíram de mim e que estou vazio daquilo que ocupava minhas entranhas cerebrais, o projeto de antropologia se instala em mim...

Penso em integrar nele, também, o problema do Estado-nação (sob o ângulo antropológico). Na origem, o Estado-nação se faz monorreligioso (Espanha, Inglaterra, França), segundo o princípio *cujus regio, ejus religio*. Depois, com o Édito de Nantes, ocorre na França uma tentativa de nação birreligiosa. Mas ele será revogado e será necessário esperar a laicização da política para admitir a pluralidade das religiões.

Retorno da polêmica sobre o QI: após os escritos de Arthur Jensen e William Shockley, no fim dos anos 1960 e começo dos 1970, *The bell curve* [*A Curva do Sino*], de Charles Murray e Richard Herrenstein quer de novo demonstrar, com base no QI, que a inteligência varia segundo as raças e pretende sustentar que 60 por cento (?) da inteligência é hereditária. A ideia de que a inteligência pode ser mensurada é uma ideia ininteligente e não menos ininteligente ainda é a ideia de fixar uma porcentagem para a hereditariedade.

No *Libé*, um artigo clama pelo divórcio entre Israel e Palestina. Esse divórcio mútuo deveria comportar a eliminação das colônias "ideológicas" na Palestina e efetuar-se progressivamente. Sobre a situação atual, o jornal *Suddeutsche Zeitung,* citado pela *Time,* adianta que existe "uma estreita conexão entre os progressos nos processos de paz e os ataques terroristas organizados por seus oponentes". O *An-Nahar*, um jornal de Beirute, publica: "Em lugar de ajudar as autoridades palestinas a reabsorver sua oposição, Israel as incita a uma guerra civil. É esse o preço exigido por Israel para a paz com os palestinos?".

Leio ainda que o suicídio-assassinato dos adeptos da seita Templo do Sol deveria ter provocado a morte de 54 membros (de fato houve um que escapou), que é o número de mestres da ordem do Templo queimados por Felipe, o Belo, em 1310.

Em Poitiers, um ônibus conduz os pesquisadores e participantes, passageiros do trem, ao Hotel Ibis, próximo do Futurocope onde acontecem os encontros Ciências e Cidadãos. Em 1990, François Kurilsky me havia confiado a "presidência do comitê científico" para um encontro entre pesquisadores do CNRS e "jovens"" em Arc-et-Senans. Em vista do sucesso obtido por esse novo tipo de encontros, sugeri torná-los periódicos e substituir a palavra "jovens" por "cidadãos". Para mim, esse foi o princípio de um esforço por "uma democracia cognitiva". O êxito dos encontros de 1992 e 1993, por sua vez, incitou-me a visualizar uma estrutura permanente em rede, muito aberta, nas cidades das províncias. Desse modo, quatro clubes Ciências e Cidadãos foram criados em 1994.

Ali presentes, estão René Monory, Guy Aubert, Jean-Marie Cavada, que fala da futura cadeia educativa. No decorrer do jantar, a discussão ainda gira em torno de Mitterrand e de Vichy. Schonen me "provoca": "Você, então, saiu em socorro de Mitterrand?".

Desisto do espetáculo e volto para o hotel, onde assisto ao fim do programa de Bernard Pivot sobre Jesus, depois adormeço após uma vã tentativa de leitura.

Sábado, 29 de outubro. A despeito de eu mesmo ter regulado o termostato, meu quarto recebe o ar condicionado frio. Apenas o banheiro está quente, graças a um aquecedor autônomo. Resfrio-me novamente, apesar de meus medicamentos.

Na sala de congressos, cedem-me um escritório, um Mac e um disquete no qual escrevo meu diário dos dois últimos dias. Como sinto um pouco de frio, vou circular pelas salas onde acontecem as oficinas: a oficina sobre as pseudociências, a do tempo, a do desenvolvimento das técnicas, a dos "funcionários pesquisadores, parceiros, mercenários missionários ou visionários". Tudo parece correr bem.

Após o almoço, é a vez da oficina "Complexidade nas ciências", da qual participo. Em virtude de negligências, ali estão quatro matemáticos, um neurofisiologista (Jean Requin), um professor sueco de Uppsala (Var Olovson) e eu. O neurofisiologista explica muito bem como o desenvolvimento dos conhecimentos sobre o cérebro conduz ao abandono de qualquer tipo de reducionismo e qualquer esquema simplista. O sueco nos fala do caráter caótico dos movimentos do coração. Ao contrário do que se pensa, eles só se tornam regulares quando a morte se aproxima. Os matemáticos, porém, tendem a fechar-se em suas matemáticas e, com isso, deixam de abordar os teoremas da incompletude... Eu havia feito uma brevíssima exposição preliminar. Levado a intervir cada vez mais, estimulado por questões e críticas, eu, de fato, domino o terreno, embora, a princípio, isso me incomode. No fim, um professor de física barbudo e simpático critica entusiasticamente minha asserção sobre o caráter marginal da invenção nas ciências e ironiza a complexidade, onde "tudo está no todo". Nesse ponto eu replico: "Sim, meu senhor, o tudo está no todo, a parte está no todo, mas o todo também está na parte". Lembro que a totalidade do patrimônio genético está presente em cada célula de nosso organismo, que a sociedade como um todo está presente em cada indivíduo, evoco o banquete no Château Beychevelle, em que um enólogo perguntou a Michel Cassé o que ele via em sua taça de vinho Bordeaux e ele respondeu que o cosmo inteiro estava ali presente, desde as primeiras partículas, surgidas há cinco bilhões de anos, até os primeiros processos de vinificação. "Perfeitamente, meu senhor, tudo está em tudo." "Bem", responde ele amavelmente, "voltaremos a discutir esse assunto diante de uma taça de vinho Bordeaux..."

Intimamente, digo a mim mesmo: "Tudo está no todo, o todo está no nada, o nada não é nada".

Ao sair, muito surpreso, encontro N'tone, que estava ali desde o início, mas não ousava falar comigo porque eu parecia ocupado demais. Jantamos com Claudion e os três jovens mosqueteiros que me haviam convidado. Abro a garrafa de Pessac-Léognan que um jovem me ofereceu (a quem eu disse: "Gostaria muito que os quatrocentos participantes tivessem a mesma ideia que você") e, degustando-a, confesso minha preocupação em encontrar um tema para meu discurso de amanhã de manhã. Minha pulsão seria a de falar da complexidade, mas não quero impor minhas ideias, bastante minoritárias no contexto oficial desses encontros. Procuro, procuro... Em ocasiões precedentes já falei da ciência e da racionalidade, da era planetária, e aborrece-me voltar ao mesmo assunto...

No fim do jantar, a ideia me vem: "religar, religar". Religar as ciências e os cidadãos, religar os indivíduos atomizados na perda das antigas solidariedades etc., mas, também, religar os conhecimentos separados, contextualizar, globalizar etc., e finalizar com a visão cósmica do início desse mundo de separações, deslocamentos, rupturas, colisões, destruições, no qual algumas forças frágeis puderam religar núcleos, átomos, formar os astros, religar os átomos em moléculas, depois as moléculas em macromoléculas e terminar em nossas necessidades de vida – sermos religados pela amizade e o amor – e nossas necessidades de pensamento...

Tomo um copo de vinho rapidamente com Ketty Lecoq e N'tone e subo para o quarto a fim de preparar minha conferência.

Domingo 30 de outubro. Às 8h30 da manhã, os cerca de 350 participantes instalam-se no grande anfiteatro de setecentos ou oitocentos lugares, que parece ainda mais solene pelo fato de que um vasto espaço separa as primeiras poltronas e a tribuna, ela própria grande demais, tanto que os relatórios dos "jovens relatores" sobre suas oficinas não foram seguidos de aplausos, como aconteceu em Arc-et-Senans, local muito mais favorável ao calor humano. Cada um dos relatores critica a tendência dos pesquisadores ou professores de se lançarem em discursos ou discussões acadêmicas, a insuficiência ou a inexistência de pesquisadores em ciências humanas na maior parte das oficinas. A oficina sobre o liberalismo econômico e a que tratou do desenvolvimento técnico foram palco de discursos "ideológicos". A oficina sobre as "pseudociências" e o da "ciência e mídias" sofreram da arrogância cientificista e do desprezo do pesquisador em relação aos divertimentos de massa como o futebol etc. Tenho cada vez mais a impressão de que houve uma regressão em relação aos anos precedentes.

O relatório sobre a complexidade menciona apenas meu nome, em detrimento dos outros palestrantes, para o escândalo de uma pesquisadora, furiosa com o fato de que não se tenha citado senão aquele que tem o "poder". Ressalto que nem minhas ideias nem minha pessoa têm poder no CNRS, mas sua reflexão me deixa muito triste.

O tempo passa. O atraso na programação é considerável, por isso, não me resta mais do que meia hora para fazer meu discurso de uma hora. Sinto-me enregelado pelo grande anfiteatro e, simultaneamente, pela frieza das reações do auditório a tudo que precedeu e pela necessidade de fazer cortes em meu discurso, que, com isso, ficará ainda mais abstrato. Mal começo a falar, porém, fico logo possuído por meu demônio pregador. Para minha grande surpresa, recebo longos aplausos que se tornam cada vez mais ritmados. Teria ficado decepcionado se não tivesse sido aplaudido dessa maneira. O aplauso transformou-se em minha droga.

Almoço do tipo *self-service*. Ônibus. Estação. Trem. Leitura do *Le Monde* sobre a ofensiva bósnia, depois outro artigo que me desperta grande interesse, mas durmo profundamente e o esqueço.

Em Montparnasse, Bernard Paillard e eu tomamos o ônibus 96. Não sei por que acabei lhe revelando meu encontro com o Abade Boyer, personagem medieval, truculento, alucinado, que estava persuadido de que o Apocalipse era iminente e que o único refúgio seria seu eremitério de Notre-Dame de Fátima, um conjunto de cabanas de madeira construídas nas charnecas por seus discípulos barbudos. Evoco sua capela-lanchonete que servia simultaneamente de local de culto, de bar e de sala de refeições. Depois, a prisão de Boyer em seguida ao rapto da filha de Pompon, o abandono por seus amigos eclesiásticos, meu testemunho em seu favor por ocasião de seu processo em Estrasburgo (o único, junto com o de Roland Cahen, o tradutor de Jung: dois judeus...), sua expulsão do eremitério pelos proprietários, o restaurante montado pelos monges barbudos, e sempre essa mesma obsessão do Apocalipse iminente. Uma senhora estava sentada ao nosso lado. Ao levantar-se, ela me diz: "Desculpem, ouvi sua conversa, o Abade Boyer morreu há três anos, soube disso por uma amiga que o conhecia bem".

Essa morte chega para mim como chega, muito tempo depois, a explosão de uma supernova, acontecida há centenas de anos-luz. Fico atordoado. Bernard desce na estação Cité do metrô, penso novamente no abade que via em Johanne a boa quebequense criada em um convento, sinal de que ela desempenharia, como Joana D'arc, a boa Lorena, um papel capital para o rei da França; na ocasião, eu também recebi do abade a promessa desse destino soberano. A lembrança de todas essas coisas que me divertiam reforça minha tristeza.

Chego em casa. Na secretária eletrônica há um recado de Jean Duvignaud, informando que A. havia sido encontrado pela empregada em seu gabinete, ao que parece em crise delirante, e foi conduzido ao Hospital Cochin.

Molhado de suor, fatigado, organizo os papéis, tomo um banho e coloco o pijama. Sentindo-me um pouco melhor, vou para o Mac. Edwige chega e, por sua vez, é saudada pelos doces miados de Herminette. Ela também regressa muito esgotada da casa da mãe... Comemos um *koulibiak*[38] que acompanho com duas taças de vinho Beychevelle (estou decidido a beber meu bom vinho em vez de guardá-lo como um tesouro).

Assistimos a um episódio de *Derrick,* meio lento, semelhante aos do Inspetor Maigret[39].

Segunda-feira, 31 de outubro. Despertar tardio, às 9h30. Faço algumas compras no *shopping*.

O desenvolvimento do ser de terceiro tipo, que é a sociedade humana, a partir de agora com seu sistema neurocerebral artificial e suas possibilidades de manipulação por meio de seu centro de decisões, não vai sufocar a autonomia individual? A consciência individual não

---

38. Kulebiak é uma saborosa torta salgada russa, tradicionalmente recheada de peixe, arroz, ovos picados e cogumelos. (N.Ts.)
39. Referência ao famoso personagem do escritor belga Georges Simenon (1903-1989). (N.Ts.)

terá sido nada além de um momento transitório? A ideia do indivíduo soberano não foi apenas um estado provisório que deve desaparecer?

Correspondência em atraso. É preciso calma.

Na interessantíssima revista *Le Recours aux Forêts*, há um artigo de Jean Dutourd sobre a degradação de Paris. Até o Segundo Império não havia belos bairros: como ocorre ainda em Lisboa, ricos e pobres habitavam as mesmas casas. Hoje em dia, a segregação é total. A vida popular está degradada, não existe nenhuma familiaridade, convivialidade; em contrapartida há a pressa, o estresse...

Carta de Anne Lazarevitch que, por meio de uma experiência clínica vivida, mostra a total insuficiência de concepções atuais sobre os efeitos do psíquico sobre o organismo. Ela defende a humanização da medicina que, segundo ela, seria "uma revolução no reconhecimento do outro". Mas não se trata ao mesmo tempo de reconhecer o que é um ser humano, um sujeito...

Bruscamente, essa narrativa de Anne Lazarevitch sobre os efeitos do psiquismo esclarece meu sangramento: minha psique sofreu tanta pressão que, ao mesmo tempo, meu corpo somatizou tudo em meu próprio ânus. Meu organismo expressou meu sentimento e meu mal.

Edwige recebe uma carta espantosa do Comitê de Distribuição de Prêmios do *Reader's Digest*, que lhe atribuiu, por unanimidade, o *status* honorífico de "cliente especial", tratamento de favorecimento recebido "devido à sua categoria".

Novembro

Terça-feira, 1º de novembro. Dia calmo. Esse dia dos mortos me dá novo gosto pela vida. Respondo à correspondência atrasada, por fax e por carta.

Roger Lallemand telefona para avisar-me de que está de passagem por Paris. Gostaria muito de encontrá-lo para jantar, mas não tenho forças para abandonar meu sedentarismo e minhas pantufas.

Às 19h, porém, movido por uma súbita vontade de comer pistaches, calço os sapatos. Na mercearia balcânica, peço pistaches do estoque: exposto ao ar livre, o pistache se hidrata e amolece.

Preparo as massas. À mesa, Herminette cheira os espaguetes do prato de Edwige um a um.

Quarta-feira, 2 de novembro. Levanto às 8h, tomo o táxi às 9h45 para Orly: vou ao 1º Congresso Mundial de Transdisciplinaridade que terá lugar no Convento de Arábida, ao sul de Lisboa, organizado pelo seu messias, Basarab Nicolescu[1].

---

1. Basarab Nicolescu (1942-). Físico teórico, presidente do CIRET, *Centre d'Études et de Recherches Transdisciplinaires*. Autor do livro *La transdisciplinarité: manifeste*, Paris: Éditions du Rocher, 1996. Tradução brasileira, *O manifesto da transdiciplinaridade*, tradução Lúcia Pereira de Sousa, São Paulo: Trion, 2002. (N.Ts.)

Em Orly, encontro Nicolescu, Eiji Hattori (recém-chegado do Japão), Madeleine Gobeil, da Unesco. Por causa de minha ciática, viajo na classe executiva, ou classe *"Navigator"*, como é referida na TAP. Almoço correto, embora o vinho Dão seja de tipo comum. Embolso o guardanapo decorado com uma imitação de azulejos.

Segundo um relatório especial da *Time Magazine* sobre a situação terrestre dois anos após a reunião de cúpula do Rio de Janeiro, muitas esperanças foram frustradas: a proteção do meio ambiente recua como prioridade política; a poluição, a acumulação de resíduos nocivos e a extinção de numerosas espécies progridem. Um quadro exibe a análise do crescimento da emissão do dióxido de carbono, dos carbonos clorofluoretados e a diminuição das áreas florestais nos cinco continentes. O buraco de ozônio estratosférico amplia-se. Um capitalismo verde desenvolve-se, mas os governos não fazem nada para contribuir na transferência de tecnologias verdes em regiões do mundo em desenvolvimento que necessitam delas.

Ainda na *Time*: de acordo com as informações fornecidas pelo telescópio *Hubble*, o universo será velho dentro de oito a 12 bilhões de anos e não, como se acreditava antes, em 15 bilhões de anos, o que colocaria em questão os cálculos sobre a formação do universo e, talvez, o *Big Bang*.

Na *Phréatique*, esta frase de Basarab Nicolescu: "A distância de si consigo mesmo é maior do que o raio do universo".

Na *Le Recours aux Forêts*, Michel de Sablet mostra-nos como a cidade sofre cada vez mais os *"déficits* relacionais", desde o desaparecimento das fontes, dos lavadouros públicos etc. Acrescenta-se a isso a asfixia das cidades pela circulação de automóveis, que por si só contribui para o sufocamento da sociabilidade. Os congelados e os grandes supermercados, além do sistema de telecompras, reduzem as oportunidades das pessoas caminharem pelas ruas de comércio e destroem as relações pessoais entre fornecedores e clientes. "A essência comunitária da cidade está em vias de ser mentalmente riscada do pensamento e da sensibilidade humana." O autor cita Rabbi Mayer Schiller: "Somos todos invadidos pelo sentimento de não ter poder algum sobre a trajetória dos acontecimentos. Não temos mais controle sobre a gestão das estruturas que governam nossas existências". É claro que no passado não exercíamos tanto controle assim, mas havia menos anonimização e atomização. O núcleo familiar, também em crise, compensa essas faltas? Não existe remédio estritamente urbanístico, trata-se de um problema mais profundo e global de civilização. Daí advém a necessidade de uma política de civilização.

Enquanto o avião aterriza, faço uma pequena sesta, mas devido à minha rinofaringite sinto dores de ouvido. Chegada a Lisboa, Lima de Freitas e Bracinho Viera recebem os cerca de quarenta participantes. Após a travessia sublime do Rio Tejo, o ônibus segue em direção a Setúbal e começa a subir a Serra de Arrábida. O céu está encoberto, chove, mas as paisagens são extraordinárias: oliveiras verde-acinzentadas, terra vermelha, vinhas de folhas avermelhadas e, por vezes, à direita, uma breve vista do mar. Depois, no decorrer da subida, penetramos em um nevoeiro cada vez mais denso. O motorista, que não consegue ver mais do que dois metros à sua frente, segue fielmente a faixa da estrada e diminui a velocidade, temeroso de perder a entrada da estrada de terra que conduz ao convento. Por sorte, ele a encontra, mesmo em plena neblina.

É preciso descer a encosta, cujo caminho se tornou impraticável: o grande ônibus é substituído por um micro-ônibus que faz o percurso de ida e volta. Aproximamo-nos dos prédios de cor branca. Um deles será a sede da reunião, outro, mais distante, é onde se localizam os quartos, limitados a dez.

Embora não se enxergue nada, a sensação de isolamento na natureza, a ideia de convento encantam-me e me acalmam. Assim como Rousseau na Ilha de Saint-Pierre, após todos os sofrimentos, sinto-me "longe dos malvados". Além disso, tenho até mesmo a vantagem de estar isolado do barulho, do estresse, do telefone, do horror parisiense.

Tudo ainda continua envolto pelo nevoeiro. Meu quarto é uma cela confortável, bem aquecida, cuja janela dá para uma larga oliveira retorcida, imponente, frondosa, além da qual, suponho, esteja o mar.

Instalo-me, ocupo meu tempo: de acordo com o programa, o Presidente Mário Soares inaugurará o congresso às 17h30, mas conto com o atraso presidencial estrutural somado à desaceleração conjuntural devida ao nevoeiro. Em vista disso, ao redor das 5h30, tomo banho. O telefone toca com insistência. Nu, todo molhado, corro para atendê-lo. O presidente chegou há cerca de meia hora... Deus meu! Enxugo-me com toda a rapidez, visto-me, esqueço meu relógio, esqueço o livro que desejava dar a Mário Soares. Saio do quarto. Um frade dominicano português chega esbaforido em minha direção e acompanha-me correndo sob a chuva. Na sala todos estão sentados e, na tribuna, o único lugar vazio é o meu. Peço desculpas, sem graça, dizendo que tomava uma ducha e que não esperava encontrar um presidente da República tão pontual. Como sempre, Mário Soares é muito cordial comigo.

Após a sessão de abertura, o presidente vai embora, bem como parte dos congressistas que descem rumo à cidade de Setúbal sob a chuva e o nevoeiro. Fico feliz de permanecer ali. Somos cerca de vinte pessoas na sala de refeições. A discussão prossegue vigorosa na mesa de Nicolescu, onde René Berger e eu fazemos nossas críticas a seu projeto da Carta da Transdisciplinaridade. Bebe-se o vinho local à vontade e o peixe, cujo nome ninguém pôde traduzir-me para o francês, é muito saboroso. Lamento que não haja o queijo do Azeitão, queijo de ovelha da região. Às 20h, volto para minha cela. Como a televisão não me oferece nada de interessante, ou melhor, inteligível, organizo as notas para minha apresentação de amanhã de manhã; em seguida, leio o último capítulo do livro de Jose Jiménez Lozano, *Sobre judios, moriscos y conversos,* que trata da sobrevivência de *cultèmes*[2] islâmico-hebraicos na sociedade espanhola até os dias de hoje, o que, segundo o autor, testemunha o fracasso histórico da Inquisição. Pessoalmente, creio que, muito pelo contrário, a Inquisição conseguiu tornar esses *cultèmes* subterrâneos e inconscientes.

Adormeço muito cedo e acordo muitas vezes.

QUINTA-FEIRA, 3 DE NOVEMBRO. O sol surgiu de manhã, entre os galhos e folhas de uma oliveira, vejo o oceano cinzento e prateado. Da sacada, avisto as diferentes construções do monastério, todas brancas, as capelas minúsculas que delimitam o caminho em forma de cruz sobre a imponente colina de coníferas. Plantadas nos arredores de nosso edi-

---

2. Fragmentos culturais.

fício, há oliveiras muito antigas, de troncos enormes, com galhos nodosos, dos quais alguns, esgotados, estão sem folhas, enquanto outros verdejam. No mar, muito tranquilo, não se vê nenhum barco, nenhum navio. Esse lugar preservado, protegido, me envolve, afugenta de mim os miasmas morais e físicos de Paris. Quanta paz, calma, beleza. É nesse lugar que reside minha verdade, quer isso agrade ou não àqueles que acreditam que finjo me sentir exasperado em Paris. Imagino ficar aqui por um tempo indefinido, com intervalos pontuados por cafés da manhã, almoços, jantares. De minha mesa, que coloquei diante da janela, vejo minha grande oliveira com seus dois cotocos cortados, como se fosse um ferido de guerra, mas ainda com alguns galhos valentes, e depois, o azul cinzento do mar que de modo quase imperceptível se une ao cinza-azulado do céu. Não ouço nada, nem mesmo os pássaros. Entretanto, esse silêncio me invade, me preenche...

A manhã iniciou-se com minha apresentação (caramba), seguida de outra exposição interessante de Anthony Judge. Após o debate, por volta das 11h, esquivei-me e fui para meu quarto para escrever meu diário de ontem. Depois, reuni-me aos outros para o almoço na sala de refeições, onde me regalei com dois deliciosos gratinados de bacalhau, um em forma de purê, o outro em pedaços. Para minha alegria, enquanto eu degustava meus gratinados, Antonio Alçada Baptista[3] chegou.

Na sessão que copresido, luto contra o sono, apesar do interesse das exposições, em seguida retiro-me novamente para meus aposentos, após ter caminhado uns cem passos pelo terraço com Raúl Motta[4].

Ele me fez descobrir esse texto surpreendente de Juan de Mairena, um heterônimo de Antonio Machado, fato que eu ignorava. Eu traduzo: "Vivemos em um mundo essencialmente apócrifo [...] ordenado e construído inteiramente com base em pressupostos indemonstráveis, postulados de nossa razão designados como princípios da lógica que, se forem reduzidos ao princípio de identidade que os resume e se resume neles, constituem um único e magnífico pressuposto [...] O

---

3. Antonio Alçada Baptista (1927-2008). Advogado e romancista. Foi diretor da Editora Moraes, em Portugal. (N.Ts.)
4. Raúl Motta (1951-). Diretor da revista eletrônica argentina *Compejidad*. Diretor da Cátedra Internacional Unesco Edgar Morin, CIUEM. (N.Ts.)

apócrifo de nosso mundo comprova-se pela existência da lógica, pela necessidade de colocar o pensamento de acordo com ele mesmo, de forçá-lo, de certo modo, a que ele enxergue somente o suposto ou o posto por ele, excluindo-se todo o resto. Diga-se de passagem, o fato de que nosso mundo é inteiramente cimentado sobre um pressuposto e poderia ser falso é algo terrível, ou, então, de acordo com o ponto de vista, consolador".

Enquanto espero alguém vir buscar-me para ir a Lisboa assistir ao *vernissage* do Museu Vieira da Silva, adormeço. O telefone acorda-me brutalmente. Alguém me informa que perdi a apresentação de Basarab. Sinto-me desconfortável com o fato.

No carro de René Berger estão sua esposa e a canadense Madeleine Gobeil, delegada da cultura na Unesco. Por longo tempo paralisada, em virtude do capotamento de um caminhão carregado de ácido sobre a estrada, a circulação de veículos continua engarrafada. Um motorista nos conduz habilmente pelas tortuosas estradas rumo à ponte sobre o Rio Tejo. Engarrafamento, também, na entrada do Museu Vieira da Silva, onde uma enorme fila se forma atrás do grupo presidencial. Graças a uma manobra napoleônica, esgueiro-me pela ala lateral a fim de admirar, com toda tranquilidade, um grande número de telas, principalmente sobre Lisboa.

Encontro o presidente, sempre muito cordial, depois vou até a porta do Museu sentar-me em um banco de pedra, ao lado de uma nobre dama portuguesa vestida com uma capa. Ela olha para mim e pergunta: "Você não seria Etiemble?". "Não, não..." E para agradá-la acrescento: "Tenho a cabeça meio redonda como a dele, mas ele é muito maior do que eu". Ela se cala e depois: "Você se parece com Edgar Morin". Não desminto e ela se apresenta: "Eu sou Lise". De súbito o rosto da nobre dama portuguesa, tão imponente, transforma-se sob meus olhos deixando transparecer o da "pequena Lise", a discreta amiga de Marilu que conheci há quase quarenta anos. Trocamos informações e eu lhe revelo que, solitária e pobre, Marilu foi morar em uma casa de família nos arredores da cidade italiana de Siena. Eu lhe passo o número do telefone de Marilu e afirmo que ela ficará muito feliz de ter notícias dela.

Vou juntar-me aos outros em um restaurante próximo, onde se oferece um banquete reunindo os admiradores de Vieira da Silva. René e eu devoramos as deliciosas entradas. Os convidados são distribuídos em pequenas mesas. Em nossa mesa há um grande crítico de arte dedicado há quarenta anos à obra e ao próprio Vieira da Silva, que elegeu como mãe. Adoro esses devotamentos amorosos. Brincamos muito com René e falamos também de coisas tristes. Às 22h30, saímos do restaurante. Novamente imobilizados em um terrível engarrafamento antes da ponte sobre o Tejo, chegamos a Arrábida à meia-noite e quinze. Tudo está mergulhado na escuridão. Alguém emerge da noite com uma lanterna de bolso anunciando que uma violenta tempestade havia cortado a eletricidade. Entregam uma vela a cada um de nós. Como um neofranciscano, vou para minha cela, faço minha higiene pessoal e, após ter soprado a chama da vela, adormeço.

Sexta-feira, 4 de novembro. A campainha do telefone ressoa em meus ouvidos às 7h30. Fico contrariado e durante toda a manhã continuarei com minha vontade de dormir. No café da manhã, desculpo-me por minha ausência com Basarab, que me absolve com magnanimidade. Na reunião sobre a realidade virtual, sento-me ao lado de Helena Vaz da Silva, com quem troco algumas palavrinhas: "Desde quando você se tornou virtual?". "Desde que você renunciou a ser virtuoso." "Como você pode estar simultaneamente em Lisboa, Bruxelas, Estrasburgo, em Algarve?" "Ainda não tenho resposta para essa questão." Mas ela acrescenta que, como eu, ainda não perdeu o gosto pela diversão.

Coisas interessantes são ditas sobre o mundo virtual: "Não se trata mais de uma simples possibilidade não realizada, é o poder oculto do real. E, com a informática, trata-se de um desdobramento que cria um universo real. Segundo Philippe Queau, a descoberta do virtual não é uma nova descoberta da América, mas o desdobramento de uma nova forma de estar no mundo, de visualizar o real e nossas representações dele. O virtual integra-se no real, torna-se uma modalidade do real e modifica nossas relações com o real".

Marcel Camus me passou um livro de poemas de Roberto Juarroz, intitulado *Douzième poésie verticale* [*Décima segunda poesia vertical*]. Nele leio:

Siempre se llega	*Sempre se chega*
pero a otra parte	*mas a outra parte*

E ainda:

Todo pasa	*Tudo passa*
Pero a la inversa	*Mas ao inverso*

E também:

Se alguém o interroga sobre o mundo
Responda simplesmente:
Alguém está morrendo

E enfim:

Eu me viro do seu lado
Na cama ou na vida
E percebo que és feita de impossível

Em sua exposição, René Berger evoca o fenômeno da apoptose: morte programada tendo-se em vista uma metamorfose.

Como ele fala do Paracleto, percebo que essa palavra grega, que é a transcrição de meu nome hebreu, significa "o consolador". Excelente exposição de Françoise Bianchi sobre a literatura.

No fim, bastante fatigado, almoço com Raúl Motta (reunidos por Françoise). Falamos de Antonio Machado e de Fernando Pessoa, nossas paixões comuns. Em seguida, volto para minha querida cela. O céu está azul. A vista da sacada é infinitamente boa, como se fosse uma resposta, um remédio. Às 15h30, uma campainha me desperta da sesta para solicitar uma entrevista de televisão. Suplico que me chamem meia hora mais tarde e volto a dormir. Às 16h30, mais uma vez sou acordado pela campainha. É Raul Motta, cuja palestra prometi traduzir do espanhol para o francês. Encontro grande prazer nesse papel inesperado.

Assisto a três intervenções (entre elas a de Motta), após as quais alguém vem procurar-me para a entrevista de televisão.

Retorno à minha cela – minha *querência* – para meditar por uma hora antes do jantar. De súbito, penso que em *Meus demônios* coloquei-me psiquicamente nu, não apenas aos olhos de meus amigos desconhecidos, mas também aos olhos dos porcos e dos chacais.

Volto para minha cela imediatamente após o jantar, continuo a leitura do livro de Jiménez Lozano, que mostra até que ponto havia a interpenetração de muçulmanos e judeus católicos nas Espanhas até o século xv e a obstinação que a Inquisição teve que desenvolver para erradicar o islã e o judaísmo nos séculos xvi e xvii.

Sábado, 5 de novembro. Vejo o nascer do sol extraordinário entre os galhos e as folhas de minha oliveira. Ouço os pássaros que haviam emudecido durante o mau tempo. De minha sacada, contemplo os prédios do convento que, por serem brancos, se destacam no verde da montanha. O céu está azul, o mar cinza-azulado estende-se ao infinito. Irei deixar essa paz. Sinto uma paz inesperada no meio de minha grande fadiga e da tristeza causada pela dupla defecção. Sem jornais, sem contato com o mundo exterior, exceto por um vislumbre da cnn, que me informa principalmente sobre a continuidade da ofensiva bósnia. No decorrer das reuniões, mergulho nos problemas que me apaixonam; fora das reuniões e da cela, desfruto da companhia de amigos amáveis.

Após o café da manhã, reunião com Basarab Nicolescu e Lima de Freitas para tratar da "Carta da Transdisciplinaridade". Em seguida, Lima de Freitas me conduz a Lisboa para uma visita à casa de Helena e Alberto Vaz da Silva. Almoçamos em um restaurante de peixes às margens do Rio Tejo. Durante o almoço, Alberto me pergunta se já fui psicanalisado. "Não." "Você fez muito bem."

E ele me fala a respeito da reação de Rainer Maria Rilke[5], a quem se propunha uma psicanálise: "E meus anjos? O que você faz com meus anjos?".

Eles me deixam no aeroporto. No avião, Paris me desce goela abaixo com o *Le Monde*. Um artigo cita meu nome entre os membros da comissão Minc, embora nunca tenha posto os pés ali, nem dado nenhum conselho. Um anúncio de página inteira divulga um número especial "Os cinquenta anos do *Le Monde*", com sua multidão de colaboradores, entre eles, alguns do exterior. Vejam só, embora eu escreva para esse jornal desde 1963, desapareci dessa retrospectiva.

Termino *O segredo da flor de ouro*, de Carl Jung, que li em pequenas doses, e do qual retirei muitas frases:

"O intelecto é um inimigo da alma quando tem a audácia de querer captar a herança do espírito [...] O espírito é superior ao intelecto, pois não apenas o compreende como também ao coração (Gemüt)."

"A consciência desenraizada é testemunha de uma liberdade prometeica, mas também de uma Hubris."

A que mais me emociona, porém, é a seguinte:

"Somos possuídos por nossos conteúdos psíquicos autônomos, exatamente como se eles fossem deuses. Atualmente, eles são denominados fobias, pulsões, em resumo, sintomas neuróticos. Os deuses transformaram-se em doenças..."

Mais do que pensar que o demônio é uma ilusão, o Ocidental deveria experimentar novamente a realidade dessa ilusão... "em lugar de esperar que seus humores, seu nervosismo e suas ideias insensatas lhe venham mostrar, da forma mais dolorosa, que ele não é o dono de sua casa".

Ao nos familiarizarmos com o Oriente, "entramos em contato com o que é estrangeiro em nós".

Em Paris, ideias sombrias vêm ao meu encontro; as vilanias, as maldades desse ambiente assustador invadem meu espírito; a inquietude pelos exames de segunda-feira no hospital toma conta de mim.

---

5. Rainer Maria Rilke (1875-1926). Romancista e poeta tcheco. Em 1902, Rilke foi para Paris, para trabalhar como secretário do escultor Auguste Rodin. Sua publicação póstuma, *Cartas a um jovem poeta*, de 1929, é lida até hoje por pensadores dos mais variados matizes. (N.Ts.)

Considero a solicitude e a ternura um oásis em meio a essa infelicidade.

Uma carta de Milan Kundera[6] me dá um tremendo prazer, sobretudo a seguinte frase: "Fiquei entusiasmado pelo capítulo 'A recusa do castigo'". Ele sublinhou três vezes a palavra entusiasmado. Trata-se do capítulo[7] que me valerá a maior rejeição.

O programa *Les Grosses Têtes* no canal de televisão TF1 me distrai as ideias e quase sempre me faz gargalhar, sobretudo a história do Arcebispo de Canterbury, que só pode ser contada com o sotaque inglês.

DOMINGO, 6 DE NOVEMBRO. Desperto tarde, às 10h30. Tristeza infinita.

Vou ao mercado com Edwige e isso me faz um certo bem. Procuramos em diversas farmácias um medicamento prescrito para o exame de segunda-feira de manhã, indispensável, mas impossível de encontrar. Finalmente, Edwige descobriu na lista telefônica uma farmácia situada na *Place Clichy* que vende o medicamento. Vamos buscá-lo. Minha correspondência permaneceu dispersa, apenas entreaberta. Felizmente, ainda tenho forças para continuar com esse Diário.

No programa *7 sur 7*, François Chirac. Sua obsessão em tornar-se presidente me impressiona. Li na *Le Point* os extratos do livro de Catherine Nay, *Des amis vieux de trente ans* [*Os amigos de trinta anos atrás*]: essa história Chirac-Balladur é shakespeariana, mas sem veneno, nem punhal, exceto nas palavras. Observa-se, também, o temperamento dos dois amigos que se tornaram inimigos, um violento, que ataca e desfere seu golpe, o outro que se esquiva, recua, lança uma estocada, depois espera outra vez. Chirac formula muito bem essa evidência, a cada vez verificada e novamente ilustrada: o poder muda os homens.

---

6. Milan Kundera (1929-). Romancista e ensaísta. Autor de nove importantes romances que problematizam a condição humana sob uma ótica cosmopolita. Crítico dos totalitarismos, em especial do soviético, envolveu-se nos acontecimentos da Primavera de Praga. O romance, *The umberable ligthness of being*, de 1983, foi levado ao cinema em 1988. *A insustentável leveza do ser*, título do filme no Brasil, foi dirigido por Philip Kaufman e recebeu duas indicações para o Oscar; no elenco: Daniel Day-Lewis, Juliette Binoche e Lena Olin. Desde então, Kundera nunca mais autorizou adaptações de seus romances para o cinema. A obra de Kundera está quase toda traduzida no Brasil. (N.Ts.)
7. Edgar Morin refere-se a um ítem do capítulo III de *Meus demônios* intitulado "Autoética". Na edição brasileira, a referência encontra-se entre as páginas 93 e 98. (N.Ts.)

Balladur sucumbiu ao doce canto das sereias do poder que, assim como o canto tematizado por Modest Moussorgski em sua ópera *Boris Godunov*, é embriagador, voluptuoso. Ele agora é implacável e odeia ainda mais seu ex-amigo, pois traiu seu compromisso com ele (detestamos aquele a quem traímos). Escutamos a voz da amizade quando ouvimos a sereia do poder, ou a voz do poder intelectual e da glória?

Pressinto, mas talvez me engane, que Chirac será vencido.

Penso novamente no fracasso do assassinato político de François Mitterrand. Todos esses Brutus que, de adaga em punho, se precipitaram sobre o presidente caído por terra, ao vê-lo se erguer, enfiaram o punhal no bolso, assobiando com ar distraído.

Tomo o medicamento antes e após o jantar. Dolorosos efeitos noturnos.

Segunda-feira, 7 de novembro. Levanto cedo para ir ao Hospital Léopold Bellan, onde devo fazer a radiografia do cólon e dos intestinos. Para começar, um enema duplo de água morna. Espera. Termino de ler *L'universo e noi* [*O universo e nós*] de Gian Paolo Prandestreller, cuja conclusão sensibiliza meu coração: "O problema da verdade na perspectiva íntima coincide com o fato de se reunir um mínimo de confiança e de esperança na sociedade e no mundo. Em boa medida, ele corresponde à pergunta que, em certos momentos, cada um de nós se faz: se vale a pena viver quando alguns fatos acontecem. Mais explicitamente, se o amigo ou a amante nos trai, será que vale a pena permanecer ainda neste mundo?".

Eles me chamam e me levam para uma cabine onde fico nu em pelo. Mais espera, nu sobre uma placa de matéria plástica gelada, depois sob um aparelho radiológico. Injeção de uma solução de sulfato de bário. Tenho a impressão de estar em um posto de gasolina: lubrificação e troca de óleo. Em posição horizontal, sob o aparelho radiológico, fazem-me virar, desvirar, mover a cabeça para baixo, depois para cima. Uma interminável inspeção, sempre com a cânula no reto. Por vezes, consigo ver as imagens de meus intestinos em uma tela: admiro essa surpreendente maquinaria que funciona em nós e da qual não temos consciência senão quando está desregulada. Finalmente, eles me liberam. Diagnóstico negativo, quero dizer, positivo para mim. Sou invadido pela alegria, entusiasmado por meu cólon. Com isso, meus tormentos de traição desvanecem, como se eu pudesse cessar de escrever com meu sangue "Ele vai me matar".

Edwige me leva para almoçar em um restaurante libanês nas vizinhanças do hospital, onde me regalo com uma salada de berinjelas e com o homus.

Volto para casa. Em minha correspondência há uma carta de Athéna, com esse belo enunciado a respeito desses "etnocentrismos que se exasperam, quando a dissolução das raízes interiores que nos afastam de tudo deveria nos abrir para o Todo".

Noticiários da noite no canal *France 3*. As inundações do Midi. O comentarista fala a respeito das cidades isoladas, privadas de luz e de telefone. Há sessenta, oitenta anos não se teria evocado o corte de luz, pois essas cidades ainda não tinham energia elétrica. Até 1950, ninguém teria evocado a falta do telefone. Hoje, o verdadeiro isolamento reside nisso: não mais nas estradas interrompidas que, elas sim, provocam o verdadeiro isolamento, mas no corte da eletricidade, que priva a casa de luz, de eletrodomésticos e quase sempre de calefação, ou no corte de telefone, esse extraordinário meio de comunicação de pessoa a pessoa.

Jantamos com Pepin e Cécile no restaurante marroquino Le Mansouria e planejamos um *réveillon* comum em Majorca.

Não voltamos para casa muito tarde e, já na cama, assistimos ao fim de um episódio de Perry Mason[8].

"Gosto muito desse cara", digo eu a Edwige. Ela fica indiferente...

TERÇA-FEIRA, 8 DE NOVEMBRO. Na *Time Magazine*, encontro a seguinte frase extraída da carta de um leitor: "Nós que somos a força de trabalho americana sabemos que estamos derrotando a concorrência, mas, nesse processo, estamos derrotando a nós mesmos".

---

8. Perry Mason, série de televisão americana que foi ao ar de 1957 a 1966; seu criador foi Erle Stanley Gardner; no elenco: Raymond Burr, William Hopper e Barbara Hale. (N.Ts.)

A descoberta de um osso fóssil de tiranossauro parece demonstrar que esse animal tinha mais parentesco com os pássaros do que com os répteis, e que o cruel carniceiro cuidava ternamente de sua cria.

Encontro cordial na Editora Seuil, com Jean-Claude Guillebaud[9], meu novo padrinho, e Dominique Miollan, minha nova madrinha. Depois, vou ao Restaurante Lapérouse encontrar com Michel Winock, justamente para falar de meu diário. Sempre fui fascinado pelo Lapérouse, mas jamais pus meus pés ali. Um porteiro de capa e chapéu de caçador inglês me abre a porta. Penetro respeitosamente no local, à minha esquerda vejo um bar-salão de espera deserto, subo a escada, chego ao primeiro andar. Quando vou ao toalete, vejo diversas escadas que conduzem a salões particulares, todo um universo do começo do século. Conversa com Winock sobre meu diário. Amanhã lhe enviarei um disquete com os seis primeiros meses, ainda sem corrigir nem depurar. Estamos mais ou menos de acordo sobre todos os acontecimentos que surgem na conversa, exceto no que se refere à defesa da língua francesa. Penso que a língua francesa é bastante forte e não precisa da ajuda da lei. Ele se inquieta com as devastações do inglês.

Do restaurante, sigo até a parada do ônibus 58/70 onde um encantador espetáculo me emociona: uma bela jovem caminha pela calçada, os olhos fixos em uma carta que lê com um sorriso de felicidade.

Na sala de espera de minha cinesioterapeuta, onde felizmente cheguei adiantado, leio o exemplar da *Paris Match* publicado quando eu estava em Portugal, no qual há uma entrevista de Philippe Alexandre a respeito de seu livro sobre Mitterrand, que me parece muito mais implacável do que ele anunciava no banquete em que o encontrei. Segundo sua tese, o comportamento de Mitterrand, principalmente em relação a Patrice Pelat, não é explicável se não se mencionar sua filha natural. O importante, porém, está nas fotos: a fisionomia séria e sensível da jovem, a atitude ternamente paternal do presidente, o rosto ligeiramente inclinado para o lado, olhando para a filha, talvez falando

---

9. Jean-Claude Guillebaud (1944-). Escritor argelino, com dezenas de livros publicados, suas reflexões fazem parte do circuito universitário das humanidades, e Edgar Morin é referência constante em suas publicações. Atualmente escreve uma coluna semanal na revista *Le Nouvel Observateur*. (N.Ts.)

com ela. Mais uma vez, o ataque excessivamente duro de Alexandre e a transgressão do princípio de respeito à vida privada dos homens políticos viram a favor da vítima.

De novo, é preciso repensar esse personagem complexo, que se tornou bastante comovente e, no entanto, sempre impiedoso com aqueles que lhe criam obstáculo, por último, há um ano, com Michel Rocard.

A cinesioterapeuta começa pela fase voluptuosa da massagem e termina pela fase impiedosa da malaxagem.

Leitura rápida do *Le Monde*, mais atenta na página consagrada à Bósnia, que se interroga sobre "o mistério da derrota das forças sérvias". Uma hipótese entre outras: um golpe de Slobodan Milošević que teria infiltrado o estado-maior de Radovan Karadžic.

Segundo a televisão, o Tribunal Internacional de Haia julgou um torturador sérvio... "A primeira vez, desde Nuremberg", afirma um comentarista, parecendo ignorar que antes de Nuremberg jamais havia existido um tribunal de crimes de guerra.

Um pequeno artigo sobre uma passeata dos comunistas para celebrar o aniversário da Revolução de Outubro em Moscou, dia em que todo mundo trabalhou normalmente. O historiador Dmitri Volkogonov estima em 21,5 milhões o número de vítimas dos expurgos stalinistas de 1929 a 1953.

Faço companhia a Edwige no jantar, depois vou à reunião da Universidade Itinerante euro-árabe na casa da sra. Akram Ojjeh, presidente da Universidade, que, segundo me disseram, é uma viúva jovem e riquíssima. O motorista do táxi que me conduz é um adepto de Mitterrand, caso raro em sua corporação. Ele pertence à raça não menos rara dos nascidos nas classes populares de Paris. Ele começa afirmando que o trabalho intelectual não cansa, o que lhe vale meus fortíssimos protestos: "Sem dúvida, o que você quer dizer é que esse trabalho não é embrutecedor, que não é monótono, que é autônomo e que torna seu autor responsável pelo que faz, mas, dito isso, ele cansa...".

Em seguida, passamos aos candidatos à presidência. Ele está persuadido de que Mitterrand é tão astuto que manipula Chirac e Balladur, e trança os pauzinhos que lhe permitem fazer com que os dois se destruam mutuamente em benefício de seu candidato Jacques Delors[10], que, ele sim, será eleito. "Ah! Ele é forte, ele é astuto", exclama ele com admiração. "Mas também é um matador", digo para moderá-lo um pouco. "Mas isso é preciso, meu senhor, isso é preciso quando se faz política!"

Ele me deixa na grande porta de um grandioso hotel particular, situado na *Place des États-Unis*. Valetes uniformizados. Um deles me conduz por uma grande escadaria, em meio a algumas estátuas (entre elas, um *Beijo* de Rodin), até chegar a um salão no qual sou acolhido pela encantadora viúva, bem como por Nadir M. Ariza, o reitor da Universidade Itinerante. O embaixador de Portugal, que é poeta e escritor, me diz coisas amáveis, assim como algumas personalidades que desconheço, muitas das quais, fico sabendo, também são embaixadores, poetas, escritores. Ali se encontra, também, Olivier Giesbert, que tem o mesmo ar sonolento do General Kutuzov, mas cujo olhar subitamente se anima quando alguma coisa desperta seu interesse. Dominique Lecourt pergunta-me sobre "o sucesso extraordinário" da complexidade, replico que é preciso moderar ao máximo essa impressão. E acrescento, "Isso é uma pena, pois a preocupação de complexificar, ou melhor, de perceber a complexidade e de tratá-la, estimula permanentemente a atividade". Em seguida, passamos a um vasto salão ocupado por uma longa mesa de conferências. Ali se encontra Camille Aboussouan, escritor libanês que conheci em 1945 e que havia publicado em sua revista, *Cahiers de l'Est*, o texto denominado "Nosso colaboracionismo", que eu escrevera para a *Weltbuhne*[11]; ele me havia feito descobrir Kemal Joumblat, que depois foi assassinado. Não nos vimos mais desde 1946... Assim como eu, Aboussouan perdeu os cabelos. Aziza nos apresenta o formato dos encontros futuros, esclarecimentos cruzados de problemas que se desenvolverão sob o encantador título "Os jardins do conhecimento".

Depois disso, servem-nos pratos libaneses e eu novamente me regalo com o homus e as berinjelas.

---

10. Jacques Delors (1925-). Político francês, presidente da comissão europeia entre 1985 e 1995. Organizador do Relatório Unesco da Comissão Internacional sobre Educação para o Século XXI. A equipe coordenada por Delors elaborou um relatório intitulado *Os quatro pilares da educação*, voltado para a reforma do ensino e dos educadores. (N.Ts.)
11. A revista antifascista de Berlim, proibida por Hitler, que reapareceu em 1945.

Às 23h30, explico à minha encantadora anfitriã que, tal como Cinderela, é imperativo que eu volte para casa à meia-noite. "Como, o senhor não é dono de si mesmo?", diz ela. "Sim, mas somente até a meia-noite..."

Chego em casa à meia-noite em ponto.

Quarta-feira, 9 de novembro. Que catástrofe tem sido o universo desde seu começo! E que luta marginal, sublime e vã a vida empreendeu contra essa catástrofe em um pequeno planeta perdido entre bilhões de astros!...

Visita de Hannelore Gadatsch, que vem preparar o programa do canal Arte sobre "a angústia", do qual participarei, em dezembro. Ela é bastante me-tó-di-ca. Estamos de acordo no que se refere à abordagem do tema no plano histórico e como problema de civilização, mas não sob o aspecto dos diferentes níveis de angústia segundo as categorias profissionais.

Jantar na casa de Sami Naïr. Enquanto esperamos Moreau e Jean-Pierre Chevènement, ele me conta como foi sua conversa com Salman Rushdie em Estrasburgo: após uma fase dedicada à sua proteção física, Rushdie atravessou um período de depressão que o levou a considerar o suicídio. Depois disso, adotou uma atitude religiosa: "Que seja feita a vontade de Alá. Morrerei quando tiver que morrer e considero-me como morto". Desde então, passamos a vê-lo como um ativista contra a intolerância.

Fico sabendo que, em Estrasburgo, Pierre Bourdieu excluiu Bernard-Henri Lévy, que, no entanto, é um dos primeiros rushdistas. Em represália, bhl fez com que se anulasse a retransmissão de uma discussão de quatro horas com Rushdie no canal Arte (cujo comitê ele preside). Que ambiente!

Os outros convidados chegam. Longa discussão com Chevènement. Quanto à atitude dos Estados Unidos no que se refere ao Iraque, ele a reduz totalmente ao petróleo: os ianques mantêm o bloqueio para que Saddam Hussein desnacionalize o petróleo em benefício das companhias americanas. Pior ainda, segundo ele, os americanos programam os choques petrolíferos com antecedência para recolher benefícios da situação. Replico que o embargo é apoiado também pelos produtores da OPEP, principalmente pelos árabes, que desejam evitar a redução da flutuação dos preços pela entrada do Iraque no mercado. Ele invalida o argumento como inessencial. Para ele, os Estados Unidos manipulam tudo.

Quanto à França, ela está perdida como nação, os franceses tornaram-se preguiçosos etc. Por toda parte, ele não vê senão o abandono, e a Europa de Maastricht lhe parece um assassinato.

Na volta, não posso me impedir de assistir, até quase as duas horas da manhã, ao *L'Africaine*,[12] o belo filme de Margarethe von Trotta.

QUINTA-FEIRA, 10 DE NOVEMBRO. Café da manhã só de frutas: de manhã comi uma pera cujo gosto exótico resulta de um amadurecimento já no limite da decomposição.

Viajo para Viena para a Reunião de Cúpula dos Dirigentes da Revista *L'Expansion*, onde farei uma apresentação sob o tema "Uma política de civilização, ela é possível?". Prisioneira de sua mãe, Edwige desiste de acompanhar-me. Irei ver e ouvir Jacques Delors, Raymond Barre, Michel Rocard, e viver essa reunião de cúpula para alimentar meu diário.

No avião, os rostos familiares de Jean-Louis Servan-Schreiber e sua esposa, Jean Boissonnat, Michel Albert, Alexandre Adler e Gérard Moatti, redator-chefe da *L'Expansion*, ao lado de quem estou sentado. Como leio na *L'Obs*[13] o dossiê especial consagrado a René Bousquet, falamos de Bousquet, de Vichy e dos anos 1940-1942. Adoro evocar essa época, narrar os inícios da Resistência, as grandes reviravoltas, em resumo, explicar as coisas rememorando-as. Fico satisfeito com o olhar de Moatti, que descobre aspectos desconhecidos da realidade.

O jantar não tem as qualidades que eu esperava de um voo especial.

Em Viena, somos alojados no Hotel Ana, um hotel de grande luxo; cada quarto está equipado com um computador que, acoplado ao apa-

---

12. *L'Africana*, filme alemão, de 1990, da diretora Margarethe von Trotta; no elenco: Stefania Sandrelli, Barbara Sukowa e Sami Frey. (N.Ts.)
13. Termo utilizado pelos franceses para se referir à revista semanal *Le Nouvel Observateur*. (N.Ts.)

relho telefônico, permite comandar a iluminação, o rádio, a televisão etc., e se dirige ao cliente na língua de sua escolha.

A sessão inaugural está prevista para as 18h30, com o discurso do chanceler Franz Vranitzky, mas como, às 18h19, minha bagagem ainda não havia chegado, não posso vestir-me para a cerimônia. Peço informações junto à recepção do hotel e fico sabendo que a maior parte das bagagens havia sido esquecida no aeroporto e, por isso, o caminhão precisou voltar até lá.

Minha mala chega na última hora, visto-me e vou à primeira sessão, muito oficial, onde o chanceler austríaco insiste no fato de que a neutralidade se tornou um fator importante da identidade austríaca. Em seguida, não sou mais vítima do esgotamento físico de final de tarde.

Recepção na embaixada da França. Durante o aperitivo-coquetel, as conversas dos 180 convivas recobrem totalmente o som do pequeno quarteto musical que interpreta Mozart. No jantar, a embaixatriz Catherine Clément[14] convida-me a sentar à sua mesa: Raymond Barre está à sua esquerda e Delors, à sua direita. Estou sentado entre Delors e a esposa de um alto funcionário do Tesouro, a sra. Pibereau; ao lado de Barre, está Pierre Lellouche, um jovem deputado degaullista cheio de vitalidade. O jantar começa com conversas paralelas. Como Delors me confia que deseja escrever um livro sobre Maio de 1968, eu lhe explico como minha visão de Maio de 1968 modificou-se em 1978 e, depois, em 1988. Catherine Clément, que se entretinha com Barre, entra em nossa conversa, expressa sua repulsa por Maio de 1968, e declara ter aderido ao Partido Comunista após ter visto uma fogueira de livros na Sorbonne. Depois, ela evoca Claude Lévi-Strauss, a quem ama e admira imensamente, que lhe teria confessado que, mesmo em uma idade avançada, o coração sempre tem 15 anos. Ele teria declarado, também, que quando se passa dos 75 anos, não é preciso mais ver pessoas... (Para mim ainda restam mais de dois anos para esse final feliz.) Mais tarde, Delors se queixa do vazio político na esquerda, eu lhe respondo que é exatamente por esse motivo que o estimulam a "ir e ocupá-lo". Olhar

---

14. Catherine Clément (1939-). Romancista e ensaísta. Uma das melhores comentadoras da obra de Claude Lévi-Strauss. Seus ensaios *Claude Lévi-Strauss, la structure et le malheur*, Paris: Seghers, 1974, e *Claude Lévi--Strauss, collection Qui sais-je?*, Paris: Presses Universitaires de France, 2002, são referências importantes para o entendimento das ideias do autor. (N.Ts.)

indignado da embaixatriz; defendo-me de ter transgredido o tabu. Com evidente sinceridade, Delors confessa que preferiria refletir, estudar. Ele gostaria muito que eu me aprofundasse sobre a informatização da sociedade.

Ao dirigir-se à minha vizinha de mesa, esposa de um alto dirigente do Tesouro, que conhece há bastante tempo e aprecia muito, ele lembra que também trabalha para o governo, e vejo como seu senso de servidor público está enraizado em sua experiência pessoal e profissional.

Com Barre e Lellouche, a conversa dirige-se para a hipertrofia da função presidencial. Assim como Lellouche, creio eu, lembra que De Gaulle indicava as grandes linhas e deixava o governo tomar as iniciativas no sentido definido, Barre afirma todo satisfeito que De Gaulle era um rei preguiçoso. Mais tarde, cada vez mais satisfeito, Barre fala do tédio do poder: deve-se passar a vida debruçado sobre dossiês, receber pessoas e jantar com elas – com quem não se tem nenhuma vontade de encontrar –, sobrecarregado de obrigações penosas, não se tem mais tempo de ir à ópera, ao cinema... "Não se tem mais vida", concluiu ele. Delors concorda. Mas por que, então, essa fascinação, essa obsessão, esse desejo lancinante pelo poder? Lellouche pergunta à Delors e a Barre: "Então, se alguém lhes oferecesse o poder, o que fariam?".

Delors, sem demora, respondeu: "Teria que ser por sufrágio universal... Bem entendido".

Barre: "Eu o assumo, mas os importuno tanto que no fim de seis meses convoco um referendo e vou embora." "Mas e se você ganha o referendo?" "Então devo ficar..."

Delors, de novo: "Eu assumo o poder, mas creio que no fim de seis meses não poderia ter feito nada".

Ele está persuadido de que as margens de ação são mínimas e que o poder é impotência. Ao mesmo tempo, sente-se que ele está motivado a intervir. Lellouche explica que, mesmo em seu nível de prefeito de subúrbio, as pressões são tantas que ele se vê bloqueado por toda parte.

No que se refere aos programas de televisão *Bêbête-Show*[15] e ao *Des Guignols de l'Info*[16], enquanto a maioria dos convivas se apressa em elo-

---

15. Programa de televisão francês criado por Jean Amadou, Stéphane Collaro e Jean Roucas. Foi exibido no canal de TF1, de 1983 a 1995, e utilizava marionetes para satirizar os políticos da época. (N.Ts.)
16. O programa *Des Guignols de l'Info*, por vezes denominado simplesmente *Les Guignol*, é uma paródia de

giar o *Des Guignols* e a vomitar no *Le Bêbête-Show*, Barre afirma: "O *Bêbête-Show* é bem melhor". "Mas é maldoso!" "Esse tipo de programa deve ser maldoso."

O fim do jantar é inteiramente caloroso, muito vivo, muito alegre... Fico ainda mais contente de ter conseguido a matéria peri-histórica para meu diário.

Sexta-feira, 11 de novembro. Esse dia de festa na França é um dia de luto na Áustria, que foi então desmantelada e reduzida a um minúsculo território. É exatamente nesse dia que o Parlamento vai votar a entrada do país na Europa.

Só me levanto às 8h30 e falto à primeira sessão da manhã. No *Le Monde*, há uma resenha do livro de Pascale Froment sobre René Bousquet, onde aparecem complexidades, apagadas por ocasião do grande ataque contra Mitterrand, que o comentarista indica, mas que logo tende a reduzir por meio de epítetos desqualificadores.

Chego quando a sessão está no fim. Ouço dizer que a demanda asiática constitui um dos maiores motores da atual retomada econômica e que a moeda única é uma necessidade vital para a Europa. Raymond Barre tira as conclusões da manhã: A tendência atual é melhor do que a que havia no decorrer dos últimos vinte anos. Estamos em uma fase de expansão a longo prazo, na qual o desenvolvimento da informática tem seu papel; na qual aparecem novos mercados (Ásia etc.); na qual os grandes fenômenos inflacionários estão controlados; na qual manifestam-se os esforços para combinar a eficácia da economia de mercado e os mecanismos de coordenação, isso exatamente porque existem riscos "sistêmicos". Os antigos tipos de risco (como a crise provocada pela queda de Wall Street em 1929) têm poucas chances de retornar, mas subsistem os riscos provenientes do inesperado.

Após a sessão, somos conduzidos de ônibus pela cidade chuvosa e cinzenta. Ao passarmos diante do monumental Hotel Hilton, nos-

---

um noticiário de televisão que utiliza marionetes para caricaturar o mundo político, as mídias, as celebridades, a sociedade francesa e o mundo atual. Desde sua criação, em 1988, tem exercido importante influência na cultura popular francesa. (N.Ts.)

sa guia austríaca nos informa que em cada uma de suas temporadas em Viena, Pavarotti reserva a suíte que ocupa todo o último andar do hotel. Às gargalhadas, ela acrescenta que Pavarotti cozinha seus próprios pratos da cozinha italiana. Felizmente, ela não vê nisso senão uma extravagância e não a preocupação de evitar a cozinha austríaca. Chegamos à Taverna Griechenbeist, na parte velha da cidade, considerado o mais antigo restaurante de Viena, onde nos servem escalopes vienenses, *strudel* de queijo, com um vinho novo e agressivo.

Em meio a todos esses altos executivos, minha impressão é de que essas pessoas, mais jovens do que eu, são mais velhas; sem dúvida alguma, porque têm uma fisionomia muito séria.

Enquanto o grosso da comitiva vai visitar a Catedral de Saint-Etienne, alguns de nós, inclusive Delors, voltam ao hotel. Sua apresentação deverá ser às 17h. Despeço-me dele dizendo: *"A la cinque de la tarde"*.

Ele imita o touro e não o matador; minha conclusão é a de que ele não tem o inconsciente de um assassino.

Em meu quarto, tento reunir notas e ideias para minha apresentação, mas fico só nos planos, sem conseguir preparar um.

A intervenção de Delors é séria e importante: oficialmente, ele faz seu testamento-mensagem europeu após dez anos de exercício no cargo de presidente da União Europeia; intimamente, todos se perguntam se o Delors que termina suas funções em Bruxelas já não é um Delors começando no *Palais de L'Élysée*.

Segundo ele, a crise da Europa deve-se à quase simultaneidade da desaceleração econômica, dos choques monetários e da tragédia iugoslava dos últimos anos. Hoje em dia, há retomada econômica, êxito da política agrícola comum, retorno da credibilidade da união econômica e monetária, êxito da passagem do número de aderentes europeus de seis para 12, realização do GATT[17], abertura confirmada para os países do Leste europeu (mas com necessidade de um bom acordo com a Rússia, que foi assinado em Corfu), avanço do pacto de estabilidade na Europa, sobretudo no que se refere às minorias e às

---

17. Acordo Geral de Tarifas e Comércio. (N.Ts.)

fronteiras, reequilíbrio da Europa em relação aos países mediterrâneos. Nada, porém, é adquirido de forma durável no plano econômico; como sempre, não há nem política exterior, nem defesa europeia, nem institucionalização política. Por isso, de maneira incerta, a Europa encontra-se entre sobrevivência e declínio.

Por falta de uma infraestrutura militar autônoma para considerar uma operação até mesmo preventiva, a despeito das consultas entre ministros das Relações Exteriores, nenhuma política externa comum pode ser imaginada ainda. A unanimidade paralisa.

Sempre segundo Delors, o sistema previsto para uma Europa constituída de seis, depois de 12 membros, torna-se ingerenciável com 16 (menos ainda com 28). Ele ressalta, enfim, a grande luta entre os pró-federalistas e os intergovernamentais.

A uma questão de Alexandre Adler sobre a Alemanha, Delors responde que ele não tem medo da Alemanha. A Alemanha não considera uma solução de substituição à Europa. Ela não se fecha diante das dificuldades da unificação. Muito pelo contrário, ela prossegue com suas deslocalizações a fim de baixar seus preços de revenda e instalar-se nos mercados futuros. A França deveria e poderia fazer o mesmo esforço. Mas há um vazio na política francesa desde 1991. Não existe mais impulsão francesa. A França está muda. Pelo fato de ter medo, de estar assustada, ela subestima seus próprios trunfos e não responde aos apelos da Alemanha.

O ato único é uma árvore de tronco único que deveria ter seu ramo político. Existem nove países a favor da árvore, dois contra (a Inglaterra e os Países Baixos) e uma abstenção (a França). Delors denuncia repetidas vezes as tentativas da Grã-Bretanha de diluição ou de frenagem. Com 28 membros, haverá inevitavelmente duas Europas com duas velocidades diferentes. A Europa dos 28 membros não se fará senão sob quatro condições aceitáveis para todos: a identidade europeia, a democracia pluralista, o respeito dos direitos do homem, uma economia aberta que comporte direitos e obrigações do trabalho.

É preciso se apressar em fazer uma Europa política antes da partida de Helmut Kohl. Depois, será tarde demais. Kohl se apresentou para um novo mandato por dever, exatamente para salvar a possibilidade de uma Europa política.

Seria necessário, também, um presidente do Conselho Europeu eleito por dois anos, dois anos e meio.

A uma questão que colocava em dúvida as qualidades políticas de Bill Clinton, Delors responde que a dupla Clinton-Al Gore enxerga claramente os problemas de sociedade. Lellouche, que contesta a ideia das duas Europas e lamenta a lentidão em se integrar os países do Leste, insiste no fato de que a ampliação é urgente e vital para a paz e a democracia.

Delors retoma a Europa política. Ele não acredita mais que a moeda única seja o motor que moverá todo o resto. É preciso implementar a moeda única nos prazos previstos, mas é necessário apressar-se em dar início a uma Europa política.

Raymond Barre sugere que não se façam tantas perguntas e que se avance pragmaticamente: o núcleo duro da Europa não surgirá senão da crise.

Jantar no primeiro andar do *Kunst Historisches Museum*, palácio majestoso como todos os do Ring[18], e cuja majestade é exatamente o que me entedia. Subimos a grande escadaria ao som de um quarteto que interpreta Mozart, entre uma fila de garçons e garçonetes com bandejas abarrotadas de taças de champanhe e de uísque. Após o aperitivo, formam-se pequenos grupos guiados que se dispersam pelo museu. Deixo o meu, que se interessa sobretudo por quadros pomposos, para ir me fascinar com as telas de Bruegel, o Velho, as maravilhosas de Ticiano, as encantadoras de Rembrandt e as mágicas de Vermeer. Em contrapartida, nas telas de Giorgione parece-me faltar o giorgionismo. Chego atrasado ao jantar, no qual Jean-Louis Servan-Schreiber reservou um lugar para mim em sua mesa, juntamente com Alexandre Adler, Raymond Barre, Jean Boissonnat. Fala-se ainda de Vichy e de Mitterrand. Depois, Barre multiplica os relatos divertidos sobre De Gaulle, ele se diverte muito e nos diverte muito também.

No final da refeição, o quarteto interpreta uma magnífica peça de Anton Webern que eu desconhecia.

---

18. A Ringstrasse é uma avenida que circunda o Innere Stadt, um bairro de Viena, Áustria, repleta de palacetes no estilo dos anos 1860 a 1890, considerada uma das principais atrações turísticas da cidade. (N.Ts.)

Sábado, 12 de novembro. Eles fazem turismo. Eu permaneço no quarto: não articulo bem os temas de minha apresentação, não domino bem minhas proposições, meu esquema é muito desordenado. Além disso, é muito longo para a meia hora que me foi concedida.

Vamos almoçar no Sacher, um restaurante famoso, e, como sempre, não consigo me impor limites, exceto pelo vinho. A *nouvelle cuisine* sobrepõe-se à cozinha vienense (esta, representada por porções de carne cozida, é precedida por uma duvidosa musse de salmão recoberta por alguns grãos de caviar e seguida de um *strudel* decadente com excesso de creme e de groselhas).

À tarde, apresentação de Barre sobre os trunfos da economia francesa. Discurso clássico. Ele nos convida a evitar o excesso de mexericos e a "sinistrose" (ainda mais indesejada porque ele prevê um longo período de expansão econômica).

Depois, é a vez de Michel Rocard, que tendo se aprofundado visivelmente na história do socialismo, desde suas férias forçadas, concluiu que o socialismo francês executou mal a passagem para a social-democracia. Ele define o socialismo pela "solidariedade na economia de mercado", mas não explica o que seria essa solidariedade...

A uma questão sobre o partido socialista, no caso de sua eventual candidatura, Delors responde muito claramente que esse partido levará muitos anos antes de se regenerar e indica que não aceitará que o partido até suas mãos. Delors começou a falar de sua eventual candidatura à presidência no condicional e terminou com uma frase no futuro.

Pausa. Há ainda dois oradores antes de mim e o programa começou a atrasar. Espero com angústia, sabendo de antemão que não terei tempo de me estender. François Dasse faz uma apresentação com retroprojeções sobre o excesso da dependência do sistema de proteção social francês, aos quais ele opõe remédios tecnoeconômicos. Bernard Brunhes faz variações sobre o tema do "trabalho para todos". Embora a sessão devesse terminar às 18h, Boissonnat me concede a palavra às 18h40. Tanto pior. Começo a falar. Dentre os assuntos, teço considerações sobre o problema da saúde do lado sócio-psico-humano, ignorado por François Dasse. Todos me aplaudem, embora não tenha podido me expressar verdadeiramente. Não há mais tempo para perguntas e respostas e fico decepcionado.

No saguão, percebo que sou o único que não veste *smoking*. Felizmente, uso uma camisa branca, gravata azul e verde e meu belo terno cinza. Jantamos no imponente Palácio Schwarzenberg, transformado em hotel e restaurante. A conversa é tão ruidosa que encobre o som da orquestra. É difícil alguém se fazer entender, depois o ouvido se habitua, a voz se reforça e conversa-se agradavelmente.

Após o jantar, vamos para o salão de baile onde três casais de bailarinos profissionais dançam a valsa, depois se separam, os cavalheiros vão convidar as senhoras da assistência para dançar e as damas, os senhores. Uma delas me escolhe e giramos um pouco pelo salão. Depois, Jean-Louis Servan-Schreiber e sua esposa me avisam que pretendem ir embora discretamente. Eu os sigo e voltamos a pé sob um frio tonificante.

Domingo, 13 de novembro. Como fui dormir cedo pela primeira vez depois de tanto tempo, acordo, espontaneamente e bem-disposto, às 7h20.

Após o café da manhã, falto ao início da sessão e, com meu amigo Bahr, vou até o café, depois ao museu onde adquiro algumas reproduções que anteontem haviam atraído minha a atenção. Chego ao meio da apresentação de Michel Pebereau, novo chefe do BNP, que no almoço do restaurante Sacher estava sentado a meu lado e me divertiu muito graças a seu senso de humor e um certo não sei quê.

No momento das questões, um juiz assinala que dos 11 mil casos de incriminações previstas no Código Penal, não se utilizam mais do que trezentas. Ele fala dos desperdícios econômicos provocados pelo aparelho jurídico no caso das empresas em dificuldades e em liquidação judicial.

Em seu discurso de conclusão, Boissonnat explica, contrariamente a Rocard, que a França se tornou progressivamente socialdemocrata, desde 1945 até os dias de hoje, por meio das leis sociais de Charles de Gaulle, da grande sociedade de Chaban-Delmas (inspirada por Delors),

da política de Giscard d'Estaing etc. Em resumo, ela se tornou social-
-democrata sem partido social-democrata. No decorrer desse processo, uma grande classe média afirmou-se, constituindo o cimento de unidade da sociedade francesa. Segundo ele, há vinte anos, a França fez sua segunda revolução quando se abriu definitivamente para o mundo a fim de organizar sua economia. Ao mesmo tempo, o controle dos nascimentos operou uma revolução cultural que fez a mulher emergir como ator completo na sociedade francesa.

Hoje, o fator político discriminante é a Europa, que cria fraturas em todos os partidos. Boissonnat conclui em termos econômicos: entramos por longo tempo em uma era de taxas de juros elevadas. Cada empresa deve concentrar suas atividades para melhorar a rentabilidade.

Retorno ao hotel onde depositamos as malas diante das portas. Depois, nossos carros nos conduzem a um café situado em uma colina de Viena. Dois músicos interpretam melodias típicas, eu lhes peço para tocar *Rosamonda*[19]. Embutidos de todo tipo, afiambrados de porco, vinho novo, ou melhor, corrosivo. Eu me empanturro. Origem da sonolência no avião. Chegada a Paris. Bagagens. Táxis. Filas. Falso alerta de bomba. Engarrafamentos. Com o taxímetro na marca dos 240 francos, finalmente chego em casa, ao mesmo tempo que Edwige, que volta da casa da mãe.

Assistimos ao filme *Netchaïev est de retour*[20], que eu já havia visto e esquecido completamente, mas que não é de todo mau.

Segunda-feira, 14 de novembro. O tédio de Paris retorna, a sobrecarga, a desmotivação. Um fax remexe na ferida que cicatrizava tranquilamente, pelo menos eu acreditava nisso. É necessário respondê-lo.

São quase 17h e ainda não fiz quase nada.

---

19. Referência à abertura da ópera *Rosamonda d'Inghilterra*, do compositor italiano Gaetano Donizetti (1797-1848). (N.Ts.)
20. *Netchaïev est de retour*, filme francês, de 1991, do diretor Jacques Deray; no elenco: Yves Montand, Vincent Lindon e Patrick Chesnais. (N.Ts.)

Em um único dia, já me vejo aborrecido de estar em Paris. Ainda não vi ninguém, mas isso me vem à cabeça. Penso nisso quando falo ao telefone com o amável Berline, que se ocupa do serviço de imprensa na Editora Stock: ele afirma gostar de meu livro, mas eu o sinto atolado por todos esses livros publicados ao mesmo tempo na mesma coleção, entre eles o *Bousquet*, que deve monopolizar a atenção do editor muito mais do que minha obra.

Ninguém acreditará em mim e, no entanto, nesse momento, não estou preocupado com as críticas que virão ou não virão, o que não aconteceu no caso de *O conhecimento do conhecimento*, que não recebeu nenhuma crítica na imprensa. Hoje, estou pronto para aceitar o mesmo destino. Meu livro seguirá seu caminho, emocionará alguns, talvez perdurará. Pouco me importa. Não por indiferença, mas por cansaço. O que passei e sofri subjetivamente provocou-me esse cansaço. Contudo, a partir do momento em que me afasto de Paris, o cansaço diminui, atenua-se, e eu me sinto melhor. A infelicidade está no fato de que sou prisioneiro de Paris.

Edwige fala-me de sua entrevista com o sr. R., a quem ela costumava pagar a mensalidade de nosso estacionamento. Com seu forte sotaque iídiche, o sr. R. lhe disse: "Nosso filho acaba de chegar da Polônia. Nosso filho não é como vocês, ele é judeu como eu". "Mas meu marido é judeu, o senhor sabe disso..." "Como, com esse nome?" "Não é seu sobrenome de família, que é um nome de profeta..." "Então, posso confessar-lhe que minha esposa e eu vivemos uma tragédia assustadora! Nosso filho chegou com sua noiva, mas ela é *goy*[21]! Oy oy oy!" "Mas, meu senhor, eu mesma sou *goy*!" "Oy oy oy!"

TERÇA-FEIRA, 15 DE NOVEMBRO. Delors e Balladur são tão bons como candidatos como se não o fossem. Chirac é demasiado candidato, mas poderia ele agir de outra forma?

Quando retorno de Viena, Delors é entrevistado por toda parte. Trata-se do candidato França-Europa. Na Europa, a direita se dissocia. Mas Delors não tem a esquerda para apoiá-lo.

---

21. Termo judaico para se referir aos que não são judeus. (N. Ts.)

Percebo, também, que não há nada para uma política de civilização em suas perspectivas, que permanecem no habitual nível político, ou seja, bidimensional.

Até o presente, ele não tem nada de interessante no plano das ideias, mas é apaixonante no plano das estratégias e das psicologias.

Novo ato da tragédia em Bihac. Fico angustiado: as tropas bósnias caíram em uma armadilha, isso porque as temíveis forças da Krajina aliaram-se às da Sérvia bósnia.

Na correspondência, uma carta surpreendente de um desconhecido, depois do que eu disse de minha mãe no programa *Parlez-moi d'elle* na Rádio *France Culture*: ele perdeu a mãe aos 4 anos, o pai o proibiu de falar dela e casou-se novamente. Marcado por essa infelicidade, ele tentou se livrar do sofrimento, com terríveis recaídas. Ele cita para mim uma frase de Lacan que eu não conhecia: "Em matéria de amor, o ser da falta adquire sua realidade na falta de ser".

Regresso da sra. Vié. Correspondência abundante. Digo adeus a meus compromissos e dou prioridade às conferências que aceitei primeiro. Estou cada vez mais atarefado. Onde estão minhas resoluções de ano-novo? Será que jamais me livrarei de tudo isso? Sim, devo livrar-me, e de maneira diferente do velho Tolstoi. Mas como?

Levamos Herminette, que vai se hospedar na casa de Stéphane. Muito contrariada, ela faz cocô em sua caixa de transporte e desaparece sem se despedir de nós. Edwige fica muito triste com isso. À tarde, sentirei sua não presença nos momentos em que abro a porta de entrada, quando meu fax começa a funcionar, quando vou à cozinha.

QUARTA-FEIRA, 16 DE NOVEMBRO. Na televisão, assisto ao filme *Corra que a polícia vem aí!*[22], uma desopilante sátira americana sobre os filmes de agentes secretos, no qual, no último instante, o herói salva a Rainha

---

22. *The naked gun: From the files of police squad!*, filme americano, de 1988, do diretor David Zucker; no elenco: Leslie Nielsen, Priscilla Presley e O.J. Simpson. Título francês, *Y a t-il un flic pour sauver la reine?* (N.Ts.)

Elizabeth II de um atentado em um estádio de Los Angeles, durante uma partida de beisebol.

Correspondência: sempre desinteressante. Multiplicam-se as cartas fascinantes da *Trois Suisses*, da *France-Abonnement* e outras. Há meses, Edwige responde a elas, seduzida por todos esses milhões, mais um carro de luxo, mais uma viagem às Caraíbas etc. Ela cola um selo aqui, raspa ali, coloca um traço acolá, para receber exatamente as mesmas promessas a cada nova correspondência.

Preparativos para ir a Granada, onde irei receber uma homenagem e fazer o discurso de encerramento de um congresso internacional sobre "Educação e sociedade".

Após leituras de jornais e revistas no aeroporto e no avião, parece-me que o acordo de Bogon entre os países do Pacífico é o acontecimento mais importante do mês: ele fará desses países a mais vasta zona de livre comércio do mundo em 2020. Mas o que resultará desse livre comércio? Depois de a sorte do mundo estar entre as mãos de dois poderes dementes, ela não está hoje nas mãos de um mercado mundial cego? Somente hoje se esclarece totalmente a profecia de Karl Marx: "O mercado mundial é a forma moderna do destino".

Por toda parte, a bússola indica crescimento. E por toda parte há crescimento do mal-estar nessa civilização do crescimento. Daí resulta uma contradição ainda maior: o crescimento é vital para nossas economias, mas a longo prazo ele é mortal para as sociedades e para o próprio planeta.

Na *Dirigeants*, o interessante número consagrado à questão "É preciso mudar o crescimento?" prova que a concorrência custa muito caro. Assim, a competição entre a Alsthom e a Siemens para vender o TGV para a Coreia não traz nenhum benefício ao vencedor, enquanto uma aliança entre as duas teria sido rentável.

H. de Jouvenel propõe outros indicadores que não o PIB. Sua ideia de um índice da FNL (Felicidade Nacional Líquida) é certamente ingênua e subjetiva, mas o consumo e drogas, tranquilizantes, produtos farmacêuticos etc. não é significativo de uma Infelicidade Nacional Líquida?

Aliás, André-Yves Portnoff mostra como o PIB, que adiciona riquezas e elementos de regressão, é enganador: ele leva em conta os ganhos e os impostos pagos por uma mãe de família desesperada, levada a prostituir-se para criar seus filhos, mas não o caso de uma assistente social que consegue evitar essa situação, deixando os filhos aos cuidados de uma vizinha bondosa. "Se a curto prazo ganha-se dinheiro substituindo um empregado de metrô por uma máquina automática, perde-se duplamente esse benefício quando, por um lado, é preciso pagar um seguro-desemprego e, por outro, pagar diversos vigias para restabelecer um pouco de segurança nos corredores desumanizados".

No boletim da ONG Aliança por um Mundo Unido e Solidário, de um texto de Joseph Ki-Zerbo, ressalto a seguinte reflexão: "Um dia, uma jovem prostituta de Ouagadougou respondeu a um jornalista que lhe perguntava se ela não temia a aids: "Prefiro morrer de aids do que morrer de fome".

A *Bulletin d'Afrique* revela, de um lado, elementos preocupantes sobre a política francesa em Ruanda; de outro, que o terrorista Carlos teria sido trocado por uma ajuda ao governo sudanês em sua luta para liquidar a guerrilha cristã.

Por toda parte a Real Politik triunfa.

A *Time Magazine* nos informa que a Califórnia convocou um referendo sobre a expulsão de imigrantes ilegais, bem como sobre a supressão das escolas e da proteção social para os filhos desses imigrantes. Um século após ter sido arrancada do México, a Califórnia exige que os mexicanos sejam expulsos dali: é o fim do *sonho californiano*? A Califórnia poliétnica será, no Pacífico, uma Bósnia-Herzegovina natimorta?

A *Time* ressalta, aliás, que as transferências de empresas americanas e outras, para a China, devem-se não apenas ao fato de a mão de obra local ser subpaga, mas também ao fato de ser escrava. Todos os encantos do capitalismo impiedoso do último século encontram-se na China comunista, ou, se alguém preferir, a China comunista é o que melhor convém ao capitalismo.

Na Itália, os desabamentos de pontes, de trechos de estradas etc. sob o efeito das inundações revelam, por sua vez, a corrupção e a podridão financeira de Tangentopoli[23]...

Parece que na Argélia o FIS controla importantes territórios.

Na *Clés*, sobre o tema "curar-se", um artigo formula a hipótese de que drogas, medicamentos, vacinas e modos de vida urbanos contribuem para o enfraquecimento do sistema imunológico, o que permite, entre outras coisas, o desencadeamento invasivo da aids. Esse número da revista nos convida a recorrer às forças de autocura (eu diria autoexocura) e à sua prática. Entre essas forças, a fé (o placebo obtém êxito porque as pessoas têm fé em sua virtude curativa), a oração, em casos extremos, a paz da alma, a alegria, o riso (que secreta endorfinas) e, evidentemente, o amor compartilhado.

Encontro essa anedota sobre Bayazid Bastami, um fundador do sufismo: um homem que veio visitá-lo procura-o por toda parte, depois o descobre em um canto da casa. O visitante exclama: "Já faz trinta minutos que procuro por você e só agora o encontro". E Bayazid responde: "Você tem muita sorte, pois faz trinta anos que eu me procuro e ainda não me encontrei".

No Sutra da grande sabedoria (búdica): "O vazio cria o fenômeno, o fenômeno cria o vazio" (*ku soku za shiki, shiki soku za ku*).

E a leitura deve ser interrompida, o avião não está a mais do que algumas centenas de metros do solo. Nas janelas da direita ainda é dia e assiste-se à suntuosa agonia do sol, que esparrama seu sangue. Nas janelas da esquerda, é noite, com uma Lua cheia que ilumina com sua luz pálida os ondulantes olivais.

Somos recebidos por Ana Sanchez, José Luis Solana e um delegado do Conselho de Doutores e Licenciados da Andaluzia. Atravessamos os subúrbios, percorremos momentaneamente as avenidas dessa cidade, à primeira vista comum, depois chegamos a uma praça deliciosa ao longo de um pequeno rio. Uma rua pavimentada estreita e tortuosa

---

23. A palavra "Tangentopoli", que poderia ser literalmente traduzida em português por "Propinópolis", a terra da propina, foi um termo criado para descrever a escandalosa corrupção no sistema político italiano investigada pela Operação Mãos Limpas nos anos 1992-1996, levando o Partido Cristão-Democrata e seus aliados, então no poder, ao colapso. (N.Ts.)

sobe até Albaicín, a antiga cidade mourisca, separado da Alhambra por uma profunda ravina. Somos alojados na Residência Universitária Carmen de la Victoria, habitação para professores e estudantes situada em meio a jardins e terraços. O alojamento é austero, mas nossas janelas dão vista para as ruelas e casas brancas floridas. Às 8h da noite saímos para o terraço. Diante de nós a Alhambra ilumina-se lentamente e nos impõe sua presença sublime.

O jantar oficial acontece em um grande hotel, no qual Francisco Ayala, Gregorio Salvador, José Luis Pinillos e eu recebemos o título do *Colegiado de Honra do Conselho de Doutores e Licenciados da Andaluzia*, órgão superior dos professores para a província.

À primeira vista, o menu parece apetitoso: robalo assado ao ponto com suco de laranja etc., mas se a cor dos molhos é de uma audácia cromática exitosa, o peixe é duro e borrachudo, o filé, cozido demais e totalmente insípido. Ayala e eu nos entreolhamos desolados. Felizmente, antes do jantar fomos com Ana e José Luis nos encher de *tapas*, berinjelas empanadas e anchovas fritas, com vinho Jerez Manzanilla[24]!

Após a sobremesa, recebemos os votos de boas-vindas e cada colegiado tem direito a um pequeno discurso muito elogioso, proferido por um professor diferente, a duas medalhas (entre elas a medalha de cidadão de honra da cidade de Granada) e a um belíssimo livro sobre o patrimônio histórico da Andaluzia. Tudo termina à 1h30 da madrugada e não vamos para cama senão depois da 2h30. O quarto está gelado: o aquecimento central foi desligado, enquanto a temperatura noturna é de 4°C.

Quinta-feira, 17 de novembro. Despertamos no frio. O quarto continua sem calefação. A meu pedido, a administração nos traz um aquecedor elétrico que exala um odor de poeira queimada.

Com nosso anfitrião da faculdade, descemos pela colina que ladeia a *Casa del Chapiz*, depois caminhamos pelo *Paseo de los Tristes*, até chegar à *Plaza Nueva*, sem jamais perder de vista a Alhambra. Como gostamos de Albaicín, com suas ruelas, suas pracinhas que oferecem

---

24. O Jerez Manzanilla é produzido em Sanlucar de Barrameda, cidade próxima do mar. É um vinho seco, de pouca acidez, talvez o mais leve de todos os vinhos Jerez. (N.Ts.)

um contraste tão plácido com as avenidas onde, como em qualquer outro lugar, a circulação é sufocante! Dizem, porém, que Granada se prepara para preservar o centro da cidade apenas para os pedestres. A universidade, repleta de pátios, é encantadora.

Após minha apresentação em espanhol (*si señor*), almoçamos com alguns professores da faculdade em um bar de tapas; as berinjelas empanadas, a *tortilla* à la Sacromonte[25] são particularmente saborosas. Passeio pelas pequenas ruas do centro, depois cumpro algumas formalidades para resolver um difícil problemas de passagens de volta. O administrador me confia ao secretário-geral que me confia à secretária do congresso. Finalmente, às 17h30, está tudo resolvido. Edwige e eu voltamos de táxi, depois passeamos pela via do Sacromonte.

Essa temporada ressuscita minhas lembranças de Granada, para onde vim em minha primeira viagem à Espanha, no início dos anos 1950. Em uma parada em Barcelona, demos carona a um velho andaluz que procurou em vão um trabalho como padeiro na Catalunha e que regressava a Granada após diversos anos de ausência. Em várias etapas da viagem, muito digno, ele recusava o quarto que lhe oferecíamos nos hotéis modestos em que nos hospedávamos. Nós o reencontrávamos logo de manhãzinha, sentado nos degraus de uma igreja lendo *Guerra e paz* em espanhol. Assim que chegamos a Granada, nós o conduzimos à pequena cabana em que vivia com a esposa, que trabalhava como zeladora, e os cinco filhos. No decorrer da viagem, nada fiz além de vislumbrar Albaicín. Visitei as cavernas trogloditas do Sacromonte, hoje quase inteiramente desaparecidas ou transformadas em atrações turísticas.

Para mim, atualmente, a presença de Sarajevo sobrepõe-se de modo lancinante sobre Granada, onde coexistiam pacificamente, lado a lado, a Albaicín muçulmana, o Relejo judeu, o bairro cristão, o bairro cigano, talvez já estabelecido no Sacromonte. E tudo isso foi destruído, exceto as muralhas da Alhambra e as casas dos bairros antigos. Os muros vivos nos falam do que foi aniquilado. Uma antiga maravilha, em

---

25. Saborosa omelete caseira feita com batata, pimentão, chouriço, presunto cru, alho e temperos diversos. (N.Ts.)

seu apogeu de civilização, com seus refinamentos e suas delicadezas foi esvaziada interiormente, não restando nada além de suas formas externas. Os minaretes foram destruídos ou transformados em torres de relógios. A antiga sinagoga tornou-se uma residência. A velha *medersa*[26] é a sede dos estudos da língua árabe.

Subsiste o espectro de pedra constituído pelas muralhas da Alhambra, as torres da Fortaleza do Alcazaba, os palácios Nazaris, os da vila Generalife, que, como símbolos de poder, nos fazem relembrar a grandeza dos vencidos. A miragem do passado está presente no presente, mais presente do que o presente, desde então mantido pelo vencedor para cumprir sua missão turística.

Sarajevo agonizante faz-me reviver a agonia de Granada, que durou um século, pois após os batismos em massa realizados pelo arcebispo Jiménez de Cisneros, em 1502, houve a revolta de Albaicín, em 1568, esmagada em sangue, depois, no começo do século XVII, a deportação massiva dos camponeses mouriscos que lotavam navios inteiros. A agonia passada de Granada perturba-me tanto quanto a agonia presente de Sarajevo, que, por sua vez, não deixará aos séculos futuros tantas testemunhas sublimes...

Por que tanta destruição? Em nome da Santa Fé!

Enquanto penso na analogia Sarajevo-Granada, à qual se soma o fim da Califórnia poliétnica, a noite cai. Um pequeno descanso na residência. Os amigos vêm nos procurar. Passo na recepção para pegar um fax com o porteiro: trata-se da cópia de um artigo de Roger Pol Droit sobre *Meus demônios*, que acaba de ser publicado no *Le Monde des Livres*. Fico abismado: nem uma única linha sobre os temas ou ideias do livro. Simplesmente variações sobre o fato de que sou um "eterno estudante". O artigo é tão curto que o autor claramente não quis se cansar nem em ler o texto nem em escrever seu artigo.

Os amigos nos conduzem ao Sacromonte, a um estabelecimento cigano onde o pavimento térreo, uma caverna bem arrumada e pintada de branco, é reservado ao flamenco. Do andar em forma de terraço,

---

26. Termo árabe que designa uma escola, laica ou religiosa, de qualquer fé. O termo pode designar também uma Universidade Teológica Muçulmana ou, mais raramente, uma universidade científica. (N.Ts.)

vê-se toda a Alhambra iluminada. *Tapas* e mais *tapas* com *vino tinto*. De tempos em tempos, o pensamento sobre o artigo de Droit me invade e me aflige. Dali, seguimos para Platerías, no coração de Albaicín, onde um grupo flamenco toca em homenagem aos congressistas. Um dos cantos é dedicado a Federico García Lorca. De volta ao quarto, todos os pensamentos sombrios me retornam à mente e tomo um comprimido para dormir.

Sexta-feira, 18 de novembro. Pela manhã, o céu é ameno e o sol, belo. Da *Plaza Nueva* tomamos um táxi para a Alhambra. Minha lembrança comprimiu juntos os palácios Nazaris e o do Generalife, de fato distantes quase dois quilômetros. A aglomeração de turistas, dos quais muitos são alemães e franceses, é tamanha que precisamos esperar de meia a uma hora, segundo o horário fixado nos bilhetes, para entrar nos palácios Nazaris. Edwige fica maravilhada e eu remaravilhado, sobretudo no Generalife. Na volta, não consigo encontrar o caminho pela *Cuesta de los Chinos* que deveria nos conduzir diretamente a Albaicín. Então, tomamos outro táxi para chegar à residência e almoçamos ali, no horário espanhol, quase às 15h30, antes de nos sentarmos no terraço de frente para a Alhambra.

Com Ana e José Luis, descemos novamente até o centro da cidade. Passamos por ruelas e praças encantadoras, fazemos compras e uma pausa em um dos pequenos cafés mouros (administrados de fato por granadinos) que proliferaram na *Calle la Cordelería*. Dizem que na própria cidade de Granada ocorrem verdadeiras inversões (reconversões?) ao islã. Tomamos chá de menta, chá paquistanês, comemos tâmaras e amêndoas, participando dos primórdios da *reconquista* de Granada pela civilização moura.

Regressamos esgotados. Jantar na residência, onde uma deliciosa sopa de grão-de-bico e batatas nos espera. Não temos coragem de sair novamente para a visita noturna.

Sábado, 19 de novembro. Despertar matinal. Um táxi vem nos apanhar às 10h para ir ao Palácio do Congresso, onde devo fazer meu discurso. O jornal *El País* noticia que choques violentos entre palestinos em Gaza fizeram 13 mortos. Será que seguimos rumo a uma afeganistização da

Palestina, uma reocupação? Quanto mais tarda o processo de palestinização, mais tudo apodrece.

Ataques sérvios com *napalm* sobre Bihac, mísseis sobre Sarajevo. A despeito do restabelecimento da ponte, Mostar não é mais uma cidade policultural, mas uma cidade croata na qual os muçulmanos têm direitos restritos.

Faço minha conferência, A Crise da Cultura Contemporânea e a Necessária Reforma do Pensamento. Perguntas, respostas, tudo corre bem. Em dois carros, nosso pequeno grupo de amigos chega a um povoado muito pequeno e incomparável, a cerca de 15 quilômetros de distância, onde há um restaurante árabe-andaluz que serve pratos sefarditas: refeição prolongada que termina às 6h da tarde e me deixa completamente entorpecido. Regresso a Albaicín. Sentados como andorinhas ao redor da Plaza San Nicolás, os jovens esperam a iluminação da Alhambra, às 20h. Na hora exata, uma iluminação progressiva faz surgir no meio da noite o fantasma de pedra que se impõe magicamente sobre a cidade. Nosso amigo evoca os batismos forçados, a revolta de 1568, na região de Alpujarra, que durou três anos e cujo chefe, um duque que abandonou seu nome espanhol e retomou seu nome árabe, conduziu o combate até a morte.

Regressamos à residência onde não podemos resistir à sopa granadina com amêndoas e ovo.

Domingo, 20 de novembro. Pela manhã, Ana, sua irmã e José Luis nos conduzem de carro até o ônibus para Málaga, isso porque aos domingos não há voos de Granada para Paris, via Madri. Depois de percorrer um longo vale, o ônibus começa a subir entre as colinas de oliveiras até chegar a um desfiladeiro selvagem, depois desce em direção ao mar. Sonolência. Paris reinfiltra-se em mim furtiva e dolorosamente. Edwige já sente uma forte dor de cabeça.

Em Paris, vou buscar Herminette que, quando toco a campainha, vai se esconder sob a cama de Stéphane. Ela me recebe muito bem. Edwige a espera impacientemente.

Correspondência enorme e desinteressante, exceto pela carta de Alain e de Régis. Noticiários da noite: para Delors, sempre silencioso no alto do Sinai, os socialistas sempre dizem em alto e bom som: *Moses, go down, let my people go!*[27]

Segunda-feira, 21 de novembro. Quantas coisas a fazer. Dois ou três telefonemas, entre eles, um para Berlim, para comunicar que desisti de participar do programa *Circle de Minuit*, no dia 30 à noite: não tenho vontade nenhuma de brincar de Professor Unrat[28], que exclama kirikiki quando lhe quebram um ovo na cabeça. Depois, transcrevo no Mac as notas de meu diário feitas durante a viagem a Granada e preparo meu fax para os amigos.

Telefonema de Laure Adler, que insiste que eu participe de seu programa. Ela fala bem de meu livro; trata-se de um bálsamo provisório, após o devastador artigo do *Le Monde*. Sinto que tudo está perdido; mais uma vez meu novo livro cai no vazio entre literatura, filosofia, ciências sociais, e a esse vão não foi consagrada nenhuma categoria de livros.

Vamos jantar no bistrô de *tapas*, Les Caves Saint-Gilles, para lembrar um pouco da Espanha. No regresso, pego o fim de *Espionagem Internacional*[29], filme de espionagem e guerra de Terence Young (que deduzo não deve ser mau), depois mudo de canal e assisto ao *Le misanthrope*[30], que não consigo entender muito bem.

Terça-feira, 22 de novembro. Manhã: correspondência.
Cinesioterapia: como cheguei um quarto de hora atrasado (devido aos engarrafamentos), a sra. Deligny priva-me da massagem agradá-

---

27. Moisés, desça a montanha e deixe meu povo partir. (N.Ts.)
28. Referência ao livro *Professor Unrat*, um dos mais importantes trabalhos de Heinrich Mann (1881-1950), que pode ser traduzido literalmente como *Professor Lixo*, ganhou notoriedade com a adaptação da obra para o cinema no filme cult *O anjo azul*, protagonizado por Marlene Dietrich. O livro faz uma caricatura do sistema educacional burguês na Alemanha, antes da Primeira Guerra Mundial, chamando atenção para o caráter dúbio do protagonista. (N.Ts.)
29. *Triple Cross*, filme franco-inglês, de 1966, do diretor Terence Young; no elenco: Christopher Plummer, Romy Schneider e Trevor Howard. (N.Ts.)
30. *Le Misanthrope*, telefilme francês, de 1994, baseado na obra de Molière, com direção de Mathias Ledoux; no elenco: Jean-François Balmer, Roland Blanche e Romane Bohringer. (N.Ts.)

vel e passa à dura malaxagem. No regresso, reunião com M., a quem entrego alguns de meus livros que lhe faltam, depois com a sra.Vié. Faço dois ovos fritos para mim e retorno à tarefa de organizar minha escrivaninha.

Às 18h30, concedo uma entrevista a um simpático chileno chamado Castillo. Após uma hora de entrevista, interrompo meu fluxo de palavras e vou mudar de roupa para ir ao jantar na Sorbonne, em homenagem ao presidente da Bulgária, Jelio Jelev, filósofo de formação, que pediu para se encontrar com os intelectuais. A reitora, a sra. Gendreau Massaloux, organizou o jantar e convidou cerca de vinte intelectuais.

Não há ônibus, não há táxi, teria começado a greve? O convite indica que é imperativamente necessária a presença antes das 20h15. Tomo o ônibus 20 até a estação Bastille, onde descubro que o ponto de ônibus foi deslocado para o nº 86 da *Rue Jacques Cœur*. Ninguém à espera e nenhum ônibus. Finalmente, um táxi livre passa do outro lado da rua. Faço sinal, corro até ele. Ufa! Ele me deixa na porta da Sorbonne às 20h20. Subo sozinho a grande escadaria, passo entre os guardas-republicanos, o que me dá a impressão de ser um presidente da República. Em um salão, entre os primeiros convivas, avisto Claude Lefort, que me recebe de braços abertos. Ele esqueceu a tristeza que me causou. Conversamos com familiaridade. Melhor ainda, com cumplicidade, exatamente como fizemos durante mais de trinta anos, antes da surpresa fatal. Ao observar os lugares reservados à mesa, deploramos o fato de não estarmos sentados um ao lado do outro. Chegada do presidente, que a reitora apresenta a cada um dos convidados. Ao ouvir meu nome, ele faz um sinal simpático, demonstrando que me conhece, o que infla meu ego. Ego que se vê igualmente acariciado com ternura pelo lugar que me foi destinado: estou bem no centro da mesa, diante da reitora e do presidente, ao lado de uma importante dama búlgara e de um professor, também búlgaro, fundador dos estudos de língua árabe na Bulgária. O presidente tem uma excelente cabeça. Distribuíram entre nós uma pequena biografia dele: filho de camponeses, tese de doutorado em 1964 sobre "a matéria", criticando Lenin, o que resultou em prisão domiciliar forçada; membro fundador do clube independente dos "dissidentes", em 1988, fundador da União das Forças Democráticas, eleito presidente da República pela Assembleia Constituinte, em 1990; reeleito no sufrágio universal, em 1992. A biografia menciona que sua filha mais nova suicidou-se em 1993, o que faz pairar uma sombra trágica em seu rosto jovial.

Como estou ao alcance da voz, começamos a conversar, o presidente, a sra. Gendreau Massaloux e eu. Ela me dirige para a complexidade. Insisto na necessidade de um conhecimento multidimensional etc. O próprio presidente preconiza a necessidade de um conhecimento filosófico nas relações humanas. "Sim, mas sob a condição de que a filosofia não permaneça fechada em si mesma." Etc. Depois, não posso me impedir de interrogá-lo sobre a tragédia da Iugoslávia. Ele acredita que a única solução é obrigar os protagonistas a se colocar diante da mesa de negociações por meio da força militar. "Mas é essa vontade de utilizar a força que falta à Europa", afirmo eu. Ele deplora isso. Segundo ele, a tragédia reside no fato de que a Iugoslávia não estava inserida em uma aliança ou em uma comunidade de nações. Basta uma inserção, mesmo pequena, para evitar a guerra, como acontece com a Macedônia.

Durante a conversa, aprecio uma caçarola de frutos do mar e o cordeiro ensopado com vinho. O vinho Puligny Montrachet[31] me decepciona um pouco (não acho seu gosto sutil), mas o Saint-Émilion[32] é correto.

Após o jantar, Claude me acompanha até o ponto de táxi no *Quai Saint-Michel*. Estou contente de que jamais nos tenhamos afastado um para longe do outro. Volto para casa às 23h. Edwige e Herminette esperam por mim, e é doce ser ternamente esperado.

Na cama, televisão: *Fúria mortal*[33], com Steven Seagal, que me faz pensar em Christophe, o dono do bistrô que frequentamos. Tiroteios se sucedem a tiroteios, todos caem, exceto Seagal, que triunfa sobre os traficantes de drogas.

---

31. Vinho branco feito de uvas Chardonnay, produzido na região da Borgonha. (N.Ts.)
32. Vinho tinto de alta qualidade produzido na região de Bordeaux. (N.Ts.)
33. *Out of justice*, filme americano, de 1991, do diretor John Flynn; no elenco: Steven Seagal, William Forsythe e Jerry Orbach. Título francês, *Justice sauvage*. (N.Ts.)

Quarta-feira, 23 de novembro. *France Info* hoje de manhã. A situação se degrada em Bihac. As mini-intervenções aéreas não resolveram nada; algumas centenas de soldados da forpronu estão cercados pelas tropas de Karadžic perto de Sarajevo. Na França, os dois campos do rpr irritam-se após a sondagem que dá a presidência a Delors e faz baixar o número de vozes favoráveis a Balladur. O caráter labichiano[34] camufla o caráter shakespeariano da rivalidade entre os dois pretendentes, oriundos do sangue real da corte de George Pompidou. Durante esse tempo, franco-atiradores e canhões atiram sobre Sarajevo, e Bihac sofre um intenso bombardeio. Aqui, nesse momento, o silêncio é total: os indignados estão desencorajados e quem não tem coragem é aniquilado.

A greve dos transportes públicos começou, as emissoras de rádio anunciam que ela vai se intensificar entre 10h e 15h. Cancelo minha participação no almoço consagrado à coleção Jovens Talentos, pois não vejo como poderia ir do restaurante na *Rue de Castiglione* ao Hospital Necker, onde tenho uma consulta com o professor Grünfeld, para um exame.

Saio de casa às 14h, por sorte, encontro um táxi que me aceita, embora ele tenha hora marcada às 15h na *Porte d'Italie*. A coisa funciona, mas, de súbito, deparamos com um gigantesco engarrafamento no Boulevard du Port-Royal. Abandono o táxi; fico bem contente de fazer o resto do percurso a pé.

Em Port-Royal, vejo de longe as grandes bandeirolas vermelhas. A circulação dos automóveis é interditada no Boulevardd Montparnasse. No cruzamento do Boulevard Raspail, um rio de manifestantes, provenientes da estação Denfert-Rochereau do metrô, desce a rua, provavelmente em direção a Matignon. Aproveitando-me de um espaço, atravesso o rio humano sem distinguir as palavras de ordem vociferadas por uma aparelhagem de som mal regulada. Ouço apenas: "*(slogan* inaudível) Não, não, não... *(slogan* inaudível) Sim, sim, sim". Observo a fisionomia dos trabalhadores do serviço público que passam com

---

34. Referência a Eugène Marin Labiche (1815-1888), dramaturgo francês, muitas vezes comparado a Molière, célebre por suas comédias no estilo *vaudeville*, que usava para satirizar a vida burguesa. (N. Ts.)

as bandeirolas da FO, Força Operária. Em dado momento, um sujeito baixinho me fotografa, usando como fundo os manifestantes e suas bandeirolas. "Mas eu não faço parte da passeata." Ele se apresenta: trata-se de um fotógrafo brasileiro, amigo de Mário Pedrosa, que eu havia conhecido há vinte anos. Pedrosa, magnífica figura do surrealismo e do trotskismo brasileiro, tinha sido cunhado de Benjamin Péret. As duas fisionomias surgem em minha mente enquanto o baixinho brasileiro me acompanha e os "sim, sim, sim, não, não, não" vão se distanciando atrás de nós.

Ele me deixa na altura do cruzamento da *Rue Vaugirard*. Reparo que são 14h50 e me apresso em direção ao Hospital Necker.

Na recepção do Necker, uma funcionária me diz: "Passe primeiro no caixa". "Mas o caixa está fechado", afirma outra funcionária (uma parte do pessoal do hospital está em greve). Nesse momento, chegam o assistente do doutor G. e o próprio médico, que me faz entrar em seu consultório. Conversamos, depois ele toma meu pulso, para medir a tensão preliminar ao momento desagradável da violação anal.

Finalmente: "Tudo está bem, tudo está bem de todos os lados, está tranquilo agora?" "Muito pelo contrário, agora é que fiquei inquieto!"

Regresso fácil pelo metrô. Leio as informações sobre a guerra em Gaza entre o Hamas e a OLP. Quando mais é preciso avançar com rapidez, mais Isaac Rabin bloqueia o processo. Ele não compreende que perde o tempo que ganha.

Mal começo a trabalhar e a campainha toca: são Guy Sorman e Ariel Kyrou, que chegam para me entrevistar para sua publicação *L'Esprit Libre*. Pergunto a Ariel Kyrou se ele é parente de Ado Kyrou, que foi um bom amigo da minha época dedicada ao cinema, e que, assim como eu, abandonou rapidamente o comunismo logo após a guerra.

"É meu pai." "O que faz ele atualmente?" "Ele morreu em 1984."

Ele tem um rosto afável e eu imediatamente lhe confesso minha simpatia por seu pai. Ele conhece bem minhas ideias, leu *Meus demônios*, e a conversa recai na complexidade, depois no mito, depois no futuro...

Falamos longamente, a conversa vai muito além da entrevista para o jornal. Edwige saiu para comprar um pacote de salsichas[35] no Papin e abacates no Petit-Potin.

Assistimos ao programa *La Marche du Siècle*, consagrado a Taslima Nasreen, a jovem escritora paquistanesa condenada à morte por blasfêmia contra a religião por uma *fatwa* de seu país. Ela se refugiou na Suécia. Em um primeiro momento, o governo francês lhe havia recusado o visto de mais de dois dias; ela, então, desistiu de participar do programa de entrevistas de Bernard Pivot, que a havia convidado. Depois, o governo lhe concedeu um visto com prazo maior e a cercou de imponentes medidas de segurança, cujos custos o ministro Charles Pasqua teve o cuidado de ressaltar. Ela é simples, comovente, uma espécie de aerolito do Século das Luzes vindo do Paquistão, onde é quase a única a resistir abertamente ao fanatismo religioso. Sua confiança tranquila, sua doçura suscitam admiração. A discussão, porém, permanece fechada na tautologia, por força da unanimidade sobre a ideia de que é preciso defender a liberdade, lutar contra o fanatismo. De tempos em tempos, mudo para o canal Arte, em um programa sobre Paco de Lucía, fixando-me ali quando há belos momentos flamencos ou pós-flamenquistas.

Quinta-feira, 24 de novembro. Véro informa-me por telefone que Michel, que a chamou de madrugada de Sarajevo, está retido nesse país. Ele está muito ocupado no hospital, para onde afluem os feridos. Ambos deploram o artigo de Remy Ourban no *Le Monde* que, há alguns meses, desmoralizou na França os Amigos da Bósnia ao declarar que o islamismo se tornava progressivamente triunfante no país. Véro, que se ocupa do abaixo-assinado dos cidadãos de Sarajevo, vai a uma passeata hoje à tarde...

Com referência a meu livro, D. disse a P. que eu me amo demais. Isso talvez seja verdade a meu respeito, mas ele se venera.

---

35. No original *crépinettes*. Pequenas salsichas achatadas, feitas com carne moída, de vitela, porco, cordeiro ou frango. Trufas também podem ser usadas em sua fabricação. (N.Ts.)

A votação no Parlamento pelo segredo da instrução é uma faca de dois gumes. Pode-se imaginar uma disposição que protegeria os inquéritos, permitindo, ao mesmo tempo, a divulgação da informação?

Um artigo na página científica do *Le Monde* da última quarta-feira introduz a dúvida nas predições sobre o crescimento do efeito estufa nas décadas futuras. Entretanto, a prudência continua a impor a diminuição da emissão de gases na atmosfera.

No avião que me conduz a Roma, leio o longo artigo da *Time Magazine* sobre a série de filmes *Star Trek* que, com muita justiça, é comparada à *Odisseia* de Homero. O artigo ressalta o caráter tipicamente americano, otimista e kennedyano da série: a tripulação multirracial vivendo em boa harmonia, até mesmo com um componente multiplanetário (Spock), a exaltação da liberdade, do coração e da aceitação da morte (assim, o Capitão Kirk recusa a imortalidade que lhe é oferecida no planeta Vênus); em *happy end*, o bem é cosmicamente vencedor de todos os inimigos galácticos. Na saga *Star Wars*, que é vinte anos posterior, o salvador é o filho de um Lúcifer. O bem e o mal encontram-se muito mais mesclados, sua luta é complexa.

Um artigo médico indica que o suicídio está ligado a baixa taxa de serotonina no cérebro. Polêmica sobre os efeitos do Prozac, que em certos indivíduos determinaria atos de violência.

Leitura interessante na *Eléments*. Em um artigo italiano, verdadeiramente muito engraçado sobre a Itália, que ela reproduz ("A comédia chauvinista", de Sergio Benvenuto[36]), recolho a seguinte história:

Pergunta: "Onde é o paraíso europeu?"

Resposta: "Um lugar em que o cozinheiro é francês, o policial, inglês, o homem de negócios, alemão, o administrador, suíço e o sedutor, italiano".

Pergunta: "Onde é o inferno europeu?"

Resposta: "Um lugar em que o cozinheiro é inglês, o policial, alemão, o homem de negócios, francês, o sedutor, suíço e o administrador, italiano".

---

36. Pesquisador do Conselho Italiano de Pesquisa Científica. (N.Ts.)

Só agora fico sabendo que Jacques Ellul[37] morreu no dia 1º de maio.

Sempre na *Eléments*, um artigo de Pierre Le Vigan anuncia a publicação de *L'univers existe-t-il?* [*O universo existe?*], de Jean François Gautier, pela Editora Actes Sud. Le Vigan defende a tese segundo a qual o mundo não teve nascimento. Ele é o próprio nascimento e ainda nos encontramos nos primórdios do mundo. O vazio seria o estado latente do real: o nascimento, ou seja, a passagem da latência à efetividade, seria o estado normal do universo.

Os buracos negros são singularidades de onde a luz "se evapora" muito lentamente, o que diminui a massa do buraco negro, aumenta sua temperatura, e, para além de certo limite, a evaporação transforma-se em explosão, de onde nascem bebês universos. Assim, longe de serem lugares de morte, os buracos negros seriam maternidades. Melhor do que isso: nosso universo seria um buraco negro gigantesco no qual haveria a passagem permanente da latência à efetividade.

Muito bom o número da *Action-Paysage*, revista editada pela Associação das Paisagens da França (da qual faço parte), contra a invasão dos painéis publicitários nas cidades e nas estradas.

O suplemento *Initiatives du Monde* evoca numerosas associações como a ARCHER (Associação Riomanesa contra a Desemprego e pela Inserção), na região de Drôme, que, com 25 membros remunerados, criou 220 postos de trabalho em tempo integral e mil empregos em tempo parcial em diversos setores, dentre eles o de jardinagem em casas particulares etc.

Na *Partages*, Daniel Mothé critica "a apologia utópica do tempo livre": "Após cinco milhões de anos de evolução, o homem teria conquistado o poder sobre os outros predadores apenas para construir castelos na areia?".

A *Courrier de la Planète* consagra seu número à água, "futuro ouro negro do século XXI". A nova escassez da água vai reforçar e generalizar os conflitos ancestrais por seu controle. Bem comum de caráter internacional, a água não tem um modo de regulação internacional. Nesse

---

37. Jacques Ellul (1912-1994). Filósofo e sociólogo, Ellul definia-se como um anarquista cristão. (N.Ts.)

caso, igualmente, seria necessário ultrapassar o estado das soberanias nacionais.

Na revista *Telos* (n⁰ 98-99), sob o título "Vigilância de esquerda na França", Frank Adler assinala que, "além da denúncia da incitação à exclusão, à violência e ao crime", o apelo à vigilância feito pelos intelectuais não identifica nenhum texto que "conduz à exclusão, à violência e ao crime". No que se refere a Alain de Benoist, ele denuncia não o que Benoist escreveu (seu discurso aparente), mas o que se pressupõe que ele pense (seu discurso "interior", camuflado). De resto, nada se diz a respeito da origem do grupo iniciador. Adler cita o silogismo de um artigo de René Monzat no *Le Monde* sobre o GRECE (Instituição da Nova Direita): "O GRECE acredita no paganismo. Os ss alemães acreditavam no paganismo. Logo, o GRECE é nazista".

Na saída do Aeroporto de Fiumicino, não vejo ninguém. Espero. Fico furioso. No fim de meia hora, após ter trocado francos por liras, tomo um táxi para o Hotel *Villa del Parco*. Nova fúria: o quarto que me oferecem é no térreo, as janelas estão bloqueadas ("eles as fecham durante o inverno") e não tem nada além de um chuveiro. Protesto: quero céu, vista, banheira. O senhor terá tudo isso, diz o *concierge*, mas é no terceiro andar, sem elevador. Perfeito. Ele me repete três vezes, "*senza ascensore*", como se eu fosse um perneta. O quarto é razoável, tem duas janelas. Com seu pequeno parque, o hotel tem uma atmosfera familiar, bem provinciana. Gosto bastante.

Andolfi me deixou uma mensagem na qual compreendo que ele não recebeu o *fax* anunciando minha chegada. Telefono para o restaurante em que ele me esperava em caso de alguma eventualidade: despejo o resto da minha raiva, mas doravante sem poder reprová-lo por não ter ido encontrar-me em Fiumicino... Ele vem me buscar no hotel, nem um pouco comovido nem com minhas inconveniências, nem com minhas recriminações: ele não se importa com nada, exceto com sua Academia de Psicoterapia Sistêmica. No restaurante, nova irritação: não há mais tripas à romana. Mas há Mauro Ceruti, há berinjelas. Peço um rabo de boi, cogumelos grelhados, depois muçarela, e vinho tinto de Montepulciano d'Abruzzo. Esse excelente jantar me consola e tudo termina em alegria. Volto ao hotel com Mauro, que fico feliz em ter reencontrado.

Vou dormir tarde. Na cama, ligo a televisão no canal *France 2* e durmo com ele.

Sexta-feira, 25 de novembro. Café da manhã com Mauro Ceruti. Andolfi vem nos buscar. Saímos da cidade por um longo caminho de colinas arborizadas. Reparo que ainda restam pinheiros em Roma. "O quê, vocês não têm pinheiros em Paris?" "Ah, não..."

O céu está azul, o tempo, ameno. Chegamos à Universidade Católica. Em nosso anfiteatro há duzentos psicólogos, psicoterapeutas, alguns filósofos, vindos de toda a Itália. Faço minha apresentação sobre "a racionalidade e o mito", recuperando meu italiano influenciado pelo espanhol em Granada. Em uma de minhas respostas, falto com a complexidade afirmando que as concepções dos grandes criadores, como Marx e Freud, se degradavam em doutrinas mutiladas ou fechadas em seus epígonos, como se não pudesse existir senão uma entropia crescente a partir dos textos fundadores. Eu deveria ter acrescentado que a degradação permite nova recomposição, uma regeneração original que pode ter características criadoras. Evolução não significa necessariamente aviltamento. Pode existir evolução criadora. Isso não sucedeu no marxismo doutrinal dos partidos, mas ocorreu na Escola de Frankfurt. O freudismo, esse sim, degradou-se em seitas, atrofiou seu alicerce antropológico em prol de seu aspecto terapêutico.

Mauro e eu regressamos ao hotel. Como o hotel não fica no centro histórico, mas bem além da Stazione Termini, não vemos de Roma nada além da parte urbana banal do pós-guerra. Apenas as colinas e seus pinheiros me dizem que estou em Roma.

À tarde, permaneço no hotel para ler e trabalhar. Mas durmo profundamente.

Encontro às 18h na casa de Rita Levi Montalcini, que recebeu o Prêmio Nobel de fisiologia e medicina em 1986 por ter identificado uma substância molecular (o NGF: fator de crescimento do nervo).

Aos 86 anos, ela desperta bem cedo pela manhã, escreve (nesse momento sobre poesia), vai ao laboratório, volta para casa e responde a correspondência, desloca-se para reuniões e entrevistas, ocupa-se da fundação para a juventude que criou, se interessa pela aids e encontra Montagnier, com quem ela imagina uma nova teoria e uma nova terapia. Alerta, aberta, cortês, atenta, sua extraordinária jovialidade me surpreende e encanta. Consideramos a possibilidade de realizar uma videoconferência no domingo, quando dialogaremos, ela em Roma e eu em Nápoles.

Chegada de Oscar no fim de nosso encontro. Fotos.

À noite, bufê na Academia de Psicoterapia em nossa homenagem, a Mauro e a mim. Muito simpática a presença de Marianne Cotton e de seu *bambino*. Regresso antes da meia-noite.

Sábado, 26 de novembro. Faço minha apresentação, Mauro, a sua. O colóquio termina por volta das 17h. Oscar e Jusi vêm me buscar, mas é tarde demais para a peregrinação que jamais deixo de fazer à Cafeteria Sant'Eustachio, a verdadeira capela sistina do café expresso. Enquanto o carro nos conduz à estação, eu resmungo.

Em nosso compartimento no trem há um velhinho magro e silencioso. Oscar e eu falamos de tudo e de nada, de Maradona. Então, de súbito, o velhinho intervém na conversa, depois, com veemente paixão, evoca a partida do Nápoles na Copa Europa dos Campeões. Não conseguimos mais fazê-lo parar, nem mesmo quando nosso trem já havia chegado a estação de Nápoles.

O táxi avança pela noite ao longo da Baía de Nápoles. Admiramos a curva que vai de Possilipo a Sorrento. Ciente de que vínhamos de Roma, o motorista me pergunta qual a cidade de minha preferência, Roma ou Nápoles. Comprendo o que se deve responder, repito que é Nápoles, mas acrescento que Roma também é uma bela cidade.

"Como o senhor pode comparar algo que os homens fizeram com o que fez o Pai Eterno!?", diz ele, com um vasto gesto indicando a baía.

No saguão do Hotel Royal, encontro Ben Bella e sua esposa. Ele me diz que leu muitos livros meus, sobretudo na prisão, onde passou uns vinte anos no total: dois anos entre o fim da guerra e 1954, seis anos após o exército francês ter interceptado seu avião, 12 ou 13 anos sob o governo de Houari Boumediene, na Argélia. Sua fisionomia permanece muito jovial e não se nota que ele tem 78 anos. Em Nápoles para um colóquio sobre o Mediterrâneo, Bella vem de Roma, onde participou da reunião entre os diversos dirigentes políticos argelinos de oposição, inclusive do FIS. Eu lhe pergunto se a reunião trouxe alguma esperança. "Sim, pela primeira vez, há esperança." Trocamos endereços.

Oscar vem me buscar para o jantar com Gianluca Bocchi. No saguão do hotel está um grupo de franceses, entre eles meu querido amigo Sami Naïr e Jean-Marc Lévy-Leblond[38]. Oscar e eu tomamos um táxi para ir à Cantina, um pequeno restaurante em forma de porão que conheço bem. De súbito, vejo Paola, uma amiga muito querida que jamais tenho tempo de encontrar quando vou a Nápoles, depois, pessoas conhecidas e desconhecidas que vêm ocupar a mesa de vinte lugares. Foi uma surpresa! Finalmente, vindo de Milão, chega Gianluca. Jantar excelente: berinjelas e mais berinjelas ao forno, brócolis, vinho tinto que o dono do restaurante vai buscar na região de Frioule. Eu, porém, volto para o hotel mais cedo do que todos, por volta da meia-noite.

Leio rapidamente alguns capítulos da autobiografia de Rita Levi Montalcini, *Elogio de l'imperfectione* [*Elogio da imperfeição*], principalmente aquele em que ela narra a aventura da descoberta do NGF. De repente, encontro a seguinte citação de seu amigo Primo Levi, autor de *Si c'est un homme* [*Se ele é um homem*], que, com o de Robert Antelme, constitui um dos dois livros mais importantes sobre a deportação nazista: "Rudolf Höss, comandante de Auschwitz, um dos maiores criminosos que já existiu, não era feito, no entanto, de uma substância diferente da de alguns outros burgueses[39] de alguns outros países; seu erro, que não estava inscrito em seu patrimônio genético, nem em sua identidade alemã, foi não ter resistido à pressão que um meio ambiente violento exerceu sobre ele".

---

38. Jean-Marc Lévy-Leblond (1940-). Físico e ensaísta francês. (N.Ts.)
39. Eu acrescentaria "camponeses ou proletários".

Isso me faz repensar em René Bousquet que, evidentemente, não era comandante de campo de concentração. Não era um homem qualquer, como esses burocratas do crime que "obedecem às ordens", era um homem "realista" que achou que, dali em diante, o destino da França se decidia no meio de uma Europa sob a hegemonia alemã e, por isso, quis simultaneamente ter êxito e negociar melhor o que podia salvar (em um primeiro tempo os judeus franceses, em troca da denúncia dos judeus estrangeiros). Ao mesmo tempo realista e hábil, ele compreendeu que a vitória alemã não era garantida e começou a proteger os resistentes, talvez a informá-los (fizeram-me notar que o dossiê em favor dos resistentes, que lhe valeu a absolvição no processo de 1949, não foi citado ou examinado pelo autor do livro sobre ele).

DOMINGO, 27 DE NOVEMBRO. Pela manhã, de minha janela, contemplo a baía do Pai Eterno.

Conferência. Teledebate com Rita Levi Montalcini. Festival da berinjela, feita das maneiras mais variadas, no Restaurante Carmela. Pela primeira vez na vida, chego a uma saturação temporária de berinjela. Passeio digestivo até o hotel, acompanhado por Gianluca. Bela *passeggiata* ao longo do mar.

Sesta interrompida pela reunião com a tradutora de *Vidal e os seus*, muito meticulosa, que me pede mil precisões ou explicações.

Depois, jantar na casa de Oscar, com Sami e sua esposa, Gianluca e a jornalista simpática. Seu novo apartamento com sacada, situado nas colinas do Vomero, domina a cidade, mas não tem vista para o mar como o de Stefania, que avistei, mas que desapareceu após minha conferência.

Um verdadeiro jantar entre amigos. A jornalista simpática nos acompanha ao hotel.

Na cama, trocando de canais aleatoriamente, deparo com a *Nona Sinfonia* de Schubert, "a grande". O início é grandioso, depois, alguns langores. Gosto muito do modo de dirigir de Ricardo Muti, que de vez em quando deixa a orquestra se conduzir sozinha e retoma a direção quando é preciso insuflar-lhe ardor ou alma. O tema inicial e final me transporta. Gosto também do ataque do segundo movimento. Depois o do terceiro. Adormeço contente.

Segunda-feira, 28 de novembro. Desperto por volta das 9h. Manhã tranquila. Coloquei a mesa diante da janela e corrijo meu texto de Ferrette, mas (em vista do número de correções a fazer) desisto de trabalhar em minha entrevista para a *Sciences Humaines*. Leio o número sobre a complexidade da revista *La Nuova Critica*, de Arturo Carsetti, na qual muitos artigos fogem ao meu entendimento. Na *Poésie et Réalité*, encontro: "A realidade é um clichê do qual escapamos por meio da metáfora", "A poesia é a verdadeira ressacralização laica do mundo".

Encontro este verso de Roberto Juarroz que adoraria ter conhecido antes para incorporá-lo ao *L'evangile de la perdition* [*Evangelho da perdição*]:

Se alguém te interrogar sobre o mundo,
responda simplesmente que alguém está morrendo.

E depois este, que é digno de Heráclito:

Só é possível o impossível

Juarroz cita Roger Munier: "Eu espero; mas eu esperaria sempre o visitante que nunca vem".

Em "Nas origens do mal-estar político francês", publicado pela Editora *Notes de la Fondation Saint-Simon*, Emmanuel Todd assinala que, na França, o mundo popular não é reabsorvido em uma imensa classe média da qual seriam excluídos exatamente aqueles que denominamos excluídos, mas que continua a ser uma importante massa popular. Em 1990, 32,6 por cento da força economicamente ativa de nacionalidade francesa ainda é constituída de operários. A classe operária é menos numerosa, mas seu nível de competência aumentou. Sua tese é a de que na França existem dois blocos: uma classe média e uma classe popular. De fato, existe "um novo povo", e foi ele que se opôs a Maastricht. Conclusão do artigo: "Se o ps confirmar seu desaparecimento como força majoritária, se o rpr explodir e se as duas políticas econômicas entrarem em concorrência, apoiando-se em segmentos diferentes da sociedade francesa, será necessário considerar a hipótese de um Jacques Chirac transformado em homem de esquerda pela força das circunstâncias".

No avião, continuo a leitura das provas do livro de Jean-Manuel Traimond sobre Christiania (narrativas sobre a ocupação da caserna)[40], a cidade livre autogerida próxima de Copenhague, criada na época da civilização *hippie* e que perdurou ao longo de conflitos e dificuldades de toda ordem (principalmente uma luta implacável contra a implantação da heroína na cidade). Traimond viveu ali até 1984 e regressou ao local com frequência. Seu livro, muito alerta e bem escrito, testemunho de um dom de narração e de observação notável, de uma verdadeira compreensão, sem complacência e sem imbecilidade, sobre a experiência dessa cidade anarquista, povoada por diversas centenas de cidadãos, que viveu e sobreviveu através de muitas dissipações, de caos, com mortes, exclusões, ajustes de contas, mas também com muito amor, e, ligando o todo, um combate permanente e implacável entre as forças de autodestruição e as forças de autorregeneração. Trata-se de uma experiência simultaneamente sociológica e antropológica de importância capital. Em consequência, isso traz muitas reflexões sobre o ser e sobre o laço social.

As linhas de conclusão:

"Em nenhum lugar, exceto em Christiania, a liberdade é tão grande e tão assustadora".

E: "Em Christiania o desemprego é uma bênção, a velhice, uma lenda que o suicídio dissipará quando se quiser, a pobreza, um alívio, o anonimato, uma impossibilidade e a solidão, uma escolha".

Tomo o novo RER no próprio terminal. Periferias: quilômetros de tristeza e de feiura.

---

40. Desde 1971, um imenso agrupamento de pessoas dos mais diversos tipos, anarquistas, teólogos, iogues, *hippies* traficantes, militantes comunistas, alcoólatras, mendigos, músicos, antropólogos e sociólogos ocuparam uma caserna de Copenhague, criando a mais vasta invasão de propriedade pública da Europa: a cidade de Christiania. *Les récits de Christiania* [*As narrativas de Christiania*], de Jean-Manuel Traimond, foram reunidas no intuito de se compreender como, a novecentos metros do Parlamento da cidade, cerca de mil pessoas vivem mais de vinte anos sem polícia, sem voto e sem hierarquia. (N.Ts.)

Terça-feira, 29 de novembro. Desvencilho-me da correspondência recebida: quilos de tristeza e de feiura.

Respostas às urgências. Minha escrivaninha está mais atulhada do que nunca; no chão, os livros e papéis ganham terreno; o fax e a impressora já estão recobertos.

No *Le Monde*, um artigo interminavelmente soporífico de Baladur sobre a política europeia.

À noite, na televisão, um bom e velho James Bond, *Moscou Contra 007*[41], mas seu perfume evaporou.

Quarta-feira, 30 de novembro. Dormi bem. Tive sonhos engraçados, mas esqueci todos eles.

Fazem-me notar meu duplo desaparecimento:

"A comemoração dos cinquenta anos do *Le Monde*", da qual desapareci.

"A comemoração dos trinta anos da *Nouvel Observateur*", da qual desapareci.

Quanto a *Meus demônios*, em breve ele desaparecerá da lembrança.

Véro me telefona. Michel continua retido em Sarajevo, tem muito o que fazer no hospital. Ela e alguns amigos vão fazer uma passeata no pórtico da Sorbonne. Bihac vai expirar. Nem a Europa, nem a OTAM, nem a Croácia tomaram qualquer medida, nem mesmo proferiram a mínima ameaça. O resultado da vitória sérvia em Bihac é a revisão do plano de paz em seu favor.

Leio no *Le Monde* que o Instituto Jaffe de Estudos Estratégicos, com sede em Tel-Aviv, preconiza a anexação de todas as colônias ao longo da linha verde, ou seja, 11 por cento da Cisjordânia, o que se somaria aos 10 por cento de seus territórios já anexados em 1980 para ampliar os limites da "Capital Eterna". Efetivamente, é melhor falar da situação dos judeus de Vichy.

---

41. *From Russia with love*, filme americano de 1963, do diretor Terence Young; no elenco: Sean Connery, Robert Shaw e Lotte Lenya. Título francês, *Bons baisers de Russie*. (N.Ts.)

Impiedosos diante dos crimes cometidos há mais de cinquenta anos pelos hitleristas (mas não pelos stalinistas), os vigilantes mostram-se indiferentes quando se trata dos crimes cometidos na Bósnia.

O Afeganistão se desfez sob a eclosão conjunta de guerras étnicas, tribais e religiosas.

O comitê de ética preocupa-se com o que existe em comum entre a maconha, o álcool, o tabaco, tendendo com isso a separar a maconha das "drogas pesadas", o que conduziria à descriminalização da marijuana.

Jantar no Arquebusiers com Jean-Claude Berline, que em seguida deve nos conduzir ao Império televisivo onde participo do programa *Cercle de Minuit*[42]. Eu lhe digo por que razões, segundo todas as probabilidades, meu livro será enterrado.

Muito cordial, Laure Adler me faz falar da dificuldade de se conhecer a si mesmo, depois, dos intelectuais: mal proferi algumas palavras e Laure Adler solicita a opinião de Bernard-Henri Lévy, que explica que o papel do intelectual é expressar indignação e cólera. Minha vontade é dizer que, para mim, o papel do intelectual é fazer um bom diagnóstico, é argumentar, é tomar posição, e não se encolerizar. Mas renuncio a intervir, ruminando minha frustração durante todo o programa. Pior do que isso, no fim me sentirei humilhado de ter me exibido dessa maneira, como um animal de circo, exasperado por ter sido explorado, envergonhado por não ter formulado claramente meu sentimento. E furioso contra mim mesmo por ter aceitado tudo, incapaz de resistir à amável insistência de Laure Adler.

---

42. Programa diário de televisão, exibido por volta da meia-noite. Laura Adler comandou o programa de 1994 a 1997. (N.Ts.)

Dezembro

QUINTA-FEIRA, 1º DE DEZEMBRO. Véro me telefona esta manhã: Michel continua retido em Sarajevo. Ele se hospeda na casa de um morador da cidade, vai comer, na maioria das vezes, na FORPRONU. Resta apenas uma única saída, muito arriscada, o túnel, depois o Monte Igman. Os caminhões carregados de víveres descem a montanha em alta velocidade, pois é preciso percorrer trezentos metros sob fogo sérvio; a subida de volta, mais lenta, é ainda mais perigosa. Michel não tem roupas de inverno e o frio já começou em Sarajevo.

Hoje, jornada da aids.

Na *Sciences Humaines*, a resenha de um artigo *"Disastrous decisions"*: decisões desastrosas são tomadas, não apenas por incapacidade de previsão, cinismo ou diluição das responsabilidades, mas também por meio de processos psíquicos de racionalização absurda ou de ocultação inconsciente, destinados a preservar nossa tranquilidade de espírito. Necessidade imperiosa da psicologia cognitiva e da aplicação permanente dessa psicologia em si próprio.

É isso! Tomei uma *desastrous decision* por racionalização absurda e ocultação inconsciente ao comprar esse apartamento na rua ao lado, enquanto o que eu queria mesmo era mudar de bairro e até mesmo deixar Paris. Precisei pedir adiantamentos a meus editores, juntar o dinheiro do meu Prêmio Catalunha, fazer um empréstimo: não apenas me encontro privado de rendimentos, como preciso pagar as prestações mensais de meu financiamento. Mais do que nunca, sou prisioneiro dessa Paris que me mata. Que estúpido eu sou!

Sob o título "Corpo e relação pedagógica: criança bonita, bom aluno?", J. Chobaux revela, na *Sciences Humaines*, que com performances iguais aos outros os alunos de físico agradável geralmente são supervalorizados pelos professores.

Na *Le Monde des Livres* tomo conhecimento da morte de Franco Fortini. Será que ele faleceu enquanto eu estava na Itália?

A Associação para a Pesquisa do Câncer é colocada sob suspeita: em 1989, seus custos de funcionamento representaram 65 por cento das receitas! Alguns bilhões já foram devorados, durante dezenas de anos, na procura do vírus da doença, embora a maioria dos pesquisadores estivesse convencida de que o câncer não podia vir senão de um agente patogênico externo. Foi necessária a descoberta, marginal, dos oncogênicos para que se penetrasse no universo complexo onde, em condições de desregulações específicas, a fonte de vida se torna a fonte de morte. Além disso, muito raramente o câncer é analisado em seu contexto sociopsicossomático. No caso da aids, Luc Montagnier[1] começa a conduzir a pesquisa para uma linha mais complexa do que a do aniquilamento puro e simples de um vírus (que de resto é instável como o da gripe). Ele procura o conjunto de condições específicas que permitem ao vírus proliferar.

À noite, após um agradável episódio do seriado *Columbo*, não consigo dormir, fico remoendo minha resolução de ter ido ao programa *Cercle de Minuit*. Continuo a repetir como um débil "Não deveria ter ido lá". Não sou apenas indulgente, sou um velho idiota.

---

1. Luc Montagnier (1932-). Virologista de renome internacional, Montaigner descobriu, com sua equipe do Institute Pasteur, em Paris, o retrovírus da aids. (N.Ts.)

Sexta-feira, 2 de dezembro. Consulta no Hospital Léopold Bellan. O dedo do doutor Arnous Dubois penetra em mim terapeuticamente: sem problemas.

Gravação na emissora *France Culture*. Veinstein me entrevista com sobriedade; tenho 45 minutos: enfim, o tempo suficiente para falar. Após hesitação, aceitei falar por cinco minutos na próxima quarta-feira, na RTL: como meu livro foi ignorado, aproveito essa ocasião, ainda que insignificante, para divulgar sua existência.

Uma equipe do canal *France 2* vem filmar-me para o programa de François de Closets sobre a morte. No início, o diretor do filme me disse que eu teria duas falas de dez minutos. "Sem cortes?" "Ah não, haverá cortes necessariamente." "Não quero ser cortado. Quanto tempo você me dá?" "Duas tomadas de três minutos." Gravo a primeira vez, três minutos e trinta segundos; ele me faz recomeçar. Concentro-me em dois minutos. Depois, dois minutos e dez segundos.
"Então, você agora não vai me editar!" "Sim, na verdade, um pouquinho, mas tenha confiança em mim, ninguém jamais reclamou." "É porque os que você editou não assistiram ao seu programa!"
De novo, estou furioso contra mim mesmo. Na minha idade, continuo a me deixar enrolar.
Esse diretor, que acaba de realizar um programa sobre os Manuscritos do Mar Morto, compartilha comigo uma descoberta sensacional, ainda desconhecida: "O que lhe revelo é um furo de reportagem." Teriam encontrado um texto quase idêntico às bem-aventuranças, mas 130 anos mais antigo. Havia, portanto, uma corrente judaica pré-cristã portadora da mesma mensagem fundamental de Jesus. Isso indicaria (se essa descoberta for confirmada), de um lado, que a originalidade do Cristo diminui, de outro, que o judaísmo pós-crístico e anticristão erradicou de seu meio uma corrente renovadora profunda.
O diretor me diz também que encontraram um texto hebraico, do século VII antes de nossa era, que evoca a mulher do Eterno, denominada Asherah. Essa novidade pouco ortodoxa me alegra.

O *Le Monde* rende homenagem a Guy Debord[2], que acaba de se suicidar. Dos mortos todo mundo fala bem[3]. Ele denunciava a sociedade do espetáculo, sim, mas ela já era espetáculo antes do capitalismo e das mídias. Ela é espetáculo fora das mídias. Cada um usa sua máscara. Cada um interpreta o seu, seus papéis na sociedade. A política é um espetáculo histriônico nas democracias, religioso nos sistemas totalitários. As comunicações obedecem a ritos. Hoje, elas sofrem de uma espécie de inflação histérica; doravante, as aparências reinam sobre vazios cada vez maiores...

Fico sabendo pelos noticiários que uma jovem turca foi assassinada por seus irmãos e pais, que não podiam tolerar que ela tivesse uma vida pessoal e sexual. Para essa família, o imperativo da honra obrigava a lavar uma desonra com sangue. Para nós, trata-se de um crime horrível, fratricida e infanticida, que exige a pena máxima. Existe um compromisso possível entre as duas concepções? A condenação do irmão, autor principal do ato assassino, suscita a indignação dos turcos presentes ao tribunal. Não há solução, exceto a longo prazo, por meio de uma integração progressiva de nossas normas...

Jantar bastante tenso na casa de meu Amigo.

Ao voltar para casa, encontro uma gentil mensagem de Laure Adler, cujo desejo é dissipar meu descontentamento em relação a mim mesmo, após minha apresentação no programa *Cercle de Minuit*.

SÁBADO, 3 DE DEZEMBRO. Almoço com Patrice, sempre fraternal e generoso. Falamos da situação. Ele me afirma que, ao contrário do que acreditei até agora, as bifurcações decisivas não se produzirão necessariamente nos próximos anos e que o mundo continuará a hesitar.

2. Guy Debord (1931-1994). Filósofo e diretor de cinema. Criador da Internacional Situacionista, movimento-base de maio de 1968 na França. Seu ensaio mais importante foi *"La société du spectacle"*, Paris: Gallimard, 1967. Edição brasileira: *A sociedade do espetáculo*, tradução Estela dos Santos Abreu, Rio de Janeiro: Contraponto, 2000. Texto disponível em versão eletrônica pela ebookBrasil.com. Provocativo até hoje, o ensaio de Debord explicita os fundamentos da espetacularização e da alienação mental presentes na contemporaneidade. (N.Ts.)
3. No original, *De mortui nihil nisi bene*. (N.Ts.)

Segundo ele, provavelmente, falaremos mais tarde de nossa época como de uma *belle époque*, pelo menos na França: sem guerras, com liberdades, prosperidade...

Ele me deixa no *Espace Champerret*, onde acontece uma exposição dos "porões particulares", ou seja, das safras dos proprietários dos diversos vinhos do país. Na entrada, multidão, muita confusão. Um público de classes médias com algo de rústico e de popular. Alguns empurram carrinhos com caixotes de vinho empilhados, outros transportam como podem as caixas que compraram. Com o ingresso de entrada entregam-nos uma taça para degustar os vinhos onde nos parecer melhor. E a degustação ocorre por toda parte! Lembro-me do tempo em que, desempregado, eu perambulava entre os estandes, degustando os vinhos até a embriaguez, encomendando caixas e caixas de vinhos finos entregues em minha casa, com a fatura, algumas semanas mais tarde. Hoje em dia, vou diretamente ao estande do *Château de France* para degustar o Pessac-Léognan, cujas qualidades racinosas passei a apreciar graças ao doutor Brenot. Degusto os vinhos das safras de 1992, 1990, 1989, 1988. Decido-me pela de 1988, mas, em vista de minhas finanças atuais, prefiro não encomendar e me afasto. Ao fim de vinte metros, terrivelmente magnetizado, volto e compro uma caixa com seis garrafas. Ao me dirigir à saída, paro no estande da Vinícola Morgon, no qual degusto vinhos de três safras, sem encontrar neles as características totalmente dignas de um Morgon[4]. Saio para evitar qualquer nova tentação. Carregando minha caixa de vinho ora atrás, ora de lado, ora na minha frente, tomo o metrô na Estação Champerret. Chego em casa fatigado, tanto pelo transporte de meu incômodo paralelepípedo retangular como pela degustação no salão da exposição, precedida no almoço por um excelente vinho Saint-Émilion.

DOMINGO, 4 DE DEZEMBRO. Despertar difícil, a princípio, sinto-me sem coragem de levantar. Tenho muito o que fazer: a correção do texto para a *Sciences Humaines*, este diário para pôr em dia.

Assisto aos vídeos que serão exibidos no canal de televisão Arte, na noite temática consagrada à angústia, principalmente um docu-

---

4. Vinho tinto produzido na Borgonha. Um dos mais famosos *crus* da região é o vinho Beaujolais. (N.Ts.)

mentário sobre Los Angeles, que acumula as angústias de agressões, de insurreições, de conflitos inter-raciais, de poluição e de tremores de terra. Parece que um milhão de americanos brancos deixaram a cidade, multiétnica demais para o gosto deles. Sempre na expectativa do programa, assisto a um filme de Rainer Fassbinder, *O medo come a alma*[5], que me provoca um estranho efeito.

No porão de Guy, morto em 1986, muitas garrafas de vinho dos anos 1980 pioraram em vez de melhorar.

À noite, cometo o erro de escolher um episódio de *Derrick* mediano em vez de assistir a *Papy fait de la résistance*[6] (cujo título não me agradou). Não vejo senão os minutos finais hilariantes.

Amanhã irei a Estrasburgo para o programa do canal de televisão Arte.

SEGUNDA-FEIRA, 5 DE DEZEMBRO. Acreditando que o avião decolaria às 9h30, pedi um táxi para as 8h30. Mas o voo é às 9h15. Na periferia engarrafada, sinto a angústia de perder meu programa sobre a angústia. Felizmente, a decolagem atrasou vinte minutos.

Bihac foi abandonada: a Europa, a CSCE, a OTAN, a ONU, a América, não tomaram nenhuma atitude. A Europa arremessa a Bósnia-Herzegovina, ou melhor, o que restará dela, no islã. Ao reduzir a Bósnia a alguns fragmentos de territórios, ela expulsa esse islã. Daí resulta o provável agravamento da rejeição da Europa pelo islã. Um novo 1492, data da destruição de Granada, cidade policultural, preparou-se em 1992.

Meu parceiro, o Professor Richter, psicanalista aberto, tem a minha idade. Afável, vivaz, ele nos revela a conversa que teve no trem com seu vizinho de poltrona, que acaba de passar alguns anos na prisão: "Por quê?" "Por um assassinato. Eu tinha surtos delirantes, fantasias

---

5. *Angst essen Seele auf*, filme alemão, de 1974, do diretor Rainer Werner Fassbinder; no elenco: Brigitte Mira, El Hedi ben Salem e Barbara Valentin. Título francês, *Tous les autres s'appellent Ali*. (N.Ts.)
6. *Papy fait de la résistance*, filme francês, de 1983, do diretor Jean-Marie Poiré; no elenco: Christian Clavier, Michel Galabru e Roland Giraud. (N.Ts.)

de perseguição..." "E quem o senhor matou?" "Meu psicanalista... E o senhor, qual é sua profissão?" "Psicanalista..." "Ah, que bom, pois recomeço a ter surtos delirantes e a me sentir perseguido, e de novo terei grande necessidade de ajuda. O senhor aceitaria se tornar meu psicanalista?" "Não somos da mesma região, mas tentarei encontrar alguém para o senhor..."

Debatemos duas vezes, em espaços de 15 minutos. A vantagem do canal Arte é que eles não editam as entrevistas. Mas o tempo é bem curto para o que eu tinha a dizer.

A sra. Hannelore Gadatsch, que dirige nossos debates, nos conduz à cantina da emissora *France 3* (que abriga o canal Arte) para uma "modesta refeição". No menu há uma enorme porção de torta de batatas e cebolas, mais um prato enorme de chucrute com três pedaços de paleta, dois pedaços de peito, largos e grossos, duas salsichas etc. Tento apenas beliscar, mas devoro a metade do prato.

Conduzem-me ao Hotel Régent, em meio aos canais e às velhas casas do Petite France, bairro-museu que, entretanto, permanece vivo. O céu está azul, o sol ainda não se pôs, o tempo parece desacelerar, passam poucos transeuntes, não há automóveis. Athéna vem buscar-me para irmos ao centro da cidade. Atravessamos outra zona de pedestres que recobre a *Place Kléber*. Vejo passar o novo bonde panorâmico, muito belo. Como eu adoraria que Paris ressuscitasse seus bondes, se reumanizasse...

Athéna leva-me ao café filosófico, inaugurado na grande sala de trás do *Restaurant de la Victoire*, que ela comanda há um ano, nas segundas-feiras à noite, das 6h às 8h. Os participantes estão divididos em diversas mesas. Ao falar em "autoética" tenho grande dificuldade em fazer compreender a ética da compreensão. A compreensão é o que há de mais difícil de se fazer compreender. Percebo, aliás, os limites da compreensão: ela conduz à impotência diante do mal. No limite, a compreensão paralisa. Existe uma contradição entre compreensão e ação que podemos e devemos assumir.

Jantar no restaurante *La Tête de Lard*, com a sra. Hannelore Gadatsch e seus colaboradores, tendo colocado um fim em seus problemas digestivos do almoço, graças a uma Fernet Branca[7], ela já está tomando seu Riesling. Peço uma torta de queijo flambada, depois uma *tête de veau*[8]. Como a requintada torta era gigantesca, não consigo engolir senão alguns bocados da iguaria, que faço descer pela garganta com goladas de Riesling.

Retorno ao hotel passando pela cidade toda iluminada para o Natal. Natal! Já é Natal... Em meu quarto, com um olho meio fechado, revejo três quartos do filme *Meu ódio será tua herança*[9]. Durmo, acordo, durmo de novo. Noite agitada.

Terça-feira, 6 de dezembro. Manhã sonolenta.

Avião das 11h. Jornais. Após o suicídio de Debord, o de Roger Stéphane. E a morte de Norbert Bensaïd.

Por ocasião da morte de Debord, todas as marionetes da sociedade do espetáculo, que ele havia fustigado, denunciam as marionetes da sociedade do espetáculo.

A morte de Stéphane me traz imagens do passado longínquo. Eu o revejo no restaurante privado Antoinette, em Lyon, refúgio da Resistência, com seu ar ostensivamente conspirador, passando de mesa em mesa, barulhento e eloquente. E nas reuniões em sua casa, nos tempos da primeira *L'Observateur*...

Revejo também Norbert, bom, sensível, generoso. Ele havia cuidado de Johanne, mas jamais comungamos no plano das ideias.

Já afetado fisicamente pela refeição da véspera, sinto-me afetado moralmente por essas mortes. Os franco-atiradores começaram a atirar no meu setor.

No último boletim do mcx, Jean-Louis Le Moigne cita Philippe Caillé: "Continuamos a procurar os técnicos reparadores do planeta alfa,

---

7. Criado por Bernardino Branca em 1845, em Milão, a Fernet Branca é também base de vários coquetéis. A bebida é obtida pela maceração em álcool de diversas ervas e raízes medicinais, dentre elas o ruibarbo e a quina. No Brasil, quando misturada à cachaça recebe o nome de rabo-de-galo. (N.Ts.)
8. A *tête de veau* é um prato tradicional muito valorizado na França, Alemanha e Itália, consumido no mês de dezembro, especialmente na ceia de Natal. A França possui uma associação dos apreciadores de cabeça de vitelo. Em todo 21 de janeiro, comemora-se a decapitação de Luís XVI com uma grande festa onde é servida a iguaria. (N.Ts.)
9. *Wild bunch*, filme americano, de 1969, do diretor Sam Peckinpah; no elenco: William Holden, Ernest Borgnine e Robert Ryan. Título francês, *La horde sauvage*. (N.Ts.)

enquanto estamos no planeta beta, onde somente os questionadores podem nos ajudar".

Aeroporto de Orly. Na fila dos táxis, os homens carregando pastas e capas de gabardina predominam. Tomo o táxi de um asiático sagaz e seguro que conhece todas as configurações parisienses e escolhe um bom itinerário.

Jantar leve. Sesta prolongada. Depois, reunião com Jacques Berque, Jean Duvignaud, Kostas Axelos. Berque, sempre alerta, condena a americanização que age por toda parte, deplora os novos centros multinacionais de poder que se estabelecem, acredita que a federação europeia constituiria um desastre para a identidade francesa, e vê no islã uma força positiva de resistência. Argumento que as contracorrentes são múltiplas, para o melhor e para o pior, que nada está definido, que as bifurcações decisivas surgirão durante a década...

Evocando o desaparecimento de Debord, de Stéphane, de Bensaïd, Duvignaud me diz: "Nós usamos pilha Duracel, como os coelhinhos de brinquedo dos filmes publicitários".

As palavras espirituosas abundam, inspiradas por uma genialidade simultaneamente exterior e interior.

Jantar leve, de endívias, sem vinho. Na televisão, *Trovão azul*[10], com Roy Scheider: batalhas de helicópteros no céu diurno e noturno de Los Angeles; como pano de fundo o tráfico e corrupções na CIA.

QUARTA-FEIRA, 7 DE DEZEMBRO. Desperto às 7h, para estar às 8h15 na RTL onde sou "o convidado do café da manhã de Florence Belkacem": apenas quatro minutos e meio de programa, mas ela é simpática, leu meu livro, gostou dele, e seu colaborador usou meu livro *Ciência com consciência*[11] em sua tese. A despeito do pouco tempo, não fico insatisfeito, por causa do calor humano.

---

10. *Blue thunder*, filme americano, de 1989, do diretor John Badham; no elenco: Roy Scheider, Warren Oates e Candy Clark. Título francês, *Tonnerre de feu*. (N.Ts)
11. Edgar Morin, *Science avec conscience*, Paris: Seuil, 1990. Edição brasileira, *Ciência com consciência*, tradução Maria D. Alexandre, Maria Alice A. de Sampaio Doria, Rio de Janeiro: Bertrand Brasil, 2002.(N.Ts)

Entre idas e vindas no metrô, li um artigo na *Time Magazine* denominado "Vibrações positivas", que anuncia que o *free trade* interamericano começou bem: as trocas comerciais entre Estados Unidos e México e Estados Unidos e Canadá cresceram e na América Latina o *trade* logo substituirá o *aid*. Esse otimismo diante do livre-comércio me inquieta.

Na China, os cidadãos abandonam as bicicletas pelos automóveis, no momento em que nós começamos a abandonar os automóveis pelas bicicletas.

A *Diagonales Est-Ouest* (onde sempre se encontram informações ou observações ausentes em nossa grande imprensa) consagra seu número às mídias no Leste. A propósito da Sérvia, um artigo de Belgrado relembra que tudo começou por uma histeria midiatizada: a princípio as informações sobre os estupros de mulheres sérvias no Kosovo perpetrados pelos albaneses muçulmanos, depois, a lembrança das atrocidades croatas da época hitlerista. Um padre sérvio chega até a mostrar um terço feito com os dedos de crianças sérvias abatidas pelos croatas. De uma parte e de outra, estupros, emasculações, torturas, massacres do passado, incitam a praticar os massacres, os estupros, as torturas, as ignomínias de hoje. Caso exemplar da histeria de guerra, que precede a guerra, a prepara, estimula, acompanha e propaga-se nela.

Sempre na *Diagonales*, uma "carta de Tuzla", onde a municipalidade ainda se encontra nas mãos dos "cidadãos", testemunha o fato de que a convivialidade multiétnica das cidades da Bósnia tende a desaparecer, de um lado, por causa do afluxo dos refugiados rurais que não vivenciaram a experiência multiétnica e trazem sua visão fechada, de outro, em razão da própria radicalização provocada pelo prolongamento da guerra: em Tuzla, cidade exemplar, surgiram uma emissora de rádio especificamente muçulmana e uma especificamente croata.

Nos noticiários, Alain Juppé declara que a retirada dos "boinas azuis" se torna inevitável, mesmo sabendo que doravante haverá riscos de uma grande carnificina e de uma ampliação do conflito. Os sérvios de Pale, por sua vez, passam para a conciliação aparente, declaram-se prontos a aceitar o plano de paz, deixam entrar um comboio humanitário em Bihac. Como posso eu queixar-me das pequenas hipocrisias e vilanias de que sou vítima, quando um povo inteiro foi enganado, traído, vilipendiado?

Quinta-feira, 8 de dezembro. Jornada de reuniões no CETSAH:
• Entrevistas com Thierry Grillot, da BNF, Biblioteca Nacional da França, que prepara uma homenagem para Jean Cassou. Relembro sua nobreza, sua coragem, sua simplicidade durante a resistência a Hitler, e sua oposição aos stalinistas quando Tito foi banido. Lembro-me de que pouco antes de sua morte ele quis me falar de um segredo que, sem dúvida alguma, dizia respeito a nós dois. Mas como sua filha Isabelle estava lá no dia de nosso encontro, o segredo não foi mencionado. Talvez tivéssemos amado uma mesma mulher?
• Entrevista a uma jornalista de *O Globo*, do Rio de Janeiro, por ocasião da publicação de meu livro *Ciência com consciência* no Brasil.
• Marc Perez fala-me de sua tese, na qual ele utiliza minha noção de assujeitamento.
• Laure Barbien-Bouvier entrevista-me para o *L'Almanach des Sciences* sobre a questão "Como o senhor se tornou pesquisador?". Por acaso e por necessidade.
• Marie-Madeleine Pacaud comunica-me que acaba de passar em um exame para uma promoção. Quando ela disse a um de seus três examinadores que havia trabalhado comigo, a fisionomia dele teria se iluminado.
• Dois responsáveis pelos *Cahiers Pédagogiques* solicitam-me o tema de minha intervenção em seu congresso. O tema será: reforma de pensamento etc.
• Visita da filha de Larbi Nait Mazi. Diplomada em farmácia, ela dirigia um departamento no Instituto Pasteur de Argel, quando seu escritório foi saqueado. Sentindo-se cada vez mais ameaçada, veio para a França em setembro. Embora tenha nacionalidade francesa, seu diploma foi obtido na Argélia e, por isso, ela não consegue encontrar emprego, a menos que refaça três anos de estudos. Seu pai, que trabalha em um laboratório farmacêutico em Médéa, a noventa quilômetros de Argel, permanece fechado em seu apartamento. A estrada Médéa-Argel tornou-se perigosa, com barreiras de verdadeiros e falsos policiais. "E seu tio (meu amigo, que foi redator-chefe do *Moudjahid*)?" "Ele se aposentou, mas também vive escondido em seu apartamento." Sua situação é ainda mais perigosa pelo fato de sua esposa ser alemã (expulso da Argélia na época da guerra pela polí-

cia francesa, o FLN e o partido messalista, que ele havia abandonado, refugiou-se na Alemanha, onde se casou, depois, quando a guerra terminou, ele regressou à Argélia). O que fazer por ela? Escrevo para M. S., no Instituto Pasteur de Paris.

• Depois, Sylvie Tsangares, cujo nome soa cigano aos meus ouvidos. Rosto moreno, olhos grandes e extraordinários, não posso situá-la senão em uma *strangeland* desconhecida. Depois de ter trabalhado quatro anos na Califórnia, no campo da psiquiatria, ela prepara uma tese de etnopsicanálise com Tobie Nathan, que a aconselhou a vir me ver para evocar a cultura americana. Sinto prazer em falar com ela, até que um golpe discreto na porta adverte-me de que o próximo visitante me espera.

• O doutor Hautefeuille deseja que eu esteja presente de qualquer maneira em seu encontro anual sobre a toxicomania. Quanto mais lhe demonstro que sou incompetente no assunto, mais ele acha que é isso que justifica minha presença.

• Finalmente, um fotógrafo especialista em "cientistas", que deseja me conhecer antes de fotografar-me. Ele nada sabe a meu respeito, exceto que sou "midiático", o que me irrita. Para pôr um fim às suas perguntas, aconselho-o a ler meu último livro.

Antes de ir ser torturado na sessão de massagem da sra. Deligny, passo na *Librairie Collete* a fim de acertar a data de uma sessão de autógrafos em janeiro.

Sexta-feira, 9 de dezembro. Em jejum, coleta de sangue, de urina e eletrocardiograma no Hospital Necker.

Terei eu a coragem de escrever? Recebi uma intimação para reproduzir uma carta vinte vezes e enviar a vinte pessoas, sob pena de sofrer infelicidades assustadoras. Eu havia pedido à sra. Vié para fazer as vinte cópias e escolher vinte endereços ao acaso. Depois, nos esquecemos do assunto. Abatido por meus aborrecimentos e o agravamento de meus problemas referentes ao apartamento, penso na carta. Apresso a sra. Vié, que à tarde me traz os envelopes. Eu os selo e coloco na caixa do correio. Puxa vida! Sim, sou racional. Defendo isso, mas em qualquer mente existe uma zona subterrânea de magia e superstição. No momento de crise e dificuldade que atravesso, a superstição surgiu e me ordenou que postasse as cartas.

Jantar na casa de Jean-Luc Gaüzer, com Pauline, que dirige sua agência de modelos como nunca. Há amigos. Há artistas, Roman Polanski, Jean-Claude Brialy, Carole Laure, Aurore Clément, reencontrada com grande prazer. Em determinado momento, fala-se de teatro, e eu me dou conta de que há muitos anos não apenas não vou ao teatro, como deixei de ler tudo que lhe diz respeito.

Sábado, 10 de dezembro. Terminada a correção de meu artigo sobre a complexidade para a *Sciences Humaines*. Correio. O texto de Jean--Claude Guillebaud me fez bem.
Visita de Rafik Aboud, estudante da Escola Politécnica de Lausanne. Muitas afinidades, um mesmo sentimento vivido de poli-identidade.
Fogos, gritaria, tumulto de alto-falantes na rua. Desço rapidamente ao Boulevard Beaumarchais, onde um bando imenso de motoqueiros para, se exibe, dá a partida, para, sai novamente, para outra vez. Velhos, jovens, sozinhos ou em dupla, bigodudos ou sem pelo nenhum; a despeito de todas essas diferenças, há qualquer coisa que faz a unidade dos motoqueiros e que não se deve apenas às roupas de couro, ao capacete, ao uniforme, ao gestual do punho em riste e do pé, mas a certa coragem altiva, desafiadora, resoluta. Algo que ressalta a comunidade tribal e, ao mesmo tempo, a comunidade étnica: é a tribo dos motoqueiros que se manifesta e se revolta. Como os hunos em seus velozes cavalos, eles se espalham montados em suas enormes motos ao longo do Cânion Beaumarchais, da *Place de la République* até *La Bastoche*[12].
A um motoqueiro sentado na calçada, aparentando uns 50, 60 anos, pergunto a razão daquela passeata: trata-se de um protesto contra um decreto ou uma lei que pune severamente as infrações de limite de velocidade cometidas pelas motos de altas cilindradas. "Ora, nós matamos muito menos do que esses carrões, que provocam dez mil mortes por mês (*sic*) e do que as motos menores, que zigue zagueiam por aí não importa como. Além disso, se matamos, nos matamos ao mesmo

---

12. Gíria usada para designar o bairro da Bastille, em Paris. (N.Ts.)

tempo. Quem fez essa lei é um idiota. Repare, uma alta cilindrada em primeira chega imediatamente a cem por hora. Andamos muito depressa, mas de forma muito segura. Então, isso é sacanagem. Na Alemanha, não há limite de velocidade nas estradas, e isso quer dizer 250 quilômetros por hora, na pista da esquerda."

Mostro-me convencido e troco um aperto de mão viril com o motoqueiro. De súbito, todos colocam os capacetes, aceleram ruidosamente seus motores. O cortejo volta a partir.

Um artigo no informativo do CNRS revela que os machos de certas moscas drosófilas produzem algumas dezenas de espermatozoides gigantes (medindo dois centímetros, ou seja, seis ou sete vezes o comprimento do corpo do macho), cujo número corresponde ao de gametas da fêmea. Diferente da maioria das outras espécies sexuadas, inclusive a nossa, que produzem milhões de espermatozoides minúsculos dos quais apenas um fecundará o óvulo, o que evidencia um extraordinário desperdício, essas moscas encontraram uma via aparentemente mais racional. É verdade que, se houvéssemos seguido essa via, teríamos espermatozoides de 12 metros de comprimento, o que nos teria causado alguns problemas.

Convidado a falar na sessão inaugural do 6º Salão Franco-Israelense de Medicina e Tecnologia Médica consagrado à "pessoa idosa", vesti meu belo terno, prendi a comenda da Legião de Honra na lapela, dei o nó na gravata e cheguei ali às 20h em ponto. Os organizadores, os doutores Abastado e Cohen, acolheram-me cordialmente no saguão da Casa da Química. Recebo um crachá e colam-me um emblema tricolor (que retiro). Como o embaixador de Israel e o grã-rabino Sitruck estão atrasados, instalo-me no grande anfiteatro com o livro L'univers existe--t-il?, que, no fim, acho bem decepcionante.

Quando o embaixador chega, o anfiteatro está repleto. Repleto de médicos. Pergunto-me se os médicos são quase todos judeus ou se os judeus são quase todos médicos. Cheguei à tribuna. Tudo começa, enfim, por volta das 9h15, sem o grão-rabino. O embaixador profere palavras de embaixador, depois chega o grão-rabino e profere palavras de rabino: elogio da velhice, lembrança dos patriarcas, evocação de passagens estimulantes ou da Bíblia ou do Talmude. Bela voz e maneira de falar sedutora. Então, o embaixador e o grão-rabino, todos atendendo ao chamado de outros deveres, deixam a tribuna. Quando o grão--rabino vem em minha direção, temo receber a mesma maldição que Spinoza; mas não, ele me aperta a mão, lamentando-se educadamente de não poder ficar para me ouvir, sussurro-lhe dizendo ter apreciado sua intervenção.

Apresentado como filósofo, o que não nego ser, começo por expressar minha alegria de que o título da sessão seja a pessoa idosa e não a terceira idade, categoria anônima, padronizada, estatística, dissolvente, resultante dessa evolução/revolução do século xx, que transformou o ancião nobre e sábio em velhote ou vovô. Aproveito para expressar minha filosofia das idades, que de fato se encontram mescladas em cada idade, e concluo com a necessidade de reformar nosso modo de pensamento e de vida para começar a atenuar a disjunção entre as idades e a relegação dos velhos.

Depois de mim, o sociólogo-economista do CNRS, Arie Mizrahi, oferece informações estatísticas interessantes: em 1993, na França, a média de despesas médicas por pessoa foi de 11 mil francos, dos quais cinco mil foram destinados a atendimentos hospitalares, 3.500 aos atendimentos ambulatoriais, 2.400 à farmácia. Dos 60 aos 69 anos, o total sobe para 15 mil francos; dos setenta aos 79 anos, para 22 mil e, depois disso, para trinta mil. Desde 1970, o aumento da expectativa de vida traduz-se por um aumento das despesas médicas. Pergunto-me se o aumento da quantidade de vida, desde 1970, não é correlativo a uma diminuição da qualidade de vida.

Depois, o médico israelense nos esboça um quadro monótono da assistência médica oferecida à "terceira idade" em seu país.

Bufê *kosher*, sirvo-me de uma ou duas fatias de carne de bisão defumada, saboreio com desconfiança justificada um vinho Bordeaux *kosher*. Volto para casa onde Edwige espera por mim.

Leio na *Croissance* que, em Cingapura, uma recente lei permite aos velhos processar judicialmente os filhos se eles não lhes prestam assistência.

Domingo, 11 de dezembro. No mercado, compramos *kulibiak*[13], massas frescas, torradas de trigo-sarraceno, queijo de ovelha, iogurte de ovelha, couve, beterrabas, maçãs comuns, abacaxi. Na volta, preparo um *bulgour*[14] para o almoço.

Correspondência e mais correspondência. Respondo principalmente a Françoise Bianchi, que me escreve a respeito de meu livro: "Você entrou na literatura com uma obra que rompe com os gêneros e cria sua forma; nesse instante, os críticos não verão senão o que ela não é. Mas ela fornece ao leitor um pano de fundo onde se situar".

No programa *7 sur 7*: momento digno da Antiguidade. Tal como Cincinato, comunicando às mídias da época que retornava a seu arado, Jacques Delors leu sua declaração de renúncia com simplicidade. A argumentação é impecável. É em seu ato de renúncia que, mais do que nunca, ele se mostra digno de ser presidente.

Ele pega a classe política desprevenida e, com seu gesto, revela-lhe a pequenez. No decorrer desse *7 sur 7*, passamos por momentos de grande elevação; iremos recair na tragicomédia.

Delors precisa efetivamente refletir e pensar sobre a política. Não basta ser social-democrata, agora é preciso querer e formular uma verdadeira política de civilização para restaurar/instaurar uma qualidade da vida, para refrear as extraordinárias ofensivas da atomização, do anonimato, da hiperespecialização, da mercantilização, da desmoralização, da desertificação.

À noite, impossível resistir ao *A Batalha das Ardenas*[15], filme americano dos anos 1960, com Henry Fonda, Dana Andrews, Charles Bronson etc. Eu revejo a guerra, eu me revejo e, ao mesmo tempo vejo o que não vivi, as grandes batalhas dos blindados, as grandes retiradas, os grandes avanços. Dotada de ubiquidade, a câmera nos faz penetrar

---

13. Receita tradicional russa, preparada com salmão fresco, cogumelos, espinafre, ovos e arroz. (N.Ts.)
14. Bulgur é um trigo encontrado no Oriente Médio, Norte da África e Turquia. Existem diferentes tipos de grãos, muitos dos quais fazem parte da cozinha macrobiótica. O trigo bulgur integral é utilizado na preparação de quibes, crus ou assados, saladas e kaftas. (N.Ts.)
15. *Battle of the bulge*, filme americano, de 1965, do diretor Ken Annakin; no elenco, Henry Fonda, Robert Shaw e Robert Ryan. Título francês, *La Bataille des Ardennes*. (N.Ts.)

nos estados-maiores, no território inimigo, estamos por toda parte e vivemos o suspense histórico de cada batalha. A magia do cinema irriga a realidade da guerra, ressuscita-a transfigurada e, ao mesmo tempo, saboreamos a voluptuosidade de estar em paz, de escapar de todos esses obuses e tiros de metralhadoras...

Segunda-feira, 12 de dezembro. Revejo a revisão de meu diário de janeiro. Annie François, que trabalha na correção do texto, ainda não entrou em mim e eu ainda não entrei nela, para retomar os termos do pacto sagrado feito entre Teresa D'Ávila e o Cristo.

A Rádio e Televisão Francesa, RTL, pediu que eu comentasse minhas reações sobre a renúncia de Delors. Repeti mais ou menos o que anotei.

Almoço com Jean-Claude Guillebaud e Sami Naïr. Para mim, eles são bem reconfortantes. Sami afirma que a França fornecerá ajuda militar ao poder argelino.

Terminei o livro *L'univers existe t-il?*, de Jean-François Gautier. Ele é um homem bastante cultivado, apaixonado pela ciência, pela filosofia, pela literatura, que escreve de maneira brilhante, mas repete sem cessar que a noção de universo não contém a via cósmica. Ele se insurge contra a ideia de universo, na qual enxerga uma ideologia unitária, senão totalitária, mas não procura substituí-la por um pluriverso ou um cosmódromo. Tudo isso torna-se exagerado e aborrecido.

À noite, assisto a *Henrique V*[16], de Kenneth Branagh, que interpreta, ele mesmo, o papel do rei. Felizmente, o filme é exibido na versão original. Como esses atores *rosbifes* repetem bem as palavras de Shakespeare! O filme é impressionante, culmina com a Batalha de Azincourt, uma das mais belas e mais originais batalhas do cinema, filmada na lama, repleta de closes, com golpes de espada terríveis, semelhantes aos dos carniceiros. Depois de Azincourt, não haverá mais a França, que será dividida entre ingleses e *bourguignons*[17]. Restará o pequeno rei de

---

16. *Henri V*, filme inglês, de 1989, do diretor Kenneth Branagh; no elenco: Kenneth Branagh, Derek Jacobi e Simon Shepherd. Título francês, *Henry V*. (N.Ts.)
17. Habitantes da comuna francesa de Bourgignon, na região adminstrativa de Champagne-Ardènnes. (N.Ts)

Bourges, provincializado, sem futuro. Até o dia do imprevisto absoluto: a chegada de Joana D'Arc.

Terça-feira, 13 de dezembro. No final da tarde, caminhamos pela *Rue Saint-Honoré*, depois, pela *Rue du Marché-Saint-Honoré*. Como lamento não ter comprado um apartamento nesse bairro! Sentamos no Restaurante Rubis. Peço um vinho Beaujolais, Edwige um branco *Gewürztraminer*, e nos regalamos com um prato de frios. Meus pesares aumentam, invadem todo meu espírito. Sim, é ali que eu gostaria de viver, entre essas sóbrias casas do século XVIII e todos esses chiques empórios de alimentação.

Quarta-feira, 14 de dezembro. Ermùeli Yung, fotógrafa do gênero náiade, que imagino ser finlandesa, vem para fazer um estoque de fotos para a Stock Editora. Ela me fotografa ao lado de minha pequena escultura de três pássaros sobre um galho, colocada perto de um espelho, e faz um jogo de retratos com reflexos, imagem na imagem. Pede-me para erguer os olhos, baixar a cabeça, inclinar-me ligeiramente à esquerda, depois à direita e, a cada vez que obedeço, ela exclama, "maravilhoso", "genial", para me encorajar. A princípio, pareço desanimado, depois, todas essas exclamações me divertem; quando exclama "sublime", ela capta um sorriso meu.

Correspondência com a sra.Vié. Depois, sessão de cinesioterapia: a sra. Deligny me transforma em carne moída. Finalmente, depois de ter tentado recolher meus pedaços, saio titubeante.

Irei eu à recepção de comemoração dos cinquenta anos do *Le Monde*? Ultimamente não tenho estado de bom humor para coquetéis e ontem não fui ao lançamento da Editora 5 Continents. Finalmente, me decido.

Ali visito a interessantíssima exposição: usamos fones de ouvido e o comentário varia em função do lugar em que se está; vou ao pavilhão dedicado a Maio de 1968, do qual fui apagado. Alguns encontros simpáticos. Jean Daniel, Jean Lacouture: que lástima não encontrar os amigos senão em coquetéis... Rumino, "que vida de idiota levo eu".

Em um dos bufês há ostras e ovas de salmão. Como devo comer bem no jantar na casa de Gil Delannoi, sirvo-me apenas de duas ostras, uma única torrada de salmão e não bebo nada.

O encontro com meu Amigo na *Rue Bonaparte* é fatal. Assim como no filme *O exorcista*, o encontro funesto é postergado para outro lugar e mais tarde.

Na casa de Gil e Sylvie, ragu de cerdo, vinho Corton[18], depois o Pauillac[19]. Clima tranquilo, descontração. Gil nos declama o último monólogo de Hamlet.

Durante a noite, a carne de cerdo atormenta nossas entranhas.

Quinta-feira, 15 de dezembro. Na correspondência, uma carta de André Burguière que me emociona.

Releio apressadamente os meses de julho a novembro deste diário antes de enviá-los a Michel Winock, em um disquete.

É preciso encontrar um título para este diário. Propus *O ano irresoluto*, que não agradou (a mim também não), *O ano esfinge*, idem. Penso em *Entre dois séculos*. Telefono a Françoise Peyrot, ela não gosta: "Seria necessário um título que o implique pessoalmente..." "Que tal, *Diário de um antiparisiense...*". Na mesma hora, lhe asseguro: não gosto nada desse título.

Sexta-feira, 16 de dezembro. Meu TGV para Montpellier sai às 10h49. Levanto às 8h45. Preparo tranquilamente meu chá, faço tranquilamente minha ginástica, deixo a água do banho correr tranquilamente e, no momento de mergulhar nela, intrigado pelo fato de Edwige já ter recebido a correspondência, que normalmente chega às 9h30, descubro que já são 10h10. Pânico. Lavo o rosto, não faço a barba, visto-me apressadamente, jogo uma cueca e uma camisa limpas em minha maleta, apanho os papéis, entre eles minha passagem e o esquema de minha conferência. Saio. Volto para buscar os óculos. Saio novamente, corro

---

18. Vinho produzido na Borgonha, o *gran cru* Corton-Charlemagne é denominado o Vinho do Imperador. É vendido no Brasil na faixa dos 140 dólares a garrafa. (N.Ts.)
19. A região de Pauillac, no Médoc, produz um vinho de alta qualidade. No Brasil, a garrafa do Chateau Pichon-Longueville chega a custar mais de 450 reais. (N.Ts.)

em direção ao Boulevard Beaumarchais, observo o horizonte na direção da *Place de la République*. Nenhum táxi. Fico impaciente. Não há ônibus, fico mais impaciente ainda. Finalmente, um táxi livre me pega e me deixa na Estação de Lyon. Doze minutos antes. Tranquilizo Edwige pelo telefone, compro o *Libé*, depois, como o vagão está quase vazio, instalo-me em um lugar mais central, melhor do que o da poltrona 22, perto da porta e exposta às correntes de ar.

Folheio rapidamente o jornal. Registro esta declaração feita em Estrasburgo por Marek Edelman, chefe da revolta do gueto de Varsóvia: "A Bósnia é a revanche póstuma de Hitler... Tenho mais confiança do que vocês na Alemanha. Os filhos não se parecem com os pais".

Uma informação biocerebral: o cérebro humano fabrica para si mesmo um neuromediador químico, cujo princípio ativo é análogo ao da maconha. Já sabíamos que o cérebro fabrica sua própria morfina (endorfina), agora tomamos conhecimento de que ele enrola seus próprios baseados. O que vai fazer com isso meu amigo Léon Hovnanian[20]?

Aproveito o tempo para corrigir o mês de fevereiro deste diário. Sou interrompido pelo serviço de almoço do trem, denominado de maneira otimista "O Bom Momento". O Bom Momento entrega-me um cartão de visitas comunicando que, "a partir de hoje", comissários e comissárias de bordo usarão um novo uniforme assinado por Pierre Balmain. Curiosa informação gastronômica. A refeição é medíocre, mas tomei uma pequena garrafa de vinho Pauillac consoladora. Retomo a correção de meu diário de fevereiro que, assim, passa a fazer parte de meu diário de dezembro.

Após quatro horas de trabalho tranquilo, com todos os papéis espalhados, chegada a Montpellier. Michel Maffesoli[21] espera-me na estação. O céu está azul, é tempo de primavera, passamos por ruas exclusivas de pedestres até chegar ao charmoso e pequeno Hotel du Palais. Até mesmo meu quarto é charmoso, no terceiro andar, com vista para a

---

20. Léon Hovnanian (1920 -2010). Político e médico de origem armênia, foi presidente da Liga contra o Alcoolismo na França, de 1971 a 1982. Confrontado com o problema do consumo da maconha nos jovens, ele e o Professor Paul Lechat, presidente da Academia de Medicina, criaram, em março de 1979, o Comitê Nacional de Informação sobre a Droga, do qual Hovnanian foi presidente até 2005. (N.Ts.)
21. Michel Maffesoli (1944-). Sociólogo muito divulgado no Brasil, considerado um dos fundadores da sociologia do cotidiano. (N.Ts.)

praça, as árvores, o céu. Ao descer, vejo a jovem da recepção com seu bebê nos braços. Prefiro mil vezes esse tipo de hotel do que os grandes Hiltons padronizados.

Michel me conduz a um suntuoso apartamento, em um hotel do século XVII, onde vive nobremente a sra. D. Puis. Depois, regresso ao hotel e retomo meu trabalho, até a chegada de Corinne e Laurence Tubiana, que dirigem a Associação Solagral. Juntos, eles se ocupam da revista *Courrier de la Planète* e vêm entrevistar-me a respeito do livre-comércio, da mundialização. Eu lhes digo que não se sabe a que preço cultural e civilizacional serão pagos os progressos econômicos conquistados pelo livre-comércio e que quanto mais os problemas se mundializam e se globalizam, mais as visões são fragmentárias. Em contrapartida, a mundialização provoca, de um lado, os retornos às origens éticos, religiosos, nacionais e, com isso, o endurecimento etnocêntrico das visões, de outro, o desenvolvimento do pensamento tecnoeconômico que, em si mesmo, mutila e fragmenta os problemas. Assim, uma das consequências da mundialização é a incapacidade cada vez maior de conceber essa mesma mundialização. Ela desenvolve a inteligência cega e nos precipita rumo à catástrofe.

Depois, vou à conferência de André Akoun para o colóquio Rupturas da Modernidade, no qual devo falar amanhã. Ele cita o problema dos porcos-espinhos: no inverno eles precisam ficar próximos uns dos outros para conservar o calor e precisam se afastar uns dos outros para não se picarem entre si. Eles se aproximam, se afastam, até encontrar a distância adequada, nem muito perto, nem muito longe. Existem alguns bons enunciados: "O colapso do comunismo foi um Chernobyl sociopolítico" e "O Ocidente não é representante do modelo ocidental". Evidentemente, eram os países não ocidentais que acreditavam nesse modelo. Agora, eles não acreditam mais nele e nós acreditamos cada vez menos.

Há pessoas que nos olham com um ar descontente, como se você não estivesse ali senão para aborrecê-las.

Somos conduzidos à sede do governo local, fora da cidade, onde um "bufê ajantarado" nos espera. Uma coisa aflitiva: pequenos quadrados de pão murcho, lambuzados de substâncias de cores vivas, coroados de minúsculos fragmentos de azeitona, de pedaços de ovos de codorna, de lascas de rabanetes. Agradável de ver, execrável de comer. As papilas de minha língua gemem. No quesito bebidas, que monotonia; uísque, Coca-Cola, apenas um vinho Frontignan[22] relembra a região nesse bufê uniformemente disperso que vai de Nova York a Xangai. Não havia vinho regional, embora ali existam excelentes marcas, entre elas o Faugères. Indignado, peço um táxi e volto para o hotel.

Em frente ao hotel há um café-restaurante, o La Coquille, onde como um bife de filé com feijão-verde, regado, exatamente, com meia garrafa de Faugières. Os outros foram comer no bufê do Café de la Mer e, de lá, para uma boate. Há dois ou três anos, eu não teria resistido e os teria seguido. Eu, porém, sinto-me muito caseiro e me apresso em regressar ao meu hotel. Tenho vontade de trabalhar no diário, mas pego o fim dos noticiários das 20h, vejo Jacques Chirac que virou candidato de esquerda, tanto social quanto nacional. Retomo o diário, depois volto à televisão. Depois de uma troca aleatória de canais, fico no M6, que passa um filme policial sobre traficantes de droga. Adoro ver traficantes com cara de latinos, policiais injustamente demitidos, políticos corruptos.

Não sei por que durmo uma hora e depois não consigo mais adormecer. Levanto às 5h da manhã e volto a trabalhar.

SÁBADO, 17 DE DEZEMBRO. Um carro nos conduz, Michel e eu, à Universidade Paul Valéry. Enquanto espero minha vez de participar, enrolo o tempo. Um sociólogo barbudo, que se diz perturbado pela sociologia (eu o compreendo), de súbito me pergunta, com ar malicioso, por que o nome de Anne Brigitte Kern é citado em letra minúscula na capa de meu livro *Terra-Pátria*. Pergunto-lhe qual é sua interpretação do caso; ele me diz que aquilo lhe parece um sinal de machismo. Respondo

---

22. O Frontignan é um vinho branco produzido a partir de uvas Muscat, ideal para acompanhar frutos do mar e ostras frescas. (N.Ts.)

alterado: "Os outros, meu senhor, não colocam o nome de seus colaboradores senão na página de agradecimentos, ou pura e simplesmente silenciam a respeito do trabalho de seus escravos. Enquanto eu, nesse livro, que evidentemente é produto de minhas ideias e exibe a marca de meu estilo de escrever, não me contentei apenas em agradecer a Anne Brigitte Kern, que leu, releu, corrigiu, fez sugestões a meu manuscrito: eu fiz com que colocassem seu nome na capa. "Ah, pensei que isso pudesse ter sido uma exigência do editor..." "Mas o editor jamais impõe nomes desconhecidos ao autor." "Ah ! Eu não sabia." "O senhor não sabia, mas tem uma opinião. É engraçado, cada vez que faço algo de bom, tipos como você me julgam mal..."

Em seguida, o sujeito acredita poder me acuar em outro terreno: "Ouvi dizer, não sei bem onde, que há cerca de uma década, em Grenoble, o senhor utilizava seus cursos na universidade para seduzir as estudantes..."

Altero-me mais ainda: "Mas, meu senhor, eu não sou professor de universidade, não dou cursos, não outorgo diplomas. Faço parte do CNRS. Sem dúvida, fiz seminários, mas nada de sistemático, nem de regular. Além disso, não sou um sedutor, mas um seduzido." "Ah! Eu também", retruca o sujeito.

Depois, faço minha conferência sobre "o desafio da complexidade" no grande anfiteatro. Começo afirmando que os três pilares da ciência clássica (a ordem, a separabilidade, a validade absoluta da lógica dedutiva-identitária) eram, em grande parte, mitológicos. Penso cada vez mais fortemente que a Ciência, a Razão, bem como o Progresso, foram figuras abstratas de uma extraordinária mitologia. Seus sectários acreditaram viver no real enquanto viviam no imaginário.

Espera do TGV. Na *Carta do Fórum de Delfos*, de outubro-novembro de 1994, leio um texto de André Nicolaï, "Democracia e desenvolvimento", cuja tese é interessante. A democracia geralmente não é favorável ao começo do desenvolvimento capitalista. "O que parece necessária é a existência de um Estado de direito. Em contrapartida, ela *pode* ser a consequência de um desenvolvimento primitivo se, preliminarmente, o excesso tiver sido orientado para fins produtivos e não desviado para fins militares ou suntuários (Luís xiv após Colbert, o Japão antes de 1945) ou para fins de autorreprodução do efetivo político administrativo (África negra, Birmânia). A democracia não se torna possível senão depois de se alcançar certo patamar de desenvolvimento, ou seja, no momento em que o conjunto dos assalariados e dos empresários privados autóctones tenha se generalizado, pois, nesse momento, é de interesse comum dos trabalhadores e dos empresários que o Estado de direito adquira uma forma democrática." Não é senão com o tempo que a democracia se torna a forma preferencial do capitalismo. É o único regime que tolera os conflitos e assegura a "boa gestão" dos conflitos. Para Nicolaï, então, a ideia de um preliminar democrático ao desenvolvimento deve ser substituída pela ideia de um preliminar ao Estado de direito (em oposição ao Estado arbitrário).

No TGV, dou uma olhada no *Le Monde*. Ainda não se saiu totalmente do assunto do sangue contaminado: os arquivos referentes às transfusões desapareceram em Bouches-du-Rhône; os dossiês sobre as coletas de sangue foram falsificados. A despeito das diretivas da Secretaria da Saúde, as coletas foram feitas nas populações de risco (detentos e prostitutas). Os médicos foram particularmente irresponsáveis-responsáveis.

Termino as correções do diário referentes a março, depois adormeço até chegar à periferia de Paris.

Impaciente para chegar em casa, tomo um táxi.

Em casa, pouca correspondência. Em lugar de me sentir aliviado, fico decepcionado.

Recebo um fax de Saül Fuks, do qual ressalto: "No fim do ano, quando tudo parece terminar, começam a emergir todos os temas que ficaram pendentes; todos esses problemas chegam em bando, como os elefantes; assim como eles, fazem um ruído enorme e aparecem estreitamente unidos". Ele propõe que nos lancemos sobre eles como um touro.

Na secretária eletrônica, a proposta para um debate entre mim e Jean-Marie Domenach sobre os anos Mitterrand. Jean-Marie vai ser muito panfletário e eu não poderei suportar. O que vou dizer? À primeira vista, não vejo qualquer ruptura verdadeira, o monarquismo presidencial liberal continuou. Os escândalos? Já existiam no tempo de Giscard. A monarquia volúvel? Já existia no tempo de Giscard. Em contrapartida, no plano das artes e dos monumentos, ressaltam-se algumas obras reais, entre elas o Grande Arco, a pirâmide do Louvre e um ministro da Cultura generoso e fastuoso, inventor de festivais, como o Festival da Música.

O empobrecimento e a esclerose do político continuaram. A dominação do econômico sobre o político continuou, e mais ainda após o breve sobressalto social de 1981-1982. Sem dúvida alguma, houve uma mudança do efetivo político, mas não mudança política. Certamente, houve nacionalizações, mas elas não foram nem positivas nem negativas. Houve o atrofiamento do Partido Comunista, mas provocado tanto pela esclerose de seu presidente, George René Marchais, como pelo efeito do beijo envenenado de Mitterrand.

A política europeia continuou a mesma de Giscard a Mitterrand, a amizade com a Inglaterra foi mantida com o caso das Malvinas e a amizade americana com o caso da Guerra do Golfo. Em política exterior, a mesma fidelidade à Inglaterra e aos Estados Unidos. A mundialização degaullista continua, a princípio incapaz de avaliar (no referido discurso de Cancún), depois crítica em relação à União Soviética. Praticou-se uma dupla política, em princípio interessante, mas sem grande resultado na prática (principalmente no Oriente Médio). Mitterrand foi muito complicado, mas não suficientemente complexo.

Como no tempo de Jacques Foccart e Giscard d' Estaing, o problema africano continua a ser um terreno reservado: o mesmo apoio aos potentados francófonos, as mesmas corrupções em grande escala, se acreditarmos no livro *Le génocide franco-africain: faut-il juger Mitterrand?* [*O genocídio franco-africano: é preciso julgar Mitterrand?*], de Pascal Krop, que vê nisso um agravante.

Paralisia e miopia após a queda do Muro de Berlim e no momento do golpe de Moscou, mas, desde então, a situação foi acomodada. Quanto à Iugoslávia, pela falta de intervenção antes do conflito ou no início dele, a França é corresponsável pela inação europeia.

Nenhuma reforma profunda para mudar a vida. A economia de mercado foi reconhecida e aclamada; o Estado-providência foi confirmado com o RMI[23]. De qualquer modo, o Partido Socialista estava condenado ao esvaziamento. Não se pode nem mesmo reprová-lo por não ter imposto a social-democracia, uma vez que a social-democracia foi implantada na França pelos governos da Libertação, depois continuou via a etapa Jacques Chaban-Delmas até Michel Rocard.

Sem dúvida alguma, politicamente, a França popular amorteceu melhor a crise econômica dos anos 1980 do que se houvesse um governo de direita, pois não ocorreu uma grande explosão social. Foram anos relativamente tranquilos a despeito de algumas erupções violentas, mas reabsorvidas. Será isso um bem ou um mal?

Mitterrand reavivou o Partido Socialista, que se encontrava completamente desvitalizado, mas deixou algum vazio. Graças a ele, o PS francês fez seu desvio para uma espécie de progressismo, em seguida, para a social-democracia, sufocando o Partido Comunista, enquanto na Itália o Partido Comunista desviava-se para a social-democracia, sufocando o Partido Socialista.

Mas nem aqui, nem em qualquer outro lugar, ninguém tem consciência de que a social-democracia dá seu último suspiro e de que seria necessária uma política de civilização. Sobretudo o Partido Socialista francês, que não soube nem quis se regenerar: não houve nenhum pensamento da parte dos barões paquidérmicos que não conseguiram senão sufocar Rocard, que perdeu sua capacidade de falar a verdade e conduziu uma política banal.

Enfim, apesar do drama do sangue contaminado, nascido dos vícios conjuntos da especialização científico-médica, da burocratização, da preeminência dos imperativos econômico-financeiros, da rotina, das cegueiras etc., jamais houve uma tomada de consciência dos problemas de civilização.

Concebi um título para este Diário: *Diário de um Sísifo,* ou: *Um ano Sísifo.*

DOMINGO, 18 DE DEZEMBRO. Telefono a Winock e lhe falo de minha ideia de "Sísifo". O termo o agrada. É preciso encontrar outra palavra que o acompanhe.

---

23. Salário Mínimo de Inserção. (N.Ts.)

Vamos ao *Marché des Enfants-Rouges*. No vendedor de laticínios compramos torradas de trigo-sarraceno, queijo *roquefort* Carle, manteiga Echiré, iogurte de leite de ovelha, pão Poilâne, mel de Cévennes. No sr. Simonneau, um frango caipira, dois escalopes de vitela (para fazer à milanesa), duas porções de vieiras. Na loja de pratos prontos, codornas já assadas, guarnecidas de cogumelos, uma porção de *kulibiak*, duas de berinjelas fritas. Na frutaria, um mamão papaia, maçãs comuns, peras Comice[24], tangerinas, alho, uma beterraba, batatas-doces.

Período da tarde. Sento-me diante do Mac. Depois, desço para preparar uma tisana de boldo. Enquanto isso, olho para a fita-cassete de cantos espanhóis que Jean-Claude Pouytes me enviou. Coloco-a para tocar. Golpe no coração, as lágrimas correm, choro sozinho, desesperado. A primeira canção é *O relicário*, cantada por Raquel Meller. O que sinto não é apenas a emoção que me invade toda vez que ouço *O relicário*, é também Raquel Meller, a grande vedete espanhola dos anos 1920, intérprete do disco que eu ouvia incansavelmente quando tinha 10 anos, após a morte de minha mãe, e que, desde então, nunca mais havia escutado. Mais tarde, meu pai me contou como ele e seus irmãos, Henri e Léon, adoravam Raquel Meller. Os três foram juntos a Paris, nos anos 1920, para ouvi-la cantar no *music-hall*, e meu pai me falava do indescritível entusiasmo deles, sobretudo o de Léon, que a aclamava de pé, exclamando-lhe palavras ternas em espanhol. Agora, o que irrompe subitamente em mim, enquanto Raquel Meller canta imperturbável, não é somente minha mãe morta, é meu pai morto, são todos os meus mortos, são meus mortos queridos que me invadem com sua ausência, que me fazem recordar sua perda irreparável e me remetem à minha infelicidade.

Tento me concentrar no artigo "Por uma política de civilização". Com as sinapses enferrujadas, patino, não consigo ir adiante. Decido visitar a exposição de Michel Thomson, que realiza uma mostra de seus quadros. Ele jamais desejou expor em uma galeria, mas quase

---

24. As peras Comice têm uma cor verde-clara, são excelentes acompanhamentos para queijos Brie e queijos de cabra, harmonizados com um Chardonnay branco ou um Pinnot Gris. (N.Ts.)

todos os anos expõe em seu ateliê-residência no térreo de um prédio na *Rue du Commerce*. Ele é filho de um soldado americano, da guerra de 1918. Um verdadeiro purista. Foi filiado ao PC, depois dissidente, depois aderiu às ideias de Maio de 1968. Já estou farto de não ver meus amigos e, embora aprecie os domingos tranquilos, sem telefone tocando, nem perturbações, prefiro ir até a casa dele. Prazer de reencontrá-lo e a todos que lhe são próximos, prazer de rever Françoise Biro. As telas do ano são consagradas aos futebolistas e maratonistas. Não sei discutir pintura, mas ele faz coisas que me encantam. Tenho quadros dele. Johanne levou consigo os mais belos, mas ainda me restam dois. Edwige chega e compra um brinco em forma de coruja, feito pela filha dele que vive no campo com sete gatos.

Conversamos um pouco. Não sei como evocamos Kateb. Kateb Yacine tinha razão: a ferocidade dos ancestrais aparece redobrada. A ferocidade surge redobrada na Bósnia, na Argélia, em Israel, na Palestina.

Vejo um italiano. Confio-lhe meu pessimismo quanto à liberação do comércio mundial. Que preço humano, cultural, civilizacional pagaremos nós pelos ganhos em produções e produtos?

Segunda-feira, 19 de dezembro. Almoço, depois, reunião do comitê Ciências e Cidadãos no CNRS. Fazem o balanço crítico da reunião de Poitiers. Acho que ficamos preguiçosos no último período que precedeu o colóquio, que não cuidamos para que a divisão dos participantes nas oficinas fosse verdadeiramente interdisciplinar. Principalmente, não havia ciências humanas suficientes. Além disso, algumas oficinas (sobre as mídias, sobre as "pseudociências") deram lugar a discursos padronizados de cientistas. Enfim, diferente do contexto de Arc-et--Senans, o de Poitiers não permitiu os encontros, as discussões ao acaso. O êxito obtido nos colóquios precedentes nos conduziu ao comodismo em 1994. Parodiando a intenção de Stalin, por ocasião da liquidação dos cúlaques[25], afirmo que ficamos embriagados pelo sucesso. Outros complementam minhas críticas, mas temem que descambemos para o pessimismo, pois muitos participantes estavam muito

---

25. Campesinato rico, que dispunha de grandes extensões de terra, utilizava força de trabalho assalariada, apoiava o governo imperial do tzar e foi liquidado por Stalin.(N.Ts.)

satisfeitos. "Mas, não, não é isso, trata-se apenas de uma exortação a corrigir nossos erros."

Depois, fazemos uma mesa-redonda em que cada um propõe temas para 1995, principalmente "Imaginação, intuição, imprevisto" (sobre os progressos da imprevisibilidade nas ciências naturais e humanas), "Ciência e dinheiro" (talvez seja necessário conceber um outro nome sem ser dinheiro), "Limites do conhecimento científico". Sobre esse tema, Jean-Louis Funck-Brentano faz uma intervenção digna de nota. Ele afirma que o progresso científico introduz na medicina uma incerteza que nem os médicos nem os pacientes estão prontos a assumir: a incerteza sobre a causa das doenças (cada vez mais dependentes de um conjunto de condições e não de um fator unívoco); impossibilidade de se fazer um diagnóstico seguro; incerteza sobre a eficácia da terapia (que pode provocar, rapidamente ou a longo prazo, efeitos perversos imprevisíveis).

Tenho a impressão de que somente por alguns anos as ideias de incerteza ou de limites foram toleradas, ou seja, admitidas nos meios científicos que as combatiam com ardor, considerando-as, tanto umas como as outras, apenas como ideias provisórias.

Surge uma dezena de outros temas, sobre os quais iremos refletir até a nossa próxima reunião. No decorrer da discussão, um participante propõe o princípio antrópico, e fico surpreso diante da ignorância dos cientistas a respeito desse princípio, oriundo dos astrofísicos.

Volto para casa na companhia de André Burguière. São 16h, muito tarde para reaquecer meu alto-forno cerebral. Leio *Le Monde* de sábado (que não havia comprado) e o de hoje à tarde. Depois, os noticiários, e de tudo retenho principalmente o seguinte:

• viagem do mediador Jimmy Carter à ex-Iugoslávia. Depois do encontro com Alija Izetbegovic em Sarajevo, hoje ele se reúne com Radovan Karadžic em Pale. Os comentários são bastante pessimistas, mas os comentários pessimistas deixam-me menos pessimista do que os comentários otimistas;

• o ataque da pequena Chechênia pelos tanques blindados e aviões russos; Soljenítsin tomou partido contra a intervenção (os imbecis daqui o haviam situado entre os reacionários, isso porque seu pensamento não podia entrar em seus esquemas). Não espero que alguém se movimente no Ocidente, mas será que ninguém vai sequer protestar? De novo, os democratas da Rússia estão sozinhos. Tudo o que se refere a Boris Yeltsin é cada vez mais bizarro. Que operação no nariz foi essa que o fez ser hospitalizado? A notícia de seu restabelecimento teria feito Viktor Tchernomyrdine cair na risada;

• a intervenção do Abade Pierre para instalar diversas famílias de sem-teto em um imóvel vazio da *Rue du Dragon*. Ele foi recebido cortesmente por Édouard Balladur que lhe prometeu não expulsar as famílias. Hoje à noite, Chirac declarou estar pronto para requisitar quantos imóveis forem necessários para abrigar os sem-teto.

Chirac precipitou-se na esquerda ao fustigar os palácios oficiais e os bairros elegantes. Para não ficar atrás, Balladur visita hoje os HLM desfavorecidos de Seine-et-Marne. Ontem à noite, em um curto documentário que precedia sua entrevista no canal *France 3*, Jean-Marie Le Pen cantava *A Internacional*.

A esquerda foi esvaziada, pulverizada. Para ocupar esse terreno, recoberto de cadáveres, a direita inteira se lança na esquerda. Novo episódio ao estilo de Feydeau. Ato I: todos os personagens encontram-se no centro do palco. Ato II: todos os personagens encontram-se à esquerda. Ato III?

Em uma entrevista ao *Le Monde*, Jean-Pierre Faye se pergunta: "Por que Karl Oberg, chefe da SS, que ordenou ao horrível René Bousquet o extermínio dos judeus e os conduziu até os campos de concentração de Auschwitz e Birkenau, teve sua pena comutada na França, em 1958, e foi libertado em 1962?".

Filme notável no canal Arte: *Coronel Redl*[26], de István Szabo, de 1985. História do filho de um humilde chefe de estação, cuja mãe certamente era judia, que se torna oficial do império austro-húngaro e dedica-se inteiramente ao serviço do exército, sacrificando por ele sua família, suas amizades, sua honra pessoal, antes de ser vítima do arquiduque

---

26. *Oberst Redl*, filme iugoslavo, de 1985, do diretor István Szabó; no elenco: Klaus Maria Brandauer, Hans Christian Blech e Armin Mueller-Stahl. Título francês, *Colonel Redl*. (N.Ts.)

herdeiro, que o transformará em bode expiatório, para fortalecer seu exército, acusando-o de ser espião. Será que utilizar essa metáfora austro-húngara foi a forma que Szabo encontrou para narrar o destino daqueles que sacrificaram tudo pelo Partido Comunista e que, no fim, foram eliminados como espiões e traidores?

Terça-feira, 20 de dezembro. Vou deixar de lado a preparação do artigo "Política de civilização" para corrigir meu diário referente a março. Impressionei minha revisora, Annie François, quando lhe disse que ela era um Marcel Proust corrigindo Louis-Ferdinand Céline e quando, para que permanecesse bem fiel à minha maneira de escrever e de pensar, pedi que ela se inspirasse na palavra do Cristo a Teresa D'Ávila: "Eu estou em ti, assim como tu estás em mim". Ela me retornou o texto de março, com as seguintes palavras: "De Marcelle Proust a Louis-Ferdinand Céline, de Santa Teresa a Jesus, um no outro e reciprocamente".

A *Survival International* publica um número com o balanço dos 25 anos de apoio aos povos indígenas, bela luta pelas etnias minoritárias, por toda parte esmagadas, dizimadas, confinadas! Existem cerca de trezentos mil seres pertencentes a esses povos indígenas espalhados pelo mundo. Em todo lugar, as maiorias os ignoram ou permitem que sejam destruídos. As minorias políticas também: no Brasil, no Chile e em outros países da América Latina, os militantes de esquerda ou os grupos revolucionários ignoravam completamente essas populações. Os massacres e devastações continuam, mas a contracorrente começou a agir a partir de 1969. Desde então, alguns desses povos indígenas formaram suas próprias organizações e procuraram/encontraram apoios externos. Houve algumas vitórias, entre elas, o estabelecimento de um Parque Yanomani no Brasil, em 1992. Mas o mundo industrial, com sua pesquisa impiedosa de recursos naturais, cada vez mais escassos (madeira, minerais, petróleo, barragens), continua a destruir fisicamente, a espoliar, expulsar e dizimar esses povos. Entre 1987 e 1993, ocorreram mais de 1.500 mortes no estado de Roraima, no Brasil, ou seja, 20 por cento da população indígena; em 1992, 1.200 mortos em Bangladesh, em um único massacre perpetrado pelo exército e por colonos. Mesmo em Ruanda, hutus e tútsis desprezam e perseguem os trinta mil pigmeus batwa. Não se sabe quantos conseguiram sobreviver às violências desse ano. A barbárie das sociedades históricas, que dispõem de Estado e de exército, começou há 12 mil anos, continua e vai alcançar sua meta: a destruição da humanidade arcaica, tribal. O meio mais poderoso de resistência encontra-se na tomada de consciência antropológica no seio de nossos países desenvolvidos, que inclui a consciência de seus próprios malfeitos camuflados sob os nomes de civilização e de racionalismo.

É muito difícil encontrar uma boa solução para esses povos. Integrá-los na civilização ocidental desintegra-os, não apenas culturalmente como também fisicamente, como foi o caso dos crees do norte do Québec que, entregues ao alcoolismo, perderam todo interesse pela vida. Confiná-los em reservas é o mesmo que colocá-los em um zoológico. Seria necessário que eles mesmos, com seus amigos, pudessem progressivamente integrar o que quisessem da civilização moderna sem desintegrar sua identidade. Jean Malaurie me havia revelado que trabalhava nesse sentido, no norte da Rússia, com o povo inuit.

Esse artigo de Michel Polac sobre mim: que pérfida maldade...

O que ocorre na Chechênia, o assalto russo, os bombardeios sobre Grozny, tudo isso é terrível para esse pequeno povo e trágico para o futuro da Rússia. O que aconteceu com Boris Yeltsin? Por que ele se esconde atrás do próprio nariz? Onde o escondem? Doravante, ele não enxerga nada além do próprio nariz? O poder não passou para o lado de um clã militar? Cedo ou tarde, no entanto, a Chechênia teria reatado relações privilegiadas com a Rússia.

A visita de Jimmy Carter à Bósnia agravou ou descongestionou a situação? Esperemos antes de concluir...

Essa noite eu já me entusiasmava mesmo antes de assistir a *Um chapéu de palha de Itália*[27], no canal Arte. Mas desencantei-me progressivamente: o filme não é particularmente arrebatador, é bastante cari-

---

27. Filme português, de 1989, do diretor Bento Pinto da França; no elenco: Vítor Norte, Dulce Guimarães e Francisco Pestana. O filme foi inspirado na peça de *vaudeville* do dramaturgo Eugène Labiche, encenada em várias partes do mundo, inclusive no Brasil. Título francês, *Un chapeau de paille d'Italie*. (N.Ts.)

catural, oscilando da fanfarronice vaudevilesca ao circo. Em resumo, deixo o filme de lado e passo para o Canal Plus onde assisto a *Para o resto de nossas vidas*[28], de Kenneth Branagh. Esse reencontro de amigos para um fim de semana de *réveillon*, muito benfeito, termina em uma nota de súbita e terrível gravidade quando o anfitrião, Peter, revela a seus amigos que é soropositivo.

Quarta-feira, 21 de dezembro. Depois de me fazer triturar e amassar pela sra. Deligny, almoço com Jacques Robin no Restaurante Arquebusiers (a cozinha de Christophe melhorou bastante nos últimos três meses). Jacques passou por uma rigorosa quimioterapia, mas curou-se. Ele mantém sempre a fé e a esperança. Prepara um número especial da revista *Transversales* a ser publicada em maio, no momento da eleição presidencial, com os grandes problemas esquecidos pelos candidatos. Prepara, igualmente, com a Fundação para o Progresso do Homem, um grande colóquio sobre as "Vias de informação e multimídia: chances e riscos para cidadania e o laço social".

Cada vez mais estou decidido a reencontrar meus amigos e próximos que, em minha deriva e minha desordem, não vejo há meses, por vezes, há anos.

Estou feliz de reencontrar Jean Daniel[29] e Michèle, tranquilamente, durante uma hora. Quero renovar meus laços com ele, mais ainda pelo fato de que ele agora está afastado do poder. Eu lhe confiei as dificuldades que me esperam.

Anteriormente, expus meu problema a Claude Cherki, que me deu um conselho interessante. Encontrei, também, minha revisora, Annie François. Como ela teve de ler meu diário com muita atenção, tenho a impressão de que ela me conhece intimamente. Ela está em mim, mas eu...

Folheio o *Le Monde*: enfrentamentos interétnicos em Karachi. Todos os candidatos presidenciais têm o mesmo programa, exceto Jean-Marie Le Pen e Robert Hue.

---

28. *Peter's friends*, filme inglês, de 1992, do diretor Kenneth Branagh; no elenco: Hugh Laurie, Stephen Fry e Emma Thompson. (N.Ts.)
29. Jean Daniel (1920-). Fundador, executivo e editor da revista semanal *Le Nouvel Observateur*. Seus editoriais são extremamente críticos em relação ao estágio atual da mundialização. (N.Ts.)

Choveu a tarde inteira. Fui de minha casa até a Editora Seuil, de lá até a *Rue Vaneau*. Depois, segui a pé da *Rue Vaneau* até a Estação Varenne do metrô, sem encontrar um táxi, tudo debaixo de chuva. Estou encharcado. Apresso-me em chegar ao Kunagawa, nosso restaurante japonês favorito, onde Edwige e eu festejamos seu aniversário. *Sashimi* e *sukiyaki,* acompanhados de saquê tépido, nos deixam eufóricos, tanto que esqueço minha pasta com o diário de abril no restaurante. Quando chego à *Rue des Arquebusiers*, continuo no táxi e retorno ao restaurante, que a partir desta noite vai fechar por 15 dias.

Às 22h45, na televisão, deparamos com uma paródia de novela sobre uma novela, *Segredos de uma novela*[30], que me diverte muito a despeito de algumas passagens sem conteúdo.

Quinta-feira, 22 de dezembro. Manhã destinada a colocar ordem nas coisas com a sra. Vié. Depois, reunião no *L'Express* para o debate com Jean-Marie Domenach sobre "os anos Mitterrand".

O mediador, Bernard Lecomte, nos pergunta primeiro como a história julgará Mitterrand. Respondo-lhe que não quero nem posso responder a uma questão como essa, pois será necessário esperar os desenvolvimentos futuros para situar Mitterrand na história. Em contrapartida, posso tentar situá-lo em relação ao passado.

Jean-Marie, a quem não via há muito tempo, não apenas endureceu como tornou-se mais do que panfletário. Para ele, o reinado de Mitterrand é uma catástrofe. Ele chegará até mesmo a atribuir ao mitterrandismo a esterilidade dos escritores de hoje. Argumento que não é pelo fato de os jovens romancistas narrarem, sem talento, como dormiram com sua tia que a culpa seja de Mitterrand.

Ele esboça um quadro apocalíptico da degradação moral do país, da estatização forçada. Desenvolvo minha ideia: sim, assistimos à continuação e à acentuação de processos civilizacionais muito poderosos (os progressos da tecnoburocratização, a atomização dos indivíduos, a extensão da mercantilização e do dinheiro a setores que haviam sido

---

30. *Soapdish,* filme americano, de 1991, do diretor Michael Hoffman; no elenco: Sally Field, Kevin Kline e Robert Downey Jr. (N.Ts.)

poupados deles, a degradação moral), mas não se pode censurar Mitterrand por isso. Em contrapartida, o que se pode constatar é a ausência total de tomada de consciência de uma política de civilização, a carência intelectual do Partido Socialista, e a ausência de qualquer reforma verdadeira, feita em profundidade, principalmente da administração, sobretudo após o exemplo gritante do sangue contaminado.

Jean-Marie permanece obcecado, alucinado. De certa maneira, eu o compreendo quando ele nos confia, *off record*, como Jacques Attali e Robert Badinter[31] empregaram meios vis para afastá-lo de seu cargo na Escola Politécnica. Eu, por minha vez, me esqueci de dar ao mitterrandismo o crédito pela abolição da pena de morte e a descentralização.

Leio um pouco tardiamente as *Notas da Fundação Saint-Simon*, de setembro de 1994, sobre "A regulamentação das trocas internacionais", relatório coletivo sob a direção de Jean Peyrelevade. O artigo é uma apologia eloquente das vantagens econômicas para todos, em termos de crescimento, da liberalização das trocas: "A abertura inelutável de nossos mercados aos produtos dos países em desenvolvimento é uma oportunidade, e não uma fatalidade, pois ela nos torna solventes, o que permite que os países industrializados se beneficiem de seu dinamismo. Mas essa constatação, que invalida o próprio princípio do protecionismo, escamoteia a questão crucial para a economia, a de nossa capacidade de exportar nossos produtos – e, mais particularmente, de exportá-los para os mercados cujo crescimento é o mais rápido e o mais durável".

Dito isso, o relatório exige regulamentações indispensáveis, principalmente monetárias (contra os *dumpings* monetários e as variações frequentes e arbitrárias das taxas de câmbio), e sugere a proteção da propriedade intelectual contra as piratarias internacionais.

Segundo o relatório, as deslocalizações de nossas empresas exercem um fraco impacto no crescimento do desemprego e fazem com que nos beneficiemos indiretamente do desenvolvimento dos países

---

31. Robert Badinter (1928-). Advogado, político, membro do Partido Socialista. Ex-ministro da Justiça do governo Mitterand, senador de Hauts-de-Seine (1995-2001). É casado com Elisabeth Badinter, filósofa notabilizada por suas análises das relações de gênero. (N.Ts.)

com baixos salários, suscitando o crescimento das trocas. Ele reconhece, no entanto, seus efeitos negativos, principalmente no setor devastado da indústria têxtil francesa. A fim de limitar as degradações, o relatório propõe, timidamente, um "pacto social" que visaria desenvolver em nosso país o emprego de serviços por meio de diversos estímulos do Estado.

Essa argumentação antiprotecionista me impressiona. Mas, para mim, o problema reside em algo além disso. Mais uma vez, que preço humano, cultural, civilizacional, nós, e não apenas nós, mas a maior parte dos países do mundo, iremos pagar pelo crescimento do crescimento? Que perdas se podem aceitar? É esse o problema, simultaneamente multidimensional e de longo prazo, que não é nem percebido nem tratado. Ao mesmo tempo, não se pode nem voltar atrás, nem se proteger em uma autarcia que conduziria não apenas ao pior empobrecimento, mas à desarticulação da máquina econômica.

SEXTA-FEIRA, 23 DE DEZEMBRO. Correspondência mais anônima do que nunca. Edwige novamente atormentada pelo *Reader's Digest*, que lhe envia gratuitamente um volume com três romances condensados.

O fotógrafo John Foleyn, enviado pela Editora Seuil, metralha-me sob diversos ângulos, tento não fazer cara de quem está muito entediado, mas mal consigo sorrir.

O último número da *Time Magazine* designa João Paulo II como o homem do ano. Sim, um grande personagem, mas por que do ano? Por causa de seu livro? Percebe-se muito bem que Isaac Rabin e Yasser Arafat precisaram ser afastados. Os textos sobre o Papa são interessantes e ressaltam seu caráter singular.

A *Time Magazine* nos apresenta fotos simbólicas de 1994: Nelson Mandela, presidente da União Sul-Africana; campo de refugiados em Ruanda; tiros em Sarajevo; violências no Haiti; explosão de um ônibus em Tel-Aviv; peste em Mumbai; caça televisada a O.J. Simpson; tremor de terra no sul da Califórnia; encerramento do Campeonato Mundial de Futebol; retorno dos "veteranos" no aniversário do Desembarque Aliado na Normandia, bela imagem de Jacqueline Kennedy. Seis fotos de catástrofes naturais e humanas; um único acontecimento político feliz.

Leio, também, o número recapitulativo do *L'Express* sobre 1994. Não vejo nenhuma mudança decisiva. A menos que ela se prepare por esses dias na Rússia, após o ataque à Chechênia, sob a forma de instauração de uma ditadura militar...

SÁBADO, 24 DE DEZEMBRO. Edwige comprou *chapka* (caranguejo gigante, de luxo, das águas do Pacífico Norte) para o Natal de Herminette. Vou tentar roubar-lhe um bom pedaço.

Se não for suficientemente sensível, você será considerado um bruto; se for sensível demais, você morrerá.

Começo meu artigo "Por uma política de civilização" de maneira desordenada. Neste sábado, véspera de Natal, calma exterior, o telefone não toca, não há solicitações, mas há nervosismo interior. Estou com as sinapses enferrujadas.

Os combates parecem cessar na Bósnia, exceto na região de Bihac, mas se intensificam na Chechênia.
Boris Yeltsin falará hoje?
Presentes e manifestações de solidariedade para os novos inquilinos da *Rue du Dragon*.

Hoje à noite, na casa de Véro, primeiro Natal familiar depois de longo tempo. As crianças desembrulham seus presentes, depois jantamos e conversamos. Sarajevo está todo o tempo presente. Michel, que, depois de uma longa temporada, deixou Sarajevo recentemente a bordo de um avião japonês da ONU, me revela que há sete meninas nascidas no bairro muçulmano que se chamam Luna. Explicação: Adnan, o adolescente recolhido por Véro e Michel, havia feito com que seus pais soubessem, por cartas e por telefone, que sua família de adoção tinha uma filha chamada Luna. O nome agradou tanto que muitos habitantes de Sarajevo o escolheram para suas recém-nascidas. Assim, o nome de minha mãe, recuperado *in extremis* por Véro, por ocasião do nascimento de sua última filha, foi semeado em Sarajevo e talvez chegue a se propagar pela Bósnia...

O pai de Adnan disse a Michel:

"Seu sogro veio a Sarajevo..." "Sim." "Sua esposa veio a Sarajevo..." "Sim." "E você está em Sarajevo." "Sim." "Bem, então essa é a primeira vez que vimos uma família inteira vir de Paris até Sarajevo."

Ele me revelou, também, que uma universitária de Sarajevo, convidada a jantar por BHL, por ocasião de sua estada em Paris, confidenciou-lhe em seguida: "É curioso, hoje jantamos à luz de candelabros e comemos lentilhas, exatamente como faço todas as noites em Sarajevo, onde comemos lentilhas sob a luz das velas".

Francis Bueb chega com uma amiga de lá. A presença de Sarajevo torna-se alucinatória. Eles evocam as crianças, os sacos de areia, as pessoas que vão cortar madeira bem próximo das linhas sérvias, mas também os oficiais e soldados franceses da ONU, entre os quais alguns mostram-se revoltados com a passividade das grandes potências. Muitos doam aos sitiados o que podem em alimentos, ferramentas. Alguns ficam com o coração partido quando são chamados de volta à França, terminado seu tempo de serviço.

Francis evoca o projeto comum, emanado dos políticos e intelectuais, de exigir do poder que ele mude sua política na ex-Iugoslávia. Tenho a impressão de que isso chega tarde demais, que as únicas ações visualizáveis consistiriam em colocar sob o controle da ONU o planejamento das cidades poliétnicas, em assegurar a proteção das vias de comunicação dessas cidades com o exterior. Mas tudo isso de agora em diante foi abandonado. Francis quer acreditar que alguma coisa pode ser feita. Para o aniversário do milésimo dia do cerco de Sarajevo, no fim de janeiro, ele imagina uma grande reunião de intelectuais franceses acampados no *no man's land* de Sarajevo, até que o cerco seja suspenso.

"Agora", diz ele, "vocês todos estão de acordo, Finky, BHL, Julliard, você..."

Penso que sim e que não. Alain Finkielkraut[32] é, antes de tudo, um pró-croata, antissérvio, e não acredita na Bósnia poliétnica; BHL vê ali

---

32. Alain Finkielkraut (1949-). Filósofo, antigo aluno da *École Normale Supérieur*. Junto com BHL e Pascal

uma nova Guerra da Espanha; Jacques Julliard ressuscita o antifascismo. Quanto a mim, trata-se do polietnismo bósnio ao qual estava ligado, é esse derradeiro oásis de tolerância, de convivialidade, de casamentos mistos nos Bálcãs. Eu percebia ali o germe de uma Europa futura; o que vejo hoje é uma Europa assassinada antes mesmo de nascer. A tudo isso acrescenta-se, provavelmente, uma ligação balcânica que me vem da lembrança de meu pai.

Sugiro um grande concerto de luto, no qual se entoariam cantos fúnebres de diversas religiões, cantos de todos os povos vítimas: índios das Américas, curdos, armênios, os cantos dos velhos mártires do gueto de Varsóvia, dos campos nazistas e stalinistas.

Domingo, 25 de dezembro. Despertar tardio. Ligo o rádio. Natal da emissora *France Info*: o Airbus 300 continua retido no aeroporto de Argel pelo comando do GIA. Dos duzentos passageiros, cerca de quarenta mulheres e crianças foram libertados. Dois policiais à paisana, que parecem ter tentado interferir, foram mortos.

Um palestino explode com sua bomba na estação de ônibus a oeste de Jerusalém. Há uma dúzia de feridos.

O ataque a Grozni se intensifica.

Manifestações de solidariedade pelos sem-teto e menos favorecidos, entre elas uma grande refeição constituída de frango e salmão. Essas pulsões de solidariedade são fortes, mas efêmeras. Desencadeado pelo Abade Pierre, difundido e retransmitido pela televisão, o elã de solidariedade se propaga, mas depois vai se extinguir. Mas, no fundo, ele talvez dure um pouco mais durante o inverno, quem sabe até mesmo depois, devido à campanha presidencial.

Como Edwige sente aversão pelo filme *A lição de piano*[33], que me atraía obscenamente no Canal Plus, assistimos a *A felicidade não se com-*

Bruckner, integrava a corrente dos novos filósofos. Com forte presença na mídia, Finkielkraut associou-se ao advogado Gilles William Goldnadel em um processo contra Daniel Mermet, acusado de hostilidades contra os judeus. Ao depreciar o cineasta sérvio Emir Kusturica (1954-) com um artigo no *Le Monde* intitulado "A impostura Kusturika", foi alvo de severas críticas da parte dos cineastas, críticos e diretores de cinema. (N.Ts.)

33. *La leçon de piano*, filme belga, de 1989, do diretor Marc Levie; no elenco: Hanna Bardos, Aurelia Mandreanu e Pietro Pizzuti. (N.Ts.)

pra[34], um Frank Capra de 1946, idiota, que exala um otimismo piegas. Depois, deixo-me levar pelo *Sissi*[35], outra idiotice, mas que me diverte por suas paisagens bávaras e seus uniformes austríacos. Ainda não se adivinha que essa jovenzinha do tipo rebelde vai se tornar a magnífica e dolorosa Romy Schneider.

SEGUNDA-FEIRA, 26 DE DEZEMBRO. Após a morte de um passageiro francês, o governo argelino devolve o Airbus 300 aos franceses. O avião encontra-se em Marselha. Suspense. No fim da tarde, ligo o rádio nas *France Info* e TFI. O GIGN[36] tomou de assalto o avião pirateado. Ouvimos primeiro pelo rádio, depois vemos as imagens na televisão. A ação se desenrola de modo sufocante, angustiante. Trata-se de uma realidade extraordinária, que se torna hiper-real, como em um filme-catástrofe norte-americano. A realidade assemelha-se à ficção que se assemelha à realidade. A catástrofe foi evitada, houve mortos, feridos, mas bem menos do que se poderia ter acreditado, e a maioria dos passageiros foi salva. A realidade retorna ao normal, agora que tudo acabou...

À noite, termino a primeira redação de meu artigo, "Por uma política de civilização", que relerei amanhã pela manhã.

Pelo fato de não ter desenvolvido o contexto em que ela encontraria seu lugar, não integrei a seguinte frase ao artigo: "Quanto mais houver dissolução, mais procura haverá pelo que ordena". Tradição. Moral.

Após as 22h, tento encontrar algum programa que me divirta. Ligo no canal *France 3* e deparo com o ator que interpreta um brasileiro em *La vie parisienne*[37], mas acho o filme malfeito. Mudo para o TFI; encontro Lady Di, não dou a mínima. Vou para o canal *France 2*, que exibe uma reportagem sobre os filmes de vampiros, que não me dá vontade nenhuma de me deixar vampirizar. Mudo outra vez de canal: ah! deparo com uma paródia de filme americano recomendada por

---

34. *I'ts a wonderful life*, filme americano, de 1946, do diretor Frank Capra; no elenco: James Stewart, Donna Reed e Lionel Barrymore. Título francês, *La vie est belle*. (N.Ts.)
35. *Sissi*, filme austríaco, de 1955, do diretor Ernst Marischka; no elenco, Romy Schneider, Karlheinz Böhm e Magda Schneider. (N.Ts.)
36. Grupo de Intervenção da Gendarmeria Nacional. (N.Ts.)
37. Musical francês, de 1991, do diretor Pierre Cavassilas; no elenco, Hélène Delavault, Claire Wauthion e Isabelle Mazin. (N.Ts.)

Christian Clavier, o personagem Jacouille do filme *Os visitantes – eles não nasceram ontem*[38]; o começo é muito engraçado, vemos primatas semi-hominianos, em um planeta desconhecido, que descobrem um aparelho de televisão, começam a tocá-lo, assustam-se com a imagem e o som, depois, quando ouvem um grupo de *rock*, começam a chacoalhar o corpo. Edwige se cansa, eu também. Mudo outra vez, assisto um fragmento de *O homem do Rio*[39], que me aborrece. Troco rapidamente de canal e pego o final de *The grove tube*[40], que é extraordinário. Depois, no Canal Plus, começa a obra-prima *O Álamo*[41], mas já é meia-noite... Edwige adormece, diminuo o som (é legendado) e entro em gozo catódico com Richard Widmark – um de meus ídolos –, depois, com a chegada de John Wayne, no papel de Davy Crockett, com seus rudes caçadores de peles do Tennessee... Mas sei que o filme dura mais de três horas e quero levantar cedo para rever a "Política de civilização". Desligo a televisão, mas não consigo adormecer...

TERÇA-FEIRA, 27 DE DEZEMBRO. Corrijo o artigo, sinto que haveria necessidade de permutação de parágrafos, de modificações no desenvolvimento sequencial, pois ele contém palavras rebarbativas em demasia, mas no almoço verei o redator-chefe e quero entregar-lhe o texto.

Almoço tenso com meu Amigo, mas que termina calorosamente. Por um lado, estou aliviado, feliz, mas, por outro, senti uma emoção tão grande que não consigo digerir meu prato de peixe agridoce.

Às 17h, Athéna me entrega o presente que eu havia comprado para Edwige, em Estrasburgo, e que na volta me sobrecarregava. Confesso-lhe o prazer e o interesse que senti em ler seu texto.

No *Le Monde*, ao ler o editorial anônimo da primeira página, "A insana máquina Índia-Paquistão", descubro estupefato que a bomba mais perigosa que ameaça o planeta Terra encontra-se nas mãos dessas duas

---

38. *Les visiteurs*, filme francês, de 1993, do diretor, Jean-Marie Poiré; no elenco: Christian Clavier, Jean Reno e Valérie Lemercier. (N.Ts.)
39. *L'homme de Rio*, filme francês, de 1964, do diretor Philippe de Broca; no elenco, Jean-Paul Belmondo, Françoise Dorléac e Jean Servais. (N.Ts.)
40. *The grove tube*, filme americano de 1974, do diretor Ken Shapiro; no elenco Ken Shapiro, Richard Belzer e Chevy Chase. (N.Ts.)
41. *The Alamo*, filme americano, de 1960, do diretor John Wayne; no elenco, John Wayne, Richard Widmark e Laurence Harvey. (N.Ts.)

nações. Elas disputam entre si a Cachemira, povoada por uma maioria de muçulmanos. Os dois países são potências nucleares. A Índia dispõe de uma excepcional reserva humana, quase comparável à da China, e o Paquistão beneficia-se do apoio de todos os países islâmicos. O integrismo bramânico e o integrismo islâmico se desenvolvem mutuamente. A situação é incontrolada e incontrolável. Os Estados Unidos fracassaram em seus esforços de mediação. Se eclodir, a guerra mobilizaria o islã e, do outro lado, quem?

Artigo de Georges Charachidzé, professor de línguas e civilizações caucasianas, sobre os povos do Cáucaso. Ele nos revela que, entre 1943 e 1945, Stalin havia feito deportar um milhão de caucasianos para a Sibéria, entre eles os chechênios, e que "cinquenta anos mais tarde, a lembrança desse padecimento alimenta a resistência contra Moscou".

Uma opinião livre, bastante justa, de Arno Klarsfeld contra a purificação étnica na política.

Encontro o fax do debate com Jean-Marie Domenach para o jornal *L'Express*. Mais uma vez, o jornalista resume com suas próprias palavras, edita conforme seu interesse ou sua preguiça, em resumo, devo refazer quase meu texto inteiro. Começo a fazê-lo. Depois, ligo a televisão. *My fair lady*[42] começou há alguns minutos. O filme me agrada muito e reencontro árias musicais familiares cuja origem eu ignorava.

QUARTA-FEIRA, 28 DE DEZEMBRO. Depois de ter-me feito triturar pela sra. Deligny, concentro-me na correção do debate sobre Mitterrand. Termino somente ao redor das 17h e não posso voltar à releitura de meu diário de maio senão agora.

Um título me vem à mente: *Pobre planeta*. Telefono a Winock, cujo temor é de que a palavra "pobre" pareça triste e desencoraje o leitor.

À noite, assisto ao festival *Les Grosses Têtes* no canal TF1. Depois, aproveito o comercial para dar uma espiada no canal Arte, que exibe as deliciosas *Bodas de Fígaro*, transplantadas para a Inglaterra de hoje,

---

42. Musical americano, de 1964, do diretor George Cuckor; no elenco: Audrey Hepburn, Rex Harrison e Stanley Holloway. Título brasileiro, *Minha bela dama*. (N.Ts.)

seguindo fielmente a trama, mas com um vocabulário contemporâneo. Almaviva tornou-se Sir Cecil, um lorde falido que abre seu castelo para a visitação dos turistas e se apressa em tornar-se diplomata junto à Comissão Europeia para obter alguns recursos. Fígaro continua Fígaro, Rosina, Rosina, Susana continua Susana etc. O resultado é comicamente muito bom, divertido, repleto de piscadelas de olhos. Ficamos maravilhados e nos esquecemos completamente do *Les Grosses Têtes*. Depois, troco para o Canal Plus, que exibe um policial intricado cuja fotografia e direção me agradam de imediato: *Traces of red*[43], traduzido por *Traces de sang*, de Andy Wolk. Mais uma vez, o tema clássico de um maluco traumatizado por sua infância que mata prostitutas, mas no meio de tudo há amizade, erotismo e o mistério bem guardado até o fim.

Quinta-feira, 29 de dezembro. Manhã. O *L'Express* telefona dizendo que acrescentei oitenta linhas a mais em meu texto. Eles o reenviam por fax. Que amolação. Mesmo aumentado, considero meu texto esquelético demais, repleto de grandes lacunas, insuficiente. Uma vez mais, cometi a insensatez de aceitar expressar-me em um contexto em que não posso fazê-lo verdadeiramente. Considerando-me um completo idiota, faço o penoso trabalho de cortar trechos do texto...

À noite, não queremos perder *Latcho drom*, o documentário francês de Tony Gatlif sobre os ciganos. O filme não tem nenhum comentário e todas as suas imagens são excepcionais. Uma família nômade, com sua charrete e sua cabra, parte do Rajastão, atravessa uma estepe e chega a uma cidade onde um de seus mais tradicionais ciganos canta. A música é indiana, mas o cantor emite gemidos que evocam o flamenco. Em seguida, apresentam uma orquestra cigana no Egito, meio arabizada, com bailarinas executando a dança do ventre. Então, chega a vez da Romênia, da Hungria, onde a música tornou-se cigana; depois, as Saintes-Maries de la Mer, com um violino no estilo de Stéphane Grappelli e uma guitarra no estilo Django Reinhardt, finalmente, uma festa flamenca familiar na Andaluzia. Para concluir, em uma colina que

---

43. Filme americano, de 1992, do diretor Andy Wolk; no elenco: James Belushi, Lorraine Bracco e Tony Goldwyn. Título brasileiro, *Marcas de batom*. (N.Ts)

domina um aglomerado (talvez a Almeria), uma linda jovem entoa um canto de reivindicação no estilo flamenco. "Por que vocês nos cospem no rosto?". Fiquei emocionado com essa bela homenagem, que não deixa de lembrar que as execuções de Auschwitz incluíam também os ciganos. Pobre povo maldito, que até agora jamais produziu intelectuais para defendê-los ou expressar sua genialidade na literatura.

Em seguida, *Morto ao chegar*[44], um filme de Rocky Morton, de 1988, com um suspense e uma história demente e intricada, repleta de crimes inexplicáveis, até que, evidentemente, tudo se esclarece *in extremis*. O herói é um professor de literatura em um *campus*, aliás um escritor esterilizado pelo sucesso. É um filme *noir* e monstruoso, o oposto do *Sociedade dos poetas mortos*[45].

Sexta-feira, 30 de dezembro. Sonhei com Elena Bonner[46]. Ela estava na cama, fatigada ou doente, e eu lhe perguntava se ela desaprovava a intervenção russa na Chechênia. Hoje, fiquei sabendo que ela se demitiu da Comissão Presidencial dos Direitos do Homem.

Hoje de manhã, na correspondência, em meio à avalanche de cartões de boas-festas anônimos, sem sequer uma assinatura feita com uma Bic, encontro um prospecto da agência *Croisée des Chemins*, que oferece um programa de viagem iniciático no deserto, uma peregrinação ao território dos ameríndios, e um passeio ao Sul da Índia. Tenho vontade de percorrer todos esses itinerários...

Uma carta circular de boas-festas de Kristo Ivanov, professor da Universidade Sueca de Umea, compartilha comigo sua evolução mística. Ele conta essa anedota bem conhecida, que eu havia esquecido. A vida consiste de três períodos: no primeiro, você tem tempo e desejo, mas não tem dinheiro; no segundo, você tem desejo e dinheiro, mas não tem tempo; no terceiro, você tem tempo e dinheiro, mas não tem

---

44. *D.O.A. (Dead on arrival)*, filme americano de 1988, do diretor Rocky Morton; no elenco: Dennis Quaid, Meg Ryan e Charlotte Rampling. Título francês, *Mort à l'arrivée*. (N.Ts.)
45. *Dead Poets Society*, filme americano, de 1989, do diretor Peter Weir; no elenco: Robin Williams, Robert Sean Leonard e Ethan Hawke. Título francês, *Cercle des poètes disparus*. (N.Ts.)
46. Elena G. Bonner (1923-2011). Dissidente soviética e ativista dos direitos humanos, banida e exilada da União Soviética com seu marido, o físico nuclear Andrei D. Sakharov, Prêmio Nobel de 1975. (N.Ts)

mais desejo. Eu tenho desejo, mas não tenho tempo e menos ainda dinheiro.

Um fax de Jean-Louis Pouytes nos convida a tomar o Air Inter e ir passar o *réveillon* em sua casa em Montlaur. Como esses pensamentos são bons...

À tarde, leituras, entre elas, uma entrevista de Sami Naïr para a *Royaliste*, rica em elementos importantes para compreender a situação na Argélia.

Em "A carta de Ciência inovadora", Jacques Benveniste acredita poder anunciar os resultados "mostrando a indubitável realidade da transmissão eletromagnética da informação molecular". Seria esse sinal, presente nas altas diluições, que daria um fundamento biofísico à homeopatia. Aliás, o *Le Monde* publica uma carta do grupo Benveniste, mencionando uma experiência randomizada, divulgada no jornal médico *The Lancet*, e uma carta que contesta seus resultados, apresentando como motivo o fato de que a amostra era demasiado restrita. A polêmica continua, mas parece haver uma saída: se pode haver transmissão eletromagnética de informação molecular, isso não apenas reabilitaria a homeopatia como também permitiria compreender melhor os fenômenos que parecem derivar da superstição. O *establishment* científico rejeita como absurdo tudo o que não pode ser explicado por uma teoria conhecida, mas essa ideia não leva em conta que esse absurdo, se ele for comprovado, é claro, poderia ser explicado por uma teoria desconhecida.

No *Le Monde*, igualmente, o Departamento de Estado Americano, relembra que os sérvios da Bósnia expulsaram de suas casas, mataram ou aprisionaram 90 por cento dos 1,7 milhão de não sérvios que antes da guerra viviam nos territórios que hoje se encontram em suas mãos. O porta-voz, Michael Mac Curry, afirma que a última fase da depuração étnica, iniciada no verão passado, foi acelerada. "Métodos brutais e ignóbeis são utilizados para expulsar a população muçulmana para fora de suas casas."

Outra limpeza étnica: no Quênia, dez mil kikuyus foram deslocados à força.

À noite, assisto ao *Concerto dos Três Tenores*, no canal France 2. Luciano Pavarotti, Plácido Domingo, José Carreras fazem uma miscelânea musical bastante lamentável de árias de ópera, música ligeira, *bel canto*. Isso me entedia e passo para a peça teatral do Splendid, *Le Père Noël est une ordure*[47]. Que lástima! Por causa da gravação ao vivo, o som é péssimo e muitas piadas chegam aos nossos tímpanos sem sincronia. Durmo antes do fim.

Sábado, 31 de dezembro. Despertar tardio.
Carta e votos afetuosos de Granada. Penso em Granada como em uma pátria simultaneamente perdida e reencontrada.

No fim da manhã, vou pagar meu estacionamento na *Rue Pelée*. Vejo cartazes de protesto contra a prevista demolição do nº 62 da *Rue Saint-Sabin*, uma velha casa do final do século XVIII, que será substituída por uma construção de concreto sinistra, semelhante à do enorme complexo imobiliário Paname.

Constato na *Chronologie universelle*, de Marc Ferro, o que se passou no ano de 1894: condenação do capitão Alfred Dreyfus à deportação, assassinato de Sadi Carnot, leis infames, a China entra em guerra com o Japão, que se apropria da Coreia, em seguida, de Port-Arthur, onda de greves nos Estados Unidos, continuação da colonização europeia na África, cinco mil armênios são massacrados pelos turcos e curdos, formação do Comitê Jovem turco, descoberta do *homo erectus* na Insulíndia[48], criação do poema sinfônico *Prelúdio para o entardecer de um fauno* [de Claude Debussy], publicação do *Livro da selva*[49] [de Rudyard

---

47. *Le Père Noël est une ordure* [O Papai Noel é um obsceno]. Peça de teatro criada em 1979 pela trupe do Splendid, café-teatro fundado por um grupo de autores e atores nos anos 1970. Foi adaptada para o cinema em 1982 por Jean-Marie Poiré. (N.Ts)
48. Arquipélago malaio entre os oceanos Índico e Pacífico, com mais de vinte mil ilhas, também conhecido como Índias Orientais. (N.Ts.)
49. *The jungle book*, Nova York: Simon & Brown, 2012. Edição brasileira, *O livro da selva*, tradução Vera Karam, Porto Alegre: L&M Pocket, 1990. (N.Ts.)

Kipling]. Exceto pela greve nos Estados Unidos, como esse mundo está distante...

O ano de 1994, na Europa, foi atormentado pela Bósnia, mas o enorme acontecimento para o mundo é Ruanda. A imensidão de nossa impotência é proporcional à imensidão do crime. O ano termina, também, com o cerco de mil dias de Sarajevo, o ataque assustador à Chechênia, a guerra civil na Argélia e, ainda, com as mortes em Ruanda...

Por toda parte no mundo não vejo senão regressão: após a agonia do comunismo, a democracia está doente; em contrapartida, o mercado mundial triunfa. Mas para onde ele nos arrasta? Para a grande prosperidade? Para a grande calamidade?

O século XX morreu em 1989. Penso que, desde então, seu cadáver apodreceu e que a História se petrificou nessa decomposição sem poder escapar dela. Penso até que, como em 1934, 1935, 1936, 1937, a História iniciou uma trajetória sonambúlica rumo a uma nova catástrofe.

E eu? Acabo de reler minhas resoluções de janeiro. Quanto fracasso, quanto desastre... Eu, que no início de 1994 tinha sonhado em reformular minha vida, em encontrar tempo, meu tempo, em viver, em reencontrar os meus, meus amigos, ler, ouvir música...

Que ano de irresolução, também! Nenhum de meus problemas pessoais encontrou solução. Nenhum dos problemas franceses foi resolvido. Nenhum dos problemas europeus foi resolvido. Nenhum dos problemas mundiais foi resolvido.

Como Sísifo, volto a desandar montanha abaixo. Para o planeta, o ano de 1994 também foi um ano Sísifo. Tudo deve recomeçar do zero...

Jantar de *réveillon* na casa de Pepin e Cécile. Antes de sair de casa, esperamos a mensagem de ano-novo do presidente da República. Seu voto final de "longa vida a todos" é comovente. Depois, fico sabendo que um acordo de cessar-fogo de quatro meses acaba de ser assinado na Bósnia. Se eu pudesse rezar...

Cécile preparou uma suculenta refeição. Primeiro uma delicada sopa de romãs, herança do longínquo El Andalus, depois, um grande prato de ostras e mexilhões, seguido de uma variedade de *mézès* mediterrâneas, depois, *foie gras* fresco em fatias, seguido de queijos (entre eles um tenro *parmigiano*, um *manchego* e um de ovelha fresco), finalmente, sorvete com calda de canela e salada de frutas. Eles começaram com um vinho Chablis, mas durante todo o jantar permaneci fiel ao Château-Latour. A atmosfera é terna, agradável. A pequena Vera, de 6 anos, é afetuosa e levada. Cécile colocou CDs para tocar em surdina. E eis que chega de surpresa *El relicario*, cantado de maneira comovente por Sarita Montiel. Mais uma vez, a emoção me invade, mas consigo conter minhas lágrimas sem dificuldade. Em seguida, vêm os cantos do Álbum de ouro, de Maria Dolores Pradera, voz excepcional de contralto, que nos emociona, particularmente na canção *La hija de Don Juan Alba*. A meia-noite se aproxima. Digo à pequena Vera que às 12 badaladas da meia-noite nos levantaremos e todos juntos partiremos o ano de 1994 em pedaços. O ano de 1995 nascerá, então, todo fraquinho e delicado, e durante a noite, por toda parte, as pessoas irão cantar e dançar para lhe transmitir vida e força.

    À meia-noite, segundo um costume catalão, castelhano ou valenciano, não sei mais qual deles, comemos cada um 12 bagos de uva, um a cada badalada da meia-noite, depois nos abraçamos invadidos por uma infinita esperança.

Cronologia

Janeiro

1º – Entrada em vigor da União Econômica Europeia, prevista pelo Tratado de Maastricht. Dia 25, balanço da vigência do acordo de Schengen sobre a livre circulação de pessoas. No México, centenas de mortos no Estado de Chiapas, no prosseguimento da insurreição de índios do Exército de Libertação Nacional.

10 – Nascimento de um novo jornal: o *Infomatin*.

10-11 – Na reunião de cúpula da OTAN, adesão dos Aliados ao projeto de Bill Clinton, Parceria pela Paz, proposto aos países do antigo bloco do Leste.

12 – Desvalorização de cinquenta por cento do franco CFA em cinquenta países da zona franca.

14 – Acordo trilateral entre Bill Clinton, Boris Yeltsin e o presidente ucraniano Kravtchuk sobre o desmantelamento do arsenal nuclear da Ucrânia.

16 – Manifestação de 260 mil pessoas em defesa da escola pública, contra um projeto de lei que modifica a lei Falloux, cujo objetivo é autorizar as coletividades locais a financiarem livremente os estabelecimentos privados sob contrato.

22 – Morte do ator Jean-Louis Barrault.

25-28 – No 28º Congresso do PCF, Robert Hue sucede Georges Marchais no cargo de primeiro-secretário.

30 – Edouard Balladur anuncia medidas de incentivo ao consumo.

31 – Na Argélia, chega ao fim o mandato do Alto Comitê de Estado. O ministro da Defesa, General Zéroual, torna-se também chefe de Estado.

Fevereiro
2 – Polêmica após a condenação de Ornar Haddad a 18 anos de reclusão pelo assassinato de Ghislaine Marchai.
3 – Decisão de Bill Clinton de suspender o embargo comercial imposto ao Vietnã em 1975.
5 – Um tiro de obus deixou 68 mortos e duzentos feridos no mercado de Sarajevo.
9 – Ultimato da OTAN aos sérvios da Bósnia, obrigando-os a retirar as armas pesadas em um raio de vinte quilômetros ao redor do centro de Sarajevo antes de 21 de fevereiro.
10 – Investigação envolvendo Bernard Tapie no caso do jogo OM-Valenciennes (20 de maio de 1993).
11 – Demissão do diretor e gerente do *Le Monde*, Jacques Lesourne.
12-27 – Em Lillehammer, Noruega, os XVII Jogos Olímpicos de Inverno.
14 – Instituição do Contrato de Inserção Profissional (CIP), que prevê o pagamento de um salário correspondente a oitenta por cento do salário mínimo.
21 – Na ex-Iugoslávia, após a entrega de 225 peças de artilharia sob o controle da Forpronu e da retirada da mesma quantidade de armas pesadas sérvias, a OTAN e a ONU anunciam que "nessa fase não haverá ataques aéreos".
25 – Em Hebron, no interior da gruta dos Patriarcas, 29 palestinos são assassinados por um colono judeu.
27 – A Síria, o Líbano e a Jordânia interrompem as negociações de paz de Washington com Israel.
28 – Quatro aeronaves sérvias que sobrevoavam a Bósnia são abatidas por aviões americanos.

Março
1º – Entrada em vigor do novo Código Penal.
3 – Dez mil estudantes do ensino universitário e secundário participam de uma manifestação contra o CIP.

4 – Jean-Marie Colombani é eleito diretor-gerente do *Le Monde*.
10 – Assassinato do dramaturgo Abdelkader Alloula, em Oran.
17 – Primeira manifestação sindical unitária contra o CIP depois de trinta anos. Violências dos "agitadores".
18 – Em Viena, assinatura de um acordo entre croatas e muçulmanos prevendo a criação de uma federação croato-muçulmana.
20-27 – Eleições municipais. Progresso da esquerda, do RPR, e enfraquecimento da UDF.
22 – Na Argélia, dezenas de milhares de pessoas participam de uma marcha contra o terrorismo islâmico.
24 – Relatório do juiz Renaud van Rymbeke sobre o financiamento secreto do Partido Republicano, incriminando três ministros: François Léotard, Gérard Longuet e Alain Madelin.
25 – Em Mogadíscio (Somália), retirada dos últimos *marines* americanos presentes na operação Devolver a Esperança.
27-28 – Na Itália, vitória na Câmara dos Deputados do "Polo das liberdades" que reagrupa o movimento do empresário Silvio Berlusconi, a Aliança Nacional de Gianfranco Fini e a Liga do Norte de Umberto Bossi em torno de *Forza Itália*.
28 – Morte do dramaturgo Eugène Ionesco.
29 – Abertura de inquérito sobre Michel Noir, presidente da Câmara de Lyon, por abuso de confiança, por ocasião da quebra de sigilo de suas contas bancárias pessoais.
30 – Em consequência das manifestações dos estudantes universitários e secundários, Edouard Balladour substitui o CIP por um dispositivo de ajuda do Estado às empresas que contratarem jovens.

Abril
1º – Morte do fotógrafo Robert Doisneau.
6 – O movimento de resistência islâmica Hamas reivindica o atentado a um veículo emboscado em Afoula na Galileia (sete mortos e 19 feridos), depois, no dia 13, o atentado a bomba de Hadera (seis mortos e 21 feridos).
A morte do presidente de Ruanda, Juvénal Habyarimana, e de seu homólogo do Burundi, Cyprien Ntaryamira, ambos membros da etnia hutu, cujo avião foi abatido sobre o aeroporto de Kigali, de-

sencadeia uma onda de massacres e a guerra civil entre as Forças Armadas de Ruanda (FAR, hutu) e os rebeldes da Frente Patriota de Ruanda (FPR, tutsi).

7 – Suicídio de François de Grossouvre, assessor do presidente da República, no *Palais de L' Élysée*, sede do governo.

15 – Em Marrakesh, assinatura, por mais de 120 países, do ato final do ciclo do Uruguai por ocasião do GATT.

17 – Entrada dos tanques sérvios em Gorazde.

20 – Projeto de leis de programação militar prevendo a aplicação de 613 milhões de francos para o equipamento das Forças Armadas entre 1995 e o ano 2000.

Paul Touvier, *premier* francês julgado por cumplicidade de crime contra a humanidade, é condenado à prisão perpétua. Ele foi declarado culpado de cumplicidade no assassinato de sete reféns judeus fuzilados em Rillieux-la-Pape.

22 – O Conselho de Segurança da ONU exige a retirada das forças sérvias e de suas armas de Gorazde e a entrada da Forpronu na cidade antes do dia 27 de abril. Os sérvios se submetem à decisão.

Edição de um manuscrito inédito e inacabado de Albert Camus, *Le premier homme* [O primeiro homem].

Morte do ex-presidente americano Richard Nixon.

26-29 – Primeiras eleições multirraciais na África do sul. O ANC de Nelson Mandela obtém 62,25 por cento dos votos.

28 – No Kremlin, "pacto de acordo civil" entre Boris Yeltsin, os presidentes das duas Câmaras e os dirigentes políticos. Uma eleição presidencial antecipada, antes de 1996, é especialmente descartada.

Maio

5 – Estado de urgência decretado no Iêmen, pelo presidente da região norte do país, Ali Abdallah Saleh, após os bombardeios da aviação sul-iemenita.

6 – Inauguração do túnel sob o Canal da Mancha ligando a França à Grã-Bretanha.

10 – Na África do Sul, posse de Nelson Mandela, eleito presidente do país no dia 9, na presença de mais de quarenta chefes de Estado ou de governo. No dia 25, suspensão do embargo da ONU.

Cinco ministros neofascistas do MSI-Aliança Nacional fazem parte do governo constituído por Silvio Berlusconi.

16 – O Conselho de Segurança da ONU autoriza o envio de 5.500 boinas azuis a Ruanda, com a interdição de recorrer à violência.

17 – Desaparecimento do comediante Main Cuny.

19 – Morte de Jackie Kennedy-Onassis.

22 – Entrada em vigor do embargo total decidido pela ONU contra os golpistas no Haiti.

27 – Após vinte anos de exílio, regresso de Alexandre Soljenítsin à Rússia.

29 – Na Hungria, nas eleições legislativas, vitória do Partido Socialista Húngaro, dirigido pelo antigo reformador comunista Gyula Horn. Michel Rocard declara: "Nada me impedirá de ser candidato nas eleições presidenciais de 1995".

Junho

1-6 – Viagem de Bill Clinton à Europa, por ocasião das comemorações do cinquentenário do Desembarque Aliado.

12 – A Áustria ratifica por referendo o tratado de adesão à União Europeia. Nas eleições europeias, o partido dos socialistas europeus permanece como principal grupo da Assembleia.
Eleições europeias. Esvaziamento no que se refere às listas tradicionais e avanço das listas "contestatárias" de Bernard Tapie, Philippe de Villiers, Jean-Marie Le Pen e Francis Wurtz.

15 – Israel e o Vaticano estabelecem relações diplomáticas.

18 – Na Argélia, assassinato do presidente da Liga Argelina para os Direitos do Homem, Youcef Fathallah.

19 – Demissão de Michel Rocard do cargo de secretário-geral do PS por minoria de votos. Henri Emmanuelli é seu sucessor.

22 – No âmbito da OTAN, assinatura por Moscou do acordo do programa Parceiros pela Paz. Um "levantamento de conclusões" estabelece com precisão as relações entre a OTAN e a Rússia.
O Conselho de Segurança da ONU autoriza a França, e outros países que possam vir a participar, a recorrer à força para realizar uma operação humanitária em Ruanda. No dia seguinte, os primeiros soldados da operação Turquesa (2.500 militares franceses mobilizados durante dois meses) entram em Ruanda.

23 – Após vinte anos de afastamento, a África do Sul volta a ser membro da ONU em caráter integral.

Adoção definitiva pelo Parlamento de três leis sobre o estatuto do corpo humano relativas à procriação e ao diagnóstico pré-natal, após 18 meses de debates parlamentares.

24 – Lançamento da LCI, cadeia de televisão de informação permanente.

28 – A Assembleia Nacional vota a suspensão da imunidade parlamentar de Bernard Tapie.

29 – No Japão, Tomiichi Murayama, presidente do Partido Socialista, torna-se o primeiro chefe de governo socialista desde 1948.

Bernard Tapie é interrogado em seu domicílio parisiense. Duplo inquérito por abuso de bens públicos e fraude fiscal.

Julho

1 – Yasser Arafat em Gaza pela primeira vez depois de 27 anos de exílio.

4 – Em Ruanda, a FPR entra em Kigali.

5 – Em Genebra, adoção pelo "grupo de contato" (Alemanha, Estados Unidos, França, Grã-Bretanha, Rússia) de um plano de regulação do conflito na Bósnia, concedendo aos croatas e muçulmanos 51 por cento do território e 49 por cento aos sérvios (que controlam mais de 70 por cento dele).

Aprovado no dia 18 pelo Parlamento da Federação Croato-Muçulmana, o plano será rejeitado no dia 28 pelos sérvios da Bósnia.

No Iêmen, os nortistas do presidente Ali Abdallah Saleh capturam Aden e Moukalla, pondo fim à independência do Iêmen do Sul proclamada no dia 21 de maio.

O CICR avalia em um milhão o número de mortos em Ruanda desde 6 de abril. A França cria uma zona humanitária segura no sudoeste do país, onde dois milhões de refugiados se amontoam.

6 – Revelação, pelo jornal *Le Canard Enchaîné*, da escuta clandestina plantada por um inspetor dos Serviços Gerais de Informação na reunião do Conselho Nacional do PS realizada a portas fechadas no dia 19 de junho.

8 – Condenação de Jean-Michel Boucheron, antigo prefeito de Angoulême, em fuga no Brasil, a quatro anos de prisão, sem apelação,

por cumplicidade e uso de falsificações, receptação, abuso de bens públicos e chantagem.

Morte de Kim Il-Sung, presidente da Coreia do Norte por cinquenta anos.

8-12 – A 20ª reunião de cúpula do G7 é marcada pela presença de Boris Yeltsin.

12 – Abertura de inquérito sobre a gestão do Crédit Lyonnais entre 1988 e 1993 por Jean-Yves Haberer (a quem o conselho de ministros havia dispensado das suas funções de administrador do Crédit National em 30 de janeiro).

Reconhecimento oficial dos Estados Unidos, concedido à França e à equipe do Professor Montagnier, da autoria da descoberta do vírus da aids em 1983.

Visita oficial de Bill Clinton à Alemanha, a primeira feita por um presidente americano desde a reunificação. A Corte Constitucional de Karlsrube autoriza a participação da Bundeswehrem nas operações militares internacionais de manutenção da paz fora da zona da OTAN, sob a égide da ONU.

14 – Desfile das Forças Militares Europeias na *Avenue des Champs-Élysées*. Polêmica a respeito da presença de blindados alemães.

15 – Os chefes de Estado e de Governo dos Doze avalizam a candidatura de Jacques Santer, primeiro-ministro democrata-cristão do Luxemburgo, para suceder Jacques Delors na presidência da Comissão, em janeiro de 1995.

17 – Em Ruanda, a FPR nomeia Pasteur Bizimungu, um hutu moderado, para a presidência da República, após a tomada da cidade de Gisenyl, último bastião das forças governamentais.

18 – Sétimo inquérito de Bernard Tapie, referente à empresa *Bernard Tapie Finance*.

20 – Primeira visita oficial de um ministro israelense, Shimon Peres, à Jordânia.

Diante da amplitude do genocídio e da epidemia de cólera em Ruanda, o HCR abre uma ponte aérea até Goma.

25 – Na Casa Branca, assinatura da Declaração de Washington pelo Rei Hussein da Jordânia e por ltzhak Rabin, pondo oficialmente um fim ao estado de beligerância entre os dois países.

Inquérito por receptação e cumplicidade no abuso de bens públicos contra Alain Carignon, que no dia 17 se demitiu das funções de ministro da Comunicação.

28 – O doutor Michel Garetta é indiciado por "envenenamento" no caso do sangue contaminado pelo vírus da aids.
Confiscados os móveis de Bernard Tapie em seu domicílio.

31 – Resolução 940 do Conselho de Segurança da ONU autorizando uma intervenção militar no Haiti, sob o comando dos Estados Unidos, a fim de derrubar os golpistas no poder.

Agosto

2 – Anúncio do estado de falência do *Quotidien de Paris*.

3 – Na Argélia, assassinato de cinco franceses reivindicado pelo GIA. Nos dias 4, 8 e 12, onda de detenções nos meios islamitas na França. Vinte e seis pessoas serão colocadas em prisão domiciliar em Folembray (Aisne). Em Bangladesh, a escritora Taslima Nasreen, condenada à morte pelos islamitas, em 24 de setembro de 1993, por blasfêmia contra o islã, e vivendo na clandestinidade desde 4 de junho, comparece perante o Supremo Tribunal de Daca. No dia 10, libertada sob caução, ela sairá de seu país rumo à Suécia.

4 – Belgrado declara ruptura das relações políticas e econômicas com a autoproclamada República Sérvia da Bósnia, após a rejeição do plano de paz.

5 – Em Cuba, dois policiais mortos e manifestantes feridos por ocasião da repressão às manifestações em Havana. No dia 18, diante do afluxo dos *boat-people* cubanos, Washington anuncia que os refugiados de Cuba sem visto serão colocados em centros de detenção.

8 – Abertura do posto de fronteira de Akaba pelo príncipe herdeiro Hassan da Jordânia e o primeiro-ministro de Israel.

13 – Normalização das relações políticas entre os Estados Unidos e a Coreia do Norte.

14 – Desaparecimento de Elias Canetti, autor de *Auto da fé,* de 1935, e Prêmio Nobel da Literatura.
Detenção, em Kartum, do terrorista Illitch Ramirez Sanchez, codinome Carlos. No dia 15, ele foi entregue à França e, no dia seguinte, indiciado pelo Juiz Jean-Louis Burguière.

21 – Na Argélia, reabertura do diálogo entre o poder e a oposição. O Presidente Zéroual convida os partidos para um encontro com os dirigentes da FIS, Abassi Madani e Ali Benhadj (detidos desde 1991). Os últimos soldados franceses da operação Turquesa deixam Ruanda.

24-25 – Alain Juppé declara que o RPR deverá escolher seu candidato à eleição presidencial. Por ocasião da comemoração do quinquagésimo aniversário da libertação de Paris, Jacques Chirac abre o debate sobre "a herança social" do gaullismo.

26 – Na Argélia, o GIA anuncia a formação de um governo de "califado", recusando qualquer diálogo com o poder.

31 – Expulsão pelo ministro do Interior de vinte das 26 pessoas em prisão domiciliar em Folembray.

Partida dos últimos soldados russos presentes em Berlim e nos países Bálticos.

Na Irlanda do Norte, o IRA anuncia a "completa cessação da violência".

Setembro

2 – Polêmica instaurada pelo livro de Pierre Péan *Une jeunesse française, François Mitterrand, 1934-1947*, principalmente no que se refere às relações mantidas pelo presidente da República com René Bousquet (antigo secretário-geral de Polícia de Vichy, acusado em 1992 de crime contra a humanidade).

5-13 – No Cairo, 182 países participam da Conferência das Nações Unidas sobre a população e o desenvolvimento.

8 – As tropas dos Estados Unidos, da França e da Grã-Bretanha deixam Berlim, que ocupavam desde 1945.

9 – Os Estados Unidos comprometem-se a acolher vinte mil cubanos por ano, no mínimo. Mas o embargo contra Havana é mantido.

12 – No canal de televisão France 2, François Mitterrand recusa-se novamente a "pedir desculpas em nome da França" pelos crimes cometidos sob o regime de Vichy, e recomenda que "se coloque um ponto-final na guerra civil permanente entre os franceses".

13 – Na Argélia, Abassi Madani e Ali Benhadj são colocados em prisão domiciliar. Outros três dirigentes do ex-FIS são libertados.

17-19 – A delegação americana no Haiti, dirigida por Jimmy Carter, consegue um acordo que prevê a demissão da junta antes de 15 de outubro, o regresso do Presidente Aristide nessa data e a chegada, no dia 19, das tropas americanas. No dia 29, suspensão das sanções econômicas adotadas pela ONU.

20 – Publicada por François Bayrou, ministro da Educação Nacional, circular regulamentando o uso de sinais religiosos "ostentatórios" na escola.

A qualificação criminal de "cumplicidade de envenenamento" é mantida no caso dos antigos ministros implicados no caso do sangue contaminado. Geogina Dufoix (no dia 27), Edmond Hervé (no dia 29) e Laurent Fabius (no dia 30) são indiciados.

23 – O Conselho de Segurança da ONU atenua as sanções econômicas contra Belgrado.

Morte da atriz Madeleine Renaud.

25 – Rapto do cantor *cabila* Matoub Lounes. A ala dura do Movimento Cultural berbere ameaça os autores do rapto de "guerra total". Ele é libertado em 10 de outubro.

28 – Naufrágio do navio de transborde *Estônia* no mar Báltico (900 mortos).

29 – Em Oran, assassinato do cantor de *raï* Cheb Hasni.

Outubro

4 – *L'Evénement du jeudi* anuncia estado de falência.

5 – Cinquenta e três membros da seita da ordem do Templo Solar são encontrados mortos na Suíça e no Canadá, incluindo seu chefe, Luc Jouret.

10 – No Haiti, demissão do General Cédras.

11 – Reivindicação do rapto de um soldado israelita pelo Hamas, que exige a libertação de cerca de duzentos prisioneiros palestinos. Suspensão pelo governo de Israel das negociações sobre a autonomia.

13 – Prêmio Nobel de Literatura para o japonês Kenzaburô Oe.

O comando das forças militares legalistas da Irlanda do Norte anuncia "a suspensão de todas as operações".

14 – Demissão de Gérard Longuet, ministro da Indústria dos Correios e Telecomunicações e do Comércio Exterior.

Prêmio Nobel da Paz atribuído a Isaac Rabin, Shimon Peres e Yasser Arafat.
15 – Regresso do Presidente Jean-Bertrand Aristide ao Haiti.
19 – Liquidação judiciária do *Quotidien de Paris*.
Atentado a bomba em Tel-Aviv reivindicado pelo Hamas (22 mortos e 48 feridos). Simone Veil apresenta o "plano de emergência para o inverno", cujo montante atinge os 140 milhões de francos.
22 – Publicação do relatório de Gérard Théry sobre as vias da informação, que preconiza o acesso das empresas e de particulares a multisserviços (bancos de dados, textos, imagens e sons, filmes, jogos de vídeo) por meio da utilização do telefone, do computador e da televisão.
24 – Exclusão de alunas que usam o véu islâmico de diversos estabelecimentos escolares.
26 – Assinatura do tratado de paz entre a Jordânia e Israel assistido por Bill Clinton. O presidente americano compromete-se a manter assistência militar e econômica a Israel.
Edouard Balladur anuncia três medidas para lutar contra a corrupção.
27-28 – Em Moçambique, depois de 16 anos de conflito entre a Frelimo e a Renamo, eleições livres. O chefe de Estado em fim de mandato, Joaquim Chissano, é reeleito.
28 – Na ex-Jugoslávia, ofensivas das forças bósnias em várias regiões. Retomada sérvia no enclave muçulmano de Bihac.
31 – Na Argélia, o Presidente Zérual anuncia a organização de uma eleição presidencial antes do fim de 1995.

Novembro
1º – Confirmação da morte de três reféns ocidentais capturados no Camboja, em julho, pelos *khmers* vermelhos.
2 – Em pleno centro de Argel, assalto das forças da ordem contra um comando islâmico.
4 – Declaração oficial de Jacques Chirac da sua candidatura à eleição presidencial.
4-6 – O MRG é rebatizado de Radical. Jean-François Hory permanece como presidente do movimento.

8 – Desmantelamento de uma importante rede de apoio aos islamitas em Paris e no Val-de-Marne.

Nas eleições intercalares para a Câmara dos Representantes e para o Senado americanos, a maioria retorna ao Partido Republicano (pela primeira vez, desde quarenta anos).

8-9 – Reunião de cúpula franco-alemã em Biarritz. Para François Mitterrand, a França deve "recusar reduzir a sua ambição africana". A eventual criação de uma força interafricana de prevenção dos conflitos é levantada.

9 – Contra-ataque dos separatistas sérvios na região de Bihac.

10 – Iraque reconhece a independência do Kuwait. Mas, no dia 14, as sanções econômicas serão mantidas pela ONU.

Visita do Rei Hussein da Jordânia a Israel. No dia 27, estabelecimento de relações diplomáticas entre os dois países.

12 – Demissão de Michel Roussin de suas funções de ministro da Cooperação, envolvido em um caso de notas fiscais falsas na região parisiense.

Em Roma, mais de um milhão de manifestantes contra Silvio Berlusconi. No dia 22, abertura de inquérito sobre ele em razão de um caso de corrupção.

13 – Os suecos aprovam por referendo a adesão do seu país à União Europeia.

15 – Pela quinta vez, Helmut Kohl é reeleito chanceler da Alemanha.

16 – Extradição do Uruguai do antigo prefeito de Nice, Jacques Médecin. Encarcerado no dia 17, ele será indiciado no dia 18 por cinco delitos diferentes.

18-20 – Congresso extraordinário do PS em Liévin. Henri Emmanuelli exorta Jacques Delors a se candidatar à eleição presidencial.

20 – Em Angola, acordo de paz entre o governo de Luanda e a UNITA depois de 19 anos de guerra civil. No dia 22, cessar-fogo. Philippe de Villiers lança o Movimento pela França.

21 – Bombardeio aéreo pela OTAN da base de Ubdina, na Croácia, de onde partem os ataques sérvios. Os sérvios bósnios mantêm quatrocentos "boinas azuis" como reféns, bloqueando os movimentos nos territórios que controlam. Prossegue sua ofensiva sobre Bihac.

21-22 – Em Roma, colóquio pela Argélia, reunindo a oposição argelina e representantes do FIS, que aprova um documento com sete pontos.
23 – Visita à França da escritora Taslima Nasreen, natural do Bangladesh, até 3 de dezembro. Em outubro, as autoridades francesas haviam se recusado a lhe conceder um visto de mais de 24 horas.
24 – Desde 20 de setembro, setenta jovens que usavam o véu islâmico foram excluídas de estabelecimentos escolares.
27-28 – Por referendo, os noruegueses recusam a adesão de seu país à União Europeia.
29 – Retomada do debate sobre a descriminalização das drogas pelo relatório do Comitê Nacional Consultivo de Ética para as Ciências da Vida e da Saúde.
30 – Suicídio de Guy Debord, escritor, fundador da Internacional Situacionista.

Dezembro
4 – Suicídio de Roger Stéphane, escritor e cofundador do jornal *L'Observateur.*
5-6 – Na reunião de cúpula da CSCE, em Budapeste, o projeto de estender a OTAN rumo ao Leste enfrenta o veto de Boris Yeltsin.
6 – Demissão do juiz anticorrupção Antonio Di Pietro, por razões políticas. O antigo presidente do Conselho Socialista Bettino Craxi é condenado por contumácia a cinco anos e meio de prisão por corrupção.
8 – Inquérito do antigo diretor do gabinete do presidente da República e antigos membros da célula antiterrorista do *Palais de L'Élysèe* no caso das escutas telefônicas de personalidades privadas em 1985--1986.
9 – Abertura de negociações oficiais entre as autoridades britânicas e o Sinn Fein, ramo político do IRA.
9-10 – Reunião dos chefes de governo da União Europeia na presença da Suécia, da Áustria e da Finlândia, que serão membros de pleno direito a partir de 1º de janeiro de 1995.
10-11 – Criação de uma zona de livre comércio das Américas (850 milhões de consumidores) na 1ª Reunião de Cúpula das Américas, em Miami.

11 – Jacques Delors anuncia oficialmente sua decisão de não se candidatar à eleição presidencial. Decepção do PS.
As forças russas penetram na República chechena para reprimir os separatistas chechenos.
13 – O canal educativo *La Cinquième* começa a transmitir em rede radiofônica.
Morte de Antoine Pinay criador da "impressão Pinay" e do "franco pesado".
13-15 – Sétima Reunião de Cúpula da Conferência da Organização Islâmica de Casablanca, cujos trabalhos versam sobre a situação na Bósnia e a elaboração de um código de conduta, a fim de combater o extremismo religioso.
14 – Determinação de liquidação judicial pessoal de Bernard Tapie e de sua esposa. Bernard Tapie, que entrou com recurso judicial, fica inelegível durante cinco anos.
16 – O líder dos sérvios da Bósnia, Radovan Karadžic, apresenta um "plano de paz" e pede a mediação de Jimmy Carter, que obtém a assinatura de um cessar-fogo que entrou em vigor no dia 24.
17 – Assinatura do acordo de criação da primeira zona de livre comércio da América do Sul.
18 – Um imóvel vago da *Rue de Dragon*, em Paris, é invadido pelas associações (principalmente a do Direito ao Alojamento) e pelo Abade Pierre. No dia 19, Jacques Chirac solicita ao governo a aplicação da lei de 1945 que permite as requisições de locais vagos em caso de crise de alojamento.
20 – Endurecimento das condições de acolhimento e de permanência de argelinos na França.
21 – Prisão e indiciamento por extorsão de fundos e tráfico de influência de Jean-Pierre Maréchal, sogro do Juiz Eric Halphen, encarregado do inquérito sobre o caso das notas fiscais falsas da região parisiense, incriminando o partido de direita RPR.
22 – Demissão de Silvio Berlusconi após uma semana de crise.
23-24 – Adoção pelo Parlamento de cinco propostas de lei sobre o financiamento de campanha política.
24-26 – Um comando do GIA toma como reféns 239 passageiros e membros da tripulação de um Airbus da *Air France* no aeroporto de

Argel. Três reféns são executados. No dia 25, o avião decola para Marselha-Marignane, onde, no dia 26, o GIGN toma de assalto a aeronave, matando os membros do comando e libertando os reféns.

28 – O assassinato de quatro Péres Blancs, missionários católicos na África, no dia 27, em Kabila, é reivindicado pelo GIA.

30 – O Exército Islâmico da Salvação (ramo militar do ex-FIS) declara que "a guerra contra a França se tornou um dever legal".

31 – Em 1994, o CAC 40, índice da Bolsa de Valores de Paris, perdeu mais de 17 por cento, a maior baixa dos mercados financeiros europeus.

EDGAR MORIN, pseudônimo de Edgar Nahoum, nasceu em Paris, em 8 de julho de 1921. Pesquisador emérito do CNRS (Centre National de la Recherche Scientifique), é formado em Direito, História e Geografia, e realizou estudos em Filosofia, Sociologia e Epistemologia. Considerado um dos principais pensadores sobre a complexidade, é um dos intelectuais mais importantes do século XX e XXI. Autor de mais de trinta livros, entre eles: *O método* (6 volumes), *Introdução ao pensamento complexo, Ciência com consciência, Os sete saberes necessários para a educação do futuro, Meu caminho*. Durante a Segunda Guerra Mundial, participou da Resistência Francesa.

FONTES: DANTE E UNIVERS | PAPEL: PÓLEN SOFT 80G
DATA: 09/2012 | TIRAGEM: 3.000
IMPRESSÃO: GRÁFICA AQUARELA